高级计量经济学

上册

（第二版）

靳云汇　刘霖　袁诚◎编著

北京大学出版社
PEKING UNIVERSITY PRESS

图书在版编目(CIP)数据

高级计量经济学. 上册/靳云汇，刘霖，袁诚编著. —2 版. —北京：北京大学出版社，2024. 3

(光华思想力书系. 教材领航)

ISBN 978-7-301-34690-7

Ⅰ. ①高…　Ⅱ. ①靳…　②刘…　③袁…　Ⅲ. ①计量经济学　Ⅳ. ①F224. 0

中国国家版本馆 CIP 数据核字(2023)第 231589 号

书　　名	高级计量经济学（上册）（第二版） GAOJI JILIANG JINGJIXUE (SHANGCE) (DI-ER BAN)
著作责任者	靳云汇　刘　霖　袁　诚　编著
责任编辑	裴　蕾
标准书号	ISBN 978-7-301-34690-7
出版发行	北京大学出版社
地　　址	北京市海淀区成府路 205 号　100871
网　　址	http://www. pup. cn
微信公众号	北京大学经管书苑（pupembook）
电子邮箱	编辑部 em@ pup. cn　总编室 zpup@ pup. cn
电　　话	邮购部 010-62752015　发行部 010-62750672　编辑部 010-62752926
印 刷 者	天津中印联印务有限公司
经 销 者	新华书店
	730 毫米×1020 毫米　16 开本　28. 75 印张　612 千字
	2007 年 8 月第 1 版
	2024 年 3 月第 2 版　2024 年 3 月第 1 次印刷
定　　价	79. 00 元

丛书编委会

丛书序言一

很高兴看到“光华思想力书系”的出版问世,这将成为外界更加全面了解北京大学光华管理学院的一个重要窗口。北京大学光华管理学院从1985年北京大学经济管理系成立,以“创造管理知识,培养商界领袖,推动社会进步”为使命,到现在已经有三十余年了。这三十余年来,光华文化、光华精神一直体现在学院的方方面面,而这套“光华思想力书系”则是学院各方面工作的集中展示,同时也是北京大学光华管理学院的智库平台,旨在立足新时代,贡献中国方案。

作为经济管理学科的研究机构,北京大学光华管理学院的科研实力一直在国内处于领先位置。光华管理学院有一支优秀的教师队伍,这支队伍的学术影响在国内首屈一指,在国际上也发挥着越来越重要的作用,它推动着中国经济管理学科在国际前沿的研究和探索。与此同时,学院一直都在积极努力地将科研力量转变为推动社会进步的动力。从当年股份制的探索、证券市场的设计、《中华人民共和国证券法》的起草,到现在贵州毕节试验区的扶贫开发和生态建设、教育经费在国民收入中的合理比例、自然资源定价体系、国家高新技术开发区的规划,等等,都体现着光华管理学院的教师团队对中国经济改革与发展的贡献。

多年来,北京大学光华管理学院始终处于中国经济改革研究与企业管理研究的前沿,致力于促进中国乃至全球管理研究的发展,培养与国际接轨的优秀学生和研究人员,帮助国有企业实现管理国际化,帮助民营企业实现管理现代化,同时,为跨国公司管理本地化提供咨询服务,从而做到“创造管理知识,培养商界领袖,推动社会进步”。北京大学光华管理学院的几届领导人都把这看作自己的使命。

作为人才培养的重地,多年来,北京大学光华管理学院培养了相当多的优秀学生,他们在各自的岗位上做出贡献,是光华管理学院最宝贵的财富。光华管理学院这个平台的最大优势,也正是能够吸引一届又一届优秀的人才的到来。世界一流商学院的发展很重要的一点就是靠它们强大的校友资源,这一点,也与北京大学光华管理学院的努力目标完全一致。

今天,“光华思想力书系”的出版正是北京大学光华管理学院全体师生和全体校友共同努力的成果。希望这套丛书能够向社会展示光华文化和精神的全貌,并为中国管理学教育的发展提供宝贵的经验。

北京大学光华管理学院名誉院长

丛书序言二

“因思想而光华。”正如改革开放走过的四十余年，得益于思想解放所释放出的动人心魄的力量，我们经历了波澜壮阔的伟大变迁。中国经济的崛起深刻地影响着世界经济重心与产业格局的改变；作为重要的新兴经济体之一，中国也越来越多地承担起国际责任，在重塑开放型世界经济、推动全球治理改革等方面发挥着重要作用。作为北京大学商学教育的主体，光华管理学院过去三十余年的发展几乎与中国改革开放同步，积极为国家政策制定与社会经济研究源源不断地贡献着思想与智慧，并以此反哺商学教育，培养出一大批在各自领域取得卓越成就的杰出人才，引领时代不断向上前行。

以打造中国的世界级商学院为目标，光华管理学院历来倡导以科学的理性精神治学，锐意创新，去解构时代赋予我们的新问题；我们胸怀使命，顽强地去拓展知识的边界，探索推动人类进化的动力。2017 年，学院推出“光华思想力”研究平台，旨在立足新时代的中国，遵循规范的学术标准与前沿的科学方法，做世界水平的中国学问。“光华思想力”扎根中国大地，紧紧围绕中国经济和商业实践开展研究；凭借学科与人才优势，提供具有指导性、战略性、针对性和可操作性的战略思路、政策建议，服务经济社会发展；研究市场规律和趋势，服务企业前沿实践；讲好中国故事，提升商学教育，支撑中国实践，贡献中国方案。

为了有效传播这些高质量的学术成果，使更多人因阅读而受益，2018 年年初，在和北京大学出版社的同志讨论后，我们决定推出“光华思想力书系”。通过整合原有“光华书系”所涵盖的理论研究、教学实践、学术交流等内容，融合光华未来的研究与教学成果，以类别多样的出版物形式，打造更具品质与更为多元的学术传播平台。我们希望通过此平台将“光华学派”所创造的一系列具有国际水准的立足中国、辐射世界的学术成果分享到更广的范围，以理性、科学的研究去开启智慧，启迪读者对事物本质更为深刻的理解，从而构建对世界的认知。正如光华管理学院所倡导的“因学术而思想，因思想而光华”，在中国经济迈向高质量发展的新阶段,在中华民族实现伟大复兴的道路上,“光华思想力”将充分发挥其智库作用,利用独创的思想与知识产品在人才培养、学术传播与政策建言等方面做出贡献,并以此致敬这个不凡的时代与时代中的每一份变革力量。

北京大学光华管理学院院长

第二版前言

《高级计量经济学(上册)》(第一版)出版于2007年,迄今已有16年了。这些年来,计量经济学有了长足的发展,尤其是在新兴的因果推断领域。第二版的修订工作主要包括三方面:

第一,新增一章“因果推断思想与方法”,对因果推断的基本原理和主要方法做了系统介绍,并配备了相应的例题。

第二,全面更新例题,并统一采用Stata软件说明如何运用各种计量经济学方法。

第三,调整篇章结构。将原第1章变更为“引言”,并删除其中的第三节;将原第2章至第14章依次变更为第1章至第13章;新增的“因果推断思想与方法”作为第14章。

此外,为节省篇幅,我们还删除了第一版附录中的统计学用表、建模练习题以及中英文术语对照部分。

第二版各章的分工如下:

靳云汇教授负责编写引言、第1章至第11章、第13章;

刘霖博士负责编写第14章以及全书各章的例题;

袁诚博士负责编写第12章。

在本书编写过程中,我们参考了国内外一些优秀教材,详见书中脚注及书末的参考文献。需要指出的是,第12章的例题转引自山东大学陈强教授的《高级计量经济学及Stata应用》,第14章第六节的示例及Stata应用中的例题也转引自陈强教授有关合成控制方法的一份讲义。陈强教授既是靳云汇教授早年的学生,也是刘霖博士的学长,我们要特别向陈强教授致谢!

本次修订工作时间仓促,错误在所难免,恳请读者批评指正。

靳云汇

2023年8月30日

第一版前言

本书是为经济管理类研究生编写的教材,书中系统介绍了计量经济学的基础知识,同时也介绍了计量经济学一些最新研究成果,不仅详述了计量经济学中建模的技术和方法,而且阐明了其理论根据。因为只有对计量经济学的理论基础有深入的理解,才能真正掌握建模的技术,才能解释和处理建模中遇到的各种困惑,才能将计量经济学的理论和技术创造性地运用于实际中,并进一步发展计量经济学。

在编写过程中作者参阅了国外有关计量经济学的教材和文献,甚至在书中列举了国外教材的例题,以期通过我们对国外资料的粗略解读,使读者对国外教材有初步的了解。当然针对读者的需求情况,引进的只是部分内容,同时,在编写过程中我们也汲取了北大光华管理学院师生在计量经济学课程的教学与实践中的思考与经验。在此对全院师生表示衷心的感谢!

《高级计量经济学(上册)》的主要内容是:

第 1 章概述了计量经济学学科的简史和内涵,介绍了建立计量经济模型的步骤,以使读者对本书的结构与各章的关系有总体把握。

第 2 章至第 5 章详细地阐述了多元线性回归模型的设定、估计、检验和预测。这一部分是计量经济学中经典的、基本的内容。

第 6 章至第 8 章是关于线性回归模型的初步扩展。第 6 章是关于模型设定的扩展,如将虚拟变量、时间变量引入模型,将模型数学形式扩展为内蕴线性模型。第 7 章是关于检验的扩展,将单参数显著性检验、总显著性检验扩展为对总体参数的一般线性假设检验,采用的是精确服从 F 分布的检验统计量。第 8 章是将上述讨论的有限样本理论扩展为无限样本理论,包括对估计量评价的标准由有限样本拓展为无限样本的标准、对参数的一般线性假设检验拓展为一般假设检验、采用渐近服从χ^2 分布的检验统计量。第 8 章还对随机扰动项的正态性问题进行了讨论。但第 8 章未包括估计方法的扩展,这部分内容将结合各种模型及假定加以介绍。

第 9 章至第 13 章是对违背或不能很好地满足多元线性回归模型古典假定情况的讨论。主要内容是,违背的含义、后果、检验或诊断及处理。第 9 章是关于解释变量样本向量近似线性相关,即模型具有多重共线性的讨论。第 10 章是关于非球形扰动项的讨论。第 11 章、第 12 章分别讨论了非球形扰动项的两个特例:随机扰动项的异方差和自相关问题。第 13 章是关于随机解释变量内生性的讨论。

在上述各章讨论之后,第 14 章对建模中的关键,即模型设定问题进行了讨论。

本书在编写过程中力求内容详细、条理清晰、论证严密、便于阅读、便于自学。书中的一些证明过程特别标出,读者可根据需要进行选读,对它的了解程度并不直接影响对建模技术的掌握,只是影响对学科内容的理解深入程度。读者在学习本书理论的同时,还应做必要的练习。本书在相关各章中给出了经济学和管理学中应用计量经济学的范例,并结合例题在上册介绍了两种专用软件——EViews 和 SAS,以协助读者掌握软件操作技术。

本书提供了一些建模练习题,供读者参考。建议读者结合自己学习、工作和研究的需要设计更为实际的计量经济模型。

由于本书上册内容属于计量经济学的基础部分,因此只开列了参考书目,而未列出参考文献,并且为了便于读者借阅和购买只列出了有中译本的参考书目。国内学者撰写了不少读者较为熟悉的计量经济学的教科书和专著,在此也未一一列出,敬请包涵。

在本书编写过程中,我们不断得到校内外师生的鼓励与支持,在此表示诚挚的谢意!恳切希望读者提出宝贵的修改意见。

本书由北京大学光华编写组撰稿,成员如下(以姓氏笔画为序):

刘霖,北京大学博士,北京大学政府管理学院副教授;

苏良军,美国加州大学圣地亚哥分校博士,北京大学光华管理学院副教授;

金赛男,美国耶鲁大学博士,北京大学光华管理学院副教授;

袁诚,北京大学博士,北京大学经济学院副教授;

靳云汇,北京大学光华管理学院教授。

靳云汇教授撰写了第 1 章至第 12 章、第 14 章;刘霖博士给出了各章范例,并审阅和修改了全书;袁诚博士撰写了第 13 章,并审阅和修改了全书;金赛男博士、苏良军博士详细审阅和修改了全书。

建模练习题第 3 章至第 7 章,由北京大学光华管理学院博士生罗凯提供;第 8、9、11、12、14 章由北京大学光华管理学院博士生朱彤提供;第 13 章由袁诚博士提供;全部习题由靳云汇教授审阅、修改。

靳云汇
2007 年 1 月

目 录

CONTENTS

引言　计量经济学介绍

计量经济学的任务就是试图建立计量经济模型,使经济理论所构造出的模型得到数值结果,并获得经验上的支持或否定,以便定量地描述和解释经济现实,并应用于解决现实中的问题,特别是对政府或企业的政策进行预测、评价和模拟。本引言的目的在于使读者对计量经济学有一概括了解,了解后续各章内容在建模中的作用,以对本书从总体上有清醒的把握。本引言首先介绍如何建立计量经济模型,然后阐述计量经济模型的特点,最后揭示计量经济学学科的内涵。

§1　计量经济模型的建立

本节首先举例说明建立计量经济模型的过程,使读者对此问题有一粗略的感性认识;然后总结出建模的理论步骤,以便读者了解建模各步骤之间的关系。这不仅有利于实际建模,也有利于了解计量经济学的内在结构和逻辑关系。然而,由于计算机的广泛使用,真正操作时很难清晰地显示建模的理论步骤,这也使得介绍实际建模步骤成为必要之举。本节均以传统的常参数单一方程的计量经济模型为讨论对象。

一、例:居民消费的计量经济模型①

在这里,我们以建立一个关于居民消费的计量经济模型为例,简要说明计量经济学的建模过程。

1. 模型设定

模型设定为建模的第一阶段,目的是寻找出一个计量经济理论模型。这个阶段分两步走:第一步是给出经济理论数学模型;第二步是给出计量经济理论模型。

---

① 本例仅仅是一教学案例,目的是使读者了解建模的大致过程。严格说来,真正建模需先对本例中的经济变量进行平稳性检验。这一内容将在下册(有关时间序列模型的章节)中介绍。

(1) 经济理论数学模型

① 陈述建模的经济理论假说。

经济理论是我们经验研究的起点。通过陈述经济理论和假说,我们建立起经验研究的理论模型。本例根据生命周期假说/持久收入假说来建立消费函数。该理论认为居民的当期消费与当期可支配收入和当期居民净财富等有关。因此,在下述分析中,我们将根据现实数据,对居民消费和持久收入之间的数量关系进行量化,并对该假说进行检验。

② 根据经济理论选择建模的变量。

因变量取为居民消费 C;自变量或者说对居民消费 C 的影响因素有很多,如可支配收入 YD、净财富 WR(从股票、政府债券、现金、储蓄等财富中扣除负债),除此之外还有时尚、税收政策、偶然因素等。

③ 给出经济理论数学模型,或称数理经济学模型。

依据上述设定,可以得出经济理论数学模型为:

$$C = f(\mathrm{YD}, \mathrm{WR}, \cdots)$$

这表明 C 是 YD、WR 等变量的函数。一般可知:

$$0 < \frac{\partial C}{\partial \mathrm{YD}} < 1, \quad 0 < \frac{\partial C}{\partial \mathrm{WR}} < 1.$$

数理模型是经济理论的内在逻辑,它通过描述经济关系的数学方程,在一定的假定下提供了因变量与自变量之间的定性关系。我们可以通过比较静态分析来对这些关系进行逻辑上的检验。

但是,要得出实际数据是否支持数理模型的结论,我们还需要借助经验分析。数理模型为经验分析提供了可检验的结论,但是它所提供的定性关系不同于明确的定量关系,为得到在一定现实条件下的定量关系,还需要进一步设定计量经济理论模型。

(2) 计量经济理论模型

① 给出假定。

为了建立变量间的明确的定量关系,需给出一些假定。

首先,必须选择主要自变量。在该消费模型中,选择 YD,WR 为自变量。

其次,必须选择 f 的具体形式。如选择线性形式,即

$$\beta_1 + \beta_2 \mathrm{YD} + \beta_3 \mathrm{WR}.$$

最后,引进随机扰动项 ε。这是由于居民消费 C 是一个随机变量,且又略去了其他影响因素,并简化了 f 的数学形式,使得 C 与 YD,WR 之间不会是准确的线性函数关系,因而添加 ε 来描述这些随机误差。ε 的引入,使经济模型具有了经验含义。

至于上述假定是否合理,在后续各章中会详细讨论。

② 设计计量经济理论模型。

根据上述假定,设定计量经济理论模型为

$$C = \beta_1 + \beta_2 \text{YD} + \beta_3 \text{WR} + \varepsilon,$$

其中 C 为因变量,也称被解释变量;YD,WR 为自变量,也称解释变量。根据数理模型可知:

$$0 < \beta_2 < 1, \quad 0 < \beta_3 < 1.$$

这一模型给出了明确的 C 与 YD,WR 之间的关系,但是由于 β_1,β_2,β_3 未知,所以仍是一个理论模型。

2. 模型估计

模型估计是建模的第二阶段,其目的是估计理论模型中的总体参数。

(1) 搜集数据

如何估计参数呢?计量经济学采用数理统计学中的方法,根据历史经验,即根据变量的历史资料进行估计。如本例选取了美国 1973—1991 年各变量的时间序列数据,单位:10 亿美元,样本容量 $T=19$,见表 0-1。

表 0-1　美国 1973—1991 年各变量时间序列数据　　单位:10 亿美元

年份	C	YD	WR
1973	2 066.74	2 334.13	10 283.64
1974	2 053.81	2 316.98	9 729.60
1975	2 097.50	2 355.40	10 106.62
1976	2 207.25	2 440.90	10 701.19
1977	2 296.57	2 512.63	10 983.78
1978	2 391.82	2 638.33	11 525.29
1979	2 448.35	2 710.05	12 176.86
1980	2 447.07	2 733.60	12 676.96
1981	2 476.90	2 795.83	12 872.18
1982	2 503.66	2 820.35	12 965.22
1983	2 619.44	2 893.55	13 507.45
1984	2 746.07	3 080.08	13 652.35
1985	2 865.81	3 162.10	14 266.96
1986	2 969.12	3 261.93	15 255.28
1987	3 052.22	3 289.60	15 973.36
1988	3 162.38	3 404.25	15 891.75
1989	3 223.28	3 464.90	16 439.10
1990	3 260.37	3 516.50	16 119.62
1991	3 240.76	3 509.05	16 647.92

资料来源:多恩布什,费希尔,1997. 宏观经济学:第 6 版[M]. 冯晴,刘文忻,张延,等译. 北京:中国人民大学出版社.

(2) 选择估计方法

采用什么方法对这些数据进行加工呢？估计方法有多种,本例选择了普通最小二乘法(OLS 法)。后续章节将介绍如何挑选估计方法。

(3) 估计式

由给定的样本和 OLS 法,利用专用软件可得到总体参数的估计值：

$$\hat{\beta}_1 = 0.003, \quad \hat{\beta}_2 = 0.812, \quad \hat{\beta}_3 = 0.138.$$

由于得到的不是准确关系,而是近似关系,所以用 $\hat{C}$ 替代 C,对应的估计式为：

$$\hat{C} = 0.003 + 0.812\text{YD} + 0.138\text{WR},$$

$$t\text{ 值}:(0.68) \quad (5.32) \quad (1.58)$$

$$R^2 = 0.73, \quad \overline{R}^2 = 0.69, \quad F = 20.16.$$

最后两行为部分检验值,利用软件计算时会同时输出估计值和检验值。

3. 模型检验

模型检验是建模的第三阶段。当取一组样本得到了上述估计式后,我们就面临一个问题:所得到的样本估计结果能否代表总体？要回答这个问题,必须经过各种检验。例如：

(1) 经济合理性检验

由估计式知：$0<\dfrac{\partial\hat{C}}{\partial\text{YD}}=0.812<1$,$0<\dfrac{\partial\hat{C}}{\partial\text{WR}}=0.138<1$,这与数理模型的假定相一致,所以符合经济理论的假说。

(2) 古典统计检验

例如,衡量拟合程度的指标：可决系数 $R^2=0.73$,调整的可决系数 $\overline{R}^2=0.69$,表明拟合不错(此值为 1 最好,为 0 最差)。

检验模型总显著性的 F 检验统计量值 $F=20.16>F_{0.05}(2,16)=3.63$,表明这一检验也通过了。

由单参数显著性的 t 检验统计量值来看,β_2 通过了 t 检验,但 β_1,β_3 均未通过 t 检验,所以模型未获认可。

如何判断检验是否通过以及其他还需进行的检验将在后续章节中介绍,在此不再评述了。

4. 模型应用

假若模型通过了所需要的各种检验,则可以进行如下应用：

(1) 结构分析

由估计结果可知：居民消费函数与可支配收入和净财富之间存在近似的线性关系。

居民消费对可支配收入的边际倾向为0.812,即在其他变量保持不变的条件下,平均而言可支配收入增加1美元时,引起居民消费增加0.812美元;居民消费对净财富的边际倾向为0.138,即在其他变量保持不变的条件下,平均而言净财富增加1美元时,引起居民消费增加0.138美元。

(2) 预测

当给定可支配收入为4万亿美元,净财富为17万亿美元时,代入模型就可得到居民消费的预测值:

$$\begin{aligned}\hat{C} &= 0.003 + 0.812 \times 4 + 0.138 \times 17 \\ &= 5.594 \approx 5.6(\text{万亿美元}).\end{aligned}$$

至于所得的预测值是否可信,将在第4章中给出检验的方法和误差预测。

(3) 政策模拟

可利用已估的模型进行政策模拟。例如给定净财富WR和国内生产总值GDP,探讨税收与消费的关系。

第一,给定税收T。通过简单计算可求得YD=GDP$-T$;已知WR,YD,再利用估计式,求得此时的消费值$\hat{C}$。

第二,若要求提高消费至C^*,则在已知C^*和WR条件下,再利用估计式求出YD*,于是经过简单计算得到税收T^*=GDP-YD*。

由上述计算可知:在WR和其他变量给定的条件下,欲将消费由$\hat{C}$提高至C^*,则税收需由T减至T^*,这就为税收调整提供了定量依据。

(4) 检验经济理论有效性

若模型通过各项检验,则表明美国七八十年代的消费符合生命周期假说/持久收入假说;若模型没有通过检验,则不能得到此结论,需重新选择估计方法、重新设定数学形式并重新选择变量,再进行估计和检验。

二、建模的理论步骤

由上面例子的启发,可简要概括出建模的理论步骤。

1. 模型设定

根据研究目的、经济理论、经验研究选择模型的因变量和自变量,再根据经济理论和样本数据所显示的变量关系,设定理论计量经济模型。

2. 模型估计

对设定阶段所选择的变量寻找样本数据,然后选择方法进行估计,得到参数估计值。

3. 模型检验

所得到的参数估计值和估计式必须经过各种检验。若有一项检验通不过,则需重新选择估计方法或重新设定模型。

4. 模型应用

通过检验的模型可以用于理论研究或分析实际问题。

建模的理论步骤如图 0-1 所示：

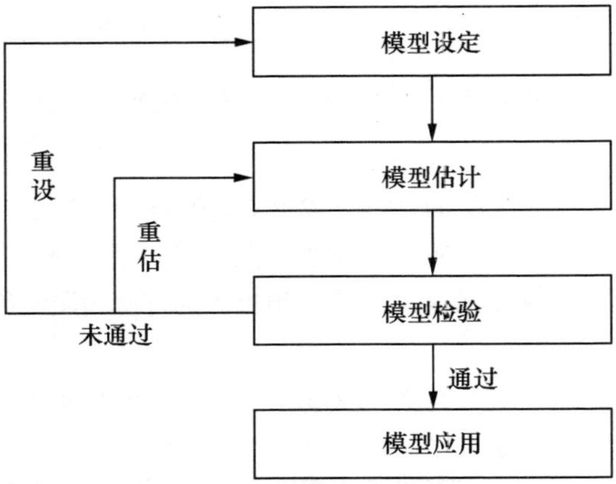

图 0-1　建模的理论步骤

这是一个关于建模的笼统的框架图,它有助于读者明了建模的大致步骤,使读者能够从总体上对计量经济学课程的学习和对各种模型的讨论有一清晰的把握。由于本书的主要任务是研究如何建立一个可用的计量经济模型,所以大部分讨论集中于前三步。

需要指出的是:在建模的各个阶段均需要以经济理论为指导,以统计资料为基础,以数学方法为手段,以电脑软件为工具,缺一不可。

三、建模的实际步骤

以给定的经济理论为建模的出发点,也就是说必须有相关的理论陈述或理论假说作为建模的前提。实际建模共分五步,第六步为应用。

1. 从理论上选取变量

(1) 被解释变量的选择

根据研究目的、经济理论及对经济现实的深入分析,选择一个被解释变量 Y。

(2) 解释变量的选择

根据经济理论、经验研究或对现实的判断,分析经济行为的规律性,寻找影响 Y 的因素。同时也需兼顾研究的目的,将特别关注的影响 Y 的因素列在其中。

同时,需注意变量间的关系。一般要求被解释变量与解释变量间高度相关,解释变量之间不高度相关。

另外需强调的是,计量经济模型中的变量必须有相应的量化指标,即必须是可观测和可定量化的变量。从上例中可以看到,每个变量均有观测值。如果变量无观测值或可观测但不可定量化,那么只能剔除该变量或寻找代理变量。

2. 选取样本

在选定变量后,必须对变量进行观测以便获得观测值,或根据观测状态赋值,也就是说需选取样本,给每个变量赋以样本数据。

(1) 数据类型

数据类型主要有四种,下面分别介绍其定义、特征和使用时需注意的问题。

① 横截面数据。

横截面数据(Cross-Sectional Data Set)指一统计指标同一时期(或时点)在不同统计单位的数据集。具体来说,给定一个指标,在一固定时期(或时点)对不同个人、家庭、企业、城市、省、国家等单位采集的样本所构成的数据集为横截面数据集。如 2005 年各国 GDP 数据、2005 年中国各上市公司的净利润等。常以 n 表示样本容量,以 i 表示第 i 个个体。

横截面数据的特征是,它们是从总体中随机独立抽样得到的,数据排列次序不影响计量经济分析结果。

但是利用横截面数据建模需考虑随机扰动项是否具有异方差,也就是说需进行异方差性检验。另外有些样本相对总体来说"太大",即样本不是从同一总体中抽取的,或者有些个体拒绝报告统计指标值,这些现象常常与样本选择性问题(Sample-Selection Problem)有关,因此样本的随机性受到质疑。

② 时间序列数据。

时间序列数据(Time Series Data Set)指一统计指标在同一单位按时间先后顺序记录的数据列,一般时间间隔相等,包括年资料、季度资料、月资料、周资料、日资料等。如中国 1980—2005 年 GDP 数据、中国 2005 年 1—12 月居民消费价格指数、中国某上市公司 2005 年各交易日的股票价格等。

在时间序列(简称"时序")资料中需注意区分时点和时期。时点数据表示存量,如历年年末中国人口总量、历年中国储蓄存款余额等。时期数据表示流量,如历年中国 GDP (指一年内创造的 GDP),以及历年中国储蓄额、投资额等。常常以 T 表示样本容量,以 t 表示第 t 个时点或时期。

由于时序资料常常具有趋势性、持续性、季节性等特征,所以当期与前期值相互依赖,也即时序资料常常具有自相关性,数据需按时间顺序排列,否则会影响计量经济分析的结果。

另外,宏观经济变量的时间序列资料大多不具有平稳性(Stationarity),所以用它建模需进行平稳性检验,否则可能造成伪回归。

③ 面板数据。

面板数据(Panel Data)指由一统计指标的横截面数据集内每个个体再取一时间序列

构成的数据阵,又称综列数据。也即,对横截面每个个体(如个人、家庭、企业、省、国家等)在时间轴上跟踪调查的数据集。如 1 000 个家庭 1981—2005 年的可支配收入数据,样本容量为 1 000×25=25 000。若记统计指标为 Y,则 Y_{it} 表示第 i 个体第 t 时点(或时期)的该指标的观测值,一般 $i=1,2,\cdots,n;t=1,2,\cdots,T_i$;样本容量为 $\sum_{i=1}^{n} T_i$。

面板数据既包含横截面数据又包含时间序列数据。横截面数据可任意排序,如 1 000 个家庭可以随意编号;时间序列数据必须按先后顺序排列。

面板数据兼有横截面和时间序列两者的特征,用于建模有其独到之处。由此衍生出面板数据模型,它是微观计量经济学的重要内容。

④ 混合横截面数据。

混合横截面数据(Pooled Cross-Sectional Data)指一统计指标在两个(或多个)不同时点(或时期)的横截面数据混合集。如随机抽样调查了 300 个家庭 2003 年的储蓄额,又随机抽样调查了 350 个家庭 2005 年的储蓄额,两次抽样调查的家庭可相同,可部分相同,也可全不相同,样本容量为 300+350=650。

由于每个时点(或时期)的数据为横截面数据,所以存放数据的次序可随意,但必须标出时点(或时期)。

这种类型的数据经常用于研究政府等决策机构颁布一项重要政策前后企业、公众等行为的变化,以评价该项政策的效果。

(2) 对样本的要求

由于计量经济学是利用样本建立、估计、检验模型的,因此样本是决定模型质量的关键因素。由此可知样本必须满足一定的要求,如必须从同一总体中随机抽取;选取的样本应与总体一致,不能比总体"大",即不能取自不同总体,也不能过"小",只代表总体中的一个局部;同一变量的样本数据必须统计口径相同,具有可比性,如基期指数的基期应相同、价值量的计价标准应相同;样本数据要准确,尽量减少由测量、归并等造成的误差;数据应完整,各变量样本个数应相同,若有缺失,当样本容量足够大时,可剔除该样本点,当样本容量有限时,需补足遗失数据,如不易补足可寻找代理变量。

3. 设定方程式

当选取变量和样本后,就可设定方程式,或者说设定模型的数学形式。

原则上要求所设定的方程式与经济理论一致,与现实吻合,能将主要影响因素引入模型。方程式不宜过多或过少,形式要简洁,易计算。

具体操作时,常常根据研究目的、前人研究的经验和散点图来设定方程式(见图 0-2)。所谓散点图是在以某个解释变量 X_k 为 X 轴,以被解释变量 Y 为 Y 轴的 $X-Y$ 平面上,标出以 X_k 和 Y 的对应观测值为坐标形成的样本点。若样本容量为 n,则有 n 个样本点。根据 n 个样本点在 $X-Y$ 平面上的分布状况,大致设想 Y 与 X_k 之间的函数关系。若 n

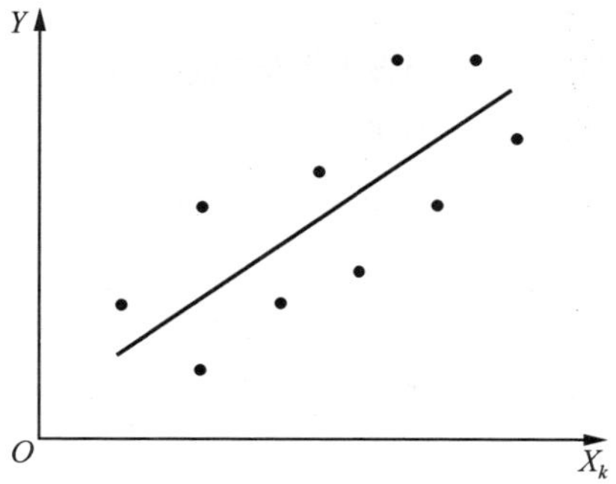

图 0-2　根据散点图设定方程

个点在一条直线附近,可设想 Y 与 X_k 之间具有近似的线性函数关系;若 n 个点在一条抛物线附近,可设想为二次函数关系,等等(关于函数形式将在后续章节中介绍)。对每个解释变量与被解释变量均可绘出散点图,观察它是否具有线性、非线性关系或无规律可循,由此可初步设定方程形式。散点图的另一功能是观察有些样本点是否偏离绝大多数样本点所遵循的规律,这些偏离的点被称为异常点或盲点,在建立模型时可引进虚拟变量描述它们,这一内容将在第 5 章中详细介绍。

从统计学角度还可通过设定检验来协助选择数学形式,详见第 13 章。

实际操作时,常用的两种形式是线性模型、对数线性(或称双 ln)模型。如含有两个解释变量的相应模型为

线性形式:

$$Y = \beta_1 + \beta_2 X_2 + \beta_3 X_3 + \varepsilon,$$

对数线性形式:

$$\ln Y = \beta_1 + \beta_2 \ln X_2 + \beta_3 \ln X_3 + \varepsilon.$$

4. 多方案试验

结合变量选取和数学形式设计多种方案进行试验。

首先,取定一种数学形式,如线性形式,将尽可能多的解释变量引入模型,即采用第 13 章中所介绍的“从一般到简单”的变量选择过程。

然后,根据样本和随机扰动项 ε 特性选择适当的估计方法。在单一方程中常用的估计方法有普通最小二乘法、广义最小二乘法、工具变量法、最大似然法及其变种、广义矩估计等。

进一步选择专用软件,并运行、输出结果。结果中包括参数估计值和各种检验统计量值。

最后,根据输出结果进行检验(检验的内容见下文)。若检验通过,则模型设定正确,并且得到已估计好的模型;若检验不通过,可酌情进行调整,如删去次要的解释变量,或挑

选另外的估计方法重新估计模型。

若在线性模型设定下,无论怎样调整也不能通过检验,可选择另一种数学形式,如双 ln 模型或其他非线性模型,重复上述步骤。

5. 检验试验结果

(1) 经济合理性检验

除非建模目的在于检验经济理论的有效性,否则,所得的已估计好的模型必须符合经济理论假说,如参数估计值的符号、数值大小、经济含义等应合理。

(2) 古典统计检验

古典统计检验中最基本的检验有:拟合优度检验、单参数显著性检验、模型总显著性检验。

(3) 计量经济检验

计量经济检验主要有:多重共线性诊断、随机扰动项异方差性检验、自相关性检验、正态性检验(有限样本)。

(4) 设定误差检验

设定误差检验指对模型中包含无关变量、遗漏重要变量、数学形式不当等引起的设定误差进行检验。

(5) 设定检验

设定检验的内容主要是所选取的自变量集相对另一组自变量集是否更好,一种数学形式相对另一种数学形式是否更好。

(6) 功效检验

功效检验主要包括:模型精度检查、模型稳定性检验、模型预测能力检验等。

针对特殊形式的模型还有特殊的检验项目,在后续章节中再介绍。

6. 应用

建立了模型并得到其估计式后,就可以应用模型进行实证分析。

单一方程模型的应用方法很简单,只需给模型中各解释变量 X 赋值;然后利用已估计的模型的表达式计算出被解释变量 Y 的值,该值被称为拟合值,记为 $\hat{Y}$。

模型应用主要包括四个方面:

(1) 预测

时间序列资料建模常常用于预测未来,如预测重要的宏观经济变量:GDP 增长率、固定资产投资率、固定资产投资增长率、通货膨胀率、居民实际收入增长率、居民消费增长率、社会消费品增长率、财政收入及增长率、财政支出及增长率、M_1 和 M_2 及其增长率、进出口总额及其增长率、失业率等;又如预测企业的销售量、价格、利润率、净资产收益率、生产成本、库存等经营指标。

利用模型进行预测需要满足一定条件:第一,历史、现实、未来三段时期内所研究的经济系统结构必须一致;第二,需已知未来期内解释变量的数值;第三,模型必须具有预测能力,且达到所需的预测精度。

对于一个非稳定发展的经济过程,或缺乏规范行为的经济活动,或所建模型滞后于经济理论或现实等情况,利用模型进行预测,预测将会失效。

(2) 结构分析

依据模型可以分析所研究的经济系统的结构;分析经济变量间的定量关系,了解其内在联系,如进行边际分析、弹性分析、比较静态分析等;分析经济发展的原因,哪些因素促使经济发展到目前的水平及各种因素贡献的大小。

(3) 政策评价

利用模型可以进行政策模拟,检验政策效果。一方面可以对现行政策进行评价;另一方面可以为选择合理、适宜的方案提供依据。

设被解释变量为 Y,是经济目标变量;解释变量为 X,是可控变量。利用模型评价政策效果时,可从三个角度进行:

第一,提供备选方案。给定可控变量 X 的各种组合方案,依据模型,求出 Y 的各种可能结果。比较各种结果的优劣,决定取舍,为决策提供备选方案。如给定商品的不同价格 X,根据模型计算出各种可能的销售量 Y。

第二,灵敏度分析。若选定了一个基准方案,并假定可控变量为 X_0(为简化符号,假定只有一个可控变量),由模型计算出的目标变量值为 Y_0。要分析的问题是:当可控变量受到某种冲击时,基准方案会发生什么变化。

一种情况是,当 X 由 X_0 变动到 $X_0+\Delta X=X^*$ 时(其中 ΔX 可正可负),将 X^* 代入模型可计算出 Y^*,Y 由 Y_0 变动到 Y^*,其增量为 $Y^*-Y_0=\Delta Y$(可正,可负,可为0)。也就是说由此可观察到当 X 有一变动(ΔX)时,引起 Y 变动(ΔY)的大小,这是考察 X、Y 绝对变动的关系。

另一种情况是,由于 $\Delta X,\Delta Y$ 已经求出,所以可计算出$\dfrac{\Delta X}{X_0},\dfrac{\Delta Y}{Y_0}$。这表明当 X 在 X_0 处有一相对变动$\dfrac{\Delta X}{X_0}$时,引起 Y 在 Y_0 处有一相对变动$\dfrac{\Delta Y}{Y_0}$,即 Y 的变化率。如固定价格 X_0 后,令价格浮动 1%$\left(\dfrac{\Delta X}{X_0}\right)$,依据模型可知销售量的变化率$\left(\dfrac{\Delta Y}{Y_0}\right)$是多少。

第三,给定目标变量 Y 的预期值,即希望达到的效果,利用模型,求出可控变量 X 的值。

(4) 检验经济理论有效性或为发展经济理论提供实证依据

首先提出经济理论假说,可以是已有的理论,也可以是构建的新观念;然后依据该假说建立计量经济模型。

若模型成立,表示模型很好地拟合了经济社会中变量间的关系,经济社会活动从统计上看遵循这一经济规律,表明已有的经济理论在此情形下是有效的,或者为所发展的新理论假说提供了实证依据。

若模型不成立,表示利用此样本不能检验该假说是否有效。

以上粗线条地介绍了实际建模步骤,目的是让读者对建模有一大概的了解,第 1 章至第 13 章是对这些内容的详细解读。

§2 计量经济模型

由 §1 可知计量经济学的主要任务是建立一个计量经济模型,因此本节对计量经济模型作些阐释,这里的对象仍指常参数模型。

计量经济模型是在经济理论假定下,描述经济系统中随机变量间数量关系的一个或一组方程式。构成计量经济模型的四大要素是:变量、参数、方程式、随机扰动项,下面逐一解释。

一、变量

计量经济模型中的变量是具有特定含义的,影响所研究系统(或与系统相关)的因素。它必须可观测、可定量化。

1. 被解释变量与解释变量

被解释变量(Explained Variable),也称因变量。它在模型中的地位是研究对象,位于方程式等号左端。单一方程中只有一个被解释变量,如 §1 例子中的居民消费 C。

解释变量(Explanatory Variable),也称自变量。它在模型中是解释被解释变量发生的原因或是与被解释变量相关的因素,位于方程式等号右端。单一方程中可有多个解释变量,如例中可支配收入 YD、净财富 WR。

2. 定量变量、定性变量、可定量化变量

定量变量是指可观测且有计量值的变量,如 GDP 等。定性变量是指可观测但无计量值的变量,如性别、民族等。将定性变量赋以计量值,则为可定量化变量。

3. 当期变量、滞后变量

采用时间序列资料建模时,取 t 代表当期(或称现期),Y_t 被称为当期变量,而 Y_{t-1},Y_{t-2},…分别被称为滞后一期、滞后两期……变量。

4. 随机变量、固定变量

随机变量是指在对总体抽样时取值随机的变量,模型中的变量一般为随机变量。

固定变量是指在对总体抽样时取值固定的变量。有时为简化讨论,可以假定模型中的解释变量为固定变量。

5. 可控变量、不可控变量

可控变量(Controlled Variable),是指可被人为控制的变量,如可被政府或企业家等决策者控制的变量。货币供给量、政府财政支出、税率等政策变量便是可控变量。在模型中引入政策变量,使模型可用于政策模拟。

除此之外还有内生变量、外生变量、前定变量等名词,本书后文将结合模型再进行解释。

二、参数

模型中参数的作用在于描述经济系统的稳定特征。它一般具有经济学含义,常协助分析解释变量与被解释变量之间关系的方向和强度。

模型中参数是客观存在的,但永远未知。一般由经济理论提供数值范围,由计量经济学依据样本数据、利用估计方法给出参数估计值,因此需不断研究改进估计方法,提高估计的质量。

三、方程式

方程式的作用是将变量与参数连接起来,用来描述变量间的数量关系。可以从不同角度对计量经济模型中的方程式分类。

1. 经济性质

按经济性质通常可将方程式分为行为方程式、定义方程式和均衡方程式等。

行为方程式:根据经济机理或经济行为构造的函数关系式,如消费方程、需求方程、供给方程、工资方程等。

定义方程式、均衡方程式:根据经济理论构造的反映经济变量间关系的恒等式,如GNP =消费+投资+政府支出+净出口、总需求=总供给等。

除此之外,还有法规方程式、制度方程式等,如固定资产折旧=折旧系数×固定资产存量。

2. 数理性质

根据数理性质可将方程式分为随机方程和确定方程。

随机方程:因为经济行为往往具有随机性,所以描述经济行为的方程式常常为随机方程,如消费方程等。在随机方程中常含有随机扰动项 ε;参数未知,需估计。

确定方程:有些方程,如定义方程、均衡方程属恒等式,不具有随机性,是确定方程。在确定方程中不含有随机扰动项 ε;参数已知,无须估计。

3. 数学形式

从数学形式看,可分为线性方程和非线性方程。其中非线性方程可分为内蕴线性方程与内蕴非线性方程,而内蕴线性方程通过简单变量替换就可线性化,如同线性方程处理。

4. 方程个数

从方程个数来划分,可分为两类:

一类是单一方程。它研究的是单一的经济现象,用它来揭示变量间存在的单向因果关系或相关关系。在所研究的系统中只有一个方程,只有一个被解释变量。

另一类是联立方程组。它研究的是一个复杂的经济系统,用它来揭示变量间存在的单向、双向因果关系。在所研究的系统中有多个方程,有多个被解释变量。

四、随机扰动项

由于人类行为大多具有随机性,所以利用模型研究人类行为时,不可避免地需将随机因素引入模型。一些随机因素以变量形式直接引入模型,还有一些随机因素,主要指理论计量经济模型设定中的省略误差及实际建模时样本的测量误差,将它们合并为随机扰动项(通常以 ε 表示),以此形式引入模型。

1. 随机扰动项 ε 的构成

ε 是对被解释变量有影响但又未被列入模型系统部分的所有因素的总和。ε 的构成主要包括以下两大方面:

(1) 省略误差

省略误差产生于自变量的省略、数学形式的省略及偶然因素的省略。

关于自变量的省略:不可能将所有自变量均引入模型,而只能引进有限个主要自变量,所以必然会产生省略误差。具体来说,可能省略了次要变量,即对被解释变量影响较弱或影响无明显规律性的变量,或与被解释变量关系不密切的变量;省略了不可观测的变量;省略了可观测但不可计量的变量;省略了建模者还未认识到的变量。

关于数学形式的省略:将复杂的现实的经济社会问题简化为数学上的规范式,这一简化过程必然会产生省略误差。

关于偶然因素的省略:省略了人们不能预料的经济、社会、政治和自然界突发的偶然事件,如人们常说的难以预测的天灾人祸。

(2) 测量误差

测量误差包括观测误差和归并误差。

关于观测误差:从理论上说模型中的变量有精确定义,但实际通过观测获得的数据,很难完全精确度量。另外与观测时所取的精度有关,如统计个人收入时常取至人民币元,角、分则省略。因此样本数据大多有观测误差。

关于归并误差:有些指标,如价格、利润、资本存量、利率,其统计资料是由对某些变量观测值加工汇总而成的,所以常常产生归并误差。

2. 随机扰动项 ε 的特征

由 ε 的构成可知 ε 为随机变量。一般假定它具有统计规律,如假定 $\varepsilon_1,\varepsilon_2,\cdots,\varepsilon_n$

(n 为样本容量)期望为零、方差为常数、协方差为零、服从正态分布等。

由 ε 的构成还可知 ε 不可观测,无观测值。

3. 随机扰动项 ε 的作用

(1) 计量模型具有实证性

ε 引入计量模型后,被解释变量可分解为两部分:一部分是系统部分;另一部分是随机扰动部分,即被解释变量=系统部分+随机扰动部分。

如 §1 中的例子将 C 分解为:

$$C = \underbrace{\beta_1 + \beta_2 \text{YD} + \beta_3 \text{WR}}_{\text{系统部分}} + \underbrace{\varepsilon}_{\text{扰动部分}}$$

将描述 C 的主要部分,即 YD 与 WR 的线性关系,归为系统部分;而影响 C 的其他非主要因素不一一列出,均归在随机扰动项 ε 中。

然后,对模型进行估计和检验,如果模型通过检验,则表明 ε"不起太大作用",可忽略不计,主要影响因素及影响的形式在系统部分中呈现。§1 中的例子如果通过检验,就明确地显示出 C 近似地是 YD,WR 的线性函数。

由此可以看出:计量模型比经济理论中的数理模型具有实证性。

(2) 只能获取参数估计值

由于模型中含有随机扰动项 ε,所以参数虽客观存在,但未知,只能获得估计值。计量经济学的主要任务就是估计参数,并且要估计得好。为此计量经济学中不少内容都是研究 ε,以期提高参数估计的质量。

第 1 章　多元线性回归模型设定

回归模型研究一个变量与若干个变量之间的关系，其中线性回归模型研究它们之间的线性关系。不过，在有些情况下，我们能够通过函数变换将原变量之间的非线性关系转化为新变量之间的线性关系，然后利用线性回归模型进行分析。从这个角度讲，线性回归模型也能处理一部分非线性关系的情况。因此，线性回归模型在计量经济学中居于重要地位。

线性回归模型形式的设定往往从经济理论出发或结合经济理论来考虑。不过，经济理论所描述的经济变量之间的关系是确定的，而现实要复杂得多。与自然科学不同，经济活动一般不可能由观察者或研究者控制，因而各种经济数据本质上具有随机性，经济变量应被作为随机变量对待。同时，经济理论是对经济现实的抽象和简化，计量经济模型所刻画的变量之间的关系也是简化、近似的关系，因为模型不可能把所有的因素、精确的关系都考虑到。所以，计量经济模型中就不可避免地存在随机扰动项。

这样，经济变量之间的关系实质上是一种统计关系，而非经济理论上所描述的确定的函数关系。回归模型就是刻画经济变量之间这种统计关系的。从本质上讲，回归模型是对变量的联合分布的一组约束，回归分析的基本任务就是要利用统计数据检验这些约束是否成立，并估计出其中的参数。这些参数反映了经济变量之间回归关系的大小和方向，是计量经济学家在研究中最感兴趣的对象。

本章将介绍多元线性回归模型对变量的联合分布的基本假定或约束，即模型设定。除非特别声明，以下各章讨论的对象均为常参数单一方程模型。

本章第一节介绍多元线性回归模型的数学形式和一些基本概念；第二节阐述多元线性回归模型的基本假定；第三节介绍多元线性回归模型的简单特例——一元线性回归模型和二元线性回归模型。

§1　总体回归模型的数学形式

一、总体回归模型

总体回归模型的一般形式为

$$Y = f(X_1, \cdots, X_K) + \varepsilon,$$

它刻画的是 Y 与 $X_1, \cdots, X_K$ 之间客观真实的回归关系，如果假定其中的函数 f 为线性函数，即

$$f(X_1, \cdots, X_K) = \beta_1 X_1 + \cdots + \beta_K X_K,$$

就得到了多元线性回归模型

$$Y = \beta_1 X_1 + \cdots + \beta_K X_K + \varepsilon. \tag{①}$$

多元线性回归模型是计量经济学研究的主要对象，该模型对 Y 与 $X_1, \cdots, X_K$ 之间的关系附加了许多假定。下面一一解释该模型涉及的有关符号及概念。

1. 变量

Y 与 X 均为可观察的随机变量。① Y 被称为因变量，也称被解释变量、预测子、回归子或响应变量等。单方程模型只含有一个因变量。

$X_1, \cdots, X_K$ 被称为自变量，也称解释变量、预测元、回归元、刺激或控制变量等。一般情况下 $X_1 = 1$，代表常数项，真正的解释变量个数为 $K-1$。

由此可见，所谓多元回归模型是指含有多个自变量，而因变量只有一个的模型，目的在于分析因变量与自变量之间的关系。上述模型也称 K 变量模型。

2. 参数

$\beta_1, \cdots, \beta_K$ 被称为总体参数，它们是客观存在的，但永远是未知的，我们只能利用数据进行估计。在计量经济学中，参数永远是和总体模型联系在一起的，而计量经济学的基本任务就是利用 $X_1, \cdots, X_K$ 及 Y 的样本数据来估计参数 $\beta_1, \cdots, \beta_K$。

在这 K 个未知参数中，β_1 不同于其他参数，它对应于 X_1，被称为截距项，而 $\beta_2, \cdots, \beta_K$ 则称为斜率。

如果模型不含常数项 X_1，也就是说不含截距项 β_1，此时称为无截距模型。

从总体回归模型可得：

$$\beta_k = \frac{\partial Y}{\partial X_k} \approx \frac{\Delta Y}{\Delta X_k} \tag{②}$$

②式表明，β_k 代表 X_k 对 Y 的边际效应，即在其他变量不变的情况下，平均而言 X_k 变动 1 单位，相应 Y 变动 β_k 单位。$\beta_k>0$，表明 Y 与 X_k 同向变动；$\beta_k<0$，表明 Y 与 X_k 反向变动。β_k 的大小反映了 X_k 对 Y 的影响程度。

这也说明，β_k 是有量纲（单位）的量。β_1 的量纲与 Y 的量纲相同，$\beta_2, \cdots, \beta_K$ 的量纲分别为 Y 的单位除以 $X_2, \cdots, X_K$ 的单位，比如，若 Y 的单位为亿元，X_2 的单位为吨，则 β_2 的单位为亿元/吨。所以，总体参数 $\beta_1, \cdots, \beta_K$ 的值受到变量 $X_2, \cdots, X_K$ 及 Y 的量纲的影响。如果改变了变量的量纲，总体参数的取值也会发生变化。

---

① 在古典模型中，X 被认为是非随机的。

3. 方程式

从②式可见，$\frac{\partial Y}{\partial X_k}=\beta_k$，与 $X_1,\cdots,X_K$ 无关，这说明 Y 对 X 是线性的。类似地，从总体回归模型可得：$\frac{\partial Y}{\partial \beta_k}=X_k$，与 $\beta_1,\cdots,\beta_K$ 无关，这说明 Y 对 β 也是线性的。所以上述模型无论对变量还是对参数都是线性的。

需要指出的是，计量经济模型的参数是未知的，我们在建模过程中面临的主要任务是估计这些未知参数，因此，"线性回归"中的线性概念是指求解参数估计值的正规方程组为线性的，而不是指 Y 对 X 是线性的。

4. 随机扰动项

前面已经指出，计量经济模型不可能把所有的因素、精确的关系都考虑到，而且各种经济变量本质上具有随机性，所以，模型所刻画的变量之间的关系只是简化、近似的统计关系，这样就有必要在模型中引进随机扰动项。

随机扰动项主要反映了这样一些因素——省略变量、非线性近似、测量误差以及不可预测的随机影响。它所包含的内容及分布性质，将决定我们对计量模型分析和估计方法的选择。

值得指出的是，我们在模型中引进的是"加性"随机项，这样就将因变量 Y 分解成两部分——系统部分与非系统部分：

$$Y = (\beta_1 X_1 + \cdots + \beta_K X_K) + \varepsilon$$

在上式中，等号右边的第一部分为系统部分，这部分以 $X_1,\cdots,X_K$ 的线性组合来解释 Y。当 $X_1,\cdots,X_K$ 给定时，它是确定性的。等号右边的第二部分为非系统部分，是随机性的，即随机扰动项 ε。系统部分与非系统部分之和构成了 Y。显然，随机扰动项是不可观测的。但值得指出的是，由于系统部分包含未知参数 $\beta_1,\cdots,\beta_K$，所以它也是不可直接观测到的。

这样，随机扰动项 ε 的引进使得理论模型变为实证模型，所有影响 Y 但未包含在模型系统部分的因素都包含于 ε 之中。

我们将模型①称为 Y 对 $X_1,\cdots,X_K$ 的总体回归模型。当该模型反映了 Y 与 X 之间的因果关系时，我们将之称为结构模型。

二、总体回归模型的样本形式

虽然设定了总体回归模型的数学形式，但参数却是未知的，需通过样本数据对总体回归模型①中的参数进行估计，这就需要建立总体回归模型的样本形式。

取定容量为 n 的样本，记$(Y_i,X_{i2},\cdots,X_{iK})$为第 i 个观测点，$i=1,2,\cdots,n$。我们可以采用几种不同的形式来表示总体回归模型的样本形式。

1. 观测值形式

观测值形式的总体回归模型就是将对应于每个观测点的观测值代入总体回归模型，其形式为：

$$Y_i = \beta_1 X_{i1} + \beta_2 X_{i2} + \cdots + \beta_K X_{iK} + \varepsilon_i, \quad i = 1, \cdots, n,$$

其中 $X_{i1} = 1$，或写为

$$Y_i = \beta_1 + \beta_2 X_{i2} + \cdots + \beta_K X_{iK} + \varepsilon_i, \quad i = 1, \cdots, n.$$

2. 矩阵形式

矩阵形式的总体回归模型比较简洁，其形式为

$$\begin{bmatrix} Y_1 \\ \vdots \\ Y_n \end{bmatrix} = \begin{bmatrix} X_{11} & X_{12} & \cdots & X_{1K} \\ \vdots & \vdots & & \vdots \\ X_{n1} & X_{n2} & \cdots & X_{nK} \end{bmatrix} \begin{bmatrix} \beta_1 \\ \vdots \\ \beta_K \end{bmatrix} + \begin{bmatrix} \varepsilon_1 \\ \vdots \\ \varepsilon_n \end{bmatrix}$$

这样就可采用矩阵符号表示为

$$\boldsymbol{Y} = \boldsymbol{X\beta} + \boldsymbol{\varepsilon},$$

其中，$\boldsymbol{Y}$ 为 n 维列向量，$\boldsymbol{X}$ 为 $n \times K$ 阶矩阵，$\boldsymbol{\beta}$ 为 K 维列向量，$\boldsymbol{\varepsilon}$ 为 n 维列向量。

3. 列向量组形式

如果将矩阵 $\boldsymbol{X}$ 写成列向量组的形式：

$$\boldsymbol{X} = [\boldsymbol{x}_1, \cdots, \boldsymbol{x}_K],$$

就可以用列向量组的形式来表示总体回归模型：

$$\boldsymbol{Y} = [\boldsymbol{x}_1, \cdots, \boldsymbol{x}_K] \begin{bmatrix} \beta_1 \\ \vdots \\ \beta_K \end{bmatrix} + \boldsymbol{\varepsilon},$$

即

$$Y = \boldsymbol{x}_1 \beta_1 + \cdots + \boldsymbol{x}_K \beta_K + \boldsymbol{\varepsilon},$$

其中

$$\boldsymbol{x}_k = \begin{bmatrix} X_{1k} \\ \vdots \\ X_{nk} \end{bmatrix}, \quad k = 1, 2, \cdots, K,$$

为第 k 个解释变量的 n 个观测值构成的 n 维列向量。

在有常数项的回归模型中，

$$\boldsymbol{x}_1 = \begin{bmatrix} 1 \\ \vdots \\ 1 \end{bmatrix} \triangleq \mathbf{i}.$$

4. 行向量组形式

如果将矩阵 $\boldsymbol{X}$ 写成行向量组的形式：

$$\boldsymbol{X}=\begin{bmatrix}\boldsymbol{x}^{1\prime}\\ \vdots \\ \boldsymbol{x}^{n\prime}\end{bmatrix},$$

我们也可以用行向量组的形式来表示总体回归模型:

$$\begin{cases}Y_1=\boldsymbol{x}^{1\prime}\boldsymbol{\beta}+\varepsilon_1,\\ \quad\vdots \\ Y_n=\boldsymbol{x}^{n\prime}\boldsymbol{\beta}+\varepsilon_n,\end{cases}$$

即

$$Y_i=\boldsymbol{x}^{i\prime}\boldsymbol{\beta}+\varepsilon_i,$$

或

$$Y_i=\boldsymbol{\beta}'\boldsymbol{x}^{i}+\varepsilon_i,\quad i=1,2,\cdots,n,$$

其中 $\boldsymbol{x}^{i\prime}=(X_{i1},\cdots,X_{iK})$,表示各解释变量的第 i 个观测值构成的 K 维行向量。

无论总体回归模型以哪种形式表示,我们的目的就是估计其中的参数 $\boldsymbol{\beta}$。

三、总体回归超平面

1. 定义

在总体回归模型①中,假定解释变量 $X_1,\cdots,X_K$ 具有严格外生性,即

$$E(\varepsilon_i\mid\boldsymbol{X})=0,\quad i=1,2,\cdots,n,$$

对方程①两边取条件期望,得

$$E(Y\mid X_1,X_2,\cdots,X_K)=\beta_1X_1+\beta_2X_2+\cdots+\beta_KX_K,\qquad ③$$

这就是总体回归超平面的表达式,其中左端简记为 $E(Y|\boldsymbol{X})$。

从几何上看,对于一元回归,③式对应于直线;对于二元回归,③式对应于平面;对于多元回归(三元以上),③式对应于所谓"超平面"。

2. 估计 $\boldsymbol{\beta}$ 的含义

当参数 $\beta_1,\cdots,\beta_K$ 已知时,就得到了 $E(Y|\boldsymbol{X})$ 的具体表达式,从几何角度看,就是给出了总体回归超平面。它表明随着 X 的变化,Y 的期望值是如何变化的。当 X 取定一组值时,就可求出 Y 的期望值。因此通过回归分析估计参数 $\beta_1,\cdots,\beta_K$,就可以估计 $E(Y|\boldsymbol{X})$,也就寻求到近似的总体回归超平面。

§2 古典线性回归模型的基本假定

本章开始就指出,回归模型实际上就是对变量的联合分布的一组约束。从另外一个角度来讲,这也就是对数据产生过程的描述或刻画。古典线性回归模型包含了一组关于数据产生过程的基本假定。

一、线性性

线性性是指因变量 Y 对参数 β 而言是线性的。在此假定下，我们可进一步通过变量替换使因变量与自变量之间也成为线性关系。

在线性性假定之下，模型的形式为

$$Y = \beta_1 X_1 + \cdots + \beta_K X_K + \varepsilon,$$

如果 Y 对参数 β 线性而对 X 非线性，那么可以通过变量替换将 X 转换为新的变量，使因变量 Y 与新的自变量之间成线性关系。当然，如果方程左端的因变量不是 Y 而是一个不含任何未知参数的函数 $G(Y)$，那么令 $Z=G(Y)$，就可以将原模型转化为关于 $X_1,\cdots,X_K$ 及 Z 的线性回归模型（详见第 5 章）。

二、自变量外生性

自变量外生性是指扰动项 ε 关于自变量 X 的条件期望为零，即

$$E(\varepsilon_i \mid \boldsymbol{X}) = 0, \quad i = 1,2,\cdots,n,$$

或

$$E(\boldsymbol{\varepsilon} \mid \boldsymbol{X}) = \boldsymbol{0}.$$

这里，自变量 X 既可以是固定变量，也可以是随机变量，只要其产生机制与随机扰动项 ε 无关。

在上述假定之下，可以推导出以下几条结论：

1. 随机扰动项的无条件期望为零。

$$E(\varepsilon_i) = 0, \quad i = 1,2,\cdots,n.$$

［证明］

$$E(\varepsilon_i) = E_X[E(\varepsilon_i \mid \boldsymbol{X})] = E_X[0] = 0.$$

这意味着随机变量 ε_i 可随机取若干值，但均在 0 附近波动，或者说，ε_i 随机取值，在平均意义下为 0。注意，这不是说 ε 随机取值 $\varepsilon_1,\cdots,\varepsilon_n$。

在大多数情况下随机扰动项的零均值假定并非必要，只是为了方便起见。比如，在下面的简单线性回归模型中：

$$Y = \beta_1 + \beta_2 X_2 + \varepsilon,$$

若 $E(\varepsilon)=\mu\neq 0$，则可将 Y 改写为

$$Y = \beta_1 + \mu + \beta_2 X_2 + \varepsilon - \mu,$$

令

$$\alpha_1 = \beta_1 + \mu, \quad \nu = \varepsilon - \mu,$$

原模型可改写为

$$Y = \alpha_1 + \beta_2 X_2 + \nu,$$

现在，这一新模型中的随机扰动项就具有零均值了：

$$E(\nu)=0.$$

但是也有例外的情况。由于回归模型有无常数项存在重大差别,人们在建立计量经济模型时遵循的一条基本原则是,除经济理论要求模型无常数项的情况外,都应当设定模型含有常数项。如果经济理论确实要求原始模型不含有常数项,那么假定随机扰动项均值为零与假定其均值非零就有重大差别,因为在对于后者通过变量替换而产生的随机扰动项均值为零的新模型中出现了常数项。

如果随机扰动项的均值为自变量 X 的线性函数,通过类似的变量替换也能产生一个具有零均值随机扰动项的新的线性回归模型。但是,如果随机扰动项的均值为自变量 X 的非线性函数,就要将随机扰动项作为模型设定的一个重要组成部分来考虑了。

一般而言,我们都假定随机扰动项具有零均值,对于可能的非零均值都纳入模型的系统部分之中,这是在建模时就应当充分考虑的问题。

2. 自变量与扰动项无关,即

$$\mathrm{Cov}(X_{jk},\varepsilon_i)=0,\quad i,j=1,2,\cdots,n,\quad k=1,2,\cdots,K.$$

[证明]

根据概率论中的迭代期望律,有

$$E(\varepsilon_i \mid X_{jk})=E[E(\varepsilon_i \mid \boldsymbol{X}) \mid X_{jk}]=E[0 \mid X_{jk}]=0,$$

$$E(X_{jk}\varepsilon_i)=E[E(X_{jk}\varepsilon_i \mid X_{jk})]=E[X_{jk}E(\varepsilon_i \mid X_{jk})]=0,$$

因此有

$$\mathrm{Cov}(X_{jk},\varepsilon_i)=E(X_{jk}\varepsilon_i)-E(X_{jk})\cdot E(\varepsilon_i)=0.$$

这意味着 X 中不含有任何关于随机扰动项 ε 的信息。

进一步,由 $E(X_{jk}\varepsilon_i)=0$ 可知 $E(\boldsymbol{x}_k'\boldsymbol{\varepsilon})=0,k=1,2,\cdots,K$,由此得到 $E(\boldsymbol{X}'\boldsymbol{\varepsilon})=\boldsymbol{0}$,这被称为总体回归模型的矩条件或正交性条件。

3. $\boldsymbol{Y}$ 对 $\boldsymbol{X}$ 回归的系统部分就是 $\boldsymbol{Y}$ 关于 $\boldsymbol{X}$ 的条件期望,即

$$E[\boldsymbol{Y} \mid \boldsymbol{X}]=\boldsymbol{X\beta}.$$

[证明]

$$E(\boldsymbol{Y} \mid \boldsymbol{X})=E(\boldsymbol{X\beta}+\boldsymbol{\varepsilon} \mid \boldsymbol{X})=E(\boldsymbol{X\beta} \mid \boldsymbol{X})+E(\boldsymbol{\varepsilon} \mid \boldsymbol{X})=\boldsymbol{X\beta}.$$

由此可知

$$\boldsymbol{Y}=E[\boldsymbol{Y} \mid \boldsymbol{X}]+\boldsymbol{\varepsilon}.$$

三、样本矩阵 $\boldsymbol{X}$ 满列秩

$$r(\boldsymbol{X})=K<n.$$

上式意味着解释变量的样本向量线性无关。将 $\boldsymbol{X}$ 用列向量组形式表示后,这一含义就一目了然了:

$$\boldsymbol{X} = [\boldsymbol{x}_1, \boldsymbol{x}_2, \cdots, \boldsymbol{x}_K]$$

如果观测数目 n 小于 K，矩阵 $\boldsymbol{X}$ 当然就不可能满列秩。

1. 由此假定可导出：矩阵 $\boldsymbol{X}'\boldsymbol{X}$ 的秩为 K、可逆且正定。

现在证明 $r(\boldsymbol{X}'\boldsymbol{X})=K$。

[证明]

显然 $\boldsymbol{X}'\boldsymbol{X}$ 为 $K\times K$ 阶矩阵，由线性代数知识可知：

$$r(\boldsymbol{X}'\boldsymbol{X}) = r(\boldsymbol{X}) = K.$$

这也意味着 $\boldsymbol{X}'\boldsymbol{X}$ 为可逆矩阵。

进一步可证明 $\boldsymbol{X}'\boldsymbol{X}$ 为正定矩阵。要证明 $\boldsymbol{X}'\boldsymbol{X}$ 正定，只需证明对任意 K 维非零向量 $\boldsymbol{c}$，有 $\boldsymbol{c}'\boldsymbol{X}'\boldsymbol{X}\boldsymbol{c}>0$。

[证明]

① 令 $q=\boldsymbol{c}'\boldsymbol{X}'\boldsymbol{X}\boldsymbol{c}=(\boldsymbol{X}\boldsymbol{c})'(\boldsymbol{X}\boldsymbol{c})=\boldsymbol{\xi}'\boldsymbol{\xi}$，其中 $\boldsymbol{\xi}=\boldsymbol{X}\boldsymbol{c}$，则 q 一定非负，即 $q\geqslant 0$，且 $q=0$ 的充分必要条件为 $\boldsymbol{\xi}=\boldsymbol{0}$。

② 再证对任意 $\boldsymbol{c}\neq\boldsymbol{0}$，有 $\boldsymbol{\xi}\neq\boldsymbol{0}$。采用反证法。假设对某个 $\boldsymbol{c}\neq\boldsymbol{0}$，有 $\boldsymbol{\xi}=\boldsymbol{X}\boldsymbol{c}=\boldsymbol{0}$。将 $\boldsymbol{X}\boldsymbol{c}=\boldsymbol{0}$ 视为系数矩阵为 $\boldsymbol{X}$、未知向量为 $\boldsymbol{c}$ 的齐次线性方程组。因 $r(\boldsymbol{X})=K=$ 未知数个数，所以齐次方程组 $\boldsymbol{X}\boldsymbol{c}=\boldsymbol{0}$ 只有零解，这与 $\boldsymbol{c}\neq\boldsymbol{0}$ 矛盾，所以反证法的假设不成立，即证明之。

③ 由②知，对任意 $\boldsymbol{c}\neq\boldsymbol{0}$，有 $\boldsymbol{\xi}\neq\boldsymbol{0}$，所以 $\boldsymbol{\xi}'\boldsymbol{\xi}\neq\boldsymbol{0}$。显然，$q=\boldsymbol{\xi}'\boldsymbol{\xi}>0$，即 $\boldsymbol{X}'\boldsymbol{X}$ 正定。

2. 这一条件可保证参数估计值的唯一性。例如，考虑二元回归模型：

$$Y = \beta_1 + \beta_2 X_2 + \beta_3 X_3 + \varepsilon,$$

$\boldsymbol{X}=[\boldsymbol{x}_1, \boldsymbol{x}_2, \boldsymbol{x}_3]$，我们要求 $\boldsymbol{X}$ 满列秩，即 $r(\boldsymbol{X})=3$。

但若自变量之间线性相关，不妨设 $X_3=aX_2$，即有

$$X_{i3} = aX_{i2}, \quad i = 1,2,\cdots,n,$$

代入原模型，得

$$Y_i = \beta_1 + \beta_2 X_{i2} + \beta_3 a X_{i2} + \varepsilon_i,$$

整理得

$$Y_i = \beta_1 + (\beta_2 + a\beta_3) X_{i2} + \varepsilon_i.$$

这样，我们可以估计出 β_1 和 $\beta_2'=\beta_2+a\beta_3$，但无法唯一估计出 β_2 和 β_3。

3. 如果解释变量的样本向量线性无关但近似相关，那么这种情况尽管没有违反 $\boldsymbol{X}$ 满列秩假定，却可能导致在模型的估计和检验中出现严重的错误，这一现象被称为多重共线性，第 8 章将专门讨论这一问题。

四、随机扰动项同方差、无自相关

随机扰动项同方差、无自相关的假定可简洁地表示为：

$$\mathrm{Var}(\boldsymbol{\varepsilon} \mid \boldsymbol{X}) = E(\boldsymbol{\varepsilon}\boldsymbol{\varepsilon}' \mid \boldsymbol{X}) = \sigma^2 \boldsymbol{I} = \begin{bmatrix} \sigma^2 & \cdots & 0 \\ \vdots & \ddots & \vdots \\ 0 & \cdots & \sigma^2 \end{bmatrix},$$

其中 $\boldsymbol{I}$ 为 n 阶单位矩阵。

由这一假定可以得到以下几条结论：

1. $\boldsymbol{\varepsilon}$ 的无条件方差-协方差矩阵①

$$\mathrm{Var}(\boldsymbol{\varepsilon}) = E[\mathrm{Var}(\boldsymbol{\varepsilon} \mid \boldsymbol{X})] + \mathrm{Var}[E(\boldsymbol{\varepsilon} \mid \boldsymbol{X})] = \sigma^2 \boldsymbol{I}.$$

上式由概率论知识中的方差分解公式和假定 $E(\varepsilon|X)=0$ 及本假定得到。

2. Y 的条件方差-协方差矩阵

$\mathrm{Var}(\boldsymbol{Y}|\boldsymbol{X})=\mathrm{Var}(\boldsymbol{\varepsilon}|\boldsymbol{X})=\sigma^2\boldsymbol{I}$。但 $\boldsymbol{Y}$ 的无条件方差 $\mathrm{Var}(\boldsymbol{Y})$ 不一定等于 $\sigma^2\boldsymbol{I}$。

3. 同方差

对于对角线元素来说，

$$\mathrm{Var}(\varepsilon_i \mid \boldsymbol{X}) = E(\varepsilon_i^2 \mid \boldsymbol{X}) = \sigma^2, \quad i = 1,\cdots,n,$$

$$\mathrm{Var}(\varepsilon_i) = E(\varepsilon_i^2) = \sigma^2, \quad i = 1,\cdots,n.$$

这表示对应于各观测的随机扰动项具有同方差，即 ε_i 围绕 0(均值)的波动程度相同。

因为 $\mathrm{Var}(Y_i|\boldsymbol{X})=\sigma^2$，所以各观测 $Y_1,\cdots,Y_n$ 的条件方差相同，即 $Y_1,\cdots,Y_n$ 围绕各自的条件期望 $E(Y_1|\boldsymbol{X}),\cdots,E(Y_n|\boldsymbol{X})$ 的波动程度相同。

如果各观测的随机扰动项方差不全相等，我们就说存在异方差问题。比如在采用横截面回归模型考察家庭旅游支出与收入之间的关系时，往往就存在异方差问题。这是因为低收入家庭旅游支出的波动程度一般较低，即其 σ^2 较小；而高收入家庭旅游支出的波动程度往往较高，即其 σ^2 较大。

如果存在异方差现象，就需要进行检验和处理，第 10 章将专门讨论这一问题。

4. 无自相关

对于非对角线元素来说，

$$\mathrm{Cov}(\varepsilon_i,\varepsilon_j \mid \boldsymbol{X}) = E(\varepsilon_i\varepsilon_j \mid \boldsymbol{X}) = 0, \quad \forall i \neq j$$

$$\mathrm{Cov}(\varepsilon_i,\varepsilon_j) = E(\varepsilon_i\varepsilon_j) = 0, \quad \forall i \neq j$$

进一步可得

$$\mathrm{Cov}(Y_i,Y_j \mid \boldsymbol{X}) = 0, \quad \forall i \neq j$$

这意味着，序列 $\varepsilon_1,\cdots,\varepsilon_n$ 两两不相关，在 X 条件下序列 $Y_1,\cdots,Y_n$ 也两两不相关。

在家庭旅游支出与收入关系的时间序列回归模型中，无自相关意味着，对于同一家庭任意两个不同年份的收入($X_t \neq X_s$)，旅游支出(Y_t,Y_s)毫无关系。

① 有关定义参阅本章附录。

如果存在自相关现象,比如由于家庭消费行为的惯性而产生自相关,就需要进行检验和处理,第 11 章将专门讨论这一问题。

五、随机扰动项服从条件正态分布

假定随机扰动项服从条件正态分布。这一假定可以表示为:

$$\boldsymbol{\varepsilon} \mid \boldsymbol{X} \sim N(\mathbf{0},\sigma^2\boldsymbol{I}).$$

1. 当采用 OLS 法估计模型参数时,对于估计量的求解及其一些良好性质而言,关于随机扰动项的正态分布假定并非必不可少。不过,在正态分布假定下我们可以得到一些重要检验统计量的精确分布,以便对参数的显著性进行检验。

当采用最大似然法估计模型参数时,我们需要利用正态分布假定。

2. 服从正态分布的随机变量具有一个重要性质:如果一组随机变量均服从正态分布,那么,这些随机变量相互独立与不相关是等价的。在正态分布假定与无自相关假定同时成立的情况下,随机扰动项 $\varepsilon_1,\cdots,\varepsilon_n$ 相互独立。

3. 关于随机扰动项不服从正态分布的问题,将在第 7 章中讨论。

4. 易证 $\boldsymbol{Y}\mid\boldsymbol{X}\sim N(\boldsymbol{X\beta},\sigma^2\boldsymbol{I})$。

§3　特例:一元、二元线性回归模型

一元线性回归模型和二元线性回归模型是最简单的回归模型。现在概述这两种模型的形式和假定。

一、一元线性回归模型

1. 总体回归模型

$$Y = \beta_1 + \beta_2 X + \varepsilon.$$

2. 样本形式

$$\boldsymbol{Y} = \boldsymbol{X\beta} + \boldsymbol{\varepsilon},$$

其中,$\boldsymbol{Y}=\begin{bmatrix} Y_1 \\ \vdots \\ Y_n \end{bmatrix}$, $\boldsymbol{X}=\begin{bmatrix} 1 & X_1 \\ \vdots & \vdots \\ 1 & X_n \end{bmatrix}=(\mathbf{i},\boldsymbol{x})$, $\boldsymbol{\beta}=\begin{bmatrix} \beta_1 \\ \beta_2 \end{bmatrix}$, $\boldsymbol{\varepsilon}=\begin{bmatrix} \varepsilon_1 \\ \vdots \\ \varepsilon_n \end{bmatrix}$。

3. 总体回归直线

$$E(Y \mid X) = \beta_1 + \beta_2 X.$$

4. 基本假定

① $E(\varepsilon_i|\boldsymbol{X})=0,\quad i=1,2,\cdots,n$;

② $r(\boldsymbol{X})=2$;

③ $\mathrm{Var}(\boldsymbol{\varepsilon}|\boldsymbol{X})=\sigma^2\boldsymbol{I}$;

④ $\boldsymbol{\varepsilon}|X\sim N(\boldsymbol{0},\sigma^2\boldsymbol{I})$。

二、二元线性回归模型

1. 总体回归模型

$$Y=\beta_1+\beta_2X_2+\beta_3X_3+\varepsilon.$$

2. 样本形式

$$\boldsymbol{Y}=\boldsymbol{X\beta}+\boldsymbol{\varepsilon},$$

其中,$\boldsymbol{Y}=\begin{bmatrix}Y_1\\ \vdots\\ Y_n\end{bmatrix}$, $\boldsymbol{X}=\begin{bmatrix}1 & X_{12} & X_{13}\\ 1 & X_{22} & X_{23}\\ \vdots & \vdots & \vdots\\ 1 & X_{n2} & X_{n3}\end{bmatrix}=[\mathbf{i},\boldsymbol{x}_2,\boldsymbol{x}_3]$, $\boldsymbol{\beta}=\begin{bmatrix}\beta_1\\ \beta_2\\ \beta_3\end{bmatrix}$, $\boldsymbol{\varepsilon}=\begin{bmatrix}\varepsilon_1\\ \vdots\\ \varepsilon_n\end{bmatrix}$。

3. 总体回归平面

$$E(Y|\boldsymbol{X})=\beta_1+\beta_2X_2+\beta_3X_3.$$

4. 基本假定

① $E(\varepsilon_i|\boldsymbol{X})=0,\quad i=1,2,\cdots,n$;

② $r(\boldsymbol{X})=3$;

③ $\mathrm{Var}(\boldsymbol{\varepsilon}|\boldsymbol{X})=\sigma^2\boldsymbol{I}$;

④ $\boldsymbol{\varepsilon}|\boldsymbol{X}\sim N(\boldsymbol{0},\sigma^2\boldsymbol{I})$。

附录

随机向量的期望向量和方差–协方差矩阵定义

设 n 维随机向量 $\boldsymbol{x}=(x_1,x_2,\cdots,x_n)'$。

① $\boldsymbol{x}$ 的期望向量 $E(\boldsymbol{x})$ 定义为:$E(\boldsymbol{x})=(E(x_1),E(x_2),\cdots,E(x_n))'$为一 n 维列向量,其分量为每个 x_k 的期望。

② $\boldsymbol{x}$ 的方差–协方差矩阵 Var-Cov($\boldsymbol{x}$)定义为

$$
\text{Var-Cov}(\boldsymbol{x}) = E[(\boldsymbol{x} - E(\boldsymbol{x}))(\boldsymbol{x} - E(\boldsymbol{x}))'] = \begin{bmatrix} \text{Var}(x_1) & \text{Cov}(x_1, x_2) & \cdots & \text{Cov}(x_1, x_n) \\ \text{Cov}(x_2, x_1) & \text{Var}(x_2) & \cdots & \text{Cov}(x_2, x_n) \\ \vdots & \vdots & & \vdots \\ \text{Cov}(x_n, x_1) & \text{Cov}(x_n, x_2) & \cdots & \text{Var}(x_n) \end{bmatrix}
$$

是一个 n 阶对称矩阵，简记为 $\text{Var}(\boldsymbol{x})$。

第 2 章　多元线性回归模型估计

在设定模型的结构并取得样本数据之后，我们面临的任务就是估计模型中的未知总体参数。对于多元线性回归模型：

$$Y = \beta_1 X_1 + \cdots + \beta_K X_K + \varepsilon,$$

取定样本后为

$$\boldsymbol{Y} = \boldsymbol{X\beta} + \boldsymbol{\varepsilon}.$$

假设该式满足古典假定。

在第 1 章中，我们讲到，在自变量 $\boldsymbol{X}$ 给定的情况下，参数 $\boldsymbol{\beta}$ 和 σ^2 决定了因变量 Y 的条件概率分布，我们的任务就是利用样本数据估计出这 $K+1$ 个参数。当模型设定正确，参数 $\boldsymbol{\beta}$ 反映了作为解释变量的 $\boldsymbol{X}$ 对 Y 的影响，具有直接的经济意义，是我们的研究兴趣所在。对参数 σ^2 的关注，是为了获得估计量的分布信息，从而对参数 $\boldsymbol{\beta}$ 进行假设检验。

长期以来，普通最小二乘估计法是使用最普遍的方法。但是在有些情况下，存在具有更好性质的其他估计方法。尽管如此，最小二乘估计法仍具有重要意义，因为不仅可以用最小二乘估计法作为评价其他估计方法优劣的基准，而且其他估计方法往往可以视为对最小二乘估计法的某种改进。

本章第一、二节分别介绍总体参数的普通最小二乘估计以及估计量的统计特性；第三节讨论如何将模型表示为离差形式然后进行估计；第四节给出估计模型中部分参数的方法；第五节讨论随机扰动项方差的最小二乘估计问题；第六节简单介绍最大似然估计法；第七节介绍无截距回归模型的估计。

§1　总体参数 β 的普通最小二乘估计

一、样本回归模型及超平面

所谓样本回归模型指的是，根据样本资料所得到的总体回归模型的估计结果。对于总体回归模型：

$$\boldsymbol{Y} = \boldsymbol{X\beta} + \boldsymbol{\varepsilon} = E(\boldsymbol{Y} \mid \boldsymbol{X}) + \boldsymbol{\varepsilon},$$

$\boldsymbol{\beta}$ 为待估计的未知参数,我们在得到 $X_1,\cdots,X_K$ 及 $\boldsymbol{Y}$ 的样本数据后采用适当的方法来估计它。首先需区分总体参数 $\boldsymbol{\beta}$ 和相应的样本估计量,类似地,我们也要将随机扰动项 $\boldsymbol{\varepsilon}$ 和它的估计量区分开来。

设已得到 $\boldsymbol{\beta}$ 的估计值向量,记为 $\hat{\boldsymbol{\beta}}=\begin{bmatrix}\hat{\beta}_1\\ \vdots\\ \hat{\beta}_K\end{bmatrix}$,进而得到样本回归超平面:

$$\hat{\boldsymbol{Y}} = \boldsymbol{X}\hat{\boldsymbol{\beta}},$$

样本回归超平面与 $\hat{\boldsymbol{\beta}}$ 一一对应。

在此基础上定义残差向量:

$$\boldsymbol{e} = \boldsymbol{Y} - \hat{\boldsymbol{Y}} = \boldsymbol{Y} - \boldsymbol{X}\hat{\boldsymbol{\beta}},$$

将上式改写就得到样本回归模型:

$$\boldsymbol{Y} = \boldsymbol{X}\hat{\boldsymbol{\beta}} + \boldsymbol{e}.$$

这样,在对 $X_2,\cdots,X_K$ 赋值后,由样本回归超平面就可得到被解释变量 Y 的拟合值 $\hat{Y}$,而残差则表示观测值 Y 与拟合值 $\hat{Y}$ 之间的偏差,可被视为随机扰动项 $\boldsymbol{\varepsilon}$ 的估计量。

二、最小二乘估计原理

1. 问题的提出

从数学上看,由于 $\boldsymbol{\beta}$ 为因变量 Y 的条件概率分布函数中的参数,利用样本数据来估计这种未知参数属于统计推断问题。但是我们可以从代数的角度来考虑,问题就转化为如何选择 $\boldsymbol{\beta}$ 的估计值使得由此得到的因变量的拟合值 $\hat{Y}$ 尽可能接近其观测值 Y。

以一元线性回归模型为例:

$$Y = \beta_1 + \beta_2 X + \varepsilon.$$

总体回归直线为 $E(Y|X)=\beta_1+\beta_2X$,现在要用样本回归直线 $\hat{Y}=\hat{\beta}_1+\hat{\beta}_2X$ 来近似它。我们知道直线方程与截距和斜率是一一对应的,所以寻求直线问题就化为如何选择其中的参数 $\hat{\beta}_1$ 和 $\hat{\beta}_2$ 的问题。参数取值不同,样本回归直线也就不同,显然可以用各种各样的样本回归直线来近似总体回归直线,不过我们需要选择一条“最好”的直线。什么样的直线才是“最好”的呢?这取决于评价拟合好坏的标准。

直观地看,残差 e 的绝对值越小,拟合效果就越好(见图 2-1)。但是,对应于每个观测都有相应的残差,我们应当使这些残差从总体上看最小。一种候选准则是 $\min \max\limits_i |e_i|$,但是目标函数 $\max\limits_i |e_i|$ 为非线性函数,且包含绝对值符号,难以处理。另一种候选准则是 $\min \sum\limits_{i=1}^{n} |e_i|$,但函数 $\sum\limits_{i=1}^{n} |e_i|$ 的解析性质差。

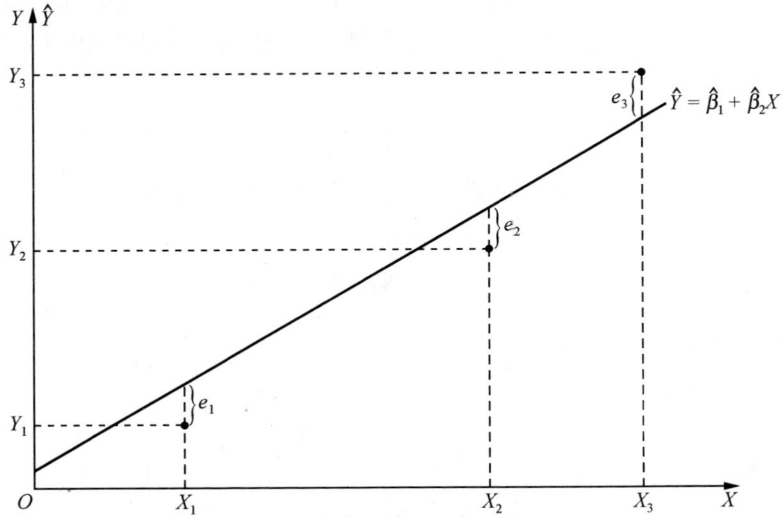

图 2-1　样本回归线、样本点和相应的残差项

使用最广泛的准则就是所谓最小二乘准则：

$$\min \ \|\boldsymbol{e}\|^2 = \min \boldsymbol{e}'\boldsymbol{e} = \min \sum_{i=1}^{n} e_i^2,$$

其中

$$\boldsymbol{e} = \begin{bmatrix} e_1 \\ \vdots \\ e_n \end{bmatrix}.$$

可见，最小二乘准则就是最小化残差平方和。由于 $\|\boldsymbol{e}\|$ 表示向量长度，该准则具有明确的几何含义，同时在数学上也易于处理。

2. 最小二乘原理

现在，给定一组观测值：

$$Y_i, X_{i1}, \cdots, X_{iK}, \quad i = 1, \cdots, n,$$

即已知 $\boldsymbol{X}, \boldsymbol{Y}$，选择决策变量 $\hat{\boldsymbol{\beta}}$（K 个变量）使目标函数 $\sum\limits_{i=1}^{n} e_i^2$ 达到极小，即求无约束极小值问题：

$$\min_{\hat{\boldsymbol{\beta}}} \boldsymbol{e}'\boldsymbol{e}.$$

首先将残差向量 $\boldsymbol{e}$ 表示为参数 $\hat{\boldsymbol{\beta}}$ 的函数：

$$\boldsymbol{e} = \boldsymbol{Y} - \hat{\boldsymbol{Y}} = \boldsymbol{Y} - \boldsymbol{X}\hat{\boldsymbol{\beta}},$$

这样就有

$$\begin{aligned} \boldsymbol{e}'\boldsymbol{e} &= (\boldsymbol{Y}-\boldsymbol{X}\hat{\boldsymbol{\beta}})'(\boldsymbol{Y}-\boldsymbol{X}\hat{\boldsymbol{\beta}}) \\ &= \boldsymbol{Y}'\boldsymbol{Y}-\boldsymbol{Y}'\boldsymbol{X}\hat{\boldsymbol{\beta}}-\hat{\boldsymbol{\beta}}'\boldsymbol{X}'\boldsymbol{Y}+\hat{\boldsymbol{\beta}}'\boldsymbol{X}'\boldsymbol{X}\hat{\boldsymbol{\beta}}. \end{aligned}$$

因为 $\boldsymbol{Y}'\boldsymbol{X}\hat{\boldsymbol{\beta}}=\hat{\boldsymbol{\beta}}'\boldsymbol{X}'\boldsymbol{Y}$,所以

$$\boldsymbol{e}'\boldsymbol{e} = \boldsymbol{Y}'\boldsymbol{Y}-2\hat{\boldsymbol{\beta}}'\boldsymbol{X}'\boldsymbol{Y}+\hat{\boldsymbol{\beta}}'\boldsymbol{X}'\boldsymbol{X}\hat{\boldsymbol{\beta}}.$$

(1) 一阶条件

利用线性函数和二次型的向量微商①得到一阶条件:

$$\frac{\partial \boldsymbol{e}'\boldsymbol{e}}{\partial \hat{\boldsymbol{\beta}}} = -2\boldsymbol{X}'\boldsymbol{Y}+2\boldsymbol{X}'\boldsymbol{X}\hat{\boldsymbol{\beta}} \triangleq \boldsymbol{0},$$

由此可求出驻点,以 $\boldsymbol{b}$ 表示。

(2) 二阶条件

由于

$$\left.\frac{\partial^2 \boldsymbol{e}'\boldsymbol{e}}{\partial \hat{\boldsymbol{\beta}}\partial \hat{\boldsymbol{\beta}}'}\right|_{\hat{\boldsymbol{\beta}}=\boldsymbol{b}} = 2\boldsymbol{X}'\boldsymbol{X},$$

再根据 $r(\boldsymbol{X})=K$ 可知 $\boldsymbol{X}'\boldsymbol{X}$ 为正定矩阵,因此二阶条件满足,$\hat{\boldsymbol{\beta}}=\boldsymbol{b}$ 确实为极小值点。

三、正规方程组

1. 求解形式的正规方程组

由一阶条件 $\frac{\partial \boldsymbol{e}'\boldsymbol{e}}{\partial \hat{\boldsymbol{\beta}}}=-2\boldsymbol{X}'\boldsymbol{Y}+2\boldsymbol{X}'\boldsymbol{X}\hat{\boldsymbol{\beta}}\triangleq\boldsymbol{0}$ 导出:

$$\boldsymbol{X}'\boldsymbol{X}\boldsymbol{b} = \boldsymbol{X}'\boldsymbol{Y},$$

这就是正规方程组(也称正则方程组)的求解形式。这是一个 K 阶线性方程组,其系数矩阵为 K 阶方阵 $\boldsymbol{X}'\boldsymbol{X}$,常数项为 K 维列向量 $\boldsymbol{X}'\boldsymbol{Y}$,未知向量为 K 维列向量 $\boldsymbol{b}$。

由于 $r(\boldsymbol{X})=K$,故 $\boldsymbol{X}'\boldsymbol{X}$ 为可逆矩阵,因此可求解正规方程组,得到

$$\boldsymbol{b} = (\boldsymbol{X}'\boldsymbol{X})^{-1}\boldsymbol{X}'\boldsymbol{Y},$$

这就是参数 $\boldsymbol{\beta}$ 的最小二乘估计量 $\boldsymbol{b}$ 的表达式。

若样本矩阵 $\boldsymbol{X}$ 表示为 $\boldsymbol{X}=[\boldsymbol{x}_1,\cdots,\boldsymbol{x}_K]$,则

$$\boldsymbol{X}'\boldsymbol{X} = \begin{bmatrix} \boldsymbol{x}_1' \\ \vdots \\ \boldsymbol{x}_K' \end{bmatrix}[\boldsymbol{x}_1,\cdots,\boldsymbol{x}_K] = \begin{bmatrix} \boldsymbol{x}_1'\boldsymbol{x}_1 & \cdots & \boldsymbol{x}_1'\boldsymbol{x}_K \\ \vdots & & \vdots \\ \boldsymbol{x}_K'\boldsymbol{x}_1 & \cdots & \boldsymbol{x}_K'\boldsymbol{x}_K \end{bmatrix},\quad \boldsymbol{X}'\boldsymbol{Y} = \begin{bmatrix} \boldsymbol{x}_1'\boldsymbol{Y} \\ \vdots \\ \boldsymbol{x}_K'\boldsymbol{Y} \end{bmatrix}$$

若样本矩阵 $\boldsymbol{X}$ 表示为 $\boldsymbol{X}=\begin{bmatrix} \boldsymbol{x}^{1\prime} \\ \vdots \\ \boldsymbol{x}^{n\prime} \end{bmatrix}$,则

① 向量微商的定义参阅本章附录 1。

$$X'X = [x^1, \cdots, x^n]\begin{bmatrix} x^{1\prime} \\ \vdots \\ x^{n\prime} \end{bmatrix} = \sum_{i=1}^{n} x^i x^{i\prime}, \quad X'Y = [x^1, \cdots, x^n]\begin{bmatrix} Y_1 \\ \vdots \\ Y_n \end{bmatrix} = \sum_{i=1}^{n} x^i Y_i.$$

2. 残差形式的正规方程组

我们仍从一阶条件出发,有 $X'(Y-Xb)=0$,而 $Y-Xb=e$,故正规方程组可写为

$$X'e = 0,$$

这就是正规方程组的残差形式。

3. 矩估计思路

在第 1 章的古典线性回归模型的基本假定中,我们曾经介绍了自变量外生性的假定,即扰动项 ε 关于自变量 X 的条件期望为零:$E(\varepsilon \mid X)=0$。由该假定,我们可以得到 $E(X'\varepsilon)=0$,它被称为总体回归模型的矩条件或正交性条件。

由总体回归模型的矩条件 $E(X'\varepsilon)=0$ 可知:

$$E[X'(Y - X\beta)] = 0.$$

根据矩估计原理,我们希望选择参数的值,使得样本矩满足相应的总体矩条件。样本矩满足总体矩条件是指:找到 β 的一个估计量 $\hat{\beta}$ 使其样本矩为零,则得到矩估计方程组:

$$\frac{1}{n}X'(Y - X\hat{\beta}) = 0,$$

化简后可得

$$X'X\hat{\beta} = X'Y.$$

该方程组的解 $\hat{\beta}$ 被称为矩估计量。显然 $\hat{\beta}=b$,b 为 OLS 估计量;$Y-X\hat{\beta}=Y-Xb=e$,为 OLS 残差。OLS 与矩估计得到了相同的估计结果,因此 OLS 估计同时也是矩估计。

后续章节将详细介绍矩估计和广义矩估计。

4. 最小二乘残差的特性

由于 $X=[x_1, x_2, \cdots, x_K]=[\mathbf{i}, x_2, \cdots, x_K]$,我们可以将残差形式的正规方程组 $X'e=0$ 改写为

$$\begin{bmatrix} x_1' \\ x_2' \\ \vdots \\ x_K' \end{bmatrix} e = 0,$$

亦即

$$\begin{cases} x_1'e = 0, \\ x_k'e = 0, \quad k = 2, \cdots, K. \end{cases}$$

现在,我们来说明上述结果的具体含义。

（1）所有残差之和等于零

$\boldsymbol{x}_1'\boldsymbol{e}=0$ 就是 $\mathbf{i}'\boldsymbol{e}=0$,展开后可写为 $e_1+\cdots+e_n=0$,等价于 $\bar{e}=0$。这表明,尽管对应于每个观测的残差有正有负,不一定为零,但所有残差之和一定等于零,或者说残差的平均值等于零。

需要注意的是,只有在模型中含有截距项 $\boldsymbol{x}_1=\mathbf{i}$ 时,这一结论才成立。如果模型不包含截距项,则残差之和未必为零。

（2）解释变量的样本向量与残差向量正交

$$\begin{cases}\boldsymbol{x}_2'\boldsymbol{e} = 0,\\ \vdots \\ \boldsymbol{x}_K'\boldsymbol{e} = 0.\end{cases}$$

上式表明,解释变量 X_k 的样本向量 $\boldsymbol{x}_k$ 与残差向量 $\boldsymbol{e}$ 的内积为零,也即 $\boldsymbol{x}_k$ 与 $\boldsymbol{e}$ 正交。这个性质表明,OLS 估计的残差项没有包含任何有关 X 的信息,也就是说,对于残差项 $\boldsymbol{e}$,我们无法用 X 再做出任何进一步的解释。

四、样本回归超平面及其特性

1. 样本回归超平面的表达式

样本回归超平面为

$$\hat{E}(\boldsymbol{Y}\mid\boldsymbol{X}) = b_1 + b_2X_2 + \cdots + b_KX_K,$$

将各解释变量样本值代入后,存在几种不同的表达形式:

（1）分量形式

$$\hat{Y}_i = b_1 + b_2X_{i2} + \cdots + b_KX_{iK},\quad i = 1,2,\cdots,n,$$

$\hat{Y}_i$ 被称为 Y_i 在样本期内的拟合值,简称拟合值。相应残差为

$$e_i = Y_i - \hat{Y}_i = Y_i - (b_1 + b_2X_{i2} + \cdots + b_KX_{iK}),\quad i = 1,2,\cdots,n.$$

（2）列向量组形式

$$\hat{\boldsymbol{Y}} = b_1\boldsymbol{x}_1 + b_2\boldsymbol{x}_2 + \cdots + b_K\boldsymbol{x}_K,$$

相应的残差向量为

$$\boldsymbol{e} = \boldsymbol{Y} - \hat{\boldsymbol{Y}} = \boldsymbol{Y} - (b_1\boldsymbol{x}_1 + b_2\boldsymbol{x}_2 + \cdots + b_K\boldsymbol{x}_K).$$

（3）行向量组形式

$$\hat{Y}_i = \boldsymbol{x}^{i\prime}\boldsymbol{b},\quad i = 1,2,\cdots,n,$$

或
$$\hat{Y}_i = \boldsymbol{b}'\boldsymbol{x}^i, \quad i = 1,2,\cdots,n.$$
相应残差为
$$e_i = Y_i - \hat{Y}_i = Y_i - \boldsymbol{x}^{i\prime}\boldsymbol{b} = Y_i - \boldsymbol{b}'\boldsymbol{x}^i, \quad i = 1,2,\cdots\cdots,n.$$
(4) 矩阵形式

矩阵形式最简洁:
$$\hat{\boldsymbol{Y}} = \boldsymbol{X}\boldsymbol{b},$$
残差向量为
$$\boldsymbol{e} = \boldsymbol{Y} - \hat{\boldsymbol{Y}} = \boldsymbol{Y} - \boldsymbol{X}\boldsymbol{b}.$$
2. 样本回归超平面的特性

第一,样本回归超平面一定通过样本数据的均值点$(\bar{Y},\bar{\boldsymbol{X}})$,即
$$\bar{Y} = \bar{\boldsymbol{X}}\boldsymbol{b},$$
其中,$\bar{\boldsymbol{X}} = (\bar{X}_1,\bar{X}_2,\cdots,\bar{X}_K)$,且 $\bar{X}_1 = 1$, $\bar{X}_k = \frac{1}{n}\sum_{i=1}^{n} X_{ik}$, $k = 2,\cdots,K$, $\bar{Y} = \frac{1}{n}\sum_{i=1}^{n} Y_i$。

[证明]

由 $\boldsymbol{X}'\boldsymbol{e}=\boldsymbol{0}$ 的第一个方程可知 $\bar{e}=0$。

$\because\ e_i = Y_i-(b_1+b_2X_{i2}+\cdots+b_KX_{iK})$,

$$\begin{aligned}\therefore\ \bar{e} &= \bar{Y}-(b_1+b_2\bar{X}_2+\cdots+b_K\bar{X}_K)\\ &= \bar{Y}-[\bar{X}_1,\cdots,\bar{X}_K]\begin{bmatrix} b_1\\ \vdots \\ b_K\end{bmatrix}\\ &= \bar{Y}-\bar{\boldsymbol{X}}\boldsymbol{b}=0.\end{aligned}$$

需要注意的是,只有在模型中含有截距项 $\boldsymbol{x}_1=\mathbf{i}$ 时,这一结论才成立。

第二,因变量拟合值的均值等于其观测值的均值,即
$$\bar{\hat{Y}} = \bar{Y}.$$
其中,$\bar{\hat{Y}} = \frac{1}{n}\sum_{i=1}^{n}\hat{Y}_i$。

[证明]

$\because\ \hat{\boldsymbol{Y}}=\boldsymbol{X}\boldsymbol{b}$,

$\therefore\ \bar{\hat{Y}}=\bar{\boldsymbol{X}}\boldsymbol{b}$。

前面已证 $\bar{Y}=\bar{\boldsymbol{X}}\boldsymbol{b}$，故有

$$\bar{Y}=\bar{\hat{Y}}.$$

可见，虽然由模型得到的拟合值 $\hat{Y}_i$ 与实际观测值 Y_i 不一定相等，但它们的平均值相等。

同样，只有在模型中含有截距项 $\boldsymbol{x}_1=\mathbf{i}$ 时，这一结论才成立。

第三，拟合向量 $\hat{\boldsymbol{Y}}$ 与残差向量 $\boldsymbol{e}$ 正交，即

$$\hat{\boldsymbol{Y}}'\boldsymbol{e}=0.$$

[证明]

$$\hat{\boldsymbol{Y}}'\boldsymbol{e}=(\boldsymbol{X}\boldsymbol{b})'\boldsymbol{e}=\boldsymbol{b}'\boldsymbol{X}'\boldsymbol{e}=0.$$

这意味着样本回归模型的系统部分与残差部分无关。注意，无论模型是否含有截距项 $\boldsymbol{x}_1=\mathbf{i}$，这一结论都成立。

五、样本回归模型

1. 样本回归模型

样本回归模型为

$$\boldsymbol{Y}=\boldsymbol{X}\boldsymbol{b}+\boldsymbol{e},$$

或

$$\boldsymbol{Y}=\hat{\boldsymbol{Y}}+\boldsymbol{e},$$

即

观测值向量 = 拟合值向量 + 残差向量

显然，残差向量为 $\boldsymbol{e}=\boldsymbol{Y}-\hat{\boldsymbol{Y}}$。

下面讨论 $\boldsymbol{Y},\hat{\boldsymbol{Y}},\boldsymbol{e}$ 三个向量两两之间的关系。

2. $\hat{\boldsymbol{Y}}$ 与 $\boldsymbol{e}$ 的关系

前面已经证明

$$\hat{\boldsymbol{Y}}'\boldsymbol{e}=0,$$

即拟合向量 $\hat{\boldsymbol{Y}}$ 与残差向量 $\boldsymbol{e}$ 正交。

3. $\hat{\boldsymbol{Y}}$ 与 $\boldsymbol{Y}$ 的关系

若记 $\boldsymbol{P}=\boldsymbol{X}(\boldsymbol{X}'\boldsymbol{X})^{-1}\boldsymbol{X}'$，则 $\boldsymbol{P}$ 为 $n\times n$ 阶矩阵，且有

$$\hat{\boldsymbol{Y}}=\boldsymbol{X}\boldsymbol{b}=\boldsymbol{X}(\boldsymbol{X}'\boldsymbol{X})^{-1}\boldsymbol{X}'\boldsymbol{Y}=\boldsymbol{P}\boldsymbol{Y},$$

其含义是，$\boldsymbol{P}$ 作用于 $\boldsymbol{Y}$（左乘 $\boldsymbol{Y}$）后，可以得到 $\boldsymbol{Y}$ 对 $\boldsymbol{P}$ 中 $\boldsymbol{X}$ 回归的 OLS 拟合向量。例如，若

$\boldsymbol{P}_r=\boldsymbol{X}_r(\boldsymbol{X}_r'\boldsymbol{X}_r)^{-1}\boldsymbol{X}_r'$,则 $\boldsymbol{P}_r\boldsymbol{Y}=\hat{\boldsymbol{Y}}_r$,为 $\boldsymbol{Y}$ 对 $\boldsymbol{P}$ 中 $\boldsymbol{X}_r$ 回归的 OLS 拟合向量。

现在我们进一步考察其几何意义。因为 $\boldsymbol{X}=[\boldsymbol{x}_1,\cdots,\boldsymbol{x}_K]$,且 $r(\boldsymbol{X})=K$,可见 $\boldsymbol{x}_1,\cdots,\boldsymbol{x}_K$ 线性无关,因此 $\boldsymbol{X}$ 的 K 个列向量可构成 X 列空间。由于

$$\hat{\boldsymbol{Y}} = [\boldsymbol{x}_1,\cdots,\boldsymbol{x}_K]\begin{bmatrix} b_1 \\ \vdots \\ b_K \end{bmatrix} = b_1\boldsymbol{x}_1 + \cdots + b_K\boldsymbol{x}_K,$$

所以 $\boldsymbol{P}$ 作用于 $\boldsymbol{Y}$ 后产生的 $\hat{\boldsymbol{Y}}$ 为 $\boldsymbol{Y}$ 在 $\boldsymbol{X}$ 列空间的影射,b_k 为 $\hat{\boldsymbol{Y}}$ 在 $\boldsymbol{x}_k$ 上的投影,我们称 $\boldsymbol{P}$ 为"投影矩阵"。

进一步可证明 $\boldsymbol{P}$ 为对称幂等阵,且有

$$\boldsymbol{PX} = \boldsymbol{X}(\boldsymbol{X}'\boldsymbol{X})^{-1}\boldsymbol{X}'\boldsymbol{X} = \boldsymbol{X},$$

这说明,$\boldsymbol{P}$ 作用于 $\boldsymbol{X}$ 后,产生 $\boldsymbol{X}$ 对 $\boldsymbol{X}$ 自身回归的 OLS 拟合向量。

4. $\boldsymbol{Y}$ 与 $\boldsymbol{e}$ 的关系

$$\boldsymbol{e} = \boldsymbol{MY},$$

其中 $\boldsymbol{M}=\boldsymbol{I}-\boldsymbol{X}(\boldsymbol{X}'\boldsymbol{X})^{-1}\boldsymbol{X}'$。这是因为

$$\begin{aligned}\boldsymbol{e} &= \boldsymbol{Y} - \boldsymbol{Xb} = \boldsymbol{Y} - \boldsymbol{X}(\boldsymbol{X}'\boldsymbol{X})^{-1}\boldsymbol{X}'\boldsymbol{Y} \\ &= [\boldsymbol{I} - \boldsymbol{X}(\boldsymbol{X}'\boldsymbol{X})^{-1}\boldsymbol{X}']\boldsymbol{Y} = \boldsymbol{MY}.\end{aligned}$$

可见,$\boldsymbol{M}$ 作用于 $\boldsymbol{Y}$ 后,产生了 $\boldsymbol{Y}$ 对 $\boldsymbol{M}$ 中的 $\boldsymbol{X}$ 回归的 OLS 残差 $\boldsymbol{e}$,所以称矩阵 $\boldsymbol{M}$ 为"残差制造者"。例如,若 $\boldsymbol{M}_r=\boldsymbol{I}-\boldsymbol{X}_r(\boldsymbol{X}'_r\boldsymbol{X}_r)^{-1}\boldsymbol{X}'_r$,则 $\boldsymbol{M}_r\boldsymbol{Y}=\boldsymbol{e}_r$,为 $\boldsymbol{Y}$ 对 $\boldsymbol{X}_r$ 回归的 OLS 残差 $\boldsymbol{e}_r$。

进一步可证明 $\boldsymbol{M}$ 为对称幂等阵,且有

$$\boldsymbol{MX} = \boldsymbol{X} - \boldsymbol{X}(\boldsymbol{X}'\boldsymbol{X})^{-1}\boldsymbol{X}'\boldsymbol{X} = \boldsymbol{0}.$$

这说明,$\boldsymbol{M}$ 作用于 $\boldsymbol{X}$ 后,产生 $\boldsymbol{X}$ 对 $\boldsymbol{X}$ 自身回归的 OLS 残差向量,由于完全拟合,故残差为 $\boldsymbol{0}$。

同时有

$$\boldsymbol{Me} = \boldsymbol{e}.$$

而 $\boldsymbol{M}$ 与 $\boldsymbol{P}$ 的关系为

$$\boldsymbol{M} = \boldsymbol{I} - \boldsymbol{P} \quad 且 \quad \boldsymbol{MP} = \boldsymbol{0}.$$

六、特例:一元、二元线性回归模型估计

一元、二元线性回归模型是多元线性回归模型的简单特例,我们将有关结果概括如下:

1. 一元线性回归模型

（1）样本回归模型

$$Y = b_1 + b_2X + e.$$

（2）样本回归直线

$$\hat{Y} = b_1 + b_2X.$$

（3）正规方程组

① 求解形式：

$$\boldsymbol{X'Xb} = \boldsymbol{X'Y},$$

即

$$\begin{bmatrix} n & \sum_{i=1}^{n} X_i \\ \sum_{i=1}^{n} X_i & \sum_{i=1}^{n} X_i^2 \end{bmatrix} \begin{bmatrix} b_1 \\ b_2 \end{bmatrix} = \begin{bmatrix} \sum_{i=1}^{n} Y_i \\ \sum_{i=1}^{n} X_iY_i \end{bmatrix},$$

系数矩阵行列式为 $D = n\sum_{i=1}^{n} X_i^2 - \left(\sum_{i=1}^{n} X_i\right)^2$，故

$$\begin{bmatrix} b_1 \\ b_2 \end{bmatrix} = \frac{1}{D}\begin{bmatrix} \sum_{i=1}^{n} X_i^2 & -\sum_{i=1}^{n} X_i \\ -\sum_{i=1}^{n} X_i & n \end{bmatrix} \begin{bmatrix} \sum_{i=1}^{n} Y_i \\ \sum_{i=1}^{n} X_iY_i \end{bmatrix}$$

$$= \frac{1}{D}\begin{bmatrix} \sum_{i=1}^{n} X_i^2 \sum_{i=1}^{n} Y_i - \sum_{i=1}^{n} X_i \sum_{i=1}^{n} X_iY_i \\ -\sum_{i=1}^{n} X_i \sum_{i=1}^{n} Y_i + n\sum_{i=1}^{n} X_iY_i \end{bmatrix}.$$

② 残差形式：

$$\boldsymbol{X'e} = \boldsymbol{0},$$

即

$$\begin{cases} \sum_{i=1}^{n} e_i = 0, \\ \sum_{i=1}^{n} X_ie_i = 0. \end{cases}$$

（4）样本回归直线的特性

① $\overline{Y} = b_1 + b_2\overline{X}$，OLS 回归线通过样本的均值点。

② $\overline{\hat{Y}}=\overline{Y}$,因变量拟合值的平均值等于其观测值的平均值。

③ $\hat{\boldsymbol{Y}}'\boldsymbol{e}=0$,拟合向量 $\hat{\boldsymbol{Y}}$ 与残差向量 $\boldsymbol{e}$ 正交。

2. 二元线性回归模型

(1) 样本回归模型

$$Y = b_1 + b_2X_2 + b_3X_3 + e.$$

(2) 样本回归平面

$$\hat{Y} = b_1 + b_2X_2 + b_3X_3.$$

(3) 正规方程组

① 求解形式:

$$\boldsymbol{X}'\boldsymbol{X}\boldsymbol{b} = \boldsymbol{X}'\boldsymbol{Y},$$

即

$$\begin{bmatrix} n & \sum_{i=1}^{n} X_{i2} & \sum_{i=1}^{n} X_{i3} \\ \sum_{i=1}^{n} X_{i2} & \sum_{i=1}^{n} X_{i2}^2 & \sum_{i=1}^{n} X_{i2}X_{i3} \\ \sum_{i=1}^{n} X_{i3} & \sum_{i=1}^{n} X_{i2}X_{i3} & \sum_{i=1}^{n} X_{i3}^2 \end{bmatrix} \begin{bmatrix} b_1 \\ b_2 \\ b_3 \end{bmatrix} = \begin{bmatrix} \sum_{i=1}^{n} Y_i \\ \sum_{i=1}^{n} X_{i2}Y_i \\ \sum_{i=1}^{n} X_{i3}Y_i \end{bmatrix}.$$

② 残差形式:

$$\boldsymbol{X}'\boldsymbol{e} = \boldsymbol{0},$$

即

$$\begin{cases} \sum_{i=1}^{n} e_i = 0, \\ \sum_{i=1}^{n} X_{i2}e_i = 0, \\ \sum_{i=1}^{n} X_{i3}e_i = 0. \end{cases}$$

(4) 样本回归平面的特性

① $\overline{Y}=b_1+b_2\overline{X}_2+b_3\overline{X}_3$;

② $\overline{\hat{Y}}=\overline{Y}$;

③ $\hat{\boldsymbol{Y}}'\boldsymbol{e}=0$。

§2　β的普通最小二乘估计量的统计特性

一、估计量的评价标准

1. 参数估计中的一个理论问题

对于同一个参数,可以采用不同的方法进行估计,这样就可能得到不同的估计值。当然,我们希望选择一个较好的估计量来推断总体参数,那么,什么样的估计量是“较好的”估计量呢？这就需要有评价的标准。

从直觉上看,采用样本得到的估计值$\hat{\beta}$与真值β的误差越小越好。但是,如何衡量误差呢？由于样本是随机的,所以作为样本函数的估计量也是随机的,同时真实的参数β未知,因此只能从估计量的概率分布和数字特征来考察与总体参数之间的关系。

2. 评价标准的分类

依据估计量的统计性质是否依赖于样本容量,可以将评价标准分为以下两类:

(1) 有限样本特性

有限样本特性也称小样本特性,是指当样本容量n有限值时估计量的统计性质。它与样本容量n的大小无关,它不以n趋于无穷大为前提。有限样本特性主要包括无偏性、有效性(最小方差性)和最小均方误。

有限样本特性需要在较严格的假定条件下才具备。

(2) 无限样本特性

无限样本特性也称大样本特性,是指当样本容量n趋于无穷大时估计量具备的统计特性。

无限样本特性主要包括一致性、渐近无偏性和渐近有效性。无限样本特性对假定条件要求较弱。

本节讨论的是参数估计量的有限样本特性,关于其无限样本特性将在第 7 章中介绍。

3. 估计量的有限样本特性

设总体参数为β,而其估计量为$\hat{\beta}$。

为简单起见,设β为一个总体参数。

(1) 无偏性

若$E(\hat{\beta})=\beta$,则称$\hat{\beta}$是β的无偏估计量。

通常将估计量的数学期望与参数真值之差称为偏倚或偏差,即 $\text{Bias}(\hat{\beta})=E(\hat{\beta})-\beta$。显然,无偏估计量就是偏倚为零的估计量。

我们知道,估计量通常是随机变量,一个估计量具有无偏性并不意味着在一次估计中得到的估计值正好就是参数的真值,这事实上也几乎不可能。不过,如果进行多次重复抽样得到多个估计值,那么无偏性就意味着这些估计值在平均意义下等于参数的真值。

但是仅有无偏性还不够。一方面,对同一个参数存在多个无偏估计量;另一方面,一个估计量即使是无偏的,它围绕参数真值的波动程度可能很大,这直接关系到估计的精度,所以我们还需要其他的评价标准。

(2) 有效性

在β的所有估计量中,若估计量$\hat{\beta}^*$的方差最小,即$\mathrm{Var}(\hat{\beta}^*) \leqslant \mathrm{Var}(\hat{\beta})$,其中$\hat{\beta}$代表$\beta$的任一估计量,则称$\hat{\beta}^*$是$\beta$的最小方差估计量。

但是这个标准存在明显的缺陷。比如,若以某个常数作为β的估计量,即取$\hat{\beta}=c$,显然有$\mathrm{Var}(\hat{\beta})=0$,在所有估计量中其方差是最小的,但这一估计量没有什么意义。我们应当在无偏估计量中比较方差大小。

对于β的两个无偏估计量$\hat{\beta}_1$和$\hat{\beta}_2$,若$\mathrm{Var}(\hat{\beta}_1)<\mathrm{Var}(\hat{\beta}_2)$,则称估计量$\hat{\beta}_1$比$\hat{\beta}_2$有效。

在β的一切无偏估计量中,若估计量$\hat{\beta}^*$的方差最小,则称$\hat{\beta}^*$为有效无偏估计量,简称有效估计量。

但是有效估计量往往需要在比较严格的假定下才存在。

举一简单例子说明有效性概念。如果从总体中抽取容量为$n=10$的简单独立随机样本$X_1,\cdots,X_{10}$,可以证明估计量$\overline{X}^*=\frac{1}{10}\sum_{i=1}^{10}X_i$为总体数学期望的线性无偏估计量。另外一个估计量简单地取为X_1,它也是总体数学期望的线性无偏估计量。

此例中假定$\mathrm{Var}(X_i)=\sigma^2$,那么,哪一个估计量更有效呢?

$$\mathrm{Var}(\overline{X}^*) = \frac{1}{100}\sum_{i=1}^{10}\mathrm{Var}(X_i) = \frac{1}{10}\sigma^2,$$

$$\mathrm{Var}(X_1) = \sigma^2,$$

显然,$\mathrm{Var}(\overline{X}^*)<\mathrm{Var}(X_1)$,可见估计量$\overline{X}^*$比估计量$X_1$更有效。

(3) 最小均方误

在一般情况下,可能有些估计量虽无偏但方差大,有些估计量虽有偏但方差小,此时该如何选择呢?我们需要将方差和偏倚两个指标结合起来考察,这就得到了一个新的指标——均方误。

均方误定义为

$$\mathrm{MSE}(\hat{\beta}) = E(\hat{\beta}-\beta)^2,$$

可以证明:

$$\mathrm{MSE}(\hat{\beta}) = \mathrm{Bias}^2(\hat{\beta}) + \mathrm{Var}(\hat{\beta}).$$

[证明]

$$
\begin{aligned}
E(\hat{\beta}-\beta)^2 &= E\{[\hat{\beta}-E(\hat{\beta})]+[E(\hat{\beta})-\beta]\}^2 \\
&= E\{[\hat{\beta}-E(\hat{\beta})]^2+[E(\hat{\beta})-\beta]^2 \\
&\quad +2[\hat{\beta}-E(\hat{\beta})][E(\hat{\beta})-\beta]\} \\
&= \mathrm{Var}(\hat{\beta})+\mathrm{Bias}^2(\hat{\beta})+2[E(\hat{\beta})-\beta]E[\hat{\beta}-E(\hat{\beta})] \\
&= \mathrm{Var}(\hat{\beta})+\mathrm{Bias}^2(\hat{\beta}).
\end{aligned}
$$

理论上应选择具有最小均方误的估计量,但由于参数 β 的真值未知,均方误这一指标使用起来并不方便,但具有理论价值。

值得指出的是,若强假定(如第 1 章的基本假定)成立,我们就选择小样本特性作为评价标准,即无偏有效估计量,但这是一种理论化的讨论。在实践中,强假定往往难以满足,因此我们常常要求估计量在大样本条件下具有一致性和渐近有效性,在第 7 章中将会解释这一大样本性质。有些估计量虽然有偏但却是一致估计量,其实质常是一个渐近无偏估计量,它可能会优于某些无偏估计量(比如方差大的无偏估计量)。

二、最小二乘估计量 $\boldsymbol{b}$ 的有限样本特性

首先应当注意的是,估计量是样本的函数,而样本具有随机性,所以估计量是随机变量。一旦样本取定,我们就能计算出估计量的具体数值,称为估计值。

现在我们讨论参数 $\boldsymbol{\beta}$ 的最小二乘估计量 $\boldsymbol{b}$ 的统计性质,这里指其小样本特性。

1. 线性性

当 $X_2,\cdots,X_K$ 为固定变量时,$\boldsymbol{b}$ 是 $\boldsymbol{Y}$ 的线性组合:

$$\boldsymbol{b}=[(\boldsymbol{X}'\boldsymbol{X})^{-1}\boldsymbol{X}']\boldsymbol{Y},$$

显然,b_k 是 $Y_1,\cdots,Y_n$ 的线性组合。

当 $X_2,\cdots,X_K$ 为固定变量时,$\boldsymbol{b}$ 是 $\boldsymbol{\varepsilon}$ 的线性函数:

$$\boldsymbol{b}=\boldsymbol{\beta}+(\boldsymbol{X}'\boldsymbol{X})^{-1}\boldsymbol{X}'\boldsymbol{\varepsilon},$$

所以说最小二乘估计量 $\boldsymbol{b}$ 是一种线性估计量。

[证明]

$$
\begin{aligned}
\boldsymbol{b} &= (\boldsymbol{X}'\boldsymbol{X})^{-1}\boldsymbol{X}'\boldsymbol{Y} \\
&= (\boldsymbol{X}'\boldsymbol{X})^{-1}\boldsymbol{X}'(\boldsymbol{X}\boldsymbol{\beta}+\boldsymbol{\varepsilon}) \\
&= (\boldsymbol{X}'\boldsymbol{X})^{-1}\boldsymbol{X}'\boldsymbol{X}\boldsymbol{\beta}+(\boldsymbol{X}'\boldsymbol{X})^{-1}\boldsymbol{X}'\boldsymbol{\varepsilon} \\
&= \boldsymbol{\beta}+(\boldsymbol{X}'\boldsymbol{X})^{-1}\boldsymbol{X}'\boldsymbol{\varepsilon}.
\end{aligned}
$$

可见,b_k 是 $\varepsilon_1,\cdots,\varepsilon_n$ 的线性函数。

显然当 $X_2,\cdots,X_K$ 为随机变量时,$\boldsymbol{b}$ 不具有线性性。只有在 $X_2,\cdots,X_K$ 给定的条件下,$\boldsymbol{b}$ 才具有线性性。

2. 无偏性

$$E(\boldsymbol{b})=\boldsymbol{\beta}.$$

[证明]

$\because\ \boldsymbol{b}=\boldsymbol{\beta}+(\boldsymbol{X}'\boldsymbol{X})^{-1}\boldsymbol{X}'\boldsymbol{\varepsilon}$,

$$\begin{aligned}\therefore\ E(\boldsymbol{b}\mid\boldsymbol{X})&=\boldsymbol{\beta}+E[(\boldsymbol{X}'\boldsymbol{X})^{-1}\boldsymbol{X}'\boldsymbol{\varepsilon}\mid\boldsymbol{X}]\\&=\boldsymbol{\beta}+(\boldsymbol{X}'\boldsymbol{X})^{-1}\boldsymbol{X}'E(\boldsymbol{\varepsilon}\mid\boldsymbol{X})\\&=\boldsymbol{\beta},\end{aligned}$$

所以

$$E(\boldsymbol{b})=E_X[E(\boldsymbol{b}\mid\boldsymbol{X})]=E_X(\boldsymbol{\beta})=\boldsymbol{\beta}.$$

3. 有效性

$\mathrm{Var}(\boldsymbol{b}\mid\boldsymbol{X})=\sigma^2(\boldsymbol{X}'\boldsymbol{X})^{-1}$,

$\mathrm{Var}(\boldsymbol{b})=\sigma^2E[(\boldsymbol{X}'\boldsymbol{X})^{-1}]$.

[证明]

$$\begin{aligned}\mathrm{Var}(\boldsymbol{b}\mid\boldsymbol{X})&=E[(\boldsymbol{b}-\boldsymbol{\beta})(\boldsymbol{b}-\boldsymbol{\beta})'\mid\boldsymbol{X}]\\&=E[(\boldsymbol{X}'\boldsymbol{X})^{-1}\boldsymbol{X}'\boldsymbol{\varepsilon}\boldsymbol{\varepsilon}'\boldsymbol{X}(\boldsymbol{X}'\boldsymbol{X})^{-1}\mid\boldsymbol{X}]\\&=(\boldsymbol{X}'\boldsymbol{X})^{-1}\boldsymbol{X}'E(\boldsymbol{\varepsilon}\boldsymbol{\varepsilon}'\mid\boldsymbol{X})\boldsymbol{X}(\boldsymbol{X}'\boldsymbol{X})^{-1}\\&=\sigma^2(\boldsymbol{X}'\boldsymbol{X})^{-1}\boldsymbol{X}'\boldsymbol{I}\boldsymbol{X}(\boldsymbol{X}'\boldsymbol{X})^{-1}\quad(\because E(\boldsymbol{\varepsilon}\boldsymbol{\varepsilon}'\mid\boldsymbol{X})=\sigma^2\boldsymbol{I})\\&=\sigma^2(\boldsymbol{X}'\boldsymbol{X})^{-1}.\\\mathrm{Var}(\boldsymbol{b})&=E[\mathrm{Var}(\boldsymbol{b}\mid\boldsymbol{X})]+\mathrm{Var}[E(\boldsymbol{b}\mid\boldsymbol{X})]\\&=E[\sigma^2(\boldsymbol{X}'\boldsymbol{X})^{-1}]+\mathrm{Var}(\boldsymbol{\beta})\\&=\sigma^2E[(\boldsymbol{X}'\boldsymbol{X})^{-1}].\end{aligned}$$

在 β_k 的所有线性无偏估计量中,最小二乘估计量 b_k 具有最小条件方差,我们将 b_k 称为 β_k 的最佳线性无偏估计量,简记为 BLUE,这里的线性性是指在 X 给定条件下估计量具有线性性。根据高斯–马尔科夫(Gauss-Markov)定理可证明上述结论。

4. 正态性

$$\boldsymbol{b}\mid\boldsymbol{X}\sim N[\boldsymbol{\beta},\sigma^2(\boldsymbol{X}'\boldsymbol{X})^{-1}].$$

由于 $\boldsymbol{b}$ 在 $\boldsymbol{X}$ 给定条件下是 $\boldsymbol{\varepsilon}$ 的线性函数,所以在 $\boldsymbol{\varepsilon}\mid\boldsymbol{X}\sim N(\boldsymbol{0},\sigma^2\boldsymbol{I})$ 的假定下, $\boldsymbol{b}\mid\boldsymbol{X}$ 服从正态分布,故有上述结论。

最后说明两点:

第一,在 $\boldsymbol{\beta}$ 的线性无偏估计量中,最小二乘估计量 $\boldsymbol{b}$ 的方差最小,或者说在 $\boldsymbol{\beta}$ 的正态

无偏估计量中,$\boldsymbol{b}$ 的方差最小。但是若仅考虑 $\boldsymbol{\beta}$ 的所有无偏估计量,$\boldsymbol{b}$ 的方差未必最小。

第二,可能存在非线性估计量优于 $\boldsymbol{b}$ 或可能存在有偏一致估计量优于 $\boldsymbol{b}$。

三、高斯–马尔科夫定理

1. 高斯–马尔科夫定理

设 $\boldsymbol{Y}=\boldsymbol{X\beta}+\boldsymbol{\varepsilon}$,满足假定 $E(\boldsymbol{\varepsilon}|\boldsymbol{X})=\boldsymbol{0}$,$\mathrm{Var}(\boldsymbol{\varepsilon}|\boldsymbol{X})=\sigma^2\boldsymbol{I}$,$r(\boldsymbol{X})=K$,则在 β_k 的所有线性无偏估计量中,最小方差估计量为 OLS 估计量 b_k(这里的线性估计量是指在 $\boldsymbol{X}$ 给定条件下估计量具有线性性)。

2. 高斯–马尔科夫定理的推广形式

设 $\boldsymbol{Y}=\boldsymbol{X\beta}+\boldsymbol{\varepsilon}$,满足假定 $E(\boldsymbol{\varepsilon}|\boldsymbol{X})=0$,$\mathrm{Var}(\boldsymbol{\varepsilon}|\boldsymbol{X})=\sigma^2\boldsymbol{I}$,$r(\boldsymbol{X})=K$,则对任意常数向量$\boldsymbol{w}=(w_1,\cdots,w_K)'$,在 $\boldsymbol{w}'\boldsymbol{\beta}$ 的所有线性无偏估计量中,最小方差估计是 $\boldsymbol{w}'\boldsymbol{b}$,其中 $\boldsymbol{b}$ 为 $\boldsymbol{\beta}$ 的 OLS 估计量。

现在,我们采用两种不同的方法证明这一推广形式。

[方法 1]　不等式法

设 m 是 $\boldsymbol{w}'\boldsymbol{\beta}$ 的任一线性无偏估计量。

已知 m,根据 m 的线性性,有

$$m = \boldsymbol{a}'\boldsymbol{Y},$$

其中 $\boldsymbol{a}=(a_1,\cdots,a_n)'$已知,$m$ 与 $\boldsymbol{a}$ 之间存在一一对应关系。故有

$$m = \boldsymbol{a}'\boldsymbol{X\beta} + \boldsymbol{a}'\boldsymbol{\varepsilon},$$

$$E(m \mid \boldsymbol{X}) = \boldsymbol{a}'\boldsymbol{X\beta}.$$

因为 m 为 $\boldsymbol{w}'\boldsymbol{\beta}$ 的无偏估计量,所以

$$E(m \mid \boldsymbol{X}) = \boldsymbol{a}'\boldsymbol{X\beta} = \boldsymbol{w}'\boldsymbol{\beta},$$

故有

$$\boldsymbol{a}'\boldsymbol{X} = \boldsymbol{w}' \quad 或 \quad \boldsymbol{X}'\boldsymbol{a} = \boldsymbol{w}.$$

下面计算 m 的方差:

$\because\ m-E(m|\boldsymbol{X})=\boldsymbol{a}'\boldsymbol{\varepsilon}$,

$\therefore\ \mathrm{Var}(m|\boldsymbol{X})=E[\boldsymbol{a}'\boldsymbol{\varepsilon\varepsilon}'\boldsymbol{a}|\boldsymbol{X}]=\boldsymbol{a}'E(\boldsymbol{\varepsilon\varepsilon}'|\boldsymbol{X})\boldsymbol{a}=\sigma^2\boldsymbol{a}'\boldsymbol{a}.$

下面证明 $\mathrm{Var}(\boldsymbol{w}'\boldsymbol{b}|\boldsymbol{X})=\sigma^2\boldsymbol{w}'(\boldsymbol{X}'\boldsymbol{X})^{-1}\boldsymbol{w}$。

$$\begin{aligned}\mathrm{Var}(\boldsymbol{w}'\boldsymbol{b} \mid \boldsymbol{X}) &= E[(\boldsymbol{w}'\boldsymbol{b} - \boldsymbol{w}'\boldsymbol{\beta})(\boldsymbol{w}'\boldsymbol{b} - \boldsymbol{w}'\boldsymbol{\beta})' \mid \boldsymbol{X}]\\ &= E[\boldsymbol{w}'(\boldsymbol{b} - \boldsymbol{\beta})(\boldsymbol{b} - \boldsymbol{\beta})'\boldsymbol{w} \mid \boldsymbol{X}]\\ &= \boldsymbol{w}'E[(\boldsymbol{b} - \boldsymbol{\beta})(\boldsymbol{b} - \boldsymbol{\beta})' \mid \boldsymbol{X}]\boldsymbol{w}\\ &= \boldsymbol{w}'\mathrm{Var}(\boldsymbol{b} \mid \boldsymbol{X})\boldsymbol{w}\\ &= \sigma^2\boldsymbol{w}'(\boldsymbol{X}'\boldsymbol{X})^{-1}\boldsymbol{w}.\end{aligned}$$

下面证明 $\mathrm{Var}(m|\boldsymbol{X})=\mathrm{Var}(\boldsymbol{w}'\boldsymbol{b}|\boldsymbol{X})+\sigma^2\boldsymbol{d}'\boldsymbol{d}$，其中 $\boldsymbol{d}'=\boldsymbol{a}'-\boldsymbol{w}'(\boldsymbol{X}'\boldsymbol{X})^{-1}\boldsymbol{X}'$。

$\because\ m=\boldsymbol{a}'\boldsymbol{Y}$,

$\quad \boldsymbol{w}'\boldsymbol{b}=\boldsymbol{w}'(\boldsymbol{X}'\boldsymbol{X})^{-1}\boldsymbol{X}'\boldsymbol{Y}$,

$\therefore\ m-\boldsymbol{w}'\boldsymbol{b}=[\boldsymbol{a}'-\boldsymbol{w}'(\boldsymbol{X}'\boldsymbol{X})^{-1}\boldsymbol{X}']\boldsymbol{Y}=\boldsymbol{d}'\boldsymbol{Y}.$

而
$$\begin{aligned}\frac{1}{\sigma^2}\mathrm{Var}(m|\boldsymbol{X})&=\boldsymbol{a}'\boldsymbol{a}\\&=[\boldsymbol{d}'+\boldsymbol{w}'(\boldsymbol{X}'\boldsymbol{X})^{-1}\boldsymbol{X}'][\boldsymbol{d}+\boldsymbol{X}(\boldsymbol{X}'\boldsymbol{X})^{-1}\boldsymbol{w}]\\&=\boldsymbol{d}'\boldsymbol{d}+\boldsymbol{d}'\boldsymbol{X}(\boldsymbol{X}'\boldsymbol{X})^{-1}\boldsymbol{w}+\boldsymbol{w}'(\boldsymbol{X}'\boldsymbol{X})^{-1}\boldsymbol{X}'\boldsymbol{d}\\&\quad+\boldsymbol{w}'(\boldsymbol{X}'\boldsymbol{X})^{-1}\boldsymbol{X}'\boldsymbol{X}(\boldsymbol{X}'\boldsymbol{X})^{-1}\boldsymbol{w},\end{aligned}$$

$\because\ \boldsymbol{d}'\boldsymbol{X}=\boldsymbol{a}'\boldsymbol{X}-\boldsymbol{w}'(\boldsymbol{X}'\boldsymbol{X})^{-1}\boldsymbol{X}'\boldsymbol{X}=\boldsymbol{a}'\boldsymbol{X}-\boldsymbol{w}'=\boldsymbol{0}$,

$\quad \boldsymbol{X}'\boldsymbol{d}=(\boldsymbol{d}'\boldsymbol{X})'=\boldsymbol{0}$,

$\therefore\ \dfrac{1}{\sigma^2}\mathrm{Var}(m|\boldsymbol{X})=\boldsymbol{d}'\boldsymbol{d}+\boldsymbol{w}'(\boldsymbol{X}'\boldsymbol{X})^{-1}\boldsymbol{w}$,

即 $\mathrm{Var}(m|\boldsymbol{X})=\mathrm{Var}(\boldsymbol{w}'\boldsymbol{b}|\boldsymbol{X})+\sigma^2\boldsymbol{d}'\boldsymbol{d}.$

最后有,

$\because\ \boldsymbol{d}'\boldsymbol{d}\geqslant 0$,

$\therefore\ \mathrm{Var}(m|\boldsymbol{X})\geqslant\mathrm{Var}(\boldsymbol{w}'\boldsymbol{b}|\boldsymbol{X})$,

当且仅当 $\boldsymbol{d}=\boldsymbol{0}$ 时等号成立,而 $\boldsymbol{d}=\boldsymbol{0}$ 等价于 $\boldsymbol{a}'=\boldsymbol{w}'(\boldsymbol{X}'\boldsymbol{X})^{-1}\boldsymbol{X}'$,此时有

$$m=\boldsymbol{a}'\boldsymbol{Y}=\boldsymbol{w}'(\boldsymbol{X}'\boldsymbol{X})^{-1}\boldsymbol{X}'\boldsymbol{Y}=\boldsymbol{w}'\boldsymbol{b}.$$

这表明,$\boldsymbol{w}'\boldsymbol{\beta}$ 的任一线性无偏估计量的条件方差均大于等于 $\boldsymbol{w}'\boldsymbol{b}$ 的条件方差,当相等时,该估计量为 $\boldsymbol{w}'\boldsymbol{b}$。

[方法2]　极值法

要证明:在 m 满足线性无偏约束下,使 m 方差达最小的估计量为 $\boldsymbol{w}'\boldsymbol{b}$。

与[方法1]相同。在假定 m 是线性无偏估计量的条件下,有

$$m=\boldsymbol{a}'\boldsymbol{Y},\quad \boldsymbol{X}'\boldsymbol{a}=\boldsymbol{w},\quad 且\quad \mathrm{Var}(m|\boldsymbol{X})=\sigma^2\boldsymbol{a}'\boldsymbol{a}.$$

下面求解优化问题:

$$\begin{cases}\min\ \boldsymbol{a}'\boldsymbol{a},\\ \text{s.t. } \boldsymbol{X}'\boldsymbol{a}=\boldsymbol{w}.\end{cases}$$

构造拉格朗日函数:

$$L(\boldsymbol{a},\boldsymbol{\lambda})=\boldsymbol{a}'\boldsymbol{a}-2\boldsymbol{\lambda}'(\boldsymbol{X}'\boldsymbol{a}-\boldsymbol{w}).$$

一阶条件为

$$\begin{cases}\dfrac{\partial L}{\partial \boldsymbol{a}}=2\boldsymbol{a}-2\boldsymbol{X}\boldsymbol{\lambda}\triangleq\boldsymbol{0},\\[2ex] \dfrac{\partial L}{\partial \boldsymbol{\lambda}}=-2(\boldsymbol{X}'\boldsymbol{a}-\boldsymbol{w})\triangleq\boldsymbol{0}.\end{cases}$$

由此求解得

$$\boldsymbol{\lambda} = (\boldsymbol{X}'\boldsymbol{X})^{-1}\boldsymbol{w},$$
$$\boldsymbol{a} = \boldsymbol{X}\boldsymbol{\lambda} = \boldsymbol{X}(\boldsymbol{X}'\boldsymbol{X})^{-1}\boldsymbol{w}.$$

最后有 $m = \boldsymbol{a}'\boldsymbol{Y} = [\boldsymbol{X}(\boldsymbol{X}'\boldsymbol{X})^{-1}\boldsymbol{w}]'\boldsymbol{Y}$

$= \boldsymbol{w}'(\boldsymbol{X}'\boldsymbol{X})^{-1}\boldsymbol{X}'\boldsymbol{Y}$

$= \boldsymbol{w}'\boldsymbol{b}.$

3. 应用

在高斯–马尔科夫定理的推广形式中,若取 $\boldsymbol{w} = (0,\cdots,\underset{k}{1},\cdots,0)'$,就可得到 b_k 是 β_k 的 BLUE。

在高斯–马尔科夫定理的推广形式中,取 $\boldsymbol{w} = [1, X_{i2}, \cdots, X_{iK}]'$,就可证明 $\hat{Y}_i$ 是 $E(Y_i|\boldsymbol{X})$ 的 BLUE。

此时,$\boldsymbol{w}'\boldsymbol{\beta} = \beta_1 + X_{i2}\beta_2 + \cdots + X_{iK}\beta_K = E(Y_i|\boldsymbol{X})$,

$$\boldsymbol{w}'\boldsymbol{b} = b_1 + X_{i2}b_2 + \cdots + X_{iK}b_K = \hat{Y}_i.$$

利用高斯–马尔科夫定理的推广形式,可证明 $\hat{Y}_{n+1}$ 是 $E(Y_{n+1}|\boldsymbol{X})$ 的 BLUE,这是关于预测的问题。

对于参数的任一线性组合,比如取 $\boldsymbol{w} = (0,1,2,0,\cdots,0)'$,得

$$\boldsymbol{w}'\boldsymbol{\beta} = \beta_2 + 2\beta_3, \quad \boldsymbol{w}'\boldsymbol{b} = b_2 + 2b_3,$$

可见,$b_2 + 2b_3$ 是 $\beta_2 + 2\beta_3$ 的 BLUE。

§3　离差形式

多元线性回归模型可以用离差形式来处理,即把所有数据用它们与样本均值的离差来表示,然后分两步估计回归参数。第一步估计斜率系数,第二步估计截距项。

一、离差矩阵

我们首先将数据用离差形式表示。以大写字母如 Y_i 表示原始数据,以小写字母如 y_i 表示离差:

$$y_i = Y_i - \overline{Y}, \quad i = 1,\cdots,n,$$

其中,$\overline{Y} = \dfrac{1}{n}\sum_{i=1}^{n} Y_i$。

用向量形式表示如下:

$$\boldsymbol{Y} = [Y_1,\cdots,Y_n]',$$

$$\boldsymbol{y}=\begin{bmatrix}y_1\\ \vdots\\ y_n\end{bmatrix}=\begin{bmatrix}Y_1\\ \vdots\\ Y_n\end{bmatrix}-\begin{bmatrix}1\\ \vdots\\ 1\end{bmatrix}\bar{Y},$$

$$\boldsymbol{y}=\boldsymbol{Y}-\mathbf{i}\bar{Y}=\boldsymbol{Y}-\mathbf{i}\frac{1}{n}\sum_{i=1}^{n}Y_i=\boldsymbol{Y}-\frac{1}{n}\mathbf{i}\mathbf{i}'\boldsymbol{Y}=\left(\boldsymbol{I}-\frac{1}{n}\mathbf{i}\mathbf{i}'\right)\boldsymbol{Y}=\boldsymbol{M}^0\boldsymbol{Y},$$

其中

$$\boldsymbol{M}^0=\boldsymbol{I}-\frac{1}{n}\mathbf{i}\mathbf{i}'=\begin{bmatrix}1-\frac{1}{n} & -\frac{1}{n} & \cdots & -\frac{1}{n}\\ -\frac{1}{n} & & \ddots & -\frac{1}{n}\\ \vdots & & & \vdots\\ -\frac{1}{n} & -\frac{1}{n} & \cdots & 1-\frac{1}{n}\end{bmatrix}.$$

由上式可知当离差矩阵 $\boldsymbol{M}^0$ 左乘样本向量时,就得到其离差向量。

可以证明,$\boldsymbol{M}^0$ 为 $n\times n$ 阶对称幂等矩阵,且具有如下性质:

$$\boldsymbol{M}^0\mathbf{i}=\mathbf{0}.$$

在有截距项的回归中,$\bar{e}=0$,此时有 $\boldsymbol{M}^0\boldsymbol{e}=\boldsymbol{e}$;

在无截距项的回归中,$\bar{e}$ 不一定为 0,此时有 $\boldsymbol{M}^0\boldsymbol{e}=\boldsymbol{e}-\mathbf{i}\bar{e}$。

二、总体回归模型

1. 观测值形式

由 $Y_i=\beta_1X_{i1}+\beta_2X_{i2}+\cdots+\beta_KX_{iK}+\varepsilon_i$ 有

$$\bar{Y}=\beta_1\bar{X}_1+\beta_2\bar{X}_2+\cdots+\beta_K\bar{X}_K+\bar{\varepsilon},$$

两式相减,可知

$$y_i=\beta_2x_{i2}+\cdots+\beta_Kx_{iK}+(\varepsilon_i-\bar{\varepsilon}),\quad i=1,2,\cdots,n,$$

其中

$$x_{ik}=X_{ik}-\bar{X}_k,\quad k=2,\cdots,K,$$
$$x_{i1}=0,\quad i=1,\cdots,n.$$

2. 向量形式

$$\boldsymbol{y}=\beta_2\boldsymbol{x}_2+\cdots+\beta_K\boldsymbol{x}_K+\boldsymbol{\varepsilon}-\mathbf{i}\bar{\varepsilon},$$

其中

$$\boldsymbol{x}_k=(x_{1k},\cdots,x_{nk})',\quad k=2,\cdots,K.$$

3. 矩阵形式

由 $\boldsymbol{Y}=\boldsymbol{X\beta}+\boldsymbol{\varepsilon}$,两边左乘 $\boldsymbol{M}^0$,得

$$\boldsymbol{M}^0\boldsymbol{Y} = \boldsymbol{M}^0\boldsymbol{X\beta} + \boldsymbol{M}^0\boldsymbol{\varepsilon},$$

即

$$\boldsymbol{y} = \boldsymbol{x}_*\boldsymbol{\beta}_* + \boldsymbol{M}^0\boldsymbol{\varepsilon},$$

其中,$\boldsymbol{x}_* = [\boldsymbol{x}_2,\cdots,\boldsymbol{x}_K]$为 $n\times(K-1)$阶矩阵,$\boldsymbol{\beta}_* = (\beta_2,\cdots,\beta_K)'$为$(K-1)$维列向量。

三、样本回归模型

由 $\boldsymbol{Y}=\boldsymbol{Xb}+\boldsymbol{e}$,两边左乘 $\boldsymbol{M}^0$,得

$$\boldsymbol{M}^0\boldsymbol{Y} = \boldsymbol{M}^0\boldsymbol{Xb} + \boldsymbol{M}^0\boldsymbol{e},$$

即

$$\boldsymbol{y} = \boldsymbol{x}_*\boldsymbol{b}_* + \boldsymbol{M}^0\boldsymbol{e},$$

其中,$\boldsymbol{b}_* = (b_2,\cdots,b_K)'$。

在有截距项的回归中,$\boldsymbol{M}^0\boldsymbol{e}=\boldsymbol{e}$,此时有

$$\boldsymbol{y} = \boldsymbol{x}_*\boldsymbol{b}_* + \boldsymbol{e};$$

在无截距项的回归中,$\boldsymbol{M}^0\boldsymbol{e}=\boldsymbol{e}-\mathbf{i}\bar{e}$,此时有

$$\boldsymbol{y} = \boldsymbol{x}_*\boldsymbol{b}_* + \boldsymbol{e} - \mathbf{i}\bar{e}.$$

注意:只有当模型含有截距项时才有 $\boldsymbol{e}=\boldsymbol{y}-\boldsymbol{x}_*\boldsymbol{b}_*$。与此形成鲜明对照的是,无论模型是否含有截距项,$\boldsymbol{e}=\boldsymbol{Y}-\boldsymbol{Xb}$ 均成立。

四、样本回归超平面

由 $\hat{\boldsymbol{Y}}=\boldsymbol{Xb}$,两边左乘 $\boldsymbol{M}^0$,得

$$\boldsymbol{M}^0\hat{\boldsymbol{Y}} = \boldsymbol{M}^0\boldsymbol{Xb},$$

即

$$\hat{\boldsymbol{y}} = \boldsymbol{x}_*\boldsymbol{b}_*.$$

五、正规方程组

1. 残差形式

$$\boldsymbol{x}'_*\boldsymbol{e} = \boldsymbol{0}.$$

[证明]

$(\boldsymbol{0},\boldsymbol{x}_*)'\boldsymbol{e}=(\boldsymbol{M}^0\boldsymbol{X})'\boldsymbol{e}=\boldsymbol{X}'\boldsymbol{M}^{0\prime}\boldsymbol{e}=\boldsymbol{X}'\boldsymbol{e}=\boldsymbol{0}$(因为在含截距项模型中 $\boldsymbol{M}^0\boldsymbol{e}=\boldsymbol{e}$)。

2. 求解形式

$$\boldsymbol{x}'_*\boldsymbol{x}_*\boldsymbol{b}_* = \boldsymbol{x}'_*\boldsymbol{y}.$$

[证明]　对样本回归模型左乘 $\boldsymbol{x}'_*$,得

$$\boldsymbol{x}'_*\boldsymbol{y} = \boldsymbol{x}'_*\boldsymbol{x}_*\boldsymbol{b}_* + \boldsymbol{x}'_*\boldsymbol{e},$$

$\therefore$ $\boldsymbol{x}'_*\boldsymbol{x}_*\boldsymbol{b}_* - \boldsymbol{x}'_*\boldsymbol{y} = \boldsymbol{0}$ 等价于 $\boldsymbol{x}'_*\boldsymbol{e} = \boldsymbol{0}$。

由残差形式的正规方程组,可导出求解形式的正规方程组。

六、最小二乘估计量

由求解形式的正规方程组 $\boldsymbol{x}'_*\boldsymbol{x}_*\boldsymbol{b}_* = \boldsymbol{x}'_*\boldsymbol{y}$,得

$$\boldsymbol{b}_* = (\boldsymbol{x}'_*\boldsymbol{x}_*)^{-1}\boldsymbol{x}'_*\boldsymbol{y},$$

进而有

$$b_1 = \bar{Y} - b_2\bar{X}_2 - \cdots - b_K\bar{X}_K.$$

可以证明,$E(\boldsymbol{b}_* | \boldsymbol{x}_*) = \boldsymbol{\beta}_*$,$\mathrm{Var}(\boldsymbol{b}_* | \boldsymbol{x}_*) = \sigma^2(\boldsymbol{x}'_*\boldsymbol{x}_*)^{-1}$,进一步可证明,$E(\boldsymbol{b}_*) = \boldsymbol{\beta}_*$,$\mathrm{Var}(\boldsymbol{b}_*) = \sigma^2 E[(\boldsymbol{x}'_*\boldsymbol{x}_*)^{-1}]$。

[证明]

$$\begin{aligned}\boldsymbol{b}_* &= (\boldsymbol{x}'_*\boldsymbol{x}_*)^{-1}\boldsymbol{x}'_*\boldsymbol{y}\\ &= (\boldsymbol{x}'_*\boldsymbol{x}_*)^{-1}\boldsymbol{x}'_*(\boldsymbol{x}_*\boldsymbol{\beta}_* + \boldsymbol{\varepsilon} - \bar{\varepsilon}\mathbf{i})\\ &= \boldsymbol{\beta}_* + (\boldsymbol{x}'_*\boldsymbol{x}_*)^{-1}\boldsymbol{x}'_*(\boldsymbol{\varepsilon} - \bar{\varepsilon}\mathbf{i}),\end{aligned}$$

其中

$$\boldsymbol{x}'_*\bar{\varepsilon}\mathbf{i} = (\boldsymbol{M}^0\boldsymbol{X})'\bar{\varepsilon}\mathbf{i} = \boldsymbol{X}'\boldsymbol{M}^{0\prime}\bar{\varepsilon}\mathbf{i} = \bar{\varepsilon}\boldsymbol{X}'\boldsymbol{M}^0\mathbf{i} = \mathbf{0}, \quad (\because M^0\mathbf{i} = \mathbf{0})$$

$\therefore$ $\boldsymbol{b}_* = \boldsymbol{\beta}_* + (\boldsymbol{x}'_*\boldsymbol{x}_*)^{-1}\boldsymbol{x}'_*\boldsymbol{\varepsilon}$.

$E(\boldsymbol{b}_* | \boldsymbol{x}_*) = E[\boldsymbol{\beta}_* + (\boldsymbol{x}'_*\boldsymbol{x}_*)^{-1}\boldsymbol{x}'_*\boldsymbol{\varepsilon} | \boldsymbol{x}_*] = \boldsymbol{\beta}_*$。显然,进一步可证 $E(\boldsymbol{b}_*) = \boldsymbol{\beta}_*$。

$$\begin{aligned}\mathrm{Var}(\boldsymbol{b}_* | \boldsymbol{x}_*) &= E[(\boldsymbol{b}_* - \boldsymbol{\beta}_*)(\boldsymbol{b}_* - \boldsymbol{\beta}_*)' | \boldsymbol{x}_*]\\ &= E[(\boldsymbol{x}'_*\boldsymbol{x}_*)^{-1}\boldsymbol{x}'_*\boldsymbol{\varepsilon}\boldsymbol{\varepsilon}'\boldsymbol{x}_*(\boldsymbol{x}'_*\boldsymbol{x}_*)^{-1} | \boldsymbol{x}_*]\\ &= (\boldsymbol{x}'_*\boldsymbol{x}_*)^{-1}\boldsymbol{x}'_*E(\boldsymbol{\varepsilon}\boldsymbol{\varepsilon}' | \boldsymbol{x}_*)\boldsymbol{x}_*(\boldsymbol{x}'_*\boldsymbol{x}_*)^{-1}\\ &= \sigma^2(\boldsymbol{x}'_*\boldsymbol{x}_*)^{-1}.\end{aligned}$$

进一步可证 $\mathrm{Var}(\boldsymbol{b}_*) = \sigma^2 E[(\boldsymbol{x}'_*\boldsymbol{x}_*)^{-1}]$。

七、特例

1. 一元线性回归模型

总体回归模型为

$$Y = \beta_1 + \beta_2 X + \varepsilon.$$

离差形式的总体回归模型为

$$\boldsymbol{y} = \beta_2\boldsymbol{x} + (\boldsymbol{\varepsilon} - \bar{\varepsilon}\mathbf{i}),$$

其中

$$\boldsymbol{x} = \boldsymbol{X} - \bar{X}\mathbf{i}.$$

离差形式的样本回归模型为

$$\boldsymbol{y} = b_2\boldsymbol{x} + \boldsymbol{e}.$$

离差形式的样本回归直线为

$$\hat{\boldsymbol{y}} = b_2\boldsymbol{x}.$$

残差为

$$\boldsymbol{e} = \boldsymbol{y} - b_2\boldsymbol{x}.$$

残差形式的正规方程组为

$$\boldsymbol{x}'\boldsymbol{e} = 0, \quad \text{亦即} \quad \sum_{i=1}^{n} x_i e_i = 0.$$

求解形式的正规方程组为

$$\boldsymbol{x}'\boldsymbol{x}b_2 = \boldsymbol{x}'\boldsymbol{y}, \quad \text{亦即} \quad \sum_{i=1}^{n} x_i^2 b_2 = \sum_{i=1}^{n} x_i y_i.$$

由此可得参数估计量为

$$b_2 = \frac{\sum_{i=1}^{n} x_i y_i}{\sum_{i=1}^{n} x_i^2}, \quad b_1 = \overline{Y} - b_2\overline{X}.$$

2. 二元线性回归模型

总体回归模型为

$$Y = \beta_1 + \beta_2 X_2 + \beta_3 X_3 + \varepsilon.$$

离差形式的总体回归模型为

$$\boldsymbol{y} = \beta_2\boldsymbol{x}_2 + \beta_3\boldsymbol{x}_3 + (\boldsymbol{\varepsilon} - \bar{\varepsilon}\mathbf{i}).$$

离差形式的样本回归模型为

$$\boldsymbol{y} = b_2\boldsymbol{x}_2 + b_3\boldsymbol{x}_3 + \boldsymbol{e}.$$

离差形式的样本回归平面为

$$\hat{\boldsymbol{y}} = b_2\boldsymbol{x}_2 + b_3\boldsymbol{x}_3.$$

残差为

$$\boldsymbol{e} = \boldsymbol{y} - b_2\boldsymbol{x}_2 - b_3\boldsymbol{x}_3.$$

求解形式的正规方程组为

$$\begin{bmatrix} \sum_{i=1}^{n} x_{i2}^2 & \sum_{i=1}^{n} x_{i2}x_{i3} \\ \sum_{i=1}^{n} x_{i2}x_{i3} & \sum_{i=1}^{n} x_{i3}^2 \end{bmatrix} \begin{bmatrix} b_2 \\ b_3 \end{bmatrix} = \begin{bmatrix} \sum_{i=1}^{n} x_{i2}y_i \\ \sum_{i=1}^{n} x_{i3}y_i \end{bmatrix},$$

由此求解出参数估计量 b_2 和 b_3：

$$b_2 = \left(\sum_{i=1}^{n} x_{i3}^2 \sum_{i=1}^{n} x_{i2}y_i - \sum_{i=1}^{n} x_{i2}x_{i3} \sum_{i=1}^{n} x_{i3}y_i \right) \Big/ D,$$

$$b_3 = \left(\sum_{i=1}^{n} x_{i2}^2 \sum_{i=1}^{n} x_{i3} y_i - \sum_{i=1}^{n} x_{i2} x_{i3} \sum_{i=1}^{n} x_{i2} y_i \right) \Big/ D,$$

$$D = \sum_{i=1}^{n} x_{i2}^2 \sum_{i=1}^{n} x_{i3}^2 - \left(\sum_{i=1}^{n} x_{i2} x_{i3} \right)^2.$$

进一步可求出

$$b_1 = \bar{Y} - b_2 \bar{X}_2 - b_3 \bar{X}_3.$$

§4 参数子集估计

一、问题的提出

在多元线性回归中,有时感兴趣的只是其中一个或几个变量的系数,而非所有系数,此时并不一定需要求出所有系数估计值。另一方面,尽管同时正确地估计所有参数在理论上是可行的,但有时由于存在严重的多重共线性使得实际上行不通,此时可先估计部分参数再估计余下的参数。

上述问题的数学描述为:首先将 K 维总体参数向量 $\boldsymbol{\beta}$ 分为两部分

$$\boldsymbol{\beta} = \begin{bmatrix} \boldsymbol{\beta}_r \\ \boldsymbol{\beta}_s \end{bmatrix}, \quad r + s = K,$$

$\boldsymbol{\beta}_r$ 表示 $\boldsymbol{\beta}$ 的前 r 个分量组成的 r 维列向量,$\boldsymbol{\beta}_s$ 表示 $\boldsymbol{\beta}$ 的后 s 个分量组成的 s 维列向量。假定我们只需或先需估计 $\boldsymbol{\beta}_s$。然后将总体回归模型写成样本形式:

$$\begin{aligned} \boldsymbol{Y} &= [\boldsymbol{X}_r, \boldsymbol{X}_s] \begin{bmatrix} \boldsymbol{\beta}_r \\ \boldsymbol{\beta}_s \end{bmatrix} + \boldsymbol{\varepsilon} \\ &= \boldsymbol{X}_r \boldsymbol{\beta}_r + \boldsymbol{X}_s \boldsymbol{\beta}_s + \boldsymbol{\varepsilon}, \end{aligned}$$

其中,$\boldsymbol{X}_s$ 为后 s 个自变量的样本矩阵,为 $n \times s$ 阶矩阵;$\boldsymbol{X}_r$ 为前 r 个自变量的样本矩阵,为 $n \times r$ 阶矩阵。

二、估计步骤

1. 弗里希–沃夫(Frisch-Waugh)定理指出,为了得到参数子集的估计量,按照以下步骤操作:

将 $\boldsymbol{Y}$ 对 $\boldsymbol{X}_r$ 回归,得到残差向量 $\boldsymbol{Y}^*$;

将 $\boldsymbol{X}_s$ 的每列分别对 $\boldsymbol{X}_r$ 回归,所得残差向量组成矩阵 $\boldsymbol{X}_s^*$,共 s 列;

将 $\boldsymbol{Y}^*$ 对 $\boldsymbol{X}_s^*$ 回归,得到参数向量 $\boldsymbol{b}_s$,即为 $\boldsymbol{\beta}_s$ 的 OLS 估计值;

以 $\boldsymbol{Y}-\boldsymbol{X}_s\boldsymbol{b}_s$ 为被解释变量,对 $\boldsymbol{X}_r$ 进行回归,就得到参数 $\boldsymbol{\beta}_r$ 的 OLS 估计值 $\boldsymbol{b}_r$。

2. 以最简单的一元线性回归模型为例来说明:

$$Y = \beta_1 + \beta_2 X + \varepsilon.$$

为了估计 β_2，我们取 $\boldsymbol{X}_r = \mathbf{i}$，$\boldsymbol{X}_s = \boldsymbol{X}$，而 $\boldsymbol{\beta}_r = \beta_1$，$\boldsymbol{\beta}_s = \beta_2$。

第一步，将 $\boldsymbol{Y}$ 对 $\boldsymbol{X}_r$ 回归，得到残差向量 $\boldsymbol{Y}^*$。

$$\because\ \boldsymbol{M}_r = \boldsymbol{I} - \mathbf{i}(\mathbf{i}'\mathbf{i})^{-1}\mathbf{i}' = \boldsymbol{I} - \frac{1}{n}\mathbf{i}\mathbf{i}' = \boldsymbol{M}^0,$$

$$\therefore\ \boldsymbol{Y}^* = \boldsymbol{M}_r \boldsymbol{Y} = \boldsymbol{M}^0 \boldsymbol{Y} = \boldsymbol{y}。$$

可见，这里的残差 $\boldsymbol{Y}^*$ 就是因变量 Y 的离差。

第二步，将 $\boldsymbol{X}_s$ 对 $\boldsymbol{X}_r$ 回归，得到残差向量 $\boldsymbol{X}_s^*$。

$$\boldsymbol{X}_s^* = \boldsymbol{M}_r \boldsymbol{X}_s = \boldsymbol{M}^0 \boldsymbol{X} = \boldsymbol{x}.$$

可见，这里的残差 $\boldsymbol{X}_s^*$ 就是自变量 X 的离差。

第三步，将 $\boldsymbol{Y}^*$ 对 $\boldsymbol{X}_s^*$ 回归，得到参数估计量 b_2。

$$b_2 = \frac{\sum_{i=1}^{n} x_i y_i}{\sum_{i=1}^{n} x_i^2}.$$

这就是说，b_2 等于采用离差形式的数据回归得到的结果。

第四步，将 $\boldsymbol{Y} - b_2 \boldsymbol{X}$ 对 $\boldsymbol{X}_r$ 回归，得到参数估计量 b_1。

$$b_1 = (\mathbf{i}'\mathbf{i})^{-1}\mathbf{i}'(\boldsymbol{Y} - b_2 \boldsymbol{X}) = \frac{1}{n}\left(\sum_{i=1}^{n} Y_i - b_2 \sum_{i=1}^{n} X_i\right) = \bar{Y} - b_2 \bar{X}.$$

这与同时估计 β_1，β_2 的结果相同。

三、证明

现在我们证明弗里希-沃夫定理。

原始模型为

$$\boldsymbol{Y} = \boldsymbol{X}_r \boldsymbol{\beta}_r + \boldsymbol{X}_s \boldsymbol{\beta}_s + \boldsymbol{\varepsilon}.$$

1. 首先推导 $\boldsymbol{\beta}_s$ 的估计量 $\boldsymbol{b}_s$ 的表达式。

由 $\boldsymbol{X}'\boldsymbol{X}\boldsymbol{b} = \boldsymbol{X}'\boldsymbol{Y}$ 得

$$\begin{bmatrix} \boldsymbol{X}_r' \\ \boldsymbol{X}_s' \end{bmatrix} [\boldsymbol{X}_r \quad \boldsymbol{X}_s] \begin{bmatrix} \boldsymbol{b}_r \\ \boldsymbol{b}_s \end{bmatrix} = \begin{bmatrix} \boldsymbol{X}_r' \\ \boldsymbol{X}_s' \end{bmatrix} \boldsymbol{Y},$$

所以参数估计量为

$$\begin{aligned} \begin{bmatrix} \boldsymbol{b}_r \\ \boldsymbol{b}_s \end{bmatrix} &= \begin{bmatrix} \boldsymbol{X}_r'\boldsymbol{X}_r & \boldsymbol{X}_r'\boldsymbol{X}_s \\ \boldsymbol{X}_s'\boldsymbol{X}_r & \boldsymbol{X}_s'\boldsymbol{X}_s \end{bmatrix}^{-1} \begin{bmatrix} \boldsymbol{X}_r' \\ \boldsymbol{X}_s' \end{bmatrix} \boldsymbol{Y} \\ &= \begin{bmatrix} \boldsymbol{A}_{11}^{-1} + \boldsymbol{A}_{11}^{-1}\boldsymbol{A}_{12}\boldsymbol{F}_2\boldsymbol{A}_{21}\boldsymbol{A}_{11}^{-1} & -\boldsymbol{A}_{11}^{-1}\boldsymbol{A}_{12}\boldsymbol{F}_2 \\ -\boldsymbol{F}_2\boldsymbol{A}_{21}\boldsymbol{A}_{11}^{-1} & \boldsymbol{F}_2 \end{bmatrix} \begin{bmatrix} \boldsymbol{X}_r'\boldsymbol{Y} \\ \boldsymbol{X}_s'\boldsymbol{Y} \end{bmatrix}, \text{①} \end{aligned}$$

其中

$$A_{11} = X_r'X_r,\quad A_{12} = X_r'X_s,\quad A_{21} = X_s'X_r,\quad A_{22} = X_s'X_s,$$

$$\begin{aligned} F_2 &= (A_{22} - A_{21}A_{11}^{-1}A_{12})^{-1} \\ &= [X_s'X_s - X_s'X_r(X_r'X_r)^{-1}X_r'X_s]^{-1} \\ &= [X_s'(I - X_r(X_r'X_r)^{-1}X_r')X_s]^{-1} \\ &= (X_s'M_rX_s)^{-1}, \end{aligned}$$

假定上式中的逆矩阵存在。因此有

$$-F_2A_{21}A_{11}^{-1} = -F_2X_s'X_r(X_r'X_r)^{-1},$$

$$\begin{aligned} b_s &= -F_2X_s'X_r(X_r'X_r)^{-1}X_r'Y + F_2X_s'Y \\ &= F_2X_s'[I - X_r(X_r'X_r)^{-1}X_r']Y \\ &= F_2X_s'M_rY \\ &= (X_s'M_rX_s)^{-1}X_s'M_rY \\ &= [(M_rX_s)'(M_rX_s)]^{-1}(M_rX_s)'(M_rY) \quad (\because M_r \text{ 为对称幂等阵}) \\ &= (X_s^{*\prime}X_s^*)^{-1}X_s^{*\prime}Y^*, \end{aligned}$$

其中,$X_s^* = M_rX_s$,$Y^* = M_rY$。从 b_s 的表达式可见,b_s 可视为将 Y^* 对 X_s^* 作普通最小二乘回归得到的估计量,即

$$Y^* = X_s^*b_s + e_s^*,$$

而由 $Y^* = M_rY$ 可见,Y^* 是 Y 对 X_r 回归得到的残差向量;由 $X_s^* = M_rX_s$ 可见,X_s^* 是 X_s 对 X_r 回归得到的残差矩阵。这就是上述步骤(1)至步骤(3)的理论依据。

2. 下面推导 $\boldsymbol{\beta}_r$ 的估计量 b_r 的表达式。

正规方程组为:

$$\begin{bmatrix} X_r'X_r & X_r'X_s \\ X_s'X_r & X_s'X_s \end{bmatrix}\begin{bmatrix} b_r \\ b_s \end{bmatrix} = \begin{bmatrix} X_r'Y \\ X_s'Y \end{bmatrix}.$$

由正规方程组知:

$$X_r'X_rb_r + X_r'X_sb_s = X_r'Y,$$

$$\therefore \quad b_r = (X_r'X_r)^{-1}X_r'Y - (X_r'X_r)^{-1}X_r'X_sb_s.$$

在上式中,第一项为 Y 对 X_r 回归的参数估计量,第二项为修正项。进一步将 b_r 的表达式变形,得

$$b_r = (X_r'X_r)^{-1}X_r'(Y - X_sb_s),$$

可见,b_r 是 $Y - X_sb_s$ 对 X_r 回归得到的估计量,即步骤(4)。

① 参阅本章的附录 2。

命题得证。

四、派生结论

基于上述事实，我们可以得到以下三个重要结论：

第一，多元回归模型中的参数 $\boldsymbol{\beta}$ 为偏回归系数，即排除其他变量的影响后得到的回归系数。

这是因为 $\boldsymbol{Y}^*$、$\boldsymbol{X}_s^*$ 可视为从 $\boldsymbol{Y}$、$\boldsymbol{X}_s$ 中排除 $\boldsymbol{X}_r$ 影响后的向量和矩阵，两者回归得到的 $\boldsymbol{b}_s$ 便是排除 $\boldsymbol{X}_r$ 影响后的偏回归系数估计量。这表明，参数 $\boldsymbol{\beta}_k$ 具有“给定其他条件不变，$\boldsymbol{X}_k$ 对 $\boldsymbol{Y}$ 的边际影响”的意义。

第二，若 $\boldsymbol{X}_s$ 中只包含一个变量 X_s，那么 Y 与 X_s 的偏相关系数就是 Y^* 与 X_s^* 的简单相关系数，或者估计一元线性回归模型 $Y^*=\alpha_1+\alpha_2 X_s^*+u$ 所得的可决系数 R^2。

第三，若 $\boldsymbol{X}_r$ 与 $\boldsymbol{X}_s$ 正交，即 $\boldsymbol{X}_r'\boldsymbol{X}_s=\boldsymbol{0}$，那么从 $\boldsymbol{b}_r$ 的表达式就有

$$\boldsymbol{b}_r = (\boldsymbol{X}_r'\boldsymbol{X}_r)^{-1}\boldsymbol{X}_r'\boldsymbol{Y},$$

而

$$\boldsymbol{F}_2 = \boldsymbol{A}_{22}^{-1} = (\boldsymbol{X}_s'\boldsymbol{X}_s)^{-1},$$

则

$$\boldsymbol{b}_s = \boldsymbol{F}_2\boldsymbol{X}_s'\boldsymbol{Y} = (\boldsymbol{X}_s'\boldsymbol{X}_s)^{-1}\boldsymbol{X}_s'\boldsymbol{Y}.$$

$\boldsymbol{b}_r$，$\boldsymbol{b}_s$ 恰好就是 $\boldsymbol{Y}$ 分别对 $\boldsymbol{X}_r$，$\boldsymbol{X}_s$ 回归得到的参数估计量。这表明，在多元线性回归模型中，若两个自变量集合正交，那么参数估计量可以利用 Y 分别对每个自变量集合回归而得到。进一步，如果所有自变量相互正交，那么多元回归的各参数估计量等于因变量分别对每个自变量作一元回归得到的参数估计量。

§5　σ^2 的普通最小二乘估计

如果要对某个参数 β_k 进行假设检验或构造置信区间，仅用 $\boldsymbol{\beta}$ 的最小二乘估计量 $\boldsymbol{b}$ 是不够的，还需要知道 b_k 的方差或方差估计量。在 §2 中已经证明了最小二乘估计量 $\boldsymbol{b}$ 的条件方差-协方差阵为

$$\mathrm{Var}(\boldsymbol{b} \mid \boldsymbol{X}) = \sigma^2(\boldsymbol{X}'\boldsymbol{X})^{-1}.$$

由于 σ^2 未知，需要利用样本数据对 σ^2 进行估计，这样才能得到 $\boldsymbol{b}$ 的方差-协方差阵估计量。

一、σ^2 的估计量

在多元线性回归模型中，用残差 $\boldsymbol{e}$ 来估计随机扰动项 $\boldsymbol{\varepsilon}$，相应地用 s^2 来估计随机扰动项的方差 σ^2：

$$s^2 = \frac{\boldsymbol{e}'\boldsymbol{e}}{n-K},$$

式中 n 为样本容量,K 为参数个数。分母 $n-K$ 代表自由度,即独立变量个数。由于 $e_1,\cdots,e_n$ 这 n 个变量需满足正规方程组 $X'\boldsymbol{e}=\boldsymbol{0}$,这就表明它们受到 K 个条件的约束,因此自由度为 $n-K$。

由此可知随机扰动项 $\boldsymbol{\varepsilon}$ 的标准差 σ 的估计量 $s=\sqrt{\dfrac{\boldsymbol{e}'\boldsymbol{e}}{n-K}}$。

二、估计量 s^2 的无偏性

可以证明,s^2 是 σ^2 的无偏估计量:

$$E(s^2) = \sigma^2.$$

[证明]

由于在 §1 中已证明 $\boldsymbol{e}=\boldsymbol{MY}$,再利用 $\boldsymbol{M}$ 为对称幂等矩阵的特性,易知 $\boldsymbol{e}'\boldsymbol{e}=\boldsymbol{Y}'\boldsymbol{MY}$。

$\because$ $\boldsymbol{e}=\boldsymbol{MY}=\boldsymbol{M}(\boldsymbol{X\beta}+\boldsymbol{\varepsilon})=\boldsymbol{M\varepsilon}$, $(\because\ \boldsymbol{MX}=\boldsymbol{0})$

$\therefore$ $\boldsymbol{e}'\boldsymbol{e}=\boldsymbol{\varepsilon}'\boldsymbol{M\varepsilon}.$

$$
\begin{aligned}
E(\boldsymbol{e}'\boldsymbol{e}) &= E(\boldsymbol{\varepsilon}'\boldsymbol{M\varepsilon})\\
&= E[\operatorname{tr}(\boldsymbol{\varepsilon}'\boldsymbol{M\varepsilon})] \quad (\text{因 } \boldsymbol{\varepsilon}'\boldsymbol{M\varepsilon} \text{ 为 } 1\times1 \text{ 的向量,其中 } \operatorname{tr}(\cdot) \text{表示矩阵的迹})\\
&= E[\operatorname{tr}(\boldsymbol{M\varepsilon\varepsilon}')] \quad (\because\ \operatorname{tr}(ABC)=\operatorname{tr}(BCA))\\
&= \operatorname{tr}[E(\boldsymbol{M\varepsilon\varepsilon}')]\\
&= \operatorname{tr}\{E[E(\boldsymbol{M\varepsilon\varepsilon}'|\boldsymbol{X})]\}\\
&= \operatorname{tr}\{E[\boldsymbol{M}E(\boldsymbol{\varepsilon\varepsilon}'|\boldsymbol{X})]\}\\
&= \operatorname{tr}[E(\boldsymbol{M}\sigma^2\boldsymbol{I})]\\
&= \sigma^2\operatorname{tr}[E(\boldsymbol{M})]\\
&= \sigma^2 E[\operatorname{tr}(\boldsymbol{M})],
\end{aligned}
$$

而

$$
\begin{aligned}
\operatorname{tr}(\boldsymbol{M}) &= \operatorname{tr}[\boldsymbol{I}-\boldsymbol{X}(\boldsymbol{X}'\boldsymbol{X})^{-1}\boldsymbol{X}']\\
&= n-\operatorname{tr}[\boldsymbol{X}(\boldsymbol{X}'\boldsymbol{X})^{-1}\boldsymbol{X}']\\
&= n-\operatorname{tr}[(\boldsymbol{X}'\boldsymbol{X})^{-1}\boldsymbol{X}'\boldsymbol{X}]\\
&= n-\operatorname{tr}[\boldsymbol{I}_K]\\
&= n-K,
\end{aligned}
$$

所以

$$E(\boldsymbol{e}'\boldsymbol{e}) = \sigma^2(n-K),$$

即

$$E(s^2) = E\left(\frac{\boldsymbol{e}'\boldsymbol{e}}{n-K}\right) = \sigma^2.$$

三、估计量 s^2 的分布

$$\frac{s^2}{\sigma^2}(n-K) \sim \chi^2(n-K).$$

［证明］

因为

$$\frac{s^2}{\sigma^2}(n-K)=\frac{1}{\sigma^2}\boldsymbol{e}'\boldsymbol{e}=\frac{1}{\sigma^2}\boldsymbol{\varepsilon}'\boldsymbol{M}\boldsymbol{\varepsilon},$$

而$\frac{\boldsymbol{\varepsilon}}{\sigma}\sim N(\boldsymbol{0},\boldsymbol{I})$，$\boldsymbol{M}$ 为对称幂等阵，且 $r(\boldsymbol{M})=n-K$，所以$\frac{1}{\sigma^2}\boldsymbol{\varepsilon}'\boldsymbol{M}\boldsymbol{\varepsilon}\sim\chi^2(n-K)$。①

同时可知 $\mathrm{Var}(s^2)=\frac{2}{n-K}\sigma^4$。这是因为服从$\chi^2$ 分布的随机变量的方差为χ^2 分布自由度的 2 倍，所以有

$$\mathrm{Var}\left(\frac{s^2}{\sigma^2}(n-K)\right)=2(n-K),$$

则有

$$\frac{(n-K)^2}{\sigma^4}\mathrm{Var}(s^2)=2(n-K),$$

因此

$$\mathrm{Var}(s^2)=\frac{2}{n-K}\sigma^4.$$

四、b_k 的标准差的估计

1. $\boldsymbol{b}$ 的方差-协方差阵估计

由于 s^2 是 σ^2 的无偏估计量，又由于 $\boldsymbol{b}$ 的条件方差-协方差阵为 $\mathrm{Var}(\boldsymbol{b}\mid\boldsymbol{X})=\sigma^2(\boldsymbol{X}'\boldsymbol{X})^{-1}$，所以将其估计量取为

$$\widehat{\mathrm{Var}(\boldsymbol{b}\mid\boldsymbol{X})}=s^2(\boldsymbol{X}'\boldsymbol{X})^{-1},$$

相应地，各个参数的条件方差估计量为

$$\widehat{\mathrm{Var}(b_k\mid\boldsymbol{X})}=S^2(b_k)=s^2[(\boldsymbol{X}'\boldsymbol{X})^{-1}]_{kk},\quad k=1,2,\cdots,K.$$

又因 $\mathrm{Var}(\boldsymbol{b})=\sigma^2E(\boldsymbol{X}'\boldsymbol{X})^{-1}$，所以其估计量取为 $\widehat{\mathrm{Var}(\boldsymbol{b})}=s^2(\boldsymbol{X}'\boldsymbol{X})^{-1}$。

---

① 这一结论的证明需要利用以下定理：设 n 维随机向量 $\boldsymbol{x}\sim N(\boldsymbol{0},\boldsymbol{I})$，$\boldsymbol{A}$ 为 n 阶对称幂等阵，且 $r(\boldsymbol{A})=q$，则二次型 $\boldsymbol{x}'\boldsymbol{A}\boldsymbol{x}\sim\chi^2(q)$。

2. b_k 的标准差估计量

(1) 观测值形式

$$S(b_k) = s\sqrt{(\boldsymbol{X'X})^{-1}_{kk}}, \quad k = 1,2,\cdots,K.$$

由于 $r(\boldsymbol{X})=K$,所以 $(\boldsymbol{X'X})^{-1}$ 为正定矩阵,其对角线元素 $(\boldsymbol{X'X})^{-1}_{kk}>0$,因此表达式是合理的。

(2) 离差形式

$$S(b_k) = s\sqrt{(\boldsymbol{x'_*x_*})^{-1}_{kk}}, \quad k = 2,\cdots,K.$$

3. 特例

(1) 一元线性回归模型

$$Y = \beta_1 + \beta_2 X + \varepsilon.$$

① σ 的估计量

$$s = \sqrt{\frac{\boldsymbol{e'e}}{n-2}}.$$

② b_1, b_2 的方差估计量

$$\because\ (\boldsymbol{X'X})^{-1} = \begin{bmatrix} n & \sum_{i=1}^{n} X_i \\ \sum_{i=1}^{n} X_i & \sum_{i=1}^{n} X_i^2 \end{bmatrix}^{-1} = \frac{1}{D}\begin{bmatrix} \sum_{i=1}^{n} X_i^2 & -\sum_{i=1}^{n} X_i \\ -\sum_{i=1}^{n} X_i & n \end{bmatrix},$$

其中,$D = n\sum_{i=1}^{n} X_i^2 - \left(\sum_{i=1}^{n} X_i\right)^2 = n\sum_{i=1}^{n} x_i^2$。

$$\therefore\ \widehat{\mathrm{Var}(b_1)} = S^2(b_1) = s^2\frac{\sum_{i=1}^{n} X_i^2}{D} = s^2\frac{\sum_{i=1}^{n} X_i^2}{n\sum_{i=1}^{n} x_i^2},$$

$$\widehat{\mathrm{Var}(b_2)} = S^2(b_2) = s^2\frac{n}{D} = s^2\frac{1}{\sum_{i=1}^{n} x_i^2},$$

$$\widehat{\mathrm{Cov}(b_1,b_2)} = s^2\frac{-\sum_{i=1}^{n} X_i}{D} = -s^2\frac{\overline{X}}{\sum_{i=1}^{n} x_i^2}.$$

从 $S^2(b_2)$ 的表达式可以看出,自变量 X 取值越分散,$x_i^2=(X_i-\overline{X})^2, i=1,\cdots,n$ 越大,$S^2(b_2)$ 就越小,即对 β_2 的估计就越准确。这个结论启示我们,在进行回归分析的时候,自变量的变异程度越大,我们对参数的估计效果就越好。

（2）二元线性回归模型

$$Y = \beta_1 + \beta_2 X_2 + \beta_3 X_3 + \varepsilon.$$

① σ 的估计量如下：

$$s = \sqrt{\frac{\boldsymbol{e}'\boldsymbol{e}}{n-3}}.$$

② b_1, b_2, b_3 的标准差估计量如下：

$$(\boldsymbol{x}'_* \boldsymbol{x}_*)^{-1} = \begin{bmatrix} \sum_{i=1}^{n} x_{i2}^2 & \sum_{i=1}^{n} x_{i2}x_{i3} \\ \sum_{i=1}^{n} x_{i2}x_{i3} & \sum_{i=1}^{n} x_{i3}^2 \end{bmatrix}^{-1}$$

$$= \frac{1}{D} \begin{bmatrix} \sum_{i=1}^{n} x_{i3}^2 & -\sum_{i=1}^{n} x_{i2}x_{i3} \\ -\sum_{i=1}^{n} x_{i2}x_{i3} & \sum_{i=1}^{n} x_{i2}^2 \end{bmatrix},$$

其中

$$D = \sum_{i=1}^{n} x_{i2}^2 \sum_{i=1}^{n} x_{i3}^2 - \left(\sum_{i=1}^{n} x_{i2}x_{i3}\right)^2 = \left(\sum_{i=1}^{n} x_{i2}^2 \sum_{i=1}^{n} x_{i3}^2\right)(1 - r_{23}^2),$$

r_{23} 为 x_2, x_3 的样本简单相关系数。

$$S^2(b_2) = s^2 \frac{\sum_{i=1}^{n} x_{i3}^2}{D} = \frac{s^2}{\sum_{i=1}^{n} x_{i2}^2 (1 - r_{23}^2)},$$

$$S^2(b_3) = s^2 \frac{\sum_{i=1}^{n} x_{i2}^2}{D} = \frac{s^2}{\sum_{i=1}^{n} x_{i3}^2 (1 - r_{23}^2)},$$

$$\widehat{\mathrm{Cov}(b_2, b_3)} = -s^2 \frac{\sum_{i=1}^{n} x_{i2}x_{i3}}{D}$$

$$= -\frac{r_{23}}{1 - r_{23}^2} \cdot \frac{s^2}{\sqrt{\sum_{i=1}^{n} x_{i2}^2 \cdot \sum_{i=1}^{n} x_{i3}^2}}.$$

因为

$$(\boldsymbol{X}'\boldsymbol{X})_{11}^{-1} = \left\{ \sum_{i=1}^{n} X_{i2}^2 \sum_{i=1}^{n} X_{i3}^2 - \left(\sum_{i=1}^{n} X_{i2}X_{i3}\right)^2 \right\} \Big/ \det(\boldsymbol{X}'\boldsymbol{X}),$$

其中,$\det(\boldsymbol{X}'\boldsymbol{X})=nD$。所以有

$$S^2(b_1)=s^2\left[\frac{1}{n}+\frac{\overline{X}_2^2\sum_{i=1}^n x_{i3}^2+\overline{X}_3^2\sum_{i=1}^n x_{i2}^2-2\overline{X}_2\overline{X}_3\sum_{i=1}^n x_{i2}x_{i3}}{\sum_{i=1}^n x_{i2}^2\sum_{i=1}^n x_{i3}^2-\left(\sum_{i=1}^n x_{i2}x_{i3}\right)^2}\right].$$

只需将 $X_2=x_2+\overline{X}_2, X_3=x_3+\overline{X}_3$ 代入$(\boldsymbol{X}'\boldsymbol{X})_{11}^{-1}$ 表达式,并注意到 $\sum_{i=1}^n x_{i2}=\sum_{i=1}^n x_{i3}=0$ 即可证明上式。

从 $S^2(b_2), S^2(b_3)$的表达式可以看出,X_2, X_3 的取值越分散,或者 X_2, X_3 的相关程度越低,那么 $S^2(b_2), S^2(b_3)$就越小,即对 β_2, β_3 的估计就越准确。

五、关于假定条件应用的讨论

根据本章§1、§2、§5 的讨论,可将第 1 章§2 的假定条件与普通最小二乘估计量的表达式和统计特性之间的关系总结如下:

在假定一至假定四下,可得如下结论:

(1) 关于 $\boldsymbol{b}$

$\boldsymbol{b}$ 的表达式:$\boldsymbol{b}=(\boldsymbol{X}'\boldsymbol{X})^{-1}\boldsymbol{X}'\boldsymbol{Y}$。

$\boldsymbol{b}$ 的数字表征:

$E(\boldsymbol{b}|\boldsymbol{X})=\boldsymbol{\beta}$,进一步可得 $E(\boldsymbol{b})=\boldsymbol{\beta}$。

$\mathrm{Var}(\boldsymbol{b}|\boldsymbol{X})=\sigma^2(\boldsymbol{X}'\boldsymbol{X})^{-1}$, $\mathrm{Var}(\boldsymbol{b})=\sigma^2E[(\boldsymbol{X}'\boldsymbol{X})^{-1}]$。

(2) 高斯-马尔科夫定理成立

由此可知 $\boldsymbol{b}$ 是 $\boldsymbol{\beta}$ 的无偏有效估计量。

(3) 关于 s^2

$E(s^2)=\sigma^2$。

(4) $\boldsymbol{b},\boldsymbol{e}$ 无关

即 $\mathrm{Cov}(\boldsymbol{b},\boldsymbol{e})=\boldsymbol{0}$。

$\because$ $\boldsymbol{e}=\boldsymbol{M\varepsilon}$,

$\therefore$ $E(\boldsymbol{e})=E(\boldsymbol{M\varepsilon})=E[E(\boldsymbol{M\varepsilon}|\boldsymbol{X})]=E[\boldsymbol{M}E(\boldsymbol{\varepsilon}|\boldsymbol{X})]=E(\boldsymbol{0})=\boldsymbol{0}$.

因此

$$\begin{aligned}\mathrm{Cov}(\boldsymbol{b},\boldsymbol{e})&=E[(\boldsymbol{b}-\boldsymbol{\beta})\boldsymbol{e}']\\&=E[(\boldsymbol{X}'\boldsymbol{X})^{-1}\boldsymbol{X}'\boldsymbol{\varepsilon\varepsilon}'\boldsymbol{M}]\\&=E\{E[(\boldsymbol{X}'\boldsymbol{X})^{-1}\boldsymbol{X}'\boldsymbol{\varepsilon\varepsilon}'\boldsymbol{M}\mid\boldsymbol{X}]\}\\&=E[(\boldsymbol{X}'\boldsymbol{X})^{-1}\boldsymbol{X}'E(\boldsymbol{\varepsilon\varepsilon}'\mid\boldsymbol{X})\boldsymbol{M}]\\&=E[(\boldsymbol{X}'\boldsymbol{X})^{-1}\boldsymbol{X}'(\sigma^2\boldsymbol{I})\boldsymbol{M}]\end{aligned}$$

$$= \sigma^2 E[(\boldsymbol{X}'\boldsymbol{X})^{-1}\boldsymbol{X}'\boldsymbol{M}] \quad (\because\ \boldsymbol{X}'\boldsymbol{M} = (\boldsymbol{M}'\boldsymbol{X})' = (\boldsymbol{M}\boldsymbol{X})' = \boldsymbol{0})$$
$$= E(\boldsymbol{0})$$
$$= \boldsymbol{0}.$$

上述结论的获得只需假定条件 1—4,并不需要假定条件 5：$\boldsymbol{\varepsilon}|\boldsymbol{X}$ 服从正态分布。

在假定一至假定四下,必须补充假定五：$\boldsymbol{\varepsilon}|\boldsymbol{X}\sim N(\boldsymbol{0},\sigma^2\boldsymbol{I})$,才可得如下结论：

(1) 关于 $\boldsymbol{b}$

$$\boldsymbol{b} \mid \boldsymbol{X} \sim N(\boldsymbol{\beta},\sigma^2(\boldsymbol{X}'\boldsymbol{X})^{-1}).$$

(2) 关于 $\boldsymbol{e}$

$$\boldsymbol{e} \mid \boldsymbol{X} \sim N(\boldsymbol{0},\sigma^2\boldsymbol{M}).$$

这是因为

$$E(\boldsymbol{e}) = \boldsymbol{0},$$
$$\mathrm{Var}(\boldsymbol{e} \mid \boldsymbol{X}) = E(\boldsymbol{e}\boldsymbol{e}' \mid \boldsymbol{X}) = E(\boldsymbol{M}\boldsymbol{\varepsilon}\boldsymbol{\varepsilon}'\boldsymbol{M}' \mid \boldsymbol{X}) = \sigma^2\boldsymbol{M}.$$

又因 $\boldsymbol{e}|\boldsymbol{X}$ 是 $\boldsymbol{\varepsilon}$ 的线性函数,所以 $\boldsymbol{e}|\boldsymbol{X}$ 服从正态分布。

(3) $\boldsymbol{b}$,$\boldsymbol{e}$ 相互独立

因 $\boldsymbol{b}$,$\boldsymbol{e}$ 服从正态分布,且 $\mathrm{Cov}(\boldsymbol{b},\boldsymbol{e})=\boldsymbol{0}$,所以 $\boldsymbol{b}$,$\boldsymbol{e}$ 相互独立。

(4) 关于 s^2

以下关系成立：

$$\frac{s^2}{\sigma^2}(n-K) \sim \chi^2(n-K),$$

$$\mathrm{Var}(s^2) = \frac{2}{n-K}\sigma^4.$$

§6　最大似然估计

前面几节对最小二乘估计法作了详细讨论。本节将讨论另一个基本的常用的估计方法,即最大似然估计法。最大似然估计法(Maximum Likelihood Estimation, MLE,也称极大似然估计法)也是应用很广泛的一种方法。在一定条件下,最大似然估计量具有一些很好的性质,故本节对这一方法加以介绍。

一般来说,我们观察到或取得样本 $A=(X,Y)$ 的概率与参数 θ 有关,θ 取值不同,则 A 的概率也不同。因此记观察到样本 A 的概率为 $P(A|\theta)$。若 A 已经得到,则认为此时的 θ 值应是在所有可能的取值中使 $P(A|\theta)$ 达到最大的那一个。这就是最大似然估计的基本思想。

一、最大似然估计法的假定条件

在多元线性回归模型 $\boldsymbol{Y}=\boldsymbol{X\beta}+\boldsymbol{\varepsilon}$ 中,假定:

$$\boldsymbol{\varepsilon} \mid \boldsymbol{X} \sim N(\boldsymbol{0},\sigma^2\boldsymbol{I}), \quad r(\boldsymbol{X}) = \boldsymbol{K},$$

就可以利用最大似然法估计模型中的总体参数。

二、最大似然估计法的原理

1. 似然函数

$Y_1,\cdots,Y_n$ 的似然函数定义为其联合概率密度函数。

下面导出 $Y_1,\cdots,Y_n$ 的似然函数。

首先,已知 ε_i 在 $\boldsymbol{X}$ 条件下服从正态分布,且 $E(\varepsilon_i|\boldsymbol{X})=0$, $\mathrm{Var}(\varepsilon_i|\boldsymbol{X})=\sigma^2$,所以其概率密度函数为

$$f_{\varepsilon_i} = \frac{1}{\sqrt{2\pi\sigma^2}} \mathrm{e}^{-\frac{\varepsilon_i^2}{2\sigma^2}}.$$

其次,由于

$$\varepsilon_i = Y_i - (X_{i1}\beta_1 + X_{i2}\beta_2 + \cdots + X_{iK}\beta_K),$$

也可写为

$$\varepsilon_i = Y_i - \boldsymbol{x}^{i\prime}\boldsymbol{\beta},$$

所以 $\boldsymbol{\varepsilon}$ 至 Y 的概率密度函数变换为

$$f(Y) = \left|\frac{\mathrm{d}\boldsymbol{\varepsilon}'}{\mathrm{d}Y}\right| f_{\varepsilon},$$

$\left|\frac{\mathrm{d}\boldsymbol{\varepsilon}'}{\mathrm{d}Y}\right|$被称为雅可比(Jacobi)行列式,$\frac{\mathrm{d}\varepsilon_i}{\mathrm{d}Y_i}=1$,$\frac{\mathrm{d}\varepsilon_i}{\mathrm{d}Y_j}=0$,$i\neq j$,因此$\left|\frac{\mathrm{d}\boldsymbol{\varepsilon}'}{\mathrm{d}Y}\right|=1$。

故 f_{Y_i} 的概率密度函数为

$$f_{Y_i} = \frac{1}{\sqrt{2\pi\sigma^2}}\mathrm{e}^{-\frac{\varepsilon_i^2}{2\sigma^2}} = \frac{1}{\sqrt{2\pi\sigma^2}}\mathrm{e}^{-\frac{1}{2\sigma^2}(Y_i-\boldsymbol{x}^{i\prime}\boldsymbol{\beta})}.$$

再次,由于 $\varepsilon_1,\cdots,\varepsilon_n$ 相互独立,故 $Y_1,\cdots,Y_n$ 也相互独立。

因此 $Y_1,\cdots,Y_n$ 的似然函数为

$$L = \prod_{i=1}^{n} f_{Y_i} = (2\pi\sigma^2)^{-\frac{n}{2}}\mathrm{e}^{-\frac{\boldsymbol{\varepsilon}'\boldsymbol{\varepsilon}}{2\sigma^2}}$$

$$= (2\pi\sigma^2)^{-\frac{n}{2}}\mathrm{e}^{-\frac{1}{2\sigma^2}(\boldsymbol{Y}-\boldsymbol{X\beta})'(\boldsymbol{Y}-\boldsymbol{X\beta})}.$$

似然函数 L 为观测到这一特定样本($\boldsymbol{x}^1,\cdots,\boldsymbol{x}^n;Y_1,\cdots,Y_n$)的概率。当样本给定时,$L$

是 $\boldsymbol{\beta},\sigma^2$ 的函数，即 $L=L(\boldsymbol{\beta},\sigma^2)$。

值得指出的是，参数 $\boldsymbol{\beta},\sigma^2$ 是未知但固定的常数，而非随机变量，似然函数并不表示参数 $\boldsymbol{\beta},\sigma^2$ 的概率分布。

2. 数学描述

我们的目的是寻找使样本($\boldsymbol{x}^1,\cdots,\boldsymbol{x}^n;Y_1,\cdots,Y_n$)出现的可能性即概率最大的参数 $\boldsymbol{\beta}$，σ^2，由此得到的参数估计量被称为最大似然估计量。

该问题的数学描述为

$$\max_{\boldsymbol{\beta},\sigma^2} L(\boldsymbol{\beta},\sigma^2).$$

由于对数函数为单调函数，为简单起见，人们常常对似然函数取对数，得到对数似然函数：

$$\ln L = -\frac{n}{2}\ln(2\pi) - \frac{n}{2}\ln\sigma^2 - \frac{1}{2\sigma^2}\boldsymbol{\varepsilon}'\boldsymbol{\varepsilon},$$

其中

$$\boldsymbol{\varepsilon}'\boldsymbol{\varepsilon} = \boldsymbol{Y}'\boldsymbol{Y} - 2\boldsymbol{\beta}'\boldsymbol{X}'\boldsymbol{Y} + \boldsymbol{\beta}'\boldsymbol{X}'\boldsymbol{X}\boldsymbol{\beta}.$$

因为对数似然函数与似然函数的极值点相同，而针对对数似然函数的导数运算显然更加简便，所以问题归结为已知容量为 n 的样本，求 $\hat{\boldsymbol{\beta}},\hat{\sigma}^2$ 使 $\ln L$ 达到极大，即无条件极大值问题：

$$\max_{\boldsymbol{\beta},\sigma^2} \ln L(\boldsymbol{\beta},\sigma^2).$$

3. 一阶条件

一阶偏导为

$$\begin{cases}\dfrac{\partial \ln L}{\partial \boldsymbol{\beta}} = -\dfrac{1}{2\sigma^2}(-2\boldsymbol{X}'\boldsymbol{Y} + 2\boldsymbol{X}'\boldsymbol{X}\boldsymbol{\beta}) = \dfrac{1}{\sigma^2}(\boldsymbol{X}'\boldsymbol{Y} - \boldsymbol{X}'\boldsymbol{X}\boldsymbol{\beta}) = \dfrac{1}{\sigma^2}\boldsymbol{X}'\boldsymbol{\varepsilon}, \\ \dfrac{\partial \ln L}{\partial \sigma^2} = -\dfrac{n}{2\sigma^2} + \dfrac{1}{2\sigma^4}\boldsymbol{\varepsilon}'\boldsymbol{\varepsilon} = \dfrac{1}{2\sigma^4}(\boldsymbol{\varepsilon}'\boldsymbol{\varepsilon} - n\sigma^2),\end{cases}$$

令一阶偏导为零，可求出驻点 $\hat{\boldsymbol{\beta}},\hat{\sigma}^2$，满足的方程为

$$\begin{cases}\boldsymbol{X}'\boldsymbol{e} = 0, \\ \boldsymbol{e}'\boldsymbol{e} - n\hat{\sigma}^2 = 0,\end{cases}$$

其中 $\boldsymbol{e}=\boldsymbol{Y}-\boldsymbol{X}\hat{\boldsymbol{\beta}}$。

4. 二阶条件

二阶条件要求海赛矩阵负定。海赛矩阵为

$$H = \left.\frac{\partial^2 \ln L}{\partial \boldsymbol{\theta}\partial \boldsymbol{\theta}'}\right|_{\text{驻点}},$$

其中

$$\boldsymbol{\theta} = \begin{bmatrix}\boldsymbol{\beta} \\ \sigma^2\end{bmatrix} \text{为}(K+1)\text{维列向量},$$

$$\boldsymbol{H}=\left.\frac{\partial^2\ln L}{\partial\boldsymbol{\theta}\partial\boldsymbol{\theta}'}\right|_{驻点}=\begin{bmatrix}\dfrac{\partial^2\ln L}{\partial\boldsymbol{\beta}\partial\boldsymbol{\beta}'} & \dfrac{\partial^2\ln L}{\partial\boldsymbol{\beta}\partial\sigma^2}\\ \dfrac{\partial^2\ln L}{\partial\sigma^2\partial\boldsymbol{\beta}'} & \dfrac{\partial^2\ln L}{\partial\sigma^2\partial\sigma^2}\end{bmatrix}_{\hat{\boldsymbol{\beta}},\hat{\sigma}^2} \quad 为(K+1)阶方阵。$$

其中，$\dfrac{\partial^2\ln L}{\partial\boldsymbol{\beta}\partial\boldsymbol{\beta}'}=-\dfrac{1}{\sigma^2}\boldsymbol{X}'\boldsymbol{X},\quad \left.\dfrac{\partial^2\ln L}{\partial\boldsymbol{\beta}\partial\boldsymbol{\beta}'}\right|_{\hat{\boldsymbol{\beta}}\hat{\sigma}^2}=-\dfrac{1}{\hat{\sigma}^2}\boldsymbol{X}'\boldsymbol{X}$；

$$\frac{\partial^2\ln L}{\partial\boldsymbol{\beta}\partial\sigma^2}=\left(\frac{\partial^2\ln L}{\partial\sigma^2\partial\boldsymbol{\beta}'}\right)'=-\frac{1}{\sigma^4}\boldsymbol{X}'\boldsymbol{\varepsilon},$$

$$\left.\frac{\partial^2\ln L}{\partial\boldsymbol{\beta}\partial\sigma^2}\right|_{\hat{\boldsymbol{\beta}},\sigma^2}=\left.\left(\frac{\partial^2\ln L}{\partial\sigma^2\partial\boldsymbol{\beta}'}\right)'\right|_{\hat{\boldsymbol{\beta}},\sigma^2}=-\frac{1}{\hat{\sigma}^4}\boldsymbol{X}'\boldsymbol{e}=0;$$

$$\frac{\partial^2\ln L}{\partial\sigma^2\partial\sigma^2}=\frac{n}{2\sigma^4}-\frac{\boldsymbol{\varepsilon}'\boldsymbol{\varepsilon}}{\sigma^6},$$

$$\because\ \left.\boldsymbol{\varepsilon}'\boldsymbol{\varepsilon}\right|_{\hat{\boldsymbol{\beta}},\sigma^2}=n\hat{\sigma}^2,\ \therefore\ \left.\frac{\partial^2\ln L}{\partial\sigma^2\partial\sigma^2}\right|_{\hat{\boldsymbol{\beta}},\hat{\sigma}^2}=-\frac{n}{2\hat{\sigma}^4}。$$

则

$$\boldsymbol{H}=\begin{bmatrix}-\dfrac{1}{\hat{\sigma}^2}\boldsymbol{X}'\boldsymbol{X} & 0\\ 0 & -\dfrac{n}{2\hat{\sigma}^4}\end{bmatrix}.$$

可见，$\boldsymbol{H}$ 为负定阵，也即二阶条件满足，所以 $\hat{\boldsymbol{\beta}},\hat{\sigma}^2$ 为极大值点。

三、正规方程组

根据一阶条件可得正规方程组：

$$\begin{cases}\boldsymbol{X}'\boldsymbol{X}\hat{\boldsymbol{\beta}}=\boldsymbol{X}'\boldsymbol{Y},\\ n\hat{\sigma}^2=\boldsymbol{e}'\boldsymbol{e}.\end{cases}$$

该方程组有 $K+1$ 个方程，$K+1$ 个未知量：$\hat{\boldsymbol{\beta}},\hat{\sigma}^2$。

四、最大似然估计量及其统计特性

1. 最大似然估计量的表达式

根据正规方程组可求得参数估计量为

$$\begin{cases}\hat{\boldsymbol{\beta}}=(\boldsymbol{X}'\boldsymbol{X})^{-1}\boldsymbol{X}'\boldsymbol{Y}=\boldsymbol{b},\\ \hat{\sigma}^2=\dfrac{\boldsymbol{e}'\boldsymbol{e}}{n}.\end{cases}$$

可见参数 $\boldsymbol{\beta}$ 的最大似然估计量 $\hat{\boldsymbol{\beta}}$ 与普通最小二乘估计量 $\boldsymbol{b}$ 相同,但参数 σ^2 的最大似然估计量 $\hat{\sigma}^2$ 则不同于最小二乘估计量 s^2。

2. 最大似然估计量的有限样本特性

我们可以得到以下结论:

第一,$\hat{\boldsymbol{\beta}}$ 是 $\boldsymbol{\beta}$ 的无偏有效估计量。这是因为 $\hat{\boldsymbol{\beta}}=\boldsymbol{b}$,所以 $\hat{\boldsymbol{\beta}}$ 具有与普通最小二乘估计量 $\boldsymbol{b}$ 相同的统计特性。

第二,$\hat{\sigma}^2$ 是 σ^2 的有偏估计量。

这是因为前面已经证明 $s^2=\dfrac{\boldsymbol{e}'\boldsymbol{e}}{n-K}$是 σ^2 的无偏估计量,所以 $E(\hat{\sigma}^2)\neq\sigma^2$。

在第 7 章中我们将证明 $\hat{\boldsymbol{\beta}},\hat{\sigma}^2$ 均是一致、渐近有效估计量,即具有很好的无限样本特性。

§7　无截距回归模型的参数估计

在某些经济问题中,理论上要求线性回归模型不含截距项,这就是无截距回归问题。比如,在弗里德曼提出的永久收入假说中,消费与永久收入的比例为常数;在管理经济学中,经常假定可变成本与产出成正比;在宏观经济学中,经常假定通货膨胀率与货币供给增长率成正比;在资本资产定价模型中,资产的超额收益率与市场的超额收益率成正比。

因无截距项的回归模型在某些方面具有一定的特殊性,所以本节对无截距回归模型进行概述。

一、数学形式

1. 总体回归模型

$$Y = \beta_2 X_2 + \cdots + \beta_K X_K + \varepsilon.$$

取定容量为 n 的样本,其样本形式如下:

(1) 观测值形式

$$Y_i = \beta_2 X_{i2} + \cdots + \beta_K X_{iK} + \varepsilon_i,\quad i = 1,\cdots,n,$$

或用矩阵形式表示为

$$\boldsymbol{Y} = \boldsymbol{X}_* \boldsymbol{\beta}_* + \boldsymbol{\varepsilon},$$

其中,$\boldsymbol{X}_*=[\boldsymbol{x}_2,\cdots,\boldsymbol{x}_K]$为 $n\times(K-1)$阶矩阵,$\boldsymbol{\beta}_*=(\beta_2,\cdots,\beta_K)'$为 $K-1$ 维列向量。

(2) 离差形式

$$y_i = \beta_2 x_{i2} + \cdots + \beta_K x_{iK} + \varepsilon_i - \bar{\varepsilon},\quad i = 1,\cdots,n,$$

或用矩阵形式表示为

$$\boldsymbol{y} = \boldsymbol{x}_{*}\boldsymbol{\beta}_{*} + \boldsymbol{M}^{0}\boldsymbol{\varepsilon},$$

其中,$\boldsymbol{x}_{*}=[\boldsymbol{x}_{2},\cdots,\boldsymbol{x}_{K}]$为$n\times(K-1)$阶矩阵。

2. 样本回归模型

$$\boldsymbol{Y} = b_{2}\boldsymbol{X}_{2} + \cdots + b_{K}\boldsymbol{X}_{K} + e.$$

(1) 观测值形式

$$Y_{i} = b_{2}X_{i2} + \cdots + b_{K}X_{iK} + e_{i}, \quad i = 1,\cdots,n,$$

或用矩阵形式表示为

$$\boldsymbol{Y} = \boldsymbol{X}_{*}\boldsymbol{b}_{*} + \boldsymbol{e},$$

其中,$\boldsymbol{b}_{*}=[b_{2},\cdots,b_{K}]'$。

(2) 离差形式

$$y_{i} = b_{2}x_{i2} + \cdots + b_{K}x_{iK} + e_{i} - \bar{e}, \quad i = 1,\cdots,n,$$

或用矩阵形式表示为

$$\boldsymbol{y} = \boldsymbol{x}_{*}\boldsymbol{b}_{*} + \boldsymbol{M}^{0}\boldsymbol{e}.$$

二、参数估计

1. 正规方程组

(1) 求解形式

$$\boldsymbol{X}'_{*}\boldsymbol{X}_{*}\boldsymbol{b}_{*} = \boldsymbol{X}'_{*}\boldsymbol{Y}.$$

(2) 残差形式

$$\boldsymbol{X}'_{*}\boldsymbol{e} = \boldsymbol{0}.$$

需要注意的是,由于现在的数据矩阵$\boldsymbol{X}_{*}$中没有代表常数项的列向量$\mathbf{i}$,所以不再有等式$\mathbf{i}'\boldsymbol{e}=0$,即不再有等式$\bar{e}=0$,也就是说,在无截距回归模型中残差之和不一定等于零。

2. 样本回归超平面

$$\hat{\boldsymbol{Y}} = b_{2}X_{2} + \cdots + b_{K}X_{K},$$

或

$$\hat{\boldsymbol{Y}} = \boldsymbol{X}_{*}\boldsymbol{b}_{*}.$$

样本回归超平面具有如下几条性质:

(1) $\overline{Y}=\overline{X}_{*}\boldsymbol{b}_{*}+\bar{e}\neq\overline{X}_{*}\boldsymbol{b}_{*}$

这表明样本回归超平面不一定通过样本数据的均值点。

(2) $\overline{\hat{Y}}=\overline{X}_{*}\boldsymbol{b}_{*}\neq\overline{Y}$

这表明拟合值的均值与样本均值不一定相等。

(3) $\hat{\boldsymbol{Y}}'\boldsymbol{e}=\boldsymbol{b}'_*\boldsymbol{X}'_*\boldsymbol{e}=0$

这表明拟合值向量与残差向量正交。但是若用离差形式表示,拟合值向量并不与残差向量正交:

$$\hat{\boldsymbol{y}}'\boldsymbol{e} = (\hat{\boldsymbol{Y}} - \overline{\hat{Y}}\mathbf{i})'\boldsymbol{e} = \hat{\boldsymbol{Y}}'\boldsymbol{e} - \overline{\hat{Y}}\mathbf{i}'\boldsymbol{e} = -n\overline{\hat{Y}}\bar{e} \neq 0.$$

附录1

向量微商

1. 一阶微商——梯度向量

(1) 多元函数

设 $y=f(x_1,x_2,\cdots,x_n)$,用向量表示为 $y=f(\boldsymbol{x})$,其中 $\boldsymbol{x}=[x_1,x_2,\cdots,x_n]'$。

定义:y 对向量 $\boldsymbol{x}$ 的微商为

$$\frac{\partial y}{\partial \boldsymbol{x}} = \frac{\partial f}{\partial \boldsymbol{x}} = \begin{bmatrix} \frac{\partial f}{\partial x_1} \\ \vdots \\ \frac{\partial f}{\partial x_n} \end{bmatrix},$$

或简记为

$$\frac{\partial y}{\partial \boldsymbol{x}} = \begin{bmatrix} f_1 \\ \vdots \\ f_n \end{bmatrix} = \boldsymbol{f},$$

其中,$f_i=\frac{\partial y}{\partial x_i}=\frac{\partial f}{\partial x_i}$,$\boldsymbol{f}$ 称为梯度向量。

也可求$\frac{\partial y}{\partial \boldsymbol{x}'}$,其定义为$\frac{\partial y}{\partial \boldsymbol{x}'}=\left(\frac{\partial y}{\partial x_1},\cdots,\frac{\partial y}{\partial x_n}\right)=\boldsymbol{f}'$。

y 的一阶全微分 $\mathrm{d}y$ 也可用向量表示:

$$\mathrm{d}y = f_1\mathrm{d}x_1 + f_2\mathrm{d}x_2 + \cdots + f_n\mathrm{d}x_n = \boldsymbol{f}'\mathrm{d}\boldsymbol{x},$$

其中,$\mathrm{d}\boldsymbol{x}=(\mathrm{d}x_1,\mathrm{d}x_2,\cdots,\mathrm{d}x_n)'$。

(2) 特例 1——线性齐次函数

设 $y=a_1x_1+a_2x_2+\cdots+a_nx_n=\boldsymbol{a}'\boldsymbol{x}=\boldsymbol{x}'\boldsymbol{a}$,其中 $\boldsymbol{a}=(a_1,a_2,\cdots,a_n)'$。由于$\frac{\partial y}{\partial x_i}=a_i$,所以有

$$\frac{\partial y}{\partial \boldsymbol{x}}=\frac{\partial(\boldsymbol{a}'\boldsymbol{x})}{\partial \boldsymbol{x}}=\frac{\partial(\boldsymbol{x}'\boldsymbol{a})}{\partial \boldsymbol{x}}=\boldsymbol{a}.$$

由此也可知

$$\frac{\partial y}{\partial \boldsymbol{x}'}=\left(\frac{\partial y}{\partial \boldsymbol{x}}\right)'=\boldsymbol{a}'.$$

(3) 特例 2——二次型

$$\begin{aligned} y = {} & a_{11}x_1^2+a_{12}x_1x_2+\cdots+a_{1n}x_1x_n \\ & +a_{12}x_1x_2+a_{22}x_2^2+\cdots+a_{2n}x_2x_n+\cdots \\ & +a_{1n}x_1x_n+a_{2n}x_2x_n+\cdots+a_{nn}x_n^2 \\ = {} & \boldsymbol{x}'\boldsymbol{A}\boldsymbol{x}, \end{aligned}$$

其中 $\boldsymbol{A}=(a_{ij})_{n\times n}$ 为 n 阶对称阵,则有

$$\frac{\partial y}{\partial \boldsymbol{x}}=\frac{\partial(\boldsymbol{x}'\boldsymbol{A}\boldsymbol{x})}{\partial \boldsymbol{x}}=2\boldsymbol{A}\boldsymbol{x}.$$

[证明]

令 $\boldsymbol{A}=\begin{bmatrix}\boldsymbol{a}^1\\ \boldsymbol{a}^2\\ \vdots\\ \boldsymbol{a}^n\end{bmatrix}$,其中 $\boldsymbol{a}^i=(a_{i1},a_{i2},\cdots,a_{in})$。

因为在 y 的表达式中只在第 i 行和第 i 列中含有 x_i,且因 $\boldsymbol{A}$ 为对称阵,$\boldsymbol{A}$ 的第 i 行与 $\boldsymbol{A}$ 的第 i 列元素相同,均为 $\boldsymbol{a}^i$,所以$\frac{\partial y}{\partial x_i}=2\boldsymbol{a}^i\boldsymbol{x}$,因此

$$\frac{\partial y}{\partial \boldsymbol{x}}=\begin{bmatrix}2\boldsymbol{a}^1\boldsymbol{x}\\ 2\boldsymbol{a}^2\boldsymbol{x}\\ \vdots\\ 2\boldsymbol{a}^n\boldsymbol{x}\end{bmatrix}=2\boldsymbol{A}\boldsymbol{x}.$$

2. 二阶微商——海赛矩阵

(1) 海赛矩阵 $\boldsymbol{H}$

设 $y=f(x_1,x_2,\cdots,x_n)=f(\boldsymbol{x})$,$\boldsymbol{H}$ 定义为

$$H=\begin{bmatrix}\frac{\partial^2 f}{\partial x_1\partial x_1} & \frac{\partial^2 f}{\partial x_1\partial x_2} & \cdots & \frac{\partial^2 f}{\partial x_1\partial x_n}\\ \frac{\partial^2 f}{\partial x_2\partial x_1} & \frac{\partial^2 f}{\partial x_2\partial x_2} & \cdots & \frac{\partial^2 f}{\partial x_2\partial x_n}\\ \vdots & \vdots & & \vdots\\ \frac{\partial^2 f}{\partial x_n\partial x_1} & \frac{\partial^2 f}{\partial x_n\partial x_2} & \cdots & \frac{\partial^2 f}{\partial x_n\partial x_n}\end{bmatrix},$$

或简记为 $\boldsymbol{H}=[f_{ij}]$，其中 $f_{ij}=\frac{\partial^2 f}{\partial x_i\partial x_j}$。由于 f 常满足 $f_{ij}=f_{ji}$，所以 $\boldsymbol{H}$ 为对称阵。

$\boldsymbol{H}$ 可用向量微商表示：

$$\boldsymbol{H}=\left[\frac{\partial\left(\frac{\partial f}{\partial \boldsymbol{x}}\right)}{\partial x_1},\frac{\partial\left(\frac{\partial f}{\partial \boldsymbol{x}}\right)}{\partial x_2},\cdots,\frac{\partial\left(\frac{\partial f}{\partial \boldsymbol{x}}\right)}{\partial x_n}\right]$$
$$=\frac{\partial^2 f}{\partial \boldsymbol{x}\partial \boldsymbol{x}'}.$$

（2）二阶全微分

$$\mathrm{d}^2y=\mathrm{d}\boldsymbol{x}'\boldsymbol{H}\mathrm{d}\boldsymbol{x}.$$

[证明]

$\because\ \mathrm{d}y=f_1\mathrm{d}x_1+f_2\mathrm{d}x_2+\cdots+f_n\mathrm{d}x_n$，

$$\therefore\ \mathrm{d}^2y=\mathrm{d}(\mathrm{d}y)$$
$$=\frac{\partial(\mathrm{d}y)}{\partial x_1}\mathrm{d}x_1+\frac{\partial(\mathrm{d}y)}{\partial x_2}\mathrm{d}x_2+\cdots+\frac{\partial(\mathrm{d}y)}{\partial x_n}\mathrm{d}x_n$$
$$=\left[\frac{\partial(\mathrm{d}y)}{\partial x_1},\cdots,\frac{\partial(\mathrm{d}y)}{\partial x_n}\right]\begin{bmatrix}\mathrm{d}x_1\\ \vdots\\ \mathrm{d}x_n\end{bmatrix}.$$

而 $\frac{\partial(\mathrm{d}y)}{\partial x_i}=f_{1i}\mathrm{d}x_1+f_{2i}\mathrm{d}x_2+\cdots+f_{ni}\mathrm{d}x_n$

$$=[\mathrm{d}x_1,\cdots,\mathrm{d}x_n]\begin{bmatrix}f_{1i}\\ \vdots\\ f_{ni}\end{bmatrix},$$

因此有 $\mathrm{d}^2y=[\mathrm{d}x_1,\cdots,\mathrm{d}x_n]\begin{bmatrix}f_{11} & \cdots & f_{1n}\\ \vdots & & \vdots\\ f_{n1} & \cdots & f_{nn}\end{bmatrix}\begin{bmatrix}\mathrm{d}x_1\\ \vdots\\ \mathrm{d}x_n\end{bmatrix}$

$$=\mathrm{d}\boldsymbol{x}'\boldsymbol{H}\mathrm{d}\boldsymbol{x}.$$

由于 $\boldsymbol{H}$ 为对称阵,所以 d^2y 为以 $\mathrm{d}\boldsymbol{x}$ 为向量、以 $\boldsymbol{H}$ 为矩阵的二次型。

3. 无条件极值

(1) 问题提法

求 $\boldsymbol{x}$ 使目标函数 $y=f(\boldsymbol{x})$ 达到极大(或极小),数学表达式为 $\max\limits_{x} f(\boldsymbol{x})$ (或 $\min\limits_{x} f(\boldsymbol{x})$)。

(2) 一阶条件(或必要条件)

$$\frac{\partial f}{\partial \boldsymbol{x}}=\boldsymbol{0},$$

求解这一含有 n 个方程的联立方程组,得到 $\boldsymbol{x}^*=(x_1^*,x_2^*,\cdots,x_n^*)'$,$\boldsymbol{x}^*$ 被称为驻点。

(3) 二阶条件(或充分条件)

判别(2)中的驻点 $\boldsymbol{x}^*$ 是否为极值点的二阶条件是:

$\boldsymbol{H}|_{\boldsymbol{x}^*}$ 为负定阵,则 $\boldsymbol{x}^*$ 为 $f(\boldsymbol{x})$ 的极大值点;

$\boldsymbol{H}|_{\boldsymbol{x}^*}$ 为正定阵,则 $\boldsymbol{x}^*$ 为 $f(\boldsymbol{x})$ 的极小值点。

[证明]

因为 $\boldsymbol{H}|_{\boldsymbol{x}^*}$ 为负(正)定阵的充分必要条件是对任意非零向量 $\mathrm{d}\boldsymbol{x}$,$\mathrm{d}^2y|_{\boldsymbol{x}^*}=\mathrm{d}\boldsymbol{x}'\boldsymbol{H}|_{\boldsymbol{x}^*}\mathrm{d}\boldsymbol{x}<0(>0)$。

而当 $\mathrm{d}^2y|_{\boldsymbol{x}^*}<0(>0)$ 时,$\boldsymbol{x}^*$ 是 $f(\boldsymbol{x})$ 的极大(小)值点。

注:$f(\boldsymbol{x})$ 可能还有其他类型的极值点,但在经济学中很少见,故略去。

附录 2

分块矩阵的逆矩阵

设 $\boldsymbol{A}=\begin{bmatrix}\boldsymbol{A}_{11} & \boldsymbol{A}_{12}\\ \boldsymbol{A}_{21} & \boldsymbol{A}_{22}\end{bmatrix}$ 为一分块矩阵,求 $\boldsymbol{A}^{-1}$。

$\boldsymbol{A}$ 的逆矩阵有两个表达式:

1. 设 $\boldsymbol{A}_{11}^{-1}$ 和 $\boldsymbol{F}_2=(\boldsymbol{A}_{22}-\boldsymbol{A}_{21}\boldsymbol{A}_{11}^{-1}\boldsymbol{A}_{12})^{-1}$ 存在,则

$$\boldsymbol{A}^{-1}=\begin{bmatrix}\boldsymbol{A}_{11}^{-1}+\boldsymbol{A}_{11}^{-1}\boldsymbol{A}_{12}\boldsymbol{F}_2\boldsymbol{A}_{21}\boldsymbol{A}_{11}^{-1} & -\boldsymbol{A}_{11}^{-1}\boldsymbol{A}_{12}\boldsymbol{F}_2\\ -\boldsymbol{F}_2\boldsymbol{A}_{21}\boldsymbol{A}_{11}^{-1} & \boldsymbol{F}_2\end{bmatrix}.$$

[证明]

设 $\boldsymbol{A}^{-1}=\begin{bmatrix}\boldsymbol{X}_1 & \boldsymbol{X}_2\\ \boldsymbol{X}_3 & \boldsymbol{X}_4\end{bmatrix}$,将 $\boldsymbol{A}^{-1}$ 表示为相应 $\boldsymbol{A}$ 的分块形式。

$\because \boldsymbol{A}^{-1}\boldsymbol{A}=\boldsymbol{I}$,

$\therefore \begin{bmatrix} \boldsymbol{X}_1 & \boldsymbol{X}_2 \\ \boldsymbol{X}_3 & \boldsymbol{X}_4 \end{bmatrix} \begin{bmatrix} \boldsymbol{A}_{11} & \boldsymbol{A}_{12} \\ \boldsymbol{A}_{21} & \boldsymbol{A}_{22} \end{bmatrix} = \begin{bmatrix} \boldsymbol{I} & \boldsymbol{0} \\ \boldsymbol{0} & \boldsymbol{I} \end{bmatrix}$,

运用矩阵乘法得

$$\begin{cases} \boldsymbol{X}_1\boldsymbol{A}_{11} + \boldsymbol{X}_2\boldsymbol{A}_{21} = \boldsymbol{I}, & ① \\ \boldsymbol{X}_1\boldsymbol{A}_{12} + \boldsymbol{X}_2\boldsymbol{A}_{22} = \boldsymbol{0}, & ② \\ \boldsymbol{X}_3\boldsymbol{A}_{11} + \boldsymbol{X}_4\boldsymbol{A}_{21} = \boldsymbol{0}, & ③ \\ \boldsymbol{X}_3\boldsymbol{A}_{12} + \boldsymbol{X}_4\boldsymbol{A}_{22} = \boldsymbol{I}, & ④ \end{cases}$$

由①知

$$\boldsymbol{X}_1 = (\boldsymbol{I} - \boldsymbol{X}_2\boldsymbol{A}_{21})\boldsymbol{A}_{11}^{-1} = \boldsymbol{A}_{11}^{-1} - \boldsymbol{X}_2\boldsymbol{A}_{21}\boldsymbol{A}_{11}^{-1}, \qquad ⑤$$

将⑤代入②得

$$(\boldsymbol{A}_{11}^{-1} - \boldsymbol{X}_2\boldsymbol{A}_{21}\boldsymbol{A}_{11}^{-1})\boldsymbol{A}_{12} + \boldsymbol{X}_2\boldsymbol{A}_{22} = \boldsymbol{0},$$

$$\boldsymbol{X}_2(\boldsymbol{A}_{22} - \boldsymbol{A}_{21}\boldsymbol{A}_{11}^{-1}\boldsymbol{A}_{12}) = -\boldsymbol{A}_{11}^{-1}\boldsymbol{A}_{12},$$

$\therefore \boldsymbol{X}_2 = -\boldsymbol{A}_{11}^{-1}\boldsymbol{A}_{12}(\boldsymbol{A}_{22} - \boldsymbol{A}_{21}\boldsymbol{A}_{11}^{-1}\boldsymbol{A}_{12})^{-1} = -\boldsymbol{A}_{11}^{-1}\boldsymbol{A}_{12}\boldsymbol{F}_2$.

再将上式代入⑤得

$$\boldsymbol{X}_1 = \boldsymbol{A}_{11}^{-1} + \boldsymbol{A}_{11}^{-1}\boldsymbol{A}_{12}\boldsymbol{F}_2\boldsymbol{A}_{21}\boldsymbol{A}_{11}^{-1}.$$

由③知

$$\boldsymbol{X}_3 = -\boldsymbol{X}_4\boldsymbol{A}_{21}\boldsymbol{A}_{11}^{-1}, \qquad ⑥$$

将上式代入④得

$$-\boldsymbol{X}_4\boldsymbol{A}_{21}\boldsymbol{A}_{11}^{-1}\boldsymbol{A}_{12} + \boldsymbol{X}_4\boldsymbol{A}_{22} = \boldsymbol{I},$$

$\therefore \boldsymbol{X}_4 = (\boldsymbol{A}_{22} - \boldsymbol{A}_{21}\boldsymbol{A}_{11}^{-1}\boldsymbol{A}_{12})^{-1} = \boldsymbol{F}_2$.

再将上式代入⑥得

$$\boldsymbol{X}_3 = -\boldsymbol{F}_2\boldsymbol{A}_{21}\boldsymbol{A}_{11}^{-1}.$$

2. 设 $\boldsymbol{A}_{22}^{-1}, \boldsymbol{F}_1 = (\boldsymbol{A}_{11} - \boldsymbol{A}_{12}\boldsymbol{A}_{22}^{-1}\boldsymbol{A}_{21})^{-1}$ 存在，则

$$\boldsymbol{A}^{-1} = \begin{bmatrix} \boldsymbol{F}_1 & -\boldsymbol{F}_1\boldsymbol{A}_{12}\boldsymbol{A}_{22}^{-1} \\ -\boldsymbol{A}_{22}^{-1}\boldsymbol{A}_{21}\boldsymbol{F}_1 & \boldsymbol{A}_{22}^{-1} + \boldsymbol{A}_{22}^{-1}\boldsymbol{A}_{21}\boldsymbol{F}_1\boldsymbol{A}_{12}\boldsymbol{A}_{22}^{-1} \end{bmatrix}.$$

只需利用 $\boldsymbol{A}\boldsymbol{A}^{-1} = \boldsymbol{I}$ 即可证明。

第 3 章　多元线性回归模型检验

在估计出模型参数之后，我们还要回答一系列问题，比如，各参数在统计上是否显著，模型在总体上是否显著，模型拟合的程度如何，参数的取值及参数之间的关系是否符合经济理论上的预期，模型是否可以进一步简化或改进，等等。对于这些问题的回答都需要借助于统计检验手段。统计检验就是利用样本所提供的信息判断各种说法的真伪，从而对总体参数进行一种推断。它在计量经济学的研究中具有重要的作用。

本章主要阐述两项内容：一是拟合优度，用一个简单的指标来衡量模型拟合的好坏；二是参数的统计推断，包括假设检验和置信区间两个方面。

§1　拟合优度

在建立计量经济模型时，人们自然希望知道模型拟合样本数据的程度，即解释变量对于被解释变量的解释能力如何。如果能用一个简单的指标来刻画，那么在实际使用时将很方便，而拟合优度就是这样一个指标。

拟合优度，通常用可决系数 R^2 表示。在本节，我们首先由平方和分解公式给出可决系数的定义，然后对它进行进一步的改进，得到调整的可决系数，以 $\bar{R}^2$ 表示。

一、平方和分解公式

1. 假定

对于模型：

$$\boldsymbol{Y} = \boldsymbol{X\beta} + \boldsymbol{\varepsilon},$$

假定它含有截距项，以 β_1 表示对应的参数。

采用 OLS 法进行估计，得到样本回归模型：

$$\boldsymbol{Y} = \boldsymbol{Xb} + \boldsymbol{e}.$$

2. 平方和分解公式

对于被解释变量 Y，其离差 $y_i = Y_i - \bar{Y}$ 刻画了各观测值相对于均值的距离，故离差的平方和就刻画了被解释变量的变异性或信息量。我们感兴趣的是,在被解释变量的总变异性或总信息量中,有多少能由解释变量来解释。

根据样本回归模型,可以得到

$$\boldsymbol{y}'\boldsymbol{y} = \hat{\boldsymbol{y}}'\hat{\boldsymbol{y}} + \boldsymbol{e}'\boldsymbol{e},$$

这就是平方和分解公式,也可记为

$$\mathrm{SST} = \mathrm{SSR} + \mathrm{SSE},$$

SST 被称为总平方和,也称总变差。它被用于衡量观测值 Y_i 相对于样本均值 $\overline{Y}$ 的分散程度。SST 有几种不同的表示形式:

$$\mathrm{SST} = \boldsymbol{y}'\boldsymbol{y} = \boldsymbol{Y}'\boldsymbol{M}^0\boldsymbol{Y} = \sum_{i=1}^{n} y_i^2 = \sum_{i=1}^{n}(Y_i - \overline{Y})^2.$$

SSR 被称为回归平方和,也称解释变差。它被用于衡量拟合值相对于其均值的分散程度,或者说衡量 X 的线性关系对于 Y 的解释程度。SSR 也有几种不同的表示形式:

$$\mathrm{SSR} = \hat{\boldsymbol{y}}'\hat{\boldsymbol{y}} = \hat{\boldsymbol{Y}}'\boldsymbol{M}^0\hat{\boldsymbol{Y}} = \sum_{i=1}^{n} \hat{y}_i^2 = \sum_{i=1}^{n}(\hat{Y}_i - \overline{Y})^2.$$

SSE 被称为残差平方和,也称未解释变差,衡量拟合值相对于观测值的偏离程度,或者说衡量 $\boldsymbol{X}$ 的线性关系($\hat{\boldsymbol{Y}}=\boldsymbol{Xb}$)未能解释 $\boldsymbol{Y}$ 的部分。SSE 也有几种不同的表示形式:

$$\mathrm{SSE} = \boldsymbol{e}'\boldsymbol{e} = \sum_{i=1}^{n} e_i^2 = \sum_{i=1}^{n}(Y_i - \hat{Y}_i)^2.$$

下面证明平方和分解公式。

[证明]

按照定义有

$$\boldsymbol{Y} = \hat{\boldsymbol{Y}} + \boldsymbol{e},$$

对方程两边分别左乘 $\boldsymbol{M}^0$ 矩阵,得

$$\boldsymbol{M}^0\boldsymbol{Y} = \boldsymbol{M}^0\hat{\boldsymbol{Y}} + \boldsymbol{M}^0\boldsymbol{e},$$

由于 $\boldsymbol{M}^0\boldsymbol{e}=\boldsymbol{e}$,这样就得到了离差形式的方程:

$$\boldsymbol{y} = \hat{\boldsymbol{y}} + \boldsymbol{e},$$

所以总平方和为

$$\boldsymbol{y}'\boldsymbol{y} = (\hat{\boldsymbol{y}} + \boldsymbol{e})'(\hat{\boldsymbol{y}} + \boldsymbol{e}) = \hat{\boldsymbol{y}}'\hat{\boldsymbol{y}} + \hat{\boldsymbol{y}}'\boldsymbol{e} + \boldsymbol{e}'\hat{\boldsymbol{y}} + \boldsymbol{e}'\boldsymbol{e},$$

而

$$\hat{\boldsymbol{y}}'\boldsymbol{e} = (\boldsymbol{M}^0\hat{\boldsymbol{Y}})'\boldsymbol{e} = \hat{\boldsymbol{Y}}'\boldsymbol{M}^0\boldsymbol{e} = \hat{\boldsymbol{Y}}'\boldsymbol{e} = 0,$$

$$\boldsymbol{e}'\hat{\boldsymbol{y}} = (\hat{\boldsymbol{y}}'\boldsymbol{e})' = 0,$$

所以

$$\boldsymbol{y}'\boldsymbol{y} = \hat{\boldsymbol{y}}'\hat{\boldsymbol{y}} + \boldsymbol{e}'\boldsymbol{e}.$$

3. 说明

第一,平方和分解公式表明,在样本回归模型中拟合向量与残差向量正交,即 $\hat{\boldsymbol{Y}}'\boldsymbol{e}=0$,故总平方和可以分解为回归平方和与残差平方和。

第二,如果模型不含截距项,则平方和分解公式不成立。①

第三,不论模型中是否含有截距项,由于 $\hat{\boldsymbol{Y}}'\boldsymbol{e}=0$,所以下式总是成立的:

$$\boldsymbol{Y}'\boldsymbol{Y} = \hat{\boldsymbol{Y}}'\hat{\boldsymbol{Y}} + \boldsymbol{e}'\boldsymbol{e}.$$

二、方差分析表

在多元线性回归中,方差分析能够分离变异性,将总的变差分解为可以解释和不能解释的两个部分,因而可以很方便地用于模型比较,即对于同一个数据集比较不同模型的拟合和解释效果。

方差分析的结果以方差分析表的形式给出,一般的回归分析软件都会自动给出相应的结果。方差分析表的形式如表 3-1 所示。

表 3-1　方差分析表示例

变差来源	平方和	自由度	均方差
解释变差	$\hat{\boldsymbol{y}}'\hat{\boldsymbol{y}}$	$K-1$	$\hat{\boldsymbol{y}}'\hat{\boldsymbol{y}}/(K-1)$
未解释变差	$\boldsymbol{e}'\boldsymbol{e}$	$n-K$	$\boldsymbol{e}'\boldsymbol{e}/(n-K)$
总变差	$\boldsymbol{y}'\boldsymbol{y}$	$n-1$	

如何理解解释变差与未解释变差的自由度呢?

对于 $\hat{\boldsymbol{y}}'\hat{\boldsymbol{y}}$,由于 $\hat{y}_i=b_2x_{i2}+\cdots+b_Kx_{iK}$,所以 $\hat{y}_i$ 与 $b_2,\cdots,b_K$ 这 $K-1$ 个参数一一对应。这说明回归平方和取决于 $K-1$ 个独立变量,故其自由度为 $K-1$。

对于 $\boldsymbol{e}'\boldsymbol{e}$,由于 $\boldsymbol{e}$ 需满足 $\boldsymbol{X}'\boldsymbol{e}=0$ 这 K 个约束条件,所以残差平方和的自由度为 $n-K$。

对于 $\boldsymbol{y}'\boldsymbol{y}$,由于 $\boldsymbol{y}$ 需满足 $\sum_{i=1}^{n} y_i = 0$ 这一个约束条件,所以总平方和自由度为 $n-1$。

我们将在后面看到,根据方差分析的结果,可以构造可决系数 R^2,并运用 F 统计量来检验模型的显著性。

三、可决系数 R^2

1. R^2 的定义

在含截距项的模型中,平方和分解公式成立,此时定义可决系数 R^2 为回归平方和占总平方和的比例,即

---

① 证明见本章附录。

$$R^2 = \frac{\hat{\boldsymbol{y}}'\hat{\boldsymbol{y}}}{\boldsymbol{y}'\boldsymbol{y}} = 1 - \frac{\boldsymbol{e}'\boldsymbol{e}}{\boldsymbol{y}'\boldsymbol{y}}.$$

在实际计算时,可利用下式:

$$R^2 = \frac{\boldsymbol{b}'_*\boldsymbol{x}'_*\boldsymbol{y}}{\boldsymbol{y}'\boldsymbol{y}}.$$

[证明]

$\because\ \hat{\boldsymbol{y}} = \boldsymbol{x}_*\boldsymbol{b}_*$,

$$\therefore\ R^2 = \frac{\hat{\boldsymbol{y}}'\hat{\boldsymbol{y}}}{\boldsymbol{y}'\boldsymbol{y}} = \frac{(\boldsymbol{x}_*\boldsymbol{b}_*)'\hat{\boldsymbol{y}}}{\boldsymbol{y}'\boldsymbol{y}} = \frac{(\boldsymbol{b}'_*\boldsymbol{x}'_*)(\boldsymbol{y}-\boldsymbol{e})}{\boldsymbol{y}'\boldsymbol{y}} = \frac{\boldsymbol{b}'_*\boldsymbol{x}'_*\boldsymbol{y}}{\boldsymbol{y}'\boldsymbol{y}}.$$

2. R^2 是 $\boldsymbol{Y}$ 与 $\boldsymbol{X}$ 的复相关系数的平方

可以证明,可决系数 R^2 等于 $\boldsymbol{Y}$ 与 $\hat{\boldsymbol{Y}}$ 之间的简单相关系数的平方,即

$$R^2 = r^2_{Y\hat{Y}}.$$

[证明]

因为

$$r^2_{Y\hat{Y}} = \frac{\left(\sum_{i=1}^{n} y_i\hat{y}_i\right)^2}{\sum_{i=1}^{n} y_i^2 \sum_{i=1}^{n} \hat{y}_i^2} = \frac{(\boldsymbol{y}'\hat{\boldsymbol{y}})^2}{\boldsymbol{y}'\boldsymbol{y}\hat{\boldsymbol{y}}'\hat{\boldsymbol{y}}},$$

而

$$\boldsymbol{y}'\hat{\boldsymbol{y}} = (\hat{\boldsymbol{y}} + \boldsymbol{e})'\hat{\boldsymbol{y}} = \hat{\boldsymbol{y}}'\hat{\boldsymbol{y}} \quad (\because\ \hat{\boldsymbol{y}}'\boldsymbol{e} = 0),$$

所以

$$r^2_{Y\hat{Y}} = \frac{(\hat{\boldsymbol{y}}'\hat{\boldsymbol{y}})^2}{\boldsymbol{y}'\boldsymbol{y}\hat{\boldsymbol{y}}'\hat{\boldsymbol{y}}} = \frac{\hat{\boldsymbol{y}}'\hat{\boldsymbol{y}}}{\boldsymbol{y}'\boldsymbol{y}} = R^2.$$

由此可知 R^2 是 $\boldsymbol{Y}$ 与 $\hat{\boldsymbol{Y}}$ 之间的简单相关系数的平方,而 $\hat{\boldsymbol{Y}}$ 又是 $\boldsymbol{X}$ 的一个线性组合,因此 R^2 是 $\boldsymbol{Y}$ 与 $\boldsymbol{X}$ 的复相关系数的平方,亦即 $\boldsymbol{Y}$ 与 $\boldsymbol{X}$ 的任一线性函数的简单相关系数的平方的最大值。

对于一元线性回归模型:

$$Y = \beta_1 + \beta_2 X + \varepsilon,$$

R^2 就是 Y 与 X 之间的简单相关系数的平方。

[证明]

$\because\ \hat{\boldsymbol{y}} = b_2\boldsymbol{x}$,

$$\therefore\ R^2=\frac{b_2\boldsymbol{x}'\boldsymbol{y}}{\boldsymbol{y}'\boldsymbol{y}}=\frac{\boldsymbol{x}'\boldsymbol{y}}{\boldsymbol{x}'\boldsymbol{x}}\cdot\frac{\boldsymbol{x}'\boldsymbol{y}}{\boldsymbol{y}'\boldsymbol{y}}\qquad\left(\because\ b_2=\frac{\sum_{i=1}^{n}x_iy_i}{\sum_{i=1}^{n}x_i^2}=\frac{\boldsymbol{x}'\boldsymbol{y}}{\boldsymbol{x}'\boldsymbol{x}}\right)$$

$$=\frac{(\boldsymbol{x}'\boldsymbol{y})^2}{\boldsymbol{y}'\boldsymbol{y}\boldsymbol{x}'\boldsymbol{x}}=r_{XY}^2.$$

3. R^2 的取值范围

由定义可知,R^2 的取值范围在 0 与 1 之间,即

$$0\leqslant R^2\leqslant 1.$$

若 $R^2=1$,说明 $\boldsymbol{e}'\boldsymbol{e}=0$,即 $e_i=0,i=1,2,\cdots,n$,亦即 $Y_i=\hat{Y}_i,i=1,2,\cdots,n$,这表明解释变量 $X_2,\cdots,X_K$ 的线性关系对 Y 的解释能力达到 100%。

若 $R^2=0$,说明 $\hat{\boldsymbol{y}}'\hat{\boldsymbol{y}}=0$,即 $\hat{y}_i=0,i=1,2,\cdots,n$,亦即 $\hat{Y}_i=\overline{Y},i=1,2,\cdots,n$,这表明即使各观测的解释变量 X 取值不同,但其拟合值 $\hat{Y}$ 均为 $\overline{Y}$,即 X 的线性关系对 Y 毫无解释能力。

一般 R^2 在(0,1)内,如 $R^2=0.95$,表明解释变差占总变差的 95%,也表明 X 的线性关系($X\boldsymbol{b}$)对 Y 的解释能力达到 95%,从几何角度可理解为样本回归超平面对观测点的拟合程度达到 95%。

如果模型不含截距项(比如在广义最小二乘估计中常见的无截距模型),则平方和公式不成立,此时计算出的 R^2 不一定在区间 [0,1] 内。在这种情况下,有些软件修改了 R^2 的定义,如将 $R^2=\frac{\hat{Y}'\hat{Y}}{Y'Y}$称为非中心 R^2,而将原定义的 R^2 称为中心 R^2,如有必要使用者可阅读软件的相关说明。

四、调整的可决系数 $\overline{R}^2$

在多元线性回归模型中,我们可以证明,当增加新的变量时,R^2 一般会随之增加,至少不会下降。这样一来,人们就很可能通过不断增加新变量来提高 R^2,而不管这些变量到底有无解释能力及重要性如何。但是,随着变量数目的增加,参数估计量的自由度减少,参数估计的标准差很可能上升,即估计精度很可能下降,这样就有必要在 R^2 提高与自由度损失之间进行权衡。调整的可决系数 $\overline{R}^2$ 就是基于这一考虑设计的。

1. $\overline{R}^2$ 的定义

$\overline{R}^2$ 的定义为

$$\overline{R}^2=1-\frac{\boldsymbol{e}'\boldsymbol{e}/(n-K)}{\boldsymbol{y}'\boldsymbol{y}/(n-1)}=1-\frac{\mathrm{SSE}/(n-K)}{\mathrm{SST}/(n-1)}.$$

上式等价于

$$\bar{R}^2 = 1 - (1 - R^2)\frac{n-1}{n-K}.$$

2. $\bar{R}^2$ 的范围

关于 $\bar{R}^2$ 与 R^2 的关系，有以下四条性质。

性质一：当 $n \to +\infty$ 时，$\bar{R}^2 \to R^2$。

性质二：$\bar{R}^2 \leqslant R^2 \leqslant 1$。

[证明]

在利用样本数据估计模型时，我们一般要求 $K>1$，且 $n \gg K$，所以有

$$R^2 - \bar{R}^2 = [1 - (1 - R^2)] - \left[1 - (1 - R^2)\frac{n-1}{n-K}\right]$$

$$= (1 - R^2)\frac{K-1}{n-K} \geqslant 0.$$

性质三：当 $R^2 \geqslant \frac{K-1}{n-1}$ 时，$\bar{R}^2 \geqslant 0$。

[证明]

∵ 当 $R^2 \geqslant \frac{K-1}{n-1}$ 时有

$$1 - R^2 \leqslant 1 - \frac{K-1}{n-1} = \frac{n-K}{n-1},$$

也就有

$$(1 - R^2)\frac{n-1}{n-K} \leqslant 1,$$

∴ $\bar{R}^2 = 1-(1-R^2)\frac{n-1}{n-K} \geqslant 0$。

从上面的证明过程可以看到，当 $R^2 < \frac{K-1}{n-1}$ 时，$\bar{R}^2$ 可能为负。

比如，在一元线性回归中，$K=2$，当 $n=5$ 时，若 $R^2 < \frac{2-1}{5-1} = \frac{1}{4} = 0.25$，则 $\bar{R}^2 < 0$；当 $n=11$ 时，若 $R^2 < \frac{1}{11-1} = \frac{1}{10} = 0.1$，则 $\bar{R}^2 < 0$。

性质四：可以证明，删除显著性较低（t 检验统计量的绝对值 $|t|<1$）的解释变量，可以提高 $\bar{R}^2$；而删除显著性较高（$|t|>1$）的解释变量，则 $\bar{R}^2$ 会下降。

§2 统计推断

本节探讨总体回归模型中单个参数以及多个参数的统计推断问题,进一步考察回归模型的解释作用,本节的统计推断包含两方面的内容:

一是假设检验,即取定样本估计出 b,由此对总体参数 β 作出一些推断,或者对总体回归模型作出一些推断。我们首先提出所要检验的假设;然后找到相应的检验统计量及其分布规律;最后利用样本计算出检验统计量的值,并给出判断。本节给出的是在有限样本条件下服从精确分布的检验统计量。

二是对总体参数 β 构造置信区间,即以一定的概率水平保证给出的随机区间包含参数的真值。

一、单参数显著性检验

单参数显著性的检验,就是检验某一个解释变量 X_k 的总体回归系数 β_k 是否显著等于零。

1. 检验假设

在这个检验中,我们提出的虚拟(零)假设为 $\mathrm{H}_0:\beta_k=0$;备择(对立)假设为 $\mathrm{H}_1:\beta_k\neq 0$。

如果检验结果拒绝 H_0,就称 β_k 显著(显著异于零),即控制住其他的变量后,X_k 对 Y 具有显著影响,表明 X_k 应当被引入模型。

如果检验结果不能拒绝 H_0,就称 β_k 不显著(不显著异于零),即控制住其他的变量后,X_k 对 Y 的影响不显著,表明 X_k 引入模型不是必需的。

2. 检验统计量

在这个检验中,采用 t 统计量进行检验,因此单参数显著性的检验有时也被称为单参数 t 检验。定义 t 统计量如下:

$$t(b_k)=\frac{b_k-\beta_k}{S(b_k)}\sim t(n-K),$$

其中

$$S(b_k)=s\sqrt{(\boldsymbol{X}'\boldsymbol{X})_{kk}^{-1}},$$

$$s=\sqrt{\frac{\boldsymbol{e}'\boldsymbol{e}}{n-K}}.$$

当 H_0 为真时,即 $\beta_k=0$,检验统计量为

$$t(b_k)=\frac{b_k}{S(b_k)}\sim t(n-K).$$

下面证明这一结论。

［证明］

$\because\ b_k|\boldsymbol{X}\sim N(\beta_k,\sigma^2(\boldsymbol{X}'\boldsymbol{X})^{-1}_{kk})$,

$\therefore\ \xi=\dfrac{b_k-\beta_k}{\sigma\sqrt{(\boldsymbol{X}'\boldsymbol{X})^{-1}_{kk}}}\sim N(0,1).$

由第 2 章可知

$$\eta=\frac{1}{\sigma^2}\boldsymbol{e}'\boldsymbol{e}=\frac{1}{\sigma^2}\boldsymbol{\varepsilon}'\boldsymbol{M}\boldsymbol{\varepsilon}\sim\chi^2(n-K).$$

下面证明 ξ,η 相互独立：

$\because\ \boldsymbol{b}=(\boldsymbol{X}'\boldsymbol{X})^{-1}\boldsymbol{X}'\boldsymbol{Y}=\boldsymbol{\beta}+(\boldsymbol{X}'\boldsymbol{X})^{-1}\boldsymbol{X}'\boldsymbol{\varepsilon}$,

$\therefore\ \boldsymbol{b}-\boldsymbol{\beta}=[(\boldsymbol{X}'\boldsymbol{X})^{-1}\boldsymbol{X}']\boldsymbol{\varepsilon}=\boldsymbol{L}\boldsymbol{\varepsilon}$,

其中 $\boldsymbol{L}=(\boldsymbol{X}'\boldsymbol{X})^{-1}\boldsymbol{X}'$，即当 $\boldsymbol{X}$ 取定时，$\boldsymbol{b}-\boldsymbol{\beta}$ 是 $\boldsymbol{\varepsilon}$ 的齐次线性函数。$(b_k-\beta_k)$ 是对应于上述向量的第 k 个分量。

$\eta=\dfrac{1}{\sigma^2}\boldsymbol{\varepsilon}'\boldsymbol{M}\boldsymbol{\varepsilon}$，其中 $\boldsymbol{M}$ 为对称幂等矩阵，因此 η 是 $\boldsymbol{\varepsilon}$ 的二次型。

再由于 $\boldsymbol{L}\boldsymbol{M}=(\boldsymbol{X}'\boldsymbol{X})^{-1}\boldsymbol{X}'\boldsymbol{M}=(\boldsymbol{X}'\boldsymbol{X})^{-1}(\boldsymbol{M}\boldsymbol{X})'=0$，所以 ξ,η 相互独立①。

综合以上的结果就有②

$$\frac{\xi}{\sqrt{\eta/(n-K)}}\sim t(n-K),$$

而

$$\frac{\xi}{\sqrt{\eta/(n-K)}}=\frac{b_k-\beta_k}{\sigma\sqrt{(\boldsymbol{X}'\boldsymbol{X})^{-1}_{kk}}}\cdot\frac{1}{\sqrt{\dfrac{1}{\sigma^2}\boldsymbol{e}'\boldsymbol{e}\cdot\dfrac{1}{n-K}}}$$

$$=\frac{b_k-\beta_k}{s\sqrt{(\boldsymbol{X}'\boldsymbol{X})^{-1}_{kk}}}$$

$$=\frac{b_k-\beta_k}{S(b_k)}=t(b_k),$$

所以

$$t(b_k)=\frac{b_k-\beta_k}{S(b_k)}\sim t(n-K).$$

---

① 若二次型 $\boldsymbol{x}'\boldsymbol{A}\boldsymbol{x}$、齐次线性函数 $\boldsymbol{L}\boldsymbol{x}$ 中的 $\boldsymbol{x}\sim N(0,\sigma^2I)$，$\boldsymbol{A}$ 为对称幂等阵，且 $\boldsymbol{L}\boldsymbol{A}=0$，则 $\boldsymbol{x}'\boldsymbol{A}\boldsymbol{x}$ 与 $\boldsymbol{L}\boldsymbol{x}$ 相互独立。

② 若随机变量 $\xi\sim N(0,1)$，$\eta\sim\chi^2(q)$，且 ξ,η 相互独立，则 $t=\dfrac{\xi}{\sqrt{\eta/q}}\sim t(q)$。

3. 检验推断

当根据样本计算出统计量的值$|t(b_k)|$之后,可以通过与临界值或者 p 值进行比较,作出检验结论,即拒绝还是不能拒绝零假设。

(1) 临界值比较

已知$n-K$,给定显著性水平 α(一般取 1%,5%,10%),可查表求出 t 分布临界值 $t_{\alpha/2}(n-K)$。判断规则如下:

若$|t(b_k)|>t_{\alpha/2}(n-K)$,则拒绝 H_0;

若$|t(b_k)|\leqslant t_{\alpha/2}(n-K)$,则不能拒绝 H_0。

(2) p 值比较

当计算出 $t(b_k)$之后,将它作为临界值,计算该检验的相应显著性水平,这就是对应的概率值 p:

$$p = \text{Prob}\{|t| > |t(b_k)|\}.$$

判断规则如下:

若 $p<\alpha$,则拒绝 H_0;

若 $p\geqslant\alpha$,则不能拒绝 H_0。

上述是双边假设检验。备择(对立)假设 H_1 也可是单边的,即也可进行单边假设检验。一种单边检验假设为

$$\begin{cases} H_0: \beta_k \leqslant 0, \\ H_1: \beta_k > 0. \end{cases}$$

其检验统计量仍为 $t(b_k)$。同样可通过临界值或 p 值作出检验推断。判断规则如下:

若 $t(b_k)>t_\alpha(n-K)$,则拒绝 H_0,否则不能拒绝 H_0,

或

若 $p<\alpha$,则拒绝 H_0,否则不能拒绝 H_0,

其中

$$p = \text{Prob}\{t > t(b_k)\}.$$

另一种单边检验假设为

$$\begin{cases} H_0: \beta_k \geqslant 0, \\ H_1: \beta_k < 0. \end{cases}$$

判断规则为:

若 $t(b_k)<-t_\alpha(n-K)$,则拒绝 H_0,否则不能拒绝 H_0,

或

若 $p<\alpha$,则拒绝 H_0,否则不能拒绝 H_0,

其中,

$$p = \text{Prob}\{t < t(b_k)\}.$$

选择什么样的备择假设，取决于我们对参数 β_k 的研究兴趣及已经取得的样本信息。例如，如果 OLS 回归结果显示 $b_k>0$，在单边假设中可构造备择假设 $H_1:\beta_k>0$。

需指出的是，由于目前各计量软件中输出的 p^* 均为双边检验的概率值，所以进行单边检验时其概率值为 $\frac{p^*}{2}$，判断规则为：当 $\frac{p^*}{2}<\alpha$，即 $p^*<2\alpha$ 时，拒绝 H_0；否则不能拒绝 H_0。

例如，取定显著性水平 $\alpha=0.05$。若输出值 $p^*=0.08$，对双边检验来说 $p^*>\alpha$ 则不拒绝 H_0，即不能拒绝 $\beta_k=0$ 的假设。但对单边检验来说 $\frac{p^*}{2}=0.04<\alpha=0.05$，则拒绝 H_0，即拒绝 $\beta_k\leqslant 0$（或 $\beta_k\geqslant 0$）。

4. 两类错误

在进行假设检验时，我们不可避免地会犯两类错误。

第一类错误："以真为假"，即如果原假设 H_0 成立，而我们依据观测值拒绝了 H_0，简称"拒真"错误。

第二类错误："以假当真"，即如果原假设 H_0 不成立，而我们依据观测值没有拒绝 H_0，简称"取伪"错误。

参看表 3-2。

表 3-2　两类错误

		总体的实际状态	
		H_0 为真	H_0 不真
统计推断结论	不拒绝 H_0	正确推断	第二类错误
	拒绝 H_0	第一类错误	正确推断

在假设检验时，我们愿意犯第一类错误的最大概率被称为检验的显著性水平，以 α 表示。显著性水平一般取为 0.10 或 0.05 或 0.01，且通常在抽样前就确定。如果不希望出现"拒真"错误，可将 α 定得低些。在假设检验中，我们通常只关注第一类错误的发生，只对 α 的大小予以限制。

在多元线性回归模型的单参数 t 检验中，若犯了第一类错误，导致不必引入的变量被引入模型，使得模型包含了过多的解释变量，会诱发参数估计量标准差过大的后果。

5. 势

检验的势也称检验的功效，是指在 H_0 不真时成功拒绝 H_0 的概率，即 1 减去第二类错误的概率。减小第二类错误发生的概率，意味着提高检验的功效。

显然，若检验的势低，则犯第二类错误的概率就高。在多元回归的单参数 t 检验中，若犯了“取伪”错误,意味着应引入模型的变量未被引入,会导致参数估计量有偏。犯第二类错误的概率越大,亦即检验的势越低,意味着遗漏相关变量的可能性越大,模型的有效性越差。

二、单参数的置信区间

取定一组样本后,就能得到β_k的估计值b_k,然后进行上述单参数显著性检验。如果检验结果拒绝H_0,就表明β_k显著异于零,故将X_k纳入模型是合理的。

现在要问,b_k与β_k的接近程度如何呢?我们可以通过构造置信区间来回答这一问题。

1. β_k的置信区间

由于

$$t(b_k)=\frac{b_k-\beta_k}{S(b_k)}\sim t(n-K),$$

这就意味着

$$P\{|t(b_k)|<t_{\alpha/2}(n-K)\}=1-\alpha,$$

$$P\{|b_k-\beta_k|<S(b_k)t_{\alpha/2}(n-K)\}=1-\alpha,$$

$$P\{b_k-S(b_k)t_{\alpha/2}(n-K)<\beta_k<b_k+S(b_k)t_{\alpha/2}(n-K)\}=1-\alpha,$$

这表明,参数β_k的置信度为$1-\alpha$的置信区间为:

$$(b_k-S(b_k)t_{\alpha/2}(n-K),\quad b_k+S(b_k)t_{\alpha/2}(n-K)).$$

从几何上看,置信区间是以b_k为中心,以$S(b_k)t_{\alpha/2}(n-K)$为半径的对称区间。

置信区间是随机区间,上式表明置信区间包含β_k的概率等于$1-\alpha$,或者说置信区间以$1-\alpha$的概率包含总体参数β_k。

2. 影响置信区间半径的因素

在置信度$1-\alpha$给定的情况,置信区间越窄,估计精度就越高。在什么条件下才能得到较小的置信区间的半径呢?主要看参数估计的标准差估计量$S(b_k)$。

以一元线性回归为例,

$$S^2(b_2)=\frac{s^2}{\sum_{i=1}^{n}x_i^2}=\frac{\boldsymbol{e}'\boldsymbol{e}}{n-2}\cdot\frac{1}{\sum_{i=1}^{n}x_i^2}.$$

从上式可见,样本容量n越大,参数估计的标准差估计量$S(b_2)$就越小,故置信区间也越窄。

上式还表明,$\sum_{i=1}^{n}x_i^2$越大,参数估计的标准差估计量$S(b_2)$就越小。而$\sum_{i=1}^{n}x_i^2$大,等价于$|x_i|$大,亦即$|X_i-\bar{X}|$大。这就是说,解释变量的取值$X_1,\cdots,X_n$越分散,参数估计就越准确。

三、回归模型的总显著性检验

对回归模型的总显著性进行检验,就是检验回归方程对 Y 是否有解释作用。如果回归方程中至少有一个解释变量对 Y 有解释作用,就认为该模型是显著的。

1. 检验假设

$$\begin{cases} \mathrm{H}_0: \beta_2 = \cdots = \beta_K = 0, \\ \mathrm{H}_1: \text{至少有一个} \beta_k \neq 0. \end{cases}$$

零假设由 $K-1$ 个等式构成,因此这是一个联合检验。

如果检验结果拒绝 H_0,则至少有一个 β_k 是显著的,这就表明 $X_2,\cdots,X_K$ 联合起来对 Y 影响显著;如果检验结果不能拒绝 H_0,则 $\beta_2,\cdots,\beta_k$ 均不显著,这就表明 $X_2,\cdots,X_K$ 联合起来对 Y 影响不显著。

2. 检验统计量

采用 F 统计量进行检验:

$$F = \frac{\hat{\boldsymbol{y}}'\hat{\boldsymbol{y}}/(K-1)}{\boldsymbol{e}'\boldsymbol{e}/(n-K)} = \frac{R^2/(K-1)}{(1-R^2)/(n-K)},$$

当 H_0 为真时,上述检验统计量服从 $F(K-1,n-K)$ 分布。注意,上式第二个等号,在模型中含截距项时才成立。

[证明]

$\because\ \boldsymbol{b}_* \sim N[\boldsymbol{\beta}_*, \sigma^2(\boldsymbol{x}'_*\boldsymbol{x}_*)^{-1}]$,

$\therefore\ \boldsymbol{b}_* - \boldsymbol{\beta}_* \sim N[\boldsymbol{0}, \sigma^2(\boldsymbol{x}'_*\boldsymbol{x}_*)^{-1}]$,

而矩阵 $\sigma^2(\boldsymbol{x}'_*\boldsymbol{x}_*)^{-1}$ 对称正定,其秩为 $K-1$,故有①

$$\xi = \frac{1}{\sigma^2}(\boldsymbol{b}_* - \boldsymbol{\beta}_*)'\boldsymbol{x}'_*\boldsymbol{x}_*(\boldsymbol{b}_* - \boldsymbol{\beta}_*) \sim \chi^2(K-1).$$

由第 2 章知:$\eta = \frac{1}{\sigma^2}\boldsymbol{e}'\boldsymbol{e} \sim \chi^2(n-K)$。

下面证明:ξ,η 相互独立。

$$\begin{aligned} \because\ \boldsymbol{b}_* - \boldsymbol{\beta}_* &= (\boldsymbol{x}'_*\boldsymbol{x}_*)^{-1}\boldsymbol{x}'_*\boldsymbol{M}^0\boldsymbol{\varepsilon} \\ &= (\boldsymbol{x}'_*\boldsymbol{x}_*)^{-1}\boldsymbol{x}'_*\boldsymbol{\varepsilon}, \qquad (\because\ \boldsymbol{x}'_*\boldsymbol{M}^0 = (\boldsymbol{M}^0\boldsymbol{x}_*)' = \boldsymbol{x}'_*) \end{aligned}$$

$$\begin{aligned} \therefore\ \xi &= \frac{1}{\sigma^2}\boldsymbol{\varepsilon}'\boldsymbol{x}_*(\boldsymbol{x}'_*\boldsymbol{x}_*)^{-1}(\boldsymbol{x}'_*\boldsymbol{x}_*)(\boldsymbol{x}'_*\boldsymbol{x}_*)^{-1}\boldsymbol{x}'_*\boldsymbol{\varepsilon} \\ &= \frac{1}{\sigma^2}\boldsymbol{\varepsilon}'\boldsymbol{x}_*(\boldsymbol{x}'_*\boldsymbol{x}_*)^{-1}\boldsymbol{x}'_*\boldsymbol{\varepsilon} \\ &= \frac{1}{\sigma^2}\boldsymbol{\varepsilon}'\boldsymbol{A}\boldsymbol{\varepsilon}, \end{aligned}$$

---

① 若随机向量 $\boldsymbol{x} \sim N(\boldsymbol{0},\boldsymbol{\Sigma})$,$\boldsymbol{\Sigma}$ 对称正定,$r(\boldsymbol{\Sigma}) = q$,则 $\boldsymbol{x}'\boldsymbol{\Sigma}^{-1}\boldsymbol{x} \sim \chi^2(q)$。

其中 $\boldsymbol{A}=\boldsymbol{x}_*(\boldsymbol{x}'_*\boldsymbol{x}_*)^{-1}\boldsymbol{x}'_*$,易证它是对称幂等矩阵。

$$\because\ \boldsymbol{e}=\boldsymbol{y}-\hat{\boldsymbol{y}}=\boldsymbol{y}-\boldsymbol{x}_*\boldsymbol{b}_*=[\boldsymbol{I}-\boldsymbol{x}_*(\boldsymbol{x}'_*\boldsymbol{x}_*)^{-1}\boldsymbol{x}'_*]\boldsymbol{y}=\boldsymbol{M}_*\boldsymbol{y}=\boldsymbol{M}_*\boldsymbol{M}^0\boldsymbol{\varepsilon},$$

$$\therefore\ \eta=\frac{1}{\sigma^2}\boldsymbol{e}'\boldsymbol{e}=\frac{1}{\sigma^2}\boldsymbol{\varepsilon}'\boldsymbol{B}\boldsymbol{\varepsilon},$$

其中 $\boldsymbol{B}=\boldsymbol{M}^0\boldsymbol{M}_*\boldsymbol{M}^0=\boldsymbol{M}^0-\boldsymbol{A}$,易证它是对称幂等阵。

由于 $\boldsymbol{\varepsilon}\sim N(\boldsymbol{0},\sigma^2\boldsymbol{I})$,$\boldsymbol{A}$、$\boldsymbol{B}$ 均为对称幂等阵,且

$$\begin{aligned}\boldsymbol{AB}&=\boldsymbol{A}(\boldsymbol{M}^0-\boldsymbol{A})\\&=\boldsymbol{AM}^0-\boldsymbol{A}^2\\&=\boldsymbol{A}-\boldsymbol{A}\\&=\boldsymbol{0},\end{aligned}$$

所以 $\boldsymbol{\xi}$ 与 $\boldsymbol{\eta}$ 相互独立。①

由上述证明可知②

$$F=\frac{\xi/(K-1)}{\eta/(n-K)}\sim F(K-1,n-K),$$

即

$$F=\frac{[(\boldsymbol{b}_*-\boldsymbol{\beta}_*)'\boldsymbol{x}'_*\boldsymbol{x}_*(\boldsymbol{b}_*-\boldsymbol{\beta}_*)]/(K-1)}{\boldsymbol{e}'\boldsymbol{e}/(n-K)}\sim F(K-1,n-K).$$

$$\because\ \hat{\boldsymbol{y}}=\boldsymbol{x}_*\boldsymbol{b}_*,$$

$\therefore$ 当 $\mathrm{H}_0:\boldsymbol{\beta}_*=\boldsymbol{0}$ 为真时,

$$F=\frac{\boldsymbol{b}'_*\boldsymbol{x}'_*\boldsymbol{x}_*\boldsymbol{b}_*/(K-1)}{\boldsymbol{e}'\boldsymbol{e}/(n-K)}=\frac{\hat{\boldsymbol{y}}'\hat{\boldsymbol{y}}/(K-1)}{\boldsymbol{e}'\boldsymbol{e}/(n-K)}\sim F(K-1,n-K).$$

3. 判断

在进行 F 检验时,也可用两种方式来判断:一是根据临界值;二是根据 p 值。

(1) 临界值

给定显著性水平 α(一般取 1%或 5%或 10%),可查表求出 F 分布临界值 $F_\alpha(K-1,n-K)$。判断规则如下:

若 $F>F_\alpha(K-1,n-K)$,则拒绝 H_0;若 $F\leqslant F_\alpha(K-1,n-K)$,则不能拒绝 H_0。

(2) p 值

计算出检验统计量 F 值之后,可求出对应的概率值 p:

$$p=\mathrm{Prob}\{F(K-1,n-K)>F\},$$

① 若随机变量 $\boldsymbol{x}\sim N(\boldsymbol{0},\sigma^2\boldsymbol{I})$,$\boldsymbol{A}$ 和 $\boldsymbol{B}$ 均为对称幂等矩阵,且 $\boldsymbol{AB}=\boldsymbol{0}$,则二次型 $\boldsymbol{x}'\boldsymbol{Ax}$ 与 $\boldsymbol{x}'\boldsymbol{Bx}$ 相互独立。

② 若随机变量 $\xi\sim\chi^2(q_1)$,$\eta\sim\chi^2(q_2)$,且 ξ,η 相互独立,则 $F=\frac{\xi/q_1}{\eta/q_2}\sim F(q_1,q_2)$。

在这里，p 值为 F 分布右侧尾部的概率值。

判断规则如下：

若 $p<\alpha$，则拒绝 H_0，否则不能拒绝 H_0。

4. 特例：一元线性回归模型

对于一元线性回归模型

$$Y = \beta_1 + \beta_2 X + \varepsilon,$$

其离差形式的样本回归直线为

$$\hat{\boldsymbol{y}} = b_2 \boldsymbol{x}.$$

在一元线性回归模型中，回归方程的总显著性检验的零假设就是 $H_0:\beta_2=0$，与单参数显著性检验相同，所以两者是等价的。

事实上可以证明，在单参数检验的 t 统计量与回归方程的总显著性检验的 F 统计量之间存在下述关系：

$$t^2(b_2) = F.$$

[证明]

$\because\ \hat{\boldsymbol{y}}=b_2\boldsymbol{x}$，

$$\therefore\ F=\frac{\hat{\boldsymbol{y}}'\hat{\boldsymbol{y}}}{\boldsymbol{e}'\boldsymbol{e}/(n-2)}=\frac{(b_2\boldsymbol{x})'(b_2\boldsymbol{x})}{s^2}=\frac{b_2^2\boldsymbol{x}'\boldsymbol{x}}{s^2}=\frac{b_2^2}{s^2(\boldsymbol{x}'\boldsymbol{x})^{-1}}=\left(\frac{b_2}{S(b_2)}\right)^2=t^2(b_2),$$

所以，对于一元线性回归模型不必进行回归总显著性的 F 检验。

四、关于假定条件应用的讨论

由第 2 章 §5 知，在假定一至假定四下，必须补充假定五：$\boldsymbol{\varepsilon}|\boldsymbol{X}\sim N(\boldsymbol{0},\sigma^2\boldsymbol{I})$，才知 $\boldsymbol{b}|\boldsymbol{X}$ 与 $s^2|\boldsymbol{X}$ 服从的分布。在此结论下，根据本章的证明过程可得到如下结论：

$\boldsymbol{b}$ 与 s^2 相互独立；

$$t(b_k)=\frac{b_k-\beta_k}{s\sqrt{(X'X)^{-1}_{kk}}}\sim t(n-K);$$

$$F=\frac{\hat{\boldsymbol{y}}'\hat{\boldsymbol{y}}/(K-1)}{\boldsymbol{e}'\boldsymbol{e}/(n-K)}\sim F(K-1,n-K).$$

§3　范例

我们给出一个数值模拟的例子。

假设真实的数据生成过程为

$$y_i = 1 + 3x_{i1} + 2x_{i2} + \varepsilon_i$$

其中,x_{i1} 服从区间[0,4]上的均匀分布,$x_{i2} \sim N(2,1)$,$\varepsilon_{in} \sim N(0,2.56)$。

但是,实际上我们并不知道上述数据生成过程,只能观测到(x_{i1},x_{i2},y_i),$i=1,\cdots,200$。估计以下线性回归模型:

$$y_i = \beta_0 + \beta_1 x_{i1} + \beta_2 x_{i2} + \varepsilon_i$$

Stata 模拟程序如下:

```
clear all
set obs 200
generate x1 = runiform(0,4)
generate x2 = rnormal(2,1)
generate u = rnormal(0,1.6)
generate y = 1 + 3 * x1 +2 * x2+u
reg y x1 x2
```

模型估计结果如下:

Source	SS	df	MS			
				Number of obs	=	200
				F(2, 197)	=	788.58
Model	3699.80748	2	1849.90374	Prob > F	=	0.0000
Residual	462.137979	197	2.34587807	R-squared	=	0.8890
				Adj R-squared	=	0.8878
Total	4161.94545	199	20.9142988	Root MSE	=	1.5316

y	Coefficient	Std. err.	t	P>|t|	[95% conf.	interval]
x1	3.043713	.0930944	32.69	0.000	2.860123	3.227302
x2	2.071725	.105707	19.60	0.000	1.863263	2.280188
_cons	.7187688	.2824071	2.55	0.012	.1618397	1.275698

结果的上半部分,左边为方差分析表。Source 表示变差来源,其中 Model 代表解释变差,Residual 代表未解释变差,Total 代表总变差。SS 表示平方和,df 表示自由度,MS 表示对应的均方(MS=SS/df)。右边(自上而下)依次为观测数、回归方程总显著性检验的 F 统计量及对应的 p-值、可决系数、调整的可决系数、回归标准误(或称均方根误,Root MSE)。

下半部分是参数估计及检验结果。最左边一列(自上而下)依次为被解释变量、解释变量和常数项。Coefficient 表示参数估计值,Std. err. 表示参数估计值的标准误估计,t 表

示单参数显著性检验的 t 统计量,P>|t|表示对应的 p-值,[95% conf. interval]表示置信度为 95%的置信区间。

从估计结果来看,$\hat{\beta}_0=0.719$,$\hat{\beta}_1=3.044$,$\hat{\beta}_2=2.072$。我们看到,常数项的估计值与真实值差异较大(但置信度为 95%的置信区间仍包含 $\hat{\beta}_0$ 的真实值 1),而 $\hat{\beta}_1$ 和 $\hat{\beta}_2$ 则与相应的真实值 3 和 2 很接近。

附录

证明:如果模型不含截距项,则平方和分解公式不成立。

按照定义有

$$\boldsymbol{Y}=\hat{\boldsymbol{Y}}+\boldsymbol{e},$$

对方程两边分别左乘 $\boldsymbol{M}^0$ 矩阵,得离差形式的方程:

$$\boldsymbol{y}=\hat{\boldsymbol{y}}+\boldsymbol{M}^0\boldsymbol{e}.$$

这样就有

$$\boldsymbol{y}'\boldsymbol{y}=(\hat{\boldsymbol{y}}+\boldsymbol{M}^0\boldsymbol{e})'(\hat{\boldsymbol{y}}+\boldsymbol{M}^0\boldsymbol{e})=\hat{\boldsymbol{y}}'\hat{\boldsymbol{y}}+2\hat{\boldsymbol{y}}'\boldsymbol{M}^0\boldsymbol{e}+\boldsymbol{e}'\boldsymbol{M}^0\boldsymbol{e}\quad(\because\ \hat{\boldsymbol{y}}'\boldsymbol{M}^0\boldsymbol{e}=\boldsymbol{e}'\boldsymbol{M}^0\hat{\boldsymbol{y}}).$$

$$\because\ \hat{\boldsymbol{y}}'\boldsymbol{M}^0\boldsymbol{e}=\hat{\boldsymbol{y}}'(\boldsymbol{e}-\mathbf{i}\bar{e})=\hat{\boldsymbol{y}}'\boldsymbol{e}-\hat{\boldsymbol{y}}'\mathbf{i}\bar{e}=\hat{\boldsymbol{y}}'\boldsymbol{e}=-n\bar{\hat{Y}}\bar{e}\quad(\text{见第 2 章 §7}),$$

$$\boldsymbol{e}'\boldsymbol{M}^0\boldsymbol{e}=\boldsymbol{e}'(\boldsymbol{e}-\bar{e}\mathbf{i})=\boldsymbol{e}'\boldsymbol{e}-n\bar{e}^2,$$

$$\begin{aligned}\therefore\ \boldsymbol{y}'\boldsymbol{y}&=\hat{\boldsymbol{y}}'\hat{\boldsymbol{y}}-2n\bar{\hat{Y}}\bar{e}+\boldsymbol{e}'\boldsymbol{e}-n\bar{e}^2\\&=\hat{\boldsymbol{y}}'\hat{\boldsymbol{y}}+\boldsymbol{e}'\boldsymbol{e}-n\bar{e}(\bar{e}+2\bar{\hat{Y}})\\&=\hat{\boldsymbol{y}}'\hat{\boldsymbol{y}}+\boldsymbol{e}'\boldsymbol{e}-n\bar{e}(\bar{Y}+\bar{\hat{Y}})\neq\hat{\boldsymbol{y}}'\hat{\boldsymbol{y}}+\boldsymbol{e}'\boldsymbol{e}.\end{aligned}$$

可见,平方和分解公式不成立。

第 4 章　多元线性回归模型的应用:预测

人们建立计量经济模型的目的之一是为了进行预测。预测方法可以分为两大类:一类是根据由模型得到的因变量与自变量之间的定量关系来预测因变量的未来值;另一类是根据同一变量的过去值来预测其未来值。后者就是所谓的时间序列预测。本章讨论前一类方法,即利用多元线性回归模型来进行预测。第一节交代预测假定;第二节和第三节阐述单个时点的预测,分别介绍均值预测和个值预测;第四节介绍一片时点预测,即同时预测多个时点;第五节讨论如何衡量预测精度。本章所讨论的变量,其样本数据均为时间序列资料。在理论上,本章所讨论的方法对于横截面资料也是适用的。

§1　预测假定

为了进行预测,我们首先利用某一时间段的样本数据估计出模型参数,然后以已估计的模型为依据对其后的某段时期进行预测。

一、时间轴分段

按照各时间段在预测中的不同作用,我们可以将时间轴进行分段,如图 4-1 所示:

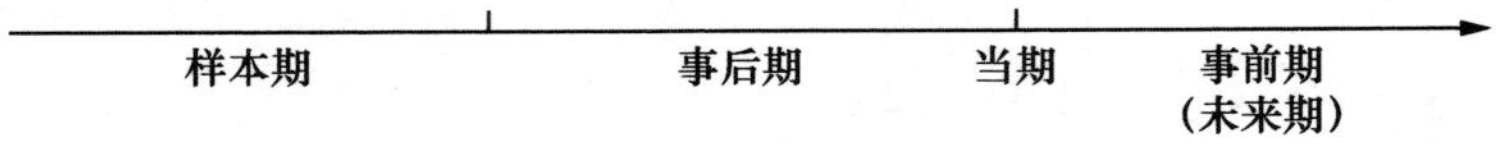

图 4-1　时间轴分段

1. 样本期

在样本期内,我们可以观察到每个解释变量 X_t 的取值以及相对应的 Y_t 的大小。对于总体回归模型:

$$\boldsymbol{Y} = \boldsymbol{X\beta} + \boldsymbol{\varepsilon},$$

利用样本期的数据 $Y_1, \cdots, Y_T, \boldsymbol{x}^1, \cdots, \boldsymbol{x}^T$ 可以得到总体参数 $\boldsymbol{\beta}$ 的估计量 $\boldsymbol{b}$,进而得到估计式:

$$\hat{\boldsymbol{Y}} = \boldsymbol{Xb}.$$

由于样本期内的 X 数据已知，所以可计算出拟合值 $\hat{Y}_t, t=1,\cdots,T$，同时 $Y_1,\cdots,Y_T$ 也是已知的，因此可利用 $\hat{Y}_t$ 对 Y_t 的相对误差来观察模型的精度。常采用的评价指标是均方根相对误，其定义为

$$\text{RMSP} = \sqrt{\frac{1}{T}\sum_{t=1}^{T}\left(\frac{Y_t - \hat{Y}_t}{Y_t}\right)^2},$$

显然，RMSP 越小，模型的精度越高。

一些统计软件如 SAS 给出的变异系数 CV（Coefficient of Variance）可作为 RMSP 的近似。

$$\text{RMSP} \approx \sqrt{\frac{1}{T}\sum_{t=1}^{T}\frac{e_t^2}{\bar{Y}^2}} = \frac{1}{\bar{Y}}\sqrt{\frac{\sum_{t=1}^{T}e_t^2}{T}} \approx \frac{s}{\bar{Y}} = \text{CV}.$$

2. 事后期

事后期变量的数据已知，即 X 和 Y 已知，但这些数据未用于回归模型的参数估计。事后期常用于检验模型的预测能力。

利用事后期的 X，可以依据回归模型来预测事后期的 Y：

$$\hat{\boldsymbol{Y}} = \boldsymbol{Xb}.$$

这样就可以通过比较事后期内由模型预测的 $\hat{Y}$ 与实际的 Y 之间的偏离程度，以此来衡量模型的预测能力。

3. 未来期

未来期的 Y 未知，我们的任务就是预测未来期的 Y。

二、预测假定

以下标 f 表示未来期，并假定 f 为某一时点。为了能够进行预测，我们作以下假定：

1. 总体回归模型在未来期成立

$$Y_f = \beta_1 + \beta_2 X_{f2} + \cdots + \beta_K X_{fK} + \varepsilon_f,$$

还可以表示为

$$Y_f = \boldsymbol{x}^{f\prime}\boldsymbol{\beta} + \varepsilon_f,$$

其中

$$\boldsymbol{x}^{f\prime} = (1, X_{f2}, \cdots, X_{fK}).$$

2. 古典假定在未来期成立

以下古典假定成立。

假定一：ε_f 为随机变量。

假定二：$E(\varepsilon_f | \boldsymbol{x}^f) = 0$。

假定三:$\mathrm{Var}(\varepsilon_f|\boldsymbol{x}^f)=\sigma^2$。

假定四:$\mathrm{Cov}(\boldsymbol{\varepsilon},\varepsilon_f|\boldsymbol{x}^f)=0$。

假定五:$\varepsilon_f|\boldsymbol{x}^f\sim N(0,\sigma^2)$。

三、预测前提

1. 样本回归超平面表达式已知

$$\hat{Y}=b_1+b_2X_2+\cdots+b_KX_K.$$

2. 预测时点的解释变量已知

当 $\boldsymbol{x}^f$ 已知时,称为条件预测;当 $\boldsymbol{x}^f$ 未知时,称为无条件预测。

如果 $\boldsymbol{x}^f$ 未知,需要首先预测 $\boldsymbol{x}^f$,通常利用模型或通过专家来预测 $\boldsymbol{x}^f$。可以证明,无条件预测比条件预测具有更大的预测误差。

§2 均值预测

均值预测就是对 $E(Y_f|\boldsymbol{x}^f)$ 的预测。

一、点预测值

直接利用样本回归超平面的方程就可以得到因变量的点预测值。将未来期的解释变量取值代入样本回归超平面方程,得

$$\hat{Y}_f=\boldsymbol{x}^{f\prime}\boldsymbol{b}=b_1+b_2X_{f2}+\cdots+b_KX_{fK}.$$

我们就以 $\hat{Y}_f$ 作为均值 $E(Y_f|\boldsymbol{x}^f)$ 的点预测值,它具有以下统计特性。

1. 期望

$$E(\hat{Y}_f\mid\boldsymbol{x}^f)=E(\boldsymbol{x}^{f\prime}\boldsymbol{b}\mid\boldsymbol{x}^f)=\boldsymbol{x}^{f\prime}E(\boldsymbol{b})=\boldsymbol{x}^{f\prime}\boldsymbol{\beta}=E(Y_f\mid\boldsymbol{x}^f),$$

可见,$\hat{Y}_f$ 是 $E(Y_f|\boldsymbol{x}^f)$ 的无偏估计量。

2. 方差

$\hat{Y}_f|\boldsymbol{x}^f$ 的方差为

$$\mathrm{Var}(\hat{Y}_f\mid\boldsymbol{x}^f)=\sigma^2\boldsymbol{x}^{f\prime}(\boldsymbol{X}'\boldsymbol{X})^{-1}\boldsymbol{x}^f,$$

其中,在预测时将 X 视为固定变量(下同)。

[证明]

$$\begin{aligned}\hat{Y}_f\mid\boldsymbol{x}^f-E(\hat{Y}_f\mid\boldsymbol{x}^f)&=\hat{Y}_f\mid\boldsymbol{x}^f-E(Y_f\mid\boldsymbol{x}^f)\quad(\text{由无偏性})\\&=\boldsymbol{x}^{f\prime}\boldsymbol{b}-\boldsymbol{x}^{f\prime}\boldsymbol{\beta}\\&=\boldsymbol{x}^{f\prime}(\boldsymbol{b}-\boldsymbol{\beta}),\end{aligned}$$

$$\begin{aligned}\operatorname{Var}(\hat{Y}_f \mid \boldsymbol{x}^f) &= E[\boldsymbol{x}^{f\prime}(\boldsymbol{b}-\boldsymbol{\beta})(\boldsymbol{b}-\boldsymbol{\beta})'\boldsymbol{x}^f \mid \boldsymbol{x}^f] \\ &= \boldsymbol{x}^{f\prime}\operatorname{Var}(\boldsymbol{b})\boldsymbol{x}^f \\ &= \sigma^2\boldsymbol{x}^{f\prime}(\boldsymbol{X}'\boldsymbol{X})^{-1}\boldsymbol{x}^f.\end{aligned}$$

3. 分布

在随机扰动项服从正态分布的假定下，OLS 估计量 $\boldsymbol{b}$ 也服从正态分布，而点预测值 $\hat{Y}_f$ 为 $\boldsymbol{b}$ 的线性组合，所以 $\hat{Y}_f$ 也服从正态分布。

二、区间预测

利用 t 分布很容易构造 $E(Y_f|\boldsymbol{x}^f)$ 的置信区间，这就是区间预测。由

$$t(\hat{Y}_f) = \frac{\hat{Y}_f - E(Y_f \mid \boldsymbol{x}^f)}{s_f} \sim t(T-K),$$

其中

$$s_f = s\sqrt{\boldsymbol{x}^{f\prime}(\boldsymbol{X}'\boldsymbol{X})^{-1}\boldsymbol{x}^f}, \quad s = \sqrt{\frac{\boldsymbol{e}'\boldsymbol{e}}{T-K}},$$

得

$$P\left\{\left|\frac{\hat{Y}_f - E(Y_f \mid \boldsymbol{x}^f)}{s_f}\right| \leqslant t_{\alpha/2}(T-K)\right\} = 1-\alpha,$$

故置信度为 $1-\alpha$ 的置信区间为

$$\left|\frac{\hat{Y}_f - E(Y_f \mid \boldsymbol{x}^f)}{s_f}\right| \leqslant t_{\alpha/2}(T-K),$$

亦即

$$\hat{Y}_f - s_f t_{\alpha/2}(T-K) \leqslant E(Y_f \mid \boldsymbol{x}^f) \leqslant \hat{Y}_f + s_f t_{\alpha/2}(T-K),$$

或 $E(Y_f|\boldsymbol{x}^f)$ 的置信度为 $1-\alpha$ 的置信区间为

$$(\hat{Y}_f - s_f t_{\alpha/2}(T-K), \hat{Y}_f + s_f t_{\alpha/2}(T-K)).$$

§3　个值预测

个值预测是指对 Y_f 的预测。

一、点预测

我们直接以 $\hat{Y}_f=\boldsymbol{x}^{f\prime}\boldsymbol{b}$ 作为 Y_f 的点预测值。

二、残差的统计特性

以 $\hat{Y}_f = \boldsymbol{x}^{f\prime}\boldsymbol{b}$ 作为 Y_f 的预测值,则残差为

$$e_f = Y_f - \hat{Y}_f.$$

e_f 的统计特性如下:

1. 期望

$$E(e_f \mid \boldsymbol{x}^f) = E(Y_f \mid \boldsymbol{x}^f) - E(\hat{Y}_f \mid \boldsymbol{x}^f) = E(Y_f \mid \boldsymbol{x}^f) - E(Y_f \mid \boldsymbol{x}^f) = 0.$$

2. 方差

$$e_f = Y_f - \hat{Y}_f = \boldsymbol{x}^{f\prime}\boldsymbol{\beta} + \varepsilon_f - \boldsymbol{x}^{f\prime}\boldsymbol{b} = \varepsilon_f - \boldsymbol{x}^{f\prime}(\boldsymbol{b} - \boldsymbol{\beta}),$$

$$\begin{aligned}
\mathrm{Var}(e_f \mid \boldsymbol{x}^f) &= E(e_f e_f' \mid \boldsymbol{x}^f) \\
&= E\{[\varepsilon_f - \boldsymbol{x}^{f\prime}(\boldsymbol{b} - \boldsymbol{\beta})][\varepsilon_f - \boldsymbol{x}^{f\prime}(\boldsymbol{b} - \boldsymbol{\beta})]' \mid \boldsymbol{x}^f\} \\
&= E\{[\varepsilon_f\varepsilon_f' - \varepsilon_f(\boldsymbol{b} - \boldsymbol{\beta})'\boldsymbol{x}^f - \boldsymbol{x}^{f\prime}(\boldsymbol{b} - \boldsymbol{\beta})\varepsilon_f' \\
&\quad + \boldsymbol{x}^{f\prime}(\boldsymbol{b} - \boldsymbol{\beta})(\boldsymbol{b} - \boldsymbol{\beta})'\boldsymbol{x}^f] \mid \boldsymbol{x}^f\},
\end{aligned}$$

而

$$\begin{aligned}
E[\varepsilon_f(\boldsymbol{b} - \boldsymbol{\beta})'\boldsymbol{x}^f \mid \boldsymbol{x}^f] &= E[\boldsymbol{x}^{f\prime}(\boldsymbol{b} - \boldsymbol{\beta})\varepsilon_f' \mid \boldsymbol{x}^f] \\
&= E[\boldsymbol{x}^{f\prime}(\boldsymbol{X}'\boldsymbol{X})^{-1}\boldsymbol{X}'\boldsymbol{\varepsilon}\varepsilon_f' \mid \boldsymbol{x}^f] \\
&= \boldsymbol{x}^{f\prime}(\boldsymbol{X}'\boldsymbol{X})^{-1}\boldsymbol{X}'E(\boldsymbol{\varepsilon}\varepsilon_f \mid \boldsymbol{x}^f) \\
&= 0,
\end{aligned}$$

所以

$$\begin{aligned}
\mathrm{Var}(e_f \mid \boldsymbol{x}^f) &= E(\varepsilon_f\varepsilon_f' \mid \boldsymbol{x}^f) + \boldsymbol{x}^{f\prime}\mathrm{Var}(\boldsymbol{b})\boldsymbol{x}^f \\
&= \sigma^2 + \sigma^2\boldsymbol{x}^{f\prime}(\boldsymbol{X}'\boldsymbol{X})^{-1}\boldsymbol{x}^f \\
&= \sigma^2[1 + \boldsymbol{x}^{f\prime}(\boldsymbol{X}'\boldsymbol{X})^{-1}\boldsymbol{x}^f].
\end{aligned}$$

3. 分布

由于 Y_f 和 $\hat{Y}_f$ 都服从条件正态分布,所以 e_f 也服从条件正态分布。

三、区间预测

1. Y_f 的预测区间

同样,我们利用 t 分布来构造 Y_f 的置信区间,即得区间预测。由

$$t(e_f) = \frac{e_f - 0}{s_e} \sim t(T - K),$$

其中

$$s_e = s\sqrt{1 + \boldsymbol{x}^{f\prime}(\boldsymbol{X}'\boldsymbol{X})^{-1}\boldsymbol{x}^f}, \quad s = \sqrt{\frac{\boldsymbol{e}'\boldsymbol{e}}{T-K}},$$

得

$$P\{|t(e_f)| < t_{\alpha/2}(T-K)\} = 1-\alpha,$$

即

$$P\left\{\left|\frac{e_f}{s_e}\right| < t_{\alpha/2}(T-K)\right\} = 1-\alpha,$$

$$P\left\{\left|\frac{Y_f - \hat{Y}_f}{s_e}\right| < t_{\alpha/2}(T-K)\right\} = 1-\alpha,$$

亦即

$$P\{\hat{Y}_f - s_e t_{\alpha/2}(T-K) < Y_f < \hat{Y}_f + s_e t_{\alpha/2}(T-K)\} = 1-\alpha,$$

所以，置信度为 $1-\alpha$ 的置信区间为

$$(\hat{Y}_f - s_e t_{\alpha/2}(T-K), \hat{Y}_f + s_e t_{\alpha/2}(T-K)).$$

2. 影响预测区间半径的因素

预测区间越窄，预测精度越高。那么，怎样才能得到比较窄的预测区间呢？由于 t 值的大小主要取决于显著性水平，样本容量的改变对 t 值的影响不大，故主要当 s_e 比较小时，预测区间才比较窄。

我们以一元回归为例来分析。

$$Y = \beta_1 + \beta_2 X + \varepsilon,$$

$$\boldsymbol{x}^{f\prime} = (1, X_f),$$

可以证明

$$s_e = s\sqrt{1 + \frac{1}{T} + \frac{(X_f - \bar{X})^2}{\sum_{t=1}^{T} x_t^2}},$$

其中

$$s = \sqrt{\frac{\boldsymbol{e}'\boldsymbol{e}}{T-2}}.$$

[证明]

因为

$$\boldsymbol{x}^{f\prime}(\boldsymbol{X}'\boldsymbol{X})^{-1}\boldsymbol{x}^f = [1, X_f]\begin{bmatrix} T & \sum_{t=1}^{T} X_t \\ \sum_{t=1}^{T} X_t & \sum_{t=1}^{T} X_t^2 \end{bmatrix}^{-1}\begin{bmatrix} 1 \\ X^f \end{bmatrix}$$

$$= [1, X_f] \frac{1}{T\sum_{t=1}^{T} X_t^2 - \left(\sum_{t=1}^{T} X_t\right)^2} \begin{bmatrix} \sum_{t=1}^{T} X_t^2 & -\sum_{t=1}^{T} X_t \\ -\sum_{t=1}^{T} X_t & T \end{bmatrix} \begin{bmatrix} 1 \\ X_f \end{bmatrix},$$

且

$$\sum_{t=1}^{T} x_t^2 = \sum_{t=1}^{T} X_t^2 - T\overline{X}^2 = \sum_{t=1}^{T} X_t^2 - \frac{1}{T}\left(\sum_{t=1}^{T} X_t\right)^2,$$

所以

$$\begin{aligned} \boldsymbol{x}^{f\prime}(\boldsymbol{X}'\boldsymbol{X})^{-1}\boldsymbol{x}^f &= \frac{1}{T\sum_{t=1}^{T} x_t^2}\left(\sum_{t=1}^{T} X_t^2 - 2X_f\sum_{t=1}^{T} X_t + TX_f^2\right) \\ &= \frac{1}{T\sum_{t=1}^{T} x_t^2}\left(\sum_{t=1}^{T} x_t^2 + T\overline{X}^2 - 2TX_f\overline{X} + TX_f^2\right) \\ &= \frac{1}{T\sum_{t=1}^{T} x_t^2}\left[\sum_{t=1}^{T} x_t^2 + T(X_f - \overline{X})^2\right] \\ &= \frac{1}{T} + \frac{(X_f - \overline{X})^2}{\sum_{t=1}^{T} x_t^2}, \end{aligned}$$

因此

$$s_e = s\sqrt{1 + \frac{1}{T} + \frac{(X_f - \overline{X})^2}{\sum_{t=1}^{T} x_t^2}}.$$

由此可见,样本容量 T 越大,s_e 就越小,置信区间越窄;$|X_f-\overline{X}|$ 越小,即预测点的 X_f 越靠近样本均值 $\overline{X}$, s_e 就越小,置信区间也越窄;同时, $\sum_{t=1}^{T} x_t^2$ 越大,即样本值 $X_1,\cdots,X_T$ 与样本均值的差越大,也就是样本点沿 X 轴越分散,s_e 就越小,置信区间也越窄。

§4 一片时点预测

所谓一片时点预测,就是同时预测未来期多个时点的 Y 值。预测假定与前面相同。我们可以采用两种估计方法:

第一种方法分两步,先用样本期的数据估计模型,得到样本回归超平面,然后代入未

来期的解释变量 X 的数据,得到相应的预测值。这就是本章§2、§3 采用的方法。

第二种方法则将模型估计与预测合二为一,本节介绍这一方法。

一、构造增广模型

假定样本期有 T 个观测,利用这 T 个观测来估计模型 $\boldsymbol{Y}=\boldsymbol{X\beta}+\boldsymbol{\varepsilon}$ 的参数 $\boldsymbol{\beta}$,同时预测未来期的 T^0 个 Y 值。将未来期的 T^0 个 Y 值记为 $\boldsymbol{Y}^0$,$\boldsymbol{Y}^0$ 为 T^0 维列向量。为此对未来期的 X 赋值,记为 $\boldsymbol{X}^0$,$\boldsymbol{X}^0$ 为 $T^0\times K$ 阶矩阵。根据预测假定知:

$$\boldsymbol{Y}^0 = \boldsymbol{X}^0\boldsymbol{\beta} + \boldsymbol{\varepsilon}^0.$$

我们构造一个增广模型:

$$\begin{cases}\boldsymbol{Y} = \boldsymbol{X\beta} + \boldsymbol{\varepsilon},\\ \boldsymbol{0} = \boldsymbol{X}^0\boldsymbol{\beta} - \boldsymbol{Y}^0 + \boldsymbol{\varepsilon}^0,\end{cases}$$

其中,$\boldsymbol{X}$、$\boldsymbol{Y}$、$\boldsymbol{X}^0$ 已知,$\boldsymbol{\beta}$ 为需估计的总体参数。由于 $\boldsymbol{Y}^0$ 未知,将它视为待估的参数 $\boldsymbol{\gamma}$。

将增广模型以矩阵形式表示为

$$\begin{bmatrix}\boldsymbol{Y}\\ \boldsymbol{0}\end{bmatrix} = \begin{bmatrix}\boldsymbol{X} & \boldsymbol{0}\\ \boldsymbol{X}^0 & -\boldsymbol{I}\end{bmatrix}\begin{bmatrix}\boldsymbol{\beta}\\ \boldsymbol{\gamma}\end{bmatrix} + \begin{bmatrix}\boldsymbol{\varepsilon}\\ \boldsymbol{\varepsilon}^0\end{bmatrix},$$

简记为

$$\boldsymbol{Y}^* = \boldsymbol{X}^*\boldsymbol{\beta}^* + \boldsymbol{\varepsilon}^*,$$

其中,$\boldsymbol{Y}^*$ 和 $\boldsymbol{\varepsilon}^*$ 都为 $T+T^0$ 维列向量,$\boldsymbol{X}^*$ 为 $(T+T^0)\times(K+T^0)$ 的矩阵,$\boldsymbol{\beta}^*$ 为 $K+T^0$ 维列向量。

二、预测步骤

对增广模型进行 OLS 回归,就有

① $\boldsymbol{\beta}$ 的估计值为 $\boldsymbol{b}$,$\boldsymbol{\gamma}$ 的估计值为 $\hat{\boldsymbol{Y}}^0$,$\hat{\boldsymbol{Y}}^0$ 即为 $\boldsymbol{Y}^0$ 的点预测值。

② 前 T 个观测值的残差就是原来的最小二乘残差,后 T^0 个残差都是 0。

③ 在系数估计量的方差-协方差阵估计中,左上方的 K 阶方阵是 $\boldsymbol{\beta}$ 的最小二乘估计量的方差-协方差阵估计,而右下方的 T^0 阶方阵则是预测值的方差-协方差阵估计。

三、理论证明

[证明]

首先,$\boldsymbol{\beta}^*$ 估计量满足正规方程组:

$$\boldsymbol{X}^{*\prime}\boldsymbol{X}^*\hat{\boldsymbol{\beta}}^* = \boldsymbol{X}^{*\prime}\boldsymbol{Y}^*,$$

$$\begin{bmatrix}\boldsymbol{X}' & \boldsymbol{X}^{0\prime}\\ \boldsymbol{0}' & -\boldsymbol{I}\end{bmatrix}\begin{bmatrix}\boldsymbol{X} & \boldsymbol{0}\\ \boldsymbol{X}^0 & -\boldsymbol{I}\end{bmatrix}\begin{bmatrix}\hat{\boldsymbol{\beta}}\\ \hat{\boldsymbol{\gamma}}\end{bmatrix} = \begin{bmatrix}\boldsymbol{X}' & \boldsymbol{X}^{0\prime}\\ \boldsymbol{0}' & -\boldsymbol{I}\end{bmatrix}\begin{bmatrix}\boldsymbol{Y}\\ \boldsymbol{0}\end{bmatrix},$$

$$\begin{bmatrix} X'X + X^{0\prime}X^0 & -X^{0\prime} \\ -X^0 & I \end{bmatrix}\begin{bmatrix} \hat{\beta} \\ \hat{\gamma} \end{bmatrix} = \begin{bmatrix} X'Y \\ 0 \end{bmatrix}.$$

令 $A_{11}=X'X+X^{0\prime}X^0, A_{12}=-X^{0\prime}, A_{21}=-X^0, A_{22}=I$，而

$$(X^{*\prime}X^*)^{-1} = \begin{bmatrix} A_{11}^* & A_{12}^* \\ A_{21}^* & A_{22}^* \end{bmatrix}.$$

由第 2 章附录 2 知：

$$\begin{aligned} A_{11}^* &= F_1 = (A_{11} - A_{12}A_{22}^{-1}A_{21})^{-1} \\ &= [(X'X + X^{0\prime}X^0) + X^{0\prime}I^{-1}(-X^0)]^{-1} = (X'X)^{-1}, \\ A_{12}^* &= -F_1A_{12}A_{22}^{-1} = -(X'X)^{-1}(-X^{0\prime})I^{-1} = (X'X)^{-1}X^{0\prime}, \\ A_{21}^* &= -A_{22}^{-1}A_{21}F_1 = -I^{-1}(-X^0)(X'X)^{-1} = X^0(X'X)^{-1} \\ A_{22}^* &= A_{22}^{-1} + A_{22}^{-1}A_{21}F_1A_{12}A_{22}^{-1} \\ &= I + I^{-1}(-X^0)(X'X)^{-1}(-X^{0\prime})I^{-1} \\ &= I + X^0(X'X)^{-1}X^{0\prime}, \end{aligned}$$

所以

$$(X^{*\prime}X^*)^{-1} = \begin{bmatrix} (X'X)^{-1} & (X'X)^{-1}X^{0\prime} \\ X^0(X'X)^{-1} & I + X^0(X'X)^{-1}X^{0\prime} \end{bmatrix}.$$

于是，β^* 估计量的表达式为

$$\begin{aligned} \begin{bmatrix} \hat{\beta} \\ \hat{\gamma} \end{bmatrix} &= (X^{*\prime}X^*)^{-1}\begin{bmatrix} X'Y \\ 0 \end{bmatrix} \\ &= \begin{bmatrix} (X'X)^{-1}X'Y \\ X^0(X'X)^{-1}X'Y \end{bmatrix} = \begin{bmatrix} b \\ X^0b \end{bmatrix} = \begin{bmatrix} b \\ \hat{Y}^0 \end{bmatrix}. \end{aligned}$$

样本回归超平面为

$$\begin{cases} \hat{Y} = Xb, \\ 0 = X^0b - \hat{Y}^0, \end{cases}$$

即

$$\begin{cases} \hat{Y} = Xb, \\ \hat{Y}^0 = X^0b. \end{cases}$$

可见，构造增广模型后采用 OLS 回归得到的结果与先回归后预测得到的结果相同。

其次，推导 σ^{*2} 的估计值。

$$\because\ e^* = Y^* - X^*\hat{\beta}^* = \begin{bmatrix} Y \\ 0 \end{bmatrix} - \begin{bmatrix} X & 0 \\ X^0 & -I \end{bmatrix}\begin{bmatrix} b \\ \hat{Y}^0 \end{bmatrix} = \begin{bmatrix} Y-Xb \\ 0-X^0b+\hat{Y}^0 \end{bmatrix} = \begin{bmatrix} e \\ 0 \end{bmatrix},$$

$$\therefore\ s^{*2} = \frac{e^{*\prime}e^*}{T^*-K^*} = \frac{[e',0]\begin{bmatrix} e \\ 0 \end{bmatrix}}{(T+T^0)-(K+T^0)} = \frac{e'e}{T-K} = s^2.$$

$\hat{\boldsymbol{\beta}}^*$ 的方差–协方差阵为

$$\mathrm{Var}(\hat{\boldsymbol{\beta}}^*) = \sigma^{*2}(\boldsymbol{X}^{*\prime}\boldsymbol{X}^*)^{-1}.$$

显然

$$\begin{cases}\mathrm{Var}(\boldsymbol{b}) = \sigma^{*2}(\boldsymbol{X}'\boldsymbol{X})^{-1},\\ \mathrm{Var}(\hat{\boldsymbol{Y}}^0) = \sigma^{*2}[\boldsymbol{I} + \boldsymbol{X}^0(\boldsymbol{X}'\boldsymbol{X})^{-1}\boldsymbol{X}^{0\prime}].\end{cases}$$

相应的估计量为

$$\widehat{\mathrm{Var}(\boldsymbol{b})} = s^2(\boldsymbol{X}'\boldsymbol{X})^{-1},$$

$$\widehat{\mathrm{Var}(\hat{\boldsymbol{Y}}^0)} = s^2[\boldsymbol{I} + \boldsymbol{X}^0(\boldsymbol{X}'\boldsymbol{X})^{-1}\boldsymbol{X}^{0\prime}],$$

其中

$$\widehat{\mathrm{Var}(b_k)} = s^2(\boldsymbol{X}'\boldsymbol{X})^{-1}_{kk},\quad k = 1,\cdots,K,$$

$$\widehat{\mathrm{Var}(\hat{Y}_t^0)} = s^2[\boldsymbol{I} + \boldsymbol{X}^0(\boldsymbol{X}'\boldsymbol{X})^{-1}\boldsymbol{X}^{0\prime}]_{tt},\quad t = 1,\cdots,T^0.$$

标准差为

$$s(b_k) = s\sqrt{(\boldsymbol{X}'\boldsymbol{X})^{-1}_{kk}},\quad k = 1,\cdots,K,$$

$$s_e(\hat{Y}_t^0) = s\sqrt{1 + \boldsymbol{x}^{t0\prime}(\boldsymbol{X}'\boldsymbol{X})^{-1}\boldsymbol{x}^{t0}},\quad t = 1,\cdots,T,$$

其中，$\boldsymbol{x}^{t0\prime} = (1, X_{t2}^0, \cdots, X_{tK}^0)$。这一结果也与先回归后预测的结果相同。

§5　预测精度度量

对于模型预测精度的评估，一般以事后期的数据为基础，此时解释变量 X 及被解释变量 Y 的取值均已知，将 X 值直接代入模型求出被解释变量 Y 的预测值，然后与 Y 的实际值比较进而评价预测精度。

一、一个时点

以下标 0 表示事后期，可以用下面几个指标来评价预测精度：

1. 绝对误差

绝对误差定义为$|Y_0 - \hat{Y}_0|$。绝对误差越小，预测精度越高。但是绝对误差的大小依赖于数据的度量单位，这是一个明显的缺点。

2. 相对误差

相对误差定义为$\left|\dfrac{Y_0 - \hat{Y}_0}{Y_0}\right|$，相对误差与数据的度量单位没有关系，通常要求相对误差在 10%以内。

3. t 检验

我们还可以利用 t 检验来判断模型的预测能力。

一般取 0 点为事后期内的点。以 Y_0^R 表示总体的真实值,以 Y_0 表示实际观察值,以 $\hat{Y}_0$ 表示预测值。零假设和备择假设分别为

$$\begin{cases} H_0: Y_0^R = Y_0, \\ H_1: Y_0^R \neq Y_0. \end{cases}$$

令 $e_0=\hat{Y}_0-Y_0^R$,可以证明

$$t_0 = \frac{\hat{Y}_0 - Y_0^R}{s_e} \sim t(T-K),$$

其中

$$s_e = s\sqrt{1 + \boldsymbol{x}^{0\prime}(\boldsymbol{X}'\boldsymbol{X})^{-1}\boldsymbol{x}^0}.$$

在 H_0 为真的条件下,有

$$t_0 = \frac{\hat{Y}_0 - Y_0}{s_e} \sim t(T-K).$$

取定显著性水平 α,若 $|t_0|>t_{\alpha/2}(T-K)$,则拒绝 H_0,断定模型的预测能力差;若 $|t_0|<t_{\alpha/2}(T-K)$,则不能拒绝 H_0,不能认为模型的预测能力差。

二、一片时点

对于模型在一片时点的预测能力的评价,可以采用 Theil(1961)提出的 U 统计量:

$$U = \sqrt{\frac{\frac{1}{T^0}\sum_{t=1}^{T^0}(Y_t^0 - \hat{Y}_t^0)^2}{\frac{1}{T^0}\sum_{t=1}^{T^0}(Y_t^0)^2}} = \sqrt{\frac{\sum_{t=1}^{T^0}(e_t^0)^2}{\sum_{t=1}^{T^0}(Y_t^0)^2}} = \sqrt{\frac{\boldsymbol{e}^{0\prime}\boldsymbol{e}^0}{\boldsymbol{Y}^{0\prime}\boldsymbol{Y}^0}}.$$

显然,U 统计量越接近于零越好,其中 T^0 个时点属事后期。

当只有一个时点,即 $T^0=1$ 时,U 统计量简化为

$$U = \sqrt{\frac{(Y_0 - \hat{Y}_0)^2}{Y_0^2}} = \frac{|Y_0 - \hat{Y}_0|}{Y_0},$$

这就是相对误差。

另一种形式的 U 统计量是

$$U_\Delta = \sqrt{\frac{\frac{1}{T^0}\sum_{t=2}^{T^0}(\Delta Y_t^0 - \Delta\hat{Y}_t^0)^2}{\frac{1}{T^0}\sum_{t=2}^{T^0}(\Delta Y_t^0)^2}},$$

其中

$$\Delta Y_t^0 = (Y_t^0 - Y_{t-1}^0)/Y_{t-1}^0, \quad \Delta\hat{Y}_t^0 = (\hat{Y}_t^0 - Y_{t-1}^0)/Y_{t-1}^0,$$

或

$$\Delta Y_t^0 = (Y_t^0 - Y_{t-1}^0), \quad \Delta\hat{Y}_t^0 = (\hat{Y}_t^0 - Y_{t-1}^0).$$

U_{Δ} 统计量一般用于评价模型捕捉数据转折点的能力。

§6　范例

我们给出一个数值模拟的例子。

假设真实的数据生成过程为

$$\ln y_i = 1 + 2\ln x_{i1} + \ln x_{i2} + \varepsilon_i,$$

其中，$\ln x_{i1} \sim N(1,0.64)$，$\ln x_{i2} \sim N(2,0.81)$，$\varepsilon_{in} \sim N(0,1)$。

实际上我们并不知道上述数据生成过程，但观测到(x_{i1},x_{i2},y_i)，$i=1,\cdots,200$。现在，若我们观测到(x_{i1},x_{i2})，$i=201,\cdots,230$，要求预测 y_i，$i=201,\cdots,230$。

首先利用观测数据(x_{i1},x_{i2},y_i)，$i=1,\cdots,200$，估计如下的回归模型：

$$\ln y_i = \beta_0 + \beta_1 \ln x_{i1} + \beta_2 \ln x_{i2} + \varepsilon_i, \quad i = 1,\cdots,200$$

得到样本回归超平面：

$$\widehat{\ln y_i} = \hat{\beta}_0 + \hat{\beta}_1 \ln x_{i1} + \hat{\beta}_2 \ln x_{i2}, \quad i = 1,\cdots,200$$

记回归标准误为 $\hat{\sigma}$。

Stata 模拟程序如下：

```
clear all
set obs 230
generate logx1 = rnormal(1,0.8)
generate logx2 = rnormal(2,0.9)
generate u = rnormal(0,1)
generate logy = 1+2 * logx1+logx2+u
reg logy logx1 logx2 in 1/200
```

模型估计结果如下：

Source	SS	df	MS
Model	774.521382	2	387.260691
Residual	218.712452	197	1.11021549
Total	993.233834	199	4.99112479

Number of obs	=	200
F(2, 197)	=	348.82
Prob > F	=	0.0000
R-squared	=	0.7798
Adj R-squared	=	0.7776
Root MSE	=	1.0537

logy	Coefficient	Std. err.	t	P>|t|	[95% conf.	interval]
logx1	2.01342	.0967471	20.81	0.000	1.822627	2.204213
logx2	1.100043	.0791471	13.90	0.000	.9439585	1.256127
_cons	.8262981	.1886728	4.38	0.000	.4542204	1.198376

显然,样本回归超平面为

$$\widehat{\ln y_i} = 0.826 + 2.013\ln x_{i1} + 1.100\ln x_{i2}, \quad i = 1,\cdots,200.$$

当观测到(x_{i1},x_{i2})时,对$\ln y_i$的点预测为$\widehat{\ln y_i}$,对$\ln y_i$的置信度为$1-\alpha$的区间预测为$(\widehat{\ln y_i}-t_{\alpha/2}\hat{\sigma},\widehat{\ln y_i}+t_{\alpha/2}\hat{\sigma})$。

对于观测$i=201,\cdots,230$,我们先计算$\ln y_i$的点预测为$\widehat{\ln y_i}$,再取$\exp(\widehat{\ln y_i})$作为对y_i的点预测,并将预测结果与实际值加以比较。Stata 程序如下:

```
predict logyhat
gen y1 = exp(logy) in 201/230
gen yhat1 = exp(logyhat) in 201/230
summarize y1 yhat1 in 201/230
```

结果如下:

Variable	Obs	Mean	Std. dev.	Min	Max
y1	30	2067.069	6244.259	10.7733	33922.55
yhat1	30	1375.904	3470.388	10.47096	17513.33

可以看出,若用$\exp(\widehat{\ln y_i})$作为对y_i的点预测,对于 30 个观测点的预测之平均值大幅度低于y_i的实际值。

原因何在?在数学上可以证明:若$\ln y|\boldsymbol{x}\sim N(\mu,\sigma^2)$,那么$E(y|\boldsymbol{x})=\exp\left(\frac{\sigma^2}{2}\right)\exp(\mu)$。

相应地,根据上面的数据生成过程,对y_i的一致预测为

$$\hat{y}_i = \exp\left(\frac{\hat{\sigma}^2}{2}\right)\exp(\widehat{\ln y_i}).$$

从回归结果可以看到,回归标准误为$\hat{\sigma}=1.054$,据此可计算$\hat{y}_i$。对于观测$i=201,\cdots,230$,我们取$\exp\left(\frac{1.054^2}{2}\right)\exp(\widehat{\ln y_i})$作为对$y_i$的点预测,并将预测结果与实际值加以比较。Stata 程序如下:

```
gen yhat2 = exp(1.054^2/2) * exp(logyhat) in 201/230
summarize y1 yhat2 in 201/230
```

结果如下:

Variable	Obs	Mean	Std. dev.	Min	Max
y1	30	2067.069	6244.259	10.7733	33922.55
yhat2	30	2397.842	6047.981	18.24815	30521.16

显然，现在的预测效果更好。

对 y_i 的置信度为 $1-\alpha$ 的区间预测为

$$(\exp(-t_{\alpha/2}\hat{\sigma})\exp(\widehat{\ln y_i}),\quad \exp(t_{\alpha/2}\hat{\sigma})\exp(\widehat{\ln y_i})).$$

可以看出，对 y_i 的点预测值并不位于区间预测的中点。

第 5 章　线性回归模型初步扩展

在前面几章中,我们分析的线性回归模型具有一个突出特点——被解释变量既是解释变量的线性函数,也是参数的线性函数。很明显,对模型的这种要求不一定符合实际。我们需要从经济理论或其他合理的角度出发来选取被解释变量、解释变量及其数学形式,这就涉及所谓的模型设定问题。事实上,模型设定是一个比较复杂的问题,本章将线性模型初步加以扩展。一方面是模型的数学形式,由线性形式扩展到内蕴线性形式。所谓内蕴线性形式是指对于变化后的变量或要估计的参数来说模型仍然是线性的。至于更一般的内蕴非线性形式将在非线性回归模型一章中详细介绍。另一方面引进一些特殊的解释变量,如常用的虚拟变量。至于将滞后变量引入模型将在动态计量经济模型部分介绍。被解释变量也可由连续变量扩展到离散变量,这一内容将在选择模型等章中详细阐述。

本章内容安排如下:第一节讨论变量的函数形式的选择;第二节讨论虚拟变量的运用。

§1　函数形式

在实践中,被解释变量既可能不是解释变量的线性函数,也可能不是参数的线性函数。本节讨论一种特殊的情况,即通过变量替换或参数替换能够将某些表面看来是非线性的模型转换为对参数的线性形式,人们将这种模型称为内蕴线性模型。

一、内蕴线性模型举例

现在介绍几种常见的内蕴线性模型。这些模型的原始形式大多是初等函数,其数学特性在此不进行详细描述,只介绍如何线性化。

1. 双对数模型

对于幂函数形式的原始模型:

$$Y = AX_2^{\beta_2}X_3^{\beta_3}e^{\varepsilon},$$

或更一般形式的模型:

$$Y = A\prod_{k=2}^{K} X_k^{\beta_k} e^{\varepsilon},$$

可以通过对数变换将模型转化为线性形式。对上述模型两边取对数,得

$$\ln Y = \ln A + \beta_2 \ln X_2 + \beta_3 \ln X_3 + \varepsilon.$$

我们称该模型为双对数模型,或对数线性模型。

记 $\beta_1 = \ln A, Y^* = \ln Y, X_2^* = \ln X_2, X_3^* = \ln X_3$,双对数模型就转化为线性模型:

$$Y^* = \beta_1 + \beta_2 X_2^* + \beta_3 X_3^* + \varepsilon.$$

当新模型满足古典假定时,若给 Y, X_2, X_3 赋以样本值,则 Y^*, X_2^*, X_3^* 也就有相应的观测值了,这样利用 OLS 方法就可以估计该模型。

双对数模型中的参数对应于经济学中的弹性,例如 β_2 就反映 Y 对 X_2 的弹性,即

$$\frac{\partial \ln Y}{\partial \ln X_2} = \beta_2.$$

β_2 的含义是当其他变量保持不变时,平均而言 X_2 增长 1%,引起 Y 增长 $\beta_2\%$。其他 β_k 的解释与此类似。由于双对数模型导出的弹性值为常数,所以双对数模型常用于弹性分析。

2. 单对数模型

(1) 指数函数

对于指数函数形式的计量模型:

$$Y = A e^{\beta_2 X_2 + \cdots + \beta_K X_K + \varepsilon},$$

也可以通过对数变换将模型转化为线性形式。对上述模型两边取对数,得

$$\ln Y = \ln A + \beta_2 X_2 + \cdots + \beta_K X_K + \varepsilon.$$

我们称这种模型为单对数模型,常用于 X 对 Y 影响很强的情况。

令 $\beta_1 = \ln A, Y^* = \ln Y$,就得到线性模型:

$$Y^* = \beta_1 + \beta_2 X_2 + \cdots + \beta_K X_K + \varepsilon,$$

其中,β_k 的含义是,当其他变量保持不变时,平均而言 X_k 增加一单位,引起 Y 增长 $100\beta_k\%$。

在简单回归方程中,如果 X 表示时间,记 $X = t$,则模型为

$$\ln Y = \beta_1 + \beta_2 t + \varepsilon.$$

显然

$$\beta_2 = \frac{\mathrm{d}\ln Y}{\mathrm{d}t} = \frac{\mathrm{d}Y/Y}{\mathrm{d}t} \approx \frac{\Delta Y}{Y} \cdot \frac{1}{\Delta t},$$

令 $\Delta t = 1$,则

$$\beta_2 \approx \frac{\Delta Y}{Y},$$

可见,β_2 表示增长率,即在样本期内 Y 的平均增长率。这种通过回归模型得到的增长

率充分利用了原始数据的信息,因而比较合理。

对 t 变量如何赋值呢？假若样本区间为 1952—2005 年,则可以对时间 t 取几种不同的形式,见表 5-1。

表 5-1　时间变量赋值形式

形式一	形式二	形式三
1952	52	1
⋮	⋮	⋮
1999	99	48
⋮	⋮	⋮
2005	105	54

目前常用形式三。

(2) 对数函数

下面的模型为对数形式的计量模型：

$$Y = \beta_1 + \beta_2 \ln X_2 + \cdots + \beta_K \ln X_K + \varepsilon,$$

令 $\ln X_k = X_k^*$,即可将模型线性化。

对数模型一般用于 Y 随 X 变化缓慢的情况。比如,当 Y 随时间变化缓慢时,可设 $X = t$,进而构造上述模型。其中 β_k 的含义是,当其他变量保持不变时,平均而言 X_k 增长 1%,引起 Y 增长 $\beta_k/100$。

对数模型具有以下优点:第一,模型给出的 Y 对 X_k 的弹性表达式较为简洁;第二,对于 $Y>0$ 的回归模型, 条件分布往往存在异方差或偏斜,但用 $\ln Y$ 就会好一些;第三,$\ln Y$ 的分布更加集中,从而减弱了极端值的影响。

3. 多项式模型

如果怀疑方程关于某一解释变量是非线性的但又不能确定具体的函数形式,可以用二次或三次多项式取代线性函数来拟合,这样可以捕捉一些非线性的特征。

对于多项式形式的原始模型：

$$Y = \beta_0 + \beta_1 X + \beta_2 X^2 + \cdots + \beta_K X^K + \varepsilon,$$

虽然它只含有一个自变量 X,但却含有多个回归量。通过设定新的变量 $X_k = X^k (k = 1, 2, \cdots, K)$,就可以将该模型转化为一般的线性回归模型：

$$Y = \beta_0 + \beta_1 X_1 + \beta_2 X_2 + \cdots + \beta_K X_K + \varepsilon.$$

确定多项式次数的一个方法是,连续向模型中添加更高阶项,直到最高阶项的 t 检验不显著为止;或者从最高阶项开始,每次从模型中删除一项,直到剩下的最高阶项的 t 检验显著为止。

值得指出的是,多项式的次数越高,自由度的损失也越大。通常情况下多项式的次数取 1 或 2。

人们常用三次多项式模型来估计成本函数。有时人们也用多项式模型来刻画时间趋势,如常设 $Y_t=\beta_1+\beta_2 t+\varepsilon_t$ 以表明 Y_t 具有线性趋势;或设 $Y_t=\beta_1+\beta_2 t+\beta_3 t^2+\varepsilon_t$ 以表明 Y_t 具有二次趋势。

4. 倒数模型

倒数模型的基本形式为

$$Y=\beta_1+\beta_2\frac{1}{X}+\varepsilon.$$

此模型具有如下特点:当 $X\to+\infty$ 时,$Y\to\beta_1$,可见 β_1 为 Y 的饱和水平。当 $\beta_2>0$ 时,表明 X,Y 反向变化;当 $\beta_2<0$ 时,表明 X,Y 同向变化。

倒数模型可用于估计某些商品的消费函数和需求函数。

考察消费者对某商品的消费函数,如图 5-1 所示,以 X 表示收入,以 Y 表示消费支出,$\beta_1>0$,$\beta_2<0$。

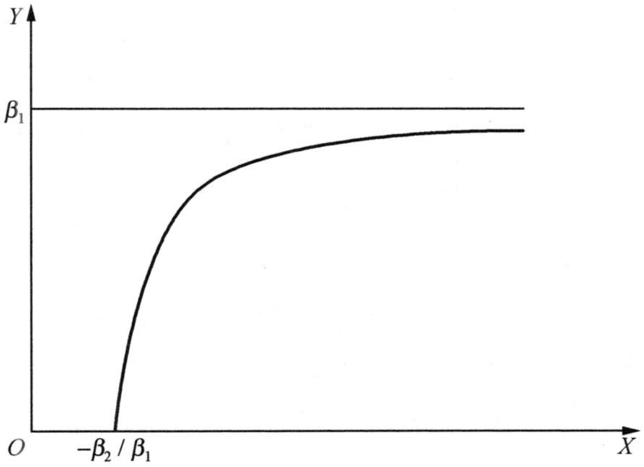

图 5-1　$\beta_1>0$,$\beta_2<0$ 时的消费函数

这一模型有三个特点:

第一,只有当收入达到 $-\dfrac{\beta_2}{\beta_1}$ 时,人们才会消费该种商品;

第二,随着收入上升,对于商品的消费量也会上升;

第三,当收入越来越多时,对商品的消费存在饱和水平,即 β_1。

对于商品的需求函数,以 X 表示价格,以 Y 表示需求,$\beta_1>0$,$\beta_2>0$,可作类似讨论(见图 5-2)。

倒数模型还可用于菲利普斯曲线。此时以 Y 表示工资变化率,以 X 表示失业率,$\beta_2>0$。在这一模型中,随着失业率的不断上升,工资变化率也存在饱和水平(见图 5-2)。

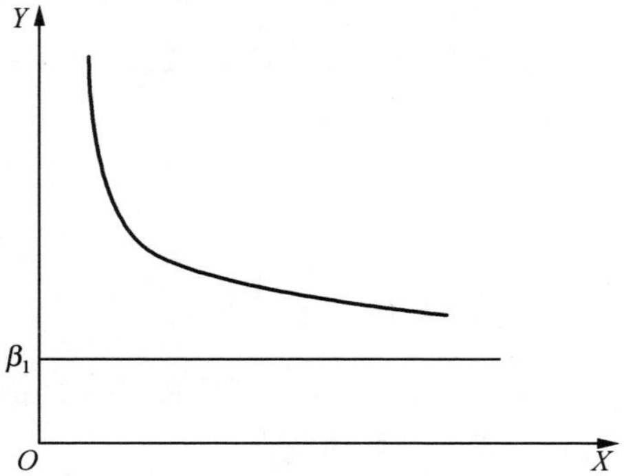

图 5-2　$\beta_1>0,\beta_2>0$ 时的需求函数(菲利普斯曲线)

5. 交互作用模型

如果一个解释变量的边际效应依赖于另一个解释变量,我们就说存在交互作用。例如对于下面的模型:

$$Y = \beta_1 + \beta_2 X_2 + \beta_3 X_3 + \beta_4 X_2 X_3 + \varepsilon,$$

其中的 X_2X_3 就表示交互作用项。

举例说明:在分析学生的考试成绩时,一般而言,他(她)过去的学习基础和课堂出勤率对最后的考试结果都有着正向的影响。同时过去的基础和课堂出勤率之间还存在交互作用,比如若原来的基础就很好,那么出勤率对考试成绩的影响就更大。因此可以设定如下模型:

$$S = \beta_1 + \beta_2 P + \beta_3 A + \beta_4 PA + \varepsilon,$$

其中,S 表示考试成绩,P 表示过去的学习基础,A 表示课堂出勤率。

根据该模型,出勤率对考试成绩的边际效应为

$$\frac{\partial E(S \mid P,A)}{\partial A} = \beta_3 + \beta_4 P, \quad \beta_3 > 0, \quad \beta_4 > 0.$$

显然,边际效应是过去学习基础的函数。

二、内蕴线性模型的一般形式

内蕴线性模型可分为两类:一类是对变量呈非线性的模型;另一类是对参数呈非线性的模型。对于这两类模型,在一定条件下都可以通过变量替换将其转化为线性模型,故称内蕴线性模型。

1. 对变量非线性的模型

模型形式为

$$g(y) = \beta_1 f_1(z) + \cdots + \beta_K f_K(z) + \varepsilon,$$

其中,$\beta_1,\cdots,\beta_K$ 为待估参数。显然,这是一个关于因变量 y 和自变量 z 的非线性模型,但

是它对参数是线性的。

只要 $g(y)$ 和 $f_k(z)(k=1,2,\cdots,K)$ 的函数形式已知，且不含任何未知参数，我们就能通过变量替换将上述模型变为线性模型。

令

$$Y = g(y),$$
$$X_k = f_k(z),\quad k = 1,2,\cdots,K,$$

则上面的模型就可以转化为线性回归模型：

$$Y = \beta_1 X_1 + \cdots + \beta_K X_K + \varepsilon.$$

2. 对参数非线性的模型

模型形式为

$$Y = \beta_1(\boldsymbol{\theta})X_1 + \cdots + \beta_K(\boldsymbol{\theta})X_K + \varepsilon,$$

其中，$\boldsymbol{\theta}=(\theta_1,\cdots,\theta_K)'$ 为待估计的总体参数。显然这是一个关于总体参数的非线性模型，但是它对因变量 Y 和自变量 $X_1,\cdots,X_K$ 是线性的。

如果 K 个参数 $\beta_1,\cdots,\beta_K$ 与 K 个基本参数 $\theta_1,\cdots,\theta_K$ 之间存在一一对应关系，即如果方程组

$$\beta_k = \beta_k(\theta_1,\cdots,\theta_K),\quad k = 1,2,\cdots,K,$$

存在唯一的一组解 $\theta_1,\cdots,\theta_K$，不妨记为

$$\theta_k = \theta_k(\beta_1,\cdots,\beta_K),\quad k = 1,2,\cdots,K,$$

则称基本参数 $\theta_1,\cdots,\theta_K$ 依线性模型的参数 $\beta_1,\cdots,\beta_K$ 恰好可识别。在这种情况下，我们可以先拟合如下的线性模型：

$$Y = \beta_1 X_1 + \cdots + \beta_K X_K + \varepsilon,$$

得到参数 $\beta_1,\cdots,\beta_K$ 的估计值 $\hat{\beta}_1,\cdots,\hat{\beta}_K$，再利用 $\beta_1,\cdots,\beta_K$ 和 $\theta_1,\cdots,\theta_K$ 之间的关系求出 $\theta_1,\cdots,\theta_K$ 的估计值 $\hat{\theta}_1,\cdots,\hat{\theta}_K$。

如果要进一步对 $\theta_1,\cdots,\theta_K$ 进行统计推断，则需要估计 $\hat{\theta}_1,\cdots,\hat{\theta}_K$ 的方差，这一问题可通过德尔塔方法解决。我们已经知道 OLS 估计量 $\hat{\beta}_1,\cdots,\hat{\beta}_K$ 的方差-协方差阵估计为 $\widehat{\mathrm{Var}(\hat{\boldsymbol{\beta}})}=s^2(\boldsymbol{X}'\boldsymbol{X})^{-1}$，则 $\hat{\theta}_k$ 的方差估计量为①：

$$\widehat{\mathrm{Var}(\hat{\theta}_k)} = \boldsymbol{g}'\,\widehat{\mathrm{Var}(\hat{\boldsymbol{\beta}})}\,\boldsymbol{g} = s^2\boldsymbol{g}'(\boldsymbol{X}'\boldsymbol{X})^{-1}\boldsymbol{g},$$

其中，$\boldsymbol{g}=\dfrac{\partial\hat{\theta}_k(\hat{\boldsymbol{\beta}})}{\partial\hat{\boldsymbol{\beta}}}$ 为 K 维列向量。

① 参阅本章附录。

§2 虚拟变量

虚拟变量也称二元变量、哑变量或二进制变量,它只取 0 或 1 这两个值,一般用 D 来表示。通过定义虚拟变量,可以方便地将离散变量和定性变量引入模型,使模型的解释变量不仅仅局限于数值型的连续变量,因此它是回归分析中一个极其有用的工具。

下面介绍可以在哪些情况下使用虚拟变量以及怎样使用。

一、定性变量

在回归分析中,如果需要考虑定性变量的影响,我们可以通过设置虚拟变量来达到目的。

1. 两种状态

(1) 引进虚拟变量的必要性

举例说明,购买服装的支出 Y 与收入 X 密切相关,同时性别对购买服装支出也有着显著的影响。现在我们调查 n 个消费者,考察他们购买服装的支出 Y 与收入 X 以及性别之间的关系,其中的性别显然为定性变量。如果不引进虚拟变量,而是将样本按照性别分为男、女两组,对两组分别回归,就可以得到两个回归方程。但是这种做法存在明显的缺陷:

第一,对于每个回归方程,样本容量减少,自由度也随之减少,参数估计的精度降低;

第二,不能对男、女在服装消费上的差异进行严格的统计检验。

通过引进虚拟变量,就可以在同一模型中进行回归,进而消除上述两个缺陷。我们将模型设定为

$$Y_i = \beta_1 + \beta_2 X_i + \beta_3 D_i + \varepsilon_i, \quad i = 1,2,\cdots,n,$$

其中,D 为虚拟变量:

$$D_i = \begin{cases} 1, & \text{第 } i \text{ 个观测者为女性}, \\ 0, & \text{第 } i \text{ 个观测者为男性}. \end{cases}$$

(2) 描述两种状态的差异

取定容量为 n 的样本(既包括男性也包括女性),对上述模型进行估计得到样本回归模型:

$$Y = b_1 + b_2 X + b_3 D + e.$$

虽然这是一个表达式,但由于 D_i 只取 0,1 两个值,所以可以将两值代入,得到两个估计式:

对于男性,样本回归直线为

$$\hat{Y} = b_1 + b_2 X.$$

对于女性,样本回归直线为

$$\hat{Y} = (b_1 + b_3) + b_2 X.$$

b_2 表示收入变化对于服装支出的影响,是男还是女,这一边际影响是相同的;而 b_3 则代表在收入 X 相同的情况下,平均而言女性比男性多支出 b_3,显示出男性与女性在服装支出上的差异。

(3) 检验两种状态的差异性

现在,我们可以通过检验参数 β_3 的显著性来判断性别对于服装支出是否存在显著影响。要检验的假设为

$$\begin{cases} H_0: \beta_3 = 0, \\ H_1: \beta_3 \neq 0. \end{cases}$$

利用单参数的 t 检验就可以完成这一任务。如果拒绝 H_0,表明男女在服装支出上有显著差异;若不拒绝 H_0,则不能认为两者有差异。

(4) 引进虚拟变量个数的原则

需要指出的是,在引进虚拟变量时必须斟酌虚拟变量的个数,以免出现解释变量完全共线性的情况,即所谓“虚拟变量陷阱”。

性别分为两类,我们应只引进一个虚拟变量。如果引进两个虚拟变量,就会掉进虚拟变量陷阱。假定现在引进两个虚拟变量:

$$D_{i1} = \begin{cases} 1, & i = \text{男性}, \\ 0, & i = \text{其他}, \end{cases} \quad D_{i2} = \begin{cases} 1, & i = \text{女性}, \\ 0, & i = \text{其他}, \end{cases}$$

则回归模型为

$$Y_i = \beta_1 + \beta_2 X_i + \beta_3 D_{i1} + \beta_4 D_{i2} + \varepsilon_i, \quad i = 1,2,\cdots,n.$$

为直观起见,不妨设前两个观测对应于女性,其余观测对应于男性,则样本矩阵 $\boldsymbol{X}$ 为

$$\boldsymbol{X} = \begin{bmatrix} 1 & X_1 & 0 & 1 \\ 1 & X_2 & 0 & 1 \\ 1 & X_3 & 1 & 0 \\ \vdots & \vdots & \vdots & \vdots \\ 1 & X_n & 1 & 0 \end{bmatrix}.$$

显然,$\boldsymbol{X}$ 中第 1 列=第 3 列+第 4 列,出现了完全共线性情况,因此 $r(\boldsymbol{X}) = 3 < 4 = K$,不符合“$\boldsymbol{X}$ 矩阵满列秩”的条件,模型无法估计。

那么,应当如何确定虚拟变量的个数呢? 这要看是否含有截距项。如果模型含有截距项,则对于分类数为 m 的定性变量应引进 $m-1$ 个虚拟变量;如果模型不含截距项,则对于分类数为 m 的定性变量应引进 m 个虚拟变量。确定虚拟变量个数的原则是样本矩阵

$\boldsymbol{X}$ 应满列秩。

在模型不含截距项的情况下，对于分类数为 m 的定性变量，若只引进 $m-1$ 个虚拟变量，那就相当于对一种情况施加截距项为 0 的约束。比如模型：

$$Y = \beta_2 X + \beta_3 D + \varepsilon,$$

其中

$$D = \begin{cases} 0, & 对于 \text{Ⅰ}, \\ 1, & 对于 \text{Ⅱ}. \end{cases}$$

该模型相当于：

$$\begin{cases} Y = \beta_2 X + \varepsilon, & 对于 \text{Ⅰ}, \\ Y = \beta_2 X + \beta_3 + \varepsilon, & 对于 \text{Ⅱ}. \end{cases}$$

(5) 不含截距项的模型

若原模型设定为不含截距项的模型，那么仍能描述及检验两种状态的差异，不过描述式、检验假设和检验统计量有所不同。

若将上例的模型设定为

$$Y_i = \beta_2 X_i + \beta_3 D_{i1} + \beta_4 D_{i2} + \varepsilon_i, \quad i = 1,2,\cdots,n.$$

取定容量为 n 的样本估计后，可分别给出两种描述式：

$$对于女性：\hat{Y} = b_4 + b_2 X,$$

$$对于男性：\hat{Y} = b_3 + b_2 X.$$

斜率估计 b_2 仍相同，但在收入相同情况下，平均而言女性服装支出比男性多 $b_4 - b_3$。

如果要判断性别对于服装支出是否有影响，应当检验如下假设：

$$\begin{cases} \mathrm{H}_0: \beta_3 = \beta_4, \\ \mathrm{H}_1: \beta_3 \neq \beta_4. \end{cases}$$

可利用线性约束的 F 检验来进行(见第 6 章)。如果拒绝 H_0，则表明男女在服装支出上确有差异；如果不拒绝 H_0，则不能认为两者有差异。

2. 三种状态

考虑利用省份数据来研究总体消费函数。将中国所有省份划分为东部、中部与西部，以比较不同区域的消费函数是否相同。

在模型含有截距项的情况下，对应于分类数为 3 的定性变量——区域，引进两个虚拟变量。

模型设定为

$$C_i = \beta_1 + \beta_2 Y_i + \beta_3 D_{i1} + \beta_4 D_{i2} + \varepsilon_i, \quad i = 1,2,\cdots,n,$$

其中，C 为消费，Y 为收入，

$$D_{i1} = \begin{cases} 1, & 第\ i\ 省属于东部, \\ 0, & 其他, \end{cases} \qquad D_{i2} = \begin{cases} 1, & 第\ i\ 省属于中部, \\ 0, & 其他. \end{cases}$$

这样,对于东、中、西部各省份,两个虚拟变量的取值见表 5-2。

表 5-2　两个虚拟变量取值

分类	D_1	D_2
东部	1	0
中部	0	1
西部	0	0

样本回归超平面为

$$\hat{C} = b_1 + b_2 Y + b_3 D_1 + b_4 D_2.$$

显然,对于西部的省份有 $\hat{C}=b_1+b_2Y$;对于东部有 $\hat{C}=(b_1+b_3)+b_2Y$;对于中部有 $\hat{C}=(b_1+b_4)+b_2Y$。这样,不论东、中、西部,边际消费倾向都为 b_2。当 Y 不变时,b_3 代表东部与西部之间的差异,b_4 代表中部与西部之间的差异,b_3-b_4 则代表东部与中部之间的差异。这里的西部通常被称为对照系。

如果要检验东部与西部之间的差异,零假设为 $H_0:\beta_3=0$(t 检验);如果要检验中部与西部之间的差异,零假设为 $H_0:\beta_4=0$(t 检验);如果要检验东部与中部之间的差异,零假设为 $H_0:\beta_3=\beta_4$(线性约束 F 检验)。

需要注意的是,对于超过两种分类的定性变量不可以引入一个取多值的离散变量来建模。在本例中,如果引入这样一个离散变量:

$$H=\begin{cases}1, & \text{东部},\\ 0, & \text{中部},\\ -1, & \text{西部}.\end{cases}$$

将模型设定为

$$Y = \beta_1 + \beta_2 X + \beta_3 H + \varepsilon.$$

这种设定背后隐含的假定是,在解释变量 X 相同的情况下,东部与中部之间的差异等于中部与西部之间的差异,而这显然是不合理的。

对于 $m\geqslant 4$ 种状态也可类似处理,就不再赘述了。

二、阈效应

有时候可以依照某种标准对数据分组,得到有序的定性变量。比如,依照年龄大小可以将人群划分为少儿、青年、中年和老年;依照收入高低可以将人群划分为低收入者、中等收入者和高收入者;依照受教育年限可以将人群划分为中学学历者、大学学历者、硕士学历者和博士学历者。

1. 虚拟变量引进的第一种形式

如何分析这种有序的定性变量对因变量的影响呢?仍然可以利用虚拟变量。例如考察年龄与受教育程度这两种因素对收入的影响,为简单起见,令年龄为连续变量,教育程度为定性变量。假定模型含截距项,若区分4种教育程度,那么应取3个虚拟变量,可将模型设定为

$$Y = \beta_1 + \beta_2 A + \delta_1 D_1 + \delta_2 D_2 + \delta_3 D_3 + \varepsilon,$$

其中,Y 表示收入;A 表示年龄(这里为数值变量);D 为虚拟变量,代表受教育程度,其取值方式为

$$D_1 = \begin{cases} 1, & \text{大学学历者}, \\ 0, & \text{其他}, \end{cases} \quad D_2 = \begin{cases} 1, & \text{硕士学历者}, \\ 0, & \text{其他}, \end{cases} \quad D_3 = \begin{cases} 1, & \text{博士学历者}, \\ 0, & \text{其他}. \end{cases}$$

这样,对于不同学历的人群,三个虚拟变量的具体取值如表5-3所示。

表 5-3　三个虚拟变量的取值(1)

分类	D_1	D_2	D_3
中学学历者	0	0	0
大学学历者	1	0	0
硕士学历者	0	1	0
博士学历者	0	0	1

可见,中学学历者为对照系。

利用样本数据进行估计,可得样本回归超平面:

$$\hat{Y} = b_1 + b_2 A + \hat{\delta}_1 D_1 + \hat{\delta}_2 D_2 + \hat{\delta}_3 D_3.$$

这样就有

$$\text{中学学历者}: \hat{Y} = b_1 + b_2 A;$$

$$\text{大学学历者}: \hat{Y} = b_1 + \hat{\delta}_1 + b_2 A;$$

$$\text{硕士学历者}: \hat{Y} = b_1 + \hat{\delta}_2 + b_2 A;$$

$$\text{博士学历者}: \hat{Y} = b_1 + \hat{\delta}_3 + b_2 A.$$

可见,在年龄相同的情况下,$\hat{\delta}_1, \hat{\delta}_2, \hat{\delta}_3$ 分别代表大学学历者、硕士学历者、博士学历者与中学学历者之间的收入差异;硕士学历者与大学学历者之间的收入差异为 $\hat{\delta}_2 - \hat{\delta}_1$;博士学历者与硕士学历者之间的收入差异为 $\hat{\delta}_3 - \hat{\delta}_2$;博士学历者与大学学历者之间的收入差异为 $\hat{\delta}_3 - \hat{\delta}_1$。

若想检验不同组之间的收入差异是否显著,就可以依次设定原假设和备择假设

如下：

$$H_0:\delta_1 = 0,\quad H_1:\delta_1 \neq 0\quad (t\text{ 检验});$$
$$H_0:\delta_2 = 0,\quad H_1:\delta_2 \neq 0\quad (t\text{ 检验});$$
$$H_0:\delta_3 = 0,\quad H_1:\delta_3 \neq 0\quad (t\text{ 检验});$$
$$H_0:\delta_2 = \delta_1,\quad H_1:\delta_2 \neq \delta_1\quad (\text{线性约束 }F\text{ 检验});$$
$$H_0:\delta_3 = \delta_2,\quad H_1:\delta_3 \neq \delta_2\quad (\text{线性约束 }F\text{ 检验});$$
$$H_0:\delta_3 = \delta_1,\quad H_1:\delta_3 \neq \delta_1\quad (\text{线性约束 }F\text{ 检验}).$$

2. 虚拟变量引进的第二种形式

当然,我们也可以其他方式来定义虚拟变量。将模型设定为

$$Y = \alpha_1 + \alpha_2 A + \gamma_1 H_1 + \gamma_2 H_2 + \gamma_3 H_3 + \varepsilon.$$

H 为代表受教育程度的虚拟变量,其取值方式为

$$H_1 = \begin{cases} 1, & \text{大学及以上学历者}, \\ 0, & \text{其他}, \end{cases}\qquad H_2 = \begin{cases} 1, & \text{硕士及以上学历者}, \\ 0, & \text{其他}, \end{cases}$$

$$H_3 = \begin{cases} 1, & \text{博士学历者}, \\ 0, & \text{其他}. \end{cases}$$

现在,对于不同学历的人群,三个虚拟变量的具体取值如表 5-4 所示。

表 5-4　三个虚拟变量的取值(2)

分类	H_1	H_2	H_3
中学学历者	0	0	0
大学学历者	1	0	0
硕士学历者	1	1	0
博士学历者	1	1	1

此时,每一级学历者以比其低一级的学历者作为对照系。

利用样本数据进行估计,可得样本回归超平面:

$$\hat{Y} = a_1 + a_2 A + \hat{\gamma}_1 H_1 + \hat{\gamma}_2 H_2 + \hat{\gamma}_3 H_3.$$

这样就有

$$\text{中学学历者}:\ \hat{Y} = a_1 + a_2 A;$$
$$\text{大学学历者}:\ \hat{Y} = a_1 + a_2 A + \hat{\gamma}_1;$$
$$\text{硕士学历者}:\ \hat{Y} = a_1 + a_2 A + \hat{\gamma}_1 + \hat{\gamma}_2;$$
$$\text{博士学历者}:\ \hat{Y} = a_1 + a_2 A + \hat{\gamma}_1 + \hat{\gamma}_2 + \hat{\gamma}_3.$$

现在,在年龄相同的情况下,大学学历者比中学学历者收入高 $\hat{\gamma}_1$;硕士学历者比大学

学历者收入高 $\hat{\gamma}_2$；博士学历者比硕士学历者收入高 $\hat{\gamma}_3$；硕士学历者比中学学历者收入高 $\hat{\gamma}_1+\hat{\gamma}_2$；博士学历者比大学学历者收入高 $\hat{\gamma}_2+\hat{\gamma}_3$；博士学历者比中学学历者收入高 $\hat{\gamma}_1+\hat{\gamma}_2+\hat{\gamma}_3$。

为了检验不同组之间的收入差异是否显著，依次设定原假设和备择假设如下：

$H_0: \gamma_1 = 0,\quad H_1: \gamma_1 \neq 0$ （t 检验）；

$H_0: \gamma_2 = 0,\quad H_1: \gamma_2 \neq 0$ （t 检验）；

$H_0: \gamma_3 = 0,\quad H_1: \gamma_3 \neq 0$ （t 检验）；

$H_0: \gamma_1 + \gamma_2 = 0,\quad H_1: \gamma_1 + \gamma_2 \neq 0$ （线性约束 F 检验）；

$H_0: \gamma_2 + \gamma_3 = 0,\quad H_1: \gamma_2 + \gamma_3 \neq 0$ （线性约束 F 检验）；

$H_0: \gamma_1 + \gamma_2 + \gamma_3 = 0,\quad H_1: \gamma_1 + \gamma_2 + \gamma_3 \neq 0$ （线性约束 F 检验）.

三、描述与检验不同结构

将虚拟变量引入模型可以用来检验不同地区或不同时期消费函数的差异，即可以描述及检验不同时间、不同空间变量之间关系的差异。为简单起见，只取两种状态（或称为两组）Ⅰ、Ⅱ，并设定为一元线性回归模型。

1. 截距不同但斜率相同

将模型设定为

$$Y = \beta_1 + \beta_2 X + \delta D + \varepsilon,$$

其中

$$D = \begin{cases} 0, & \text{对于 I}, \\ 1, & \text{对于 II}. \end{cases}$$

样本回归超平面为

$$\hat{Y} = b_1 + b_2 X + \hat{\delta} D.$$

根据虚拟变量 D 的定义，有

$$\text{对于 I}: \hat{Y} = b_1 + b_2 X;$$

$$\text{对于 II}: \hat{Y} = (b_1 + \hat{\delta}) + b_2 X.$$

可见，在解释变量 X 相同的条件下，第Ⅱ组的因变量比第Ⅰ组的高 $\hat{\delta}$（见图 5-3）。

利用单参数的 t 检验可判断两组之间的差异是否显著，零假设为

$$H_0: \delta = 0.$$

上述定性变量与阈效应中的例子均为此类模型。

2. 截距相同但斜率不同

将模型设定为

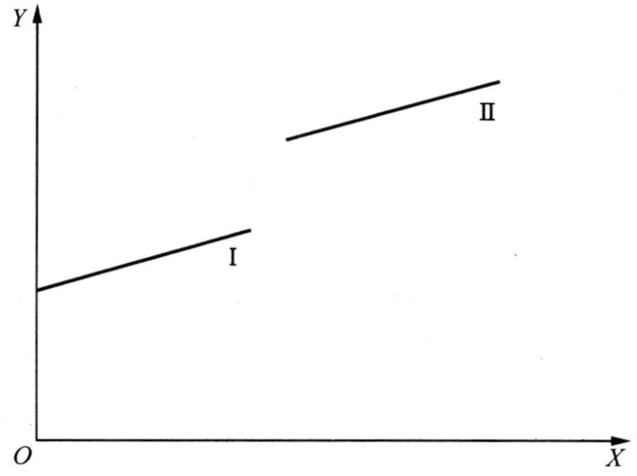

图 5-3　截距不同但斜率相同

$$Y = \beta_1 + \beta_2 X + \delta DX + \varepsilon,$$

其中

$$D = \begin{cases} 0, & 对于Ⅰ, \\ 1, & 对于Ⅱ. \end{cases}$$

DX 的样本为 D 的样本值与 X 的样本值的对应乘积。

样本回归超平面为

$$\hat{Y} = b_1 + b_2 X + \hat{\delta} DX.$$

根据虚拟变量 D 的定义,有

$$对于Ⅰ: \hat{Y} = b_1 + b_2 X;$$

$$对于Ⅱ: \hat{Y} = b_1 + (b_2 + \hat{\delta}) X.$$

这表明,当解释变量 X 增加一单位($\Delta X = 1$)时,因变量的增加量 $\Delta \hat{Y}$ 为

$$\Delta \hat{Y} = \begin{cases} b_2, & 对于Ⅰ, \\ b_2 + \hat{\delta}, & 对于Ⅱ. \end{cases}$$

可见,第Ⅱ组的因变量增加值比第Ⅰ组的高 $\hat{\delta}$(见图 5-4)。

同样利用单参数的 t 检验可判断两组之间的差异是否显著,零假设为

$$H_0: \delta = 0.$$

3. 截距不同且斜率也不同

将模型设定为

$$Y = \beta_1 + \beta_2 X + \delta_1 D + \delta_2 DX + \varepsilon,$$

其中

$$D = \begin{cases} 0, & 对于Ⅰ, \\ 1, & 对于Ⅱ. \end{cases}$$

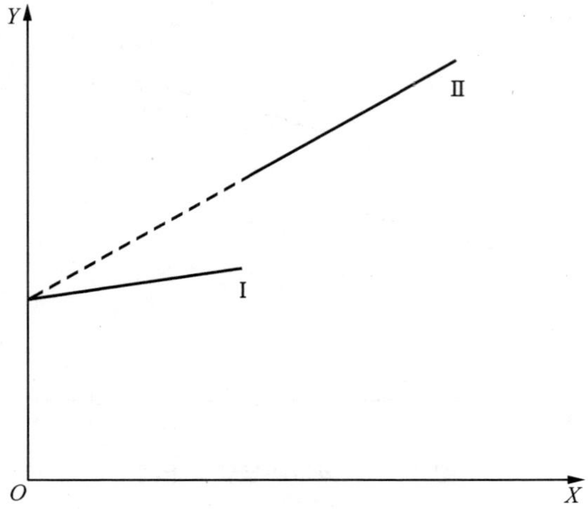

图 5-4　截距相同但斜率不同

样本回归超平面为

$$\hat{Y} = b_1 + b_2X + \hat{\delta}_1D + \hat{\delta}_2DX.$$

根据虚拟变量 D 的定义,有

$$对于 Ⅰ: \hat{Y} = b_1 + b_2X,$$
$$对于 Ⅱ: \hat{Y} = (b_1 + \hat{\delta}_1) + (b_2 + \hat{\delta}_2)X.$$

这表明,当 X 固定时,第Ⅱ组的因变量 Y 比第Ⅰ组的高 $\hat{\delta}_1+\hat{\delta}_2X$;当 $\Delta X=1$ 时,第Ⅱ组的 $\Delta\hat{Y}$ 比第Ⅰ组的 $\Delta\hat{Y}$ 高 $\hat{\delta}_2$(见图 5-5)。

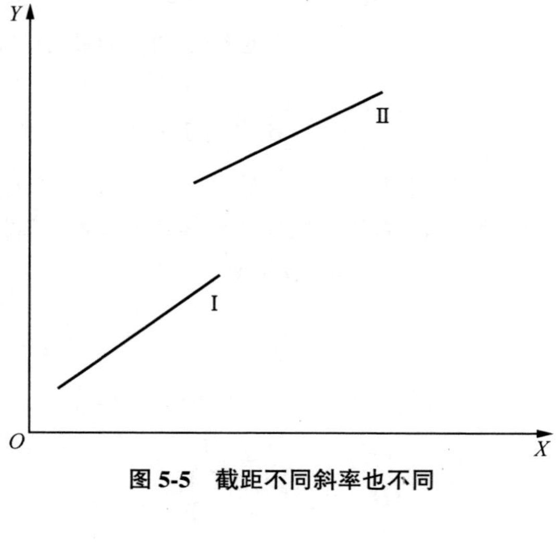

图 5-5　截距不同斜率也不同

可以分别检验以下几种形式的零假设：

$H_0: \delta_1 = 0$,　　　检验截距无差异；

$H_0: \delta_2 = 0$,　　　检验斜率无差异；

$H_0: \delta_1 = \delta_2 = 0$,　检验截距和斜率同时无差异.

对于第一、二个检验假设采用 t 检验；对于第三个检验假设，采用线性约束的 F 检验。

4. 样条回归

假定现在要描绘并比较不同收入水平人群的消费函数。为简单起见，只取一个解释变量 X（收入），设定模型如下：

$$Y = \alpha_1^1 + \alpha_2^1 X + \varepsilon^1, \quad 0 < X < 2;$$

$$Y = \alpha_1^2 + \alpha_2^2 X + \varepsilon^2, \quad 2 \leqslant X < 6;$$

$$Y = \alpha_1^3 + \alpha_2^3 X + \varepsilon^3, \quad X \geqslant 6.$$

其中，Y 表示消费，X 表示年收入。

如果把数据分成三个不同的子集分别进行回归，可得到三条样本回归直线，但无法保证三条直线在结点（即 $X=2,6$）处连续。

实际上，我们希望得到的是线性样条函数（或称分段线性函数），有两个要求：第一，所有样本一起回归，使其样本容量大，并显示出差异；第二，在结点（即 $X=2,6$）处连续，如图 5-6 所示。

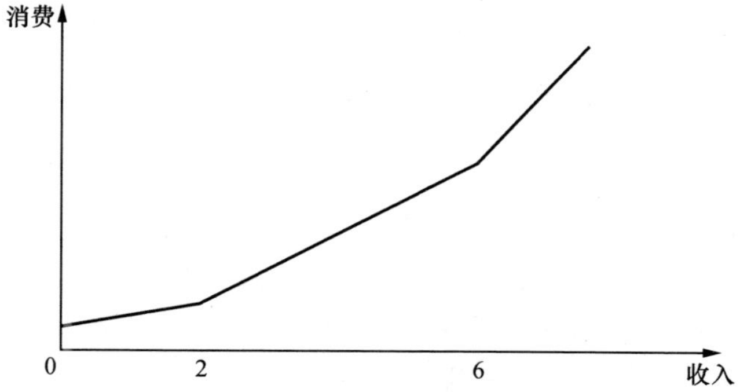

图 5-6　线性样条函数图示例

（1）模型设定

现在考虑如何设定模型。

首先，引进虚拟变量。

为满足第一个要求，将所有样本一起回归，并显示其差异，所以需引进虚拟变量。将模型设定为

$$Y = \beta_1 + \beta_2 X + \gamma_1 D_1 + \delta_1 D_1 X + \gamma_2 D_2 + \delta_2 D_2 X + \varepsilon.$$

在含有截距项的模型中，为区分三种收入水平应引进两个虚拟变量：

$$D_1 = \begin{cases} 1, & X \geqslant 2, \\ 0, & \text{其他}. \end{cases} \quad D_2 = \begin{cases} 1, & X \geqslant 6, \\ 0, & \text{其他}. \end{cases}$$

现在,对于各个收入水平的人群,两个虚拟变量的具体取值如表 5-5 所示。

表 5-5　三个收入段的虚拟变量取值

收入段	D_1	D_2
(0,2)	0	0
[2,6)	1	0
[6,+∞)	1	1

这样就有

$$\begin{cases} \text{对于 } X \in (0,2), & Y = \beta_1 + \beta_2 X + \varepsilon, \\ \text{对于 } X \in [2,6), & Y = (\beta_1 + \gamma_1) + (\beta_2 + \delta_1) X + \varepsilon, \\ \text{对于 } X \in [6, +\infty), & Y = (\beta_1 + \gamma_1 + \gamma_2) + (\beta_2 + \delta_1 + \delta_2) X + \varepsilon. \end{cases}$$

其次,在结点处连续。

为满足第二个要求,在 $X=2$ 处 $E(Y|X)$ 连续,即在 $X=2$ 处,$E(Y|X)$ 的左极限值=其右极限值=其函数值,所以

$$\beta_1 + \beta_2 \cdot 2 = (\beta_1 + \gamma_1) + (\beta_2 + \delta_1) \cdot 2,$$

由此可得

$$\gamma_1 = -2\delta_1.$$

类似地,要保证在 $X=6$ 处 $E(Y|X)$ 连续,则

$$\beta_1 + \gamma_1 + (\beta_2 + \delta_1) \cdot 6 = \beta_1 + \gamma_1 + \gamma_2 + (\beta_2 + \delta_1 + \delta_2) \cdot 6,$$

由此可得

$$\gamma_2 = -6\delta_2.$$

最后,建立新模型。

将上面得到的两个关于参数的约束条件代入原始模型,可得

$$Y = \beta_1 + \beta_2 X - 2\delta_1 D_1 + \delta_1 D_1 X - 6\delta_2 D_2 + \delta_2 D_2 X + \varepsilon.$$

这样,对应于各收入水平的回归模型就为

$$\begin{cases} \text{对于 } X \in (0,2), & Y = \beta_1 + \beta_2 X + \varepsilon, \\ \text{对于 } X \in [2,6), & Y = (\beta_1 - 2\delta_1) + (\beta_2 + \delta_1) X + \varepsilon, \\ \text{对于 } X \in [6, +\infty), & Y = (\beta_1 - 2\delta_1 - 6\delta_2) + (\beta_2 + \delta_1 + \delta_2) X + \varepsilon. \end{cases}$$

(2) 模型估计

按参数合并同类项,得

$$Y = \beta_1 + \beta_2 X + \delta_1 D_1 (X - 2) + \delta_2 D_2 (X - 6) + \varepsilon.$$

令 $X_1 = D_1(X-2)$,$X_2 = D_2(X-6)$,模型转化为

$$Y = \beta_1 + \beta_2 X + \delta_1 X_1 + \delta_2 X_2 + \varepsilon.$$

利用全部样本数据估计该模型,得到样本回归超平面:

$$\hat{Y}=b_1+b_2X+\hat{\delta}_1X_1+\hat{\delta}_2X_2.$$

(3) 描述差异

这样,对应于各收入水平的样本回归直线就为

$$\begin{cases}\text{对于 } X\in(0,2), & \hat{Y}=b_1+b_2X,\\ \text{对于 } X\in[2,6), & \hat{Y}=(b_1-2\hat{\delta}_1)+(b_2+\delta_1)X,\\ \text{对于 } X\in[6,+\infty), & \hat{Y}=(b_1-2\hat{\delta}_1-6\hat{\delta}_2)+(b_2+\hat{\delta}_1+\hat{\delta}_2)X.\end{cases}$$

这条折线在 $X=2$, 6 处连续。据此解释不同收入人群的消费差异。

(4) 检验差异

若要检验不同收入水平之间的消费差异是否显著,可设定零假设,如

$H_0: \delta_1=0$,　　检验(0,2) 组与[2,6) 组之间有无差异;

$H_0: \delta_2=0$,　　检验[2,6) 组与[6, +∞) 组之间有无差异;

$H_0: \delta_1=\delta_2=0$,　检验(0,2) 组与[6, +∞) 组之间有无差异.

四、盲点(异常值)

有时,若干观测点对应于特定的政治或经济事件,它们与其余观测截然不同,我们称之为盲点或异常值,此时仍然可以通过虚拟变量来处理。

如果只有一个盲点,就设虚拟变量对于这个观测取 1,对于其余观测取 0。此时可以证明,斜率系数和方差的估计值等于删除对应的观测后得到的估计值。

如果有两个或多个盲点,可类似处理,但不能过多,否则会损失自由度。

例如,一元回归模型中,若对应于 $t=2002$ 年的样本观测点为盲点(见图 5-7),令

$$D=\begin{cases}1, & t=2002\text{ 年},\\ 0, & \text{其他},\end{cases}$$

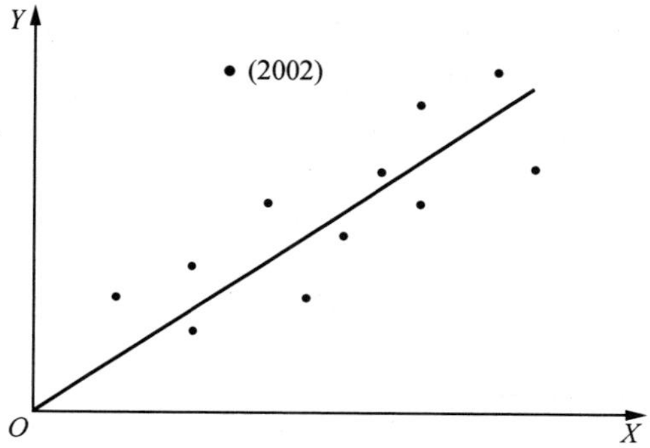

图 5-7　具有盲点的散点图示例

则模型可设定为

$$Y = \beta_1 + \beta_2 X + \beta_3 D + \varepsilon.$$

五、季节影响

时间序列数据往往同时含有时间趋势、季节影响及随机影响等成分,因此在分析处理时通常要考虑季节影响。这一问题包括两个方面:一是如何生成消除季节影响的时间序列数据;二是采用含有季节影响的时间序列资料如何建模。

1. 生成消除季节影响的时间序列数据

可以采用如下三种方法来消除时间序列的季节影响:

(1) 移动平均法

假定原始的季度数据为 $Y_1,\cdots,Y_T$,那么可用移动平均的方式生成新的时间序列数据:

$$Y_t^* = \frac{1}{4}(Y_t + Y_{t-1} + Y_{t-2} + Y_{t-3}), \quad t = 4,5,\cdots,T.$$

对于月度数据,只要以 12 个月为周期就可类似地处理。

(2) 虚拟变量法:Y-D 回归

对于季度数据,建立以下回归模型:

$$Y_t = \beta_1 D_{t1} + \beta_2 D_{t2} + \beta_3 D_{t3} + \beta_4 D_{t4} + \varepsilon_t,$$

其中

$$D_{tk} = \begin{cases} 1, & t \text{ 为第 } k \text{ 季度} \\ 0, & \text{其他} \end{cases} \quad k = 1,2,3,4.$$

样本回归超平面为

$$\hat{Y} = b_1 D_1 + b_2 D_2 + b_3 D_3 + b_4 D_4.$$

将残差作为消除季节影响后的时间序列数据:

$$Y_t^D = Y_t - \hat{Y}_t = Y_t - (b_1 D_{t1} + b_2 D_{t2} + b_3 D_{t3} + b_4 D_{t4}).$$

这一做法的缺陷是未考虑 Y 的时间趋势。

(3) 虚拟变量法:Y-t D 回归

设定如下模型:

$$Y_t = \alpha t + \sum_{k=1}^{4} \gamma_k D_{tk} + \varepsilon_t.$$

D_{tk} 定义同上。

估计后得到样本回归超平面为

$$\hat{Y} = at + \sum_{k=1}^{4} c_k D_k.$$

令 $Y_t^P = Y_t - \sum_{k=1}^{4} c_k D_{tk}$ 作为消除季节影响后的时序资料。

这一做法假定 Y_t 具有线性时间趋势。若 Y_t 具有二次趋势,可将 αt 修改为 $\alpha_1 t+\alpha_2 t^2$。除此之外,还可用 ARMA 方法消除季节影响,ARMA 将在后续章节中介绍。

2. 关于含有季节影响的时间序列数据建模问题

以估计线性消费函数为例来说明。C 表示消费,Y 表示收入,假定 C 与 Y 都含有季节影响,可以采用两种方式建模。

(1) 直接建立回归模型

直接建立一个含有虚拟变量的模型:

$$C_t = \beta Y_t + \sum_{k=1}^{4} \delta_k D_{tk} + \varepsilon_t,$$

其中

$$D_{tk} = \begin{cases} 1, & t \text{ 为第 } k \text{ 季度} \\ 0, & \text{其他} \end{cases} \quad k = 1,2,3,4.$$

(2) 消除季节影响后回归

首先对 C 和 Y 两个序列利用上述三种方法分别消除季节影响,然后再回归,即用移动平均法生成 C_t^*、Y_t^*,然后回归;或用 Y-D 法生成 C_t^D,Y_t^D,然后回归;或用 Y-t D 方法生成 C_t^P、Y_t^P 再回归。

从经验来看,以上三种方法与直接引进虚拟变量方法得到的系数估计值基本相同,特别是 Y-D 方法估计值与直接建立回归模型的估计值理论表达式完全相同(证明见第 2 章 §4 参数子集估计)。

六、两类以上虚拟变量

1. 无交互作用

(1) 模型设定

假定研究人群的个人收入 Y 与其教育水平 E 和所在地区 D 的关系。引进两类虚拟变量。第一类虚拟变量 E 表示教育水平,分成两级:一是具有高等教育水平,以下简称高等;一是具有中等及中等以下教育水平,以下简称中等。E 的取值如下:

$$E = \begin{cases} 1, & \text{高等}, \\ 0, & \text{中等}. \end{cases}$$

第二类虚拟变量 D 表示地区,将全国省份分为东、中、西部三个地区,其取值如下:

$$D_2 = \begin{cases} 1, & \text{中部}, \\ 0, & \text{其他}, \end{cases} \quad D_3 = \begin{cases} 1, & \text{东部}, \\ 0, & \text{其他}. \end{cases}$$

这样,对于不同地区的人群,两个虚拟变量的具体取值如表 5-6 所示。

表 5-6　两个虚拟变量的取值

地区	D_2	D_3
西部	0	0
中部	1	0
东部	0	1

总体回归模型为

$$Y = \beta_1 + \beta_2 D_2 + \beta_3 D_3 + \beta_4 E + \varepsilon.$$

样本回归超平面为

$$\hat{Y} = b_1 + b_2 D_2 + b_3 D_3 + b_4 E.$$

根据虚拟变量的定义,可得对应于各类人群的 $\hat{Y}$ 如表 5-7 所示。

表 5-7　各类人群的收入估计值

教育水平	收入估计值I		
	西部(0,0)	中部(1,0)	东部(0,1)
中等(E=0)	b_1	b_1+b_2	b_1+b_3
高等(E=1)	b_1+b_4	$b_1+b_2+b_4$	$b_1+b_3+b_4$

(2) 差异性描述

不同地区的人群在个人收入上的差异可概括为表 5-8。

表 5-8　不同地区各类人群的收入差异I

教育水平	收入差异		
	中部与西部之差	东部与西部之差	东部与中部之差
中等	b_2	b_3	b_3-b_2
高等	b_2	b_3	b_3-b_2

可见,地区对个人收入的影响与教育水平无关。

不同教育水平的人群在收入上的差异见表 5-9。

表 5-9　不同教育水平人群的收入差异I

地区	西部	中部	东部
高等与中等教育水平收入之差	b_4	b_4	b_4

可见,教育水平对个人收入的影响与地区无关。

以上结果表明,某一因素的差异效应对另一因素的各种水平是不变的,这是由无交互作用的模型决定的。

(3) 差异性检验

进一步,可以检验各种人群在个人收入上是否存在显著差异,零假设为

$H_0: \beta_2 = 0$, 检验中部与西部个人收入是否有差异(t 检验);

$H_0: \beta_3 = 0$, 检验东部与西部个人收入是否有差异(t 检验);

$H_0: \beta_3 = \beta_2$, 检验东部与中部个人收入是否有差异(线性约束 F 检验);

$H_0: \beta_4 = 0$, 检验不同教育水平个人收入是否有差异(t 检验).

2. 有交互作用

当我们考虑虚拟变量的交互作用时,就相当于对样本进一步分组,进而两个虚拟变量 D_1、D_2 对于 Y 的影响可以分解为:D_1 的影响+D_2 的影响+D_1 和 D_2 的交互影响。

(1) 模型设定

仍然考虑前面个人收入的例子。教育水平与地区间可能存在交互作用,设定总体回归模型为

$$Y = \beta_1 + \beta_2 D_2 + \beta_3 D_3 + \beta_4 E + \beta_5 ED_2 + \beta_6 ED_3 + \varepsilon,$$

样本回归超平面为

$$\hat{Y} = b_1 + b_2 D_2 + b_3 D_3 + b_4 E + b_5 ED_2 + b_6 ED_3.$$

根据虚拟变量的定义,可得到各类人群的 $\hat{Y}$ 如表 5-10 所示。

表 5-10 各类人群的收入估计值II

教育水平	收入估计值		
	西部(0,0)	中部(1,0)	东部(0,1)
中等(E=0)	b_1	b_1+b_2	b_1+b_3
高等(E=1)	b_1+b_4	$b_1+b_2+b_4+b_5$	$b_1+b_3+b_4+b_6$

(2) 差异性描述

不同地区人群的收入差异可概括为表 5-11。

表 5-11 不同地区各类人群的收入差异II

教育程度	收入差异		
	中部与西部之差	东部与西部之差	东部与中部之差
中等	b_2	b_3	b_3-b_2
高等	b_2+b_5	b_3+b_6	$b_3-b_2+b_6-b_5$

可见,不同地区对个人收入的影响可以因教育水平而异。

对于同一地区,不同教育水平的人群在收入上的差异见表 5-12。

表 5-12　不同教育水平人群的收入差异Ⅱ

地区	西部	中部	东部
高等与中等教育水平收入之差	b_4	b_4+b_5	b_4+b_6

可见,教育水平对个人收入的影响可以因地区而异。

以上结果表明,某一因素的差异效应对另一因素的不同水平是不同的,这是由交互作用的模型决定的。

(3) 差异性检验

进一步,可以检验各种人群在个人收入上是否存在显著差异,如下:

$H_0:\beta_2 = 0$,　检验中等教育水平中部与西部个人收入是否有差异(t 检验);

$H_0:\beta_3 = 0$,　检验中等教育水平东部与西部个人收入是否有差异(t 检验);

$H_0:\beta_4 = 0$,　检验西部高等教育水平与中等教育水平个人收入是否有差异(t 检验);

$H_0:\beta_4 + \beta_5 = 0$,　检验中部高等教育水平与中等教育水平是否有差异(线性约束 F 检验).

附录

1. 设变量 y 是 $x_1,\cdots,x_K$ 的函数,即 $y=f(\boldsymbol{x})$,其中 $\boldsymbol{x}=(x_1,x_2,\cdots,x_K)'$。若已知 $\boldsymbol{x}$ 的方差-协方差阵为 $\mathrm{Var}(\boldsymbol{x})$,则 y 的方差为

$$\mathrm{Var}(y) \approx \boldsymbol{g}'\mathrm{Var}(\boldsymbol{x})\boldsymbol{g},$$

其中 $\boldsymbol{g} = \left.\dfrac{\partial y}{\partial \boldsymbol{x}}\right|_{E(\boldsymbol{x})}$ 为 K 维列向量,实际使用时常以估计值 $\hat{E}(\boldsymbol{x})$ 代替 $E(\boldsymbol{x})$。

[证明]

将 y 在 $E(\boldsymbol{x})=\boldsymbol{\mu}$ 处 Taylor 展开至一阶项,得

$$y \approx f(\boldsymbol{\mu}) + \left.\frac{\partial y}{\partial \boldsymbol{x}'}\right|_{\boldsymbol{\mu}}(\boldsymbol{x}-\boldsymbol{\mu}) = f(\boldsymbol{\mu}) + \boldsymbol{g}'(\boldsymbol{x}-\boldsymbol{\mu}).$$

由此可知

$$E(y) \approx f(\boldsymbol{\mu}),$$

所以

$$\begin{aligned}\mathrm{Var}(y) &= E\{[y-E(y)][y-E(y)]'\}\\ &\approx E[\boldsymbol{g}'(\boldsymbol{x}-\boldsymbol{\mu})(\boldsymbol{x}-\boldsymbol{\mu})'\boldsymbol{g}]\end{aligned}$$

$$= \boldsymbol{g}'\mathrm{Var}(\boldsymbol{x})\boldsymbol{g}.$$

特例：设 $y=\boldsymbol{a}'\boldsymbol{x}$，$\boldsymbol{a}=(a_1,\cdots,a_K)'$，由于$\frac{\partial y}{\partial \boldsymbol{x}}=\boldsymbol{a}$，所以 $\mathrm{Var}(y)=\boldsymbol{a}'\mathrm{Var}(\boldsymbol{x})\boldsymbol{a}$。

2. 设向量 $\boldsymbol{y}=f(\boldsymbol{x})$，其中 $\boldsymbol{y}=(y_1,y_2,\cdots,y_m)'$，$\boldsymbol{x}=(x_1,x_2,\cdots,x_K)'$。

若已知 $\boldsymbol{x}$ 的方差-协方差阵为 $\mathrm{Var}(\boldsymbol{x})$，则 m 维列向量 $\boldsymbol{y}$ 的方差-协方差阵为

$$\mathrm{Var}(\boldsymbol{y}) \approx \boldsymbol{G}'\mathrm{Var}(\boldsymbol{x})\boldsymbol{G},$$

其中，$\boldsymbol{G}=\left.\frac{\partial \boldsymbol{y}'}{\partial \boldsymbol{x}}\right|_{E(\boldsymbol{x})}$ 为 $K\times m$ 阶矩阵。

证明与 1 类似。

考察一个特例：设 $\boldsymbol{y}=\boldsymbol{A}\boldsymbol{x}$，$\boldsymbol{A}$ 为 $m\times K$ 阶矩阵。由于$\frac{\partial \boldsymbol{y}'}{\partial \boldsymbol{x}}=\boldsymbol{A}'$，所以 $\mathrm{Var}(\boldsymbol{y})=\boldsymbol{A}\mathrm{Var}(\boldsymbol{x})\boldsymbol{A}'$。

第 6 章　一般线性假设检验及其应用

第 3 章介绍了单参数显著性和模型总显著性的检验方法。有时候,人们需要检验若干参数之间是否存在特定的关系,或者需要检验模型的参数是否同时满足几个约束条件,这就是一般的假设检验问题。一般假设检验在实践中应用很广。本章只介绍有限样本理论中的一般线性假设检验及其应用。至于更一般的假设检验将在第 7 章渐近理论中介绍。

值得一提的是,在经济学的经验分析中,我们常常通过从现实中所观察到的数据,来验证理论模型所得到的可检验的假说。这些假说,作为理论模型的结论,往往阐述的是各个经济变量的关系,这些关系又通过某些参数的大小、符号以及它们之间的函数关系得以表述。因此,对这些参数的假设检验是计量经济学家们进行经济学经验分析的一项重要内容,而一般线性假设检验又是其中最常用的手段。

本章内容安排如下:第一节介绍如何在参数受到线性约束的条件下估计模型,这是因为在进行检验时需用到线性约束估计的残差平方和;第二节介绍如何检验关于参数的一般线性假设;第三、四、五节介绍线性假设检验的应用,如结构变化检验、模型稳定性的检验、格兰杰(Granger)因果关系检验等。为简便起见,本章在证明过程中均假定 X 为固定变量。

§1　线性约束估计

一、问题的提出

有时,经济理论对回归模型的总体参数施加了某些线性约束,人们需要在满足这些约束条件的前提下估计模型,这就是线性约束估计问题。

以 C-D 生产函数为例:

$$Y = AK^{\alpha}L^{\beta}e^{\varepsilon},$$

其中,Y 表示产量;K 表示资本;L 表示劳动力;A,α,β 为参数。

如果参数满足约束条件 $\alpha+\beta=1$,我们就称生产函数为规模报酬不变。显然,如果认为经济应当具有不变的规模报酬,在估计模型时就应当将该约束条件考虑进去。

再看需求函数:

$$D = AP^{\alpha}P_0^{\beta}Y^{\gamma}e^{\varepsilon},$$

其中,D 表示商品需求量;P 表示商品价格;P_0 表示替代品价格;Y 表示收入;A,α,β,γ 为参数。如果认为消费者没有货币幻觉,即消费者的需求取决于实际价格和实际收入水平,模型参数就应当满足约束条件:

$$\alpha + \beta + \gamma = 0.$$

所谓线性约束估计就是在参数 $\boldsymbol{\beta}$ 满足给定线性约束的前提下,估计总体回归模型。该问题可以一般化地表示为

$$\begin{cases} \boldsymbol{Y} = \boldsymbol{X\beta} + \boldsymbol{\varepsilon}, \\ \boldsymbol{R\beta} = \boldsymbol{q}, \end{cases}$$

其中,$\boldsymbol{R}$ 为 $J\times K$ 阶矩阵;$r(\boldsymbol{R}) = J \leqslant K$;$\boldsymbol{q}$ 为 J 维列向量;$\boldsymbol{R},\boldsymbol{q}$ 已知,即共有 J 个线性约束方程。

以 $\boldsymbol{a}$ 表示上述模型中参数 $\boldsymbol{\beta}$ 的估计值,称为线性约束估计量,有

$$\begin{cases} \boldsymbol{Y} = \boldsymbol{Xa} + \boldsymbol{e}_a, \\ \boldsymbol{Ra} = \boldsymbol{q}. \end{cases}$$

仍然以 $\boldsymbol{b}$ 来表示参数 $\boldsymbol{\beta}$ 的无约束估计量,相应的样本回归模型为

$$\boldsymbol{Y} = \boldsymbol{Xb} + \boldsymbol{e}.$$

一般来说,应当首先检验线性约束假设是否成立,在不能拒绝线性约束假设的情况下才进行线性约束估计。

二、线性约束估计

1. 原理

对于样本回归模型:

$$\begin{cases} \boldsymbol{Y} = \boldsymbol{Xa} + \boldsymbol{e}_a, \\ \boldsymbol{Ra} = \boldsymbol{q}, \end{cases}$$

OLS 估计的原理就是以 $\boldsymbol{a}$ 为决策变量求解条件极小值问题:

$$\begin{cases} \min\ \boldsymbol{e}_a'\boldsymbol{e}_a, \\ \text{s.t.}\ \boldsymbol{Ra} = \boldsymbol{q}, \end{cases}$$

其中,$\boldsymbol{e}_a = \boldsymbol{Y} - \boldsymbol{Xa}$。所以

$$\boldsymbol{e}_a'\boldsymbol{e}_a = \boldsymbol{Y'Y} - \boldsymbol{Y'Xa} - \boldsymbol{a'X'Y} + \boldsymbol{a'X'Xa}.$$

可以采用两种方法来求解该条件极值问题:一是转化为无条件极值问题,或称转化为无约束估计问题;二是用拉格朗日乘数法直接求解。

2. 转化为无约束估计

(1) 步骤

① 由于 $r(R)=J$,所以 R 中至少有 J 个列向量线性无关。我们从约束条件 $\boldsymbol{Ra}=\boldsymbol{q}$ 解出 J 个参数($\boldsymbol{a}_J$),并将它们用其余 $K-J$ 个参数表示。

将 $a_1,\cdots,a_K$ 重新排列,使 $\boldsymbol{R}$ 中前 J 列线性无关,这样就可以将约束方程写为

$$\boldsymbol{R}_J\boldsymbol{a}_J+\boldsymbol{R}_S\boldsymbol{a}_S=\boldsymbol{q},\quad J+S=K.$$

进而有

$$\boldsymbol{a}_J=\boldsymbol{R}_J^{-1}(\boldsymbol{q}-\boldsymbol{R}_S\boldsymbol{a}_S)=\boldsymbol{R}_J^{-1}\boldsymbol{q}-\boldsymbol{R}_J^{-1}\boldsymbol{R}_S\boldsymbol{a}_S.$$

② 将 $\boldsymbol{a}_J$ 的表达式代入原样本回归模型:

$$\begin{aligned}\boldsymbol{Y}&=\boldsymbol{X}_J\boldsymbol{a}_J+\boldsymbol{X}_S\boldsymbol{a}_S+\boldsymbol{e}_a\\&=\boldsymbol{X}_J(\boldsymbol{R}_J^{-1}\boldsymbol{q}-\boldsymbol{R}_J^{-1}\boldsymbol{R}_S\boldsymbol{a}_S)+\boldsymbol{X}_S\boldsymbol{a}_S+\boldsymbol{e}_a,\end{aligned}$$

这样就得到了一个新的无约束模型,它只含 S 个参数:

$$\boldsymbol{Y}-\boldsymbol{X}_J\boldsymbol{R}_J^{-1}\boldsymbol{q}=(\boldsymbol{X}_S-\boldsymbol{X}_J\boldsymbol{R}_J^{-1}\boldsymbol{R}_S)\boldsymbol{a}_S+\boldsymbol{e}_a,$$

简记为

$$\tilde{\boldsymbol{Y}}=\tilde{\boldsymbol{X}}\boldsymbol{a}_S+\boldsymbol{e}_a.$$

③ 采用 OLS 方法估计该模型,可得到估计量 $\boldsymbol{a}_S$($K-J=S$ 个参数)。

④ 最后,将估计结果回代至约束条件,可求出其余 J 个参数 $\boldsymbol{a}_J$:

$$\boldsymbol{a}_J=\boldsymbol{R}_J^{-1}(\boldsymbol{q}-\boldsymbol{R}_S\boldsymbol{a}_S).$$

需要注意的是,当 $\boldsymbol{q}\neq\boldsymbol{0}$ 时,$\tilde{\boldsymbol{Y}}\neq\boldsymbol{Y}$;当 $\boldsymbol{q}=\boldsymbol{0}$ 时,$\tilde{\boldsymbol{Y}}=\boldsymbol{Y}$。

(2) 例

以下面的模型为例:

$$I=\beta_1+\beta_2t+\beta_3\mathrm{GDP}+\beta_4r+\beta_5P+\varepsilon,$$

其中,I 为投资,t 为时间,r 为名义利率,P 为通货膨胀率,参数个数 $K=5$。

假设对参数施加两个约束($J=2$):

$$\begin{cases}\beta_3=0.5,\text{表明投资具有线性趋势,且斜率}=0.5,\\\beta_4+\beta_5=0,\text{表明投资与实际利率有关}.\end{cases}$$

样本回归模型为

$$I=a_1+a_2t+a_3\mathrm{GDP}+a_4r+a_5P+e_a.$$

对应的参数约束为

$$\begin{cases}a_3=0.5,\\a_4+a_5=0.\end{cases}$$

估计步骤如下:

① 由参数约束条件,求解出 $J=2$ 个参数(a_3,a_5),将其用 $S=3$ 个参数(a_1,a_2,a_4)

表示：

$$\begin{cases} a_3 = 0.5, \\ a_5 = -a_4. \end{cases}$$

② 代入样本回归模型得

$$I = a_1 + a_2 t + 0.5\text{GDP} + a_4 r - a_4 P + e_a,$$

故原模型可转化为如下的无约束模型：

$$I - 0.5\text{GDP} = a_1 + a_2 t + a_4(r - P) + e_a.$$

③ 采用 OLS 法可得到参数估计值 a_1, a_2, a_4。

④ 原模型的另两个参数估计值为

$$\begin{cases} a_3 = 0.5, \\ a_5 = -a_4. \end{cases}$$

3. 拉格朗日乘数法

构造拉格朗日函数：

$$L(\boldsymbol{a}, \boldsymbol{\lambda}) = \boldsymbol{e}_a' \boldsymbol{e}_a + 2\boldsymbol{\lambda}'(\boldsymbol{R}\boldsymbol{a} - \boldsymbol{q})^{①},$$

其中，拉格朗日乘子为

$$\boldsymbol{\lambda}' = (\lambda_1, \cdots, \lambda_J).$$

一阶条件为

$$\begin{cases} \dfrac{\partial L}{\partial \boldsymbol{a}} = -2\boldsymbol{X}'\boldsymbol{Y} + 2\boldsymbol{X}'\boldsymbol{X}\boldsymbol{a} + 2\boldsymbol{R}'\boldsymbol{\lambda} = \boldsymbol{0}, \\ \dfrac{\partial L}{\partial \boldsymbol{\lambda}} = 2(\boldsymbol{R}\boldsymbol{a} - \boldsymbol{q}) = \boldsymbol{0}. \end{cases}$$

由此可得正规方程组：

$$\begin{cases} \boldsymbol{X}'\boldsymbol{X}\boldsymbol{a} + \boldsymbol{R}'\boldsymbol{\lambda} = \boldsymbol{X}'\boldsymbol{Y}, & ① \\ \boldsymbol{R}\boldsymbol{a} = \boldsymbol{q}. & ② \end{cases}$$

可用两种方法来解方程组。

[解法 1]　代入法

因 $\boldsymbol{X}'\boldsymbol{X}$ 可逆，所以由方程①可得

$$\boldsymbol{a} = (\boldsymbol{X}'\boldsymbol{X})^{-1}(\boldsymbol{X}'\boldsymbol{Y} - \boldsymbol{R}'\boldsymbol{\lambda}) = \boldsymbol{b} - (\boldsymbol{X}'\boldsymbol{X})^{-1}\boldsymbol{R}'\boldsymbol{\lambda},$$

代入方程②，得

$$\boldsymbol{R}[\boldsymbol{b} - (\boldsymbol{X}'\boldsymbol{X})^{-1}\boldsymbol{R}'\boldsymbol{\lambda}] = \boldsymbol{q},$$

故

---

① 在拉格朗日乘子 $\boldsymbol{\lambda}'$ 前乘 2，对求最优解 $\boldsymbol{a}$ 没有任何影响。下面将看到，这样做会使我们的一阶条件变得更加简洁。

$$\boldsymbol{\lambda}=[\boldsymbol{R}(\boldsymbol{X}'\boldsymbol{X})^{-1}\boldsymbol{R}']^{-1}(\boldsymbol{R}\boldsymbol{b}-\boldsymbol{q}),$$

再回代至 $\boldsymbol{a}$ 的表达式得

$$\boldsymbol{a}=\boldsymbol{b}-(\boldsymbol{X}'\boldsymbol{X})^{-1}\boldsymbol{R}'[\boldsymbol{R}(\boldsymbol{X}'\boldsymbol{X})^{-1}\boldsymbol{R}']^{-1}(\boldsymbol{R}\boldsymbol{b}-\boldsymbol{q}).$$

[解法 2]　分块矩阵求逆

将正规方程组用矩阵形式表示为

$$\begin{bmatrix}\boldsymbol{X}'\boldsymbol{X} & \boldsymbol{R}'\\ \boldsymbol{R} & \boldsymbol{0}\end{bmatrix}\begin{bmatrix}\boldsymbol{a}\\ \boldsymbol{\lambda}\end{bmatrix}=\begin{bmatrix}\boldsymbol{X}'\boldsymbol{Y}\\ \boldsymbol{q}\end{bmatrix},$$

简记为 $\boldsymbol{W}\boldsymbol{d}=\boldsymbol{V}$。

若 $\boldsymbol{W}^{-1}$ 存在,则 $\boldsymbol{d}=\boldsymbol{W}^{-1}\boldsymbol{V}$。根据第 2 章附录 2 可知

$$\boldsymbol{W}^{-1}=\begin{bmatrix}\boldsymbol{W}_{11}^{-1} & (\boldsymbol{X}'\boldsymbol{X})^{-1}\boldsymbol{R}'[\boldsymbol{R}(\boldsymbol{X}'\boldsymbol{X})^{-1}\boldsymbol{R}']^{-1}\\ [\boldsymbol{R}(\boldsymbol{X}'\boldsymbol{X})^{-1}\boldsymbol{R}']^{-1}\boldsymbol{R}(\boldsymbol{X}'\boldsymbol{X})^{-1} & -[\boldsymbol{R}(\boldsymbol{X}'\boldsymbol{X})^{-1}\boldsymbol{R}']^{-1}\end{bmatrix},$$

其中

$$\boldsymbol{W}_{11}^{-1}=(\boldsymbol{X}'\boldsymbol{X})^{-1}-(\boldsymbol{X}'\boldsymbol{X})^{-1}\boldsymbol{R}'[\boldsymbol{R}(\boldsymbol{X}'\boldsymbol{X})^{-1}\boldsymbol{R}']^{-1}\boldsymbol{R}(\boldsymbol{X}'\boldsymbol{X})^{-1}.$$

这样就有

$$\begin{aligned}\boldsymbol{a}&=\boldsymbol{W}_{11}^{-1}\boldsymbol{X}'\boldsymbol{Y}+(\boldsymbol{X}'\boldsymbol{X})^{-1}\boldsymbol{R}'[\boldsymbol{R}(\boldsymbol{X}'\boldsymbol{X})^{-1}\boldsymbol{R}']^{-1}\boldsymbol{q}\\&=\boldsymbol{b}-(\boldsymbol{X}'\boldsymbol{X})^{-1}\boldsymbol{R}'[\boldsymbol{R}(\boldsymbol{X}'\boldsymbol{X})^{-1}\boldsymbol{R}']^{-1}(\boldsymbol{R}\boldsymbol{b}-\boldsymbol{q}),\\ \boldsymbol{\lambda}&=[\boldsymbol{R}(\boldsymbol{X}'\boldsymbol{X})^{-1}\boldsymbol{R}']^{-1}\boldsymbol{R}(\boldsymbol{X}'\boldsymbol{X})^{-1}\boldsymbol{X}'\boldsymbol{Y}-[\boldsymbol{R}(\boldsymbol{X}'\boldsymbol{X})^{-1}\boldsymbol{R}']^{-1}\boldsymbol{q}\\&=[\boldsymbol{R}(\boldsymbol{X}'\boldsymbol{X})^{-1}\boldsymbol{R}']^{-1}(\boldsymbol{R}\boldsymbol{b}-\boldsymbol{q}).\end{aligned}$$

几点说明:

第一,运用拉格朗日乘数法能够得到约束估计量的表达式,在理论推导中很有用,而化为无约束估计的方法则更便于实际操作。

第二,如果无约束模型的 OLS 估计量 $\boldsymbol{b}$ 满足约束条件,即 $\boldsymbol{R}\boldsymbol{b}=\boldsymbol{q}$,则必有

$$\begin{cases}\boldsymbol{a}=\boldsymbol{b},\\ \boldsymbol{\lambda}=\boldsymbol{0}.\end{cases}$$

第三,从约束估计量 $\boldsymbol{a}$ 的表达式可以看出,$\boldsymbol{a}$ 等于无约束估计量 $\boldsymbol{b}$ 加上一个修正项,该修正项代表无约束解相对于约束条件的偏离。

4. 线性约束估计量 $\boldsymbol{a}$ 的统计特性

以下讨论均假定 $\boldsymbol{X}$ 为固定变量。若 $\boldsymbol{X}$ 为随机变量,则结论可修改为在 $\boldsymbol{X}$ 条件下的线性性、条件方差、条件分布,只是无偏性在有条件和无条件下均成立。

(1) 线性性

第一,$\boldsymbol{a}$ 是 $\boldsymbol{Y}$ 的线性函数,证明如下:

$$\begin{aligned}\boldsymbol{a}&=\boldsymbol{b}-(\boldsymbol{X}'\boldsymbol{X})^{-1}\boldsymbol{R}'[\boldsymbol{R}(\boldsymbol{X}'\boldsymbol{X})^{-1}\boldsymbol{R}']^{-1}\boldsymbol{R}\boldsymbol{b}+(\boldsymbol{X}'\boldsymbol{X})^{-1}\boldsymbol{R}'[\boldsymbol{R}(\boldsymbol{X}'\boldsymbol{X})^{-1}\boldsymbol{R}']^{-1}\boldsymbol{q}\\&=\{\boldsymbol{I}-(\boldsymbol{X}'\boldsymbol{X})^{-1}\boldsymbol{R}'[\boldsymbol{R}(\boldsymbol{X}'\boldsymbol{X})^{-1}\boldsymbol{R}']^{-1}\boldsymbol{R}\}(\boldsymbol{X}'\boldsymbol{X})^{-1}\boldsymbol{X}'\boldsymbol{Y}+\\&\quad(\boldsymbol{X}'\boldsymbol{X})^{-1}\boldsymbol{R}'[\boldsymbol{R}(\boldsymbol{X}'\boldsymbol{X})^{-1}\boldsymbol{R}']^{-1}\boldsymbol{q}.\end{aligned}$$

第二,$\boldsymbol{a}$ 是 $\boldsymbol{\varepsilon}$ 的线性函数,证明如下：

$$\because\ \boldsymbol{a}=\{\boldsymbol{I}-(\boldsymbol{X}'\boldsymbol{X})^{-1}\boldsymbol{R}'[\boldsymbol{R}(\boldsymbol{X}'\boldsymbol{X})^{-1}\boldsymbol{R}']^{-1}\boldsymbol{R}\}(\boldsymbol{X}'\boldsymbol{X})^{-1}\boldsymbol{X}'(\boldsymbol{X\beta}+\boldsymbol{\varepsilon})$$
$$+(\boldsymbol{X}'\boldsymbol{X})^{-1}\boldsymbol{R}'[\boldsymbol{R}(\boldsymbol{X}'\boldsymbol{X})^{-1}\boldsymbol{R}']^{-1}\boldsymbol{q}$$
$$=\boldsymbol{\beta}-(\boldsymbol{X}'\boldsymbol{X})^{-1}\boldsymbol{R}'[\boldsymbol{R}(\boldsymbol{X}'\boldsymbol{X})^{-1}\boldsymbol{R}']^{-1}\boldsymbol{R\beta}$$
$$+(\boldsymbol{X}'\boldsymbol{X})^{-1}\boldsymbol{R}'[\boldsymbol{R}(\boldsymbol{X}'\boldsymbol{X})^{-1}\boldsymbol{R}']^{-1}\boldsymbol{q}$$
$$+\{\boldsymbol{I}-(\boldsymbol{X}'\boldsymbol{X})^{-1}\boldsymbol{R}'[\boldsymbol{R}(\boldsymbol{X}'\boldsymbol{X})^{-1}\boldsymbol{R}']^{-1}\boldsymbol{R}\}(\boldsymbol{X}'\boldsymbol{X})^{-1}\boldsymbol{X}'\boldsymbol{\varepsilon},$$

又 $\because\ \boldsymbol{R\beta}=\boldsymbol{q}$,

$$\therefore\ \boldsymbol{a}=\boldsymbol{\beta}+\{\boldsymbol{I}-(\boldsymbol{X}'\boldsymbol{X})^{-1}\boldsymbol{R}'[\boldsymbol{R}(\boldsymbol{X}'\boldsymbol{X})^{-1}\boldsymbol{R}']^{-1}\boldsymbol{R}\}(\boldsymbol{X}'\boldsymbol{X})^{-1}\boldsymbol{X}'\boldsymbol{\varepsilon}.$$

(2) 无偏性

$$E(\boldsymbol{a})=\boldsymbol{\beta}.$$

分别采用两种方法来证明。

[证明 1]

由 $\boldsymbol{a}$ 的表达式得

$$E(\boldsymbol{a})=E(\boldsymbol{b})-(\boldsymbol{X}'\boldsymbol{X})^{-1}\boldsymbol{R}'[\boldsymbol{R}(\boldsymbol{X}'\boldsymbol{X})^{-1}\boldsymbol{R}']^{-1}[\boldsymbol{R}E(\boldsymbol{b})-\boldsymbol{q}]$$
$$=\boldsymbol{\beta}-(\boldsymbol{X}'\boldsymbol{X})^{-1}\boldsymbol{R}'[\boldsymbol{R}(\boldsymbol{X}'\boldsymbol{X})^{-1}\boldsymbol{R}']^{-1}(\boldsymbol{R\beta}-\boldsymbol{q})=\boldsymbol{\beta}.$$

[证明 2]

因为 $\boldsymbol{a}$ 是 $\boldsymbol{\varepsilon}$ 的线性函数,所以

$$E(\boldsymbol{a})=\boldsymbol{\beta}+\{\boldsymbol{I}-(\boldsymbol{X}'\boldsymbol{X})^{-1}\boldsymbol{R}'[\boldsymbol{R}(\boldsymbol{X}'\boldsymbol{X})^{-1}\boldsymbol{R}']^{-1}\boldsymbol{R}\}(\boldsymbol{X}'\boldsymbol{X})^{-1}\boldsymbol{X}'E(\boldsymbol{\varepsilon})=\boldsymbol{\beta}.$$

(3) 约束估计量的方差不高于无约束估计量的方差

$$\mathrm{Var}(a_k)\leqslant\mathrm{Var}(b_k),\quad k=1,2,\cdots,K.$$

在证明上述不等式之前,先用两种方法求出 $\mathrm{Var}(\boldsymbol{a})$ 的如下表达式：

$$\mathrm{Var}(\boldsymbol{a})=\sigma^2(\boldsymbol{X}'\boldsymbol{X})^{-1}-\sigma^2(\boldsymbol{X}'\boldsymbol{X})^{-1}\boldsymbol{R}'[\boldsymbol{R}(\boldsymbol{X}'\boldsymbol{X})^{-1}\boldsymbol{R}']^{-1}\boldsymbol{R}(\boldsymbol{X}'\boldsymbol{X})^{-1}.$$

[**方法 1**] 由正规方程组系数矩阵 $\boldsymbol{W}$ 的逆阵可知：$\mathrm{Var}(\boldsymbol{a})=\sigma^2\boldsymbol{W}_{11}^{-1}$ 即得。

[**方法 2**] 由直接计算 $\boldsymbol{a}$ 的方差-协方差阵证明。

$$\because\ \mathrm{Var}(\boldsymbol{a})=E[(\boldsymbol{a}-\boldsymbol{\beta})(\boldsymbol{a}-\boldsymbol{\beta})'],$$

而

$$\boldsymbol{a}-\boldsymbol{\beta}=\boldsymbol{b}-\boldsymbol{\beta}-(\boldsymbol{X}'\boldsymbol{X})^{-1}\boldsymbol{R}'[\boldsymbol{R}(\boldsymbol{X}'\boldsymbol{X})^{-1}\boldsymbol{R}']^{-1}(\boldsymbol{Rb}-\boldsymbol{R\beta})\quad(\because\ \boldsymbol{R\beta}=\boldsymbol{q})$$
$$=\{\boldsymbol{I}-(\boldsymbol{X}'\boldsymbol{X})^{-1}\boldsymbol{R}'[\boldsymbol{R}(\boldsymbol{X}'\boldsymbol{X})^{-1}\boldsymbol{R}']^{-1}\boldsymbol{R}\}(\boldsymbol{b}-\boldsymbol{\beta})$$
$$=\boldsymbol{A}(\boldsymbol{b}-\boldsymbol{\beta}),$$

易验证 $\boldsymbol{A}^2=\boldsymbol{A}$。所以

$$\mathrm{Var}(\boldsymbol{a})=E[\boldsymbol{A}(\boldsymbol{b}-\boldsymbol{\beta})(\boldsymbol{b}-\boldsymbol{\beta})'\boldsymbol{A}']=\boldsymbol{A}\mathrm{Var}(\boldsymbol{b})\boldsymbol{A}'$$
$$=\sigma^2\boldsymbol{A}(\boldsymbol{X}'\boldsymbol{X})^{-1}\boldsymbol{A}'\quad(\text{由矩阵运算可知}(\boldsymbol{X}'\boldsymbol{X})^{-1}\boldsymbol{A}'=\boldsymbol{A}(\boldsymbol{X}'\boldsymbol{X})^{-1})$$
$$=\sigma^2\boldsymbol{A}\boldsymbol{A}(\boldsymbol{X}'\boldsymbol{X})^{-1}$$

$$= \sigma^2 \boldsymbol{A}(\boldsymbol{X}'\boldsymbol{X})^{-1}$$
$$= \sigma^2 \boldsymbol{W}_{11}^{-1}.$$

下面证明 $\mathrm{Var}(a_k) \leqslant \mathrm{Var}(b_k)$。

[证明]

记 $\boldsymbol{B} = (\boldsymbol{X}'\boldsymbol{X})^{-1}\boldsymbol{R}'[\boldsymbol{R}(\boldsymbol{X}'\boldsymbol{X})^{-1}\boldsymbol{R}']^{-1}\boldsymbol{R}(\boldsymbol{X}'\boldsymbol{X})^{-1}$,则

$$\mathrm{Var}(\boldsymbol{a}) = \mathrm{Var}(\boldsymbol{b}) - \sigma^2 \boldsymbol{B},$$

即

$$\mathrm{Var}(\boldsymbol{b}) = \mathrm{Var}(\boldsymbol{a}) + \sigma^2 \boldsymbol{B}.$$

现在关键是要证明 $\boldsymbol{B}$ 为半正定阵。可以验证 $\boldsymbol{B}' = \boldsymbol{B}$,即 $\boldsymbol{B}$ 为对称矩阵。然后,对于任意的 K 维列向量 $\boldsymbol{\xi} \neq 0$,有

$$\boldsymbol{\xi}'\boldsymbol{B}\boldsymbol{\xi} = [\boldsymbol{R}(\boldsymbol{X}'\boldsymbol{X})^{-1}\boldsymbol{\xi}]'[\boldsymbol{R}(\boldsymbol{X}'\boldsymbol{X})^{-1}\boldsymbol{R}']^{-1}[\boldsymbol{R}(\boldsymbol{X}'\boldsymbol{X})^{-1}\boldsymbol{\xi}].$$

因为 $r(\boldsymbol{R}) = J \leqslant K$,所以 J 阶方阵 $\boldsymbol{R}(\boldsymbol{X}'\boldsymbol{X})^{-1}\boldsymbol{R}'$ 对称正定,$[\boldsymbol{R}(\boldsymbol{X}'\boldsymbol{X})^{-1}\boldsymbol{R}']^{-1}$ 也为对称正定阵。则对于任意的 J 维列向量 $\boldsymbol{R}(\boldsymbol{X}'\boldsymbol{X})^{-1}\boldsymbol{\xi}$,有 $\boldsymbol{\xi}'\boldsymbol{B}\boldsymbol{\xi} \geqslant 0$,即 $\boldsymbol{B}$ 半正定。因此 $\boldsymbol{B}$ 的对角线元素非负,所以

$$\mathrm{Var}(b_k) = \mathrm{Var}(a_k) + \sigma^2 B_{kk} \geqslant \mathrm{Var}(a_k).$$

(4) 正态性

由假定知 $\boldsymbol{\varepsilon}$ 服从正态分布,而 $\boldsymbol{a}$ 是 $\boldsymbol{\varepsilon}$ 的线性函数,所以 $\boldsymbol{a}$ 也服从正态分布,即

$$\boldsymbol{a} \sim N(\boldsymbol{\beta}, \sigma^2 \boldsymbol{W}_{11}^{-1}).$$

§2 一般线性假设检验

对于线性回归模型:

$$\boldsymbol{Y} = \boldsymbol{X}\boldsymbol{\beta} + \boldsymbol{\varepsilon},$$

其中,$\boldsymbol{\beta}$ 为 K 维列向量$(\beta_1, \cdots, \beta_K)'$。假设 $\boldsymbol{\beta}$ 受到 J 个线性约束,那么这些线性约束可以表示为下述一般形式:

$$\boldsymbol{R}\boldsymbol{\beta} = \boldsymbol{q},$$

这里 $\boldsymbol{R}$ 为 $J \times K$ 阶矩阵;$r(\boldsymbol{R}) = J \leqslant K$;$\boldsymbol{q}$ 为 J 维列向量;$\boldsymbol{R}, \boldsymbol{q}$ 已知。

对此,我们可以采用统一的方法来检验这种一般线性约束是否成立。

一、检验假设

1. 典型情况

首先考察几种典型情况,说明如何将检验假设表示为 $\boldsymbol{R}\boldsymbol{\beta} = \boldsymbol{q}$ 这种一般形式。

(1) 单参数显著性检验

对于单参数假设检验问题：

$$H_0: \beta_k = 0,$$

只要记 $\boldsymbol{R}=(0,\cdots,1,\cdots,0)$，为 $1\times K$ 阶矩阵，其中第 k 个元素为 1，其余元素为 0，同时记 $\boldsymbol{q}=0$，就可以将零假设改写为

$$H_0: \boldsymbol{R\beta} = \boldsymbol{q},$$

显然，$J=1$，即零假设只含有一个约束方程。

(2) 回归方程的总显著性检验

零假设为

$$H_0: \beta_2 = \cdots = \beta_K = 0.$$

记

$$\boldsymbol{R} = [0, I_{K-1}] = \begin{bmatrix} 0 & 1 & 0 & \cdots & 0 \\ \vdots & 0 & \ddots & \ddots & \vdots \\ \vdots & \vdots & \ddots & \ddots & 0 \\ 0 & 0 & \cdots & 0 & 1 \end{bmatrix}, \quad \boldsymbol{q} = \begin{bmatrix} 0 \\ \vdots \\ 0 \end{bmatrix},$$

其中，$\boldsymbol{R}$ 为 $(K-1)\times K$ 阶矩阵，$\boldsymbol{q}$ 为 $K-1$ 维列向量。

现在，零假设就可改写为

$$H_0: \boldsymbol{R\beta} = \boldsymbol{q}.$$

显然，$J=K-1$，即零假设包含 $K-1$ 个约束方程。

(3) 参数子集的显著性检验

对于零假设：

$$H_0: \beta_{K-S+1} = \cdots = \beta_K = 0.$$

记

$$\boldsymbol{R} = [0, I_S] = \begin{bmatrix} 0 & \cdots & 0 & 1 & 0 & \cdots & 0 \\ \vdots & \vdots & \vdots & 0 & \ddots & \ddots & \vdots \\ \vdots & \vdots & \vdots & \vdots & \ddots & \ddots & 0 \\ 0 & \cdots & 0 & 0 & \cdots & 0 & 1 \end{bmatrix}, \quad \boldsymbol{q} = \begin{bmatrix} 0 \\ \vdots \\ 0 \end{bmatrix},$$

其中，$\boldsymbol{R}$ 为 $S\times K$ 阶矩阵，$\boldsymbol{q}$ 为 S 维列向量。

现在，零假设可改写为

$$H_0: \boldsymbol{R\beta} = \boldsymbol{q},$$

显然，$J=S$，即零假设包含 S 个约束方程。

(4) 实例

考虑下面的投资模型：

$$I = \beta_1 + \beta_2 t + \beta_3 \mathrm{GDP} + \beta_4 r + \beta_5 P + \varepsilon,$$

其中,I 表示投资,r 表示名义利率,P 表示通货膨胀率。

现在需要检验如下线性假设:

$$H_0: \beta_2 = 0, \quad \beta_3 = 1, \quad \beta_4 + \beta_5 = 0,$$

其中,$\beta_2 = 0$ 表示 I 无时间趋势,$\beta_3 = 1$ 表示边际投资倾向等于 1,$\beta_4 + \beta_5 = 0$ 表示投资者真正关心的是实际利率而非名义利率。

若记

$$\boldsymbol{R} = \begin{bmatrix} 0 & 1 & 0 & 0 & 0 \\ 0 & 0 & 1 & 0 & 0 \\ 0 & 0 & 0 & 1 & 1 \end{bmatrix}, \quad \boldsymbol{q} = \begin{bmatrix} 0 \\ 1 \\ 0 \end{bmatrix},$$

则零假设可改写为

$$H_0: \boldsymbol{R\beta} = \boldsymbol{q}.$$

显然,$J=3$,即零假设包含 3 个约束方程。

2. 一般线性假设

由上面的分析可以看出,对于参数 $\boldsymbol{\beta}$ 的任何形式的线性约束假设,都可以表示为一般形式:

$$H_0: \boldsymbol{R\beta} = \boldsymbol{q},$$

其中,$\boldsymbol{R}$ 为 $J \times K$ 阶矩阵,且 $r(\boldsymbol{R}) = J \leqslant K$,满行秩;$\boldsymbol{q}$ 为 J 维列向量。线性约束个数为 J。

二、F 检验统计量

在有限样本理论中,线性假设的检验统计量为 F 检验统计量。

1. 理论表达式

$$F = \frac{(\boldsymbol{Rb} - \boldsymbol{R\beta})'[\boldsymbol{R}(\boldsymbol{X'X})^{-1}\boldsymbol{R}']^{-1}(\boldsymbol{Rb} - \boldsymbol{R\beta})/J}{\boldsymbol{e'e}/(n-K)} \sim F(J, n-K).$$

在零假设成立的情况下,F 检验统计量为

$$F = \frac{(\boldsymbol{Rb} - \boldsymbol{q})'[\boldsymbol{R}(\boldsymbol{X'X})^{-1}\boldsymbol{R}']^{-1}(\boldsymbol{Rb} - \boldsymbol{q})/J}{\boldsymbol{e'e}/(n-K)}.$$

[证明]

(1) 证明 $\xi = \frac{1}{\sigma^2}(\boldsymbol{Rb} - \boldsymbol{R\beta})'[\boldsymbol{R}(\boldsymbol{X'X})^{-1}\boldsymbol{R}']^{-1}(\boldsymbol{Rb} - \boldsymbol{R\beta}) \sim \chi^2(J)$

令 $\boldsymbol{z} = \boldsymbol{R}(\boldsymbol{b} - \boldsymbol{\beta})$ 为 J 维随机向量,则

$$E(\boldsymbol{z}) = \boldsymbol{0},$$

$$\text{Var}(\boldsymbol{z}) = \boldsymbol{\Sigma} = E[\boldsymbol{R}(\boldsymbol{b} - \boldsymbol{\beta})(\boldsymbol{b} - \boldsymbol{\beta})'\boldsymbol{R}'] = \boldsymbol{R}\text{Var}(\boldsymbol{b})\boldsymbol{R}' = \sigma^2\boldsymbol{R}(\boldsymbol{X'X})^{-1}\boldsymbol{R}',$$

$\therefore$ $\boldsymbol{z} \sim N(\boldsymbol{0}, \boldsymbol{\Sigma})$。

下面证明 J 阶方阵 $\boldsymbol{\Sigma}$ 为对称正定矩阵:

$\because$ $\boldsymbol{\Sigma}'=\sigma^2[\boldsymbol{R}(\boldsymbol{X}'\boldsymbol{X})^{-1}\boldsymbol{R}']'=\sigma^2\boldsymbol{R}(\boldsymbol{X}'\boldsymbol{X})^{-1}\boldsymbol{R}'=\boldsymbol{\Sigma}.$

$\therefore$ $\boldsymbol{\Sigma}$ 为对称矩阵。

再证明 $\boldsymbol{\Sigma}$ 为正定矩阵。这是因为对于任意的 $\boldsymbol{\alpha}\neq 0$，有

$$\begin{aligned}\boldsymbol{\alpha}'\boldsymbol{\Sigma}\boldsymbol{\alpha} &= \sigma^2\boldsymbol{\alpha}'\boldsymbol{R}(\boldsymbol{X}'\boldsymbol{X})^{-1}\boldsymbol{R}'\boldsymbol{\alpha}\\ &= \sigma^2(\boldsymbol{R}'\boldsymbol{\alpha})'(\boldsymbol{X}'\boldsymbol{X})^{-1}(\boldsymbol{R}'\boldsymbol{\alpha}),\end{aligned}$$

由于 $r(\boldsymbol{R})=J$，即矩阵 $\boldsymbol{R}$ 满行秩，因此对于任意的 $\boldsymbol{\alpha}\neq 0$，有 $\boldsymbol{R}'\boldsymbol{\alpha}\neq 0$。再由 $r(\boldsymbol{X})=K$ 知 $(\boldsymbol{X}'\boldsymbol{X})^{-1}$ 正定，所以对于任意的 $\boldsymbol{\alpha}\neq 0$，有 $(\boldsymbol{R}'\boldsymbol{\alpha})'(\boldsymbol{X}'\boldsymbol{X})^{-1}(\boldsymbol{R}'\boldsymbol{\alpha})>0$，即 $\boldsymbol{\alpha}'\boldsymbol{\Sigma}\boldsymbol{\alpha}>0$，所以矩阵 $\boldsymbol{\Sigma}$ 正定。

由此可知 $r(\boldsymbol{\Sigma})=J$，所以有 $\boldsymbol{\xi}=\boldsymbol{z}'\boldsymbol{\Sigma}^{-1}\boldsymbol{z}\sim\chi^2(J)$（见第 3 章 §2 的脚注）。

(2) 证明 $\boldsymbol{\eta}=\dfrac{1}{\sigma^2}\boldsymbol{e}'\boldsymbol{e}\sim\chi^2(n-K)$

因为 $\eta=\dfrac{1}{\sigma^2}\boldsymbol{e}'\boldsymbol{e}=\dfrac{1}{\sigma^2}\boldsymbol{\varepsilon}'\boldsymbol{M}\boldsymbol{\varepsilon}$，即 η 为 $\boldsymbol{\varepsilon}$ 的二次型，其中 $\boldsymbol{\varepsilon}\sim N(\boldsymbol{0},\sigma^2\boldsymbol{I})$，二次型的矩阵为 n 阶对称幂等阵 $\boldsymbol{M}$，且 $r(\boldsymbol{M})=n-K$，所以（见第 2 章 §5 的脚注）

$$\eta=\frac{1}{\sigma^2}\boldsymbol{\varepsilon}'\boldsymbol{M}\boldsymbol{\varepsilon}\sim\chi^2(n-K).$$

(3) 证明 ξ、η 相互独立

$\because$ $\boldsymbol{Rb}-\boldsymbol{R\beta}=\boldsymbol{R}(\boldsymbol{b}-\boldsymbol{\beta})=\boldsymbol{R}(\boldsymbol{X}'\boldsymbol{X})^{-1}\boldsymbol{X}'\boldsymbol{\varepsilon}=\boldsymbol{T\varepsilon}$，其中 $\boldsymbol{T}=\boldsymbol{R}(\boldsymbol{X}'\boldsymbol{X})^{-1}\boldsymbol{X}'$.

$$\begin{aligned}\therefore\ \xi &=\frac{1}{\sigma^2}(\boldsymbol{T\varepsilon})'[\boldsymbol{R}(\boldsymbol{X}'\boldsymbol{X})^{-1}\boldsymbol{R}']^{-1}\boldsymbol{T\varepsilon}\\ &=\frac{1}{\sigma^2}\boldsymbol{\varepsilon}'\{\boldsymbol{T}'[\boldsymbol{R}(\boldsymbol{X}'\boldsymbol{X})^{-1}\boldsymbol{R}']^{-1}\boldsymbol{T}\}\boldsymbol{\varepsilon}\\ &=\frac{1}{\sigma^2}\boldsymbol{\varepsilon}'\boldsymbol{A}\boldsymbol{\varepsilon},\end{aligned}$$

其中，$\boldsymbol{A}=\boldsymbol{T}'[\boldsymbol{R}(\boldsymbol{X}'\boldsymbol{X})^{-1}\boldsymbol{R}']^{-1}\boldsymbol{T}$，易证 $\boldsymbol{A}$ 为 n 阶对称幂等阵。

综上可知 ξ、η 均为 $\boldsymbol{\varepsilon}$ 的二次型，$\boldsymbol{\varepsilon}\sim N(\boldsymbol{0},\sigma^2\boldsymbol{I})$，且二次型矩阵分别为 $\boldsymbol{A}$、$\boldsymbol{M}$，均为对称幂等阵，且

$$\begin{aligned}\boldsymbol{MA} &= \boldsymbol{MT}'[\boldsymbol{R}(\boldsymbol{X}'\boldsymbol{X})^{-1}\boldsymbol{R}']^{-1}\boldsymbol{T}\\ &= \boldsymbol{MX}(\boldsymbol{X}'\boldsymbol{X})^{-1}\boldsymbol{R}'[\boldsymbol{R}(\boldsymbol{X}'\boldsymbol{X})^{-1}\boldsymbol{R}']^{-1}\boldsymbol{T}=0\quad(\because\ \boldsymbol{MX}=0).\end{aligned}$$

所以 ξ 与 η 相互独立（见第 3 章 §2 的脚注）。

(4) 证明命题

结合(1)至(3)就有（见第 3 章 §2 的脚注）

$$F=\frac{\xi/J}{\eta/(n-K)}\sim F(J,n-K).$$

最后需要指出的是 F 统计量也可改写为如下二次型：

$$F=(\boldsymbol{Rb}-\boldsymbol{R\beta})'[\operatorname{Var}(\boldsymbol{Rb}-\boldsymbol{R\beta})]^{-1}(\boldsymbol{Rb}-\boldsymbol{R\beta})/J.$$

只需注意到

$$s^2=\frac{\boldsymbol{e}'\boldsymbol{e}}{(n-K)},$$
$$\operatorname{Var}(\boldsymbol{b})=s^2(\boldsymbol{X}'\boldsymbol{X})^{-1},$$
$$\operatorname{Var}(\boldsymbol{Rb})=\boldsymbol{R}\operatorname{Var}(\boldsymbol{b})\boldsymbol{R}',$$
$$\operatorname{Var}(\boldsymbol{Rb}-\boldsymbol{R\beta})=\operatorname{Var}(\boldsymbol{Rb}),$$

即可证明。

2. 实际操作表达式

实际操作时可根据下式进行计算：

$$F=\frac{(\boldsymbol{e}_a'\boldsymbol{e}_a-\boldsymbol{e}'\boldsymbol{e})/J}{\boldsymbol{e}'\boldsymbol{e}/(n-K)}\sim F(J,n-K),$$

其中，$\boldsymbol{e}_a$ 表示约束回归得到的残差，$\boldsymbol{e}$ 表示无约束回归得到的残差，且有 $\boldsymbol{e}_a'\boldsymbol{e}_a>\boldsymbol{e}'\boldsymbol{e}$，即受约束模型中的残差平方和要大于无约束模型中的残差平方和。

由 F 表达式可知实际检验的步骤如下：

首先，作无约束回归，得到残差平方和 $\boldsymbol{e}'\boldsymbol{e}$。

其次，作有约束回归，得到残差平方和 $\boldsymbol{e}_a'\boldsymbol{e}_a$。

再次，计算 F 值。

最后，进行推断，给定显著性水平 α，找出临界值 $F_\alpha(J,n-K)$。

若 $F>F_\alpha(J,n-K)$，则拒绝 H_0，认为参数不满足约束条件；

若 $F<F_\alpha(J,n-K)$，则不拒绝 H_0，不能认为参数不满足约束条件。

下面证明实际操作时 F 的表达式。

[**证明**] 由线性约束检验的 F 统计量的理论表达式知，只需证明

$$\boldsymbol{e}_a'\boldsymbol{e}_a-\boldsymbol{e}'\boldsymbol{e}=(\boldsymbol{Rb}-\boldsymbol{q})'[\boldsymbol{R}(\boldsymbol{X}'\boldsymbol{X})^{-1}\boldsymbol{R}']^{-1}(\boldsymbol{Rb}-\boldsymbol{q})$$

即可。

$$\boldsymbol{e}_a=\boldsymbol{Y}-\boldsymbol{Xa}=\boldsymbol{Xb}+\boldsymbol{e}-\boldsymbol{Xa}=\boldsymbol{e}+\boldsymbol{X}(\boldsymbol{b}-\boldsymbol{a}),$$

$$\begin{aligned}\boldsymbol{e}_a'\boldsymbol{e}_a&=\boldsymbol{e}'\boldsymbol{e}+\boldsymbol{e}'\boldsymbol{X}(\boldsymbol{b}-\boldsymbol{a})+(\boldsymbol{b}-\boldsymbol{a})'\boldsymbol{X}'\boldsymbol{e}-(\boldsymbol{b}-\boldsymbol{a})'\boldsymbol{X}'\boldsymbol{X}(\boldsymbol{b}-\boldsymbol{a})\\&=\boldsymbol{e}'\boldsymbol{e}+(\boldsymbol{b}-\boldsymbol{a})'\boldsymbol{X}'\boldsymbol{X}(\boldsymbol{b}-\boldsymbol{a})\quad(\because \boldsymbol{X}'\boldsymbol{e}=0).\end{aligned}$$

由于 $r(\boldsymbol{X})=K$，$\boldsymbol{X}'\boldsymbol{X}$ 正定，所以有 $(\boldsymbol{b}-\boldsymbol{a})'\boldsymbol{X}'\boldsymbol{X}(\boldsymbol{b}-\boldsymbol{a})\geqslant 0$，因而 $\boldsymbol{e}_a'\boldsymbol{e}_a\geqslant\boldsymbol{e}'\boldsymbol{e}$。

$$\begin{aligned}\boldsymbol{e}_a'\boldsymbol{e}_a-\boldsymbol{e}'\boldsymbol{e}&=(\boldsymbol{b}-\boldsymbol{a})'\boldsymbol{X}'\boldsymbol{X}(\boldsymbol{b}-\boldsymbol{a})\\&=\{(\boldsymbol{X}'\boldsymbol{X})^{-1}\boldsymbol{R}'[\boldsymbol{R}(\boldsymbol{X}'\boldsymbol{X})^{-1}\boldsymbol{R}']^{-1}(\boldsymbol{Rb}-\boldsymbol{q})\}'\boldsymbol{X}'\boldsymbol{X}\\&\quad\{(\boldsymbol{X}'\boldsymbol{X})^{-1}\boldsymbol{R}'[\boldsymbol{R}(\boldsymbol{X}'\boldsymbol{X})^{-1}\boldsymbol{R}']^{-1}(\boldsymbol{Rb}-\boldsymbol{q})\}\end{aligned}$$

$$=\{(\boldsymbol{Rb}-\boldsymbol{q})'[\boldsymbol{R}(\boldsymbol{X}'\boldsymbol{X})^{-1}\boldsymbol{R}']^{-1}\boldsymbol{R}(\boldsymbol{X}'\boldsymbol{X})^{-1}\}\boldsymbol{X}'\boldsymbol{X}(\boldsymbol{X}'\boldsymbol{X})^{-1}\boldsymbol{R}'$$
$$[\boldsymbol{R}(\boldsymbol{X}'\boldsymbol{X})^{-1}\boldsymbol{R}']^{-1}(\boldsymbol{Rb}-\boldsymbol{q})$$
$$=(\boldsymbol{Rb}-\boldsymbol{q})'[\boldsymbol{R}(\boldsymbol{X}'\boldsymbol{X})^{-1}\boldsymbol{R}']^{-1}(\boldsymbol{Rb}-\boldsymbol{q}).$$

3. 实际操作表达式——齐次约束

如果参数满足齐次约束方程,即 $\boldsymbol{q}=0$ 或 $\boldsymbol{R\beta}=0$,此时约束估计的被解释变量与无约束估计的被解释变量相同,检验统计量还可变形为

$$F=\frac{(R^2-R_a^2)/J}{(1-R^2)/(n-K)},$$

其中,R_a^2 为约束估计的可决系数,R^2 为无约束估计的可决系数。

[证明]

$$\because\ R^2=1-\frac{\boldsymbol{e}'\boldsymbol{e}}{\boldsymbol{y}'\boldsymbol{y}},\ \boldsymbol{e}'\boldsymbol{e}=(1-R^2)\boldsymbol{y}'\boldsymbol{y},$$

$$R_a^2=1-\frac{\boldsymbol{e}_a'\boldsymbol{e}_a}{\boldsymbol{y}'\boldsymbol{y}},\ \boldsymbol{e}_a'\boldsymbol{e}_a=(1-R_a^2)\boldsymbol{y}'\boldsymbol{y}.$$

$$\therefore\ F=\frac{[(\boldsymbol{e}_a'\boldsymbol{e}_a-\boldsymbol{e}'\boldsymbol{e})/\boldsymbol{y}'\boldsymbol{y}]/J}{[\boldsymbol{e}'\boldsymbol{e}/\boldsymbol{y}'\boldsymbol{y}]/(n-K)}=\frac{(R^2-R_a^2)/J}{(1-R^2)/(n-K)}.$$

需要注意,当 $\boldsymbol{q}\neq 0$ 时此公式不成立。也就是说,当约束模型的被解释变量与无约束估计的被解释变量不同时,我们不能采用含有可决系数的 F 统计量进行检验。

三、特例

1. 单参数显著性检验

检验的零假设为

$$\mathrm{H}_0:\beta_k=0.$$

将零假设表示为一般形式:

$$\mathrm{H}_0:\boldsymbol{R\beta}=\boldsymbol{q},$$

其中,$\boldsymbol{R}=(0,\cdots,1,\cdots,0)$,其中第 k 个元素为 1,其余元素为 0;而 $\boldsymbol{q}=0$,约束个数为 $J=1$。

可以证明,此时的检验统计量为 $F=t^2(b_k)$。

[证明]

$$\because\ \boldsymbol{Rb}-\boldsymbol{q}=b_k,$$

$$[\boldsymbol{R}(\boldsymbol{X}'\boldsymbol{X})^{-1}\boldsymbol{R}']^{-1}=\left[(0,\cdots,1,\cdots,0)(\boldsymbol{X}'\boldsymbol{X})^{-1}\begin{pmatrix}0\\ \vdots\\ 1\\ \vdots\\ 0\end{pmatrix}\right]^{-1}=[(\boldsymbol{X}'\boldsymbol{X})_{kk}^{-1}]^{-1},$$

$$\frac{e'e}{n-K}=s^2.$$

∴ F 检验统计量可表示为

$$F=\frac{b_k[(\boldsymbol{X}'\boldsymbol{X})_{kk}^{-1}]^{-1}b_k/1}{s^2}=\frac{b_k^2}{s^2(\boldsymbol{X}'\boldsymbol{X})_{kk}^{-1}}=t^2(b_k).$$

2. 单个约束条件的情况

如果只有一个约束条件,即零假设为

$$\mathrm{H}_0: r_1\beta_1+\cdots+r_K\beta_K=q,\quad J=1.$$

记 $\boldsymbol{R}=\boldsymbol{r}'=(r_1,\cdots,r_K)$。零假设可改写为

$$\mathrm{H}_0: \boldsymbol{r}'\boldsymbol{\beta}=q.$$

此时,可用上述 F 检验统计量,也可用下述 t 检验统计量进行检验。

$$t=\frac{\boldsymbol{r}'\boldsymbol{b}-q}{S(\boldsymbol{r}'\boldsymbol{b})}=\frac{\boldsymbol{r}'\boldsymbol{b}-q}{s\sqrt{\boldsymbol{r}'(\boldsymbol{X}'\boldsymbol{X})^{-1}\boldsymbol{r}}}\sim t(n-K),$$

其中

$$S(\boldsymbol{r}'\boldsymbol{b})=s\sqrt{\boldsymbol{r}'(\boldsymbol{X}'\boldsymbol{X})^{-1}\boldsymbol{r}}=\sqrt{\boldsymbol{r}'\widehat{\mathrm{Var}(\boldsymbol{b})}\boldsymbol{r}},\quad \widehat{\mathrm{Var}(\boldsymbol{b})}=s^2(\boldsymbol{X}'\boldsymbol{X})^{-1}.$$

利用 t 检验统计量较为简单,因为不必作约束回归,只要作无约束回归即可。

[证明]

可证 $\boldsymbol{r}'\boldsymbol{b}$ 是 $\boldsymbol{r}'\boldsymbol{\beta}$ 的无偏估计量:

$$E(\boldsymbol{r}'\boldsymbol{b})=\boldsymbol{r}'E(\boldsymbol{b})=\boldsymbol{r}'\boldsymbol{\beta}.$$

$$\because\ \mathrm{Var}(\boldsymbol{r}'\boldsymbol{b})=E[(\boldsymbol{r}'\boldsymbol{b}-\boldsymbol{r}'\boldsymbol{\beta})(\boldsymbol{r}'\boldsymbol{b}-\boldsymbol{r}'\boldsymbol{\beta})']=\boldsymbol{r}'E[(\boldsymbol{b}-\boldsymbol{\beta})(\boldsymbol{b}-\boldsymbol{\beta})']\boldsymbol{r}$$
$$=\boldsymbol{r}'\mathrm{Var}(\boldsymbol{b})\boldsymbol{r}=\sigma^2\boldsymbol{r}'(\boldsymbol{X}'\boldsymbol{X})^{-1}\boldsymbol{r},$$

$$\therefore\ S^2(\boldsymbol{r}'\boldsymbol{b})=\widehat{\mathrm{Var}(\boldsymbol{r}'\boldsymbol{b})}=s^2\boldsymbol{r}'(\boldsymbol{X}'\boldsymbol{X})^{-1}\boldsymbol{r}。$$

由 $\boldsymbol{r}'\boldsymbol{b}$ 服从正态分布,可知 $t\sim t(n-K)$,与第 3 章单参数 t 检验证明类似。

或者由 F 检验统计量表达式可以看出:

$$F=\frac{(\boldsymbol{r}'\boldsymbol{b}-q)[\boldsymbol{r}'(\boldsymbol{X}'\boldsymbol{X})^{-1}\boldsymbol{r}]^{-1}(\boldsymbol{r}'\boldsymbol{b}-q)/1}{\boldsymbol{e}'\boldsymbol{e}/(n-K)}=\frac{(\boldsymbol{r}'\boldsymbol{b}-q)^2}{s^2[\boldsymbol{r}'(\boldsymbol{X}'\boldsymbol{X})^{-1}\boldsymbol{r}]}$$
$$=\left[\frac{\boldsymbol{r}'\boldsymbol{b}-q}{s\sqrt{\boldsymbol{r}'(\boldsymbol{X}'\boldsymbol{X})^{-1}\boldsymbol{r}}}\right]^2=t^2.$$

这就是说,在单个约束条件的情况下可以构造 t 统计量进行检验。

3. 总显著性检验

在总显著性检验中,零假设为

$$\mathrm{H}_0:\beta_2=\cdots=\beta_K=0,\quad J=K-1,$$

或记
$$H_0: \boldsymbol{R\beta} = \boldsymbol{q},$$
其中，$R=[0,I_{K-1}]$为$(K-1)\times K$阶矩阵，$\boldsymbol{q}=\boldsymbol{0}$为$K-1$维列向量。

可以证明，此时可将F检验统计量表示为
$$F = \frac{\hat{\boldsymbol{y}}'\hat{\boldsymbol{y}}/(K-1)}{\boldsymbol{e}'\boldsymbol{e}/(n-K)}.$$

［证明］

记$\boldsymbol{X}=[\mathbf{i},\boldsymbol{X}_*]$，$\boldsymbol{Rb}-\boldsymbol{q}=(b_2,\cdots,b_K)'=\boldsymbol{b}_*$，$\boldsymbol{X}'\boldsymbol{X}=\begin{bmatrix} n & \mathbf{i}'\boldsymbol{X}_* \\ \boldsymbol{X}'_*\mathbf{i} & \boldsymbol{X}'_*\boldsymbol{X}_* \end{bmatrix}$，则（见第2章附录2）
$$(\boldsymbol{X}'\boldsymbol{X})^{-1} = \begin{bmatrix} * & * \\ * & (\boldsymbol{X}'_*\boldsymbol{X}_* - \boldsymbol{X}'_*\mathbf{i}n^{-1}\mathbf{i}'\boldsymbol{X}_*)^{-1} \end{bmatrix},$$
$$\begin{aligned}[\boldsymbol{R}(\boldsymbol{X}'\boldsymbol{X})^{-1}\boldsymbol{R}']^{-1} &= \boldsymbol{X}'_*\boldsymbol{X}_* - \boldsymbol{X}'_*\mathbf{i}n^{-1}\mathbf{i}'\boldsymbol{X}_* \\ &= \boldsymbol{X}'_*\left(\boldsymbol{I} - \frac{1}{n}\mathbf{i}\mathbf{i}'\right)\boldsymbol{X}_* \\ &= \boldsymbol{X}'_*\boldsymbol{M}^0\boldsymbol{X}_* \\ &= (\boldsymbol{M}^0\boldsymbol{X}_*)'(\boldsymbol{M}^0\boldsymbol{X}_*) \\ &= \boldsymbol{x}'\boldsymbol{x},\end{aligned}$$
所以，F检验统计量可表示为
$$F = \frac{\boldsymbol{b}'_*\boldsymbol{x}'\boldsymbol{x}\boldsymbol{b}_*/(K-1)}{\boldsymbol{e}'\boldsymbol{e}/(n-K)} = \frac{\hat{\boldsymbol{y}}'\hat{\boldsymbol{y}}/(K-1)}{\boldsymbol{e}'\boldsymbol{e}/(n-K)} \quad (\because \hat{\boldsymbol{y}} = \boldsymbol{x}\boldsymbol{b}_*).$$

4. 参数子集显著性检验

零假设为
$$H_0: \boldsymbol{\beta}_s = \boldsymbol{0}, \quad J = s,$$
$$\text{或 } H_0: \boldsymbol{R\beta} = \boldsymbol{q},$$
其中，$\boldsymbol{R}=[\boldsymbol{0},\boldsymbol{I}_s]$，$\boldsymbol{\beta}=\begin{bmatrix}\boldsymbol{\beta}_r \\ \boldsymbol{\beta}_s\end{bmatrix}$，$\boldsymbol{q}=\boldsymbol{0}$，$\boldsymbol{X}=[\boldsymbol{X}_r,\boldsymbol{X}_s]$，而$r+s=K$。

此时，检验统计量可表示为
$$F = \frac{(\boldsymbol{e}'_r\boldsymbol{e}_r - \boldsymbol{e}'\boldsymbol{e})/s}{\boldsymbol{e}'\boldsymbol{e}/(n-K)} \sim F(s,n-K),$$
其中，$\boldsymbol{e}_r$为$\boldsymbol{Y}$对$\boldsymbol{X}_r$回归得到的残差，即
$$\boldsymbol{Y} = \boldsymbol{X}_r\tilde{\boldsymbol{b}}_r + \boldsymbol{e}_r,$$

而 $\boldsymbol{e}$ 为 $\boldsymbol{Y}$ 对 $\boldsymbol{X}$ 回归得到的残差,即

$$\boldsymbol{Y} = \boldsymbol{Xb} + \boldsymbol{e}.$$

[证明] 线性约束检验的 F 检验统计量理论表达式为

$$F = \frac{(\boldsymbol{Rb} - \boldsymbol{q})'[\boldsymbol{R}(\boldsymbol{X}'\boldsymbol{X})^{-1}\boldsymbol{R}']^{-1}(\boldsymbol{Rb} - \boldsymbol{q})/s}{\boldsymbol{e}'\boldsymbol{e}/(n - K)}.$$

由 $\boldsymbol{R}$ 表达式可知 $\boldsymbol{Rb}-\boldsymbol{q}=\boldsymbol{b}_s$。

$$\because\ \boldsymbol{X}'\boldsymbol{X}=\begin{bmatrix}\boldsymbol{X}_r'\\ \boldsymbol{X}_s'\end{bmatrix}[\boldsymbol{X}_r\ \boldsymbol{X}_s]=\begin{bmatrix}\boldsymbol{X}_r'\boldsymbol{X}_r & \boldsymbol{X}_r'\boldsymbol{X}_s\\ \boldsymbol{X}_s'\boldsymbol{X}_r & \boldsymbol{X}_s'\boldsymbol{X}_s\end{bmatrix},$$

根据第 2 章附录 2,可求出 $(\boldsymbol{X}'\boldsymbol{X})^{-1}$,经矩阵乘法运算得

$$\begin{aligned}\boldsymbol{R}(\boldsymbol{X}'\boldsymbol{X})^{-1}\boldsymbol{R}' &= [\boldsymbol{X}_s'\boldsymbol{X}_s - \boldsymbol{X}_s'\boldsymbol{X}_r(\boldsymbol{X}_r'\boldsymbol{X}_r)^{-1}\boldsymbol{X}_r'\boldsymbol{X}_s]^{-1},\\ [\boldsymbol{R}(\boldsymbol{X}'\boldsymbol{X})^{-1}\boldsymbol{R}']^{-1} &= \boldsymbol{X}_s'\boldsymbol{X}_s - \boldsymbol{X}_s'\boldsymbol{X}_r(\boldsymbol{X}_r'\boldsymbol{X}_r)^{-1}\boldsymbol{X}_r'\boldsymbol{X}_s\\ &= \boldsymbol{X}_s'[\boldsymbol{I} - \boldsymbol{X}_r(\boldsymbol{X}_r'\boldsymbol{X}_r)^{-1}\boldsymbol{X}_r']\boldsymbol{X}_s\\ &= \boldsymbol{X}_s'\boldsymbol{M}_r\boldsymbol{X}_s.\end{aligned}$$

$$\therefore\ (\boldsymbol{Rb}-\boldsymbol{q})'[\boldsymbol{R}(\boldsymbol{X}'\boldsymbol{X})^{-1}\boldsymbol{R}']^{-1}(\boldsymbol{Rb}-\boldsymbol{q})=\boldsymbol{b}_s'\boldsymbol{X}_s'\boldsymbol{M}_r\boldsymbol{X}_s\boldsymbol{b}_s. \qquad ①$$

下面证明 $\boldsymbol{b}_s'\boldsymbol{X}_s'\boldsymbol{M}_r\boldsymbol{X}_s\boldsymbol{b}_s=\boldsymbol{e}_r'\boldsymbol{e}_r-\boldsymbol{e}'\boldsymbol{e}$。

由 $\boldsymbol{Y}=\boldsymbol{X}_r\boldsymbol{b}_r+\boldsymbol{X}_s\boldsymbol{b}_s+\boldsymbol{e}$ 有

$$\boldsymbol{e} = \boldsymbol{Y} - \boldsymbol{X}_r\boldsymbol{b}_r - \boldsymbol{X}_s\boldsymbol{b}_s.$$

等式两边右乘 $\boldsymbol{M}_r$,得

$$\boldsymbol{M}_r\boldsymbol{e} = \boldsymbol{M}_r\boldsymbol{Y} - \boldsymbol{M}_r\boldsymbol{X}_r\boldsymbol{b}_r - \boldsymbol{M}_r\boldsymbol{X}_s\boldsymbol{b}_s,$$

而 $\boldsymbol{M}_r\boldsymbol{e}=\boldsymbol{e}$,$\boldsymbol{M}_r\boldsymbol{Y}=\boldsymbol{e}_r$,$\boldsymbol{M}_r\boldsymbol{X}_r=\boldsymbol{0}$,所以有

$$\boldsymbol{e}_r = \boldsymbol{e} + \boldsymbol{M}_r\boldsymbol{X}_s\boldsymbol{b}_s,$$

故

$$\begin{aligned}\boldsymbol{e}_r'\boldsymbol{e}_r &= \boldsymbol{e}'\boldsymbol{e} + \boldsymbol{e}'\boldsymbol{M}_r\boldsymbol{X}_s\boldsymbol{b}_s + \boldsymbol{b}_s'\boldsymbol{X}_s'\boldsymbol{M}_r'\boldsymbol{e} + \boldsymbol{b}_s'\boldsymbol{X}_s'\boldsymbol{M}_r'\boldsymbol{M}_r\boldsymbol{X}_s\boldsymbol{b}_s\\ &= \boldsymbol{e}'\boldsymbol{e} + \boldsymbol{b}_s'\boldsymbol{X}_s'\boldsymbol{M}_r\boldsymbol{X}_s\boldsymbol{b}_s \quad (\because \boldsymbol{M}_r\boldsymbol{e} = \boldsymbol{e},\ \boldsymbol{X}_s'\boldsymbol{e} = \boldsymbol{0},\ \boldsymbol{M}_r\ \text{为对称幂等阵}),\end{aligned}$$

亦即

$$\boldsymbol{b}_s'\boldsymbol{X}_s'\boldsymbol{M}_r\boldsymbol{X}_s\boldsymbol{b}_s = \boldsymbol{e}_r'\boldsymbol{e}_r - \boldsymbol{e}'\boldsymbol{e}.$$

或者可以这样证明:

$$\because\ \boldsymbol{M}_r\boldsymbol{X}_s\boldsymbol{b}_s=\boldsymbol{e}_r-\boldsymbol{e},$$

$$\begin{aligned}\therefore\ \boldsymbol{b}_s'\boldsymbol{X}_s'\boldsymbol{M}_r'\boldsymbol{M}_r\boldsymbol{X}_s\boldsymbol{b}_s &=(\boldsymbol{e}_r-\boldsymbol{e})'(\boldsymbol{e}_r-\boldsymbol{e})\\ &=\boldsymbol{e}_r'\boldsymbol{e}_r+\boldsymbol{e}'\boldsymbol{e}-\boldsymbol{e}_r'\boldsymbol{e}-\boldsymbol{e}'\boldsymbol{e}_r.\end{aligned}$$

而

$$\boldsymbol{e}_r'\boldsymbol{e} = (\boldsymbol{M}_r\boldsymbol{Y})'\boldsymbol{e} = \boldsymbol{Y}'\boldsymbol{M}_r\boldsymbol{e} = \boldsymbol{Y}'\boldsymbol{e} = (\boldsymbol{Xb} + \boldsymbol{e})'\boldsymbol{e} = \boldsymbol{e}'\boldsymbol{e},$$

所以

$$b_s'X_s'M_rX_sb_s = e_r'e_r + e'e - e'e - e'e = e_r'e_r - e'e. \qquad ②$$

结合①式和②式就得

$$F = \frac{(e_r'e_r - e'e)/s}{e'e/(n-K)}.$$

显然,单参数显著性检验和回归方程的总显著性检验都是参数子集显著性检验的特例。

四、总体参数的联合置信区域

根据

$$F = \frac{(Rb - R\beta)'[R(X'X)^{-1}R']^{-1}(Rb - R\beta)/J}{e'e/(n-K)}$$
$$= (b-\beta)'R'[\mathrm{Var}(Rb)]^{-1}R(b-\beta)/J \sim F(J, n-K),$$

可知 $P(F<F_\alpha)=1-\alpha$,其中 $F_\alpha=F_\alpha(J,n-K)$。因此,置信度为 $1-\alpha$ 的联合置信区域为

$$(b-\beta)'Q(b-\beta) < F_\alpha,$$

其中,$Q=R'[\mathrm{Var}(Rb)]^{-1}R/J$。由 Q 的半正定性可知,置信区域为一超椭球。

五、例

利用美国1950—2000年的季度数据来估计投资方程,数据来源于格林(2020)。无约束的模型为

$$\ln(\text{realinvs}_t) = \beta_1 + \beta_2\text{tbilrate}_t + \beta_3\text{infl}_t + \beta_4\ln(\text{realgdp}_t) + \beta_5 t + \varepsilon_t,$$

其中,realinvs 表示实际投资,tbilrate 表示名义利率,infl 表示通货膨胀率,realgdp 表示实际国内生产总值,t 表示时间。

先估计无约束模型,Stata 程序如下:

```
use data7_1.dta, cleargen ln_invs = log(realinvs)
gen ln_gdp = log(realgdp)
gen t = Year - 1949
reg ln_invs tbilrate infl ln_gdp t in 2/204
```

估计结果如下:

```
. reg ln_invs tbilrate infl ln_gdp t in 2/204

      Source |       SS           df       MS      Number of obs   =       203
-------------+----------------------------------   F(4, 198)       =   2388.66
       Model |  71.1545243         4  17.7886311   Prob > F        =    0.0000
    Residual |  1.47453221       198  .007447132   R-squared       =    0.9797
-------------+----------------------------------   Adj R-squared   =    0.9793
       Total |  72.6290565       202  .359549785   Root MSE        =     .0863

------------------------------------------------------------------------------
     ln_invs | Coefficient  Std. err.      t    P>|t|     [95% conf. interval]
-------------+----------------------------------------------------------------
    tbilrate |  -.0087795   .0032131    -2.73   0.007    -.0151158   -.0024433
        infl |   .0038478   .0023066     1.67   0.097    -.0007009    .0083965
      ln_gdp |   1.888495   .1758438    10.74   0.000     1.541728    2.235262
           t |  -.0212617   .0057047    -3.73   0.000    -.0325116   -.0100119
       _cons |  -8.810563   1.307638    -6.74   0.000    -11.38925   -6.231879
------------------------------------------------------------------------------
```

如果投资者只关心实际利率,就得到约束模型:

$$\ln(\text{realinvs}_t) = \beta_1 + \beta_2[\text{tbilrate}_t - \text{infl}_t] + \beta_4\ln(\text{realgdp}_t) + \beta_5 t + \varepsilon_t.$$

因此,可以在无约束模型中检验原假设:

$$H_0: \beta_2 + \beta_3 = 0.$$

Stata 命令为

```
test tbilrate + infl = 0
```

检验结果如下:

```
 ( 1)  tbilrate + infl = 0

       F(  1,   198) =    3.01
            Prob > F =    0.0842
```

显然,在0.05的显著性水平下不能拒绝原假设。

我们进一步估计约束模型,Stata 命令为

```
constraint def 1 tbilrate + infl = 0
cnsreg ln_invs tbilrate infl ln_gdp t in 2/204, c(1)
```

估计结果如下:

```
. cnsreg ln_invs tbilrate infl ln_gdp t in 2/204, c(1)

Constrained linear regression                     Number of obs =       203
                                                  F(3, 199)     =   3152.01
                                                  Prob > F      =    0.0000
                                                  Root MSE      =    0.0867

 ( 1)  tbilrate + infl = 0
```

ln_invs	Coefficient	Std. err.	t	P>|t|	[95% conf.	interval]
tbilrate	-.0047861	.0022537	-2.12	0.035	-.0092302	-.000342
infl	.0047861	.0022537	2.12	0.035	.000342	.0092302
ln_gdp	1.74403	.1556697	11.20	0.000	1.437056	2.051004
t	-.0169266	.0051545	-3.28	0.001	-.027091	-.0067621
_cons	-7.746977	1.160927	-6.67	0.000	-10.03627	-5.45768

可见,在 0.05 的显著性水平下,实际利率对投资水平有显著影响;实际利率越高,投资水平越低。

§3　结构变化检验

一、问题的提出

1. 经济背景

在实践中,有时需要检验经济结构是否发生了变化。就时间序列资料而言,要检验同一经济单位在不同时期的结构是否有差异,比如不同时期的消费函数是否一样;就横截面资料而言,要检验同一时期的不同经济单位的结构是否有差异,比如同一时期的地区经济发展特征是否相同。

2. 数学表示

仍考虑 K 变量线性模型。为简单起见,先讨论两时期或两单位结构差异问题。以下叙述采用“时期”语言,至于“单位”的情形则完全相同。

假定我们具有一组时间序列资料,在时期 Ⅰ 和时期 Ⅱ,所对应的回归方程分别为

$$\text{时期 Ⅰ}: \boldsymbol{Y}^1 = \boldsymbol{X}^1\boldsymbol{\beta}^1 + \boldsymbol{\varepsilon}^1,$$

$$\text{时期 Ⅱ}: \boldsymbol{Y}^2 = \boldsymbol{X}^2\boldsymbol{\beta}^2 + \boldsymbol{\varepsilon}^2.$$

第一个方程刻画时期 Ⅰ,有 T_1 个观测;第二个方程刻画时期 Ⅱ,有 T_2 个观测。两个时期的解释变量、被解释变量、方程形式都相同;$\boldsymbol{\beta}^1$,$\boldsymbol{\beta}^2$ 均为 K 维参数列向量;$\boldsymbol{\beta}^1_*$,$\boldsymbol{\beta}^2_*$ 分别为两个方程的斜率。

我们把上述模型称为原模型,对于原模型,我们可以检验三种线性假设,来比较两个时期的经济结构是否相同:

① $\boldsymbol{\beta}^1=\boldsymbol{\beta}^2$,即所有参数都相同;

② $\boldsymbol{\beta}^1_*=\boldsymbol{\beta}^2_*$,即斜率相同;

③ $\boldsymbol{\beta}^1_s=\boldsymbol{\beta}^2_s$,即部分参数相同。

二、四种残差平方和

由于假设检验不同,因此受约束的回归模型也不相同,我们在计算其检验统计量时,所计算的约束残差平方和以及无约束残差平方和也不相同。对于上述三种假设检验,我们需要计算以下四种残差平方和,现在对这些残差平方和逐一加以介绍。

1. $\boldsymbol{\beta}^1=\boldsymbol{\beta}^2=\boldsymbol{\beta}$(斜率相同、截距也相同)

此时模型转换为

$$\begin{bmatrix} \boldsymbol{Y}^1 \\ \boldsymbol{Y}^2 \end{bmatrix} = \begin{bmatrix} \boldsymbol{X}^1 \\ \boldsymbol{X}^2 \end{bmatrix}\boldsymbol{\beta} + \begin{bmatrix} \boldsymbol{\varepsilon}^1 \\ \boldsymbol{\varepsilon}^2 \end{bmatrix},$$

简写为

$$\boldsymbol{Y} = \boldsymbol{X\beta} + \boldsymbol{\varepsilon}.$$

取容量 $T=T_1+T_2$ 的样本,对上述模型作 OLS 估计,可得残差平方和,记为 $\boldsymbol{e}'\boldsymbol{e}_{全}$,其自由度为 $T-K$,可以将上述模型视为对原模型的约束回归,约束条件为 $\boldsymbol{\beta}^1=\boldsymbol{\beta}^2$,约束个数为 $J=K$。

2. $\boldsymbol{\beta}^1_*=\boldsymbol{\beta}^2_*=\boldsymbol{\beta}_*$(斜率相同)

令 $\boldsymbol{\beta}^1=\begin{bmatrix} \beta^1_1 \\ \boldsymbol{\beta}^1_* \end{bmatrix}$,$\boldsymbol{\beta}^2=\begin{bmatrix} \beta^2_1 \\ \boldsymbol{\beta}^2_* \end{bmatrix}$,则模型可改写为

$$\boldsymbol{Y}^1 = \mathbf{i}^1\beta^1_1 + \boldsymbol{X}^1_*\boldsymbol{\beta}^1_* + \boldsymbol{\varepsilon}^1,$$
$$\boldsymbol{Y}^2 = \mathbf{i}^2\beta^2_1 + \boldsymbol{X}^2_*\boldsymbol{\beta}^2_* + \boldsymbol{\varepsilon}^2,$$

其中,$\mathbf{i}=\begin{bmatrix} 1 \\ \vdots \\ 1 \end{bmatrix}$。因为 $\boldsymbol{\beta}^1_*=\boldsymbol{\beta}^2_*=\boldsymbol{\beta}_*$,所以用矩阵形式表示为

$$\begin{bmatrix} \boldsymbol{Y}^1 \\ \boldsymbol{Y}^2 \end{bmatrix} = \begin{bmatrix} \mathbf{i}^1 & 0 & \boldsymbol{X}^1_* \\ 0 & \mathbf{i}^2 & \boldsymbol{X}^2_* \end{bmatrix}\begin{bmatrix} \beta^1_1 \\ \beta^2_1 \\ \boldsymbol{\beta}_* \end{bmatrix} + \begin{bmatrix} \boldsymbol{\varepsilon}^1 \\ \boldsymbol{\varepsilon}^2 \end{bmatrix},$$

简记为

$$\boldsymbol{Y} = \boldsymbol{X\beta} + \boldsymbol{\varepsilon}.$$

对上述模型作 OLS 估计,可得残差平方和,记为 $\boldsymbol{e}'\boldsymbol{e}_{斜}$,其自由度为 $T-(K+1)$。

可以将上述模型视为对原模型的约束回归,约束条件为 $\boldsymbol{\beta}^1_*=\boldsymbol{\beta}^2_*$,约束个数为 $J=K-1$。

3. $\boldsymbol{\beta}^1,\boldsymbol{\beta}^2$ 不相同(斜率不同、截距也不同)

可将模型用矩阵形式表示为

$$\begin{bmatrix}\boldsymbol{Y}^1\\\boldsymbol{Y}^2\end{bmatrix}=\begin{bmatrix}\boldsymbol{X}^1 & \mathbf{0}\\\mathbf{0} & \boldsymbol{X}^2\end{bmatrix}\begin{bmatrix}\boldsymbol{\beta}^1\\\boldsymbol{\beta}^2\end{bmatrix}+\begin{bmatrix}\boldsymbol{\varepsilon}^1\\\boldsymbol{\varepsilon}^2\end{bmatrix},$$

简写为

$$\boldsymbol{Y}=\boldsymbol{X\beta}+\boldsymbol{\varepsilon}.$$

对上述模型作 OLS 估计,可得残差平方和,记为 $\boldsymbol{e}'\boldsymbol{e}_{\text{不}}$,其自由度为 $T-2K$。

该模型为无约束回归模型,在前面我们称之为原模型。进一步可证明:

$$\boldsymbol{e}'\boldsymbol{e}_{\text{不}}=\boldsymbol{e}_1'\boldsymbol{e}_1+\boldsymbol{e}_2'\boldsymbol{e}_2,$$

其中,$\boldsymbol{e}_1'\boldsymbol{e}_1$ 表示 $\boldsymbol{Y}^1$ 对 $\boldsymbol{X}^1$ 回归得到的残差平方和,$\boldsymbol{e}_2'\boldsymbol{e}_2$ 表示 $\boldsymbol{Y}^2$ 对 $\boldsymbol{X}^2$ 回归得到的残差平方和。

[证明]

① 先证 $\boldsymbol{b}=\begin{bmatrix}\boldsymbol{b}^1\\\boldsymbol{b}^2\end{bmatrix}$,其中 $\boldsymbol{b}^1$ 为 $\boldsymbol{Y}^1$ 对 $\boldsymbol{X}^1$ 回归得到的参数估计值,$\boldsymbol{b}^2$ 为 $\boldsymbol{Y}^2$ 对 $\boldsymbol{X}^2$ 回归得到的参数估计值。

$$\because\ \boldsymbol{X}'\boldsymbol{X}=\begin{bmatrix}\boldsymbol{X}^{1\prime} & \mathbf{0}'\\\mathbf{0}' & \boldsymbol{X}^{2\prime}\end{bmatrix}\begin{bmatrix}\boldsymbol{X}^1 & \mathbf{0}\\\mathbf{0} & \boldsymbol{X}^2\end{bmatrix}=\begin{bmatrix}\boldsymbol{X}^{1\prime}\boldsymbol{X}^1 & \mathbf{0}\\\mathbf{0} & \boldsymbol{X}^{2\prime}\boldsymbol{X}^2\end{bmatrix},$$

$$\boldsymbol{X}'\boldsymbol{Y}=\begin{bmatrix}\boldsymbol{X}^{1\prime} & \mathbf{0}'\\\mathbf{0}' & \boldsymbol{X}^{2\prime}\end{bmatrix}\begin{bmatrix}\boldsymbol{Y}^1\\\boldsymbol{Y}^2\end{bmatrix}=\begin{bmatrix}\boldsymbol{X}^{1\prime}\boldsymbol{Y}^1\\\boldsymbol{X}^{2\prime}\boldsymbol{Y}^2\end{bmatrix},$$

$$\therefore\ \boldsymbol{b}=(\boldsymbol{X}'\boldsymbol{X})^{-1}\boldsymbol{X}'\boldsymbol{Y}=\begin{bmatrix}(\boldsymbol{X}^{1\prime}\boldsymbol{X}^1)^{-1}\boldsymbol{X}^{1\prime}\boldsymbol{Y}^1\\(\boldsymbol{X}^{2\prime}\boldsymbol{X}^2)^{-1}\boldsymbol{X}^{2\prime}\boldsymbol{Y}^2\end{bmatrix}=\begin{bmatrix}\boldsymbol{b}^1\\\boldsymbol{b}^2\end{bmatrix}.$$

② 再证 $\boldsymbol{e}'\boldsymbol{e}_{\text{不}}=\boldsymbol{e}_1'\boldsymbol{e}_1+\boldsymbol{e}_2'\boldsymbol{e}_2$。

$$\because\ \boldsymbol{e}_{\text{不}}=\boldsymbol{Y}-\boldsymbol{Xb}=\begin{bmatrix}\boldsymbol{Y}^1\\\boldsymbol{Y}^2\end{bmatrix}-\begin{bmatrix}\boldsymbol{X}^1 & \mathbf{0}\\\mathbf{0} & \boldsymbol{X}^2\end{bmatrix}\begin{bmatrix}\boldsymbol{b}^1\\\boldsymbol{b}^2\end{bmatrix}=\begin{bmatrix}\boldsymbol{Y}^1-\boldsymbol{X}^1\boldsymbol{b}^1\\\boldsymbol{Y}^2-\boldsymbol{X}^2\boldsymbol{b}^2\end{bmatrix}=\begin{bmatrix}\boldsymbol{e}_1\\\boldsymbol{e}_2\end{bmatrix},$$

$$\therefore\ \boldsymbol{e}'\boldsymbol{e}_{\text{不}}=\boldsymbol{e}_1'\boldsymbol{e}_1+\boldsymbol{e}_2'\boldsymbol{e}_2。$$

4. $\boldsymbol{\beta}_s^1=\boldsymbol{\beta}_s^2=\boldsymbol{\beta}_s$(参数子集相同)

对于模型:

$$\begin{cases}\boldsymbol{Y}^1=\boldsymbol{X}_r^1\boldsymbol{\beta}_r^1+\boldsymbol{X}_s^1\boldsymbol{\beta}_s^1+\boldsymbol{\varepsilon}^1\\\boldsymbol{Y}^2=\boldsymbol{X}_r^2\boldsymbol{\beta}_r^2+\boldsymbol{X}_s^2\boldsymbol{\beta}_s^2+\boldsymbol{\varepsilon}^2\end{cases}\quad r+s=K,$$

其中,参数子集 $\boldsymbol{\beta}_s^1=\boldsymbol{\beta}_s^2=\boldsymbol{\beta}_s$, 则可将模型改写为

$$\begin{bmatrix}\boldsymbol{Y}^1\\\boldsymbol{Y}^2\end{bmatrix}=\begin{bmatrix}\boldsymbol{X}_r^1 & \mathbf{0} & \boldsymbol{X}_s^1\\\mathbf{0} & \boldsymbol{X}_r^2 & \boldsymbol{X}_s^2\end{bmatrix}\begin{bmatrix}\boldsymbol{\beta}_r^1\\\boldsymbol{\beta}_r^2\\\boldsymbol{\beta}_s\end{bmatrix}+\begin{bmatrix}\boldsymbol{\varepsilon}^1\\\boldsymbol{\varepsilon}^2\end{bmatrix},$$

简写为

$$\boldsymbol{Y} = \boldsymbol{X\beta} + \boldsymbol{\varepsilon}.$$

对上述模型作 OLS 估计,可得残差平方和,记为 $\boldsymbol{e}'\boldsymbol{e}_{子}$,其自由度为 $T-2r-s=T-2K+s$。可以将上述模型视为对原模型的约束回归,约束条件为 $\boldsymbol{\beta}_s^1=\boldsymbol{\beta}_s^2$,约束个数为 $J=s$。

三、结构检验

下面给出三种线性假设的检验和检验统计量。

1. 对全部参数的检验

检验的假设为

$$\begin{cases} \mathrm{H}_0: \boldsymbol{\beta}^1 = \boldsymbol{\beta}^2, \\ \mathrm{H}_1: \boldsymbol{\beta}^1 \neq \boldsymbol{\beta}^2. \end{cases}$$

可将其视为对原模型的约束检验,约束个数为 $J=K$。检验统计量为

$$F = \frac{(\boldsymbol{e}'\boldsymbol{e}_{全} - \boldsymbol{e}'\boldsymbol{e}_{不})/K}{\boldsymbol{e}'\boldsymbol{e}_{不}/(T-2K)} \sim F(K, T-2K),$$

亦即

$$F = \frac{[\boldsymbol{e}'\boldsymbol{e}_{全} - (\boldsymbol{e}_1'\boldsymbol{e}_1 + \boldsymbol{e}_2'\boldsymbol{e}_2)]/K}{(\boldsymbol{e}_1'\boldsymbol{e}_1 + \boldsymbol{e}_2'\boldsymbol{e}_2)/(T-2K)} \sim F(K, T-2K).$$

2. 对斜率的检验

检验的假设为

$$\begin{cases} \mathrm{H}_0: \boldsymbol{\beta}_*^1 = \boldsymbol{\beta}_*^2, \\ \mathrm{H}_1: \boldsymbol{\beta}_*^1 \neq \boldsymbol{\beta}_*^2. \end{cases}$$

可将它视为对原模型的约束检验,约束个数为 $J=K-1$。检验统计量为

$$F = \frac{(\boldsymbol{e}'\boldsymbol{e}_{斜} - \boldsymbol{e}'\boldsymbol{e}_{不})/(K-1)}{\boldsymbol{e}'\boldsymbol{e}_{不}/(T-2K)} \sim F(K-1, T-2K),$$

亦即

$$F = \frac{[\boldsymbol{e}'\boldsymbol{e}_{斜} - (\boldsymbol{e}_1'\boldsymbol{e}_1 + \boldsymbol{e}_2'\boldsymbol{e}_2)]/(K-1)}{(\boldsymbol{e}_1'\boldsymbol{e}_1 + \boldsymbol{e}_2'\boldsymbol{e}_2)/(T-2K)} \sim F(K-1, T-2K).$$

3. 对参数子集的检验

检验的假设为

$$\begin{cases} \mathrm{H}_0: \boldsymbol{\beta}_s^1 = \boldsymbol{\beta}_s^2, \\ \mathrm{H}_0: \boldsymbol{\beta}_s^1 \neq \boldsymbol{\beta}_s^2. \end{cases}$$

可将它视为对原模型的约束检验,约束条件个数为 $J=s$,检验统计量为

$$F = \frac{(\boldsymbol{e}'\boldsymbol{e}_{子} - \boldsymbol{e}'\boldsymbol{e}_{不})/s}{\boldsymbol{e}'\boldsymbol{e}_{不}/(T-2K)} \sim F(s, T-2K),$$

亦即

$$F = \frac{[\boldsymbol{e}'\boldsymbol{e}_{子} - (\boldsymbol{e}_1'\boldsymbol{e}_1 + \boldsymbol{e}_2'\boldsymbol{e}_2)]/s}{(\boldsymbol{e}_1'\boldsymbol{e}_1 + \boldsymbol{e}_2'\boldsymbol{e}_2)/(T - 2K)} \sim F(s, T - 2K).$$

4. 一个补充:虚拟变量在经济结构检验中的应用

需要说明的是,我们也可以用虚拟变量来描述与检验不同的经济结构。以单变量回归模型检验为例,可构造模型:

$$Y = \beta_1 + \delta_1 D + \beta_2 X + \delta_2 DX + \varepsilon.$$

若为第一时期,则 D 取 1,否则取 0。

如果我们要同时检验斜率和截距,则检验的原假设为

$$\mathrm{H}_0: \delta_1 = \delta_2 = 0.$$

显然,用线性约束 F 检验就可以完成这一任务。

如果只检验斜率,其原假设可表示为

$$\begin{cases} \mathrm{H}_0: \delta_2 = 0, \\ \mathrm{H}_1: \delta_2 \neq 0. \end{cases}$$

显然,用单参数 t 检验就可以完成这一任务。

也可在假定斜率相同($\delta_2 = 0$)下,检验截距是否有差异。检验的假设为

$$\begin{cases} \mathrm{H}_0: \delta_1 = 0, \\ \mathrm{H}_1: \delta_1 \neq 0. \end{cases}$$

用单参数 t 检验即可。

采用虚拟变量方法进行检验,除了方便快捷,一目了然,还有一个优点,那就是在检验的同时可以描述两个时期的差异程度。

四、结构检验步骤

下面举例说明结构检验的步骤。

若需检验改革开放前后我国生产函数有无显著性差异。设定总体回归模型为

$$\ln Y_t = \beta_1 + \beta_2 \ln L_t + \beta_3 \ln K_t + \varepsilon_t, \tag{①}$$

其中,Y 为产出,L 为劳动力,K 为资本。样本区间为 1952—2004 年,样本容量为 $T=53$。

改革开放前,模型设定为

$$\ln Y_t^1 = \beta_1^1 + \beta_2^1 \ln L_t^1 + \beta_3^1 \ln K_t^1 + \varepsilon_t^1. \tag{②}$$

样本区间为 1952—1978 年,样本容量为 $T_1=27$。

改革开放后,模型设定为

$$\ln Y_t^2 = \beta_1^2 + \beta_2^2 \ln L_t^2 + \beta_3^2 \ln K_t^2 + \varepsilon_t^2. \tag{③}$$

样本区间为 1979—2004 年,样本容量为 $T_2=26$。

1. 检验全部参数是否有差异

$$\begin{cases} H_0: \beta_1^1 = \beta_1^2,\ \beta_2^1 = \beta_2^2,\ \beta_3^1 = \beta_3^2 \\ H_1: \text{至少一个不相等} \end{cases} \quad J = 3.$$

检验步骤如下：

第一步，以 1952—2004 年样本数据估计模型①得到残差平方和 $\boldsymbol{e}'\boldsymbol{e}_{全}$，其自由度为 $T-K=53-3=50$。

第二步，以 1952—1978 年样本数据估计模型②得到残差平方和 $\boldsymbol{e}_1'\boldsymbol{e}_1$，其自由度为 $T_1-K=27-3=24$。

第三步，以 1979—2004 年样本数据估计模型③得残差平方和 $\boldsymbol{e}_2'\boldsymbol{e}_2$，其自由度为 $T_2-K=26-3=23$。

第四步，计算 F 值：

$$F = \frac{[\boldsymbol{e}'\boldsymbol{e}_{全} - (\boldsymbol{e}_1'\boldsymbol{e}_1 + \boldsymbol{e}_2'\boldsymbol{e}_2)]/3}{(\boldsymbol{e}_1'\boldsymbol{e}_1 + \boldsymbol{e}_2'\boldsymbol{e}_2)/47}.$$

第五步，推断：

给定 α，根据自由度(3,47)，查出 F 分布的临界值为 $F_\alpha(3,47)$。

若 $F>F_\alpha(3,47)$，则拒绝 H_0，可认为改革开放前后生产函数存在显著差异；

若 $F<F_\alpha(3,47)$，则不拒绝 H_0，不能认为两个时期生产函数存在显著差异。

2. 检验斜率是否有显著差异

$$\begin{cases} H_0: \beta_2^1 = \beta_2^2,\ \beta_3^1 = \beta_3^2 \\ H_1: \text{至少一个不相等} \end{cases} \quad J = 2.$$

检验步骤如下：

第一步，取 1952—2004 年容量为 $T=53$ 的样本进行估计，但样本形式如下：

被解释变量样本向量　　　　解释变量样本矩阵

$$\begin{bmatrix} \ln Y_{1952} \\ \vdots \\ \ln Y_{1978} \\ \ln Y_{1979} \\ \vdots \\ \ln Y_{2004} \end{bmatrix} \qquad \begin{bmatrix} 1 & 0 & \ln L_{1952} & \ln K_{1952} \\ \vdots & \vdots & \vdots & \vdots \\ 1 & 0 & \ln L_{1978} & \ln K_{1978} \\ 0 & 1 & \ln L_{1979} & \ln K_{1979} \\ \vdots & \vdots & \vdots & \vdots \\ 0 & 1 & \ln L_{2004} & \ln K_{2004} \end{bmatrix}$$

得到残差平方和 $\boldsymbol{e}'\boldsymbol{e}_{斜}$，其自由度为 $53-4=49$；

第二步和第三步同 1 中的第二步和第三步；

第四步，计算 F 值：

$$F = \frac{[\boldsymbol{e}'\boldsymbol{e}_{斜} - (\boldsymbol{e}_1'\boldsymbol{e}_1 + \boldsymbol{e}_2'\boldsymbol{e}_2)]/2}{(\boldsymbol{e}_1'\boldsymbol{e}_1 + \boldsymbol{e}_2'\boldsymbol{e}_2)/47};$$

第五步，推断：

同 1 中的第五步，但临界值为 $F_\alpha(2,47)$。

3. 只检验 $\ln K$ 的参数是否有显著差异

$$\begin{cases} H_0: \beta_3^1 = \beta_3^2 \\ H_1: \beta_3^1 \neq \beta_3^2 \end{cases} \quad J = 1.$$

检验步骤如下：

第一步，取 1952—2004 年容量为 $T=53$ 的样本进行估计，但样本形式为

被解释变量样本向量　　　　解释变量样本矩阵

$$\begin{bmatrix} \ln Y_{1952} \\ \vdots \\ \ln Y_{1978} \\ \ln Y_{1979} \\ \vdots \\ \ln Y_{2004} \end{bmatrix} \qquad \begin{bmatrix} 1 & \ln L_{1952} & 0 & 0 & \ln K_{1952} \\ \vdots & \vdots & \vdots & \vdots & \vdots \\ 1 & \ln L_{1978} & 0 & 0 & \ln K_{1978} \\ 0 & 0 & 1 & \ln L_{1979} & \ln K_{1979} \\ \vdots & \vdots & \vdots & \vdots & \vdots \\ 0 & 0 & 1 & \ln L_{2004} & \ln K_{2004} \end{bmatrix}$$

得到残差平方和 $\boldsymbol{e}'\boldsymbol{e}_{子}$，其自由度为 $53-5=48$；

第二步和第三步同 1 中的第二步和第三步；

第四步，计算 F 值：

$$F = \frac{[\boldsymbol{e}'\boldsymbol{e}_{子} - (\boldsymbol{e}_1'\boldsymbol{e}_1 + \boldsymbol{e}_2'\boldsymbol{e}_2)]/1}{(\boldsymbol{e}_1'\boldsymbol{e}_1 + \boldsymbol{e}_2'\boldsymbol{e}_2)/47};$$

第五步，推断：

同 1 中的第五步，但临界值为 $F_\alpha(1,47)$。

五、推广

上面的方法可以推广到 K 个变量 p 个时期（或 p 个单位）。无约束模型为

$$\begin{cases} \boldsymbol{Y}^1 = \boldsymbol{X}^1\boldsymbol{\beta}^1 + \boldsymbol{\varepsilon}^1 & (T_1 \text{ 个观测}), \\ \boldsymbol{Y}^2 = \boldsymbol{X}^2\boldsymbol{\beta}^2 + \boldsymbol{\varepsilon}^2 & (T_2 \text{ 个观测}), \\ \quad\vdots & \quad\vdots \\ \boldsymbol{Y}^p = \boldsymbol{X}^p\boldsymbol{\beta}^p + \boldsymbol{\varepsilon}^p & (T_p \text{ 个观测}). \end{cases}$$

总的观测个数为

$$T = T_1 + \cdots + T_p.$$

只要求出四种残差平方和,就可以检验几种不同形式的假设了。

1. $\boldsymbol{\beta}^1=\cdots=\boldsymbol{\beta}^p=\boldsymbol{\beta}$(斜率相同、截距也相同)

在这一限制条件下,可用矩阵形式将模型表示为

$$\begin{bmatrix}\boldsymbol{Y}^1\\ \vdots\\ \boldsymbol{Y}^p\end{bmatrix}=\begin{bmatrix}\boldsymbol{X}^1\\ \vdots\\ \boldsymbol{X}^p\end{bmatrix}\boldsymbol{\beta}+\begin{bmatrix}\boldsymbol{\varepsilon}^1\\ \vdots\\ \boldsymbol{\varepsilon}^p\end{bmatrix}.$$

将该模型的残差平方和记为 $\boldsymbol{e}'\boldsymbol{e}_{全}$,其自由度为 $T-K$。

可以将上述模型视为对原模型的约束回归,约束条件为 $\boldsymbol{\beta}^1=\cdots=\boldsymbol{\beta}^p$,约束个数为 $J=(p-1)K$。

2. $\boldsymbol{\beta}^1_*=\cdots=\boldsymbol{\beta}^p_*=\boldsymbol{\beta}_*$(斜率相同)

在这一限制条件下,可用矩阵形式将模型表示为

$$\begin{bmatrix}\boldsymbol{Y}^1\\ \vdots\\ \boldsymbol{Y}^p\end{bmatrix}=\begin{bmatrix}\mathbf{i}^1 & & & \boldsymbol{X}^1_*\\ & \ddots & & \vdots\\ & & \mathbf{i}^p & \boldsymbol{X}^p_*\end{bmatrix}\begin{bmatrix}\boldsymbol{\beta}^1_1\\ \vdots\\ \boldsymbol{\beta}^p_1\\ \boldsymbol{\beta}_*\end{bmatrix}+\begin{bmatrix}\boldsymbol{\varepsilon}^1\\ \vdots\\ \boldsymbol{\varepsilon}^p\end{bmatrix}.$$

将该模型的残差平方和记为 $\boldsymbol{e}'\boldsymbol{e}_{斜}$,其自由度为 $T-(p+K-1)$。

可以将上述模型视为对原模型的约束回归,约束条件为 $\boldsymbol{\beta}^1_*=\cdots=\boldsymbol{\beta}^p_*$,约束个数为 $J=(p-1)(K-1)$。

3. $\boldsymbol{\beta}$ 全不同

这是无约束模型,可用矩阵形式表示为

$$\begin{bmatrix}\boldsymbol{Y}^1\\ \vdots\\ \boldsymbol{Y}^p\end{bmatrix}=\begin{bmatrix}\boldsymbol{X}^1 & & \\ & \ddots & \\ & & X^p\end{bmatrix}\begin{bmatrix}\boldsymbol{\beta}^1\\ \vdots\\ \boldsymbol{\beta}^p\end{bmatrix}+\begin{bmatrix}\boldsymbol{\varepsilon}^1\\ \vdots\\ \boldsymbol{\varepsilon}^p\end{bmatrix}.$$

将该模型的残差平方和记为 $\boldsymbol{e}'\boldsymbol{e}_{不}$,其自由度为 $T-pK$。

4. $\boldsymbol{\beta}^1_s=\cdots=\boldsymbol{\beta}^p_s=\boldsymbol{\beta}_s$(参数子集相同)

在这一限制条件下,可将模型用矩阵形式表示为

$$\begin{bmatrix}\boldsymbol{Y}^1\\ \vdots\\ \boldsymbol{Y}^p\end{bmatrix}=\begin{bmatrix}\boldsymbol{X}^1_r & & & \boldsymbol{X}^1_s\\ & \ddots & & \vdots\\ & & \boldsymbol{X}^p_r & \boldsymbol{X}^p_s\end{bmatrix}\begin{bmatrix}\boldsymbol{\beta}^1_r\\ \vdots\\ \boldsymbol{\beta}^p_r\\ \boldsymbol{\beta}_s\end{bmatrix}+\begin{bmatrix}\boldsymbol{\varepsilon}^1\\ \vdots\\ \boldsymbol{\varepsilon}^p\end{bmatrix}.$$

将该模型的残差平方和记为 $\boldsymbol{e}'\boldsymbol{e}_{子}$,其自由度为 $T-(rp+s)=T-pK+(p-1)s$。

可以将上述模型视为对原模型的约束回归,约束条件为 $\boldsymbol{\beta}^1_s=\cdots=\boldsymbol{\beta}^p_s$,约束个数为 $J=(p-1)s$。

六、进一步的讨论

1. 经济结构检验的条件

上面所讲的经济结构检验方法只有在两时期(或两单位)方差相等($\sigma_1^2=\sigma_2^2$)的条件下才成立。然而,在实践中方差相等的条件未必满足,此时可采用两种方法处理。

第一种方法是,首先检验两个时期的方差是否相等,零假设为

$$H_0: \sigma_1^2 = \sigma_2^2.$$

如果检验结果不能拒绝零假设,就可以利用上面的经济结构检验方法;如果检验结果拒绝了零假设,则应考虑异方差问题,可用广义最小二乘法来估计模型,在此基础上检验关于参数的线性约束假设。

第二种方法是,如果样本容量足够大,可直接利用沃尔德检验方法来检验关于参数的线性约束假设,此时不需要假设方差相等。沃尔德检验的统计量为

$$W = (\boldsymbol{b}^1 - \boldsymbol{b}^2)'(\boldsymbol{v}_1 + \boldsymbol{v}_2)^{-1}(\boldsymbol{b}^1 - \boldsymbol{b}^2) \overset{a}{\sim} \chi^2(K),$$

其中

$$\boldsymbol{v}_1 = \widehat{\text{asy. Var}}(\boldsymbol{b}^1), \quad \boldsymbol{v}_2 = \widehat{\text{asy. Var}}(\boldsymbol{b}^2).$$

如果统计量 W 值超过了卡方分布的临界值,就可以拒绝 H_0,认为两个时期存在显著差异。其中 asy. Var 符号的含义见第 7 章。

2. 观测值不足的问题

前面曾指出 $\boldsymbol{e}'\boldsymbol{e}_{不}=\boldsymbol{e}_1'\boldsymbol{e}_1+\boldsymbol{e}_2'\boldsymbol{e}_2$,但是如果某一时期的观测值过少,比如 $T_2<K$,则这一时期的残差平方和 $\boldsymbol{e}_2'\boldsymbol{e}_2=\boldsymbol{0}$。所以 $\boldsymbol{e}'\boldsymbol{e}_{不}=\boldsymbol{e}_1'\boldsymbol{e}_1$,对应的自由度为 T_1-K。

3. 时期划分问题

如果时期划分不清楚,可采用累积平方和检验方法,估计出分界点(本书不作详细介绍了)。

七、例

利用美国 1953—2004 年的有关数据来分析石油危机前后美国汽油消费是否发生了结构变化,数据来自格林(2020)。

总体回归模型为

$$\ln(Y_t) = \beta_1 + \beta_2\ln(\text{income}_t) + \beta_3\ln(\text{gasp}_t) + \beta_4\ln(\text{pnc}_t) + \beta_5\ln(\text{puc}_t) + \beta_6 t + \varepsilon_t,$$

其中,Y 表示人均汽油消费量,income 表示人均可支配收入,gasp 表示汽油价格指数,pnc 表示新车价格指数,puc 表示二手车价格指数,t 表示时间。

我们将整个时期划分为两段:1953—1973 年和 1974—2004 年。引入一个虚拟变量 D 来区分这两段:取值 0 代表前一段;取值 1 代表后一段。再将虚拟变量 D 以及 D 与所有解释变量的交互项引入模型,并基于异方差稳健标准误估计这个模型:

$$\begin{aligned}\ln(Y_t) = &\ \beta_1 + \beta_2\ln(\text{income}_t) + \beta_3\ln(\text{gasp}_t) + \beta_4\ln(\text{pnc}_t) + \beta_5\ln(\text{puc}_t)\\ &+ \beta_6 t + \gamma_1 D + \gamma_2 D * \ln(\text{income}_t) + \gamma_3 D * \ln(\text{gasp}_t)\\ &+ \gamma_4 D * \ln(\text{pnc}_t) + \gamma_5 D * \ln(\text{puc}_t) + \gamma_6 Dt + \varepsilon_t.\end{aligned}$$

Stata 程序如下：

```
use data7_2.dta, clear
gen ln_y = log(gasexp/pop)
gen ln_inc = log(income)
gen ln_gasp = log(gasp)
gen ln_pnc = log(pnc)
gen ln_puc = log(puc)
gen t = year - 1952
gen d = (year>1973)
gen z1 = d * ln_inc
gen z2 = d * ln_gasp
gen z3 = d * ln_pnc
gen z4 = d * ln_puc
gen z5 = d * t
reg ln_y ln_inc ln_gasp ln_pnc ln_puc t d z1 z2 z3 z4 z5, robust
```

输出结果如下：

```
. reg ln_y ln_inc ln_gasp ln_pnc ln_puc t d z1 z2 z3 z4 z5, robust

Linear regression                               Number of obs     =         52
                                                F(11, 40)         =   34758.05
                                                Prob > F          =     0.0000
                                                R-squared         =     0.9998
                                                Root MSE          =     .01512
```

ln_y	Coefficient	Robust std. err.	t	P>|t|	[95% conf.	interval]
ln_inc	.8481959	.088444	9.59	0.000	.6694439	1.026948
ln_gasp	.9677348	.1236589	7.83	0.000	.7178108	1.217659
ln_pnc	.6987595	.1010418	6.92	0.000	.4945465	.9029725
ln_puc	-.2905318	.040279	-7.21	0.000	-.3719387	-.2091248
t	.0100634	.001626	6.19	0.000	.0067772	.0133497
d	6.836384	1.342133	5.09	0.000	4.123832	9.548935
z1	-.4742968	.1425377	-3.33	0.002	-.7623762	-.1862174
z2	-.0917563	.1245304	-0.74	0.466	-.3434417	.159929
z3	-.6999047	.1290751	-5.42	0.000	-.9607752	-.4390342
z4	.2688602	.0601254	4.47	0.000	.1473423	.3903781
z5	-.0055716	.0030005	-1.86	0.071	-.0116359	.0004927
_cons	-22.16469	.7270314	-30.49	0.000	-23.63408	-20.69531

我们看到,虚拟变量 D 的系数高度显著,多个交互项的系数也高度显著。

如果石油危机前后美国汽油市场没有发生结构变化,则如下原假设成立:

$$H_0: \gamma_1 = \gamma_2 = \gamma_3 = \gamma_4 = \gamma_5 = \gamma_6 = 0.$$

检验上述联合假设的 Stata 命令为

```
test(d=0)(z1=0)(z2=0)(z3=0)(z4=0)(z5=0)
```

输出结果为

```
. test (d=0) (z1=0) (z2=0) (z3=0) (z4=0) (z5=0)

 ( 1)  d = 0
 ( 2)  z1 = 0
 ( 3)  z2 = 0
 ( 3)  z3 = 0
 ( 5)  z4 = 0
 ( 6)  z5 = 0

       F(  6,    40) =  157.18
            Prob > F =    0.0000
```

显然,在 0.01 的显著性水平下,我们可以拒绝原假设,即可以断定在石油危机前后美国汽油市场发生了结构变化。

§4　模型稳定性检验

在上节讨论结构变化的检验问题时,我们假定结构在某一已知时点发生了突变,以该时点为界划分两个子时期,每个子时期的结构是稳定的。但在许多时候,结构可能是逐渐演变而非突变的,或者虽然是突变但发生的时点并不明确,或者根本就不存在稳定的结构。本节将介绍一种检验模型稳定性的一般方法,然后介绍一种特殊情况下的检验方法。

一、模型稳定性的一般检验

我们介绍 Hansen (1992)提出的一种检验模型稳定性的一般方法。

假定共有 T 个观测,采用 OLS 方法进行回归,得到残差序列 $\{e_t\}$, $t=1,\cdots,T$。现在定义:

$$\boldsymbol{f}_t = \begin{bmatrix} e_t \\ X_{t2}e_t \\ \vdots \\ X_{tK}e_t \\ e_t^2 - \dfrac{1}{T}\sum_{t=1}^{T} e_t^2 \end{bmatrix}, \quad \text{为 } K+1 \text{ 维列向量;}$$

$$s_t = \sum_{r=1}^{t} f_r, \quad 为 K+1 维列向量;$$

$$F = T\sum_{t=1}^{T} f_t f_t', \quad 为 K+1 阶方阵;$$

$$S = \sum_{t=1}^{T} s_t s_t', \quad 为 K+1 阶方阵.$$

如果模型在 T 期中是稳定的,那么 $\boldsymbol{S}$ 与 $\boldsymbol{F}$ 之间就不会出现显著差异,因此 Hansen (1992)提出的检验统计量为

$$H = \mathrm{tr}(\boldsymbol{F}^{-1}\boldsymbol{S}),$$

其中 tr 表示矩阵的迹,即矩阵对角线元素之和。

如果统计量 H 很大,就表明模型不稳定。这并不是一个标准检验统计量,其分布相当复杂,但 Hansen(1992)计算出了其渐近分布的临界值,它依赖于模型中回归元的个数。若 $K=2$,则临界值为 1.01;若 $K=6$,则临界值为 1.90;若 $K=15$,则临界值为 3.75。

二、一种特殊情况下的稳定性检验

有时候,我们要检验当样本容量稍稍扩大时,模型是否发生显著变化。模型设定为

$$\boldsymbol{Y}^1 = \boldsymbol{X}^1\boldsymbol{\beta} + \boldsymbol{\varepsilon}^1, 样本容量为 T_1,$$

$$\boldsymbol{Y} = \boldsymbol{X}\boldsymbol{\gamma} + \boldsymbol{\varepsilon}, 样本容量为 T = T_2 + T_1.$$

在实践中,T_2 往往为 1 或 2,常常小于总体参数个数 K。

检验的假设为

$$\begin{cases} \mathrm{H}_0: \boldsymbol{\beta} = \boldsymbol{\gamma}, \\ \mathrm{H}_1: \boldsymbol{\beta} \neq \boldsymbol{\gamma}. \end{cases}$$

检验步骤如下:

第一步,对 T_1 个观测值进行 OLS 估计,得到残差平方和 $\boldsymbol{e}_1'\boldsymbol{e}_1$,其自由度为 T_1-K;

第二步,对全部 $T=T_2+T_1$ 个观测值进行 OLS 估计,得到残差平方和 $\boldsymbol{e}'\boldsymbol{e}_{全}$,其自由度为 $T-K$。

检验统计量为

$$F = \frac{(\boldsymbol{e}'\boldsymbol{e}_{全} - \boldsymbol{e}_1'\boldsymbol{e}_1)/T_2}{\boldsymbol{e}_1'\boldsymbol{e}_1/(T_1 - K)} \sim F(T_2, T_1 - K).$$

给定显著性水平 α,若 $F>F_\alpha(T_2, T_1-K)$,就可以拒绝 H_0,认为模型不稳定。

§5 格兰杰因果关系检验

一、问题的提出

许多时候,人们希望弄清变量之间的因果关系,比如货币供应的扩张是否推动经济

增长等。

克莱夫 · 格兰杰(Clive Granger)定义了一种特定的因果关系概念:假定 X 是 Y 的因,但 Y 并不是 X 的因,则 X 的过去值应该能够帮助预测 Y 的未来值,但 Y 的过去值不应该能够预测 X 的未来值。

利用时间序列数据,可以在下述模型框架中进行格兰杰因果关系检验。我们的模型设定为

$$Y_t = \gamma + \sum_{i=1}^{p} \alpha_i Y_{t-i} + \sum_{j=1}^{q} \beta_j X_{t-j} + \varepsilon_t.$$

对于 X 是否为 Y 的原因的检验,零假设为

$$\mathrm{H}_0: \beta_1 = \cdots = \beta_q = 0,$$

显然,约束条件的个数为 $J=q$。

如果拒绝零假设,就可以认为 X 是 Y 的格兰杰原因。

在零假设成立的条件下,约束模型为

$$Y_t = \gamma + \sum_{i=1}^{p} \alpha_i Y_{t-i} + \varepsilon_t.$$

二、检验统计量

可以直接利用线性约束的 F 检验统计量来检验格兰杰因果关系:

$$F = \frac{(\boldsymbol{e}_r'\boldsymbol{e}_r - \boldsymbol{e}'\boldsymbol{e})/q}{\boldsymbol{e}'\boldsymbol{e}/[N-(p+q+1)]} \sim F[q, N-(p+q+1)],$$

其中,N 为有效样本数,$\boldsymbol{e}'\boldsymbol{e}$ 为对无约束模型估计得到的残差平方和,$\boldsymbol{e}_r'\boldsymbol{e}_r$ 为对约束模型估计得到的残差平方和。

关于滞后长度 p,q 的选择,一般根据有关的信息准则来确定。

在约束模型中,从较大的 Y 滞后值开始,选择最佳滞后长度 p^* 使得 AIC 或者 SC 最小。AIC 与 SC 这两种信息准则的定义详见第 13 章。

一旦确定了 p^*,我们就可以利用同样的信息准则确定无约束模型中 X 的最佳滞后长度 q^*。

三、例

我们以 1959—2022 年美国货币供应量 M2 和实际 GDP 的季度数据为例,介绍如何用 Stata 进行 Granger 因果关系检验。在数据集 usm1m2gdp. dta 中,实际 GDP 变量为 realgdp。M1、M2 和 GDP 都已经过季节调整,单位都为 10 亿美元(GDP 折算为 2012 年美元)。

打开数据文件:

```
use usm1m2gdp.dta, clear
```

指定 time 为时间变量：

```
tsset time
```

由于 realgdp 和 $m2$ 都不是平稳序列，我们都取对数再差分：

```
gen loggdp=log(realgdp)
gen logm2=log(m2)
gen y=d.loggdp
gen x=d.logm2
```

为了检验是否存在由货币供应到经济增长的因果关系，设定模型：

$$y_t = \delta + \sum_{i=1}^{p} \alpha_i y_{t-i} + \sum_{j=1}^{q} \beta_j x_{t-j} + \varepsilon_i.$$

以 AIC 和 BIC 准则为依据，利用约束模型确定 y 的最佳滞后长度 p^*。考虑到季度数据，我们以 $p=8$ 作为最大的滞后长度，即在 1—8 之间选择最佳滞后长度 p^*。Stata 程序如下：

```
arima y, ar(1) nolog
estat ic
arima y, ar(1/2) nolog
estat ic
arima y, ar(1/3) nolog
estat ic
arima y, ar(1/4) nolog
estat ic
arima y, ar(1/5) nolog
estat ic
arima y, ar(1/6) nolog
estat ic
arima y, ar(1/7) nolog
estat ic
arima y, ar(1/8) nolog
estat ic
```

若解释变量只包含 y 的滞后项，当最大滞后长度从 1 逐渐上升到 8，各相应模型对应的信息准则计算结果依次排列如下：

Akaike's information criterion and Bayesian information criterion

Model	N	ll(null)	ll(model)	df	AIC	BIC
.	255	.	788.4707	3	-1570.941	-1560.318

Note: BIC uses N = number of observations. See [R] BIC note.

Akaike's information criterion and Bayesian information criterion

Model	N	ll(null)	ll(model)	df	AIC	BIC
.	255	.	790.1619	4	-1572.324	-1558.159

Note: BIC uses N = number of observations. See [R] BIC note.

Akaike's information criterion and Bayesian information criterion

Model	N	ll(null)	ll(model)	df	AIC	BIC
.	255	.	790.3156	5	-1570.631	-1552.925

Note: BIC uses N = number of observations. See [R] BIC note.

Akaike's information criterion and Bayesian information criterion

Model	N	ll(null)	ll(model)	df	AIC	BIC
.	255	.	790.3157	6	-1568.631	-1547.384

Note: BIC uses N = number of observations. See [R] BIC note.

Akaike's information criterion and Bayesian information criterion

Model	N	ll(null)	ll(model)	df	AIC	BIC
.	255	.	790.3196	7	-1566.639	-1541.85

Note: BIC uses N = number of observations. See [R] BIC note.

Akaike's information criterion and Bayesian information criterion

Model	N	ll(null)	ll(model)	df	AIC	BIC
.	255	.	790.5358	8	-1565.072	-1536.741

Note: BIC uses N = number of observations. See [R] BIC note.

Akaike's information criterion and Bayesian information criterion

Model	N	ll(null)	ll(model)	df	AIC	BIC
.	255	.	790.6751	9	-1563.35	-1531.479

Note: BIC uses N = number of observations. See [R] BIC note.

Akaike's information criterion and Bayesian information criterion

Model	N	ll(null)	ll(model)	df	AIC	BIC
.	255	.	790.7134	10	-1561.427	-1526.014

Note: BIC uses N = number of observations. See [R] BIC note.

若依据 AIC 准则,应取 $p^*=2$;若依据 BIC 准则,应取 $p^*=1$。综合考虑,我们取 $p^*=2$。

现在,在下面的模型中依据 AIC 准则和 BIC 准则确定 x 的最佳滞后长度 q^*:

$$y_t = \delta + \sum_{i=1}^{2} \alpha_i y_{t-i} + \sum_{j=1}^{q} \beta_j x_{t-j} + \varepsilon_i$$

Stata 程序如下:

```
reg y L(1/2).y L.x
estat ic
reg y L(1/2).y L(1/2).x
estat ic
reg y L(1/2).y L(1/3).x
estat ic
reg y L(1/2).y L(1/4).x
estat ic
reg y L(1/2).y L(1/5).x
estat ic
reg y L(1/2).y L(1/6).x
estat ic
reg y L(1/2).y L(1/7).x
estat ic
reg y L(1/2).y L(1/8).x
estat ic
```

y 的最佳滞后长度取 $p^*=2$。当 x 的最大滞后长度从 1 逐渐上升到 8,各相应模型对应的信息准则计算结果依次排列如下:

Akaike's information criterion and Bayesian information criterion

Model	N	ll(null)	ll(model)	df	AIC	BIC
.	253	782.3853	793.6558	4	-1579.312	-1565.178

Note: BIC uses N = number of observations. See [R] BIC note.

Akaike's information criterion and Bayesian information criterion

Model	N	ll(null)	ll(model)	df	AIC	BIC
.	253	782.3853	794.6888	5	-1579.378	-1561.711

Note: BIC uses N = number of observations. See [R] BIC note.

Akaike's information criterion and Bayesian information criterion

Model	N	ll(null)	ll(model)	df	AIC	BIC
.	252	778.8757	791.399	6	-1570.798	-1549.621

Note: BIC uses N = number of observations. See [R] BIC note.

Akaike's information criterion and Bayesian information criterion

Model	N	ll(null)	ll(model)	df	AIC	BIC
.	251	776.2076	789.7361	7	-1565.472	-1540.794

Note: BIC uses N = number of observations. See [R] BIC note.

Akaike's information criterion and Bayesian information criterion

Model	N	ll(null)	ll(model)	df	AIC	BIC
.	250	773.2787	786.7129	8	-1557.426	-1529.254

Note: BIC uses N = number of observations. See [R] BIC note.

Akaike's information criterion and Bayesian information criterion

Model	N	ll(null)	ll(model)	df	AIC	BIC
.	249	769.711	783.3043	9	-1548.609	-1516.951

Note: BIC uses N = number of observations. See [R] BIC note.

Akaike's information criterion and Bayesian information criterion

Model	N	ll(null)	ll(model)	df	AIC	BIC
.	**248**	**767.8203**	**781.782**	**10**	**-1543.564**	**-1508.43**

Note: BIC uses N = number of observations. See [R] BIC note.

Akaike's information criterion and Bayesian information criterion

Model	N	ll(null)	ll(model)	df	AIC	BIC
.	**247**	**764.2272**	**778.4172**	**11**	**-1534.834**	**-1496.231**

Note: BIC uses N = number of observations. See [R] BIC note.

若依据 AIC 准则,应取 $q^*=2$;若依据 BIC 准则,应取 $q^*=1$。综合考虑,我们取 $q^*=2$。

综上所述,我们取 $p^*=2, q^*=2$。在相应的回归模型中,我们检验 x 的滞后项的联合显著性。Stata 程序如下:

```
reg y L(1/2).y L(1/2).x
test (L.x=0) (L2.x=0)
```

检验结果如下:

```
. test (L.x=0) (L2.x=0)

 ( 1)  L.x = 0
 ( 2)  L2.x = 0

       F(  2,   248) =   10.83
            Prob > F =    0.0000
```

显然,在 0.01 的显著性水平下可以拒绝原假设,从而断定存在从货币供应到经济增长的因果关系。

采用类似的步骤可以检验是否存在从经济增长到货币供应的因果关系,此处从略。

上述检验过程比较烦琐。我们也可以在向量自回归(VAR)的框架下使用命令 vargranger 进行格兰杰因果关系检验。

首先估计 VAR 模型,Stata 命令为

```
var y x
```

模型估计结果如下:

```
Vector autoregression

Sample: 4 thru 256                         Number of obs     =        253
Log likelihood =   1644.53                 AIC               =  -12.92119
FPE            =  8.38e-09                 HQIC              =    -12.865
Det(Sigma_ml)  =  7.75e-09                 SBIC              =  -12.78153

Equation           Parms      RMSE     R-sq      chi2     P>chi2
-----------------------------------------------------------------
y                    5     .010567   0.0927   25.84336   0.0000
x                    5     .009971   0.2412     80.416   0.0000
-----------------------------------------------------------------

------------------------------------------------------------------------------
             | Coefficient  Std. err.      z    P>|z|     [95% conf. interval]
-------------+----------------------------------------------------------------
y            |
           y |
         L1. |   .0473036   .0711123     0.67   0.506     -.092074    .1866812
         L2. |   .1657712   .0633362     2.62   0.009     .0416345    .2899079
             |
           x |
         L1. |   .2108816   .0760958     2.77   0.006     .0617365    .3600267
         L2. |    .114145   .0792506     1.44   0.150    -.0411832    .2694732
             |
       _cons |   .0002011   .0015927     0.13   0.900    -.0029206    .0033227
-------------+----------------------------------------------------------------
x            |
           y |
         L1. |   .0270811   .0671041     0.40   0.687    -.1044406    .1586028
         L2. |   .0822522   .0597663     1.38   0.169    -.0348876    .1993921
             |
           x |
         L1. |   .4376635   .0718068     6.10   0.000     .2969248    .5784021
         L2. |   .1209501   .0747837     1.62   0.106    -.0256232    .2675233
             |
       _cons |   .0066146   .0015029     4.40   0.000      .003669    .0095603
------------------------------------------------------------------------------
```

我们看到,在 VAR 框架下,依据信息准则确定的最优滞后长度都为 2。

接下来检验格兰杰因果关系,使用 Stata 命令:vargranger。输出结果如下:

```
Granger causality Wald tests

+------------------------------------------------------------------+
|          Equation           Excluded |   chi2     df Prob > chi2 |
|--------------------------------------+---------------------------|
|                 y                  x |  22.098     2    0.000    |
|                 y                ALL |  22.098     2    0.000    |
|--------------------------------------+---------------------------|
|                 x                  y |  2.2612     2    0.323    |
|                 x                ALL |  2.2612     2    0.323    |
+------------------------------------------------------------------+
```

以表中检验结果第一行为例,其含义为,在以 y 为被解释变量的方程中,如果原假设为所有 x(即 x 的所有滞后项)的系数都等于 0,对应的卡方统计量等于 22.098,相应的 p-值为 0。因此,可以拒绝原假设,进而断定存在从 x 到 y 的因果关系。

显然,基于 VAR 的检验结果也表明,存在从 y 到 x 的因果关系。

第7章　渐近理论

在计量经济学研究中，对总体参数的推断、估计和检验都是通过一个样本来进行的，而样本统计量如何随着样本发生改变也是我们所感兴趣的问题，特别是所构造的参数估计量是否会随着样本容量趋于无穷大而收敛于总体参数。

在第2章中，我们讨论了 OLS 估计量的有限样本特性，或称小样本特性，并证明了 OLS 估计量具有无偏有效性，是总体参数的最佳无偏估计量，同时还证明了估计量服从精确的分布，并据以进行统计推断。不过这些结论需在满足第1章的古典假定下导出，而这些强假定在实际中常常很难满足。在现实中，只能寻求在样本容量趋于无穷大情况下，估计量的统计特性及其渐近分布。这就是本章要讨论的问题。

本章首先阐述渐近理论中的一些基本概念；其次引进估计量无限样本统计特性，进而给出评价估计量的无限样本标准，并证明最大似然估计量在一定条件下具有较好的渐近特性；再次介绍对参数约束的无限样本下的检验统计量；最后对随机扰动项的正态性进行讨论。

§1　基本概念

本节首先介绍与我们所要导出的结论有关的随机变量收敛概念、大数定律及中心极限定理。大数定律与中心极限定理是我们刻画一个统计量渐近服从正态分布的两个主要依据。大数定律证明了样本均值会随着样本容量的无限增大依概率而趋于总体期望；而中心极限定理表明，随着样本容量的无限增大，一个标准化的统计量的极限分布是正态分布。在统计学的文献中，有关大数定律与中心极限定理的表述有许多种，它们的不同在于对随机变量的矩以及随机变量之间相互关系的假定不同。我们在这里只介绍最基本的表述。

一、有关收敛的概念

1. 依概率收敛

考虑随机变量序列 $x_1, x_2, \cdots, x_n, \cdots$，如果对任意给定的正数 ε，有

$$\lim_{n\to+\infty} \text{Prob}\{|x_n - c| > \varepsilon\} = 0,$$

其中,c 为常数,那么称随机变量 x_n 的概率极限存在,极限值为 c,或称 x_n 依概率收敛于 c。可记为 $p\lim\limits_{n\to+\infty} x_n = c$,或 $x_n \xrightarrow[p]{} c, n\to+\infty$(以下将 Prob 简写为 p)。

依概率收敛的含义是,随着 n 趋于无穷大,随机变量取值不等于 c 的可能性趋近于于零。

例如,随机变量 x_n 只取两个值:零或 n,其中取值为零的概率是 $1-\dfrac{1}{n}$,取值为 n 的概率是 $\dfrac{1}{n}$。此时,随机变量 x_n 就依概率收敛到零,因为随着 n 趋于无穷大,x_n 取值不等于零的概率趋近于零。

随机变量概率极限满足一定的运算规律:

如果 $\text{plim}x_n = c, \text{plim}y_n = d$,$c,d$ 为常数,则有

① $\text{plim}(x_n \pm y_n) = c \pm d$;

② $\text{plim}(x_n \cdot y_n) = cd$;

③ $\text{plim}(x_n / y_n) = c/d$,当 $d \neq 0$ 时;

④ 若 $g(x)$ 为连续函数,则 $\text{plim}[g(x_n)] = g(\text{plim}x_n)$。这一结论被称为 Slutsky 定理。

随机矩阵概率极限①也满足一定的运算规律,下面介绍后续内容需要用到的两个公式:

若 $\boldsymbol{X}_n, \boldsymbol{Y}_n$ 为随机矩阵,且 $\text{plim}\boldsymbol{X}_n, \text{plim}\boldsymbol{Y}_n, (\text{plim}\boldsymbol{X}_n)^{-1}$ 存在,则有

① $\text{plim}(\boldsymbol{X}_n \boldsymbol{Y}_n) = \text{plim}\boldsymbol{X}_n \cdot \text{plim}\boldsymbol{Y}_n$;

② $\text{plim}(\boldsymbol{X}_n^{-1}) = (\text{plim}\boldsymbol{X}_n)^{-1}$.

2. 依均方收敛

考虑随机变量序列 $x_1, x_2, \cdots, x_n, \cdots$,记 $E(x_n) = \mu_n$, $\text{Var}(x_n) = \sigma_n^2$,若有 $\lim\limits_{n\to+\infty} \mu_n = \mu$, $\lim\limits_{n\to+\infty} \sigma_n^2 = 0$,则称随机变量 x_n 依均方收敛于 μ。

可以证明,依均方收敛一定依概率收敛。

[证明]

由切比雪夫(Chebyshev)不等式知

$$p\{|x_n - \mu_n| > \varepsilon\} \leqslant \frac{\sigma_n^2}{\varepsilon^2}, \quad \text{对任意给定 } \varepsilon > 0.$$

对上式两边取极限,得

$$\lim_{n\to+\infty} p\{|x_n - \mu| > \varepsilon\} = 0.$$

---

① 随机矩阵的概率极限仍为一矩阵,其元素为原随机矩阵每个元素的概率极限,其阶数与原随机矩阵阶数相同。

这表明 $\text{plim}x_n=\mu$。

但是,依概率收敛并不意味着依均方收敛。仍以上述例子来说明。随机变量 x_n 只取两个值:0 或 n,其中取值为 0 的概率是 $1-\frac{1}{n}$,取值为 n 的概率是$\frac{1}{n}$。此时有 $\text{plim}x_n=0$。但是,

$$E(x_n)=0\times\left(1-\frac{1}{n}\right)+n\times\frac{1}{n}=1,$$

$$\begin{aligned}\text{Var}(x_n)&=(0-1)^2\times\left(1-\frac{1}{n}\right)+(n-1)^2\times\frac{1}{n}\\&=1-\frac{1}{n}+\frac{1}{n}\times(n^2-2n+1)\\&=n-1,\end{aligned}$$

当 $n\to+\infty$ 时,x_n 不存在有限的方差。显然,随机变量 x_n 不依均方收敛。

3. 依分布收敛

(1) 依分布收敛定义

考虑随机变量序列 $x_1,x_2,\cdots,x_n,\cdots$,对应的累积分布函数序列为 $F_1(x),F_2(x),\cdots,F_n(x),\cdots$。若在 $F(x)$的任意连续点 x 上有

$$\lim_{n\to+\infty}|F_n(x)-F(x)|=0,$$

则称随机变量 x_n 依分布收敛至随机变量 x,记为 $x_n\xrightarrow{d}x$,其中 x 的累积分布函数为$F(x)$。

值得指出的是,依分布收敛并不意味着随机变量一定依概率收敛至某一常数。比如,假设随机变量 x_n 遵从以下分布律:

$$p(x_n=1)=\frac{1}{2}+\frac{1}{n+1},\quad p(x_n=2)=\frac{1}{2}-\frac{1}{n+1}.$$

当 $n\to+\infty$ 时,上面的两个概率都收敛至$\frac{1}{2}$,可以说,x_n 依分布收敛至随机变量 x,x 的分布律为

$$p(x=1)=\frac{1}{2},\quad p(x=2)=\frac{1}{2}.$$

但是随机变量 x_n 并不依概率收敛至常数。

如果随机变量 x_n 依分布收敛至随机变量 x,而 x 的累积分布函数为 $F(x)$,我们就称 $F(x)$为 x_n 的极限分布。x 的期望和方差分别称为 x_n 的极限期望和极限方差。极限分布常以概率密度函数的形式给出,比如说 x_n 的极限分布是标准正态分布,即 $x_n\xrightarrow{d}z$,$z\sim N(0,1)$,常简记为 $x_n\xrightarrow{d}N(0,1)$。

例：如果 $X_1,\cdots,X_n$ 为来自标准正态分布的容量为 n 的独立随机样本，t 统计量为

$$t_n = \frac{\overline{X}}{s/\sqrt{n}} \sim t(n-1),\quad t_n^2 \sim F(1,n),$$

其中

$$s^2 = \frac{\sum_{i=1}^{n}(X_i - \overline{X})^2}{n-1}.$$

该统计量的期望和方差分别为

$$\begin{cases} E(t_n) = 0, \\ \mathrm{Var}(t_n) = \dfrac{n-1}{n-3}. \end{cases}$$

可以证明：

① $t_n \xrightarrow{d} z, z \sim N(0,1)$，常记为 $t_n \xrightarrow{d} N(0,1)$。这表明，$t_n$ 的极限分布为标准正态分布，其极限期望为 0，极限方差为 1。

② $t_n^2 \xrightarrow{d} z^2, z^2 \sim \chi^2(1)$，常记为 $t_n^2 \xrightarrow{d} \chi^2(1)$。

(2) 运算法则

极限分布遵从以下运算法则：

① 若 $x_n \xrightarrow{d} x, y_n \xrightarrow[p]{} c$，$c$ 为常数，则

$$x_n + y_n \xrightarrow{d} x + c,$$

$$x_n y_n \xrightarrow{d} cx,$$

$$\frac{x_n}{y_n} \xrightarrow{d} \frac{x}{c},\quad \text{当 } c \neq 0 \text{ 时}.$$

② 若 $x_n \xrightarrow{d} x, y_n - x_n \xrightarrow[p]{} 0$，则 $y_n \xrightarrow{d} x$。

③ 若 $x_n \xrightarrow{d} x$，而 $g(x)$ 为连续函数，则 $g(x_n) \xrightarrow{d} g(x)$。

二、大数定律

具有数学期望的独立同分布的随机变量服从大数定律和弱大数定律。

1. 大数定律的一个特例

设 $X_1,\cdots,X_n,\cdots$ 是独立同分布的随机变量序列，且 $E(X_n)=\mu$，$\mathrm{Var}(X_n)=\sigma^2$ 存在，则对任意给定的 $\varepsilon>0$ 有

$$\lim_{n\to+\infty} p\{|\bar{X}_n-\mu|\geqslant\varepsilon\}=0$$

或记 $\bar{X}_n-\mu\xrightarrow[p]{}0$ 或 $\bar{X}_n\xrightarrow[p]{}\mu$,其中 $\bar{X}_n=\frac{1}{n}\sum_{i=1}^{n}X_i$。

[证明]

由切比雪夫不等式知

$$p\{|\bar{X}_n-E(\bar{X}_n)|\geqslant\varepsilon\}\leqslant\frac{1}{\varepsilon^2}\mathrm{Var}(\bar{X}_n).$$

又因为 $E(\bar{X}_n)=\mu,\mathrm{Var}(\bar{X}_n)=\frac{\sigma^2}{n}$,所以

$$p\{|\bar{X}_n-\mu|\geqslant\varepsilon\}\leqslant\frac{1}{\varepsilon^2}\cdot\frac{\sigma^2}{n}.$$

因此

$$\lim_{n\to+\infty} p\{|\bar{X}_n-\mu|\geqslant\varepsilon\}=0.$$

2. 弱大数定律

设 $X_1,\cdots,X_n,\cdots$是独立同分布的随机变量序列,且 $E(X_n)=\mu,\mathrm{Var}(X_n)$有限,则

$$\lim_{n\to+\infty} p\{|\bar{X}_n-\mu|\geqslant\varepsilon\}=0,\quad 对任意给定的\ \varepsilon>0.$$

进一步可知

$$p\lim_{n\to+\infty}\bar{X}_n=\mu.$$

通过大数定律特例的证明,我们可以看出,当我们放宽对 X_n 方差的假定,只要 $\mathrm{Var}(X_n)$有界,弱大数定律就成立。

三、中心极限定理

为了进行统计推断,需要知道统计量的分布。当总体分布未知时,我们不可能掌握统计量的精确分布。然而,样本容量趋于无穷时,我们往往可以借助中心极限定理获知某些统计量的分布,因此,中心极限定理在计量经济学中占有重要地位。下面介绍几种不同形式的中心极限定理。

1. 林德伯格-利维(Lindeberg-Levy,L-L)中心极限定理

(1) 随机变量

如果 $X_1,\cdots,X_n$ 为独立同分布的随机样本,具有有限均值 μ 和方差 σ^2,则有

$$\sqrt{n}(\bar{X}_n-\mu)\xrightarrow{d}\boldsymbol{N}(0,\sigma^2),$$

或者表示为

$$\frac{\bar{X}_n-\mu}{\sigma/\sqrt{n}}\xrightarrow{d}N(0,1),$$

其中，$\bar{X}_n=\frac{1}{n}\sum_{i=1}^{n}X_i$。

以上结论称为林德伯格–利维中心极限定理（证明略）。

我们知道，当 $X_1,\cdots,X_n\sim N(\mu,\sigma^2)$，则 $\bar{X}_n\sim N\left(\mu,\frac{\sigma^2}{n}\right)$，也就有$\sqrt{n}(\bar{X}_n-\mu)\sim N(0,\sigma^2)$。但是当 $X_1,\cdots,X_n$ 服从的分布未知时，$\sqrt{n}(\bar{X}_n-\mu)$精确地服从的分布就是未知的，不过林德伯格–利维中心极限定理告诉我们，当 $n\to+\infty$ 时，$\sqrt{n}(\bar{X}_n-\mu)$的极限分布为正态分布，即$\sqrt{n}(\bar{X}_n-\mu)\xrightarrow{d}N(0,\sigma^2)$；或者说 $\bar{X}_n$ 渐近服从 $N(\mu,\frac{\sigma^2}{n})$，记为 $\bar{X}_n\overset{a}{\sim}N\left(\mu,\frac{\sigma^2}{n}\right)$。①

（2）随机向量

该定理可以被推广到多变量的情形，即每个 $\boldsymbol{X}_i$ 为一随机向量。

如果 $\boldsymbol{X}_1,\cdots,\boldsymbol{X}_n$ 为来自多维分布的独立随机样本，具有有限的均值向量 $\boldsymbol{\mu}$ 和有限的正定方差–协方差阵 $\boldsymbol{Q}$，则有

$$\sqrt{n}(\bar{\boldsymbol{X}}_n-\boldsymbol{\mu})\xrightarrow{d}N(\boldsymbol{0},\boldsymbol{Q}),$$

其中，$\bar{\boldsymbol{X}}_n=\frac{1}{n}\sum_{i=1}^{n}\boldsymbol{X}_i$。

2. 林德伯格–费勒（Lindeberg-Feller, L-F）中心极限定理

（1）随机变量

若 $X_1,\cdots,X_n$ 为独立的随机样本，且具有有限均值 μ_i 和方差 σ_i^2，即

$$E(X_i)=\mu_i,\quad \mathrm{Var}(X_i)=\sigma_i^2\quad i=1,2,\cdots,n.$$

记

$$\bar{\mu}_n=\frac{1}{n}\sum_{i=1}^{n}\mu_i,\quad \bar{\sigma}_n^2=\frac{1}{n}\sum_{i=1}^{n}\sigma_i^2,$$

若 $\lim\limits_{n\to+\infty}\bar{\sigma}_n^2=\bar{\sigma}^2$，且无单个 σ_i^2 占主导地位，即 $\lim\limits_{n\to+\infty}\frac{\max(\sigma_i^2)}{n\bar{\sigma}_n^2}=0$，则有

$$\sqrt{n}(\bar{X}_n-\bar{\mu}_n)\xrightarrow{d}N(0,\bar{\sigma}^2),$$

其中，$\bar{X}_n=\frac{1}{n}\sum_{i=1}^{n}X_i$。

① 关于渐近分布，参见后面的介绍。

(2) 随机向量

该定理也可以推广到多变量的情形。

如果 $\boldsymbol{X}_1,\cdots,\boldsymbol{X}_n$ 为来自多维分布的独立随机样本,具有有限的均值向量和有限的方差-协方差阵:$E(\boldsymbol{X}_i)=\boldsymbol{\mu}_i$,$\mathrm{Var}(\boldsymbol{X}_i)=\boldsymbol{Q}_i$,同时假定多维分布的所有前三阶矩有限。

记$\bar{\boldsymbol{\mu}}_n=\frac{1}{n}\sum_{i=1}^{n}\boldsymbol{\mu}_i$,$\bar{\boldsymbol{Q}}_n=\frac{1}{n}\sum_{i=1}^{n}\boldsymbol{Q}_i$,假定$\lim_{n\to+\infty}\bar{\boldsymbol{Q}}_n=\boldsymbol{Q}$,其中 $\boldsymbol{Q}$ 为有限正定矩阵,并假定无任何 $\boldsymbol{Q}_i$ 占主导地位,即$\lim_{n\to+\infty}\left(\sum_{i=1}^{n}\boldsymbol{Q}_i\right)^{-1}\boldsymbol{Q}_i=\boldsymbol{0}$,则有

$$\sqrt{n}(\bar{\boldsymbol{X}}_n-\bar{\boldsymbol{\mu}}_n)\xrightarrow{d}N(\boldsymbol{0},\boldsymbol{Q}),$$

其中,$\bar{\boldsymbol{X}}_n=\frac{1}{n}\sum_{i=1}^{n}\boldsymbol{X}_i$。

3. 渐近分布

称随机变量真实样本分布的近似分布为随机变量的渐近分布。

往往以随机变量函数的极限分布来构造该随机变量的渐近分布。例如,由林德伯格-利维中心极限定理可知

$$\sqrt{n}(\bar{X}_n-\mu)\xrightarrow{d}N(0,\sigma^2),$$

则可推知 $\bar{X}_n$ 的渐近分布为 $N\left(\mu,\frac{\sigma^2}{n}\right)$,记为

$$\bar{X}_n\xrightarrow{a}N\left(\mu,\frac{\sigma^2}{n}\right),$$

或

$$\bar{X}_n\overset{a}{\sim}N\left(\mu,\frac{\sigma^2}{n}\right),$$

或

$$\bar{X}_n\sim AN\left(\mu,\frac{\sigma^2}{n}\right).$$

将随机变量渐近分布的期望称为渐近期望,将随机变量渐近分布的方差称为渐近方差。

在这里,我们再对极限分布和渐近分布作一下区分。极限分布是指某一随机变量依分布收敛至另一随机变量的分布,它的分布参数与样本容量 n 无关;而渐近分布的参数包含了 n,它本质上是一组分布的序列,在这个序列中,分布的参数随着样本容量的增加而变化。例如,根据中心极限定理,样本均值的方差以 $1/n$ 的速度缩减至零。

§2 估计量的统计特性

在这一节,我们着重讨论在样本容量无限增大的情况下,估计量的统计特性。以 θ 代

表一个总体参数，以 $\hat{\theta}_n$ 表示由容量为 n 的样本得到的参数估计量，关于 $\hat{\theta}_n$ 有如下几个序列：

估计量序列：$\hat{\theta}_1,\hat{\theta}_2,\cdots,\hat{\theta}_n,\cdots$，由于 $\hat{\theta}_n$ 具有随机性，所以这是一个随机序列。

期望值序列：$E(\hat{\theta}_1),E(\hat{\theta}_2),\cdots,E(\hat{\theta}_n),\cdots$，这是一个确定性序列。

方差序列：$\mathrm{Var}(\hat{\theta}_1),\mathrm{Var}(\hat{\theta}_2),\cdots,\mathrm{Var}(\hat{\theta}_n),\cdots$，这是一个确定性序列。

$\boldsymbol{\theta}$ 也可表示为含 K 个参数的 K 维列向量，则相应的 $\hat{\boldsymbol{\theta}}_n$ 为 K 维估计量向量，$E(\hat{\boldsymbol{\theta}}_n)$ 为 K 维期望向量，$\mathrm{Var}(\hat{\boldsymbol{\theta}}_n)$ 为 K 阶方差-协方差阵。

下面讨论当 $n\to+\infty$ 时，估计量 $\hat{\theta}_n$ 的统计特性，即无限样本特性，也被称为大样本特性，其特点是与样本容量 n 有关，比如渐近无偏性、一致性、渐近有效性等。

一、关于无偏性

1. 无偏性、渐近无偏性和一致性

(1) 无偏性

若 $E(\hat{\theta}_n)=\theta,n=1,2,\cdots$，则称 $\hat{\theta}_n$ 是 θ 的无偏估计量。这一特性与 n 的取值无关，这是一个有限样本特性，也称小样本特性。

(2) 渐近无偏性

若 $\lim\limits_{n\to+\infty}E(\hat{\theta}_n)=\theta$，则称 $\hat{\theta}_n$ 是 θ 的渐近无偏估计量。这一特性是根据 $n\to+\infty$ 时 $E(\hat{\theta}_n)$ 的极限值判定的，所以称为无限样本特性，也被称为大样本特性。

(3) 一致性

若 $p\lim\limits_{n\to+\infty}\hat{\theta}_n=\theta$，则称 $\hat{\theta}_n$ 是 θ 的一致估计量。由于 $\hat{\theta}_n$ 是随机序列，所以需取概率极限。这一特性也是根据 $n\to+\infty$ 时 $\hat{\theta}_n$ 的概率极限值判定的，所以也是大样本特性。

2. 无偏性、渐近无偏性和一致性之间的关系

(1) 如果估计量具有无偏性，则一定具有渐近无偏性。即若 $E(\hat{\theta}_n)=\theta$，则 $\lim\limits_{n\to+\infty}E(\hat{\theta}_n)=\theta$。

(2) 如果估计量具有渐近无偏性，且当 $n\to+\infty$ 时其方差趋于零，则估计量也具有一致性。即若 $\lim\limits_{n\to+\infty}E(\hat{\theta}_n)=\theta,\lim\limits_{n\to+\infty}\mathrm{Var}(\hat{\theta}_n)=0$，则 $p\lim\limits_{n\to+\infty}\hat{\theta}_n=\theta$。简记为 $\lim E=p\lim$。这是由于 $\hat{\theta}_n$ 依均方收敛于 θ，所以 $\hat{\theta}_n$ 也依概率收敛于 θ。

(3) 如果估计量的均方误的极限为零，则估计量具有一致性，即若

$$\lim_{n\to+\infty}\mathrm{MSE}(\hat{\theta}_n)=0,\quad 则\ p\lim_{n\to+\infty}\hat{\theta}_n=\theta.$$

这是因为 $\mathrm{MSE}(\hat{\theta}_n)=E(\hat{\theta}_n-\theta)^2=\mathrm{Var}(\hat{\theta}_n)+\mathrm{Bias}^2(\hat{\theta}_n)$。显然，若 $\mathrm{MSE}(\hat{\theta}_n)$ 趋于零，则 $\mathrm{Var}(\hat{\theta}_n)$ 趋于零，同时 $\mathrm{Bias}(\hat{\theta}_n)$ 趋于零，也即 $\lim\limits_{n\to+\infty}E(\hat{\theta}_n)=\theta$，由(2)知估计量具有一致性。

反过来,由一致性并不能导出均方误极限为零。不过,在实践中一致估计量往往也是渐近无偏估计量,相对于渐近无偏,概率极限易计算,所以在大样本下常采用一致估计量作为评价标准。

二、关于方差

1. 方差和方差-协方差阵

参数估计量 $\hat{\theta}_n$ 的方差定义为

$$\mathrm{Var}(\hat{\theta}_n) = E(\hat{\theta}_n - \mu)^2, \quad 其中 E(\hat{\theta}_n) = \mu.$$

参数向量估计量 $\hat{\boldsymbol{\theta}}_n$ 的方差-协方差阵定义为

$$\mathrm{Var\text{-}Cov}(\hat{\boldsymbol{\theta}}_n) = E[(\hat{\boldsymbol{\theta}}_n - \boldsymbol{\mu})(\hat{\boldsymbol{\theta}}_n - \boldsymbol{\mu})'],$$

其中,$E(\hat{\boldsymbol{\theta}}_n) = \boldsymbol{\mu}$。如果 $\hat{\boldsymbol{\theta}}_n$ 为无偏估计量,则 $\boldsymbol{\mu} = \boldsymbol{\theta}$。将 $\hat{\boldsymbol{\theta}}_n$ 的方差-协方差阵简记为$\mathrm{Var}(\hat{\boldsymbol{\theta}}_n)$。

以上是小样本下的定义,下面延伸至大样本下的渐近方差和渐近方差-协方差阵概念。

2. 渐近方差和渐近方差-协方差阵的第一定义

(1) 参数估计量 $\hat{\theta}_n$ 的渐近方差

设 $\hat{\theta}_n$ 的概率极限为 q,即 $p\lim\limits_{n\to+\infty}\hat{\theta}_n = q$,则其渐近方差的定义为

$$\mathrm{asy.\ Var}(\hat{\theta}_n) = \frac{1}{n} p\lim_{n\to+\infty}[\sqrt{n}(\hat{\theta}_n - q)]^2.$$

若 $\hat{\theta}_n$ 为一致估计量,则 $q=\theta$。

(2) 参数向量估计量 $\hat{\boldsymbol{\theta}}_n$ 的渐近方差-协方差阵

设 $p\lim\limits_{n\to+\infty}\hat{\boldsymbol{\theta}}_n = \boldsymbol{q}$,$\boldsymbol{q}$ 为一向量,则其渐近方差-协方差阵的定义为

$$\begin{aligned}\mathrm{asy.\ Var}(\hat{\boldsymbol{\theta}}_n) &= \mathrm{asy.\ Var\text{-}Cov}(\hat{\boldsymbol{\theta}}_n)\\ &= \frac{1}{n} p\lim_{n\to+\infty}[n(\hat{\boldsymbol{\theta}}_n - \boldsymbol{q})(\hat{\boldsymbol{\theta}}_n - \boldsymbol{q})'].\end{aligned}$$

若 $\hat{\boldsymbol{\theta}}_n$ 为一致估计量,则上式中 $\boldsymbol{q}=\boldsymbol{\theta}$。

3. 渐近方差和渐近方差-协方差阵的第二定义

(1) 参数估计量 $\hat{\theta}_n$ 的渐近方差

设 $\lim\limits_{n\to+\infty}E(\hat{\theta}_n)=\xi$,则其渐近方差定义为

$$\mathrm{asy.\ Var}(\hat{\theta}_n) = \frac{1}{n}\lim_{n\to+\infty}E[\sqrt{n}(\hat{\theta}_n - \xi)]^2.$$

若 $\hat{\theta}_n$ 为渐近无偏估计量，则 $\xi=\theta$。

（2）参数向量 $\hat{\boldsymbol{\theta}}_n$ 的渐近方差-协方差阵

设 $\lim\limits_{n\to+\infty} E(\hat{\boldsymbol{\theta}}_n)=\boldsymbol{\xi}$，$\boldsymbol{\xi}$ 为一向量，则其渐近方差-协方差阵定义为

$$\begin{aligned}\text{asy. Var}(\hat{\boldsymbol{\theta}}_n) &= \text{asy. Var-Cov}(\hat{\boldsymbol{\theta}}_n) \\ &= \frac{1}{n}\lim_{n\to+\infty} E[n(\hat{\boldsymbol{\theta}}_n-\boldsymbol{\xi})(\hat{\boldsymbol{\theta}}_n-\boldsymbol{\xi})'].\end{aligned}$$

若 $\hat{\boldsymbol{\theta}}_n$ 为渐近无偏估计量，则有 $\boldsymbol{\xi}=\boldsymbol{\theta}$。

由于概率极限相对于期望极限易计算，所以常采用第一定义。

4. 例

下面举一简单例子说明上述概念。已知 $X_1,\cdots,X_n$ 为来自同一总体的独立随机样本，$E(X_i)=\mu$，$\text{Var}(X_i)=\sigma^2$，样本均值为 $\bar{X}_n=\frac{1}{n}\sum\limits_{i=1}^{n}X_i$，则有

（1）小样本特性

① $E(\bar{X}_n)=\mu$，可见 $\bar{X}_n$ 是 μ 的无偏估计量。

② $\text{Var}(\bar{X}_n)=\frac{\sigma^2}{n}$。

（2）大样本特性

① $\bar{X}_n$ 是 μ 的渐近无偏估计量。这是因为 $E(\bar{X}_n)=\mu$，所以 $\lim\limits_{n\to+\infty}E(\bar{X}_n)=\mu$。

② $\bar{X}_n$ 是 μ 的一致估计量，即 $p\lim\bar{X}_n=\mu$。这是因为 $\lim\limits_{n\to+\infty}E(\bar{X}_n)=\mu$，当 $n\to+\infty$ 时，$\text{Var}(\bar{X}_n)=\frac{\sigma^2}{n}\to 0$，即 $\bar{X}_n$ 依均方收敛至 μ，所以 $\bar{X}_n$ 也依概率收敛至 μ。

③ $\bar{X}_n$ 的渐近方差

$$\begin{aligned}\text{asy. Var}(\bar{X}_n) &= \frac{1}{n}\lim_{n\to+\infty}E[n(\bar{X}_n-\mu)^2] \\ &= \frac{1}{n}\lim_{n\to+\infty}[n\text{Var}(\bar{X}_n)] \\ &= \frac{1}{n}\lim_{n\to+\infty}\left(n\cdot\frac{\sigma^2}{n}\right)=\frac{\sigma^2}{n}.\end{aligned}$$

可见，asy. $\text{Var}(\bar{X}_n)$ 为 $\frac{1}{n}$ 阶的无穷小量。

三、关于有效性

评价参数估计量有效性的原则是对其方差进行比较。

1. 小样本下的有效性

(1) 有效估计量定义

对于总体参数 θ 的两个无偏估计量 $\hat{\theta}_n(\hat{\boldsymbol{\theta}}_n)$ 和 $\hat{\theta}_n^*(\hat{\boldsymbol{\theta}}_n^*)$,若有

$$\mathrm{Var}(\hat{\theta}_n)-\mathrm{Var}(\hat{\theta}_n^*)>0,\quad \theta\text{ 为一个参数},$$

$$\mathrm{Var}(\hat{\boldsymbol{\theta}}_n)-\mathrm{Var}(\hat{\boldsymbol{\theta}}_n^*)\text{ 半正定},\quad \boldsymbol{\theta}\text{ 为参数向量},$$

则称 $\hat{\theta}_n^*(\hat{\boldsymbol{\theta}}_n^*)$ 比 $\hat{\theta}_n(\hat{\boldsymbol{\theta}}_n)$ 有效。

若在 θ 的所有无偏估计量中 $\hat{\theta}_n^*$ 方差最小,则称 $\hat{\theta}_n^*$ 最有效,简称有效估计量。

(2) 克拉美–劳下界(Cramer-Rao Lower Bound,简称 C-R 下界)

设随机变量 Y 的密度函数满足一定的正则条件①,则对于回归模型中总体参数 θ 的任意一个无偏估计量 $\hat{\theta}$,其方差一般满足

$$\mathrm{Var}(\hat{\theta})-[I(\theta)]^{-1}\geqslant 0,$$

其中,$[I(\theta)]^{-1}=\left\{E\left(\frac{\partial \ln L(\theta)}{\partial\theta}\right)^2\right\}^{-1}$,在一定条件下可证明

$$[I(\theta)]^{-1}=\left[-E\left(\frac{\partial^2 \ln L(\theta)}{\partial\theta^2}\right)\right]^{-1},$$

称为 C-R 下界。

当等号成立时,称达到 C-R 下界,此时 $\hat{\theta}$ 为最有效的估计量。

对于参数向量 $\boldsymbol{\theta}$,则其方差–协方差阵一般满足

$$\mathrm{Var}(\hat{\boldsymbol{\theta}})-[I(\boldsymbol{\theta})]^{-1}\text{ 是半正定阵},$$

其中,$[I(\boldsymbol{\theta})]^{-1}=\left[E\left(\frac{\partial \ln L(\boldsymbol{\theta})}{\partial\boldsymbol{\theta}}\right)\left(\frac{\partial \ln L(\boldsymbol{\theta})}{\partial\boldsymbol{\theta}'}\right)\right]^{-1}$。在一定条件下可证明

$$[I(\boldsymbol{\theta})]^{-1}=\left[-E\left(\frac{\partial^2 \ln L(\boldsymbol{\theta})}{\partial\boldsymbol{\theta}\partial\boldsymbol{\theta}'}\right)\right]^{-1}.$$

$I(\boldsymbol{\theta})$ 被称为信息矩阵。

根据上述结论可知,θ 的无偏估计量 $\hat{\theta}$ 的方差一般大于等于 C-R 下界。若 θ 的某一无偏估计量的方差达到 C-R 下界,则该估计量就为有效估计量,此时就不必再寻找其他无偏估计量了。

2. 大样本下的渐近有效性

(1) 渐近有效估计量定义

对于总体参数 θ 的两个一致估计量 $\hat{\theta}_n$ 和 $\hat{\theta}_n^*$,若都渐近服从正态分布,且满足

① 详见本章 §3。

$$\text{asy. Var}(\hat{\theta}_n) - \text{asy. Var}(\hat{\theta}_n^*) > 0,$$

则称 $\hat{\theta}_n^*$ 比 $\hat{\theta}_n$ 渐近有效。

对于参数向量,若矩阵 $\text{asy. Var}(\hat{\boldsymbol{\theta}}_n)-\text{asy. Var}(\hat{\boldsymbol{\theta}}_n^*)$ 正定,则称 $\hat{\boldsymbol{\theta}}_n^*$ 比 $\hat{\boldsymbol{\theta}}_n$ 渐近有效。

若 $\hat{\theta}_n^*$ 满足 $\sqrt{n}(\hat{\theta}_n^*-\theta)\xrightarrow{d}N(0,V)$,即 $\hat{\theta}_n^* \sim AN\left(\theta,\dfrac{V}{n}\right)$;设 $\hat{\theta}_n$ 是 θ 的另一任意一致估计量,且渐近服从正态分布,若有

$$\text{asy. Var}(\hat{\theta}_n) - \frac{V}{n} > 0,\quad \theta \text{ 为一个参数},$$

$$\text{asy. Var}(\hat{\boldsymbol{\theta}}_n) - \frac{\boldsymbol{V}}{n} \text{ 正定},\quad \boldsymbol{\theta} \text{ 为参数向量},$$

则称 $\hat{\theta}_n^*$ 是渐近有效估计量。

(2) 克拉美–劳下界

也可采用 C-R 下界方法,协助评价估计量的渐近有效性,只不过需将方差以渐近方差替换,即假定随机变量 Y 的密度函数满足正则条件,则参数向量 $\boldsymbol{\theta}$ 的任意一个一致且渐近服从正态分布的估计向量 $\hat{\boldsymbol{\theta}}_n$ 的渐近方差–协方差阵满足

$$\text{asy. Var}(\hat{\boldsymbol{\theta}}_n) - [I(\boldsymbol{\theta})]^{-1} \text{ 为非负定阵.}$$

综上所述,将小样本下的无偏性推广至大样本下的渐近无偏性和一致性;将小样本下的方差和方差–协方差阵推广至大样本的渐近方差和渐近方差–协方差阵;将小样本下评价估计量的标准:无偏性、有效性,延伸为大样本下评价估计量的标准:一致性、渐近有效性。

四、普通最小二乘估计量的大样本特性

现在,我们可以讨论在大样本情形下,OLS 估计量具有哪些统计性质。假定 K 维变量线性总体回归模型,取定容量为 n 的样本形式为

$$\boldsymbol{Y} = \boldsymbol{X\beta} + \boldsymbol{\varepsilon},$$

且满足如下假定:

$$E(\boldsymbol{\varepsilon} \mid \boldsymbol{X}) = \boldsymbol{0},\quad \text{Var}(\boldsymbol{\varepsilon} \mid \boldsymbol{X}) = E(\boldsymbol{\varepsilon\varepsilon}' \mid \boldsymbol{X}) = \sigma^2\boldsymbol{I};$$

$$r(\boldsymbol{X}) = K,\quad \underset{n\to+\infty}{p\lim}\left(\frac{1}{n}\boldsymbol{X}'\boldsymbol{X}\right) = \boldsymbol{Q},\boldsymbol{Q} \text{ 为有限正定阵};$$

数据生成机制:独立观测。

需指出的是:假定中不包含第 1 章中的第五个假定,即 $\varepsilon|X$ 服从正态分布。古典模型的正态性假定是我们建立 t 检验和 F 检验的必要前提,而渐近理论要讨论的是,当正态性假定不满足时,估计量的性质会发生怎样变化。当样本容量 n 足够大时,根据中心极限定理,我们仍然可以保证 OLS 估计量 b 渐近服从正态分布。我们先证明三个常用的结

论,再讨论 OLS 估计量的大样本特性。

1. 三个常用的结论

(1) $p\lim\limits_{n\to+\infty}\left(\frac{1}{n}\boldsymbol{X}'\boldsymbol{\varepsilon}\right)=\boldsymbol{0}$

也就是说,$\frac{1}{n}\boldsymbol{X}'\boldsymbol{\varepsilon}$ 依概率收敛于 $\boldsymbol{0}$。

[证明]

① $\because\ \boldsymbol{X}=\begin{bmatrix}\boldsymbol{x}^{1\prime}\\ \vdots\\ \boldsymbol{x}^{n\prime}\end{bmatrix}$,

$$\therefore\ \frac{1}{n}\boldsymbol{X}'\boldsymbol{\varepsilon}=\frac{1}{n}[\boldsymbol{x}^1,\cdots,\boldsymbol{x}^n]\begin{bmatrix}\varepsilon_1\\ \vdots\\ \varepsilon_n\end{bmatrix}=\frac{1}{n}\sum_{i=1}^{n}\boldsymbol{x}^i\varepsilon_i=\frac{1}{n}\sum_{i=1}^{n}\boldsymbol{w}_i=\overline{\boldsymbol{w}}_n,$$

其中 $\boldsymbol{w}_i=\boldsymbol{x}^i\varepsilon_i$。

② $\because\ E(\boldsymbol{w}_i)=E(\boldsymbol{x}^i\varepsilon_i)=E[E(\boldsymbol{x}^i\varepsilon_i|\boldsymbol{x}^i)]=E[\boldsymbol{x}^iE(\varepsilon_i|\boldsymbol{x}^i)]=\boldsymbol{0}$,

$$\therefore\ E(\overline{\boldsymbol{w}}_n)=E\left(\frac{1}{n}\sum_{i=1}^{n}\boldsymbol{w}_i\right)=\boldsymbol{0}.$$

③ $\because$
$$\begin{aligned}\mathrm{Var}(\overline{\boldsymbol{w}}_n|\boldsymbol{X})&=E(\overline{\boldsymbol{w}}_n\overline{\boldsymbol{w}}_n'|\boldsymbol{X})\\&=E\left(\frac{1}{n^2}\boldsymbol{X}'\boldsymbol{\varepsilon}\boldsymbol{\varepsilon}'\boldsymbol{X}|\boldsymbol{X}\right)\\&=\frac{1}{n^2}\boldsymbol{X}'E(\boldsymbol{\varepsilon}\boldsymbol{\varepsilon}'|\boldsymbol{X})\boldsymbol{X}\\&=\frac{1}{n^2}\sigma^2\boldsymbol{X}'\boldsymbol{X},\end{aligned}$$

$$\begin{aligned}\therefore\ \mathrm{Var}(\overline{\boldsymbol{w}}_n)&=E[\mathrm{Var}(\overline{\boldsymbol{w}}_n|\boldsymbol{X})]+\mathrm{Var}[E(\overline{\boldsymbol{w}}_n|\boldsymbol{X})]\\&=\frac{1}{n^2}\sigma^2E(\boldsymbol{X}'\boldsymbol{X})\quad(\because E(\overline{\boldsymbol{w}}_n|\boldsymbol{X})=\boldsymbol{0})\\&=\frac{\sigma^2}{n}E\left(\frac{1}{n}\boldsymbol{X}'\boldsymbol{X}\right).\end{aligned}$$

$$\therefore\ \lim_{n\to+\infty}\mathrm{Var}(\overline{\boldsymbol{w}}_n)=0\cdot\boldsymbol{Q}=\boldsymbol{0}.$$

④ 由于 $E(\overline{\boldsymbol{w}}_n)=\boldsymbol{0}$, $\lim\limits_{n\to+\infty}\mathrm{Var}(\overline{\boldsymbol{w}}_n)=\boldsymbol{0}$,所以 $\overline{\boldsymbol{w}}_n$ 依均方收敛至 $\boldsymbol{0}$,因此 $p\lim\limits_{N\to+\infty}\overline{\boldsymbol{w}}_n=\boldsymbol{0}$,即

$$p\lim_{n\to+\infty}\left(\frac{1}{n}\boldsymbol{X}'\boldsymbol{\varepsilon}\right)=\boldsymbol{0}.$$

(2) $\frac{1}{\sqrt{n}}\boldsymbol{X}'\boldsymbol{\varepsilon}\xrightarrow{d}N(\boldsymbol{0},\sigma^2\boldsymbol{Q})$

也就是说，$\frac{1}{\sqrt{n}}\boldsymbol{X}'\boldsymbol{\varepsilon}$ 的极限分布为 $N(\boldsymbol{0},\sigma^2\boldsymbol{Q})$。

[证明]

令 $\boldsymbol{w}_i=\boldsymbol{x}^i\varepsilon_i$，所以

$$\frac{1}{\sqrt{n}}\boldsymbol{X}'\boldsymbol{\varepsilon}=\sqrt{n}\left(\frac{1}{n}\boldsymbol{X}'\boldsymbol{\varepsilon}\right)=\sqrt{n}\,\overline{\boldsymbol{w}}_n.$$

下面逐次验证林德伯格-费勒(L-F)中心极限定理的假定条件：

① 前面已经证明：$E(\boldsymbol{w}_i)=\boldsymbol{\mu}_i=\boldsymbol{0}$，下面考察 $\mathrm{Var}(\boldsymbol{w}_i)$。

$$\begin{aligned}\mathrm{Var}(\boldsymbol{w}_i)&=E(\boldsymbol{x}^i\varepsilon_i\varepsilon_i\boldsymbol{x}^{i\prime})\\&=E[E(\boldsymbol{x}^i\varepsilon_i^2\boldsymbol{x}^{i\prime}\mid\boldsymbol{x}^i)]\\&=E[\boldsymbol{x}^iE(\varepsilon_i^2\mid\boldsymbol{x}^i)\boldsymbol{x}^{i\prime}]\\&=\sigma^2E(\boldsymbol{x}^i\boldsymbol{x}^{i\prime})\\&=\sigma^2\boldsymbol{Q}_i,\end{aligned}$$

其中，$\boldsymbol{Q}_i=E(\boldsymbol{x}^i\boldsymbol{x}^{i\prime})$ 为有限值。

② 令 $\bar{\boldsymbol{\mu}}_n=\frac{1}{n}\sum_{i=1}^{n}\boldsymbol{\mu}_i=\boldsymbol{0}$，

$$\begin{aligned}\sigma^2\overline{\boldsymbol{Q}}_n&=\sigma^2\frac{1}{n}\sum_{i=1}^{n}\boldsymbol{Q}_i\\&=\sigma^2\frac{1}{n}\sum_{i=1}^{n}E(\boldsymbol{x}^i\boldsymbol{x}^{i\prime})\\&=\sigma^2E\left(\frac{1}{n}\sum_{i=1}^{n}\boldsymbol{x}^i\boldsymbol{x}^{i\prime}\right)\\&=\sigma^2E\left(\frac{1}{n}\boldsymbol{X}'\boldsymbol{X}\right),\end{aligned}$$

所以

$$\lim_{n\to+\infty}\sigma^2\overline{\boldsymbol{Q}}_n=\sigma^2\lim_{n\to+\infty}E\left(\frac{1}{n}\boldsymbol{X}'\boldsymbol{X}\right)=\sigma^2\boldsymbol{Q},\ \sigma^2\boldsymbol{Q}\text{ 为有限正定阵。}$$

③ $$\begin{aligned}\lim_{n\to+\infty}\left[\left(\sum_{i=1}^{n}\sigma^2\boldsymbol{Q}_i\right)^{-1}\sigma^2\boldsymbol{Q}_i\right]&=\lim_{n\to+\infty}[(n\overline{\boldsymbol{Q}}_n)^{-1}\boldsymbol{Q}_i]\\&=\lim_{n\to+\infty}\left[\overline{\boldsymbol{Q}}_n^{-1}\left(\frac{1}{n}\boldsymbol{Q}_i\right)\right]\\&=\boldsymbol{Q}^{-1}\cdot\boldsymbol{0}\\&=\boldsymbol{0},\end{aligned}$$

则由 L-F 中心极限定理知

$$\frac{1}{\sqrt{n}}\boldsymbol{X}'\boldsymbol{\varepsilon} = \sqrt{n}\,\overline{\boldsymbol{w}}_n = \sqrt{n}\,(\overline{\boldsymbol{w}}_n - \boldsymbol{0}) \xrightarrow{d} N(\boldsymbol{0},\sigma^2\boldsymbol{Q}).$$

(3) $p\lim\limits_{n\to+\infty}\left(\frac{1}{n}\boldsymbol{\varepsilon}'\boldsymbol{\varepsilon}\right)=\sigma^2$

也就是说,$\frac{1}{n}\boldsymbol{\varepsilon}'\boldsymbol{\varepsilon}$ 依概率收敛于 $\boldsymbol{\sigma}^2$。

[证明]

① 令 $w_i=\varepsilon_i^2$,则有

$$\begin{aligned} E(w_i) &= E(\varepsilon_i^2) = \boldsymbol{\sigma}^2, \\ \mathrm{Var}(w_i) &= \mathrm{Var}(\varepsilon_i^2) \\ &= E(\varepsilon_i^4) - \boldsymbol{\sigma}^4 \quad (\text{假定 } E(\varepsilon_i^4) < +\infty\text{,为有限值}^{①}) \\ &= \varphi(\varphi \text{ 为有限值}). \end{aligned}$$

② $\because\ \overline{w}_n = \frac{1}{n}\sum\limits_{i=1}^{n}\varepsilon_i^2 = \frac{1}{n}\boldsymbol{\varepsilon}'\boldsymbol{\varepsilon}$,

根据林德伯格-利维中心极限定理知:

$$\sqrt{n}\,(\overline{w}_n - \boldsymbol{\sigma}^2) \xrightarrow{d} N(0,\varphi),$$

也即

$$\sqrt{n}\left(\frac{1}{n}\boldsymbol{\varepsilon}'\boldsymbol{\varepsilon} - \sigma^2\right) \xrightarrow{d} N(0,\varphi).$$

因此

$$p\lim_{n\to+\infty}\left(\frac{1}{n}\boldsymbol{\varepsilon}'\boldsymbol{\varepsilon}\right) = \sigma^2.$$

2. OLS 估计量 $\boldsymbol{b}$ 的大样本特性

(1) $\boldsymbol{b}$ 是 $\boldsymbol{\beta}$ 的一致估计量

也就是说,$p\lim\limits_{n\to+\infty}\boldsymbol{b}=\boldsymbol{\beta}$。

[证明]

$$\begin{aligned} \because\ \boldsymbol{b} &= \boldsymbol{\beta}+(\boldsymbol{X}'\boldsymbol{X})^{-1}\boldsymbol{X}'\boldsymbol{\varepsilon} \\ &= \boldsymbol{\beta}+\left(\frac{1}{n}\boldsymbol{X}'\boldsymbol{X}\right)^{-1}\left(\frac{1}{n}\boldsymbol{X}'\boldsymbol{\varepsilon}\right), \end{aligned}$$

---

① 这一假定太强了,其实只需对 $\delta>0$,有 $E(\varepsilon_i^{2+\delta})<+\infty$,且 $\varepsilon_1,\cdots,\varepsilon_n$ 独立即可。

$$\therefore\ p\lim_{n\to+\infty}\boldsymbol{b}=\boldsymbol{\beta}+\text{plim}\left(\frac{1}{n}\boldsymbol{X}'\boldsymbol{X}\right)^{-1}\cdot\text{plim}\left(\frac{1}{n}\boldsymbol{X}'\boldsymbol{\varepsilon}\right)$$
$$=\boldsymbol{\beta}+\boldsymbol{Q}^{-1}\cdot\mathbf{0}$$
$$=\boldsymbol{\beta}.$$

(2) $\boldsymbol{b}$ 渐近服从正态分布

也就是说，$\boldsymbol{b}\overset{a}{\sim}N\left(\boldsymbol{\beta},\ \frac{\sigma^2}{n}\boldsymbol{Q}^{-1}\right)$。

[证明]

① $\because\ \boldsymbol{b}=\boldsymbol{\beta}+(\boldsymbol{X}'\boldsymbol{X})^{-1}\boldsymbol{X}'\boldsymbol{\varepsilon}$,

$$\therefore\ \sqrt{n}(\boldsymbol{b}-\boldsymbol{\beta})=\sqrt{n}(\boldsymbol{X}'\boldsymbol{X})^{-1}\boldsymbol{X}'\boldsymbol{\varepsilon}$$
$$=\left(\frac{1}{n}\boldsymbol{X}'\boldsymbol{X}\right)^{-1}\left(\frac{1}{\sqrt{n}}\boldsymbol{X}'\boldsymbol{\varepsilon}\right).$$

$\because\ \text{plim}_{n\to+\infty}\left(\frac{1}{n}\boldsymbol{X}'\boldsymbol{X}\right)=\boldsymbol{Q}$ 为有限正定阵，

$$\therefore\ \text{plim}\left(\frac{1}{n}\boldsymbol{X}'\boldsymbol{X}\right)^{-1}=\left[\text{plim}\left(\frac{1}{n}\boldsymbol{X}'\boldsymbol{X}\right)\right]^{-1}=\boldsymbol{Q}^{-1}.$$

若极限分布存在，则$\sqrt{n}(\boldsymbol{b}-\boldsymbol{\beta})$的极限分布与$\boldsymbol{Q}^{-1}\left(\frac{1}{\sqrt{n}}\boldsymbol{X}'\boldsymbol{\varepsilon}\right)$的极限分布相同。

② $\because\ \frac{1}{\sqrt{n}}\boldsymbol{X}'\boldsymbol{\varepsilon}\xrightarrow{d}N(\mathbf{0},\ \sigma^2\boldsymbol{Q})$,

$$\therefore\ \boldsymbol{Q}^{-1}\left(\frac{1}{\sqrt{n}}\boldsymbol{X}'\boldsymbol{\varepsilon}\right)\xrightarrow{d}N\{\boldsymbol{Q}^{-1}\cdot\mathbf{0},\ \boldsymbol{Q}^{-1}(\sigma^2\boldsymbol{Q})\boldsymbol{Q}^{-1}\},$$

即

$$\sqrt{n}(\boldsymbol{b}-\boldsymbol{\beta})\xrightarrow{d}N(\mathbf{0},\ \sigma^2\boldsymbol{Q}^{-1}).$$

由此可知：

$$\boldsymbol{b}\overset{a}{\sim}N\left(\boldsymbol{\beta},\ \frac{\sigma^2}{n}\boldsymbol{Q}^{-1}\right),$$

且

$$\text{asy. Var}(\boldsymbol{b})=\frac{\sigma^2}{n}\boldsymbol{Q}^{-1}.$$

(3) $\boldsymbol{b}$ 是 $\boldsymbol{\beta}$ 的渐近有效估计量

关于 $\boldsymbol{b}$ 渐近有效性的证明见 §3。

(4) $\boldsymbol{f}(\boldsymbol{b})$渐近服从正态分布，$\boldsymbol{f}(\boldsymbol{b})$是$\boldsymbol{f}(\boldsymbol{\beta})$的一致估计量

假定$\boldsymbol{f}(\boldsymbol{b})$是一组($J$ 个)$\boldsymbol{b}$ 的连续且连续可微函数，令 $\boldsymbol{\Gamma}=\frac{\partial\boldsymbol{f}(\boldsymbol{\beta})}{\partial\boldsymbol{\beta}'}$为 $J\times K$ 阶矩阵，则

$\boldsymbol{f}(\boldsymbol{b}) \overset{a}{\sim} N\left\{\boldsymbol{f}(\boldsymbol{\beta}), \boldsymbol{\Gamma}\left(\frac{\sigma^2}{n}\boldsymbol{Q}^{-1}\right)\boldsymbol{\Gamma}'\right\}$。

[证明]

① 因$p\lim\limits_{n\to+\infty}\boldsymbol{b}=\boldsymbol{\beta}$,且$\boldsymbol{f}$为连续函数,根据 Slutsky 定理有

$$p\lim_{n\to+\infty}\boldsymbol{f}(\boldsymbol{b}) = \boldsymbol{f}(\boldsymbol{\beta}).$$

又因$\boldsymbol{f}$是连续可微函数,再根据 Slutsky 定理知

$$p\lim_{n\to+\infty}\frac{\partial\boldsymbol{f}(\boldsymbol{b})}{\partial\boldsymbol{b}'} = \frac{\partial\boldsymbol{f}(\boldsymbol{\beta})}{\partial\boldsymbol{\beta}'} = \boldsymbol{\Gamma}.$$

② 将$\boldsymbol{f}(\boldsymbol{b})$在$\boldsymbol{\beta}$处 Taylor 展开至一次项①:

$$\begin{aligned}\boldsymbol{f}(\boldsymbol{b}) &= \boldsymbol{f}(\boldsymbol{\beta}) + \frac{\partial\boldsymbol{f}(\boldsymbol{\beta})}{\partial\boldsymbol{\beta}'}(\boldsymbol{b}-\boldsymbol{\beta}) + o(\boldsymbol{b}-\boldsymbol{\beta})\\ &= \boldsymbol{f}(\boldsymbol{\beta}) + \boldsymbol{\Gamma}(\boldsymbol{b}-\boldsymbol{\beta}) + o(\boldsymbol{b}-\boldsymbol{\beta}).\end{aligned}$$

因$p\lim\limits_{n\to+\infty}\boldsymbol{b}=\boldsymbol{\beta}$,所以$\boldsymbol{f}(\boldsymbol{b})$与$\boldsymbol{f}(\boldsymbol{\beta})+\boldsymbol{\Gamma}(\boldsymbol{b}-\boldsymbol{\beta})$有相同的渐近分布,而$\boldsymbol{b}$渐近服从正态分布,所以$\boldsymbol{f}(\boldsymbol{b})$也渐近服从正态分布。

③ 由①知$\boldsymbol{f}(\boldsymbol{b})$为$\boldsymbol{f}(\boldsymbol{\beta})$的一致估计量,其渐近方差为

$$\begin{aligned}\text{asy. Var}[\boldsymbol{f}(\boldsymbol{b})] &= \frac{1}{n}p\lim_{n\to+\infty}\{n[\boldsymbol{f}(\boldsymbol{b})-\boldsymbol{f}(\boldsymbol{\beta})][\boldsymbol{f}(\boldsymbol{b})-\boldsymbol{f}(\boldsymbol{\beta})]'\}\\ &= \frac{1}{n}p\lim_{n\to+\infty}[n\boldsymbol{\Gamma}(\boldsymbol{b}-\boldsymbol{\beta})(\boldsymbol{b}-\boldsymbol{\beta})'\boldsymbol{\Gamma}']\\ &= \boldsymbol{\Gamma}\left\{\frac{1}{n}p\lim_{n\to+\infty}[n(\boldsymbol{b}-\boldsymbol{\beta})(\boldsymbol{b}-\boldsymbol{\beta})']\right\}\boldsymbol{\Gamma}'\\ &= \boldsymbol{\Gamma}\text{asy. Var}(\boldsymbol{b})\boldsymbol{\Gamma}'\\ &= \boldsymbol{\Gamma}\left(\frac{\sigma^2}{n}\boldsymbol{Q}^{-1}\right)\boldsymbol{\Gamma}'.\end{aligned}$$

$\therefore\ \boldsymbol{f}(\boldsymbol{b}) \overset{a}{\sim} N\left\{\boldsymbol{f}(\boldsymbol{\beta}), \boldsymbol{\Gamma}\left(\frac{\sigma^2}{n}\boldsymbol{Q}^{-1}\right)\boldsymbol{\Gamma}'\right\}.$

3. s^2 的大样本特性

(1) s^2 是 σ^2 的一致估计量

也就是说,$p\lim\limits_{n\to+\infty}s^2=\sigma^2$。

[证明]

$$\begin{aligned}\because\ s^2 &= \frac{\boldsymbol{e}'\boldsymbol{e}}{n-K} = \frac{\boldsymbol{\varepsilon}'\boldsymbol{M}\boldsymbol{\varepsilon}}{n-K}\\ &= \frac{1}{n-K}\boldsymbol{\varepsilon}'[\boldsymbol{I}-\boldsymbol{X}(\boldsymbol{X}'\boldsymbol{X})^{-1}\boldsymbol{X}']\boldsymbol{\varepsilon}\end{aligned}$$

---

① 见本章附录 1。

$$=\frac{1}{n-K}[\boldsymbol{\varepsilon}'\boldsymbol{\varepsilon}-\boldsymbol{\varepsilon}'\boldsymbol{X}(\boldsymbol{X}'\boldsymbol{X})^{-1}\boldsymbol{X}'\boldsymbol{\varepsilon}]$$

$$=\frac{n}{n-K}\left[\frac{1}{n}\boldsymbol{\varepsilon}'\boldsymbol{\varepsilon}-\left(\frac{1}{n}\boldsymbol{X}'\boldsymbol{\varepsilon}\right)'\left(\frac{1}{n}\boldsymbol{X}'\boldsymbol{X}\right)^{-1}\left(\frac{1}{n}\boldsymbol{X}'\boldsymbol{\varepsilon}\right)\right].$$

$$\because\ p\lim_{n\to+\infty}\frac{n}{n-k}=1,p\lim_{n\to+\infty}\left(\frac{1}{n}\boldsymbol{\varepsilon}'\boldsymbol{\varepsilon}\right)=\sigma^2,$$

$$p\lim_{n\to+\infty}\left(\frac{1}{n}\boldsymbol{X}'\boldsymbol{\varepsilon}\right)=\mathbf{0},p\lim_{n\to+\infty}\left(\frac{1}{n}\boldsymbol{X}'\boldsymbol{X}\right)=\boldsymbol{Q},$$

$$\therefore\ p\lim s^2=\sigma^2-\mathbf{0}\cdot\boldsymbol{Q}^{-1}\cdot\mathbf{0}=\sigma^2.$$

由于 s^2 是 $\boldsymbol{\sigma}^2$ 的一致估计量，所以可给出 $\boldsymbol{b}$，$\boldsymbol{f}(\boldsymbol{b})$ 渐近方差-协方差阵的估计。因为

$$\text{asy. Var}(\boldsymbol{b})=\frac{\sigma^2}{n}\boldsymbol{Q}^{-1},\quad \text{asy. Var}[\boldsymbol{f}(\boldsymbol{b})]=\boldsymbol{\Gamma}\frac{\sigma^2}{n}\boldsymbol{Q}^{-1}\boldsymbol{\Gamma}',$$

所以

$$\widehat{\text{asy. Var}}(\boldsymbol{b})=\frac{s^2}{n}\left(\frac{1}{n}\boldsymbol{X}'\boldsymbol{X}\right)^{-1}=s^2(\boldsymbol{X}'\boldsymbol{X})^{-1},$$

$$\begin{aligned}\widehat{\text{asy. Var}[\boldsymbol{f}(\boldsymbol{b})]}&=\boldsymbol{C}\left[\frac{s^2}{n}\left(\frac{1}{n}\boldsymbol{X}'\boldsymbol{X}\right)^{-1}\right]\boldsymbol{C}'\\&=\boldsymbol{C}[s^2(\boldsymbol{X}'\boldsymbol{X})^{-1}]\boldsymbol{C}',\\&=\boldsymbol{C}\,\widehat{\text{asy. Var}}(\boldsymbol{b})\boldsymbol{C}',\end{aligned}$$

其中，$\boldsymbol{C}=\frac{\partial\boldsymbol{f}(\boldsymbol{b})}{\partial\boldsymbol{b}'}$。

(2) s^2 是 $\boldsymbol{\sigma}^2$ 的渐近有效估计量

这一结论在 §3 给出证明。

§3　最大似然估计量及其大样本特性

在很多情况下常常采用最大似然估计方法。这是因为最大似然估计量具有很好的无限样本特性，如一致性、渐近正态性、渐近有效性、不变性，并且对参数一般约束进行假设检验时，常需通过最大似然估计量来构造检验统计量。

本节首先介绍一般最大似然估计的原理及其渐近特性，然后将它们运用至计量经济模型中。关于最大似然估计技术的变种在此不再介绍了。

一、最大似然估计

1. 似然函数

假定我们所研究的总体是随机变量 Y，其概率密度函数是基于参数向量 $\boldsymbol{\theta}$ 的函数 $f(Y|\boldsymbol{\theta})$。它可识别观测样本数据的生成机制，或者说它提供了所产生数据的一个数学描述。

假定 $Y_1,\cdots,Y_n$ 是来自该总体的 n 个相互独立的观测样本,即 $Y_1,\cdots,Y_n$ 独立同分布(简记为 iid),其每个观测值的密度函数为 $f(Y_i|\boldsymbol{\theta})$, $i=1,\cdots,n$,因此它们的联合密度函数为单个密度函数乘积,即

$$f(Y_1,\cdots,Y_n \mid \boldsymbol{\theta}) = f(Y_1 \mid \boldsymbol{\theta})\cdots f(Y_n \mid \boldsymbol{\theta}) = \prod_{i=1}^{n} f(Y_i \mid \boldsymbol{\theta}),$$

它是在参数向量 $\boldsymbol{\theta}$ 下的样本数据函数。

问题的一般提法是,若 Y 的样本值是 $Y_1,\cdots,Y_n$,如何估计参数向量 $\boldsymbol{\theta}$?

给定样本 $Y_1,\cdots,Y_n$ 后,其联合密度函数 $\prod_{i=1}^{n} f(Y_i \mid \boldsymbol{\theta})$ 被称为样本 $Y_1,\cdots,Y_n$ 的似然函数。注意此时它是参数向量 $\boldsymbol{\theta}$ 的函数,所以记为

$$\prod_{i=1}^{n} f(Y_i \mid \boldsymbol{\theta}) = L(\boldsymbol{\theta} \mid Y).$$

2. 最大似然估计原理

最大似然估计原理是选择 $\boldsymbol{\theta}$ 使该样本出现的可能性最大。

由于 L 与 $\ln L$ 具有相同的极大值点,且相对 L 而言,$\ln L$ 更容易处理,所以最大似然估计的数学描述为:给定样本 $Y_1,\cdots,Y_n$,求 $\boldsymbol{\theta}$ 使对数似然函数达最大,即

$$\max_{\boldsymbol{\theta}} \ln L(\boldsymbol{\theta} \mid \boldsymbol{Y}),$$

其中

$$\ln L(\boldsymbol{\theta} \mid \boldsymbol{Y}) = \sum_{i=1}^{n} \ln f(Y_i \mid \boldsymbol{\theta}).$$

这是一个无条件极大值问题。由一阶条件求出驻点,再用二阶条件判断驻点是否为极大值点。以下均假定 $\boldsymbol{\theta}$ 为 K 维列向量。

3. 似然方程

(1) 一阶条件

$$\frac{\partial \ln L(\boldsymbol{\theta} \mid \boldsymbol{Y})}{\partial \boldsymbol{\theta}} = \mathbf{0}.$$

上述方程被称为似然方程。似然方程的解记为 $\hat{\boldsymbol{\theta}}_{\mathrm{ML}}$,是 K 维列向量。

(2) 二阶条件

若 K 阶方阵 $\left.\frac{\partial^2 \ln L(\boldsymbol{\theta}|\boldsymbol{Y})}{\partial \boldsymbol{\theta} \partial \boldsymbol{\theta}'}\right|_{\hat{\boldsymbol{\theta}}_{\mathrm{ML}}}$ 为负定阵,则 $\hat{\boldsymbol{\theta}}_{\mathrm{ML}}$ 为参数向量 $\boldsymbol{\theta}$ 的最大似然估计量(MLE)。

L 或 $\ln L$ 在 $\hat{\boldsymbol{\theta}}_{\mathrm{ML}}$ 处的值,被称为最大似然函数值或最大对数似然函数值。

4. 例

(1) 正态分布例子

随机变量 Y 遵从期望为 μ,方差为 σ^2 的正态分布,简记为 $Y \sim N(\mu,\sigma^2)$。问题是,给定 n 个相互独立的随机样本 $Y_1,\cdots,Y_n$,利用最大似然估计方法,求总体参数 $\boldsymbol{\theta}=(\mu,\sigma^2)'$

的估计值。

Y_i 的密度函数为

$$f(Y_i \mid \boldsymbol{\theta}) = \frac{1}{\sqrt{2\pi\sigma^2}} e^{-\frac{(Y_i-\mu)^2}{2\sigma^2}}.$$

$Y_i, \cdots, Y_n$ 的似然函数为

$$L(\boldsymbol{\theta} \mid Y) = \prod_{i=1}^{n} \frac{1}{\sqrt{2\pi\sigma^2}} e^{-\frac{(Y_i-\mu)^2}{2\sigma^2}},$$

其对数似然函数为

$$\ln L(\boldsymbol{\theta} \mid Y) = -\frac{n}{2}\ln(2\pi) - \frac{n}{2}\ln\sigma^2 - \sum_{i=1}^{n}\frac{(Y_i-\mu)^2}{2\sigma^2}.$$

一阶条件为

$$\begin{cases} \dfrac{\partial \ln L(\boldsymbol{\theta} \mid \boldsymbol{Y})}{\partial \mu} = \dfrac{1}{\sigma^2}\sum\limits_{i=1}^{n}(Y_i-\mu) \triangleq 0, \\ \dfrac{\partial \ln L(\boldsymbol{\theta} \mid \boldsymbol{Y})}{\partial \sigma^2} = -\dfrac{n}{2}\cdot\dfrac{1}{\sigma^2} + \dfrac{1}{2\sigma^4}\sum\limits_{i=1}^{n}(Y_i-\mu)^2 \triangleq 0, \end{cases}$$

其驻点为

$$\begin{cases} \hat{\mu}_{\mathrm{ML}} = \dfrac{1}{n}\sum\limits_{i=1}^{n} Y_i = \overline{Y}, \\ \hat{\sigma}^2_{\mathrm{ML}} = \dfrac{1}{n}\sum\limits_{i=1}^{n}(Y_i-\hat{\mu}_{\mathrm{ML}})^2 = \dfrac{1}{n}\sum\limits_{i=1}^{n}(Y_i-\overline{Y})^2 = \dfrac{1}{n}\sum\limits_{i=1}^{n} y_i^2. \end{cases}$$

而由于

$$\frac{\partial^2 \ln L}{\partial\boldsymbol{\theta}\partial\boldsymbol{\theta}'} = \begin{bmatrix} \dfrac{\partial^2 \ln L}{\partial\mu\partial\mu} & \dfrac{\partial^2 \ln L}{\partial\mu\partial\sigma^2} \\ \dfrac{\partial^2 \ln L}{\partial\sigma^2\partial\mu} & \dfrac{\partial^2 \ln L}{\partial\sigma^2\partial\sigma^2} \end{bmatrix}$$

$$= \begin{bmatrix} -\dfrac{n}{\sigma^2} & -\dfrac{1}{\sigma^4}\sum\limits_{i=1}^{n}(Y_i-\mu) \\ -\dfrac{1}{\sigma^4}\sum\limits_{i=1}^{n}(Y_i-\mu) & \dfrac{n}{2}\cdot\dfrac{1}{\sigma^4} - \dfrac{1}{\sigma^6}\sum\limits_{i=1}^{n}(Y_i-\mu)^2 \end{bmatrix},$$

$$\left.\frac{\partial^2 \ln L}{\partial\boldsymbol{\theta}\partial\boldsymbol{\theta}'}\right|_{\hat{\boldsymbol{\theta}}_{\mathrm{ML}}} = \begin{bmatrix} -\dfrac{n^2}{\sum\limits_{i=1}^{n} y_i^2} & 0 \\ 0 & -\dfrac{1}{2}\dfrac{n^3}{\left(\sum\limits_{i=1}^{n} y_i^2\right)^2} \end{bmatrix}$$

为负定阵,所以二阶条件满足,故 $\hat{\mu}_{ML}$,$\hat{\sigma}^2_{ML}$ 为最大似然估计。

由后面的证明可知 $\hat{\mu}_{ML}$ 的渐近方差为 $\frac{1}{n^2}\sum_{i=1}^{n} y_i^2$, $\hat{\sigma}^2_{ML}$ 的渐近方差为$\frac{2}{n^3}\left(\sum_{i=1}^{n} y_i^2\right)^2$。

(2) 指数分布例子

随机变量 Y 服从指数分布,其概率密度函数为

$$f(Y \mid \theta) = \theta e^{-\theta Y}.$$

给定 n 个相互独立的随机样本 $Y_1,\cdots,Y_n$,利用最大似然估计方法,求总体参数 θ 的估计。

$Y_1,\cdots,Y_n$ 的似然函数为

$$L(\theta \mid \boldsymbol{Y}) = \prod_{i=1}^{n}(\theta e^{-\theta Y_i}) = \theta^n e^{-\theta\sum_{i=1}^{n} Y_i},$$

其对数似然函数为

$$\ln L(\theta \mid \boldsymbol{Y}) = n\ln\theta - \theta\sum_{i=1}^{n} Y_i.$$

一阶条件为

$$\frac{\partial \ln L(\theta \mid \boldsymbol{Y})}{\partial\theta} = \frac{n}{\theta} - \sum_{i=1}^{n} Y_i \triangleq 0,$$

其驻点为 $\hat{\theta}_{ML} = \frac{n}{\sum_{i=1}^{n} Y_i} = \frac{1}{\bar{Y}}$。

二阶条件为

$$\left.\frac{\partial \ln L(\theta \mid \boldsymbol{Y})}{\partial\theta^2}\right|_{\hat{\theta}_{ML}} = -\left.\frac{n}{\theta^2}\right|_{\hat{\theta}_{ML}} = -n\bar{Y}^2 < 0,$$

所以 $\hat{\theta}_{ML}$ 为极大值点,即为最大似然估计。$\hat{\theta}_{ML}$ 的渐近方差为$\frac{1}{n\bar{Y}^2}$。

(3) Poisson 分布例子

随机变量 Y 服从 Poisson 分布,其概率密度函数为

$$f(Y \mid \theta) = \frac{e^{-\theta}\theta^Y}{Y!}.$$

类似地,其对数似然函数为

$$\ln L(\theta \mid \boldsymbol{Y}) = -n\theta + \ln\theta\sum_{i=1}^{n} Y_i - \sum_{i=1}^{n}(\ln Y_i!).$$

一阶条件为

$$\frac{\partial \ln L(\theta \mid \boldsymbol{Y})}{\partial\theta} = -n + \frac{1}{\theta}\sum_{i=1}^{n} Y_i = -n + \frac{1}{\theta}n\bar{Y} \triangleq 0,$$

其驻点为 $\hat{\theta}_{ML}=\overline{Y}$。

二阶条件为

$$\left.\frac{\partial^2 \ln L(\theta \mid \boldsymbol{Y})}{\partial \theta^2}\right|_{\hat{\theta}_{\mathrm{ML}}} = \left.-\frac{1}{\theta^2} n\overline{Y}\right|_{\hat{\theta}_{\mathrm{ML}}} = -\frac{n}{\overline{Y}} < 0,$$

所以 $\hat{\theta}_{\mathrm{ML}}=\overline{Y}$ 为最大似然估计，$\hat{\theta}_{\mathrm{ML}}$ 渐近方差为$\dfrac{\overline{Y}}{n}$。

5. 参数识别

上述三个例子在给定 Y 的样本后，都得到了参数的唯一估计值，这表明参数向量 $\boldsymbol{\theta}$ 是可识别的。

参数识别的定义：参数向量 $\boldsymbol{\theta}$ 被称为可识别，如果对任意其他参数向量 $\boldsymbol{\theta}^*$，$\boldsymbol{\theta}^* \neq \boldsymbol{\theta}$，对给定的数据 $\boldsymbol{Y}$，有 $L(\boldsymbol{\theta}^* \mid \boldsymbol{Y}) \neq L(\boldsymbol{\theta} \mid \boldsymbol{Y})$。这就是说，不同的参数对应于不同的似然函数值（当然也对应于不同的对数似然函数值），参数与似然函数存在着一一对应关系。

参数估计的前提是参数必须可识别。能不能由样本唯一确定 $\boldsymbol{\theta}$ 的值呢？有时需作出某些假定才有肯定的结论。如第 2 章 § 6 在讨论用最大似然估计方法估计多元线性回归模型总体参数时，给出相应的对数似然函数为

$$\ln L = -\frac{n}{2}\ln(2\pi) - \frac{n}{2}\ln\sigma^2 - \frac{1}{2\sigma^2}\boldsymbol{\varepsilon}'\boldsymbol{\varepsilon}.$$

现在观察第三项中的 $\boldsymbol{\varepsilon}'\boldsymbol{\varepsilon} = \sum_{i=1}^{n}\varepsilon_i^2 = \sum_{i=1}^{n}(Y_i - \boldsymbol{x}^{i\prime}\boldsymbol{\beta})^2$。若存在 K 维列向量 $\boldsymbol{\alpha} \neq \boldsymbol{0}$，而使得 $\boldsymbol{x}^{i\prime}\boldsymbol{\alpha} = 0$，令 $\boldsymbol{\gamma} = \boldsymbol{\beta} + \boldsymbol{\alpha} \neq \boldsymbol{\beta}$，则 $\boldsymbol{x}^{i\prime}\boldsymbol{\gamma} = \boldsymbol{x}^{i\prime}(\boldsymbol{\beta}+\boldsymbol{\alpha}) = \boldsymbol{x}^{i\prime}\boldsymbol{\beta}$。这就意味着参数 $\boldsymbol{\beta}$，$\boldsymbol{\gamma}$ 不同，但对应的 $\ln L$ 却相等，即模型参数 $\boldsymbol{\beta}$ 是不可识别的。为使 $\boldsymbol{\beta}$ 可识别，必须给出假定条件。这就是在第 1 章模型设定中给出的样本阵 $\boldsymbol{X}$ 必须满列秩，即 $r(\boldsymbol{X}) = K$，$\boldsymbol{x}_1,\cdots,\boldsymbol{x}_K$ 线性无关的条件。这样就不会存在非零向量 $\boldsymbol{\alpha} = (\alpha_1,\cdots,\alpha_K)'$ 使得 $\alpha_1\boldsymbol{x}_1 + \cdots + \alpha_K\boldsymbol{x}_K = 0$，也即 $\alpha_1 X_{i1} + \cdots + \alpha_K X_{iK} = \boldsymbol{x}^{i\prime}\boldsymbol{\alpha} = 0$；或者说若 $\boldsymbol{x}^{i\prime}\boldsymbol{\alpha} = 0$，则必有 $\boldsymbol{\alpha} = \boldsymbol{0}$。因此 $\boldsymbol{\beta}$ 可识别。

二、$\boldsymbol{g}_0$ 的期望和方差-协方差阵

为讨论最大似然估计量的无限样本特性，这里先给出一些正则条件，然后讨论关于得分向量 $\boldsymbol{g}$ 在 $\boldsymbol{\theta}_0$ 处的数字表征。

定义如下符号的含义：$\hat{\boldsymbol{\theta}}$ 是 MLE；$\boldsymbol{\theta}_0$ 是参数真实值；$\boldsymbol{\theta}$ 是参数其他可能值，它不是 MLE，也不是真实值。

1. 正则条件

假定 $Y_1,\cdots,Y_n$ 是来自具有概率密度函数 $f(Y_i \mid \boldsymbol{\theta}_0)$ 的随机样本，它必须满足下列正则条件：

① 对所有的 Y_i 和所有 $\boldsymbol{\theta}$，$\ln f(Y_i|\boldsymbol{\theta})$ 对 $\boldsymbol{\theta}$ 的直至三阶导数是连续且有限的（这个条件保证存在 Taylor 级数近似式和 $\ln L$ 的导数具有有限方差）。

② $\ln f(Y_i|\boldsymbol{\theta})$ 的一阶和二阶导数的期望存在。

③ 对所有 $\boldsymbol{\theta}$ 值，$\left|\dfrac{\partial^3 \ln f(Y_i|\boldsymbol{\theta})}{\partial\theta_k\partial\theta_l\partial\theta_m}\right|$ 比一个具有有限期望的函数小（这个条件保证 Taylor 级数可以截断为有限项）。

2. 引进 $\boldsymbol{g}$，$\boldsymbol{H}$ 符号

由最大似然估计原理可知，求估计量，且判断它确实为最大似然估计量，必须计算最大似然估计目标函数的一阶、二阶偏导数，在此给出下面推导中常用的符号。

（1）$\boldsymbol{g}$

最大似然估计的目标函数是

$$\ln L(\boldsymbol{\theta}\mid \boldsymbol{Y}) = \sum_{i=1}^{n}\ln f(Y_i\mid \boldsymbol{\theta}),$$

其一阶偏导数为

$$\boldsymbol{g} = \frac{\partial \ln L(\boldsymbol{\theta}\mid \boldsymbol{Y})}{\partial \boldsymbol{\theta}} = \sum_{i=1}^{n}\frac{\partial \ln f(Y_i\mid \boldsymbol{\theta})}{\partial \boldsymbol{\theta}} = \sum_{i=1}^{n}\boldsymbol{g}^i,$$

其中，$\boldsymbol{g}^i = \dfrac{\partial \ln f(Y_i|\boldsymbol{\theta})}{\partial \boldsymbol{\theta}}$ 为 K 维列向量，$i=1,\cdots,n$。$\boldsymbol{g}$ 为这 n 个向量的和，显然也为 K 维列向量，称 $\boldsymbol{g}$ 为得分向量。

当给定 $Y_1,\cdots,Y_n$ 时，$\boldsymbol{g}$、$\boldsymbol{g}^i$ 为 $\boldsymbol{\theta}$ 的函数，即 $\boldsymbol{g}=\boldsymbol{g}(\boldsymbol{\theta})$，$\boldsymbol{g}^i=\boldsymbol{g}^i(\boldsymbol{\theta})$。在 $\boldsymbol{\theta}_0$ 处有

$$\boldsymbol{g}_0 = \boldsymbol{g}(\boldsymbol{\theta}_0) = \frac{\partial \ln L(\boldsymbol{\theta}_0\mid \boldsymbol{Y})}{\partial \boldsymbol{\theta}_0} = \sum_{i=1}^{n}\boldsymbol{g}_0^i,$$

其中 $\boldsymbol{g}_0^i = \boldsymbol{g}^i(\boldsymbol{\theta}_0) = \dfrac{\partial \ln f(Y_i|\boldsymbol{\theta}_0)}{\partial \boldsymbol{\theta}_0}$。

（2）$\boldsymbol{H}$

最大似然估计目标函数的二阶偏导数为

$$\boldsymbol{H} = \frac{\partial^2 \ln L(\boldsymbol{\theta}\mid \boldsymbol{Y})}{\partial \boldsymbol{\theta}\partial \boldsymbol{\theta}'} = \sum_{i=1}^{n}\frac{\partial^2 \ln f(Y_i\mid \boldsymbol{\theta})}{\partial \boldsymbol{\theta}\partial \boldsymbol{\theta}'} = \sum_{i=1}^{n}\boldsymbol{H}_i,$$

其中，$\boldsymbol{H}_i = \dfrac{\partial^2 \ln f(Y_i|\boldsymbol{\theta})}{\partial \boldsymbol{\theta}\partial \boldsymbol{\theta}'}$ 为 K 阶方阵，$i=1,\cdots,n$。$\boldsymbol{H}$ 为这 n 个方阵之和，显然也是 K 阶方阵。

给定 $Y_1,\cdots,Y_n$ 后，$\boldsymbol{H}$，$\boldsymbol{H}_i$ 为 $\boldsymbol{\theta}$ 的函数。即 $\boldsymbol{H}=\boldsymbol{H}(\boldsymbol{\theta})$，$\boldsymbol{H}_i=\boldsymbol{H}_i(\boldsymbol{\theta})$。在 $\boldsymbol{\theta}_0$ 处有

$$\boldsymbol{H}_0 = \boldsymbol{H}(\boldsymbol{\theta}_0) = \frac{\partial^2 \ln L(\boldsymbol{\theta}_0\mid \boldsymbol{Y})}{\partial \boldsymbol{\theta}_0\partial \boldsymbol{\theta}_0'} = \sum_{i=1}^{n}\boldsymbol{H}_{i0},$$

其中

$$\boldsymbol{H}_{i0} = \boldsymbol{H}_i(\boldsymbol{\theta}_0) = \frac{\partial^2 \ln f(Y_i\mid \boldsymbol{\theta}_0)}{\partial \boldsymbol{\theta}_0\partial \boldsymbol{\theta}_0'}.$$

3. $E(\boldsymbol{g}_0)=\mathbf{0}$

证明思路为先证明 $E(\boldsymbol{g}_0^i)=\mathbf{0}$,再证明 $E(\boldsymbol{g}_0)=\mathbf{0}$。

[证明]

设 Y_i 的变化范围为 $[a,b]$,由于 Y_i 取值依赖于参数,所以 a,b 是 $\boldsymbol{\theta}_0$ 的函数。因为 $f(Y_i|\boldsymbol{\theta})$ 为概率密度函数,因而有

$$\int_a^b f(Y_i \mid \boldsymbol{\theta}_0)\,\mathrm{d}Y_i = 1.$$

上式对 $\boldsymbol{\theta}_0$ 求导,有

$$\frac{\partial\int_a^b f(Y_i \mid \boldsymbol{\theta}_0)\,\mathrm{d}Y_i}{\partial\boldsymbol{\theta}_0} = \mathbf{0}.$$

由莱布尼兹(Leibniz)定理知:

$$\frac{\partial\int_a^b f(Y_i \mid \boldsymbol{\theta}_0)\,\mathrm{d}Y_i}{\partial\boldsymbol{\theta}_0} = \int_a^b \frac{\partial f(Y_i \mid \boldsymbol{\theta}_0)}{\partial\boldsymbol{\theta}_0}\mathrm{d}Y_i + f(b \mid \boldsymbol{\theta}_0)\frac{\partial b}{\partial\boldsymbol{\theta}_0} - f(a \mid \boldsymbol{\theta}_0)\frac{\partial a}{\partial\boldsymbol{\theta}_0} = \mathbf{0}.$$

若$\dfrac{\partial b}{\partial\boldsymbol{\theta}_0}=\dfrac{\partial a}{\partial\boldsymbol{\theta}_0}=\mathbf{0}$,或 $f(b|\boldsymbol{\theta}_0)=f(a|\boldsymbol{\theta}_0)=0$,即在端点处密度函数为零,则上式等号右端的第二项和第三项为零。这可由 1 中正则条件②来提供。于是微分和积分可交换次序:

$$\frac{\partial\int f(Y_i \mid \boldsymbol{\theta}_0)\,\mathrm{d}Y_i}{\partial\boldsymbol{\theta}_0} = \int \frac{\partial f(Y_i \mid \boldsymbol{\theta}_0)}{\partial\boldsymbol{\theta}_0}\mathrm{d}Y_i = \mathbf{0},\quad \text{(省略积分上限、下限)}$$

而

$$\begin{aligned}\int \frac{\partial f(Y_i \mid \boldsymbol{\theta}_0)}{\partial\boldsymbol{\theta}_0}\mathrm{d}Y_i &= \int \frac{\partial \ln f(Y_i \mid \boldsymbol{\theta}_0)}{\partial\boldsymbol{\theta}_0} f(Y_i \mid \boldsymbol{\theta}_0)\,\mathrm{d}Y_i \\ &= \int \boldsymbol{g}_0^i f(Y_i \mid \boldsymbol{\theta}_0)\,\mathrm{d}Y_i \\ &= E(\boldsymbol{g}_0^i) = \mathbf{0}.\end{aligned}$$

这是导出最大似然估计的矩条件。

由 $E(\boldsymbol{g}_0^i)=\mathbf{0}$,所以有

$$E(\boldsymbol{g}_0) = \sum_{i=1}^n E(\boldsymbol{g}_0^i) = \mathbf{0}.$$

这就是似然方程的期望形式。

4. $\boldsymbol{g}_0$ 的方差-协方差阵

(1) 先证明 $\mathrm{Var}(\boldsymbol{g}_0^i)=-E(\boldsymbol{H}_{i0})$

[证明]

由3中证明可知：

$$\int \frac{\partial \ln f(Y_i \mid \boldsymbol{\theta}_0)}{\partial \boldsymbol{\theta}_0} f(Y_i \mid \boldsymbol{\theta}_0) \mathrm{d}Y_i = \mathbf{0}.$$

上式两边对 $\boldsymbol{\theta}_0'$ 求偏导，由于微分与积分可交换次序，所以有

$$\int \frac{\partial^2 \ln f(Y_i \mid \boldsymbol{\theta}_0)}{\partial \boldsymbol{\theta}_0 \partial \boldsymbol{\theta}_0'} f(Y_i \mid \boldsymbol{\theta}_0) \mathrm{d}Y_i + \int \frac{\partial \ln f(Y_i \mid \boldsymbol{\theta}_0)}{\partial \boldsymbol{\theta}_0} \cdot \frac{\partial f(Y_i \mid \boldsymbol{\theta}_0)}{\partial \boldsymbol{\theta}_0'} \mathrm{d}Y_i = \mathbf{0}.$$

进一步可表示为

$$\int \frac{\partial^2 \ln f(Y_i \mid \boldsymbol{\theta}_0)}{\partial \boldsymbol{\theta}_0 \partial \boldsymbol{\theta}_0'} f(Y_i \mid \boldsymbol{\theta}_0) \mathrm{d}Y_i + \int \frac{\partial \ln f(Y_i \mid \boldsymbol{\theta}_0)}{\partial \boldsymbol{\theta}_0} \cdot \frac{\partial \ln f(Y_i \mid \boldsymbol{\theta}_0)}{\partial \boldsymbol{\theta}_0'} f(Y_i \mid \boldsymbol{\theta}_0) \mathrm{d}Y_i = \mathbf{0},$$

移项后可得

$$\int \left[\frac{\partial \ln f(Y_i \mid \boldsymbol{\theta}_0)}{\partial \boldsymbol{\theta}_0} \cdot \frac{\partial \ln f(Y_i \mid \boldsymbol{\theta}_0)}{\partial \boldsymbol{\theta}_0'}\right] f(Y_i \mid \boldsymbol{\theta}_0) \mathrm{d}Y_i = -\int \left[\frac{\partial^2 \ln f(Y_i \mid \boldsymbol{\theta}_0)}{\partial \boldsymbol{\theta}_0 \partial \boldsymbol{\theta}_0'}\right] f(Y_i \mid \boldsymbol{\theta}_0) \mathrm{d}Y_i,$$

用期望符号可表示为

$$E\left[\frac{\partial \ln f(Y_i \mid \boldsymbol{\theta}_0)}{\partial \boldsymbol{\theta}_0} \cdot \frac{\partial \ln f(Y_i \mid \boldsymbol{\theta}_0)}{\partial \boldsymbol{\theta}_0'}\right] = -E\left[\frac{\partial^2 \ln f(Y_i \mid \boldsymbol{\theta}_0)}{\partial \boldsymbol{\theta}_0 \partial \boldsymbol{\theta}_0'}\right].$$

引进 $\boldsymbol{g}^i$，$\boldsymbol{H}_i$ 符号，则有

$$E(\boldsymbol{g}_0^i \boldsymbol{g}_0^{i\prime}) = -E(\boldsymbol{H}_{i0}).$$

由于 $E(\boldsymbol{g}_0^i)=\mathbf{0}$，所以左端为 $\mathrm{Var}[\boldsymbol{g}^i(\boldsymbol{\theta}_0)]$，即

$$\mathrm{Var}(\boldsymbol{g}_0^i) = E(\boldsymbol{g}_0^i \boldsymbol{g}_0^{i\prime}) = -E(\boldsymbol{H}_{i0}).$$

(2) 再证明 $\mathrm{Var}(\boldsymbol{g}_0)=I(\boldsymbol{\theta}_0)$

[证明]

由于 $E(\boldsymbol{g}_0)=\mathbf{0}$，所以

$$\begin{aligned}
\mathrm{Var}(\boldsymbol{g}_0) &= E(\boldsymbol{g}_0 \boldsymbol{g}_0') \\
&= E\left[\left(\sum_{i=1}^n \boldsymbol{g}_o^i\right)\left(\sum_{i=1}^n \boldsymbol{g}_0^{i\prime}\right)\right] \\
&= \sum_{i=1}^n E(\boldsymbol{g}_0^i \boldsymbol{g}_0^{i\prime}) \quad (\because E(\boldsymbol{g}_0^i \boldsymbol{g}_C^{j\prime}) = \mathbf{0} \quad \forall i \neq j) \\
&= -\sum_{i=1}^n E(\boldsymbol{H}_{i0}) \\
&= -E(\boldsymbol{H}_0)
\end{aligned}$$

$$= I(\boldsymbol{\theta}_0).$$

由证明过程可知

$$I(\boldsymbol{\theta}_0) = -E(\boldsymbol{H}_0) = E(\boldsymbol{g}_0\boldsymbol{g}_0').$$

这表明 $I(\boldsymbol{\theta}_0)$ 可用 $\ln L(\boldsymbol{\theta}|\boldsymbol{Y})$ 的一阶导数表示，也可用其二阶导数表示。

三、最大似然估计量的无限样本特性

在正则条件下，最大似然估计量 $\hat{\boldsymbol{\theta}}$ 有较好的无限样本特性，如一致性、渐近正态性、渐近有效性、不变性。这些特性也称为渐近特性。下面逐一介绍。

1. 一致性

$$p\lim_{n\to+\infty}\hat{\boldsymbol{\theta}} = \boldsymbol{\theta}_0.$$

在一定条件下可以证明最大似然估计量 $\hat{\boldsymbol{\theta}}$ 具有一致性，但证明中需用到更高阶的理论知识，这里就不介绍了。

2. 渐近正态性

$$\hat{\boldsymbol{\theta}} \overset{a}{\sim} N\{\boldsymbol{\theta}_0, [I(\boldsymbol{\theta}_0)]^{-1}\},$$

其中

$$I(\boldsymbol{\theta}_0)=E(\boldsymbol{g}_0\boldsymbol{g}_0')=E\left[\frac{\partial\ln L(\boldsymbol{\theta}_0|\boldsymbol{Y})}{\partial\boldsymbol{\theta}_0}\cdot\frac{\partial\ln L(\boldsymbol{\theta}_0|\boldsymbol{Y})}{\partial\boldsymbol{\theta}_0'}\right]$$

$$=-E(\boldsymbol{H}_0)=-E\left[\frac{\partial^2\ln L(\boldsymbol{\theta}_0|\boldsymbol{Y})}{\partial\boldsymbol{\theta}_0\partial\boldsymbol{\theta}_0'}\right].$$

[证明]

由最大似然估计的一阶条件知 $\boldsymbol{g}(\hat{\boldsymbol{\theta}})=\boldsymbol{0}$。将 $\boldsymbol{g}(\hat{\boldsymbol{\theta}})$ 在 $\boldsymbol{\theta}_0$ 处 Taylor 展开至一次项，得

$$\boldsymbol{g}(\hat{\boldsymbol{\theta}}) = \boldsymbol{g}(\boldsymbol{\theta}_0) + \left.\frac{\partial\boldsymbol{g}}{\partial\boldsymbol{\theta}'}\right|_{\bar{\boldsymbol{\theta}}}(\hat{\boldsymbol{\theta}} - \boldsymbol{\theta}_0) = \boldsymbol{0},$$

其中

$$\bar{\boldsymbol{\theta}} = \alpha\hat{\boldsymbol{\theta}} + (1-\alpha)\boldsymbol{\theta}_0, \quad 0 < \alpha < 1,$$

$$\frac{\partial\boldsymbol{g}}{\partial\boldsymbol{\theta}'} = \frac{\partial}{\partial\boldsymbol{\theta}'}\left[\frac{\partial\ln L(\boldsymbol{\theta}|\boldsymbol{Y})}{\partial\boldsymbol{\theta}}\right] = \frac{\partial^2\ln L(\boldsymbol{\theta}|\boldsymbol{Y})}{\partial\boldsymbol{\theta}\partial\boldsymbol{\theta}'} = \boldsymbol{H}(\boldsymbol{\theta}),$$

所以

$$\boldsymbol{g}(\boldsymbol{\theta}_0) + \boldsymbol{H}(\bar{\boldsymbol{\theta}})(\hat{\boldsymbol{\theta}} - \boldsymbol{\theta}_0) = \boldsymbol{0},$$

简记为

$$\boldsymbol{g}_0 + \bar{\boldsymbol{H}}(\hat{\boldsymbol{\theta}} - \boldsymbol{\theta}_0) = \boldsymbol{0}.$$

从而有

$$\hat{\boldsymbol{\theta}} - \boldsymbol{\theta}_0 = (-\bar{\boldsymbol{H}})^{-1}\boldsymbol{g}_0.$$

进一步有

$$\sqrt{n}(\hat{\boldsymbol{\theta}}-\boldsymbol{\theta}_0)=(-\bar{\boldsymbol{H}})^{-1}\sqrt{n}\boldsymbol{g}_0.$$

由于 $\hat{\boldsymbol{\theta}}$ 是一致估计量,$\text{plim}(\hat{\boldsymbol{\theta}}-\boldsymbol{\theta}_0)=\mathbf{0}$,所以 $\text{plim}(\bar{\boldsymbol{\theta}}-\boldsymbol{\theta}_0)=\mathbf{0}$,且由正则条件知二阶导数连续,因此只要极限分布存在,则$\sqrt{n}(\hat{\boldsymbol{\theta}}-\boldsymbol{\theta}_0)$与$(-\boldsymbol{H}_0)^{-1}\sqrt{n}\boldsymbol{g}_0$ 极限分布相同。

下面讨论

$(-\boldsymbol{H}_0)^{-1}\sqrt{n}\boldsymbol{g}_0=\left(-\frac{1}{n}\boldsymbol{H}_0\right)^{-1}\sqrt{n}\bar{\boldsymbol{g}}_0$ 的极限分布,其中 $\bar{\boldsymbol{g}}_0=\frac{1}{n}\sum_{i=1}^{n}\boldsymbol{g}_0^i$。

将 L-F 中心极限定理应用于 $\boldsymbol{g}_0^1,\cdots,\boldsymbol{g}_0^n$。

由上述证明已知:

$$\boldsymbol{\mu}_i=E(\boldsymbol{g}_0^i)=\mathbf{0},$$

$$\boldsymbol{Q}_i=\text{Var}(\boldsymbol{g}^i)=-E(\boldsymbol{H}_{i0}),$$

则

$$\bar{\boldsymbol{\mu}}_n=\frac{1}{n}\sum_{i=1}^{n}\boldsymbol{\mu}_i=\mathbf{0},$$

$$\bar{\boldsymbol{Q}}_n=\frac{1}{n}\sum_{i=1}^{n}\boldsymbol{Q}_i=-\frac{1}{n}\sum_{i=1}^{n}E(\boldsymbol{H}_{i0})=-\frac{1}{n}E(\boldsymbol{H}_0)=-E\left(\frac{1}{n}\boldsymbol{H}_0\right),$$

且 $p\lim\limits_{n\to+\infty}\bar{\boldsymbol{Q}}_n=-E\left(\frac{1}{n}\boldsymbol{H}_0\right)$ 为一常数矩阵。

根据 L-F 中心极限定理知:

$$\sqrt{n}\bar{\boldsymbol{g}}_0\xrightarrow{d}N\left\{\mathbf{0},-E\left(\frac{1}{n}\boldsymbol{H}_0\right)\right\}.$$

下面导出 $\hat{\boldsymbol{\theta}}$ 渐近分布。

由大数定律可知 $\text{plim}\left(-\frac{1}{n}\boldsymbol{H}_0\right)=-E\left(\frac{1}{n}\boldsymbol{H}_0\right)$,所以

$$\left(-\frac{1}{n}\boldsymbol{H}_0\right)^{-1}\sqrt{n}\bar{\boldsymbol{g}}_0\xrightarrow{d}N\left\{\mathbf{0},\left[-E\left(\frac{1}{n}\boldsymbol{H}_0\right)\right]^{-1}\left[-E\left(\frac{1}{n}\boldsymbol{H}_0\right)\right]\left[-E\left(\frac{1}{n}\boldsymbol{H}_0\right)\right]^{-1}\right\},$$

也就有

$$\sqrt{n}(\hat{\boldsymbol{\theta}}-\boldsymbol{\theta}_0)\xrightarrow{d}N\left\{\mathbf{0},\left[-E\left(\frac{1}{n}\boldsymbol{H}_0\right)\right]^{-1}\right\}.$$

因此

$$\hat{\boldsymbol{\theta}}\overset{a}{\sim}N\{\boldsymbol{\theta}_0,[-E(\boldsymbol{H}_0)]^{-1}\},$$

或

$$\hat{\boldsymbol{\theta}}\overset{a}{\sim}N\{\boldsymbol{\theta}_0,[I(\boldsymbol{\theta}_0)]^{-1}\}.$$

3. 渐近有效性

由上述推导可知 $\hat{\boldsymbol{\theta}}$ 的渐近方差-协方差阵为$[I(\boldsymbol{\theta}_0)]^{-1}$,即达到克拉美-劳下界,因此最大似然估计量为渐近有效估计量。

4. 不变性

如果 $C(\boldsymbol{\theta}_0)$是连续且连续可微函数,$\hat{\boldsymbol{\theta}}$ 是 $\boldsymbol{\theta}_0$ 的 MLE,则 $C(\boldsymbol{\theta}_0)$的 MLE 是 $C(\hat{\boldsymbol{\theta}})$。

不变性表明:当 $\boldsymbol{\theta}_0$ 作一变换为 $C(\boldsymbol{\theta}_0)$时,$\boldsymbol{\theta}_0$ 的最大似然估计量 $\hat{\boldsymbol{\theta}}$,也作了相同的变换为 $C(\hat{\boldsymbol{\theta}})$。

例如,上述的正态分布例子中,$\boldsymbol{\theta}=(\mu,\sigma^2)'$,其最大似然估计量为 $\hat{\mu}=\overline{Y}$, $\hat{\sigma}^2=\frac{1}{n}\sum_{i=1}^{n}y_i^2$。若欲求 $C(\boldsymbol{\theta})=(\mu,\gamma)'$的 MLE,其中 $\gamma=\ln\sigma^2$,则 $\hat{\mu}=\overline{Y}$,$\hat{\gamma}=\ln\hat{\sigma}^2=\ln\left(\frac{1}{n}\sum_{i=1}^{n}y_i^2\right)$。

这是因为对数似然函数为

$$\ln L(\mu,\gamma)=-\frac{n}{2}\ln(2\pi)-\frac{n}{2}\ln \mathrm{e}^{\gamma}-\frac{1}{2\mathrm{e}^{\gamma}}\sum_{i=1}^{n}(Y_i-\mu)^2.$$

一阶条件为

$$\begin{cases}\dfrac{\partial\ln L(\mu,\gamma)}{\partial\mu}=\dfrac{1}{\mathrm{e}^{\gamma}}\sum\limits_{i=1}^{n}(Y_i-\mu)\triangleq 0,\\[2ex] \dfrac{\partial\ln L(\mu,\gamma)}{\partial\gamma}=-\dfrac{n}{2}+\dfrac{1}{2}\mathrm{e}^{-\gamma}\sum\limits_{i=1}^{n}(Y_i-\mu)^2\triangleq 0,\end{cases}$$

所以$\hat{\mu}=\overline{Y}$。而 γ 的最大似然估计由

$$\mathrm{e}^{-\gamma}\sum_{i=1}^{n}(Y_i-\overline{Y})^2=n,$$

求解出

$$\hat{\gamma}=\ln\left(\frac{1}{n}\sum_{i=1}^{n}y_i^2\right)=\ln\hat{\sigma}^2.$$

这就表明 $C(\boldsymbol{\theta})$的 MLE 就是 $C(\hat{\boldsymbol{\theta}})$。

不变性用途在于,若已知一组参数的 MLE,需求函数的最大似然估计时,不必重新求解,只需将 MLE 代入即可。

由于最大似然估计量有较好的渐近特性,所以在计量经济学建模中,大样本情况下常采用最大似然估计。但在有限样本情况下 MLE 不一定是最优的,例如多元线性回模型中 σ^2 的 MLE 为 $\hat{\sigma}^2=\frac{\boldsymbol{e}'\boldsymbol{e}}{n}$就是一个向下的有偏估计:

$$
\begin{aligned}
E(\hat{\sigma}^2) &= E\left(\frac{n-K}{n} \cdot \frac{\boldsymbol{e}'\boldsymbol{e}}{n-K}\right) \\
&= \frac{n-K}{n}\sigma^2 < \sigma^2.
\end{aligned}
$$

四、最大似然估计量的渐近方差的估计

由上述推导可知最大似然估计量 $\hat{\boldsymbol{\theta}}$ 的渐近方差-协方差阵为

$$
\text{asy. Var}(\hat{\boldsymbol{\theta}}) = [I(\boldsymbol{\theta}_0)]^{-1}.
$$

它是参数 $\boldsymbol{\theta}_0$ 的函数。若 $\boldsymbol{\theta}_0$ 为 K 维列向量,则上式为 K 阶方阵。由于 $\boldsymbol{\theta}_0$ 是需估计的,因此 $\hat{\boldsymbol{\theta}}$ 的渐近方差-协方差阵也是需估计的。常用的估计形式有以下三种:

1. $\widehat{[-E(\boldsymbol{H})]^{-1}}$

如果对数似然函数 $\ln L(\boldsymbol{\theta}|\boldsymbol{Y})$ 的二阶导数的期望是已知的,则可得到 $[I(\boldsymbol{\theta}_0)]^{-1}$ 的表达式,然后用 $\hat{\boldsymbol{\theta}}$ 替代 $\boldsymbol{\theta}_0$,再利用样本值计算出具体数值,即

$$
\begin{aligned}
\widehat{\text{asy. Var}}(\hat{\boldsymbol{\theta}}) &= \left\{-E\left[\frac{\partial^2 \ln L(\boldsymbol{\theta}_0)}{\partial\boldsymbol{\theta}_0 \partial\boldsymbol{\theta}_0'}\right]\right\}^{-1}_{\boldsymbol{\theta}_0=\hat{\boldsymbol{\theta}}} \\
&= \widehat{[-E(\boldsymbol{H})]}^{-1}.
\end{aligned}
$$

这是一个非常好的估计,但是 $\ln L$ 的二阶导数几乎总是数据的复杂的非线性函数,精确的期望值常是未知的。

2. $(-\hat{\boldsymbol{H}})^{-1}$

由于二阶偏导数的期望常常是未知的,所以用 $\hat{\boldsymbol{\theta}}$ 替代 $\boldsymbol{\theta}_0$ 后,利用样本直接计算 $\ln L$ 的二阶偏导,从而得到 $\hat{\boldsymbol{\theta}}$ 的渐近方差-协方差阵的估计,即

$$
\begin{aligned}
\widehat{\text{asy. Var}}(\hat{\boldsymbol{\theta}}) &= \left[-\frac{\partial^2 \ln L(\boldsymbol{\theta}_0)}{\partial\boldsymbol{\theta}_0 \partial\boldsymbol{\theta}_0'}\right]^{-1}_{\boldsymbol{\theta}_0=\hat{\boldsymbol{\theta}}} \\
&= (-\hat{\boldsymbol{H}})^{-1}.
\end{aligned}
$$

这相当于利用样本均值直接估计 $\ln L$ 的二阶导数的期望。

这一估计的根据在于具有有限期望和方差的随机样本均值的概率极限为其期望。这一估计的缺点在于二阶导数的导出和计算机编程较为麻烦。

3. BHHH(Berndt, Hall, Hall, Hausman)估计

由于$[I(\boldsymbol{\theta}_0)]^{-1}$ 也可表示为

$$
[I(\boldsymbol{\theta}_0)]^{-1} = [E(\boldsymbol{g}_0\boldsymbol{g}_0')]^{-1} = \left[\sum_{i=1}^{n} E(\boldsymbol{g}_0^i\boldsymbol{g}_0^{i\prime})\right]^{-1},
$$

所以用 $\hat{\boldsymbol{\theta}}$ 替代 $\boldsymbol{\theta}_0$ 后,利用样本直接计算 $\ln f$ 的一阶偏导,再由此计算出 $\hat{\boldsymbol{\theta}}$ 的渐近方差-协方差阵估计,即

$$\widehat{\text{asy. Var}}(\hat{\boldsymbol{\theta}}) = \left[\sum_{i=1}^{n}\hat{\boldsymbol{g}}^i\hat{\boldsymbol{g}}^{i\prime}\right]^{-1} = \left\{[\hat{\boldsymbol{g}}^1,\cdots,\hat{\boldsymbol{g}}^n]\begin{bmatrix}\hat{\boldsymbol{g}}^{1\prime}\\ \vdots\\ \hat{\boldsymbol{g}}^{n\prime}\end{bmatrix}\right\}^{-1} = (\hat{\boldsymbol{G}}'\hat{\boldsymbol{G}})^{-1}\text{①}.$$

这一估计量仅需利用 $\ln L$ 的一阶导数,并且不需要求解似然方程,所以极为方便。

在大多数情形下 BHHH 估计量易计算。三种估计量是渐近等价的,但是在有限样本情形下可能给出不同的结果,因而导致对参数约束的假设检验,会有不同的统计推断。

例:给定 X,Y 的 n 个独立样本,其密度函数为

$$f(X_i,Y_i,\beta) = \frac{1}{\beta X_i}\mathrm{e}^{-\frac{Y_i}{\beta X_i}},\quad X>0,\quad Y>0,\quad \beta>0,$$

包含一个参数 β。采用 ML 方法估计 β。其对数似然函数为

$$\ln L = \sum_{i=1}^{n}\ln f_i = -\sum_{i=1}^{n}\left(\ln\beta + \ln X_i + \frac{Y_i}{\beta X_i}\right),$$

似然方程为

$$\frac{\mathrm{d}\ln L}{\mathrm{d}\beta} = \sum_{i=1}^{n}\frac{\mathrm{d}\ln f_i}{\mathrm{d}\beta} = \sum_{i=1}^{n}\left(-\frac{1}{\beta}+\frac{1}{\beta^2}\frac{Y_i}{X_i}\right)\triangleq 0.$$

由此求出 β 的最大似然估计量 $\hat{\beta}$,其中

$$g^i = \frac{\mathrm{d}\ln f_i}{\mathrm{d}\beta} = -\frac{1}{\beta}+\frac{1}{\beta^2}\frac{Y_i}{X_i}.$$

$\ln L$ 的二阶导数为

$$\frac{\mathrm{d}^2\ln L}{\mathrm{d}\beta^2} = \sum_{i=1}^{n}\left(\frac{1}{\beta^2}-\frac{2}{\beta^3}\frac{Y_i}{X_i}\right).$$

下面采用三种方法估计 $\hat{\beta}$ 的渐近方差-协方差阵。

(1)　$\widehat{[-E(H)]^{-1}}$

因 $E(Y_i)=\beta X_i$,所以

① $\hat{G}$ 含义见本章附录 2。

$$E\left(\frac{d^2\ln L}{d\beta^2}\right)=\sum_{i=1}^{n}\left[\frac{1}{\beta^2}-\frac{2}{\beta^3}\cdot\frac{E(Y_i)}{X_i}\right]=\sum_{i=1}^{n}\left(\frac{1}{\beta^2}-\frac{2}{\beta^2}\right)=-\frac{n}{\beta^2}.$$

因此有

$$\widehat{\text{asy. Var}}(\hat{\beta})=\left[-E\left(\frac{\mathrm{d}^2\ln L}{\mathrm{d}\beta^2}\right)\right]_{\hat{\beta}}^{-1}=\frac{1}{n}\hat{\beta}^2.$$

(2) $(-\hat{H})^{-1}$

$$\widehat{\text{asy. Var}}(\hat{\beta})=\left[-\frac{\mathrm{d}^2\ln L}{\mathrm{d}\beta^2}\right]_{\hat{\beta}}^{-1}=\left[\sum_{i=1}^{a}\left(\frac{2}{\hat{\beta}^3}\frac{Y_i}{X_i}-\frac{1}{\hat{\beta}^2}\right)\right]^{-1}.$$

(3) BHHH 估计

$$\widehat{\text{asy. Var}}(\hat{\beta})=\left(\sum_{i=1}^{n}\hat{g}_i^2\right)^{-1}=\left[\sum_{i=1}^{n}\left(-\frac{1}{\hat{\beta}}+\frac{1}{\hat{\beta}^2}\frac{Y_i}{X_i}\right)^2\right]^{-1}.$$

五、计量经济模型的应用

在第 2 章 § 6 中我们采用最大似然估计方法,得到了多元线性回归模型总体参数 $\boldsymbol{\theta}=(\boldsymbol{\beta},\sigma^2)'$的 MLE 为

$$\hat{\boldsymbol{\beta}}=(\boldsymbol{X}'\boldsymbol{X})^{-1}\boldsymbol{X}'\boldsymbol{Y},\quad \hat{\sigma}^2=\frac{\boldsymbol{e}'\boldsymbol{e}}{n},\quad \boldsymbol{e}=\boldsymbol{Y}=\boldsymbol{X}\hat{\boldsymbol{\beta}}.$$

它们具有很好的大样本特性:

1. 一致性

因为 $\hat{\boldsymbol{\beta}}=\boldsymbol{b}$,而 $\boldsymbol{b}$ 为 OLS 估计量,所以 $\hat{\boldsymbol{\beta}}$ 是 $\boldsymbol{\beta}$ 的一致估计量。

又因 $\hat{\sigma}^2=\frac{\boldsymbol{e}'\boldsymbol{e}}{n}=\frac{n-K}{n}\cdot\frac{\boldsymbol{e}'\boldsymbol{e}}{n-K}=\frac{n-K}{n}\cdot s^2$,所以

$$\text{plim}\hat{\sigma}^2=\text{plim}\left(\frac{n-K}{n}\cdot s^2\right)=\sigma^2.$$

因此,$\hat{\sigma}^2$ 为 σ^2 的一致估计量。

2. 渐近正态性

由于 $\hat{\boldsymbol{\beta}},\hat{\sigma}^2$ 为 MLE,所以渐近服从正态分布,令 $\hat{\boldsymbol{\theta}}=(\hat{\boldsymbol{\beta}}\quad\hat{\sigma}^2)'$,则有

$$\hat{\boldsymbol{\theta}}\overset{a}{\sim}N\{\boldsymbol{\theta},[I(\boldsymbol{\theta})]^{-1}\}.$$

现在导出 $I(\boldsymbol{\theta})$的表达式。

首先,求 $\ln L$ 的二阶偏导数,由第 2 章 § 6 知

$$\frac{\partial^2\ln L}{\partial\boldsymbol{\beta}\partial\boldsymbol{\beta}'}=-\frac{1}{\sigma^2}\boldsymbol{X}'\boldsymbol{X},$$

$$\frac{\partial^2\ln L}{\partial\boldsymbol{\beta}\partial\sigma^2}=-\frac{1}{\sigma^4}\boldsymbol{X}'\boldsymbol{\varepsilon},$$

$$\frac{\partial^2 \ln L}{\partial \sigma^2 \partial \boldsymbol{\beta}'} = -\frac{1}{\sigma^4}\boldsymbol{X}'\boldsymbol{\varepsilon},$$

$$\frac{\partial^2 \ln L}{\partial \sigma^2 \partial \sigma^2} = \frac{n}{2}\frac{1}{\sigma^4} - \frac{1}{\sigma^6}\boldsymbol{\varepsilon}'\boldsymbol{\varepsilon},$$

所以有

$$\frac{\partial^2 \ln L}{\partial \boldsymbol{\theta}\partial \boldsymbol{\theta}'} = \begin{bmatrix} \dfrac{\partial^2 \ln L}{\partial \boldsymbol{\beta}\partial \boldsymbol{\beta}'} & \dfrac{\partial^2 \ln L}{\partial \boldsymbol{\beta}\partial \sigma^2} \\ \dfrac{\partial^2 \ln L}{\partial \sigma^2 \partial \boldsymbol{\beta}'} & \dfrac{\partial^2 \ln L}{\partial \sigma^2 \partial \sigma^2} \end{bmatrix} = \begin{bmatrix} -\dfrac{1}{\sigma^2}\boldsymbol{X}'\boldsymbol{X} & -\dfrac{1}{\sigma^4}\boldsymbol{X}'\boldsymbol{\varepsilon} \\ -\dfrac{1}{\sigma^4}\boldsymbol{X}'\boldsymbol{\varepsilon} & \dfrac{n}{2}\dfrac{1}{\sigma^4} - \dfrac{1}{\sigma^6}\boldsymbol{\varepsilon}'\boldsymbol{\varepsilon} \end{bmatrix}.$$

其次，求$[I(\boldsymbol{\theta})]^{-1}$，得

$$[I(\boldsymbol{\theta})]^{-1} = \left[-E\left(\frac{\partial^2 \ln L}{\partial \boldsymbol{\theta}\partial \boldsymbol{\theta}'}\right)\right]^{-1}$$

$$= \begin{bmatrix} \sigma^2[E(\boldsymbol{X}'\boldsymbol{X})]^{-1} & \boldsymbol{0} \\ \boldsymbol{0} & \dfrac{2}{n}\sigma^4 \end{bmatrix}.$$

这是因为 $E(\boldsymbol{X}'\boldsymbol{\varepsilon}) = E[E(\boldsymbol{X}'\boldsymbol{\varepsilon} \mid \boldsymbol{X})] = E[\boldsymbol{X}'E(\boldsymbol{\varepsilon} \mid \boldsymbol{X})] = \boldsymbol{0}$, $\mathrm{Var}(\boldsymbol{\varepsilon}) = \sigma^2\boldsymbol{I}$，所以 $E(\boldsymbol{\varepsilon}'\boldsymbol{\varepsilon}) = n\sigma^2$。

由此可知，$\hat{\boldsymbol{\beta}} = \boldsymbol{b}$ 的渐近方差-协方差阵为

$$\text{asy. Var}(\hat{\boldsymbol{\beta}}) = \sigma^2[E(\boldsymbol{X}'\boldsymbol{X})]^{-1},$$

其估计量取为

$$\widehat{\text{asy. Var}}(\hat{\boldsymbol{\beta}}) = \hat{\sigma}^2(\boldsymbol{X}'\boldsymbol{X})^{-1}.$$

$\hat{\sigma}^2$ 的渐近方差为

$$\text{asy. Var}(\hat{\sigma}^2) = \frac{2}{n}\sigma^4,$$

其估计量取为

$$\widehat{\text{asy. Var}}(\sigma^2) = \frac{2}{n}\hat{\sigma}^4.$$

σ^2 的 OLS 估计量 s^2 的渐近方差与 $\hat{\sigma}^2$ 的相同。

3. 渐近有效性

$\hat{\boldsymbol{\beta}}$, $\hat{\sigma}^2$ 具有渐近有效性。

显然 OLS 估计量 $\boldsymbol{b}$, s^2 也具有渐近有效性。

4. $\hat{\boldsymbol{\beta}}$, $\hat{\sigma}^2$ 具有不变性

证明略。

§4 参数约束检验

第 3 章介绍了多元线性回归模型的总显著性 F 检验和单参数显著性 t 检验。第 6 章讨论了对总体参数线性约束的检验,并给出 F 检验统计量,总显著性 F 检验和单参数显著性 t 检验均是其特例。在第 3 章和第 6 章中讨论的是线性约束情况,且假定 $\varepsilon|X$ 服从正态分布,所设计的检验统计量均在有限样本下精确服从相应的分布(如 t 分布、F 分布)。而本章将介绍对总体参数一般约束检验,包括线性约束和非线性约束的情况,采用的是无限样本下的检验统计量:似然比、沃尔德、拉格朗日乘数检验统计量,它们均渐近服从χ^2 分布。然后将这些统计量应用于线性回归模型中对总体参数 $\boldsymbol{\beta}$ 的约束检验。至于非线性回归模型 $Y=h(\boldsymbol{x},\theta)+\varepsilon$ 的总体参数 θ 的约束检验,在非线性回归模型一章中再予以介绍。

一、检验假设

本节所进行的检验的零假设和备择假设为

$$\begin{cases}\mathrm{H}_0: \boldsymbol{C}(\boldsymbol{\theta}) = \boldsymbol{q}, \\ \mathrm{H}_1: \boldsymbol{C}(\boldsymbol{\theta}) \neq \boldsymbol{q},\end{cases}$$

其中,$\boldsymbol{\theta}$ 是总体参数向量,假定为 K 维列向量;$\boldsymbol{q}$ 为已知的 J 维列向量。

$\boldsymbol{C}(\boldsymbol{\theta})$ 为 $\boldsymbol{\theta}$ 的函数,共有 J 个,即 $\boldsymbol{C}(\boldsymbol{\theta})=(C_1(\boldsymbol{\theta}),C_2(\boldsymbol{\theta}),\cdots,C_J(\boldsymbol{\theta}))'$。$\boldsymbol{C}(\boldsymbol{\theta})=\boldsymbol{q}$,称为对参数 $\boldsymbol{\theta}$ 的约束条件,J 为约束个数。

$\boldsymbol{C}(\boldsymbol{\theta})$ 可以是 $\boldsymbol{\theta}$ 的线性函数,也可以是 $\boldsymbol{\theta}$ 的非线性函数,但要求 $\boldsymbol{C}(\boldsymbol{\theta})$ 表达式已知,且

$$\frac{\partial \boldsymbol{C}(\boldsymbol{\theta})}{\partial \boldsymbol{\theta}'} = \boldsymbol{Q}.$$

当 $\boldsymbol{C}(\boldsymbol{\theta})$ 是 $\boldsymbol{\theta}$ 的线性函数时,$\boldsymbol{Q}$ 为 $J\times K$ 阶矩阵,且满行秩,即 $r(\boldsymbol{Q})=J<K$。当 $\boldsymbol{C}(\boldsymbol{\theta})$ 是 $\boldsymbol{\theta}$ 的非线性函数时,一般 $\boldsymbol{Q}$ 是 $\boldsymbol{\theta}$ 的函数,在 $\boldsymbol{\theta}_0$ 的小邻域内 $\boldsymbol{Q}(\boldsymbol{\theta})$满行秩。

为进行假设检验,在大样本条件下设计了三个渐近等价的检验统计量:似然比检验统计量(LR)、沃尔德检验统计量(W)、拉格朗日乘数检验统计量(LM),在 H_0 为真下均渐近服从自由度为 J 的χ^2 分布。

经过检验,若拒绝 H_0,表明总体参数 $\boldsymbol{\theta}$ 不满足约束条件;若不拒绝 H_0,意味着不能拒绝总体参数 $\boldsymbol{\theta}$ 满足约束条件。

下面分别介绍这三个检验统计量,并将它们应用于线性回归模型中。

二、似然比检验

1. 检验统计量和推断

(1) 在 H_0 为真下,似然比检验统计量 LR 为

$$\mathrm{LR} = -2\ln\lambda = -2(\ln\hat{L}_R - \ln\hat{L}_U) \overset{a}{\sim} \chi^2(J),$$

其中,$\lambda = \dfrac{\hat{L}_R}{\hat{L}_U}$ 被称为似然比;

$\hat{L}_R = L(\hat{\boldsymbol{\theta}}_R)$ 为采用 ML 进行有约束估计得到的参数估计量 $\hat{\boldsymbol{\theta}}_R$ 的似然函数值;

$\hat{L}_U = L(\hat{\boldsymbol{\theta}}_U)$ 为采用 ML 进行无约束估计得到的参数估计量 $\hat{\boldsymbol{\theta}}_U$ 的似然函数值。

(2) 推断

取定显著性水平 α,查 χ^2 分布临界值表可得 $\chi^2_\alpha(J)$。计算出 LR 后可进行推断:

$$\text{若 LR} > \chi^2_\alpha(J),\quad \text{则拒绝 } H_0;$$

$$\text{若 LR} \leqslant \chi^2_\alpha(J),\quad \text{则不拒绝 } H_0。$$

也可采用概率值推断:

$$\text{若 } p < \alpha,\quad \text{则拒绝 } H_0;$$

$$\text{若 } p > \alpha,\quad \text{则不拒绝 } H_0。$$

(3) 说明

似然比检验基于 $\ln\hat{L}_U$ 与 $\ln\hat{L}_R$ 的差异。由于最大似然估计方法是将似然函数极大化,所以有

$$0 < \hat{L}_R < \hat{L}_U,$$

也就有

$$0 < \lambda < 1,$$

因而

$$0 < \mathrm{LR} < +\infty.$$

当 H_0 为真时,约束有效,无约束估计的 $\hat{L}_U$ 与有约束估计的 $\hat{L}_R$ 不会有太大的差别,λ 接近于 1,所以 LR 较小;反之 LR 较大,应拒绝 H_0。

似然比检验需同时作有约束估计和无约束估计。

2. 在线性回归模型中的应用

假定对线性回归模型 $\boldsymbol{Y} = \boldsymbol{X\beta} + \boldsymbol{\varepsilon}$ 的总体参数 $\boldsymbol{\beta}$ 进行如下假设检验:

$$\begin{cases} H_0: \boldsymbol{R}(\boldsymbol{\beta}) = \boldsymbol{q}, \\ H_1: \boldsymbol{R}(\boldsymbol{\beta}) \neq \boldsymbol{q}. \end{cases}$$

此时 $\boldsymbol{R}(\boldsymbol{\beta})$ 相当于 $\boldsymbol{C}(\boldsymbol{\theta})$。

当随机扰动项服从正态分布时,LR 可改写为

$$\mathrm{LR} = n\ln\frac{\hat{\sigma}_R^2}{\hat{\sigma}_U^2} = n\ln\frac{\boldsymbol{e}_R'\boldsymbol{e}_R}{\boldsymbol{e}_U'\boldsymbol{e}_U},$$

其中,$\hat{\sigma}_R^2$,$\boldsymbol{e}_R'\boldsymbol{e}_R$ 与 $\hat{\sigma}_U^2$,$\boldsymbol{e}_U'\boldsymbol{e}_U$ 分别是约束与无约束回归的 σ^2 的最大似然估计和残差平方和。

这是因为由第 2 章 § 6 最大似然估计知

$$\ln L = -\frac{n}{2}\ln(2\pi) - \frac{n}{2}\ln\sigma^2 - \frac{1}{2\sigma^2}\boldsymbol{\varepsilon}'\boldsymbol{\varepsilon},$$

所以有

$$\ln\hat{L}_U = -\frac{n}{2}\ln(2\pi) - \frac{n}{2}\ln\hat{\sigma}_U^2 - \frac{1}{2\hat{\sigma}_U^2}\boldsymbol{e}_U'\boldsymbol{e}_U.$$

又由于 $\hat{\sigma}_U^2 = \dfrac{\boldsymbol{e}_U'\boldsymbol{e}_U}{n}$,所以

$$\begin{aligned}\ln\hat{L}_U &= -\frac{n}{2}\ln(2\pi) - \frac{n}{2}\ln\hat{\sigma}_U^2 - \frac{n}{2}\\ &= -\frac{n}{2}[\ln(2\pi) + \ln\hat{\sigma}_U^2 + 1].\end{aligned}$$

同理有

$$\ln\hat{L}_R = -\frac{n}{2}[\ln(2\pi) + \ln\hat{\sigma}_R^2 + 1].$$

因此

$$\begin{aligned}\mathrm{LR} &= -2\ln\lambda = -2(\ln\hat{L}_R - \ln\hat{L}_U)\\ &= n(\ln\hat{\sigma}_R^2 - \ln\hat{\sigma}_U^2)\\ &= n\ln\frac{\hat{\sigma}_R^2}{\hat{\sigma}_U^2}\\ &= n\ln\frac{e_R'e_R}{e_U'e_U}.\end{aligned}$$

三、沃尔德检验

1. 检验统计量和推断

(1) 检验统计量 W

在 H_0 为真下,沃尔德检验统计量 W 为

$$W = [\boldsymbol{C}(\hat{\boldsymbol{\theta}}_U) - \boldsymbol{q}]'\{\widehat{\mathrm{asy.\,Var}}[\boldsymbol{C}(\hat{\boldsymbol{\theta}}_U) - \boldsymbol{q}]\}^{-1}[\boldsymbol{C}(\hat{\boldsymbol{\theta}}_U) - \boldsymbol{q}] \overset{a}{\sim} \chi^2(J),$$

其中,$\hat{\boldsymbol{\theta}}_U$ 为无约束最大似然估计量,且

$$\widehat{\text{asy. Var}}[\boldsymbol{C}(\hat{\boldsymbol{\theta}}_U)-\boldsymbol{q}]=\hat{\boldsymbol{Q}}\ \widehat{\text{asy. Var}}(\hat{\boldsymbol{\theta}}_U)\hat{\boldsymbol{Q}}'$$

$$\hat{\boldsymbol{Q}}=\left.\frac{\partial \boldsymbol{C}(\boldsymbol{\theta})}{\partial \boldsymbol{\theta}'}\right|_{\hat{\boldsymbol{\theta}}_U}.$$

(2) 推断

给定显著性水平 α,计算出 W 后,可进行推断:

$$\text{若 } W>\chi_{\alpha}^{2}(J),\quad \text{则拒绝 } \mathrm{H}_0;$$

$$\text{若 } W\leqslant\chi_{\alpha}^{2}(J),\quad \text{则不拒绝 } \mathrm{H}_0。$$

同样也可采用概率值推断。

(3) 说明

沃尔德检验的思想是基于检验无约束估计 $\hat{\boldsymbol{\theta}}_U$ 满足约束条件 $\boldsymbol{C}(\boldsymbol{\theta})=\boldsymbol{q}$ 的程度。

由于最大似然估计量具有一致性,所以 $\hat{\boldsymbol{\theta}}_U \xrightarrow[p]{} \boldsymbol{\theta}$,又由于 $\boldsymbol{C}(\boldsymbol{\theta})$ 一般是连续函数,所以 $\boldsymbol{C}(\hat{\boldsymbol{\theta}}_U)\xrightarrow[p]{}\boldsymbol{C}(\boldsymbol{\theta})$,因而也就有 $\boldsymbol{C}(\hat{\boldsymbol{\theta}}_U)-\boldsymbol{q}\xrightarrow[p]{}\boldsymbol{C}(\boldsymbol{\theta})-\boldsymbol{q}$。

当 H_0 为真时,$\boldsymbol{C}(\boldsymbol{\theta})=\boldsymbol{q}$ 约束有效,所以 $\boldsymbol{C}(\hat{\boldsymbol{\theta}}_U)-\boldsymbol{q}$ 应接近零,否则将远离零。

根据数理统计知识:若 J 维列向量 $\boldsymbol{x}\sim N(\boldsymbol{\mu},\boldsymbol{\Sigma})$,那么检验 $\mathrm{H}_0:E(\boldsymbol{x})=\boldsymbol{\mu}$,$\mathrm{H}_1:E(\boldsymbol{x})\neq\boldsymbol{\mu}$ 的检验统计量为 $(\boldsymbol{x}-\boldsymbol{\mu})'\boldsymbol{\Sigma}^{-1}(\boldsymbol{x}-\boldsymbol{\mu})\sim\chi^2(J)$。

如果 $\boldsymbol{C}(\hat{\boldsymbol{\theta}}_U)-\boldsymbol{q}$ 服从正态分布,均值为零,则可使用该检验统计量,不过这里的沃尔德检验统计量是采用大样本理论建立的,所以进行了相应的调整。

(4) 特例 1:线性约束检验

如果 $\boldsymbol{C}(\boldsymbol{\theta})=\boldsymbol{R\theta}$,其中 $\boldsymbol{R}$ 为 $J\times K$ 阶已知矩阵,$\boldsymbol{Q}=\dfrac{\partial \boldsymbol{C}(\boldsymbol{\theta})}{\partial \boldsymbol{\theta}'}=\boldsymbol{R}$,那么其检验假设为

$$\begin{cases}\mathrm{H}_0:\ \boldsymbol{R\theta}=\boldsymbol{q},\\ \mathrm{H}_1:\ \boldsymbol{R\theta}\neq\boldsymbol{q}.\end{cases}$$

检验统计量为

$$W=(\boldsymbol{R}\hat{\boldsymbol{\theta}}-\boldsymbol{q})'[\boldsymbol{R}\ \widehat{\text{asy. Var}}(\hat{\boldsymbol{\theta}})\boldsymbol{R}']^{-1}(\boldsymbol{R}\hat{\boldsymbol{\theta}}-\boldsymbol{q})\overset{a}{\sim}\chi^2(J),$$

其中,$\hat{\boldsymbol{\theta}}$ 为 $\boldsymbol{\theta}$ 的无约束最大似然估计量。

(5) 特例 2:单参数检验

如果 $C(\theta)=\theta,K=1,J=1,Q=\dfrac{\partial C(\theta)}{\partial\theta}=1$,那么检验假设为

$$\begin{cases}\mathrm{H}_0:\ \theta=q,\\ \mathrm{H}_1:\ \theta\neq q,\end{cases}$$

也即单参数假设检验。

一种检验统计量为沃尔德检验统计量:

$$W = (\hat{\theta} - q)'[\widehat{\text{asy. Var}}(\hat{\theta})]^{-1}(\hat{\theta} - q)$$

$$= \frac{(\hat{\theta} - q)^2}{\widehat{\text{asy. Var}}(\hat{\theta})} \overset{a}{\sim} \chi^2(1),$$

其中,$\hat{\theta}$ 为 θ 的无约束最大似然估计量。

另一种检验统计量为 z 统计量:注意到

$$W = \left[\frac{\hat{\theta} - q}{s(\hat{\theta})}\right]^2 = z^2 \overset{a}{\sim} \chi^2(1),$$

其中,$s(\hat{\theta})$ 为 $\hat{\theta}$ 渐近标准差的估计,所以也可用 z 检验,即

$$z = \frac{\hat{\theta} - q}{s(\hat{\theta})} \overset{a}{\sim} N(0,1).$$

(6) 评价

沃尔德检验只需进行 $\boldsymbol{\theta}$ 的无约束估计,但需估计 $\boldsymbol{C}(\hat{\boldsymbol{\theta}}_U)$ 的渐近方差-协方差阵。

由于沃尔德检验统计量的设计是基于测量无约束估计不满足约束假设的程度,因此也带来了两个缺陷:

第一,它是纯粹针对零假设的显著性检验,所以备择假设的设定就不是必要的,因此它的功效可能是有限的,实际应用中检验统计量数值偏大。

第二,对同一约束条件但不同表示方式来说,沃尔德检验统计量不是不变的。例如对 C-D 生产函数进行规模报酬不变的假设检验。

假定 C-D 生产函数为

$$\ln Y = \ln A + \alpha \ln K + \beta \ln L + \varepsilon,$$

其中,Y 为产出,K 为资本,L 为劳动力。总体参数为 A,α,β。为简单起见,假定 $A=1$,总体参数向量为 $\boldsymbol{\theta}=(\alpha,\beta)'$。下面将规模报酬不变的检验假设用两种形式表示,观察其沃尔德检验统计量的两种不同表达式。

① 检验假设为

$$\begin{cases} \text{H}_0: \alpha + \beta = 1, \\ \text{H}_1: \alpha + \beta \neq 1, \end{cases}$$

$J=1$,$C(\boldsymbol{\theta})=\alpha+\beta$ 为线性函数,$\dfrac{\partial C(\boldsymbol{\theta})}{\partial \boldsymbol{\theta}'}=(1,1)$。假定无约束最大似然估计量为

$$\hat{\boldsymbol{\theta}} = (a,b)', \quad \widehat{\text{asy. Var}}(\hat{\boldsymbol{\theta}}) = \begin{bmatrix} \hat{\sigma}_a^2 & \hat{\sigma}_{ab} \\ \hat{\sigma}_{ab} & \hat{\sigma}_b^2 \end{bmatrix}.$$

沃尔德检验统计量为

$$\boldsymbol{W}=(a+b-1)'\left\{[1,1]\begin{bmatrix}\hat{\sigma}_a^2 & \hat{\sigma}_{ab}\\ \hat{\sigma}_{ab} & \hat{\sigma}_b^2\end{bmatrix}\begin{bmatrix}1\\1\end{bmatrix}\right\}^{-1}(a+b-1)$$

$$=\frac{(a+b-1)^2}{\hat{\sigma}_a^2+2\hat{\sigma}_{ab}+\hat{\sigma}_b^2}\overset{a}{\sim}\chi^2(1).$$

② 另一种检验假设表示为

$$\begin{cases}\mathrm{H}_0:\dfrac{1-\alpha}{\beta}=1,\\ \mathrm{H}_1:\dfrac{1-\alpha}{\beta}\neq 1,\end{cases}$$

$J=1,C(\boldsymbol{\theta})=\dfrac{1-\alpha}{\beta}$为非线性函数,$\dfrac{\partial C(\boldsymbol{\theta})}{\partial\boldsymbol{\theta}'}=\left(-\dfrac{1}{\beta},-\dfrac{1-\alpha}{\beta^2}\right)$。无约束最大似然估计仍为①中所述。此时沃尔德检验统计量为

$$W=\left(\frac{1-a}{b}-1\right)'\left\{\left[-\frac{1}{b},-\frac{1-a}{b^2}\right]\begin{bmatrix}\hat{\sigma}_a^2 & \hat{\sigma}_{ab}\\ \hat{\sigma}_{ab} & \hat{\sigma}_b^2\end{bmatrix}\begin{bmatrix}-\dfrac{1}{b}\\ -\dfrac{1-a}{b^2}\end{bmatrix}\right\}^{-1}\left(\frac{1-a}{b}-1\right)$$

$$=\frac{(a+b-1)^2}{\hat{\sigma}_a^2+2\left(\dfrac{1-a}{b}\right)\hat{\sigma}_{ab}+\left(\dfrac{1-a}{b}\right)^2\hat{\sigma}_b^2}\overset{a}{\sim}\chi^2(1).$$

这两个 W 的表达式不一样,因此沃尔德检验可能有不同的结论。

2. 在线性回归模型中的应用

假定对线性回归模型 $\boldsymbol{Y}=\boldsymbol{X\beta}+\boldsymbol{\varepsilon}$ 的总体参数 $\boldsymbol{\beta}$ 进行三种假设检验,均采用无约束的最大似然估计量 $\hat{\boldsymbol{\beta}}$,$\hat{\boldsymbol{\beta}}=(\boldsymbol{X}'\boldsymbol{X})^{-1}\boldsymbol{X}'\boldsymbol{Y}=\boldsymbol{b}$(OLS 估计量),$\widehat{\text{asy. Var}}(\hat{\boldsymbol{\beta}})=\hat{\sigma}^2(\boldsymbol{X}'\boldsymbol{X})^{-1}$,$\hat{\sigma}^2=\dfrac{\boldsymbol{e}'\boldsymbol{e}}{n}$。

三种假设检验如下:

(1) 一般约束检验

检验假设为

$$\begin{cases}\mathrm{H}_0:\boldsymbol{R}(\boldsymbol{\beta})=\boldsymbol{q},\\ \mathrm{H}_1:\boldsymbol{R}(\boldsymbol{\beta})\neq\boldsymbol{q}.\end{cases}$$

沃尔德检验统计量为

$$W=[\boldsymbol{R}(\boldsymbol{b})-\boldsymbol{q}]'[\hat{\boldsymbol{Q}}(\boldsymbol{b})\hat{\sigma}^2(\boldsymbol{X}'\boldsymbol{X})^{-1}\hat{\boldsymbol{Q}}'(\boldsymbol{b})]^{-1}[\boldsymbol{R}(\boldsymbol{b})-\boldsymbol{q}]\overset{a}{\sim}\chi^2(J),$$

其中,$\hat{\boldsymbol{Q}}(\boldsymbol{b})=\left.\dfrac{\partial\boldsymbol{R}(\boldsymbol{\beta})}{\partial\boldsymbol{\beta}'}\right|_{\boldsymbol{b}}$。

(2) 线性约束检验

检验假设为

$$\begin{cases}\mathrm{H}_0: \boldsymbol{R\beta} = \boldsymbol{q},\\ \mathrm{H}_1: \boldsymbol{R\beta} \neq \boldsymbol{q},\end{cases}$$

其中,$\boldsymbol{Q}=\dfrac{\partial(\boldsymbol{R\beta})}{\partial\boldsymbol{\beta}'}=\boldsymbol{R}$。沃尔德检验统计量为

$$\begin{aligned}W &= (\boldsymbol{Rb}-\boldsymbol{q})'[\boldsymbol{R}\hat{\sigma}^2(\boldsymbol{X}'\boldsymbol{X})^{-1}\boldsymbol{R}']^{-1}(\boldsymbol{Rb}-\boldsymbol{q}) \overset{a}{\sim} \chi^2(J)\\ &= \frac{(\boldsymbol{Rb}-\boldsymbol{q})'[\boldsymbol{R}(\boldsymbol{X}'\boldsymbol{X})^{-1}\boldsymbol{R}']^{-1}(\boldsymbol{Rb}-\boldsymbol{q})}{\boldsymbol{e}'\boldsymbol{e}/n} = \frac{n}{n-K}JF,\end{aligned}$$

其中,F 为第 6 章一般线性假设检验的检验统计量。

(3) $J=1$ 的线性约束检验

检验假设为

$$\begin{cases}\mathrm{H}_0: \boldsymbol{r}'\boldsymbol{\beta} = q,\\ \mathrm{H}_1: \boldsymbol{r}'\boldsymbol{\beta} \neq q,\end{cases}$$

其中,$\boldsymbol{r}'=(r_1,\cdots,r_K)$,$\boldsymbol{Q}=\dfrac{\partial(\boldsymbol{r}'\boldsymbol{\beta})}{\partial\boldsymbol{\beta}'}=\boldsymbol{r}'$。可采用沃尔德检验,也可采用 z 检验。

沃尔德检验统计量为

$$\begin{aligned}W &= (\boldsymbol{r}'\boldsymbol{b}-q)'[\boldsymbol{r}'\ \widehat{\text{asy. Var}}\ (\boldsymbol{b})\boldsymbol{r}]^{-1}(\boldsymbol{r}'\boldsymbol{b}-q) \overset{a}{\sim} \chi^2(1)\\ &= \frac{(\boldsymbol{r}'\boldsymbol{b}-q)^2}{\boldsymbol{r}'\ \widehat{\text{asy. Var}}\ (\boldsymbol{b})\boldsymbol{r}} = z^2.\end{aligned}$$

z 检验统计量为

$$z = \frac{\boldsymbol{r}'\boldsymbol{b}-q}{s(\boldsymbol{r}'\boldsymbol{b}-q)} \overset{a}{\sim} N(0,1),$$

其中,$s(\boldsymbol{r}'\boldsymbol{b}-q)=\sqrt{\boldsymbol{r}'\ \widehat{\text{asy. Var}}\ (\boldsymbol{b})\boldsymbol{r}}=\hat{\sigma}\sqrt{\boldsymbol{r}'(\boldsymbol{X}'\boldsymbol{X})^{-1}\boldsymbol{r}}$。

特例:单参数检验

当 $\boldsymbol{r}'=(0,\cdots,0,1,0,\cdots,0)$,$q=0$ 时,为单参数检验。检验假设为

$$\begin{cases}\mathrm{H}_0: \beta_k = 0\\ \mathrm{H}_1: \beta_k \neq 0\end{cases} \quad J=1,\quad Q=1.$$

沃尔德检验统计量为

$$\begin{aligned}W &= b'_k[\ \widehat{\text{asy. Var}}\ (b_k)]^{-1}b_k \overset{a}{\sim} \chi^2(1)\\ &= \frac{b_k^2}{\hat{\sigma}^2(\boldsymbol{X}'\boldsymbol{X})_{kk}^{-1}}\\ &= \left(\frac{b_k}{\tilde{s}(b_k)}\right)^2,\text{其中 } \tilde{s}(b_k) = \hat{\sigma}\sqrt{(\boldsymbol{X}'\boldsymbol{X})_{kk}^{-1}}\end{aligned}$$

$$= z^2(b_k).$$

也可采用 z 检验统计量：

$$z(b_k) = \frac{b_k}{\tilde{s}(b_k)} \overset{a}{\sim} N(0,1).$$

沃尔德检验统计量与第 3 章中的 t 检验统计量之间有一定的关系：

$$W = \frac{b_k^2}{s^2(\boldsymbol{X}'\boldsymbol{X})_{kk}^{-1}} \frac{n}{n-K} \quad \left(\because \ \hat{\sigma}^2 = \frac{n-K}{n}s^2\right)$$

$$= \frac{n}{n-K} t^2(b_k).$$

四、拉格朗日乘数检验

拉格朗日乘数检验(Lagrange Multiplier Test,简记为 LM 检验),也称有效得分(Efficient Score)检验,或简称得分检验。

1. 检验统计量和推断

(1) 检验统计量 LM

在 H_0 为真下,

$$\mathrm{LM} = \left[\frac{\partial \ln L(\hat{\boldsymbol{\theta}}_R)}{\partial \hat{\boldsymbol{\theta}}_R}\right]'[I(\hat{\boldsymbol{\theta}}_R)]^{-1}\left[\frac{\partial \ln L(\hat{\boldsymbol{\theta}}_R)}{\partial \hat{\boldsymbol{\theta}}_R}\right] \overset{a}{\sim} \chi^2(J),$$

$\hat{\boldsymbol{\theta}}_R$ 为约束 ML 估计量。

(2) 计算公式

采用 BHHH 方法估计$[I(\hat{\boldsymbol{\theta}}_R)]^{-1}$,可得到 LM 的计算公式。下面进行推导。

$$\because \ \ln L = \sum_{i=1}^{n} \ln f(Y_i \mid \boldsymbol{\theta}),$$

$$\therefore \ \frac{\partial \ln L}{\partial \theta_k} = \sum_{i=1}^{n} \frac{\partial \ln f(Y_i \mid \boldsymbol{\theta})}{\partial \theta_k} = \sum_{i=1}^{n} g_{ik} = \boldsymbol{g}_k'\mathbf{i}\text{①},$$

其中,$\mathbf{i}=(1,1,\cdots,1)'$。于是

$$\boldsymbol{g} = \frac{\partial \ln L(\boldsymbol{\theta})}{\partial \boldsymbol{\theta}} = \begin{bmatrix} \dfrac{\partial \ln L(\boldsymbol{\theta})}{\partial \theta_1} \\ \vdots \\ \dfrac{\partial \ln L(\boldsymbol{\theta})}{\partial \theta_K} \end{bmatrix} = \begin{bmatrix} \boldsymbol{g}_1'\mathbf{i} \\ \vdots \\ \boldsymbol{g}_K'\mathbf{i} \end{bmatrix} = \boldsymbol{G}'\mathbf{i}.$$

将约束 ML 估计量 $\hat{\boldsymbol{\theta}}_R$ 代入记为

---

① 这里 g_{ik},$\boldsymbol{g}_k$,$\boldsymbol{G}$ 等符号含义,见本章附录 2。

$$\hat{\boldsymbol{g}}_R = \frac{\partial \ln L(\boldsymbol{\theta})}{\partial \boldsymbol{\theta}}\bigg|_{\hat{\boldsymbol{\theta}}_R} = \hat{\boldsymbol{G}}_R'\mathbf{i},$$

则$[I(\hat{\boldsymbol{\theta}}_R)]^{-1}$的 BHHH 估计为$(\hat{\boldsymbol{G}}_R'\hat{\boldsymbol{G}}_R)^{-1}$,所以

$$\begin{aligned}
\text{LM} &= \hat{\boldsymbol{g}}_R'[I(\hat{\boldsymbol{\theta}}_R)]^{-1}\hat{\boldsymbol{g}}_R \\
&= (\hat{\boldsymbol{G}}_R'\mathbf{i})'(\hat{\boldsymbol{G}}_R'\hat{\boldsymbol{G}}_R)^{-1}(\hat{\boldsymbol{G}}_R'\mathbf{i}) \\
&= \mathbf{i}'\hat{\boldsymbol{G}}_R(\hat{\boldsymbol{G}}_R'\hat{\boldsymbol{G}}_R)^{-1}\hat{\boldsymbol{G}}_R'\mathbf{i} \\
&= n\frac{\mathbf{i}'\hat{\boldsymbol{G}}_R(\hat{\boldsymbol{G}}_R'\hat{\boldsymbol{G}}_R)^{-1}\hat{\boldsymbol{G}}_R'\mathbf{i}}{\mathbf{i}'\mathbf{i}} \\
&= nR_{\mathbf{i}}^2,
\end{aligned}$$

$R_{\mathbf{i}}^2$ 为 $\mathbf{i}$ 对 $\hat{\boldsymbol{g}}_{1R},\cdots,\hat{\boldsymbol{g}}_{KR}$ 回归的非中心 R^2。①

(3) 推断

给定显著性水平 α,计算出 LM 后,进行推断:

若 $\text{LM} > \chi_\alpha^2(J)$,则拒绝 H_0;

若 $\text{LM} \leqslant \chi_\alpha^2(J)$,则不拒绝 H_0。

同样也可采用概率值进行推断。

(4) 说明

拉格朗日乘数检验统计量是基于约束估计设计的。约束估计的问题是

$$\begin{cases}\max\limits_{\boldsymbol{\theta}} \ln L(\boldsymbol{\theta}), \\ \text{s.t.}\ \boldsymbol{C}(\boldsymbol{\theta}) = \boldsymbol{q}.\end{cases}$$

相应的拉格朗日函数为

$$L^*(\boldsymbol{\theta},\boldsymbol{\lambda}) = \ln L(\boldsymbol{\theta}) + \boldsymbol{\lambda}'[\boldsymbol{C}(\boldsymbol{\theta}) - \boldsymbol{q}],$$

其中,拉格朗日乘数 $\boldsymbol{\lambda}$ 为 J 维列向量。

一阶条件为

$$\begin{cases}\dfrac{\partial L^*}{\partial \boldsymbol{\theta}} = \dfrac{\partial \ln L(\boldsymbol{\theta})}{\partial \boldsymbol{\theta}} + \boldsymbol{Q}'\boldsymbol{\lambda} \triangleq \mathbf{0}, \\ \dfrac{\partial L^*}{\partial \boldsymbol{\lambda}} = \boldsymbol{C}(\boldsymbol{\theta}) - \boldsymbol{q} \triangleq \mathbf{0},\end{cases}$$

其中,$\boldsymbol{Q}=\dfrac{\partial \boldsymbol{C}(\boldsymbol{\theta})}{\partial \boldsymbol{\theta}'}$为 $J\times K$ 阶矩阵。由一阶条件求出驻点 $\hat{\boldsymbol{\theta}}_R,\hat{\boldsymbol{\lambda}}$,共 $K+J$ 个变量。再由二阶条件判定,若判定为最大值点,则 $\hat{\boldsymbol{\theta}}_R,\hat{\boldsymbol{\lambda}}$ 为所求的最大似然估计。

由一阶条件可知:

---

① 见附录 3,其中 $\boldsymbol{Y}=\mathbf{i},\boldsymbol{X}=\hat{\boldsymbol{G}}_R,\boldsymbol{Y}'\boldsymbol{Y}=\mathbf{i}'\mathbf{i}=n$。

$$\left.\frac{\partial \ln L(\boldsymbol{\theta})}{\partial \boldsymbol{\theta}}\right|_{\hat{\boldsymbol{\theta}}_R} = -\boldsymbol{Q}'\boldsymbol{\lambda}\mid_{\hat{\boldsymbol{\theta}}_{R},\hat{\boldsymbol{\lambda}}}.$$

当 H_0 为真时,即约束有效,则至少在样本期内

$$\hat{\boldsymbol{g}}_R = \left.\frac{\partial \ln L(\boldsymbol{\theta})}{\partial \boldsymbol{\theta}}\right|_{\hat{\boldsymbol{\theta}}_R} \approx \boldsymbol{0},$$

即 $\ln L$ 的导数在 $\hat{\boldsymbol{\theta}}_R$ 处取值将近似为 $\boldsymbol{0}$。注意到上式为无约束回归模型 ML 检验的一阶条件。这表明加入 $\boldsymbol{Q}'\boldsymbol{\lambda}$ 项并不导致 $\ln L(\boldsymbol{\theta})$ 最大值点会有何显著不同。因此 $\boldsymbol{g}=\boldsymbol{0}$ 意味着 $\boldsymbol{Q}'\boldsymbol{\lambda}=\boldsymbol{0}$。由于齐次方程组 $\boldsymbol{Q}'\boldsymbol{\lambda}=\boldsymbol{0}$ 中系数矩阵 $\boldsymbol{Q}'$ 的秩 $r(\boldsymbol{Q}')=J=$未知数个数,所以只有零解,即 $\boldsymbol{\lambda}=\boldsymbol{0}$,也就是说考察拉格朗日乘数 $\boldsymbol{\lambda}$ 是否为 $\boldsymbol{0}$,即 $H_0:\boldsymbol{\lambda}=\boldsymbol{0}$,等价于考察 $\boldsymbol{g}$ 是否为 $\boldsymbol{0}$。再根据设计沃尔德检验统计量的类似思路,将检验统计量设计为 $\boldsymbol{g}$ 的二次型形式。

LM 检验只需作有约束估计。

2. 在线性回归模型中的应用

假定对线性回归模型 $\boldsymbol{Y}=\boldsymbol{X\beta}+\boldsymbol{\varepsilon}$ 中总体参数向量 $\boldsymbol{\beta}$ 进行如下检验假设:

$$\begin{cases} H_0: \boldsymbol{R\beta} = \boldsymbol{q}, \\ H_1: \boldsymbol{R\beta} \neq \boldsymbol{q}, \end{cases}$$

$\boldsymbol{R}$ 为 $J\times K$ 阶矩阵,此时 $\boldsymbol{C}(\boldsymbol{\theta})=\boldsymbol{R\beta}$,$\boldsymbol{Q}=\dfrac{\partial(\boldsymbol{R\beta})}{\partial\boldsymbol{\beta}'}=\boldsymbol{R}$。采用拉格朗日乘数检验。

先给出约束估计的 ML 估计量。最大化问题是

$$\begin{cases} \max \ln L, \\ \text{s.t. } \boldsymbol{R\beta} = \boldsymbol{q}. \end{cases}$$

拉格朗日函数为

$$L^*(\boldsymbol{\beta},\boldsymbol{\lambda}) = \ln L + \frac{1}{\sigma^2}\boldsymbol{\lambda}'(\boldsymbol{R\beta} - \boldsymbol{q}),$$

其中

$$\ln L = -\frac{n}{2}\ln(2\pi) - \frac{n}{2}\ln\sigma^2 - \frac{1}{2\sigma^2}\boldsymbol{\varepsilon}'\boldsymbol{\varepsilon},$$
$$\boldsymbol{\varepsilon} = \boldsymbol{Y} - \boldsymbol{X\beta},$$
$$\boldsymbol{\lambda}' = (\lambda_1,\cdots,\lambda_J).$$

一阶导数为

$$\begin{cases} \dfrac{\partial L^*}{\partial\boldsymbol{\beta}} = \dfrac{1}{\sigma^2}\boldsymbol{X}'\boldsymbol{\varepsilon} + \dfrac{1}{\sigma^2}\boldsymbol{R}'\boldsymbol{\lambda}, \\ \dfrac{\partial L^*}{\partial\sigma^2} = -\dfrac{n}{2\sigma^2} + \dfrac{\boldsymbol{\varepsilon}'\boldsymbol{\varepsilon}}{2\sigma^4} - \dfrac{1}{\sigma^4}\boldsymbol{\lambda}'(\boldsymbol{R\beta} - \boldsymbol{q}), \\ \dfrac{\partial L^*}{\partial\boldsymbol{\lambda}} = \dfrac{1}{\sigma^2}(\boldsymbol{R\beta} - \boldsymbol{q}). \end{cases}$$

令一阶导数为零,求出驻点:$\hat{\boldsymbol{\beta}}_R$,$\hat{\sigma}_R^2=\dfrac{\boldsymbol{e}_R'\boldsymbol{e}_R}{n}$,$\boldsymbol{e}_R=\boldsymbol{Y}-\boldsymbol{X}\hat{\boldsymbol{\beta}}_R$,$\hat{\boldsymbol{\lambda}}=[\boldsymbol{R}(\boldsymbol{X}'\boldsymbol{X})^{-1}\boldsymbol{R}']^{-1}(\boldsymbol{Rb}-\boldsymbol{q})$,其中,

$\boldsymbol{b}$ 为无约束 OLS 估计量。再根据二阶条件,可判断 $\boldsymbol{b}$ 为最大似然估计量。

然后,可采用两种途径计算检验统计量。

一种途径是从拉格朗日乘数 $\boldsymbol{\lambda}$ 出发。

检验假设 $H_0:\boldsymbol{\lambda}=0$,可设计类似沃尔德检验的统计量。根据 $\hat{\boldsymbol{\lambda}}$ 表达式可知

$$E(\hat{\boldsymbol{\lambda}})=[\boldsymbol{R}(\boldsymbol{X}'\boldsymbol{X})^{-1}\boldsymbol{R}']^{-1}(\boldsymbol{R\beta}-\boldsymbol{q}),$$

于是

$$\hat{\boldsymbol{\lambda}}-E(\hat{\boldsymbol{\lambda}})=[\boldsymbol{R}(\boldsymbol{X}'\boldsymbol{X})^{-1}\boldsymbol{R}']^{-1}\boldsymbol{R}(\boldsymbol{b}-\boldsymbol{\beta}),$$

因而有

$$\begin{aligned}\operatorname{Var}(\hat{\boldsymbol{\lambda}})&=[\boldsymbol{R}(\boldsymbol{X}'\boldsymbol{X})^{-1}\boldsymbol{R}']^{-1}[\boldsymbol{R}\operatorname{Var}(\boldsymbol{b})\boldsymbol{R}'][\boldsymbol{R}(\boldsymbol{X}'\boldsymbol{X})^{-1}\boldsymbol{R}']^{-1}\\&=\sigma^2[\boldsymbol{R}(\boldsymbol{X}'\boldsymbol{X})^{-1}\boldsymbol{R}']^{-1},\\\widehat{\operatorname{Var}(\hat{\boldsymbol{\lambda}})}&=\hat{\sigma}_R^2[\boldsymbol{R}(\boldsymbol{X}'\boldsymbol{X})^{-1}\boldsymbol{R}']^{-1}.\end{aligned}$$

因此

$$\begin{aligned}\mathrm{LM}&=\hat{\boldsymbol{\lambda}}'[\widehat{\operatorname{Var}(\hat{\boldsymbol{\lambda}})}]^{-1}\hat{\boldsymbol{\lambda}}\\&=(\boldsymbol{Rb}-\boldsymbol{q})'[\boldsymbol{R}(\boldsymbol{X}'\boldsymbol{X})^{-1}\boldsymbol{R}']^{-1}\{\hat{\sigma}_R^2[\boldsymbol{R}(\boldsymbol{X}'\boldsymbol{X})^{-1}\boldsymbol{R}']^{-1}\}^{-1}\\&\quad[\boldsymbol{R}(\boldsymbol{X}'\boldsymbol{X})^{-1}\boldsymbol{R}']^{-1}(\boldsymbol{Rb}-\boldsymbol{q})\\&=(\boldsymbol{Rb}-\boldsymbol{q})'[\boldsymbol{R}\hat{\sigma}_R^2(\boldsymbol{X}'\boldsymbol{X})^{-1}\boldsymbol{R}']^{-1}(\boldsymbol{Rb}-\boldsymbol{q}).\end{aligned}$$

另一种途径是直接利用 LM 检验统计量表达式。

因为 $\left.\dfrac{\partial\ln L}{\partial\boldsymbol{\beta}}\right|_{\hat{\boldsymbol{\beta}}_R,\hat{\sigma}_R^2}=\dfrac{1}{\hat{\sigma}_R^2}\boldsymbol{X}'\boldsymbol{e}_R$,$[I(\hat{\boldsymbol{\beta}}_R)]^{-1}=\hat{\sigma}_R^2(\boldsymbol{X}'\boldsymbol{X})^{-1}$,$\hat{\sigma}_R^2=\dfrac{\boldsymbol{e}_R'\boldsymbol{e}_R}{n}$,所以

$$\begin{aligned}\mathrm{LM}&=\left(\frac{1}{\hat{\sigma}_R^2}\boldsymbol{X}'\boldsymbol{e}_R\right)'[\hat{\sigma}_R^2(\boldsymbol{X}'\boldsymbol{X})^{-1}]\left(\frac{1}{\hat{\sigma}_R^2}\boldsymbol{X}'\boldsymbol{e}_R\right)\\&=n\frac{\boldsymbol{e}_R'\boldsymbol{X}(\boldsymbol{X}'\boldsymbol{X})^{-1}\boldsymbol{X}'\boldsymbol{e}_R}{\boldsymbol{e}_R'\boldsymbol{e}_R}\\&=nR_e^2,\end{aligned}$$

其中,R_e^2 是 $\boldsymbol{e}_R$ 对 X 回归的非中心 R^2(见附录 3,其中 $Y=e_R$)。

五、关于三种检验统计量的说明

1. 几何含义

假定 θ 只包含一个参数,以图示说明三种检验统计量的几何含义。

首先,画出 $\ln L(\theta)$ 曲线。由于 $\dfrac{\partial^2\ln L}{\partial\theta\partial\theta'}$ 为负定阵,当 θ 为一个参数时,$\dfrac{\mathrm{d}^2\ln L}{\mathrm{d}\theta^2}<0$,所以

$\ln L(\theta)$为严格凹函数,$\ln L(\theta)$曲线上凸。在$\hat{\theta}_U$处$\ln L(\theta)$达最大值,记为$\ln L_U$。$\hat{\theta}_U$为无约束最大似然估计量。

其次,画出$\frac{\mathrm{d}\ln L(\theta)}{\mathrm{d}\theta}$曲线。由$\ln L(\theta)$曲线可知$\frac{\mathrm{d}\ln L}{\mathrm{d}\theta}$为单调下降函数,数值由正下降至负,在$\hat{\theta}_U$处$\frac{\mathrm{d}\ln L}{\mathrm{d}\theta}$为 0。

最后,画出$C(\theta)-q=0$曲线。它与θ轴交于$\hat{\theta}_R$,则$C(\hat{\theta}_R)-q=0$,也就是说$\hat{\theta}_R$满足约束条件。$\hat{\theta}_R$处的$\ln L$值记为$\ln L_R$,为约束最大似然对数值,$\hat{\theta}_R$为约束最大似然估计量。点A的纵坐标为$\left.\frac{\mathrm{d}\ln L}{\mathrm{d}\theta}\right|_{\hat{\theta}_R}$。点$B$处纵坐标为$C(\hat{\theta}_U)-q$。

由图来看三种检验统计量描述的几何含义,见图 7-1。似然比检验基于$\ln L_U$与$\ln L_R$的差异,如果H_0为真,$\ln L_U$与$\ln L_R$差异应不大。沃尔德检验是基于无约束估计量$\hat{\theta}_U$满足约束条件的程度,即$C(\hat{\theta}_U)-q$,若H_0为真,则$C(\hat{\theta}_U)-q$应近于 0。拉格朗日乘数检验是基于$\ln L$的一阶导在$\hat{\theta}_R$处的值,即$\left.\frac{\mathrm{d}\ln L}{\mathrm{d}\theta}\right|_{\hat{\theta}_R}$的大小,若$\mathrm{H}_0$为真,则$\left.\frac{\mathrm{d}\ln L}{\mathrm{d}\theta}\right|_{\hat{\theta}_R}$应近于 0。

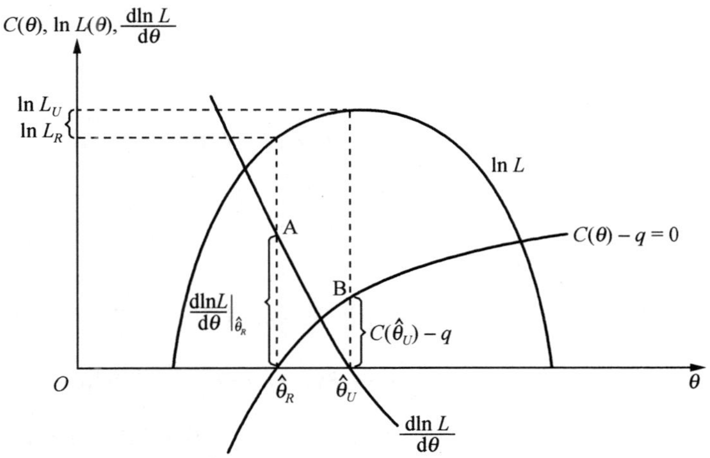

图 7-1　三种检验统计量的几何描述

2. 大样本下一致

可以证明:当$n\to+\infty$时,三种检验统计量均趋于 JF。三者均在大样本前提下使用,检验结果一致,即同时拒绝H_0或同时不拒绝H_0,称为渐近等价。但有足够证据表明,对于小或中等样本容量来说,三种检验统计量的渐近结果是有问题的,此时三者表现不同且未知,检验结果可能不一致。因此,在实际应用中对于小或中等样本容量来说,在进行参数线性约束检验时,F 统计量(或一个约束条件的 t 统计量)可能更为可取。

3. 根据情况选择

三种检验统计量均采用最大似然估计量。似然比检验需同时进行无约束估计和有约束估计;沃尔德检验只需进行无约束估计;拉格朗日乘数检验只需进行有约束估计。

在计量经济学的应用中可基于计算的难易程度选择其中一种进行检验。如原模型为线性模型,加入非线性约束后变为非线性模型,则此时可采用沃尔德检验;若原模型为非线性模型,加入约束条件后变为线性模型,则可采用拉格朗日乘数检验;若原模型为线性,加入约束条件后仍为线性模型,则可采用似然比检验。

4. 检验统计量排序

对于线性模型来说,Godfrey① 给出了三个检验统计量值的排序:

$$\mathrm{LM} \leqslant \mathrm{LR} \leqslant W.$$

§5 关于随机扰动项正态性的讨论

在第 1 章模型设定中曾假定 $\boldsymbol{\varepsilon}|\boldsymbol{X}$ 服从正态分布。如果设定的模型不满足这一假定,那么会产生什么后果? 本节就来讨论这一问题。同时还将提供检验 $\boldsymbol{\varepsilon}$ 正态性的方法。

一、关于 $\boldsymbol{\varepsilon}$ 正态性的讨论

1. 假定 $\boldsymbol{\varepsilon}|\boldsymbol{X}$ 服从正态分布

当古典假定成立时,即 $r(\boldsymbol{X})=K, \boldsymbol{\varepsilon}|\boldsymbol{X}\sim N(\boldsymbol{0},\sigma^2\boldsymbol{I})$,则 $\boldsymbol{\beta}$ 的 OLS 估计量 $\boldsymbol{b}$,也即 ML 估计量 $\hat{\boldsymbol{\beta}}$,满足

$$\boldsymbol{b} \mid \boldsymbol{X} \sim N(\boldsymbol{\beta},\sigma^2(\boldsymbol{X}'\boldsymbol{X})^{-1}),$$

$\boldsymbol{b}$ 是 $\boldsymbol{\beta}$ 的无偏有效估计量。

同时,由于 $\boldsymbol{\varepsilon}$ 服从正态分布,在第 3 章中证明 $t(b_k)$ 服从 t 分布,可用 t 检验统计量进行单参数显著性检验;并证明 $F=\dfrac{\hat{\boldsymbol{y}}'\hat{\boldsymbol{y}}/(K-1)}{\boldsymbol{e}'\boldsymbol{e}/(n-K)}\sim F(K-1,n-K)$,因此可用 F 检验统计量对模型进行总显著性检验。在第 6 章我们还进一步证明了进行线性约束检验 $\mathrm{H}_0:\boldsymbol{R\beta}=\boldsymbol{q}$ 时,可利用服从 F 分布的 F 检验统计量。

2. 未假定 $\boldsymbol{\varepsilon}|\boldsymbol{X}$ 服从正态分布

当 $\boldsymbol{\varepsilon} \mid \boldsymbol{X}$ 不服从正态分布时,不能证明 $\boldsymbol{b} \mid \boldsymbol{X}$ 服从正态分布,只能证明,$\boldsymbol{b}\overset{a}{\sim}N\left(\boldsymbol{\beta},\dfrac{\sigma^2}{n}\boldsymbol{Q}^{-1}\right)$,其中 $\boldsymbol{Q}=p\lim\limits_{n\to+\infty}\left(\dfrac{1}{n}\boldsymbol{X}'\boldsymbol{X}\right)$,$\boldsymbol{b}$ 为 $\boldsymbol{\beta}$ 的一致估计量,但 $\boldsymbol{b}$ 非渐近有效。因为

① Godfrey, L., 1988. Misspecificafion Tests in Econometrics[M]. Cambridge, Eng: Cambridge University Press.

$\boldsymbol{b}$ 的渐近有效性是由 $\boldsymbol{\beta}$ 的 ML 估计量 $\hat{\boldsymbol{\beta}}$ 的渐近有效性证明的，但得到 ML 估计量 $\hat{\boldsymbol{\beta}}$ 表达式的前提条件是 $\boldsymbol{\varepsilon}$ 必须服从正态分布。

同时 $t(b_k)$ 也不再服从 t 分布，只能证明它渐近地服从标准正态分布，因此在大样本条件下检验 $H_0:\beta_k=0$ 时，常用服从标准正态分布的检验统计量 z。至于线性约束检验时原用的 F 统计量不再服从 F 分布，而采用沃尔德检验统计量

$$W = JF = (\boldsymbol{Rb}-\boldsymbol{q})'[\text{asy.Var}(\boldsymbol{Rb}-\boldsymbol{q})]^{-1}(\boldsymbol{Rb}-\boldsymbol{q}) \overset{a}{\sim} \chi^2(J),$$

即在大样本条件下使用渐近服从χ^2 分布的检验统计量 W。

二、关于 $\boldsymbol{\varepsilon}$ 的正态性检验

在古典假定中要求 $\boldsymbol{\varepsilon}|\boldsymbol{X}$ 服从正态分布，但 $\boldsymbol{\varepsilon}$ 是否服从正态分布呢？对此需要进行检验。有多种检验方法，下面只提供两种。由于 $\boldsymbol{\varepsilon}$ 不可观测，所以检验时常采用 OLS 残差 $\boldsymbol{e}$ 协助。

1. 直方图

在直方图横轴上，根据 $e_1,\cdots,e_n$ 的取值范围划分若干长度相等的区间；在纵轴上，标出 e 出现在此区间的次数或频率（次数/n），得到直方图。

若直方图呈钟形（见图 7-2），则认为近似地服从正态分布。这一方法不是严格的统计检验，只是几何直观的判断。

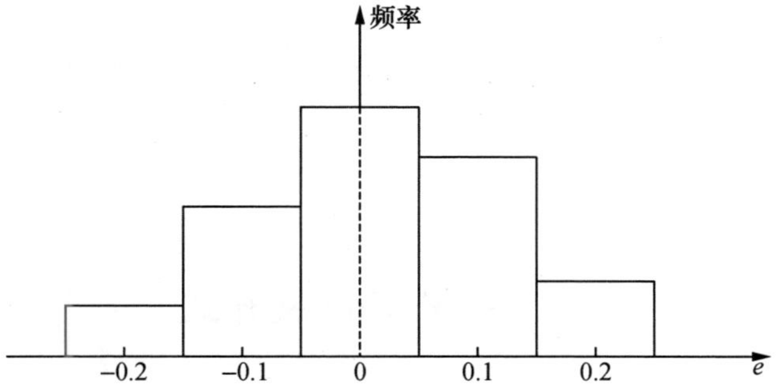

图 7-2　直方图呈钟形

2. 雅克–贝拉检验

雅克–贝拉（Jarque-Bera）检验假设为

H_0：对称常峰态。

（1）理论依据

当 ε 服从正态分布时，可知其偏度 $s=\dfrac{E(\varepsilon^3)}{\sigma^3}$应为 0；峰度 $k=\dfrac{E(\varepsilon^4)}{\sigma^4}$应为 3。另外，若 ε 的真实样本均值 $\hat{\mu}_r \xrightarrow[p]{} E(\varepsilon^r)$，则残差均值 $m_r \xrightarrow[p]{} E(\varepsilon^r)$，其中

$$\hat{\mu}_r = \frac{1}{n}\sum_{i=1}^{n}\varepsilon_i^r, \quad m_r = \frac{1}{n}\sum_{i=1}^{n}e_i^r.$$

因此,在设计检验统计量时,就考虑到$(s-0)^2$,$(k-3)^2$,同时用 m_r 近似替代 $E(\varepsilon^r)$。

(2) 检验统计量

$$\mathrm{JB} = n\left[\frac{\hat{s}^2}{6} + \frac{(\hat{k}-3)^2}{24}\right] \overset{a}{\sim} \chi^2(2),$$

其中 $\hat{s}=\frac{m_3}{(m_2)^{\frac{3}{2}}}$,$\hat{k}=\frac{m_4}{m_2^2}$。

(3) 判断

当 $\mathrm{JB}>\chi_\alpha^2(2)$时,拒绝 H_0,即拒绝 ε 服从正态分布的假定;

当 $\mathrm{JB}\leqslant\chi_\alpha^2(2)$时,不拒绝 H_0,即不拒绝 ε 服从正态分布的假定。

这一检验,在不拒绝 H_0 时,虽不能拒绝正态,但也不能确认 ε 一定服从正态分布。

(4) 例

对设定的模型采用 OLS 法估计后,得到残差序列 $e_1,e_2,\cdots,e_{50}$。由此可计算出 $\mathrm{JB}=3.75<\chi_{0.05}^2(2)=5.99$,则不拒绝 H_0,即不能拒绝 ε 服从正态分布的假设。但其中 $\hat{s}=-0.6$,表明负偏斜,$\hat{k}=2.4<3$,由于概率密度曲线下面积为 1,所以此例的尾部比标准正态分布的要厚。因此有时也将检验称为肥尾检验。

附录 1

$f(x)$的 Taylor 展开式

1. 一元函数的 Taylor 展开

设 $y=f(x)$是 x 的一元函数,f 连续且各阶导数存在,则 $f(x)$在点 x^0 处的 Taylor 展开式为

$$\begin{aligned} f(x) &= f(x^0) + \frac{1}{1!}(x-x^0)f'(x^0) + \frac{1}{2!}(x-x^0)^2 f''(x^0) + \cdots \\ &= f(x^0) + \frac{1}{1!}(x-x^0)f'(x^0) + o(x-x^0). \end{aligned}$$

其中,第三项为比$(x-x^0)$高阶的无穷小项。

或者可写为

$$f(x)= f(x^0) + \frac{1}{1!}(x - x_0)f'(x^*),$$

其中,$x^*=\alpha x+(1-\alpha)x^0$,$0<\alpha<1$。

2. 多元函数的 Taylor 展开

设 $y=f(\boldsymbol{x})$,其中 $\boldsymbol{x}=(x_1,x_2,\cdots,x_K)'$,$f$ 连续且各阶偏导数存在,则 $f(\boldsymbol{x})$ 在点 $\boldsymbol{x}^0=(x_1^0,x_2^0,\cdots,x_K^0)'$处的 Taylor 展开式为

$$f(\boldsymbol{x})= f(\boldsymbol{x}^0) + \frac{1}{1!}[(\boldsymbol{x}-\boldsymbol{x}^0)'D]f(\boldsymbol{x}^0) + \frac{1}{2!}[(\boldsymbol{x}-\boldsymbol{x}^0)'D]^2 f(\boldsymbol{x}^0) + \cdots$$

其中

$$D = \left(\frac{\partial}{\partial x_1},\frac{\partial}{\partial x_2},\cdots,\frac{\partial}{\partial x_K}\right)'.$$

下面以二元函数为例给出 $f(\boldsymbol{x})$ 的 Taylor 展开式:

$$\begin{aligned}
f(x_1,x_2) &= f(x_1^0,x_2^0) + \frac{1}{1!}\left[(x_1-x_1^0)\frac{\partial}{\partial x_1} + (x_2-x_2^0)\frac{\partial}{\partial x_2}\right]f(x_1^0,x_2^0) \\
&\quad + \frac{1}{2!}\left[(x_1-x_1^0)\frac{\partial}{\partial x_1} + (x_2-x_2^0)\frac{\partial}{\partial x_2}\right]^2 f(x_1^0,x_2^0) + \cdots \\
&= f(x_1^0,x_2^0) + \frac{1}{1!}(x_1-x_1^0)\frac{\partial f(x_1^0,x_2^0)}{\partial x_1} + (x_2-x_2^0)\frac{\partial f(x_1^0,x_2^0)}{\partial x_2} \\
&\quad + \frac{1}{2!}\left[(x_1-x_1^0)^2\frac{\partial^2 f(x_1^0,x_2^0)}{\partial x_1^2} + 2(x_1-x_1^0)(x_2-x_2^0)\frac{\partial^2 f(x_1^0,x_2^0)}{\partial x_1\partial x_2}\right. \\
&\quad \left. + (x_2-x_2^0)^2\frac{\partial^2 f(x_1^0,x_2^0)}{\partial x_2^2}\right] + \cdots
\end{aligned}$$

附录 2

矩阵 G 符号说明

1. 用元素表示矩阵 $\boldsymbol{G}$

令 $g_{ik}=\dfrac{\partial \ln f(Y_i|\boldsymbol{\theta})}{\partial \theta_k}$,则

$$\boldsymbol{G} = \begin{bmatrix} g_{11} & g_{12} & \cdots & g_{1K} \\ g_{21} & g_{22} & \cdots & g_{2K} \\ \vdots & \vdots & & \vdots \\ g_{n1} & g_{n2} & \cdots & g_{nK} \end{bmatrix}$$ 为 $n\times K$ 阶矩阵。

2. 用列向量组表示矩阵 $\boldsymbol{G}$

$$\boldsymbol{G}=[\boldsymbol{g}_1,\boldsymbol{g}_2,\cdots,\boldsymbol{g}_K],$$

其中

$$\boldsymbol{g}_k=\begin{bmatrix} g_{1k}\\ g_{2k}\\ \vdots\\ g_{nk}\end{bmatrix}=\begin{bmatrix}\dfrac{\partial\ln f(Y_1\mid\boldsymbol{\theta})}{\partial\theta_k}\\ \dfrac{\partial\ln f(Y_2\mid\boldsymbol{\theta})}{\partial\theta_k}\\ \vdots\\ \dfrac{\partial\ln f(Y_n\mid\boldsymbol{\theta})}{\partial\theta_k}\end{bmatrix}=\frac{\partial\ln f(\boldsymbol{Y}\mid\boldsymbol{\theta})}{\partial\theta_k},$$

为 n 维列向量，$k=1,2,\cdots,K$。

3. 用行向量组表示矩阵 $\boldsymbol{G}$

$$\boldsymbol{G}=\begin{bmatrix}\boldsymbol{g}^{1\prime}\\ \boldsymbol{g}^{2\prime}\\ \vdots\\ \boldsymbol{g}^{n\prime}\end{bmatrix},$$

其中

$$\boldsymbol{g}^i=\begin{bmatrix} g_{i1}\\ g_{i2}\\ \vdots\\ g_{iK}\end{bmatrix}=\begin{bmatrix}\dfrac{\partial\ln f(Y_i\mid\boldsymbol{\theta})}{\partial\theta_1}\\ \dfrac{\partial\ln f(Y_i\mid\boldsymbol{\theta})}{\partial\theta_2}\\ \vdots\\ \dfrac{\partial\ln f(Y_i\mid\boldsymbol{\theta})}{\partial\theta_K}\end{bmatrix}=\frac{\partial\ln f(Y_i\mid\boldsymbol{\theta})}{\partial\boldsymbol{\theta}}$$

为 K 维列向量，$i=1,2,\cdots,n$。

$\hat{\boldsymbol{G}}$ 为将 $\boldsymbol{\theta}$ 估计量 $\hat{\boldsymbol{\theta}}$ 代入 g_{ik} 后得到的矩阵。

附录 3

非中心 R^2 表示式

$\because$ OLS 拟合值向量 $\hat{\boldsymbol{Y}}$ 与残差向量 $\boldsymbol{e}$ 正交，即 $\hat{\boldsymbol{Y}}'\boldsymbol{e}=0$，

$\therefore$ $\hat{\boldsymbol{Y}}'\hat{\boldsymbol{Y}}=(\boldsymbol{Y}-\boldsymbol{e})'\hat{\boldsymbol{Y}}=\boldsymbol{Y}'\hat{\boldsymbol{Y}}-\boldsymbol{e}'\hat{\boldsymbol{Y}}=\boldsymbol{Y}'\hat{\boldsymbol{Y}}$.

因此非中心 R^2 可表示为

$$
\begin{aligned}
R^2 &= \frac{\hat{\boldsymbol{Y}}'\hat{\boldsymbol{Y}}}{\boldsymbol{Y}'\boldsymbol{Y}} \\
&= \frac{\boldsymbol{Y}'\hat{\boldsymbol{Y}}}{\boldsymbol{Y}'\boldsymbol{Y}} && (\because \hat{\boldsymbol{Y}}'\hat{\boldsymbol{Y}} = \boldsymbol{Y}'\hat{\boldsymbol{Y}}) \\
&= \frac{\boldsymbol{Y}'\boldsymbol{X}\boldsymbol{b}}{\boldsymbol{Y}'\boldsymbol{Y}} && (\because \hat{\boldsymbol{Y}} = \boldsymbol{X}\boldsymbol{b}) \\
&= \frac{\boldsymbol{Y}'\boldsymbol{X}(\boldsymbol{X}'\boldsymbol{X})^{-1}\boldsymbol{X}'\boldsymbol{Y}}{\boldsymbol{Y}'\boldsymbol{Y}} && (\because \boldsymbol{b} = (\boldsymbol{X}'\boldsymbol{X})^{-1}\boldsymbol{X}'\boldsymbol{Y}).
\end{aligned}
$$

第 8 章　多重共线性

建立计量经济模型的目的是分析因变量与自变量之间的关系。然而,如果模型中的自变量不止一个,那么很可能在某些自变量之间也存在相关关系。这种状况可能会导致参数估计结果不准确,甚至导致错误估计参数的符号。所以,了解自变量之间的关系是很重要的,这就涉及多重共线性问题。本章首先阐述多重共线性的含义;其次分析多重共线性的后果;再次探讨多重共线性的诊断方法;最后提出解决多重共线性问题的对策及措施。

§1　多重共线性的含义

对于多元线性回归模型 $\boldsymbol{Y}=\boldsymbol{X\beta}+\boldsymbol{\varepsilon}$,假定矩阵 $\boldsymbol{X}$ 的秩 $r(\boldsymbol{X})=K$,模型满足其余古典假定。为简化起见,我们以两个解释变量的情况为例来讨论:

$$Y_i = \beta_1 + \beta_2 X_{i2} + \beta_3 X_{i3} + \varepsilon_i, \quad i = 1,2,\cdots,n.$$

将模型转化为离差形式:

$$y_i = \beta_2 x_{i2} + \beta_3 x_{i3} + \varepsilon_i - \bar{\varepsilon}.$$

记

$$\boldsymbol{x} = [\boldsymbol{x}_2, \quad \boldsymbol{x}_3] = \begin{bmatrix} x_{12} & x_{13} \\ \vdots & \vdots \\ x_{n2} & x_{n3} \end{bmatrix},$$

$$r(\boldsymbol{x}) = 2,\text{即 } \boldsymbol{x}_2,\boldsymbol{x}_3 \text{ 线性无关。}$$

一、观察指标

选取下列 5 个指标粗略地对多重共线性现象进行观察,以便获得一些感性认识。这 5 个指标并非诊断指标。

1. 矩阵 $\boldsymbol{x}'\boldsymbol{x}$

$$\boldsymbol{x}'\boldsymbol{x}=\begin{bmatrix}\boldsymbol{x}_2'\\ \boldsymbol{x}_3'\end{bmatrix}[\boldsymbol{x}_2,\quad \boldsymbol{x}_3]=\begin{bmatrix}\boldsymbol{x}_2'\boldsymbol{x}_2 & \boldsymbol{x}_2'\boldsymbol{x}_3\\ \boldsymbol{x}_3'\boldsymbol{x}_2 & \boldsymbol{x}_3'\boldsymbol{x}_3\end{bmatrix}=\begin{bmatrix}\sum_{i=1}^n x_{i2}^2 & \sum_{i=1}^n x_{i2}x_{i3}\\ \sum_{i=1}^n x_{i2}x_{i3} & \sum_{i=1}^n x_{i3}^2\end{bmatrix}.$$

2. 矩阵秩 $r(\boldsymbol{x}'\boldsymbol{x})$

3. 样本简单相关系数 r

随机变量 X_2 与 X_3 之间的样本简单相关系数为

$$r=\frac{\sum_{i=1}^n x_{i2}x_{i3}}{\sqrt{\sum_{i=1}^n x_{i2}^2\sum_{i=1}^n x_{i3}^2}}.$$

4. 矩阵行列式 $|\boldsymbol{x}'\boldsymbol{x}|$

$$|\boldsymbol{x}'\boldsymbol{x}|=\sum_{i=1}^n x_{i2}^2\sum_{i=1}^n x_{i3}^2-\left(\sum_{i=1}^n x_{i2}x_{i3}\right)^2=\sum_{i=1}^n x_{i2}^2\sum_{i=1}^n x_{i3}^2(1-r^2),$$

其中,r 为 X_2,X_3 样本简单相关系数。

5. 逆矩阵 $(\boldsymbol{x}'\boldsymbol{x})^{-1}$

若 $|\boldsymbol{x}'\boldsymbol{x}|\neq 0$,则有

$$(\boldsymbol{x}'\boldsymbol{x})^{-1}=\frac{1}{|\boldsymbol{x}'\boldsymbol{x}|}\begin{bmatrix}\sum_{i=1}^n x_{i3}^2 & -\sum_{i=1}^n x_{i2}x_{i3}\\ -\sum_{i=1}^n x_{i2}x_{i3} & \sum_{i=1}^n x_{i2}^2\end{bmatrix}$$

$$=\begin{bmatrix}\dfrac{1}{\sum_{i=1}^n x_{i2}^2(1-r^2)} & -\dfrac{r}{(1-r^2)\sqrt{\sum_{i=1}^n x_{i2}^2\sum_{i=1}^n x_{i3}^2}}\\ -\dfrac{r}{(1-r^2)\sqrt{\sum_{i=1}^n x_{i2}^2\sum_{i=1}^n x_{i3}^2}} & \dfrac{1}{\sum_{i=1}^n x_{i3}^2(1-r^2)}\end{bmatrix}.$$

二、讨论三种情形

为了将多重共线性概念表述清楚,现在分三种情形——$\boldsymbol{x}_2,\boldsymbol{x}_3$ 两向量正交,完全共线,多重共线——进行讨论。每种情形都将观察上述这 5 个指标。

1. 正交

向量 $\boldsymbol{x}_2,\boldsymbol{x}_3$ 正交,在代数上就意味着 $\boldsymbol{x}_2'\boldsymbol{x}_3=\sum_{i=1}^{n}x_{i2}x_{i3}=0$;在几何上意味着在二维、三维空间中 $\boldsymbol{x}_2,\boldsymbol{x}_3$ 垂直,在四维及四维以上空间中 $\boldsymbol{x}_2,\boldsymbol{x}_3$ 正交。

下面观察5个指标的情况:

① $\boldsymbol{x}'\boldsymbol{x}=\begin{bmatrix}\sum_{i=1}^{n}x_{i2}^2 & 0\\ 0 & \sum_{i=1}^{n}x_{i3}^2\end{bmatrix}$;

② 矩阵 $\boldsymbol{x}'\boldsymbol{x}$ 的秩为 $r(\boldsymbol{x}'\boldsymbol{x})=2$;

③ 随机变量 X_2 与 X_3 之间的样本相关系数为 $r=0$;

④ $|\boldsymbol{x}'\boldsymbol{x}|=\sum_{i=1}^{n}x_{i2}^2\sum_{i=1}^{n}x_{i3}^2$;

⑤ 矩阵 $\boldsymbol{x}'\boldsymbol{x}$ 的逆矩阵为

$$(\boldsymbol{x}'\boldsymbol{x})^{-1}=\begin{bmatrix}\dfrac{1}{\sum_{i=1}^{n}x_{i2}^2} & 0\\ 0 & \dfrac{1}{\sum_{i=1}^{n}x_{i3}^2}\end{bmatrix}.$$

2. 完全共线性

若 $\boldsymbol{x}_3=\alpha\boldsymbol{x}_2$,即 $x_{i3}=\alpha x_{i2},i=1,2,\cdots,n,\alpha$ 为常数,这就表明向量 $\boldsymbol{x}_2,\boldsymbol{x}_3$ 之间存在完全共线性。在几何上意味着两向量重合,在二维、三维空间中向量 $\boldsymbol{x}_2,\boldsymbol{x}_3$ 夹角为0°或180°。此时有

$$\sum_{i=1}^{n}x_{i2}x_{i3}=\alpha\sum_{i=1}^{n}x_{i2}^2,\quad \sum_{i=1}^{n}x_{i3}^2=\alpha^2\sum_{i=1}^{n}x_{i2}^2.$$

故有

① $\boldsymbol{x}'\boldsymbol{x}=\begin{bmatrix}\sum_{i=1}^{n}x_{i2}^2 & \alpha\sum_{i=1}^{n}x_{i2}^2\\ \alpha\sum_{i=1}^{n}x_{i2}^2 & \alpha^2\sum_{i=1}^{n}x_{i2}^2\end{bmatrix}=\sum_{i=1}^{n}x_{i2}^2\begin{bmatrix}1 & \alpha\\ \alpha & \alpha^2\end{bmatrix}$;

② 显然该矩阵的两行(列)成比例,因此必有 $r(\boldsymbol{x}'\boldsymbol{x})=1$;

③ $r=\pm1$;

④ $|\boldsymbol{x}'\boldsymbol{x}|=0$;

⑤ $(\boldsymbol{x}'\boldsymbol{x})^{-1}$ 不存在。

3. 多重共线性

若向量 $\boldsymbol{x}_2$ 与 $\boldsymbol{x}_3$ 之间存在以下关系：

$$\boldsymbol{x}_3 = \alpha\boldsymbol{x}_2 + \boldsymbol{u},$$

其中，$\boldsymbol{u}$ 为随机扰动项，这就表明向量 $\boldsymbol{x}_2$、$\boldsymbol{x}_3$ 之间可能存在多重共线性。

对应的样本回归模型为

$$\boldsymbol{x}_3 = \hat{\alpha}\boldsymbol{x}_2 + \boldsymbol{e}.$$

粗略地说，$|e_i|$ 越小，$\boldsymbol{x}_2$，$\boldsymbol{x}_3$ 多重共线性越强，两向量夹角在 0°或 180°附近；$|e_i|$ 越大，$\boldsymbol{x}_2$，$\boldsymbol{x}_3$ 多重共线性越弱。此时有

$$\sum_{i=1}^{n} x_{i2}x_{i3} = \sum_{i=1}^{n} x_{i2}(\hat{\alpha}x_{i2} + e_i) = \hat{\alpha}\sum_{i=1}^{n} x_{i2}^2, \quad (\because \sum_{i=1}^{n} x_{i2}e_i = 0)$$

$$\sum_{i=1}^{n} x_{i3}^2 = \sum_{i=1}^{n} (\hat{\alpha}x_{i2} + e_i)^2 = \hat{\alpha}^2\sum_{i=1}^{n} x_{i2}^2 + \sum_{i=1}^{n} e_i^2.$$

5 个指标如下：

① $$\boldsymbol{x}'\boldsymbol{x} = \begin{bmatrix} \sum_{i=1}^{n} x_{i2}^2 & \hat{\alpha}\sum_{i=1}^{n} x_{i2}^2 \\ \hat{\alpha}\sum_{i=1}^{n} x_{i2}^2 & \hat{\alpha}^2\sum_{i=1}^{n} x_{i2}^2 + \sum_{i=1}^{n} e_i^2 \end{bmatrix} = \sum_{i=1}^{n} x_{i2}^2 \begin{bmatrix} 1 & \hat{\alpha} \\ \hat{\alpha} & \hat{\alpha}^2 + \dfrac{\sum_{i=1}^{n} e_i^2}{\sum_{i=1}^{n} x_{i2}^2} \end{bmatrix}.$$

若 $|e_i|$ 很小，多重共线性强时，$\dfrac{\sum_{i=1}^{n} e_i^2}{\sum_{i=1}^{n} x_{i2}^2}$ 很小，则该矩阵的两行(列)近似成比例；

② 显然，$r(\boldsymbol{x}'\boldsymbol{x}) = 2$，也就是说矩阵 $\boldsymbol{x}'\boldsymbol{x}$ 仍然满列秩；

③ 随机变量 X_2 与 X_3 之间的样本相关系数为

$$r = \frac{\hat{\alpha}}{\sqrt{\hat{\alpha}^2 + \dfrac{\sum_{i=1}^{n} e_i^2}{\sum_{i=1}^{n} x_{i2}^2}}} = \frac{\pm 1}{\sqrt{1 + \dfrac{\sum_{i=1}^{n} e_i^2}{\hat{\alpha}^2\sum_{i=1}^{n} x_{i2}^2}}},$$

当 $|e_i|$ 很小，多重共线性强时，$\dfrac{\sum_{i=1}^{n} e_i^2}{\sum_{i=1}^{n} x_{i2}^2}$ 很小，有 $|r| \approx 1$；

④ $|\boldsymbol{x}'\boldsymbol{x}| = \sum_{i=1}^{n} x_{i2}^2 \sum_{i=1}^{n} e_i^2$，当 $|e_i|$ 很小，多重共线性强时，$|\boldsymbol{x}'\boldsymbol{x}| \approx 0$；

⑤ $(\boldsymbol{x}'\boldsymbol{x})^{-1} = \begin{bmatrix} \dfrac{1}{\sum\limits_{i=1}^{n} x_{i2}^2} + \dfrac{\hat{\alpha}^2}{\sum\limits_{i=1}^{n} e_i^2} & -\dfrac{\hat{\alpha}}{\sum\limits_{i=1}^{n} e_i^2} \\ -\dfrac{\hat{\alpha}}{\sum\limits_{i=1}^{n} e_i^2} & \dfrac{1}{\sum\limits_{i=1}^{n} e_i^2} \end{bmatrix}$

$$= \begin{bmatrix} \dfrac{1}{1-r^2} \cdot \dfrac{1}{\sum\limits_{i=1}^{n} x_{i2}^2} & -\dfrac{r}{1-r^2} \cdot \dfrac{1}{\sqrt{\sum\limits_{i=1}^{n} x_{i2}^2 \sum\limits_{i=1}^{n} x_{i3}^2}} \\ -\dfrac{r}{1-r^2} \cdot \dfrac{1}{\sqrt{\sum\limits_{i=1}^{n} x_{i2}^2 \sum\limits_{i=1}^{n} x_{i3}^2}} & \dfrac{1}{1-r^2} \cdot \dfrac{1}{\sum\limits_{i=1}^{n} x_{i3}^2} \end{bmatrix}.$$

若 $|e_i|$ 很小,多重共线性强时,$\dfrac{1}{\sum\limits_{i=1}^{n} e_i^2}$ 很大,$1-r^2 \approx 0$,则逆矩阵中的元素的绝对值将很大。

4. 数值例子

下面用几个数值例子进行比较说明(见表 8-1)。

表 8-1 不同情况的数值例子

x_2, x_3 的关系	矩阵 $\boldsymbol{x}'\boldsymbol{x}$	秩 $r(\boldsymbol{x}'\boldsymbol{x})$	相关系数 r	行列式 $\lvert\boldsymbol{x}'\boldsymbol{x}\rvert$	逆矩阵 $(\boldsymbol{x}'\boldsymbol{x})^{-1}$
正交	$\begin{bmatrix}1 & 0\\0 & 1\end{bmatrix}$	2	0	1	$\begin{bmatrix}1 & 0\\0 & 1\end{bmatrix}$
完全共线	$\begin{bmatrix}1 & 1\\1 & 1\end{bmatrix}$	1	1	0	不存在
	$\begin{bmatrix}1 & 0.9\\0.9 & 0.81\end{bmatrix}$	1	1	0	不存在
多重共线性强	$\begin{bmatrix}1 & 0.9\\0.9 & 1\end{bmatrix}$	2	0.9	0.19	$\begin{bmatrix}5.26 & -4.74\\-4.74 & 5.26\end{bmatrix}$
	$\begin{bmatrix}1 & 0.99\\0.99 & 1\end{bmatrix}$	2	0.99	0.02	$\begin{bmatrix}50.25 & -49.75\\-49.75 & 50.25\end{bmatrix}$
	$\begin{bmatrix}1 & 0.999\\0.999 & 1\end{bmatrix}$	2	0.999	0.002	$\begin{bmatrix}500.25 & -499.75\\-499.75 & 500.25\end{bmatrix}$
多重共线性弱	$\begin{bmatrix}1 & 0.1\\0.1 & 1\end{bmatrix}$	2	0.1	0.99	$\begin{bmatrix}1.01 & -0.1\\-0.1 & 1.01\end{bmatrix}$
	$\begin{bmatrix}1 & 0.19\\0.19 & 1\end{bmatrix}$	2	0.19	0.9639	$\begin{bmatrix}1.037 & -0.197\\-0.197 & 1.037\end{bmatrix}$
	$\begin{bmatrix}1 & 0.199\\0.199 & 1\end{bmatrix}$	2	0.199	0.9604	$\begin{bmatrix}1.041 & -0.207\\-0.207 & 1.041\end{bmatrix}$

值得指出的是,多重共线性强的三个矩阵中,当非对角线元素在百分位或千分位上发生微小变化时,其逆矩阵元素会发生很大变化;但多重共线性弱的矩阵,不会发生这种现象。

三、多重共线性概念

第一,多重共线性是指解释变量的样本数据形成的向量近似线性相关。多重共线性是一种样本现象,在更换样本后多重共线性不一定继续存在。

第二,多重共线性介于正交与完全共线之间,因此不是有无问题,而是程度问题。在本章§3中将介绍几种诊断方法,来判断多重共线性是否严重——是否会影响所估计的模型质量,甚至导致模型不能使用。

第三,解释变量的多重共线性导致的深层后果是 $\boldsymbol{x}'\boldsymbol{x}$ 矩阵病态。矩阵病态的含义是当矩阵 $\boldsymbol{x}'\boldsymbol{x}$ 中的元素发生微小变化时,其逆矩阵元素的绝对值变化很大。多重共线性越强,$\boldsymbol{x}'\boldsymbol{x}$ 矩阵病态越严重。

在多元回归中常常出现多重共线性问题,主要出于以下几个原因:

首先,解释变量常受同一因素影响,因此有共同变化的方向。比如,在时间序列资料中,许多变量都受经济波动或重大政治事件的影响;在横截面资料中,企业规模的大小直接影响到一系列经济指标。这些是出现多重共线性问题的内在原因。

其次,当解释变量包含同一变量的当期和滞后期时,由于变量的时间序列资料常常存在自相关性,所以模型往往容易产生多重共线性问题。

最后,对模型的错误设定也可能导致多重共线性问题。比如,在建立关于消费支出的回归模型时,若将总收入和劳动收入都作为解释变量引入,由于劳动收入是总收入的一部分,这时模型就可能产生多重共线性甚至完全共线性问题。因此,必须慎重选择解释变量。

§2　多重共线性的影响

从上一节我们已经看到,多重共线性问题会直接影响到矩阵 $\boldsymbol{x}'\boldsymbol{x}$,而 $\boldsymbol{x}'\boldsymbol{x}$ 主要出现在以下两个表达式中:

$$\boldsymbol{b} = (\boldsymbol{X}'\boldsymbol{X})^{-1}\boldsymbol{X}'\boldsymbol{Y},$$

$$\mathrm{Var}(\boldsymbol{b} \mid \boldsymbol{X}) = \sigma^2(\boldsymbol{X}'\boldsymbol{X})^{-1}.$$

所以多重共线性将主要影响最小二乘估计量 $\boldsymbol{b}$ 及其条件方差估计量,从而影响最小二乘估计的有效性、可靠性和稳定性。本节仍然以§1中的二元回归模型为例来说明多重共线性的影响。

以离差形式的变量来表示参数的最小二乘估计量:

$$\boldsymbol{b}_* = \begin{bmatrix} b_2 \\ b_3 \end{bmatrix} = (\boldsymbol{x}'\boldsymbol{x})^{-1}\boldsymbol{x}'\boldsymbol{y},$$

其中

$$\boldsymbol{x}'\boldsymbol{y} = \begin{bmatrix} \boldsymbol{x}_2' \\ \boldsymbol{x}_3' \end{bmatrix}\boldsymbol{y} = \begin{bmatrix} \boldsymbol{x}_2'\boldsymbol{y} \\ \boldsymbol{x}_3'\boldsymbol{y} \end{bmatrix} = \begin{bmatrix} \sum_{i=1}^{n} x_{i2}y_i \\ \sum_{i=1}^{n} x_{i3}y_i \end{bmatrix},$$

$$\mathrm{Var}(\boldsymbol{b}_* \mid \boldsymbol{X}) = \begin{bmatrix} \mathrm{Var}(b_2 \mid \boldsymbol{X}) & \mathrm{Cov}(b_2, b_3 \mid \boldsymbol{X}) \\ \mathrm{Cov}(b_2, b_3 \mid \boldsymbol{X}) & \mathrm{Var}(b_3 \mid \boldsymbol{X}) \end{bmatrix} = \sigma^2(\boldsymbol{x}'\boldsymbol{x})^{-1}.$$

下面仍然分三种情况讨论。

一、正交

1. $\boldsymbol{b}_*$唯一

如果$\boldsymbol{x}_2,\boldsymbol{x}_3$ 正交,则$\boldsymbol{\beta}_*$具有唯一的估计值$\boldsymbol{b}_*$:

$$\boldsymbol{b}_* = (\boldsymbol{x}'\boldsymbol{x})^{-1}\boldsymbol{x}'\boldsymbol{y} = \begin{bmatrix} \frac{1}{\sum_{i=1}^{n} x_{i2}^2} & 0 \\ 0 & \frac{1}{\sum_{i=1}^{n} x_{i3}^2} \end{bmatrix} \begin{bmatrix} \sum_{i=1}^{n} x_{i2}y_i \\ \sum_{i=1}^{n} x_{i3}y_i \end{bmatrix},$$

即

$$b_2 = \frac{\sum_{i=1}^{n} x_{i2}y_i}{\sum_{i=1}^{n} x_{i2}^2}, \quad b_3 = \frac{\sum_{i=1}^{n} x_{i3}y_i}{\sum_{i=1}^{n} x_{i3}^2}.$$

2. $\boldsymbol{b}_*$的条件方差-协方差阵

$$\mathrm{Var}(\boldsymbol{b}_* \mid \boldsymbol{X}) = \sigma^2(\boldsymbol{x}'\boldsymbol{x})^{-1} = \sigma^2 \begin{bmatrix} \frac{1}{\sum_{i=1}^{n} x_{i2}^2} & 0 \\ 0 & \frac{1}{\sum_{i=1}^{n} x_{i3}^2} \end{bmatrix},$$

由此得

$$\mathrm{Var}(b_2 \mid \boldsymbol{X}) = \frac{\sigma^2}{\sum_{i=1}^{n} x_{i2}^2}, \quad \mathrm{Var}(b_3 \mid \boldsymbol{X}) = \frac{\sigma^2}{\sum_{i=1}^{n} x_{i3}^2}, \quad \mathrm{Cov}(b_2, b_3 \mid \boldsymbol{X}) = 0.$$

可见，当解释变量的样本向量正交时，多元回归可分解为多个独立的一元回归。

二、完全共线性

1. $\boldsymbol{b}_*$ 不唯一

若 $\boldsymbol{x}_2,\boldsymbol{x}_3$ 之间存在完全共线性，不妨设 $\boldsymbol{x}_3=\alpha\boldsymbol{x}_2$，即 $x_{i3}=\alpha x_{i2}$，此时有 $\sum_{i=1}^{n}x_{i3}y_i=\alpha\sum_{i=1}^{n}x_{i2}y_i$。

正规方程组 $\boldsymbol{x}'\boldsymbol{x}\boldsymbol{b}_*=\boldsymbol{x}'\boldsymbol{y}$ 为

$$\begin{bmatrix}\sum_{i=1}^{n}x_{i2}^2 & \alpha\sum_{i=1}^{n}x_{i2}^2\\ \alpha\sum_{i=1}^{n}x_{i2}^2 & \alpha^2\sum_{i=1}^{n}x_{i2}^2\end{bmatrix}\begin{bmatrix}b_2\\ b_3\end{bmatrix}=\begin{bmatrix}\sum_{i=1}^{n}x_{i2}y_i\\ \alpha\sum_{i=1}^{n}x_{i2}y_i\end{bmatrix}.$$

系数矩阵的秩＝增广矩阵的秩＝1<未知数个数＝2，可见上述方程组无唯一解，也就是说参数估计值 $\boldsymbol{b}_*$ 不唯一。

2. $\boldsymbol{b}_*$ 的条件方差-协方差阵

由于 $|\boldsymbol{x}'\boldsymbol{x}|=0$，故有

$$\mathrm{Var}(b_2\mid\boldsymbol{X})=\sigma^2\frac{\sum_{i=1}^{n}x_{i3}^2}{|\boldsymbol{x}'\boldsymbol{x}|}\to\infty,$$

$$\mathrm{Var}(b_3\mid\boldsymbol{X})=\sigma^2\frac{\sum_{i=1}^{n}x_{i2}^2}{|\boldsymbol{x}'\boldsymbol{x}|}\to\infty,$$

$$\mathrm{Cov}(b_2,b_3\mid\boldsymbol{X})=-\sigma^2\frac{\sum_{i=1}^{n}x_{i2}x_{i3}}{|\boldsymbol{x}'\boldsymbol{x}|}\to\infty,$$

所以，此时根本不能进行最小二乘估计。

三、多重共线性

1. $\boldsymbol{b}_*$ 不稳定

当样本数据有微小变化，比如样本容量、数据字长、计算步骤、舍入误差等发生变化时，参数估计量 $\boldsymbol{b}_*$ 就可能发生很大变化，甚至符号也发生改变。

(1) 数值例子

以存在很强的多重共线性的数据作为系数矩阵，求解如下联立方程组：

$$\begin{bmatrix}1 & 0.9\\0.9 & 1\end{bmatrix}\begin{bmatrix}b_2\\b_3\end{bmatrix}=\begin{bmatrix}2.8\\2.9\end{bmatrix},\quad 求解得\begin{cases}b_2=1,\\b_3=2,\end{cases}$$

$$\begin{bmatrix}1 & 0.99\\0.99 & 1\end{bmatrix}\begin{bmatrix}b_2\\b_3\end{bmatrix}=\begin{bmatrix}2.8\\2.9\end{bmatrix},\quad 求解得\begin{cases}b_2=-3.5678,\\b_3=6.4322,\end{cases}$$

$$\begin{bmatrix}1 & 0.999\\0.999 & 1\end{bmatrix}\begin{bmatrix}b_2\\b_3\end{bmatrix}=\begin{bmatrix}2.8\\2.9\end{bmatrix},\quad 求解得\begin{cases}b_2=-48.5743,\\b_3=51.4257.\end{cases}$$

可以看到,当系数矩阵元素发生微小变化时,b_2 发生了正负号的变化,b_2、b_3 在数值上也发生了很大变化。

以存在较弱的多重共线性的数据作为系数矩阵,联立方程组设定如下:

$$\begin{bmatrix}1 & 0.1\\0.1 & 1\end{bmatrix}\begin{bmatrix}b_2\\b_3\end{bmatrix}=\begin{bmatrix}1.2\\2.1\end{bmatrix}\quad 求解得\begin{cases}b_2=1,\\b_3=2,\end{cases}$$

$$\begin{bmatrix}1 & 0.19\\0.19 & 1\end{bmatrix}\begin{bmatrix}b_2\\b_3\end{bmatrix}=\begin{bmatrix}1.2\\2.1\end{bmatrix}\quad 求解得\begin{cases}b_2=0.8307,\\b_3=1.9413,\end{cases}$$

$$\begin{bmatrix}1 & 0.199\\0.199 & 1\end{bmatrix}\begin{bmatrix}b_2\\b_3\end{bmatrix}=\begin{bmatrix}1.2\\2.1\end{bmatrix}\quad 求解得\begin{cases}b_2=0.8145,\\b_3=1.9377.\end{cases}$$

当系数矩阵元素如同第一组数据一样发生微小变化时,b_2、b_3 没有发生太大的变化。

(2) 原因分析

随着多重共线性的增强,参数估计量出现越来越大的变化,其原因就在于矩阵 $(\boldsymbol{x}'\boldsymbol{x})^{-1}$ 的元素变化太大。

假设 $\boldsymbol{x}_3=\hat{\alpha}\boldsymbol{x}_2+\boldsymbol{e}$,则

$$\sum_{i=1}^{n}x_{i3}y_i=\sum_{i=1}^{n}(\hat{\alpha}x_{i2}+e_i)y_i=\hat{\alpha}\sum_{i=1}^{n}x_{i2}y_i+\sum_{i=1}^{n}y_ie_i,$$

由正规方程组可解得

$$\begin{bmatrix}b_2\\b_3\end{bmatrix}=\begin{bmatrix}\dfrac{1}{\sum_{i=1}^{n}x_{i2}^2}+\dfrac{\hat{\alpha}^2}{\sum_{i=1}^{n}e_i^2} & -\dfrac{\hat{\alpha}}{\sum_{i=1}^{n}e_i^2}\\ -\dfrac{\hat{\alpha}}{\sum_{i=1}^{n}e_i^2} & \dfrac{1}{\sum_{i=1}^{n}e_i^2}\end{bmatrix}\begin{bmatrix}\sum_{i=1}^{n}x_{i2}y_i\\ \hat{\alpha}\sum_{i=1}^{n}x_{i2}y_i+\sum_{i=1}^{n}y_ie_i\end{bmatrix},$$

亦即

$$b_2=\frac{\sum_{i=1}^{n}x_{i2}y_i}{\sum_{i=1}^{n}x_{i2}^2}-\hat{\alpha}\frac{\sum_{i=1}^{n}y_ie_i}{\sum_{i=1}^{n}e_i^2},\quad b_3=\frac{\sum_{i=1}^{n}y_ie_i}{\sum_{i=1}^{n}e_i^2}.$$

当多重共线性很强时，$\sum_{i=1}^{n} e_i^2$ 很小，故参数估计值变化很大。

2. 条件方差-协方差阵

随着多重共线性的增强，$\mathrm{Var}(\boldsymbol{b}_* | \boldsymbol{X})$ 元素的绝对值增大，即参数估计量的条件方差估计值也增大。

$$\mathrm{Var}(b_2 | \boldsymbol{X}) = \frac{\sigma^2}{\sum_{i=1}^{n} x_{i2}^2} + \hat{\alpha}^2 \frac{\sigma^2}{\sum_{i=1}^{n} e_i^2},$$

$$\mathrm{Var}(b_3 | \boldsymbol{X}) = \frac{\sigma^2}{\sum_{i=1}^{n} e_i^2}.$$

或变形为

$$\mathrm{Var}(b_2 | \boldsymbol{X}) = \frac{\sigma^2}{\sum_{i=1}^{n} x_{i2}^2 (1 - r^2)},$$

$$\mathrm{Var}(b_3 | \boldsymbol{X}) = \frac{\sigma^2}{\sum_{i=1}^{n} x_{i3}^2 (1 - r^2)}.$$

显然，随着多重共线性的增强，$\sum_{i=1}^{n} e_i^2$ 变小，r 接近于 1，b_2、b_3 的条件方差估计值会增大。由所举的数值例子也可得到上述结论，这里不再赘述。

综上所述，当多重共线性问题比较严重时，参数估计量 b 不可靠，b 的条件方差估计值很大，导致单参数的 t 检验不可靠，大多数情况下 $|t|$ 偏小。

需要指出的是在这种情况下，所估计的模型不宜作边际分析，但如果总显著性检验拒绝 H_0，仍可利用模型进行预测。

§3　多重共线性的诊断

本节讨论多重共线性的诊断问题，即判断多重共线性的强弱如何，以及建模者能否接受。我们介绍几种不同方法。由于探讨的是多重共线性强弱的问题，所以以下的方法不是严格的统计检验方法。

一、观察法

① 观察参数估计量 b，看其符号、数值是否与理论相符。若不符，可能具有多重共

线性。

② 如果回归模型总显著性的 F 检验拒绝 H_0,但单参数的 t 检验不显著,这就很可能存在较严重的多重共线性问题。

③ 如果在增添某些解释变量后,R^2 变化不大,但单参数的 t 检验统计量绝对值明显变小;或者在删除某些解释变量后,R^2 变化不大,但单参数的 t 检验统计量绝对值明显变大,这也意味着存在较严重的多重共线性问题。

④ 若参数估计值 b 因样本容量的增减出现很大变化,就很可能存在较严重的多重共线性问题。

这里以著名的朗利(Longley)数据为例来介绍各种诊断方法的应用。

为了分析影响就业量的因素,朗利(Longley, 1967)以就业量(用 Employ 表示)作为被解释变量,以 GNP、GNP 折算因子(用 Price 表示)、武装力量规模(用 Armed 表示)、时间(年份,用 Year 表示)作为解释变量建立回归模型。

利用 1947—1962 年的数据作回归,然后删除 1962 年的观测,仅仅利用 1947—1961 年的数据作回归,两次回归得到的结果对比如表 8-2 所示。

表 8-2　两次回归结果

时间区间	常数项	Year(t)	Price(p)	GNP(G)	Armed(A)
1947—1961 年	1 459 400	−721.76	−181.12	0.091	−0.0749
1947—1962 年	1 169 090	−576.46	−19.76	0.064	−0.0101

实际上,两次回归的样本只差一年,但两个模型的参数估计值出现了很大的变化。

首先看 Price 的系数的变化(第一个模型相对于第二个模型):

$$\frac{(-181.12)-(-19.76)}{-19.76}=817\%,$$

可见系数增长了 817%。

再看 GNP 的系数的变化:

$$\frac{0.091-0.064}{0.064}=42\%.$$

最后看 Armed 的系数的变化:

$$\frac{(-0.0749)-(0.0101)}{-0.0101}=642\%.$$

这清楚地表明,数据可能存在严重的多重共线性问题。

表 8-3 为朗利数据。

表 8-3　朗利数据

年份	Price(p)	GNP(G)	Armed(A)	Employ
1947	83.0	234 289	1 590	60 323
1948	88.5	259 426	1 456	61 122
1949	88.2	258 054	1 616	60 171
1950	89.5	284 599	1 650	61 187
1951	96.2	328 975	3 099	63 221
1952	98.1	346 999	3 594	63 639
1953	99.0	365 385	3 547	64 989
1954	100.0	363 112	3 350	63 761
1955	101.2	397 469	3 048	66 019
1956	104.6	419 180	2 857	67 857
1957	108.4	442 769	2 798	68 169
1958	110.8	444 546	2 637	66 513
1959	112.6	482 704	2 552	68 655
1960	114.2	502 601	2 514	69 564
1961	115.7	518 173	2 572	69 331
1962	116.9	554 894	2 827	70 551

资料来源:Greene, 2002 的教辅资料。

二、辅助回归

辅助回归也称从属回归,就是以某一解释变量如 X_k 作为被解释变量,以其余解释变量作为解释变量进行回归。下面所用的指标是辅助回归模型的拟合优度 R_k^2 和总显著性检验的 F 统计量值 F_k。

根据辅助回归模型的 R_k^2 和 F 统计量,可以判断多重共线性的程度。

1. 诊断方法

第一种诊断方法:

如果辅助回归的 F 检验显著,就可以认为存在明显的多重共线性问题。

第二种诊断方法:

若对于部分 k 有 $R^2<R_k^2$,则可以怀疑存在多重共线性问题;若对于所有 k 都有 $R^2<R_k^2$,则表明存在明显的多重共线性问题,其中 R^2 为原模型的可决系数。

2. 原因分析

采用这种诊断方法的原因是,由于

$$\mathrm{Var}(b_k \mid \boldsymbol{X}) = \frac{\sigma^2}{\sum_{i=1}^{n} x_{ik}^2(1 - R_k^2)}\text{(见下文“方差膨胀因子”中的证明)},$$

其估计量为

$$\widehat{\mathrm{Var}(b_k \mid \boldsymbol{X})} = \frac{s^2}{\sum_{i=1}^{n} x_{ik}^2(1 - R_k^2)}$$

$$= \frac{\boldsymbol{e}'\boldsymbol{e}}{n - K} \cdot \frac{1}{\sum_{i=1}^{n} x_{ik}^2(1 - R_k^2)}$$

$$= \frac{1}{n - K} \cdot \frac{1 - R^2}{1 - R_k^2} \frac{\sum_{i=1}^{n} y_i^2}{\sum_{i=1}^{n} x_{ik}^2} \quad \left(\because\ \boldsymbol{e}'\boldsymbol{e} = (1 - R^2)\sum_{i=1}^{n} y_i^2\right).$$

若 $R^2<R_k^2$,则 $1-R^2>1-R_k^2$,即

$$\frac{1 - R^2}{1 - R_k^2} > 1.$$

可见,辅助回归的可决系数 R_k^2 越大,$\mathrm{Var}(b_k \mid \boldsymbol{X})$ 就越大,多重共线性问题就越严重。

3. 例

仍以朗利数据为例。

一方面,在原来的回归模型中,$R^2=0.97352$,回归模型显著;

将 t 对 p、G 和 A 回归,得 $R_2^2=0.99303$(含截距项,下同);

将 p 对 t、G 和 A 回归,得 $R_3^2=0.98679$;

将 G 对 t、p 和 A 回归,得 $R_4^2=0.99245$;

将 A 对 t、G 和 p 回归,得 $R_5^2=0.35616$。

由于 R_2^2、R_3^2、R_4^2 大于 R^2,而 $R_5^2<R^2$,所以怀疑存在多重共线性问题。

另一方面,根据 $F_k=\dfrac{R_k^2/(K-1)}{(1-R_k^2)/(T-K)}$,$K=4$,$T=16$,可求得各辅助回归模型的总显著性检验的 F 统计量:

$$F_2 = 654.39,\quad F_3 = 298.80,\quad F_4 = 525.80,\quad F_5 = 2.213.$$

取 $F_{0.05}(3,12)=3.49$,可知前三个辅助回归模型都是显著的,最后一个辅助回归模型不显著,可怀疑存在多重共线性问题。

三、方差膨胀因子

借助方差膨胀因子也可衡量多重共线性程度。

1. 方差膨胀因子定义

由 § 2 可知,当解释变量呈现多重共线性时,参数估计量的方差会变大,因此方差膨胀因子定义为

$$\mathrm{VIF}(b_k)=\frac{\mathrm{Var}(b_k\mid \boldsymbol{X})}{\mathrm{Var}_1(b_k\mid \boldsymbol{X})},$$

其中,$\mathrm{Var}(b_k|\boldsymbol{X})$为 Y 对 $X_1,X_2,\cdots,X_K$ 多元回归中的参数估计量 b_k 的条件方差,而 $\mathrm{Var}_1(b_k|\boldsymbol{X})$为 Y 对 X_1,X_k 一元回归中的参数估计量 b_k 的条件方差。方差膨胀因子就是度量在一元回归基础上,添加解释变量后参数估计量方差放大的程度。

2. 方差膨胀因子公式

$$\mathrm{VIF}(b_k)\approx\frac{1}{1-R_k^2},$$

其中,R_k^2 为解释变量 X_k 对其余解释变量回归的可决系数。

下面给出证明。

[证明]

为书写简单起见,不妨假定 $b_k=b_2$,也就是将 X_k 视为 X_2,即第一个真正的解释变量。

将变量以离差形式表示,令 $\boldsymbol{x}=[\boldsymbol{x}_2,\boldsymbol{x}_*]$,其中 $\boldsymbol{x}_2$ 为 $n\times1$ 维向量,$\boldsymbol{x}_*$ 为 $n\times(K-2)$ 阶矩阵,$\boldsymbol{x}$ 为 $n\times(K-1)$ 阶矩阵。则有

$$\boldsymbol{x}'\boldsymbol{x}=\begin{bmatrix}\boldsymbol{x}_2'\boldsymbol{x}_2 & \boldsymbol{x}_2'\boldsymbol{x}_*\\ \boldsymbol{x}_*'\boldsymbol{x}_2 & \boldsymbol{x}_*'\boldsymbol{x}_*\end{bmatrix},\quad (\boldsymbol{x}'\boldsymbol{x})^{-1}=\begin{bmatrix}\boldsymbol{\Delta} & *\\ * & *\end{bmatrix},$$

其中 $\boldsymbol{\Delta}=[\boldsymbol{x}_2'\boldsymbol{x}_2-\boldsymbol{x}_2'\boldsymbol{x}_*(\boldsymbol{x}_*'\boldsymbol{x}_*)^{-1}\boldsymbol{x}_*'\boldsymbol{x}_2]^{-1}$。

对 R_2^2 公式进行变形。

设被解释变量 $\boldsymbol{x}_2$ 对其余解释变量 $\boldsymbol{x}_*$ 回归得到的系数估计值向量为 $\boldsymbol{a}_*=(\boldsymbol{x}_*'\boldsymbol{x}_*)^{-1}\boldsymbol{x}_*'\boldsymbol{x}_2$,其样本回归超平面为 $\hat{\boldsymbol{x}}_2=\boldsymbol{x}_*\boldsymbol{a}_*$,而 $\hat{\boldsymbol{x}}_2'\hat{\boldsymbol{x}}_2=\boldsymbol{x}_2'\hat{\boldsymbol{x}}_2=\boldsymbol{x}_2'\boldsymbol{x}_*\boldsymbol{a}_*=\boldsymbol{x}_2'\boldsymbol{x}_*(\boldsymbol{x}_*'\boldsymbol{x}_*)^{-1}\boldsymbol{x}_*'\boldsymbol{x}_2$。

$$\therefore\quad R_2^2=\frac{\hat{\boldsymbol{x}}_2'\hat{\boldsymbol{x}}_2}{\boldsymbol{x}_2'\boldsymbol{x}_2}=\frac{\boldsymbol{x}_2'\boldsymbol{x}_*(\boldsymbol{x}_*'\boldsymbol{x}_*)^{-1}\boldsymbol{x}_*'\boldsymbol{x}_2}{\boldsymbol{x}_2'\boldsymbol{x}_2}.$$

则

$$\boldsymbol{\Delta}=(\boldsymbol{x}_2'\boldsymbol{x}_2)^{-1}\left[1-\frac{\boldsymbol{x}_2'\boldsymbol{x}_*(\boldsymbol{x}_*'\boldsymbol{x}_*)^{-1}\boldsymbol{x}_*'\boldsymbol{x}_2}{\boldsymbol{x}_2'\boldsymbol{x}_2}\right]^{-1}=(\boldsymbol{x}_2'\boldsymbol{x}_2)^{-1}(1-R_2^2)^{-1}.$$

由一元回归知

$$\mathrm{Var}_1(b_2\mid \boldsymbol{X})=\frac{\sigma_1^2}{\sum_{i=1}^n x_{i2}^2}=\sigma_1^2(\boldsymbol{x}_2'\boldsymbol{x}_2)^{-1},$$

其中,σ_1^2 为一元回归扰动项的方差。

由多元回归知

$$\mathrm{Var}(b_2 \mid \boldsymbol{X}) = \sigma^2\Delta = \sigma^2(\boldsymbol{x}_2'\boldsymbol{x}_2)^{-1}(1 - R_2^2)^{-1},$$

其中,σ^2 为多元回归扰动项的方差。

由此可得

$$\mathrm{VIF}(b_2) = \frac{\mathrm{Var}(b_2 \mid \boldsymbol{X})}{\mathrm{Var}_1(b_2 \mid \boldsymbol{X})} = \frac{\sigma^2(\boldsymbol{x}_2'\boldsymbol{x}_2)^{-1}(1 - R_2^2)^{-1}}{\sigma_1^2(\boldsymbol{x}_2'\boldsymbol{x}_2)^{-1}} \approx \frac{1}{1 - R_2^2}.$$

3\. VIF 数值范围

若 X_k 与其余解释变量均无关,$R_k^2=0$,则 $\mathrm{VIF}(b_k)=1$;

若 X_k 与其余解释变量完全共线,$R_k^2=1$,则 $\mathrm{VIF}(b_k)=+\infty$;

一般 X_k 与其余解释变量相关,$0<R_k^2<1$,所以 $1<\mathrm{VIF}(b_k)<+\infty$。当相关性弱时,$\mathrm{VIF}(b_k)$ 接近于 1;当相关性强时,$\mathrm{VIF}(b_k)$ 就会远大于 1。

4\. 诊断

经验判断认为当 $\mathrm{VIF}(b_k)>5$,即 $R_k^2>0.8$ 时,存在严重多重共线性。

需说明的是,被称为容忍度的另一指标 TOL 也可度量多重共线性的程度,其定义为 $\mathrm{TOL}(b_k)=1/\mathrm{VIF}(b_k)$。

5\. 例

以朗利数据为例,用如下 Stata 命令计算方差膨胀因子:

```
use data9
qui reg employ price gnp armed year
estat vif
```

输出结果如下:

```
. estat vif

    Variable |       VIF       1/VIF
-------------+----------------------
        year |    143.46    0.006970
         gnp |    132.46    0.007549
       price |     75.67    0.013215
       armed |      1.55    0.643836
-------------+----------------------
    Mean VIF |     88.29
```

我们看到,前三个解释变量的 VIF 都远大于 5,因此可怀疑存在多重共线性问题。

四、条件数

1\. 条件数定义

条件数 CN 定义为

$$\mathrm{CN} = \sqrt{\frac{\lambda_{\max}}{\lambda_{\min}}},$$

其中，λ_{max} 与 λ_{min} 为真正解释变量相关矩阵①的最大与最小特征值，显然 CN≥1。

由于相关矩阵为实对称矩阵，所以特征值为实数，可由小到大排列，也即有最小和最大特征值。同时，由于相关矩阵为正定阵，所以特征值全大于 0，因此 CN 的定义是合理的。

顺便介绍一下条件指数定义：

$$\mathrm{CN}_k = \sqrt{\frac{\lambda_{max}}{\lambda_k}}, \quad \lambda_k \text{ 为相关矩阵的某一特征值。}$$

显然条件指数中的最大者为条件数 CN，最小者为 1。

2. 条件数取值范围

如果解释变量间均无关，样本相关系数近于 0，则特征值≈1，所以 CN≈1；

如果解释变量完全共线，$\boldsymbol{R}=\boldsymbol{x}^{*\prime}\boldsymbol{x}^{*}$ 不是满秩矩阵，$\boldsymbol{R}$ 为半正定矩阵，至少有一个特征值=0，即 $\lambda_{min}=0$，则 CN→+∞ 。

如果解释变量具有多重共线性，则 1<CN<+∞ 。

3. 诊断

从经验来看，一般

CN > 10，怀疑有多重共线性，或矩阵 $\boldsymbol{x}'\boldsymbol{x}$ 为病态矩阵；

CN > 30，认为有严重多重共线性，或矩阵 $\boldsymbol{x}'\boldsymbol{x}$ 病态严重。

4. 例

以朗利数据为例。

首先估计回归模型：

```
reg employ price gnp armed year
```

输出结果如下：

Source	SS	df	MS			
				Number of obs	=	16
				F(4, 11)	=	101.11
Model	180110100	4	45027525	Prob > F	=	0.0000
Residual	4898726.13	11	445338.739	R-squared	=	0.9735
				Adj R-squared	=	0.9639
Total	185008826	15	12333921.7	Root MSE	=	667.34

employ	Coefficient	Std. err.	t	P>|t|	[95% conf.	interval]
price	-19.76811	138.8927	-0.14	0.889	-325.469	285.9328
gnp	.064394	.0199519	3.23	0.008	.0204802	.1083078
armed	-.0101452	.3085695	-0.03	0.974	-.689302	.6690116
year	-576.4642	433.4875	-1.33	0.210	-1530.564	377.6353
_cons	1169087	835902.5	1.40	0.189	-670721.5	3008896

① 有关相关矩阵 $\boldsymbol{R}$ 的由来及性质，参阅本章附录。

鉴于截距项不显著,我们用如下外部命令计算条件数:

```
collin price gnp armed year, corr
```

输出结果如下:

```
Collinearity Diagnostics

                          SQRT                   R-
Variable        VIF       VIF    Tolerance    Squared
-----------------------------------------------------
   price      75.67      8.70     0.0132      0.9868
     gnp     132.46     11.51     0.0075      0.9925
   armed       1.55      1.25     0.6438      0.3562
    year     143.46     11.98     0.0070      0.9930
-----------------------------------------------------
Mean VIF      88.29

                          Cond
        Eigenval          Index
---------------------------------
    1     3.2471          1.0000
    2     0.7397          2.0952
    3     0.0090         18.9611
    4     0.0042         27.9611
---------------------------------
Condition Number         27.9611
Eigenvalues & Cond Index computed from deviation sscp (no intercept)
Det(correlation matrix)    0.0001
```

上半部分为方差膨胀因子,下半部分为条件指数及条件数。我们看到,条件数为27.96,故认为朗利数据存在多重共线性。

五、方差分解

1. b_k 方差分解公式

对于 $\mathrm{Var}(b_k|\boldsymbol{X})$,可以证明存在以下方差分解公式:

$$\mathrm{Var}(b_k \mid \boldsymbol{X}) = \sigma^2\left(\frac{\alpha_{k1}^2}{\lambda_1} + \cdots + \frac{\alpha_{kK}^2}{\lambda_K}\right), \quad 且\ \alpha_{k1}^2 + \cdots + \alpha_{kK}^2 = 1,$$

其中,$\lambda_1,\cdots,\lambda_K$ 是相关矩阵 $\boldsymbol{R}$ 的特征值,$\boldsymbol{\alpha}_1,\cdots,\boldsymbol{\alpha}_K$ 是相应的特征向量,$\alpha_{k1},\cdots,\alpha_{kK}$ 是各特征向量的第 k 个分量。这里假定有 K 个真正的解释变量,相关矩阵 $\boldsymbol{R}$ 为 K 阶方阵。

[证明]

由于 $\boldsymbol{R}$ 是实对称矩阵,所以存在正交阵 $\boldsymbol{\alpha}$,使得

$$\boldsymbol{\alpha}^{-1}\boldsymbol{R\alpha} = \boldsymbol{\Lambda} \quad 或 \quad \boldsymbol{R\alpha} = \boldsymbol{\alpha\Lambda},$$

其中,$\boldsymbol{\Lambda}$ 为由 $\boldsymbol{R}$ 的特征值形成的 K 阶对角阵,$\boldsymbol{\alpha}$ 为由 $\boldsymbol{R}$ 的相应的 K 个特征向量形成的 K 阶方阵:

$$\boldsymbol{\Lambda}=\begin{bmatrix}\lambda_1 & & \\ & \ddots & \\ & & \lambda_K\end{bmatrix},\quad \boldsymbol{\alpha}=\begin{bmatrix}\boldsymbol{\alpha}_{11} & \boldsymbol{\alpha}_{1K}\\ \boldsymbol{\alpha}_{21} & \boldsymbol{\alpha}_{2K}\\ \vdots & \vdots\\ \multicolumn{2}{c}{\boldsymbol{\alpha}_1,\cdots,\boldsymbol{\alpha}_K}\\ \boldsymbol{\alpha}_{K1} & \boldsymbol{\alpha}_{KK}\end{bmatrix}.$$

因为 $\boldsymbol{\alpha}$ 为正交阵,有 $\boldsymbol{\alpha}^{-1}=\boldsymbol{\alpha}'$,所以

$$\boldsymbol{R}^{-1}=\boldsymbol{\alpha}\Lambda^{-1}\boldsymbol{\alpha}^{-1}=\boldsymbol{\alpha}\boldsymbol{\Lambda}^{-1}\boldsymbol{\alpha}'.$$

这样

$$\begin{aligned}
\mathrm{Var}(\boldsymbol{b}_*\mid\boldsymbol{X})&=\sigma^2(\boldsymbol{x}^{*\prime}\boldsymbol{x}^*)^{-1}=\sigma^2\boldsymbol{R}^{-1}=\sigma^2\boldsymbol{\alpha}\boldsymbol{\Lambda}^{-1}\boldsymbol{\alpha}',\\
\mathrm{Var}(b_k\mid\boldsymbol{X})&=\sigma^2(\boldsymbol{\alpha}\text{ 的第 }k\text{ 行})\boldsymbol{\Lambda}^{-1}(\boldsymbol{\alpha}'\text{ 的第 }k\text{ 列})\\
&=\sigma^2(\boldsymbol{\alpha}\text{ 的第 }k\text{ 行})\boldsymbol{\Lambda}^{-1}(\boldsymbol{\alpha}\text{ 的第 }k\text{ 行})'\\
&=\sigma^2[\alpha_{k1},\cdots,\alpha_{kK}]\begin{bmatrix}\lambda_1^{-1} & & \\ & \ddots & \\ & & \lambda_K^{-1}\end{bmatrix}\begin{bmatrix}\alpha_{k1}\\ \vdots\\ \alpha_{kK}\end{bmatrix}\\
&=\sigma^2\left(\frac{\alpha_{k1}^2}{\lambda_1}+\cdots+\frac{\alpha_{kK}^2}{\lambda_K}\right).
\end{aligned}$$

由于 $\boldsymbol{\alpha}$ 为正交阵,所以

$$\alpha_{k1}^2+\cdots+\alpha_{kK}^2=1.$$

2. 诊断步骤

基于以上结果,我们诊断多重共线性,步骤如下:

① 计算 $\boldsymbol{R}$ 的特征值及条件指数 $\mathrm{CN}_k=\sqrt{\dfrac{\lambda_{\max}}{\lambda_k}}$;

② 选出超过危险水平的 λ_j,即对应于条件指数超过 20 或 30 的特征值;

③ 找出对应于 λ_j 的满足 $\alpha_{kj}>0.50$ 的 α_{kj},由此 α_{kj} 中的 k 可找出对应的参数估计量 b_k,认为 b_k 的方差过大,受共线性影响严重。

如果有两个或两个以上的元素大于 0.5,比如 $\alpha_{kj}>0.50$,$\alpha_{lj}>0.50$,则可认为变量 X_k、X_l 之间存在多重共线性。

3. 例

以朗利数据为例。

鉴于截距项不显著,我们用如下外部命令计算条件指数以及方差分解比例:

```
coldiag2, nocon corr
```

输出结果如下:

```
Condition number using standardized variables =          27.96

Condition Indexes and Variance-Decomposition Proportions

condition
   index price   gnp armed  year
1   1.00  0.00  0.00  0.02  0.00
2   2.10  0.00  0.00  0.78  0.00
3  18.96  0.98  0.18  0.07  0.09
4  27.96  0.02  0.82  0.13  0.91
```

条件数为 27. 96,相应的主成分对于变量 gnp 和 year 的方差的解释比例分别为 0. 82 和 0. 91,故可以认为这两个变量之间存在很强的线性关系。

§4 建议疗法

如果发现存在比较严重的多重共线性问题,可以从几个方面着手来解决。

一、样本

由于多重共线性是一种样本现象,因此可以从样本方面采取措施,包括:

① 增加样本容量。

② 增加数据的字长。

③ 将时间序列资料与横截面资料混合作为样本。

④ 进行双精度运算。

二、解释变量

从解释变量入手,可以只选取一部分解释变量来建立模型,剔除那些不重要的、可能导致多重共线性问题的变量,这是建模中经常采用的方法。实际上,多重共线性并不是人们只选取一部分解释变量进行回归的唯一原因。在许多场合,人们可以求一个相对较小的解释变量集合,它与完全集合包含了几乎相同的信息,进一步的分析就可以只针对这一解释变量子集进行,很可能会得到简化的结果。

存在不同的方法来选择解释变量子集。最基本同时又最重要的方法是从经济理论和对实际问题的具体认识出发,选择那些关键的变量。

当然,也可采用一些统计方法帮助选择变量。具体做法是,先将所有解释变量按照重要程度排序,然后逐步删去解释变量,所依据的标准为 t 检验,或赤池信息准则(AIC)、施瓦兹信息准则(SC)等(详见第 13 章)。

三、模型改造和变量替换

模型改造和变量替换可以采取以下具体措施：

① 重新设定模型，因为可能由于模型设定错误导致多重共线性问题。

② 将名义变量替换为实际变量，因为名义变量之间由于价格的关系可能出现多重共线性问题。

③ 将变量差分后再构造模型，因为通过差分可以去除时间趋势，后者可能是导致多重共线性问题的根源。

④ 将若干个变量加权组合为一个新变量来代替原变量，如对于下面的模型：

$$Y_t = 36 + 0.7X_t + 0.3X_{t-1} + e_t,$$

令 $X_t^* = 0.7X_t + 0.3X_{t-1}$，以 Y_t 对 X_t^* 回归，得

$$Y_t = 35 + 0.9X_t^* + e_t^*.$$

⑤ 约束估计。以柯布-道格拉斯生产函数为例：

$$Y = AK^{\alpha}L^{\beta}\mathrm{e}^{\varepsilon}.$$

由于资本与劳动力之间可能存在多重共线性问题，若参数满足约束 $\alpha+\beta=1$，可令 $\beta=1-\alpha$，模型转化为

$$\frac{Y}{L} = A\left(\frac{K}{L}\right)^{\alpha}\mathrm{e}^{\varepsilon},$$

两边取对数，得

$$\ln\frac{Y}{L} = \ln A + \alpha\ln\frac{K}{L} + \varepsilon.$$

这就得到了一个以人均产出的对数为被解释变量，以人均资本的对数为解释变量的一元线性回归模型。

上述模型改造和变量替换方法只是针对具体问题而言，不是对所有模型都适用的。

四、估计方法

从估计方法入手，存在若干不同的做法：

1. 混合估计

所谓混合估计，就是先用其他方法（比如专家调查法等）估计出部分参数，代入原模型，整理后可建立一个新的模型，然后对这个新的模型进行估计。

这一方法存在明显的缺点。一方面，先验信息难以获得；另一方面，我们不知道以先验信息估计的参数值在现在的样本中是否有效，比如，以横截面资料估计得到的参数值在时间序列模型中是否无偏、有效或一致、渐近有效。

2. 参数子集回归

可以利用第 2 章 §4 参数子集估计的方法,先估计一部分参数,再估计余下的参数。

3. 岭回归与套索回归

(1) 岭回归

岭回归估计量的公式为

$$\boldsymbol{b}_r = (\boldsymbol{X}'\boldsymbol{X} + r\boldsymbol{D})^{-1}\boldsymbol{X}'\boldsymbol{Y},$$

其中,偏倚系数 $r>0$ 为任意给定常数,显然当 $r=0$ 时,$\boldsymbol{b}_r=\boldsymbol{b}$;$\boldsymbol{D}$ 为 K 阶对角阵:

$$\boldsymbol{D} = \begin{bmatrix} d_1^2 & & & \\ & d_2^2 & & \\ & & \ddots & \\ & & & d_K^2 \end{bmatrix}, \quad d_1^2 = \sum_{i=1}^n Y_i^2, \quad d_k^2 = \sum_{i=1}^n X_{ik}^2, \quad k = 2,\cdots,K.$$

或取 $\boldsymbol{D}=\boldsymbol{I}$。

假定 $\boldsymbol{X}$ 为固定变量,则 $\boldsymbol{b}_r$ 的期望和方差-协方差阵分别为

$$E(\boldsymbol{b}_r) = (\boldsymbol{X}'\boldsymbol{X} + r\boldsymbol{D})^{-1}\boldsymbol{X}'\boldsymbol{X}\beta,$$

$$\mathrm{Var}(\boldsymbol{b}_r) = \sigma^2(\boldsymbol{X}'\boldsymbol{X} + r\boldsymbol{D})^{-1}\boldsymbol{X}'\boldsymbol{X}(\boldsymbol{X}'\boldsymbol{X} + r\boldsymbol{D})^{-1}.$$

偏倚系数 r 越大,则 $\boldsymbol{b}_r$ 对 $\boldsymbol{\beta}$ 的偏差越大,但 $\boldsymbol{b}_r$ 的方差越小,所以理论上应选择 r 使 $\boldsymbol{b}_r$ 的均方误最小,即

$$\min\{[\mathrm{Bias}(\boldsymbol{b}_r)]^2 + \mathrm{Var}(\boldsymbol{b}_r)\}.$$

在实际操作时,往往在一取值为正实数的区间如[0,0.5]内,取定步长如 0.01 对 r 进行搜索。当 $\boldsymbol{b}_r$ 趋于稳定时,则取为 $\boldsymbol{b}$,此时对应的 r 即为所求;若不满足要求,可再缩小步长,继续进行搜索。

(2) 套索回归

岭回归是一种惩罚回归,可以表述为如下最优化问题:

$$\min_{\beta} L(\boldsymbol{\beta}) = (\boldsymbol{y} - \boldsymbol{X\beta})'(\boldsymbol{y} - \boldsymbol{X\beta}) + \lambda \|\boldsymbol{\beta}\|_2^2.$$

上式右侧第二项为惩罚项,$\lambda \geqslant 0$ 被称为调节参数或收缩参数,而

$$\|\boldsymbol{\beta}\|_2^2 = \beta_1^2 + \cdots + \beta_K^2$$

套索回归①也是一种惩罚回归,可以表述为如下优化问题:

$$\min_{\beta} L(\boldsymbol{\beta}) = (\boldsymbol{y} - \boldsymbol{X\beta})'(\boldsymbol{y} - \boldsymbol{X\beta}) + \lambda \|\boldsymbol{\beta}\|_1$$

其中

$$\|\boldsymbol{\beta}\|_1 = |\beta_1| + \cdots + |\beta_K|.$$

与岭回归相比,套索回归往往会使某些参数估计量取 0,这样更便于解释回归结果。

① 英文为 Least Absolute Shrinkage and Selection Operator,一般简记为 Lasso。

4. 主分量法

详见 § 5。

5. 例

我们仍以朗利数据为例,分别采用逐步回归和套索回归的方法来处理多重共线性问题。

在 Stata 中,可采用如下命令进行逐步回归:

```
sw reg employ price gnp armed year, pr(0.1)
```

最后得到的模型只含有 gnp 这一个解释变量,参数估计结果如下:

employ	Coefficient	Std. err.	t	P>|t|	[95% conf.	interval]
gnp	.0347523	.0017057	20.37	0.000	.0310939	.0384107
_cons	51843.59	681.3716	76.09	0.000	50382.19	53304.99

现在进行套索回归,Stata 命令如下:

```
lasso linear employ price gnp armed year, selection(cv, alllambdas) stop(0)
rseed(12345) nolog
```

得到如下结果:

```
Lasso linear model                          No. of obs        =         16
                                            No. of covariates =          4
Selection: Cross-validation                 No. of CV folds   =         10
```

ID	Description	lambda	No. of nonzero coef.	Out-of-sample R-squared	CV mean prediction error
1	first lambda	3344.517	0	-0.1371	1.31e+07
36	lambda before	128.8819	1	0.9558	510845.1
* 37	selected lambda	117.4324	1	0.9558	510635.2
38	lambda after	107	2	0.9558	510797.6
100	last lambda	.3344517	4	0.9444	642885.2

* lambda selected by cross-validation.

可见,最佳的调节参数为 $\lambda^* = 117.43$。

接下来,我们绘制 Lasso 估计量与条件参数取值之间的折线图,Stata 命令如下:

```
coefpath, legend(on position(12) cols(4)) xunits(lnlambda) xline(117.43)
```

得到如图 8-1 所示折线图。

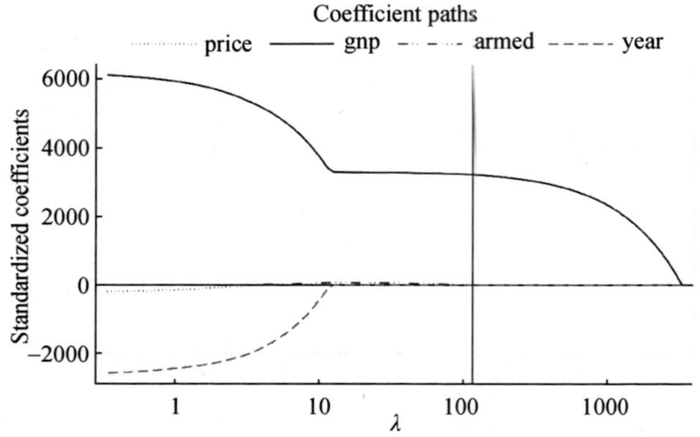

图 8-1　Lasso 估计量与条件参数取值

显示套索回归的标准化系数,Stata 命令如下:

```
lassocoef, display(coef) sort(coef)
```

结果如下:

	active
gnp	**3227.084**
_cons	**0**

可见,只有变量 gnp 的系数不为 0。

也可以显示标准化之前的回归系数,Stata 命令如下:

```
lassocoef, display(coef, penalized) sort(coef, penalized)
```

结果如下:

	active
_cons	**52316.67**
gnp	**.0335321**

§5　主分量法

主分量法也被称为主成分法。

一、主分量定义

假定有 K 个变量 $X_1,\cdots,X_K$，取定 n 个观测值，并用离差形式表示为数据矩阵如下（在软件中常采用标准化形式，这里采用离差形式，因为其数学含义清晰，便于理解）：

$$\boldsymbol{x}=[\boldsymbol{x}_1,\boldsymbol{x}_2,\cdots,\boldsymbol{x}_K].$$

对应的主分量为 $Z_1,\cdots,Z_K$，取定 n 个观测值，并用离差形式表示为数据矩阵如下：

$$\boldsymbol{z}=[\boldsymbol{z}_1,\boldsymbol{z}_2,\cdots,\boldsymbol{z}_K],$$

为 $n\times K$ 阶矩阵。

$Z_1,\cdots,Z_K$ 被称为主分量（也称主成分），需满足如下条件：

① $\boldsymbol{z}_k$ 是 $\boldsymbol{x}_1,\cdots,\boldsymbol{x}_K$ 的线性组合。

$$\boldsymbol{z}_k=\boldsymbol{x}_1\alpha_{1k}+\boldsymbol{x}_2\alpha_{2k}+\cdots+\boldsymbol{x}_K\alpha_{Kk}=\boldsymbol{x}\boldsymbol{\alpha}_k,$$

其中，$\boldsymbol{\alpha}_k=(\alpha_{1k},\alpha_{2k},\cdots,\alpha_{Kk})'$，$k=1,\cdots,K$。

② $\boldsymbol{z}_1,\cdots,\boldsymbol{z}_K$ 两两正交。

③ 总变差不变，即 $\sum\limits_{k=1}^{K}\boldsymbol{z}_k'\boldsymbol{z}_k=\sum\limits_{k=1}^{K}\boldsymbol{x}_k'\boldsymbol{x}_k$。

④ $\boldsymbol{z}_1'\boldsymbol{z}_1\geqslant\boldsymbol{z}_2'\boldsymbol{z}_2\geqslant\cdots\geqslant\boldsymbol{z}_K'\boldsymbol{z}_K$。

因为用变差来衡量解释变量对被解释变量的解释程度，所以我们按照变差大小来给主分量排序。

二、求主分量原理

当 $\boldsymbol{x}_1,\cdots,\boldsymbol{x}_K$ 已知时，求主分量 $\boldsymbol{z}_k$，$k=1,\cdots,K$ 就等价于求 $\boldsymbol{\alpha}_k$，$k=1,2,\cdots,K$。求主分量的方法是，从 $\boldsymbol{z}_1$ 开始，依次求出各主分量。

1. 求 $\boldsymbol{z}_1$

限定 $\boldsymbol{\alpha}_1$ 为单位向量，即 $\boldsymbol{\alpha}_1'\boldsymbol{\alpha}_1=1$，问题表述为

$$\begin{cases}\max\ \boldsymbol{z}_1'\boldsymbol{z}_1=\boldsymbol{\alpha}_1'\boldsymbol{x}'\boldsymbol{x}\boldsymbol{\alpha}_1,\\ \text{s.t.}\ \ \boldsymbol{\alpha}_1'\boldsymbol{\alpha}_1=1.\end{cases}$$

为了求解上述约束优化问题，我们构造拉格朗日函数：

$$L(\boldsymbol{\alpha}_1,\lambda_1)=\boldsymbol{\alpha}_1'\boldsymbol{x}'\boldsymbol{x}\boldsymbol{\alpha}_1+\lambda_1(1-\boldsymbol{\alpha}_1'\boldsymbol{\alpha}_1).$$

一阶条件为

$$\begin{cases}\dfrac{\partial L}{\partial\boldsymbol{\alpha}_1}=2\boldsymbol{x}'\boldsymbol{x}\boldsymbol{\alpha}_1-2\lambda_1\boldsymbol{\alpha}_1\triangleq 0,\\[2ex] \dfrac{\partial L}{\partial\lambda_1}=1-\boldsymbol{\alpha}_1'\boldsymbol{\alpha}_1\triangleq 0,\end{cases}$$

可化简为（最优解仍记为 $\boldsymbol{\alpha}_1,\lambda_1$）：

$$\begin{cases} \boldsymbol{x}'\boldsymbol{x}\boldsymbol{\alpha}_1 = \lambda_1\boldsymbol{\alpha}_1, \\ \boldsymbol{\alpha}_1'\boldsymbol{\alpha}_1 = 1. \end{cases}$$

由此可得

① $z_1'z_1 = \boldsymbol{\alpha}_1'(\boldsymbol{x}'\boldsymbol{x}\ \boldsymbol{\alpha}_1) = \boldsymbol{\alpha}_1'(\lambda_1\ \boldsymbol{\alpha}_1) = \lambda_1$。

② 取 λ_1 为 $\boldsymbol{x}'\boldsymbol{x}$ 的最大特征值。

③ 由上面两个方程可知 $\boldsymbol{\alpha}_1$ 为 $\boldsymbol{x}'\boldsymbol{x}$ 的对应于 λ_1 的单位特征向量。

2. 求 z_2

限定 $\boldsymbol{\alpha}_2$ 为单位向量,同时要求 $\boldsymbol{\alpha}_1$ 与 $\boldsymbol{\alpha}_2$ 正交,问题表述为

$$\begin{cases} \max\ z_2'z_2 = \boldsymbol{\alpha}_2'\boldsymbol{x}'\boldsymbol{x}\boldsymbol{\alpha}_2, \\ \text{s.t.}\ \boldsymbol{\alpha}_2'\boldsymbol{\alpha}_2 = 1, \quad \boldsymbol{\alpha}_1'\boldsymbol{\alpha}_2 = 0. \end{cases}$$

为了求解上述约束优化问题,我们构造拉格朗日函数:

$$L(\boldsymbol{\alpha}_2, \lambda_2, \mu) = \boldsymbol{\alpha}_2'\boldsymbol{x}'\boldsymbol{x}\boldsymbol{\alpha}_2 + \lambda_2(1 - \boldsymbol{\alpha}_2'\boldsymbol{\alpha}_2) - 2\mu\boldsymbol{\alpha}_1'\boldsymbol{\alpha}_2.$$

一阶条件为

$$\begin{cases} \dfrac{\partial L}{\partial \boldsymbol{\alpha}_2} = 2\boldsymbol{x}'\boldsymbol{x}\boldsymbol{\alpha}_2 - 2\lambda_2\boldsymbol{\alpha}_2 - 2\mu\boldsymbol{\alpha}_1 \triangleq 0, \\ \dfrac{\partial L}{\partial \lambda_2} = 1 - \boldsymbol{\alpha}_2'\boldsymbol{\alpha}_2 \triangleq 0, \\ \dfrac{\partial L}{\partial \mu} = -2\boldsymbol{\alpha}_1'\boldsymbol{\alpha}_2 \triangleq 0, \end{cases}$$

可化简为(最优解仍记为 $\boldsymbol{\alpha}_2, \lambda_2, \mu$)

$$\begin{cases} \boldsymbol{x}'\boldsymbol{x}\boldsymbol{\alpha}_2 - \lambda_2\boldsymbol{\alpha}_2 - \mu\boldsymbol{\alpha}_1 = 0, \\ \boldsymbol{\alpha}_2'\boldsymbol{\alpha}_2 = 1, \\ \boldsymbol{\alpha}_1'\boldsymbol{\alpha}_2 = 0. \end{cases}$$

对第一个方程两边左乘 $\boldsymbol{\alpha}_1'$,可得

$$\boldsymbol{\alpha}_1'\boldsymbol{x}'\boldsymbol{x}\boldsymbol{\alpha}_2 - \lambda_2\boldsymbol{\alpha}_1'\boldsymbol{\alpha}_2 - \mu\boldsymbol{\alpha}_1'\boldsymbol{\alpha}_1 = 0,$$

由于 $\boldsymbol{\alpha}_1'\boldsymbol{\alpha}_1 = 1, \boldsymbol{\alpha}_1'\boldsymbol{\alpha}_2 = 0$,所以有

$$(\boldsymbol{x}'\boldsymbol{x}\ \boldsymbol{\alpha}_1)'\boldsymbol{\alpha}_2 - \mu = 0,$$

即

$$\lambda_1\boldsymbol{\alpha}_1'\boldsymbol{\alpha}_2 - \mu = 0,$$

因此有 $\mu = 0$。一阶条件可以进一步简化为

$$\begin{cases} \boldsymbol{x}'\boldsymbol{x}\boldsymbol{\alpha}_2 = \lambda_2\boldsymbol{\alpha}_2, \\ \boldsymbol{\alpha}_2'\boldsymbol{\alpha}_2 = 1, \\ \boldsymbol{\alpha}_1'\boldsymbol{\alpha}_2 = 0. \end{cases}$$

由此可得

① $\boldsymbol{z}_2'\boldsymbol{z}_2=\lambda_2$。

② 取 λ_2 为 $\boldsymbol{x}'\boldsymbol{x}$ 的第二大特征值。

③ 由前两个方程知 $\boldsymbol{\alpha}_2$ 为 $\boldsymbol{x}'\boldsymbol{x}$ 的对应于 λ_2 的单位特征向量。

④ $\boldsymbol{\alpha}_2$ 与 $\boldsymbol{\alpha}_1$ 正交。

其他 $\boldsymbol{\alpha}_k$ 以此类推。

三、求主分量步骤

首先,求出 $\boldsymbol{x}'\boldsymbol{x}$ 的特征值,并由大到小排列:

$$\lambda_{\max} = \lambda_1 \geqslant \lambda_2 \geqslant \cdots \geqslant \lambda_K = \lambda_{\min} > 0.$$

由于 $\boldsymbol{x}'\boldsymbol{x}$ 为实对称矩阵,故特征值都是实数,可以比较大小;另一方面,由于 $\boldsymbol{x}'\boldsymbol{x}$ 正定,故所有特征值都为正数。

其次,求对应于各特征值的特征向量 $\boldsymbol{\alpha}_1,\boldsymbol{\alpha}_2,\cdots,\boldsymbol{\alpha}_K$。若特征值各不相同,则这些特征向量是正交的;若存在相同的特征值,则对应于同一特征值的特征向量线性无关,可正交化。

再次,对特征向量进行单位化处理,即

$$\boldsymbol{\alpha}_k'\boldsymbol{\alpha}_l = \begin{cases} 1, & \text{当 } k = l \text{ 时}, \\ 0, & \text{当 } k \neq l \text{ 时}. \end{cases}$$

最后,构造主分量:

$$\boldsymbol{z}_k = \boldsymbol{x}_1\alpha_{1k} + \boldsymbol{x}_2\alpha_{2k} + \cdots + \boldsymbol{x}_K\alpha_{Kk} = [\boldsymbol{x}_1,\boldsymbol{x}_2,\cdots,\boldsymbol{x}_K]\begin{bmatrix} \alpha_{1k} \\ \alpha_{2k} \\ \vdots \\ \alpha_{Kk} \end{bmatrix} = \boldsymbol{x}\boldsymbol{\alpha}_k,$$

$$k = 1,\cdots,K.$$

四、验证

由三中所求出的 $\boldsymbol{z}_k$ 是否为主分量呢?下面验证 $\boldsymbol{z}_k$ 满足主分量的 4 个条件。

① $\boldsymbol{z}_k=\boldsymbol{x}\boldsymbol{\alpha}_k$,是 $\boldsymbol{x}_1,\cdots,\boldsymbol{x}_K$ 的线性组合。

② $\boldsymbol{z}_k'\boldsymbol{z}_l=\begin{cases} \lambda_k & k=l, \\ 0 & k\neq l. \end{cases}$

[证明]

以 $\boldsymbol{A}$ 表示 $\boldsymbol{x}'\boldsymbol{x}$ 的特征向量矩阵,即 $\boldsymbol{A}=[\boldsymbol{\alpha}_1,\cdots,\boldsymbol{\alpha}_K]$,由于 $\boldsymbol{\alpha}_1,\cdots,\boldsymbol{\alpha}_K$ 已单位化、正交化,所以 $\boldsymbol{A}$ 为正交矩阵,有 $\boldsymbol{A}'\boldsymbol{A}=\boldsymbol{A}\boldsymbol{A}'=\boldsymbol{I}$,且 $\boldsymbol{x}'\boldsymbol{x}\boldsymbol{A}=\boldsymbol{A}\boldsymbol{\Lambda}$, 其中

$$\boldsymbol{\Lambda}=\begin{bmatrix}\lambda_1 & & 0\\ & \ddots & \\ 0 & & \lambda_K\end{bmatrix}.$$

$\because\ \boldsymbol{z}_k=\boldsymbol{x}\boldsymbol{\alpha}_k$,

$\therefore\ \boldsymbol{z}=[\boldsymbol{z}_1,\boldsymbol{z}_2,\cdots,\boldsymbol{z}_K]=[\boldsymbol{x}\boldsymbol{\alpha}_1,\boldsymbol{x}\boldsymbol{\alpha}_2,\cdots,\boldsymbol{x}\boldsymbol{\alpha}_K]=\boldsymbol{x}[\boldsymbol{\alpha}_1,\boldsymbol{\alpha}_2,\cdots,\boldsymbol{\alpha}_K]=\boldsymbol{x}\boldsymbol{A}$。

则有 $\boldsymbol{z}'\boldsymbol{z}=\boldsymbol{A}'\boldsymbol{x}'\boldsymbol{x}\boldsymbol{A}=\boldsymbol{A}'\boldsymbol{A}\boldsymbol{\Lambda}=\boldsymbol{I}\boldsymbol{\Lambda}=\boldsymbol{\Lambda}$,亦即

$$\boldsymbol{z}'\boldsymbol{z}=\begin{bmatrix}\boldsymbol{z}_1'\boldsymbol{z}_1 & \cdots & \boldsymbol{z}_1'\boldsymbol{z}_K\\ \vdots & & \vdots\\ \boldsymbol{z}_K'\boldsymbol{z}_1 & \cdots & \boldsymbol{z}_K'\boldsymbol{z}_K\end{bmatrix}=\begin{bmatrix}\lambda_1 & & 0\\ & \ddots & \\ 0 & & \lambda_K\end{bmatrix},$$

也即 $\boldsymbol{z}_k'\boldsymbol{z}_k=\lambda_k,\boldsymbol{z}_k'\boldsymbol{z}_l=0,k\neq l$。

③ $\sum_{k=1}^{K}\boldsymbol{z}_k'\boldsymbol{z}_k=\sum_{k=1}^{K}\boldsymbol{x}_k'\boldsymbol{x}_k=\sum_{k=1}^{K}\lambda_k$。

[证明]

一方面有

$$\sum_{k=1}^{K}\boldsymbol{z}_k'\boldsymbol{z}_k=\mathrm{tr}(\boldsymbol{z}'\boldsymbol{z})=\mathrm{tr}(\boldsymbol{A}'\boldsymbol{x}'\boldsymbol{x}\,\boldsymbol{A})=\mathrm{tr}(\boldsymbol{x}'\boldsymbol{x}\,\boldsymbol{A}\boldsymbol{A}')=\mathrm{tr}(\boldsymbol{x}'\boldsymbol{x})=\sum_{k=1}^{K}\boldsymbol{x}_k'\boldsymbol{x}_k,$$

另一方面有

$$\sum_{k=1}^{K}\boldsymbol{z}_k'\boldsymbol{z}_k=\mathrm{tr}(\boldsymbol{z}'\boldsymbol{z})=\mathrm{tr}(\boldsymbol{\Lambda})=\sum_{k=1}^{K}\lambda_k.$$

④ 因为一般有 $\lambda_1>\lambda_2>\cdots>\lambda_K$,所以有 $\boldsymbol{z}_1'\boldsymbol{z}_1>\boldsymbol{z}_2'\boldsymbol{z}_2>\cdots>\boldsymbol{z}_K'\boldsymbol{z}_K$。

需指出的是若数据矩阵为标准化阵 $\boldsymbol{x}^*$,则 $\boldsymbol{x}^{*\prime}\boldsymbol{x}^*=\boldsymbol{R}$,故有

$$\sum_{k=1}^{K}\boldsymbol{x}_k^{*\prime}\boldsymbol{x}_k^*=\sum_{k=1}^{K}\lambda_k^*=K.$$

五、应用

1. 多指标研究

在实践中,经常同时用多个指标来度量某一问题,而指标的内容存在交叉和重复,需要将多个指标合成一个综合指标,这时的关键问题就是各指标的权重如何确定。主分量法可以较好地解决这一问题。采用主分量法可以尽可能多地保留各原始指标所提供的信息,同时又能消除多重共线性问题,而其权重依照各原始指标的影响率来确定,更为客观。

2. 例:上市公司质量综合得分模型①

给定沪市 1996 年 282 家上市公司,原始指标有 9 个($X_1,\cdots,X_9$),要求只用少数几个

① 本例参见北京大学光华管理学院侯菲硕士论文。

综合指标来对每个上市公司给出一个质量综合评价分数,并要求这些新指标保留至少 85%以上的信息,即要求累积贡献率≥85%。以 X_{ik} 表示第 i 家上市公司的第 k 个原始指标,$i=1,\cdots,282,k=1,\cdots,9$。

X_1 表示主营业务利润率,X_2 表示净资产收益率,X_3 表示每股收益,X_4 表示总资产,X_5 表示总股本,X_6 表示资产负债率,X_7 表示流动比率,X_8 表示总资产周转率,X_9 表示主营业务鲜明率=主营业务利润/利润总额。

分析步骤如下:

① 对逆指标作正向化处理,如将 X_6 取为 $1-X_6$。

② 对数据作标准化处理,使数据无量纲化,这样不同指标就具有可比性了。

③ 主分量分析:

首先,求出 9×9 阶矩阵 $\boldsymbol{x}^{*\prime}\boldsymbol{x}^{*}$ 的所有特征值,如表 8-4 所示。

表 8-4　$\boldsymbol{x}^{*\prime}\boldsymbol{x}^{*}$ 的特征值及贡献率

序号 k	特征值 λ_k	贡献率 $\lambda_k \Big/ \sum_{k=1}^{K}\lambda_k$	累积贡献率 $\sum_{j=1}^{k}\left(\frac{\lambda_j}{\sum_{k=1}^{K}\lambda_k}\right)$
1	2. 56	0. 28	0. 28
2	1. 93	0. 21	0. 49
3	1. 31	0. 15	0. 64
4	1. 03	0. 11	0. 76
5	0. 94	0. 10	0. 86
6	0. 53	0. 06	0. 92
7	0. 36	0. 04	0. 96
8	0. 28	0. 03	0. 99
9	0. 05	0. 01	1. 00
Σ	9	1. 00	

若要求累积贡献率在 85%以上,显然取前 5 个主分量即可。

对应于各特征值的特征向量如表 8-5 所示。

表 8-5　各特征值的特征向量

特征向量	各特征向量分量								
	$\boldsymbol{x}_1^*$	$\boldsymbol{x}_2^*$	$\boldsymbol{x}_3^*$	$\boldsymbol{x}_4^*$	$\boldsymbol{x}_5^*$	$\boldsymbol{x}_6^*$	$\boldsymbol{x}_7^*$	$\boldsymbol{x}_8^*$	$\boldsymbol{x}_9^*$
$\boldsymbol{\alpha}_1$	0. 50	0. 49	0. 52	−0. 11	−0. 10	0. 33	0. 22	0. 18	0. 13
$\boldsymbol{\alpha}_2$	0. 10	0. 12	0. 11	0. 69	0. 68	−0. 07	−0. 04	−0. 01	0. 11
$\boldsymbol{\alpha}_3$	0. 04	−0. 16	−0. 25	0. 03	0. 15	0. 57	0. 58	−0. 45	−0. 18
$\boldsymbol{\alpha}_4$	−0. 16	−0. 31	−0. 09	0. 01	0. 01	0. 04	0. 42	0. 48	0. 68
$\boldsymbol{\alpha}_5$	−0. 34	0. 02	0. 12	0. 08	0. 09	0. 09	0. 24	0. 61	−0. 65

其次,在得到特征向量后,就可以构造主分量:由 $\boldsymbol{z}_k=\boldsymbol{x}^*\boldsymbol{\alpha}_k,k=1,2,\cdots,5$,得

$$\begin{aligned}
\boldsymbol{z}_1 &= \boldsymbol{x}^*\boldsymbol{\alpha}_1 = 0.50\boldsymbol{x}_1^* + 0.49\boldsymbol{x}_2^* + \cdots + 0.13\boldsymbol{x}_9^*,\\
\boldsymbol{z}_2 &= \boldsymbol{x}^*\boldsymbol{\alpha}_2 = 0.10\boldsymbol{x}_1^* + 0.12\boldsymbol{x}_2^* + \cdots + 0.11\boldsymbol{x}_9^*,\\
\boldsymbol{z}_3 &= \boldsymbol{x}^*\boldsymbol{\alpha}_3 = 0.04\boldsymbol{x}_1^* - 0.16\boldsymbol{x}_2^* - \cdots - 0.18\boldsymbol{x}_9^*,\\
\boldsymbol{z}_4 &= \boldsymbol{x}^*\boldsymbol{\alpha}_4 = -0.16\boldsymbol{x}_1^* - 0.31\boldsymbol{x}_2^* - \cdots + 0.68\boldsymbol{x}_9^*,\\
\boldsymbol{z}_5 &= \boldsymbol{x}^*\boldsymbol{\alpha}_5 = -0.34\boldsymbol{x}_1^* + 0.02\boldsymbol{x}_2^* + \cdots - 0.65\boldsymbol{x}_9^*.
\end{aligned}$$

每个 $\boldsymbol{z}_k$ 均为 282 维列向量。

然后,在前两步基础上就可以建立质量综合得分模型如下:

$$\text{SCORE} = \frac{\lambda_1}{\sum_{k=1}^{9}\lambda_k}\boldsymbol{z}_1 + \cdots + \frac{\lambda_5}{\sum_{k=1}^{9}\lambda_k}\boldsymbol{z}_5.$$

因 $\sum_{k=1}^{9}\lambda_k = 9$, 故综合得分模型可表示为

$$\text{SCORE} = \frac{1}{9}(\lambda_1\boldsymbol{z}_1 + \cdots + \lambda_5\boldsymbol{z}_5).$$

SCORE 为 282 维列向量,由此可求出每家上市公司的综合得分。

2. 回归分析

在回归分析中,先利用主分量法找出少数几个主分量,然后再作回归分析,不仅可以解决多重共线性问题,而且可以减少变量个数,增加自由度,进而提高估计精度。

对于回归模型:

$$Y = \beta_1 + \beta_2X_2 + \cdots + \beta_KX_K + \varepsilon,$$

用标准化形式改写为

$$\boldsymbol{y}^* = \beta_2\boldsymbol{x}_2^* + \cdots + \beta_K\boldsymbol{x}_K^* + \boldsymbol{\varepsilon}^*.$$

给定累积贡献率(如 90%),我们首先选出主分量,不妨设为两个主分量:$\boldsymbol{z}_1$ 和 $\boldsymbol{z}_2$,且

$$\boldsymbol{z}_1 = \boldsymbol{x}^*\boldsymbol{\alpha}_1,\quad \boldsymbol{z}_2 = \boldsymbol{x}^*\boldsymbol{\alpha}_2.$$

取定样本,进行回归分析,可得到样本回归模型:

$$\boldsymbol{y}^* = d_1\boldsymbol{z}_1 + d_2\boldsymbol{z}_2 + \boldsymbol{e}^*.$$

将主分量的表达式代入该模型,得

$$\boldsymbol{y}^* = d_1(\boldsymbol{x}^*\boldsymbol{\alpha}_1) + d_2(\boldsymbol{x}^*\boldsymbol{\alpha}_2) + \boldsymbol{e}^* = b_2^*\boldsymbol{x}_2^* + \cdots + b_K^*\boldsymbol{x}_K^* + \boldsymbol{e}^*.$$

即

$$\frac{\boldsymbol{y}}{\|\boldsymbol{y}\|} = b_2^*\frac{\boldsymbol{x}_2}{\|\boldsymbol{x}_2\|} + b_3^*\frac{\boldsymbol{x}_3}{\|\boldsymbol{x}_3\|} + \cdots + b_K^*\frac{\boldsymbol{x}_K}{\|\boldsymbol{x}_K\|} + \boldsymbol{e}^*,$$

因而有

$$\boldsymbol{y} = b_2^*\frac{\|\boldsymbol{y}\|}{\|\boldsymbol{x}_2\|}\boldsymbol{x}_2 + b_3^*\frac{\|\boldsymbol{y}\|}{\|\boldsymbol{x}_3\|}\boldsymbol{x}_3 + \cdots + b_K^*\frac{\|\boldsymbol{y}\|}{\|\boldsymbol{x}_K\|}\boldsymbol{x}_K + \boldsymbol{e}^*\|y\|.$$

离差形式为

$$\boldsymbol{y} = c_2\boldsymbol{x}_2 + c_3\boldsymbol{x}_3 + \cdots + c_K\boldsymbol{x}_K + \boldsymbol{e},$$

其中

$$c_k = b_k^* \frac{\|\boldsymbol{y}\|}{\|\boldsymbol{x}_k\|} = b_k^* \sqrt{\frac{\sum_{i=1}^{n} y_i^2}{\sum_{i=1}^{n} x_{ik}^2}} = b_k^* \frac{s_y}{s_{x_k}}, \quad k = 2,\cdots,K, \quad \boldsymbol{e} = \boldsymbol{e}^* \|\boldsymbol{y}\|,$$

其中，s_y、s_{x_k} 为 Y、X_k 的样本标准差。但是，特别要强调的是 $c_k \neq b_k$，即 c_k 不是 OLS 估计量，$\boldsymbol{e}$ 也非原 OLS 残差。

几点说明：

① 主分量法得到的估计量有偏，但方差小。

② 由主分量导出的回归模型往往难以给出经济上的明确解释。

③ 主分量的选取完全遵从数学标准，而不表示解释变量对 Y 的影响程度。

④ 如果回归模型精度较高，则用于预测的效果会较好。

⑤ 回归结果对测量变量的量纲十分敏感，因此常常要进行变量标准化。

3. 例

我们仍以朗利数据为例，说明如何采用主分量方法来处理多重共线性问题。

先进行主成分分析，Stata 命令如下：

```
pca price gnp armed year
```

输出结果如下：

```
Principal components/correlation                 Number of obs    =        16
                                                 Number of comp.  =         4
                                                 Trace            =         4
    Rotation: (unrotated = principal)            Rho              =    1.0000
```

Component	Eigenvalue	Difference	Proportion	Cumulative
Comp1	3.24715	2.50748	0.8118	0.8118
Comp2	.739669	.730638	0.1849	0.9967
Comp3	.00903183	.00487851	0.0023	0.9990
Comp4	.00415331	.	0.0010	1.0000

Principal components (eigenvectors)

Variable	Comp1	Comp2	Comp3	Comp4	Unexplained
price	0.5481	-0.1573	-0.8176	-0.0800	0
gnp	0.5470	-0.1822	0.4674	-0.6702	0
armed	0.3231	0.9454	0.0319	0.0288	0
year	0.5440	-0.2197	0.3349	0.7373	0

从特征值来看,对应于前两个特征值的主成分的累积贡献率达到了99.67%,所以只需要取前两个主分量就足够了。

再进行主成分回归,Stata程序如下:

```
predict f1 f2
reg employ f1 f2
```

得到如下结果:

Source	SS	df	MS			
				Number of obs	=	16
				F(2, 13)	=	142.85
Model	176956764	2	88478381.8	Prob > F	=	0.0000
Residual	8052062.41	13	619389.416	R-squared	=	0.9565
				Adj R-squared	=	0.9498
Total	185008826	15	12333921.7	Root MSE	=	787.01

employ	Coefficient	Std. err.	t	P>|t|	[95% conf.	interval]
f1	1888.785	112.7679	16.75	0.000	1645.165	2132.405
f2	-536.493	236.2748	-2.27	0.041	-1046.934	-26.0523
_cons	65317	196.7532	331.97	0.000	64891.94	65742.06

根据主成分与标准化后的解释变量之间的关系,可以将主成分回归模型用标准化后的解释变量表示,再用原始的解释变量来表示,此处从略。

附录

设有 K 个随机变量 $X_1, X_2, \cdots, X_K$。

1. 观测值形式

每个随机变量有 n 个观测,$X_{i1}, X_{i2}, \cdots, X_{iK}, i=1,\cdots,n$,记为观测值向量

$$\boldsymbol{x}_1, \boldsymbol{x}_2, \cdots, \boldsymbol{x}_K,$$

其中,$\boldsymbol{x}_k=(X_{1k}, X_{2k}, \cdots, X_{nk})'$ 为 n 维列向量,$k=1,2,\cdots,K$。

2. 离差形式

$$x_{i1} = X_{i1} - \overline{X}_1,$$

$$x_{i2} = X_{i2} - \overline{X}_2,$$

$$\cdots$$

$$x_{iK} = X_{iK} - \overline{X}_K,$$

其中,$\overline{X}_k = \dfrac{1}{n}\sum_{i=1}^{n} X_{ik}$,$k=1,2\cdots,K$。记离差向量为

$$\boldsymbol{x}_1,\boldsymbol{x}_2,\cdots,\boldsymbol{x}_K,$$

其中,$\boldsymbol{x}_k=(x_{1k},x_{2k},\cdots,x_{nk})'$为 n 维列向量,$k=1,2,\cdots K$。

3. 标准化形式

将2中的离差向量单位化,得到标准化向量

$$\boldsymbol{x}_1^*,\boldsymbol{x}_2^*,\cdots,\boldsymbol{x}_K^*,$$

其中

$$\boldsymbol{x}_k^* = \left(\frac{x_{1k}}{\|\boldsymbol{x}_k\|},\frac{x_{2k}}{\|\boldsymbol{x}_k\|},\cdots,\frac{x_{nk}}{\|\boldsymbol{x}_k\|}\right)'$$

为 n 维列向量,$k=1,2,\cdots,K$。或者,

$$\boldsymbol{x}_k^* = \frac{\boldsymbol{x}_k}{\|\boldsymbol{x}_k\|} = \frac{\boldsymbol{x}_k}{\sqrt{\boldsymbol{x}_k'\boldsymbol{x}_k}} = \frac{\boldsymbol{x}_k}{\sqrt{\sum\limits_{i=1}^{n} x_{ik}^2}} = \frac{\boldsymbol{x}_k}{\sqrt{n}\,s_k},$$

其中,$s_k = \sqrt{\dfrac{\sum\limits_{i=1}^{n} x_{ik}^2}{n}}$ 为随机变量 X_k 的样本标准差。

进一步引进矩阵符号

$$\boldsymbol{x}^* = (\boldsymbol{x}_1^*,\boldsymbol{x}_2^*,\cdots,\boldsymbol{x}_K^*)$$

为 $n\times K$ 阶矩阵。

4. 相关矩阵

$\boldsymbol{x}^{*\prime}\boldsymbol{x}^*=\boldsymbol{R}$ 为 $X_1,X_2,\cdots,X_K$ 的样本简单相关系数矩阵,简称相关矩阵。

[证] 因为

$$\boldsymbol{x}^{*\prime}\boldsymbol{x}^* = \begin{bmatrix} \boldsymbol{x}_1^{*\prime} \\ \boldsymbol{x}_2^{*\prime} \\ \vdots \\ \boldsymbol{x}_K^{*\prime} \end{bmatrix} [\boldsymbol{x}_1^*,\boldsymbol{x}_2^*,\cdots,\boldsymbol{x}_K^*]$$

$$= \begin{bmatrix} \boldsymbol{x}_1^{*\prime}\boldsymbol{x}_1^* & \boldsymbol{x}_1^{*\prime}\boldsymbol{x}_2^* & \cdots & \boldsymbol{x}_1^{*\prime}\boldsymbol{x}_K^* \\ \boldsymbol{x}_2^{*\prime}\boldsymbol{x}_1^* & \boldsymbol{x}_2^{*\prime}\boldsymbol{x}_2^* & \cdots & \boldsymbol{x}_2^{*\prime}\boldsymbol{x}_K^* \\ \vdots & \vdots & & \vdots \\ \boldsymbol{x}_K^{*\prime}\boldsymbol{x}_1^* & \boldsymbol{x}_K^{*\prime}\boldsymbol{x}_2^* & \cdots & \boldsymbol{x}_K^{*\prime}\boldsymbol{x}_K^* \end{bmatrix}.$$

又因为

$$\boldsymbol{x}_k^{*\prime}\boldsymbol{x}_k^* = \frac{\boldsymbol{x}_k'\boldsymbol{x}_k}{\sqrt{\boldsymbol{x}_k'\boldsymbol{x}_k}\sqrt{\boldsymbol{x}_k'\boldsymbol{x}_k}} = \boldsymbol{r}_{kk} = 1,\text{为 } X_k \text{ 与 } X_k \text{ 的简单相关系数},$$

$$\boldsymbol{x}_k^{*\prime}\boldsymbol{x}_j^* = \frac{\boldsymbol{x}_k'\boldsymbol{x}_j}{\sqrt{\boldsymbol{x}_k'\boldsymbol{x}_k}\sqrt{\boldsymbol{x}_j'\boldsymbol{x}_j}} = \boldsymbol{r}_{kj},\text{为 } X_k \text{ 与 } X_j \text{ 的简单相关系数},k\neq j,$$

所以

$$x^{*\prime}x^{*}=\begin{bmatrix}1 & r_{12} & \cdots & r_{1K}\\ r_{21} & 1 & \cdots & r_{2K}\\ \vdots & \vdots & & \vdots\\ r_{K1} & r_{K2} & \cdots & 1\end{bmatrix}=R.$$

$\because$ $R=x^{*\prime}x^{*}$

$\therefore$ R 为实对称矩阵;若 x^{*} 满列秩,则 R 为实对称正定矩阵。

第 9 章　非球形扰动项

在古典回归模型中,我们假定随机扰动项具有相同的方差且互不相关。这一假定被称为“球形扰动假定”。但是,由于种种原因很多实际的模型并不满足这一条件,此时若仍使用 OLS 方法来估计,估计量是否还会具有那些优良的性质?本章首先讨论这种情况,然后引进广义最小二乘法和最大似然法来处理这一问题。既然广义最小二乘法和最大似然法是估计方法,所以仍需介绍方法的原理、参数估计量的表达式及其统计特性、对参数和模型的各种检验以及预测。非球形扰动情形下还可采用广义矩估计。这部分内容将在广义矩估计一章中介绍。

§1　非球形扰动项的含义

一、广义回归模型

如果放松对古典回归模型中随机扰动项性质的要求,就得到了广义 K 变量线性回归模型,其形式为

$$\boldsymbol{Y} = \boldsymbol{X\beta} + \boldsymbol{\varepsilon},$$

其中

$$E(\boldsymbol{\varepsilon} \mid \boldsymbol{X}) = \boldsymbol{0},$$

$$\mathrm{Var}(\boldsymbol{\varepsilon} \mid \boldsymbol{X}) = E(\boldsymbol{\varepsilon\varepsilon}' \mid \boldsymbol{X}) = \sigma^2\boldsymbol{\Omega} = \boldsymbol{V},$$

$\boldsymbol{\Omega}(\boldsymbol{V})$ 为对称正定矩阵,此时 $\boldsymbol{\varepsilon}$ 被称为非球形扰动项。

如果 $\boldsymbol{\Omega}=\boldsymbol{I}$,则 $\mathrm{Var}(\boldsymbol{\varepsilon}|\boldsymbol{X})=\sigma^2\boldsymbol{I}$,模型就简化为古典回归模型了,可见古典回归模型是广义回归模型最简单的例子。

模型满足其他古典假定。

二、特例 1:异方差

非球形扰动项的一种特例是异方差,即随机扰动项具有如下性质:

$$E(\boldsymbol{\varepsilon\varepsilon}' \mid \boldsymbol{X}) = \sigma^2\boldsymbol{\Omega} = \begin{bmatrix} \sigma_1^2 & 0 & \cdots & 0 \\ 0 & \ddots & & \vdots \\ \vdots & & \ddots & 0 \\ 0 & \cdots & 0 & \sigma_n^2 \end{bmatrix} = \sigma^2 \begin{bmatrix} \omega_1 & 0 & \cdots & 0 \\ 0 & \ddots & & \vdots \\ \vdots & & \ddots & 0 \\ 0 & \cdots & 0 & \omega_n \end{bmatrix}$$

为对角阵,亦即

$$\mathrm{Var}(\varepsilon_i \mid X) = E(\varepsilon_i^2 \mid X) = \sigma_i^2 = \sigma^2\omega_i, \quad i = 1,2,\cdots,n,$$

$$\mathrm{Cov}(\varepsilon_i,\varepsilon_j \mid X) = E(\varepsilon_i\varepsilon_j \mid X) = 0, \quad \forall i \neq j, j = 1,2,\cdots,n,$$

且至少有一对 i,j 满足 $\omega_i \neq \omega_j$。上述两式表明尽管随机扰动项的方差不全相等,但彼此之间互不相关,也就是不存在下文即将提到的自相关。

异方差是相对于同方差而言的。同方差是古典线性回归模型的重要假定之一,即以解释变量为条件的每一随机扰动项 ε_i 的方差均等于常数 σ^2。而异方差则是指随机扰动项 ε_i 的方差随着解释变量 $\boldsymbol{x}^i$ 的变化而变化。

在横截面数据中经常出现异方差的情况。比如在研究恩格尔曲线时,我们利用横截面数据分析家庭支出与家庭收入之间的关系,由于高收入家庭拥有更多的备用收入,从而在如何支配他们的收入上有更大的选择范围,在支出上的波动性往往也较大。这时假定高收入与低收入家庭的随机扰动项具有相同的方差显然是不合理的。

此外,随着数据采集技术的改进,ε_i 的方差 σ_i^2 可能会减少,而不是一个恒定的常数。异方差还会因为异常值的出现而产生。异方差还有一个重要的来源是回归模型的设定不正确。例如,在一个商品的需求函数中,若没有把有关的互补商品和替代商品的价格包括进来(遗漏变量),则回归残差也可能出现异方差。

三、特例 2:自相关

非球形扰动项的另一种特例是自相关,即随机扰动项具有如下性质:

$$E(\boldsymbol{\varepsilon\varepsilon}' \mid \boldsymbol{X}) = \sigma^2\boldsymbol{\Omega} = \begin{bmatrix} \sigma^2 & \sigma_{12} & \cdots & \sigma_{1n} \\ \sigma_{12} & \sigma^2 & \cdots & \sigma_{2n} \\ \vdots & \vdots & \ddots & \vdots \\ \sigma_{1n} & \sigma_{2n} & \cdots & \sigma^2 \end{bmatrix},$$

亦即

$$\mathrm{Var}(\varepsilon_i \mid \boldsymbol{X}) = E(\varepsilon_i^2 \mid \boldsymbol{X}) = \sigma^2, \quad i = 1,2,\cdots,n,$$

$$\mathrm{Cov}(\varepsilon_i,\varepsilon_j \mid \boldsymbol{X}) = E(\varepsilon_i\varepsilon_j \mid \boldsymbol{X}) = \sigma_{ij}, \quad \forall i \neq j, j = 1,2,\cdots,n,$$

至少有一对 i,j 使 $\sigma_{ij} \neq 0$。上述两式表明尽管各个随机扰动项的方差相等,但至少有两个扰动项之间存在自相关。

在时间序列数据中经常出现自相关的情况。时间序列资料常表现出一定的"记忆"

性或“惯性”,即当期值依赖于前期值,这导致相继的观测值相互依赖。不过这种“记忆”的程度一般随间隔的延长而衰退。此外,当模型的设定有偏误,特别是遗漏变量时,随机扰动项就会出现系统性模式,从而造成自相关。特别要提到的是,当模型存在“滞后”效应时,即被解释变量 Y_t 还依赖于前期变量值,随机扰动项很可能会出现自相关。

有一类模型同时利用时间序列数据和横截面数据进行分析,这就是所谓的面板数据(Panel Data)模型。显然,面板数据将同时展现异方差和自相关特征,其分析和处理将更为复杂。

§2　普通最小二乘估计

对广义回归模型能不能仍然采用 OLS 估计呢? 这就需要观察参数估计量的数字表征及其统计特性。若采用 OLS 估计,$\boldsymbol{\beta}$ 的 OLS 估计量表达式仍为 $\boldsymbol{b}=(\boldsymbol{X'X})^{-1}\boldsymbol{X'Y}$。下面我们就来考察在广义回归模型 $\mathrm{Var}(\boldsymbol{\varepsilon}|\boldsymbol{X})=\sigma^2\boldsymbol{\Omega}=\boldsymbol{V}$ 的假定下 $\boldsymbol{b}$ 的统计特性。

一、$\boldsymbol{b}$ 的统计特性

1. 线性性

由于

$$\boldsymbol{b}=[(\boldsymbol{X'X})^{-1}\boldsymbol{X'}]\boldsymbol{Y}=\boldsymbol{\beta}+[(\boldsymbol{X'X})^{-1}\boldsymbol{X'}]\boldsymbol{\varepsilon},$$

所以当给定 $\boldsymbol{X}$ 时,估计量仍满足线性性。

2. 期望和无偏性

由于 $E(\boldsymbol{\varepsilon}|\boldsymbol{X})=\boldsymbol{0}$,所以

$$E(\boldsymbol{b}\mid\boldsymbol{X})=\boldsymbol{\beta},$$
$$E(\boldsymbol{b})=E[E(\boldsymbol{b}\mid\boldsymbol{X})]=E(\boldsymbol{\beta})=\boldsymbol{\beta}.$$

即估计量仍然满足无偏性。

3. $\boldsymbol{b}$ 的条件方差-协方差阵

$\boldsymbol{b}$ 的条件方差-协方差阵为

$$\begin{aligned}\widehat{\mathrm{Var}(\boldsymbol{b}\mid\boldsymbol{X})}&=(\boldsymbol{X'X})^{-1}(\boldsymbol{X'VX})(\boldsymbol{X'X})^{-1}\\&=\sigma^2(\boldsymbol{X'X})^{-1}(\boldsymbol{X'\Omega X})(\boldsymbol{X'X})^{-1}.\end{aligned}$$

[证明]

$$\begin{aligned}\widehat{\mathrm{Var}(\boldsymbol{b}\mid\boldsymbol{X})}&=E[(\boldsymbol{b}-\boldsymbol{\beta})(\boldsymbol{b}-\boldsymbol{\beta})'\mid\boldsymbol{X}]\\&=E[(\boldsymbol{X'X})^{-1}\boldsymbol{X'\varepsilon\varepsilon'X}(\boldsymbol{X'X})^{-1}\mid\boldsymbol{X}]\\&=(\boldsymbol{X'X})^{-1}\boldsymbol{X'}E(\boldsymbol{\varepsilon\varepsilon'}\mid\boldsymbol{X})\boldsymbol{X}(\boldsymbol{X'X})^{-1}\\&=(\boldsymbol{X'X})^{-1}\boldsymbol{X'VX}(\boldsymbol{X'X})^{-1}\end{aligned}$$

$$= \sigma^2(\boldsymbol{X}'\boldsymbol{X})^{-1}(\boldsymbol{X}'\boldsymbol{\Omega}\boldsymbol{X})(\boldsymbol{X}'\boldsymbol{X})^{-1}.$$

显然,OLS 估计量 $\boldsymbol{b}$ 的条件方差-协方差阵 $\widehat{\mathrm{Var}(\boldsymbol{b}|\boldsymbol{X})}$ 不再是 $\sigma^2(\boldsymbol{X}'\boldsymbol{X})^{-1}$,若取 $\widehat{\mathrm{Var}(\boldsymbol{b}|\boldsymbol{X})}=\sigma^2(\boldsymbol{X}'\boldsymbol{X})^{-1}$ 就会导致在估计、检验中出现错误。

4. 正态性

如果假定随机扰动项 $\boldsymbol{\varepsilon}$ 在 $\boldsymbol{X}$ 条件下服从正态分布,因为 $\boldsymbol{b}$ 为 $\boldsymbol{\varepsilon}$ 的线性组合,则 $\boldsymbol{b}$ 在 $\boldsymbol{X}$ 条件下也服从正态分布:

$$\boldsymbol{b} \mid \boldsymbol{X} \sim N\{\boldsymbol{\beta},\ (\boldsymbol{X}'\boldsymbol{X})^{-1}\boldsymbol{X}'\boldsymbol{V}\boldsymbol{X}(\boldsymbol{X}'\boldsymbol{X})^{-1}\}.$$

二、s^2 为 σ^2 的有偏估计

若用 OLS 估计广义回归模型,则有

$$E(s^2 \mid \boldsymbol{X}) \neq \sigma^2.$$

[证明]

$$\begin{aligned}
E(\boldsymbol{e}'\boldsymbol{e} \mid \boldsymbol{X}) &= E(\boldsymbol{\varepsilon}'\boldsymbol{M}\boldsymbol{\varepsilon} \mid \boldsymbol{X}) \\
&= E[\mathrm{tr}(\boldsymbol{\varepsilon}'\boldsymbol{M}\boldsymbol{\varepsilon}) \mid \boldsymbol{X}] \\
&= E[\mathrm{tr}(\boldsymbol{M}\boldsymbol{\varepsilon}\boldsymbol{\varepsilon}') \mid \boldsymbol{X}] \\
&= \mathrm{tr}[E(\boldsymbol{M}\boldsymbol{\varepsilon}\boldsymbol{\varepsilon}' \mid \boldsymbol{X})] \\
&= \mathrm{tr}[\boldsymbol{M}E(\boldsymbol{\varepsilon}\boldsymbol{\varepsilon}' \mid \boldsymbol{X})] \\
&= \mathrm{tr}(\boldsymbol{M}\boldsymbol{V}) \\
&= \sigma^2\mathrm{tr}(\boldsymbol{M}\boldsymbol{\Omega}) \\
&\neq \sigma^2(n-K) \quad (\because\ 一般不能证明\ \mathrm{tr}(\boldsymbol{M}\boldsymbol{\Omega}) = n-K).
\end{aligned}$$

可见,$s^2=\dfrac{\boldsymbol{e}'\boldsymbol{e}}{n-K}$是 σ^2 的有偏估计。

三、t 检验、F 检验失效

根据以上分析,若采用 OLS 方法估计广义回归模型,虽然参数估计量 $\boldsymbol{b}$ 仍是无偏估计,但 $\boldsymbol{b}$ 的条件方差-协方差阵不再是 OLS 方法得到的表达式,且 s^2 是 σ^2 的有偏估计。所以原 t 检验统计量、F 检验统计量的表达式不再服从 t 分布、F 分布,由此可知所作的统计推断是无效的。

§3 广义最小二乘估计

一、广义最小二乘原理

由于 OLS 方法不再有效,我们设法通过变量替换来建立新的模型,使新模型中的随

机扰动项满足古典假定，这就是广义最小二乘（Generalized Least Square，GLS）方法的基本思路。

1. 将 $\boldsymbol{\Omega}^{-1}$ 分解

因为 $\boldsymbol{\Omega}$ 为对称正定阵，所以 $\boldsymbol{\Omega}^{-1}$ 也是对称正定矩阵，从而一定存在可逆矩阵 $\boldsymbol{P}$，能够将 $\boldsymbol{\Omega}^{-1}$ 分解为

$$\boldsymbol{\Omega}^{-1} = \boldsymbol{P}'\boldsymbol{P}.$$

2. 建立新模型

对于原来的广义回归模型：

$$\boldsymbol{Y} = \boldsymbol{X\beta} + \boldsymbol{\varepsilon},$$

两边左乘 $\boldsymbol{P}$，得

$$\boldsymbol{PY} = \boldsymbol{PX\beta} + \boldsymbol{P\varepsilon},$$

记为

$$\boldsymbol{Y}^* = \boldsymbol{X}^*\boldsymbol{\beta} + \boldsymbol{\varepsilon}^*,$$

其中，$\boldsymbol{Y}^*=\boldsymbol{PY}$，$\boldsymbol{X}^*=\boldsymbol{PX}$，$\boldsymbol{\varepsilon}^*=\boldsymbol{P\varepsilon}$。对于这一新的模型，可以证明：

$$\mathrm{Var}(\boldsymbol{\varepsilon}^* \mid \boldsymbol{X}) = \boldsymbol{E}(\boldsymbol{\varepsilon}^*\boldsymbol{\varepsilon}^{*\prime} \mid \boldsymbol{X}) = \sigma^2\boldsymbol{I}.$$

［证明］

$$E(\boldsymbol{\varepsilon}^* \mid \boldsymbol{X}) = E(\boldsymbol{P\varepsilon} \mid \boldsymbol{X}) = \boldsymbol{P}E(\boldsymbol{\varepsilon} \mid \boldsymbol{X}) = \boldsymbol{0}.$$

$$\begin{aligned}\mathrm{Var}(\boldsymbol{\varepsilon}^* \mid \boldsymbol{X}) &= E(\boldsymbol{\varepsilon}^*\boldsymbol{\varepsilon}^{*\prime} \mid \boldsymbol{X}) = E(\boldsymbol{P\varepsilon\varepsilon}'\boldsymbol{P}' \mid \boldsymbol{X})\\ &= \boldsymbol{P}E(\boldsymbol{\varepsilon\varepsilon}' \mid \boldsymbol{X})\boldsymbol{P}' = \sigma^2\boldsymbol{P\Omega P}'\\ &= \sigma^2\boldsymbol{P}(\boldsymbol{P}'\boldsymbol{P})^{-1}\boldsymbol{P}' = \sigma^2\boldsymbol{PP}^{-1}(\boldsymbol{P}')^{-1}\boldsymbol{P}'\\ &= \sigma^2\boldsymbol{I}.\end{aligned}$$

3. 估计新模型

因为新模型满足古典假定，所以可用 OLS 估计，所得估计量记为 $\tilde{\boldsymbol{b}}$，被称为原模型的广义最小二乘估计量。

二、$\boldsymbol{\beta}$ 的广义最小二乘估计

1. 表达式

用 OLS 估计新模型 $\boldsymbol{Y}^*=\boldsymbol{X}^*\boldsymbol{\beta}+\boldsymbol{\varepsilon}^*$，即得 $\boldsymbol{\beta}$ 的广义最小二乘估计量如下：

$$\tilde{\boldsymbol{b}} = (\boldsymbol{X}^{*\prime}\boldsymbol{X}^*)^{-1}\boldsymbol{X}^{*\prime}\boldsymbol{Y}^*,$$

亦即

$$\begin{aligned}\tilde{\boldsymbol{b}} &= (\boldsymbol{X}'\boldsymbol{P}'\boldsymbol{PX})^{-1}(\boldsymbol{X}'\boldsymbol{P}')(\boldsymbol{PY})\\ &= (\boldsymbol{X}'\boldsymbol{\Omega}^{-1}\boldsymbol{X})^{-1}(\boldsymbol{X}'\boldsymbol{\Omega}^{-1}\boldsymbol{Y})\\ &= (\boldsymbol{X}'\boldsymbol{V}^{-1}\boldsymbol{X})^{-1}(\boldsymbol{X}'\boldsymbol{V}^{-1}\boldsymbol{Y}).\end{aligned}$$

显然,只有已知 $\boldsymbol{\Omega}$(或 $\boldsymbol{V}$)才能求得 GLS 估计量。

在实践中,一般情况下 $\boldsymbol{\Omega}$ 未知,故需先估计 $\boldsymbol{\Omega}$,再用上述方法估计 $\boldsymbol{\beta}$。这种做法被称为可行的广义最小二乘(Feasible Generalized Least Square,简记为 FGLS 方法)。

需要指出的是,对于 n 个观测,$\boldsymbol{\Omega}$ 有 $n(n+1)/2$ 个元素,所以如果不对 $\boldsymbol{\Omega}$ 的结构进行一些限制就不可能估计 $\boldsymbol{\Omega}$。

通常假定 $\boldsymbol{\Omega}$ 只取决于少数几个参数,不妨设 $\boldsymbol{\Omega}=\boldsymbol{\Omega}(\boldsymbol{\theta})$,其中 $\boldsymbol{\theta}$ 为未知的参数向量(仅含少数几个分量)。常用 OLS 方法估计原模型,得到残差序列,以残差替代随机扰动项,可以得到 $\boldsymbol{\theta}$ 的估计量 $\hat{\boldsymbol{\theta}}$,进而得到 $\boldsymbol{\Omega}$ 的估计量 $\hat{\boldsymbol{\Omega}}=\boldsymbol{\Omega}(\hat{\boldsymbol{\theta}})$。可以证明,只要 $\hat{\boldsymbol{\theta}}$ 为 $\boldsymbol{\theta}$ 的一致估计量,那么在以 $\hat{\boldsymbol{\Omega}}=\boldsymbol{\Omega}(\hat{\boldsymbol{\theta}})$ 代替 $\boldsymbol{\Omega}$ 的情况下得到的 $\boldsymbol{\beta}$ 的广义最小二乘估计量就是有效的。换言之,广义最小二乘估计量的有效性并不以 $\hat{\boldsymbol{\theta}}$ 的有效性为前提。

可见,为了利用 FGLS 方法,必须对 $\boldsymbol{\Omega}$ 的结构进行分析。这正是异方差性、自相关性两章要探讨的问题。

2. 正规方程组

由 $\tilde{\boldsymbol{b}}$ 的表达式可知 GLS 方法的正规方程组为

$$\boldsymbol{X}'\boldsymbol{\Omega}^{-1}\boldsymbol{X}\tilde{\boldsymbol{b}} = \boldsymbol{X}'\boldsymbol{\Omega}^{-1}\boldsymbol{Y} \quad \text{或} \quad \boldsymbol{X}'\boldsymbol{V}^{-1}\boldsymbol{X}\tilde{\boldsymbol{b}} = \boldsymbol{X}'\boldsymbol{V}^{-1}\boldsymbol{Y}.$$

3. $\tilde{\boldsymbol{b}}$ 的统计特性

(1) 线性性

$$\begin{aligned}\tilde{\boldsymbol{b}} &= [(\boldsymbol{X}'\boldsymbol{\Omega}^{-1}\boldsymbol{X})^{-1}\boldsymbol{X}'\boldsymbol{\Omega}^{-1}]\boldsymbol{Y} \\ &= [(\boldsymbol{X}'\boldsymbol{\Omega}^{-1}\boldsymbol{X})^{-1}\boldsymbol{X}'\boldsymbol{\Omega}^{-1}](\boldsymbol{X\beta}+\boldsymbol{\varepsilon}) \\ &= \boldsymbol{\beta}+[(\boldsymbol{X}'\boldsymbol{\Omega}^{-1}\boldsymbol{X})^{-1}\boldsymbol{X}'\boldsymbol{\Omega}^{-1}]\boldsymbol{\varepsilon},\end{aligned}$$

当 $\boldsymbol{X}$ 固定时,$\tilde{\boldsymbol{b}}$ 仍具有线性性。

(2) 无偏性

由于 $E(\boldsymbol{\varepsilon}|\boldsymbol{X})=\boldsymbol{0}$,所以有 $E(\tilde{\boldsymbol{b}}|\boldsymbol{X})=\boldsymbol{\beta}$,进一步有 $E(\tilde{\boldsymbol{b}})=\boldsymbol{\beta}$。

(3) 方差–协方差阵和有效性

① $\mathrm{Var}(\tilde{\boldsymbol{b}}|\boldsymbol{X})=\sigma^2(\boldsymbol{X}'\boldsymbol{\Omega}^{-1}\boldsymbol{X})^{-1}=(\boldsymbol{X}'\boldsymbol{V}^{-1}\boldsymbol{X})^{-1}$.

[证明]

$$\begin{aligned}\mathrm{Var}(\tilde{\boldsymbol{b}} \mid \boldsymbol{X}) &= E[(\tilde{\boldsymbol{b}}-\boldsymbol{\beta})(\tilde{\boldsymbol{b}}-\boldsymbol{\beta})' \mid \boldsymbol{X}] \\ &= E[(\boldsymbol{X}'\boldsymbol{\Omega}^{-1}\boldsymbol{X})^{-1}\boldsymbol{X}'\boldsymbol{\Omega}^{-1}\boldsymbol{\varepsilon}\boldsymbol{\varepsilon}'\boldsymbol{\Omega}^{-1}\boldsymbol{X}(\boldsymbol{X}'\boldsymbol{\Omega}^{-1}\boldsymbol{X})^{-1} \mid \boldsymbol{X}] \\ &= (\boldsymbol{X}'\boldsymbol{\Omega}^{-1}\boldsymbol{X})^{-1}\boldsymbol{X}'\boldsymbol{\Omega}^{-1}E(\boldsymbol{\varepsilon}\boldsymbol{\varepsilon}' \mid \boldsymbol{X})\boldsymbol{\Omega}^{-1}\boldsymbol{X}(\boldsymbol{X}'\boldsymbol{\Omega}^{-1}\boldsymbol{X})^{-1} \\ &= (\boldsymbol{X}'\boldsymbol{\Omega}^{-1}\boldsymbol{X})^{-1}\boldsymbol{X}'\boldsymbol{\Omega}^{-1}(\sigma^2\boldsymbol{\Omega})\boldsymbol{\Omega}^{-1}\boldsymbol{X}(\boldsymbol{X}'\boldsymbol{\Omega}^{-1}\boldsymbol{X})^{-1} \\ &= \sigma^2(\boldsymbol{X}'\boldsymbol{\Omega}^{-1}\boldsymbol{X})^{-1} \\ &= (\boldsymbol{X}'\boldsymbol{V}^{-1}\boldsymbol{X})^{-1}.\end{aligned}$$

② $\text{Var}(\tilde{b}_k \mid \boldsymbol{X}) \leqslant \text{Var}(b_k \mid \boldsymbol{X})$.

根据广义回归模型的高斯–马尔科夫定理（见下文（5））知，$\tilde{\boldsymbol{b}}$ 是广义回归模型的 BLUE，所以在所有线性无偏估计量中 $\tilde{b}_k$ 的方差最小，因而得到上述结论。

(4) 正态性

如果随机扰动项服从条件正态分布，则 $\boldsymbol{\beta}$ 的 GLS 估计量也服从条件正态分布：

$$\tilde{\boldsymbol{b}} \mid \boldsymbol{X} \sim N\{\boldsymbol{\beta}, \sigma^2(\boldsymbol{X}'\boldsymbol{\Omega}^{-1}\boldsymbol{X})^{-1}\}.$$

(5) 广义回归模型的高斯–马尔科夫定理

对于广义线性回归模型，假定 $\boldsymbol{X}$ 为固定变量。令 $\boldsymbol{C}=(c_1,\cdots,c_K)'$，则 $\boldsymbol{C}'\tilde{\boldsymbol{b}}$ 为 $\boldsymbol{C}'\boldsymbol{\beta}$ 的 BLUE，即在 $\boldsymbol{C}'\boldsymbol{\beta}$ 的所有线性无偏估计量中 $\boldsymbol{C}'\tilde{\boldsymbol{b}}$ 具有最小方差（若 $\boldsymbol{X}$ 随机，则采用条件期望、条件方差也可类似证明）。

[证明]

① 设 ξ 是 $\boldsymbol{C}'\boldsymbol{\beta}$ 的任意线性无偏估计量。令 $\boldsymbol{a}=(a_1,\cdots,a_n)'$，$\xi$ 应满足的条件是

线性性：$\xi=\boldsymbol{a}'\boldsymbol{Y}=\boldsymbol{a}'\boldsymbol{X\beta}+\boldsymbol{a}'\boldsymbol{\varepsilon}$；

无偏性：$E\xi=\boldsymbol{a}'\boldsymbol{X\beta}=\boldsymbol{C}'\boldsymbol{\beta}$，由无偏性条件可知 $\boldsymbol{a}'\boldsymbol{X}=\boldsymbol{C}'$，亦即 $\boldsymbol{X}'\boldsymbol{a}=\boldsymbol{C}$。

ξ 的方差为

$$\begin{aligned}\text{Var}(\xi) &= E[(\xi-E\xi)(\xi-E\xi)'] \\ &= E(\boldsymbol{a}'\boldsymbol{\varepsilon\varepsilon}'\boldsymbol{a}) = \sigma^2\boldsymbol{a}'\boldsymbol{\Omega a}.\end{aligned}$$

现在，我们在满足线性无偏条件下求使方差达最小的 $\boldsymbol{a}$，问题转化为求如下条件极值问题：

$$\begin{cases}\min & \boldsymbol{a}'\boldsymbol{\Omega a}, \\ \text{s.t.} & \boldsymbol{X}'\boldsymbol{a} = \boldsymbol{C}.\end{cases}$$

② 下面求解条件极值问题。

构造拉格朗日函数：

$$L(\boldsymbol{a},\boldsymbol{\lambda}) = \boldsymbol{a}'\boldsymbol{\Omega a} + 2\boldsymbol{\lambda}'(\boldsymbol{C}-\boldsymbol{X}'\boldsymbol{a}),$$

其中，$\boldsymbol{\lambda}=(\lambda_1,\cdots,\lambda_K)'$。

一阶条件为

$$\begin{cases}\dfrac{\partial L}{\partial \boldsymbol{a}} = 2\boldsymbol{\Omega a} - 2\boldsymbol{X\lambda} \triangleq \boldsymbol{0}, \\ \dfrac{\partial L}{\partial \boldsymbol{\lambda}} = 2(\boldsymbol{C}-\boldsymbol{X}'\boldsymbol{a}) \triangleq \boldsymbol{0}.\end{cases}$$

上述条件可改写为（最优解仍记为 $\boldsymbol{a},\boldsymbol{\lambda}$）：

$$\begin{cases}\boldsymbol{\Omega a} = \boldsymbol{X\lambda}, \\ \boldsymbol{X}'\boldsymbol{a} = \boldsymbol{C}.\end{cases}$$

求解得

$$\begin{cases}\boldsymbol{\lambda} = (\boldsymbol{X}'\boldsymbol{\Omega}^{-1}\boldsymbol{X})^{-1}\boldsymbol{C},\\ \boldsymbol{a} = \boldsymbol{\Omega}^{-1}\boldsymbol{X}(\boldsymbol{X}'\boldsymbol{\Omega}^{-1}\boldsymbol{X})^{-1}\boldsymbol{C}.\end{cases}$$

③ 求 ξ。

这样就得到了具有最小方差的无偏估计量:

$$\xi = \boldsymbol{a}'\boldsymbol{Y} = \boldsymbol{C}'(\boldsymbol{X}'\boldsymbol{\Omega}^{-1}\boldsymbol{X})^{-1}\boldsymbol{X}'\boldsymbol{\Omega}^{-1}\boldsymbol{Y} = \boldsymbol{C}'\tilde{\boldsymbol{b}}.$$

所以,在 $\boldsymbol{C}'\boldsymbol{\beta}$ 的所有线性无偏估计量中,$\boldsymbol{C}'\tilde{\boldsymbol{b}}$ 是具有最小方差的估计量。

根据这一定理,若使 $\boldsymbol{C}$ 中的第 k 个元素为 1,其余元素为 0,即取 $\boldsymbol{C}=(0,\cdots,1,\cdots,0)'$,则 $\boldsymbol{C}'\tilde{\boldsymbol{b}}=b_k$ 是 $\boldsymbol{C}'\boldsymbol{\beta}=\beta_k$ 的 BLUE。这表明,利用广义最小二乘法得到的参数估计量是最佳线性无偏估计量。

4. 样本回归模型及超平面

将 $\tilde{\boldsymbol{b}}$ 代入变量替换后的新模型,则有

$$\boldsymbol{Y}^* = \boldsymbol{X}^*\tilde{\boldsymbol{b}} + \boldsymbol{e}^*.$$

由于新模型满足古典假定,所以其 OLS 估计量 $\tilde{\boldsymbol{b}}$ 是其 BLUE,$\boldsymbol{e}^*$ 是新模型的 OLS 残差。

将 $\tilde{\boldsymbol{b}}$ 代入原模型,则有

$$\boldsymbol{Y} = \boldsymbol{X}\tilde{\boldsymbol{b}} + \tilde{\boldsymbol{e}}.$$

上式被称为广义最小二乘估计下的样本回归模型,$\tilde{\boldsymbol{e}}$ 为 GLS 残差。需指出的是,$\tilde{\boldsymbol{e}}$ 并不是直接源于回归的结果。

$\tilde{\boldsymbol{Y}} = \boldsymbol{X}\tilde{\boldsymbol{b}}$ 被称为 GLS 的样本回归超平面。

三、σ^2 的广义最小二乘估计

1. σ^2 的 GLS 估计量的表达式

$\tilde{s}^2$ 为 σ^2 的广义最小二乘估计量,有

$$\tilde{s}^2 = \frac{\boldsymbol{e}^{*\prime}\boldsymbol{e}^*}{n-K} = \frac{\tilde{\boldsymbol{e}}'\boldsymbol{\Omega}^{-1}\tilde{\boldsymbol{e}}}{n-K},$$

其中

$$\tilde{\boldsymbol{e}} = \boldsymbol{Y} - \boldsymbol{X}\tilde{\boldsymbol{b}}.$$

[证明]

由于对新模型采用最小二乘法估计,所以 $\boldsymbol{\varepsilon}^*$ 的方差估计量 $\tilde{s}^2$ 为

$$\tilde{s}^2 = \frac{\boldsymbol{e}^{*\prime}\boldsymbol{e}^*}{n-K}.$$

因为

$$\boldsymbol{e}^* = \boldsymbol{Y}^* - \boldsymbol{X}^* \tilde{\boldsymbol{b}} = \boldsymbol{PY} - \boldsymbol{PX}\tilde{\boldsymbol{b}} = \boldsymbol{P}(\boldsymbol{Y} - \boldsymbol{X}\tilde{\boldsymbol{b}}) = \boldsymbol{P}\tilde{\boldsymbol{e}},$$

所以

$$\boldsymbol{e}^{*\prime}\boldsymbol{e}^* = \tilde{\boldsymbol{e}}'\boldsymbol{P}'\boldsymbol{P}\tilde{\boldsymbol{e}} = \tilde{\boldsymbol{e}}'\boldsymbol{\Omega}^{-1}\tilde{\boldsymbol{e}},$$

因此

$$\tilde{s}^2 = \frac{\boldsymbol{e}^{*\prime}\boldsymbol{e}^*}{n-K} = \frac{\tilde{\boldsymbol{e}}'\boldsymbol{\Omega}^{-1}\tilde{\boldsymbol{e}}}{n-K}.$$

2. $\tilde{s}^2$ 的计算表达式

$$\tilde{s}^2 = \frac{\boldsymbol{Y}'\boldsymbol{\Omega}^{-1}\boldsymbol{Y} - \tilde{\boldsymbol{b}}'(\boldsymbol{X}'\boldsymbol{\Omega}^{-1}\boldsymbol{Y})}{n-K}.$$

[证明]

因为 $\boldsymbol{X}^{*\prime}\boldsymbol{e}^* = \boldsymbol{0}$，所以 $\boldsymbol{X}'\boldsymbol{P}'\boldsymbol{P}\tilde{\boldsymbol{e}} = \boldsymbol{X}'\boldsymbol{\Omega}^{-1}\tilde{\boldsymbol{e}} = \boldsymbol{0}$，也就有 $\tilde{\boldsymbol{e}}'\boldsymbol{\Omega}^{-1}\boldsymbol{X} = \boldsymbol{0}$。于是有

$$\begin{aligned}\tilde{\boldsymbol{e}}'\boldsymbol{\Omega}^{-1}\tilde{\boldsymbol{e}} &= \tilde{\boldsymbol{e}}'\boldsymbol{\Omega}^{-1}(\boldsymbol{Y} - \boldsymbol{X}\tilde{\boldsymbol{b}}) = \tilde{\boldsymbol{e}}'\boldsymbol{\Omega}^{-1}\boldsymbol{Y} \\ &= (\boldsymbol{Y} - \boldsymbol{X}\tilde{\boldsymbol{b}})'\boldsymbol{\Omega}^{-1}\boldsymbol{Y} \\ &= \boldsymbol{Y}'\boldsymbol{\Omega}^{-1}\boldsymbol{Y} - \tilde{\boldsymbol{b}}'\boldsymbol{X}'\boldsymbol{\Omega}^{-1}\boldsymbol{Y},\end{aligned}$$

即得到 $\tilde{s}^2$ 的计算表达式。

3. $\tilde{s}^2$ 是 σ^2 的无偏估计量

$$E(\tilde{s}^2) = \sigma^2.$$

[证明]

$$\because \quad \boldsymbol{e}^{*\prime}\boldsymbol{e}^* = \boldsymbol{\varepsilon}^{*\prime}\boldsymbol{M}^*\boldsymbol{\varepsilon}^*,$$

$$\begin{aligned}\therefore \quad E(\boldsymbol{e}^{*\prime}\boldsymbol{e}^*) &= E(\boldsymbol{\varepsilon}^{*\prime}\boldsymbol{M}^*\boldsymbol{\varepsilon}^*) = E[\mathrm{tr}(\boldsymbol{\varepsilon}^{*\prime}\boldsymbol{M}^*\boldsymbol{\varepsilon}^*)] \\ &= E[\mathrm{tr}(\boldsymbol{M}^*\boldsymbol{\varepsilon}^*\boldsymbol{\varepsilon}^{*\prime})] = \mathrm{tr}[E(\boldsymbol{M}^*\boldsymbol{\varepsilon}^*\boldsymbol{\varepsilon}^{*\prime})] \\ &= \mathrm{tr}\{E[E(\boldsymbol{M}^*\boldsymbol{\varepsilon}^*\boldsymbol{\varepsilon}^{*\prime} \mid \boldsymbol{X})]\} \\ &= \mathrm{tr}\{E[\boldsymbol{M}^*E(\boldsymbol{\varepsilon}^*\boldsymbol{\varepsilon}^{*\prime} \mid \boldsymbol{X})]\} \\ &= \mathrm{tr}[E(\boldsymbol{M}^*\sigma^2\boldsymbol{I})] = \sigma^2E[\mathrm{tr}(\boldsymbol{M}^*)].\end{aligned}$$

而

$$\begin{aligned}\mathrm{tr}(\boldsymbol{M}^*) &= \mathrm{tr}[\boldsymbol{I} - \boldsymbol{X}^*(\boldsymbol{X}^{*\prime}\boldsymbol{X}^*)^{-1}\boldsymbol{X}^{*\prime}] \\ &= n - \mathrm{tr}[(\boldsymbol{X}^{*\prime}\boldsymbol{X}^*)^{-1}\boldsymbol{X}^{*\prime}\boldsymbol{X}^*] = n - K,\end{aligned}$$

$$\therefore \quad E(\boldsymbol{e}^{*\prime}\boldsymbol{e}^*) = \sigma^2(n-K).$$

故

$$E(\tilde{s}^2) = E\left(\frac{\boldsymbol{e}^{*\prime}\boldsymbol{e}^*}{n-K}\right) = \sigma^2.$$

4. $\tilde{b}_k$ 的标准差估计

根据以上结果,可以得到参数估计量的标准差估计为

$$\tilde{S}(\tilde{b}_k)=\tilde{s}\sqrt{(\boldsymbol{X}^{*\prime}\boldsymbol{X}^{*})_{kk}^{-1}}=\tilde{s}\sqrt{(\boldsymbol{X}'\boldsymbol{\Omega}^{-1}\boldsymbol{X})_{kk}^{-1}}.$$

四、检验统计量

由于新模型满足古典假定,所以用 OLS 方法估计新模型时 t 检验统计量、F 检验统计量仍服从 t 分布、F 分布,所以检验仍然可以进行。

1. 单参数 t 检验

检验假设为

$$\begin{cases}\mathrm{H}_0:\beta_k=0,\\ \mathrm{H}_1:\beta_k\neq 0.\end{cases}$$

检验统计量为

$$t(\tilde{b}_k)=\frac{\tilde{b}_k-\beta_k}{\tilde{S}(\tilde{b}_k)}\sim t(n-K).$$

2. 参数线性约束的 F 检验

检验假设为

$$\begin{cases}\mathrm{H}_0:\boldsymbol{R\beta}=\boldsymbol{q},\\ \mathrm{H}_1:\boldsymbol{R\beta}\neq\boldsymbol{q}.\end{cases}$$

其中,$\boldsymbol{R}$ 为 $J\times K$ 阶矩阵,其秩 $r(\boldsymbol{R})=J<K$。

检验统计量为

$$F=\frac{(\boldsymbol{R}\tilde{\boldsymbol{b}}-\boldsymbol{q})'[\boldsymbol{R}(\boldsymbol{X}^{*\prime}\boldsymbol{X}^{*})^{-1}\boldsymbol{R}']^{-1}(\boldsymbol{R}\tilde{\boldsymbol{b}}-\boldsymbol{q})/J}{\boldsymbol{e}^{*\prime}\boldsymbol{e}^{*}/(n-K)}\sim F(J,n-K).$$

在实际操作时,也可以这样构造统计量:

$$F=\frac{(\boldsymbol{e}_r^{*\prime}\boldsymbol{e}_r^{*}-\boldsymbol{e}^{*\prime}\boldsymbol{e}^{*})/J}{\boldsymbol{e}^{*\prime}\boldsymbol{e}^{*}/(n-K)},$$

其中,$\boldsymbol{e}^*$ 表示 $\boldsymbol{Y}^*$ 对 $\boldsymbol{X}^*$ 作无约束回归得到的残差,$\boldsymbol{e}_r^*$ 表示 $\boldsymbol{Y}^*$ 对 $\boldsymbol{X}^*$ 作约束回归得到的残差。

五、拟合优度

采用 GLS 法估计广义回归模型时,需通过变量替换得到满足古典假定的新模型,而新模型不一定含截距项。

这样在用 OLS 方法估计新模型时,可决系数 R^{*2} 就出现了问题:第一,R^{*2} 不一定在区间[0,1]中;第二,R^{*2} 反映的是 $\hat{\boldsymbol{Y}}^*=\boldsymbol{X}^*\tilde{\boldsymbol{b}}$ 对 $\boldsymbol{Y}^*$ 的拟合程度,而不能反映人们感兴趣的

$\tilde{\boldsymbol{Y}}$ 对 $\boldsymbol{Y}$ 的拟合程度。另外,R^{*2} 相对于 R^2 的变化存在这样的规律:若原模型存在异方差,则 R^{*2} 往往大于 R^2;若原模型存在自相关,则 R^{*2} 往往小于 R^2。实质上,这种规律背后的真正原因在于被解释变量由 $\boldsymbol{Y}$ 到 $\boldsymbol{Y}^*$ 的变换。

人们有时采用下面的指标来刻画拟合优度:$\tilde{R}^2=1-\dfrac{\tilde{\boldsymbol{e}}'\tilde{\boldsymbol{e}}}{\boldsymbol{y}'\boldsymbol{y}}$,其中 $\tilde{\boldsymbol{e}}=\boldsymbol{Y}-\boldsymbol{X}\tilde{\boldsymbol{b}}$。不过这一指标也有问题,由于 $\boldsymbol{y}'\boldsymbol{y}\neq\tilde{\boldsymbol{y}}'\tilde{\boldsymbol{y}}+\tilde{\boldsymbol{e}}'\tilde{\boldsymbol{e}}$,所以 $\tilde{R}^2$ 也不一定在区间[0,1]内,且 $\tilde{R}^2$ 也不能判断 $\tilde{\boldsymbol{Y}}$ 对 $\boldsymbol{Y}$ 拟合的好坏。

总之,对于广义回归模型,各种各样的可决系数只能作为描述性的指标,而不能作为检验性的指标。

六、预测

1. 预测假定

以 f 表示预测时点,我们假定:

① 总体回归模型在预测时点成立:

$$Y_f=\boldsymbol{x}^{f\prime}\boldsymbol{\beta}+\varepsilon_f,$$

其中,$\boldsymbol{x}^{f\prime}=(X_{f1},X_{f2},\cdots,X_{fK})$。

② 给定 $X_{f1},X_{f2},\cdots,X_{fK}$。

③ $E(\varepsilon_f|\boldsymbol{X},\boldsymbol{x}^f)=0$,

$$\mathrm{Var}(\varepsilon_f\mid\boldsymbol{X},\boldsymbol{x}^f)=E(\varepsilon_f^2\mid\boldsymbol{X},\boldsymbol{x}^f)=\sigma_f^2,$$

$$\mathrm{Cov}(\boldsymbol{\varepsilon},\varepsilon_f\mid\boldsymbol{X},\boldsymbol{x}^f)=E(\boldsymbol{\varepsilon}\varepsilon_f\mid\boldsymbol{X},\boldsymbol{x}^f)=\begin{bmatrix}E(\varepsilon_1\varepsilon_f\mid\boldsymbol{X},\boldsymbol{x}^f)\\ \vdots\\ E(\varepsilon_T\varepsilon_f\mid\boldsymbol{X},\boldsymbol{x}^f)\end{bmatrix}=\boldsymbol{w}.$$

T 为样本容量。

④ ε_f 服从条件正态分布。

2. Y_f 的点预测值

在以上假定下,时点 f 处 Y 的预测值为

$$\tilde{\tilde{Y}}_f=\boldsymbol{x}^{f\prime}\tilde{\boldsymbol{b}}+\boldsymbol{w}'\boldsymbol{V}^{-1}\tilde{\boldsymbol{e}}=\boldsymbol{x}^{f\prime}\tilde{\boldsymbol{b}}+\frac{1}{\sigma^2}\boldsymbol{w}'\boldsymbol{\Omega}^{-1}\tilde{\boldsymbol{e}}.$$

这就表明 Y_f 的预测由两部分组成:第一部分为其拟合值 $\boldsymbol{x}^{f\prime}\tilde{\boldsymbol{b}}$;第二部分为其修正项 $\dfrac{1}{\sigma^2}\boldsymbol{w}'\boldsymbol{\Omega}^{-1}\tilde{\boldsymbol{e}}$。

3. $\tilde{\tilde{Y}}_f$ 的特性

将 $\tilde{\tilde{Y}}_f$ 作为 Y_f 的点预测,是因为它具有如下两个特性。为简便起见,以下讨论均假定

$\boldsymbol{X}$ 和 $\boldsymbol{x}^f$ 为固定变量。

① $E(\tilde{\tilde{Y}}_f)=E(Y_f)$，这意味着 $\tilde{\tilde{Y}}_f$ 是 $E(Y_f)$ 的无偏估计量。

[证明]

$\because\ E(\tilde{\boldsymbol{b}})=\boldsymbol{\beta}, E(\boldsymbol{e}^*)=\boldsymbol{0}$，而 $\boldsymbol{e}^*=\boldsymbol{P}\tilde{\boldsymbol{e}}$，$\therefore\ E(\tilde{\boldsymbol{e}})=\boldsymbol{0}$，因此 $E(\tilde{\tilde{Y}}_f)=\boldsymbol{x}^{f\prime}\boldsymbol{\beta}=E(Y_f)$。

② 在 Y_f 的所有线性无偏估计量中，$e_f=Y_f-\tilde{\tilde{Y}}_f$ 的方差最小（此无偏性是针对 $E(Y_f)$ 而言的）。

[证明]

设 $\hat{Y}_f$ 是 $E(Y_f)$ 的任一线性无偏估计量（注意：$\hat{Y}_f$ 不是 Y_f 的无偏估计量），即满足以下条件：

线性性：$\hat{Y}_f=\boldsymbol{a}'Y=\boldsymbol{a}'\boldsymbol{X}\boldsymbol{\beta}+\boldsymbol{a}'\boldsymbol{\varepsilon}$，其中 $\boldsymbol{a}=(a_1,a_2,\cdots,a_T)'$；

无偏性：$E(\hat{Y}_f)=E(Y_f)$，此无偏性是指 $\hat{Y}_f$ 是 $E(Y_f)$ 的无偏估计量，即

$$\boldsymbol{a}'\boldsymbol{X}\boldsymbol{\beta}=\boldsymbol{x}^{f\prime}\boldsymbol{\beta},\quad \text{即}\quad \boldsymbol{X}'\boldsymbol{a}=\boldsymbol{x}^f.$$

这样就有

$$e_f=Y_f-\hat{Y}_f=(\boldsymbol{x}^{f\prime}\boldsymbol{\beta}+\varepsilon_f)-(\boldsymbol{a}'\boldsymbol{X}\boldsymbol{\beta}+\boldsymbol{a}'\boldsymbol{\varepsilon})=\varepsilon_f-\boldsymbol{a}'\boldsymbol{\varepsilon},$$

所以

$$\begin{aligned}
E(e_f)&=0,\\
\mathrm{Var}(e_f)&=E(e_fe_f')=E[(\varepsilon_f-\boldsymbol{a}'\boldsymbol{\varepsilon})(\varepsilon_f-\boldsymbol{a}'\boldsymbol{\varepsilon})']\\
&=E[\varepsilon_f^2-\boldsymbol{a}'\boldsymbol{\varepsilon}\varepsilon_f-\varepsilon_f\boldsymbol{\varepsilon}'\boldsymbol{a}+\boldsymbol{a}'\boldsymbol{\varepsilon}\boldsymbol{\varepsilon}'\boldsymbol{a}]\\
&=\boldsymbol{a}'\boldsymbol{V}\boldsymbol{a}-2\boldsymbol{a}'\boldsymbol{w}+\sigma_f^2.
\end{aligned}$$

现在，我们求达到最小方差的 $\boldsymbol{a}$，这等价于求解下述条件极值问题：

$$\begin{cases}\min\quad \mathrm{Var}(e_f),\\ \text{s.t.}\quad \boldsymbol{X}'\boldsymbol{a}=\boldsymbol{x}^f.\end{cases}$$

构造拉格朗日函数：

$$L(\boldsymbol{a},\boldsymbol{\lambda})=\boldsymbol{a}'\boldsymbol{V}\boldsymbol{a}-2\boldsymbol{a}'\boldsymbol{w}+\sigma_f^2-2\boldsymbol{\lambda}'(\boldsymbol{X}'\boldsymbol{a}-\boldsymbol{x}^f).$$

一阶条件为

$$\begin{cases}\dfrac{\partial L}{\partial \boldsymbol{a}}=2\boldsymbol{V}\boldsymbol{a}-2\boldsymbol{w}-2\boldsymbol{X}\boldsymbol{\lambda}\triangleq\boldsymbol{0},\\[2ex] \dfrac{\partial L}{\partial \boldsymbol{\lambda}}=-2(\boldsymbol{X}'\boldsymbol{a}-\boldsymbol{x}^f)\triangleq\boldsymbol{0}.\end{cases}$$

上述一阶条件可简化为（最优解仍记为 $\boldsymbol{a},\boldsymbol{\lambda}$）：

$$\begin{cases} \boldsymbol{Va} - \boldsymbol{X\lambda} = \boldsymbol{w}, \\ \boldsymbol{X'a} = \boldsymbol{x}^f. \end{cases}$$

求解得

$$\boldsymbol{\lambda} = (\boldsymbol{X'V}^{-1}\boldsymbol{X})^{-1}(\boldsymbol{x}^f - \boldsymbol{X'V}^{-1}\boldsymbol{w}),$$
$$\boldsymbol{a} = \boldsymbol{V}^{-1}\boldsymbol{X}(\boldsymbol{X'V}^{-1}\boldsymbol{X})^{-1}(\boldsymbol{x}^f - \boldsymbol{X'V}^{-1}\boldsymbol{w}) + \boldsymbol{V}^{-1}\boldsymbol{w}.$$

这样就可求出 $\hat{Y}_f$:

$$\begin{aligned}
\hat{Y}_f = \boldsymbol{a'Y} &= (\boldsymbol{x}^{f\prime} - \boldsymbol{w'V}^{-1}\boldsymbol{X})(\boldsymbol{X'V}^{-1}\boldsymbol{X})^{-1}\boldsymbol{X'V}^{-1}\boldsymbol{Y} + \boldsymbol{w'V}^{-1}\boldsymbol{Y} \\
&= (\boldsymbol{x}^{f\prime} - \boldsymbol{w'V}^{-1}\boldsymbol{X})\tilde{\boldsymbol{b}} + \boldsymbol{w'V}^{-1}\boldsymbol{Y} \\
&= \boldsymbol{x}^{f\prime}\tilde{\boldsymbol{b}} - \boldsymbol{w'V}^{-1}\boldsymbol{X}\tilde{\boldsymbol{b}} + \boldsymbol{w'V}^{-1}\boldsymbol{Y} \\
&= \boldsymbol{x}^{f\prime}\tilde{\boldsymbol{b}} + \boldsymbol{w'V}^{-1}(\boldsymbol{Y} - \boldsymbol{X}\tilde{\boldsymbol{b}}) \\
&= \boldsymbol{x}^{f\prime}\tilde{\boldsymbol{b}} + \boldsymbol{w'V}^{-1}\tilde{\boldsymbol{e}} \\
&= \boldsymbol{x}^{f\prime}\tilde{\boldsymbol{b}} + \frac{1}{\sigma^2}\boldsymbol{w'\Omega}^{-1}\tilde{\boldsymbol{e}} \\
&= \tilde{\tilde{Y}}_f.
\end{aligned}$$

§4　最大似然估计

若非球形扰动项 $\boldsymbol{\varepsilon}$ 服从条件多元正态分布,即

$$\boldsymbol{\varepsilon} \mid \boldsymbol{X} \sim N(\boldsymbol{0}, \sigma^2\boldsymbol{\Omega}),$$

其中,$\boldsymbol{\Omega}$ 正定并已知,则可采用最大似然法估计 $\boldsymbol{\beta}$ 和 σ^2,且具有很好的统计特性。

一、最大似然估计

1. 原理

首先给出样本的似然函数

$$L(\boldsymbol{\beta}, \sigma^2; \boldsymbol{X}, \boldsymbol{Y}) = (2\pi)^{-\frac{n}{2}} |\sigma^2\boldsymbol{\Omega}|^{-\frac{1}{2}} \mathrm{e}^{-\frac{1}{2}\boldsymbol{\varepsilon}'(\sigma^2\boldsymbol{\Omega})^{-1}\boldsymbol{\varepsilon}}.$$

为简便起见,常用对数似然函数

$$\begin{aligned}
\ln L &= -\frac{n}{2}\ln(2\pi) - \frac{1}{2}\ln|\sigma^2\boldsymbol{\Omega}| - \frac{1}{2}\boldsymbol{\varepsilon}'(\sigma^2\boldsymbol{\Omega})^{-1}\boldsymbol{\varepsilon} \\
&= -\frac{n}{2}\ln(2\pi) - \frac{n}{2}\ln\sigma^2 - \frac{1}{2}\ln|\boldsymbol{\Omega}| \\
&\quad - \frac{1}{2\sigma^2}(\boldsymbol{Y} - \boldsymbol{X\beta})'\boldsymbol{\Omega}^{-1}(\boldsymbol{Y} - \boldsymbol{X\beta}).
\end{aligned}$$

求 $\boldsymbol{\beta}, \sigma^2$ 的估计使对数似然函数达极大,即

$$\max_{\boldsymbol{\beta}, \sigma^2} \ln L.$$

2. 一阶条件

上述无条件极值问题的一阶导数为

$$\begin{cases}\dfrac{\partial \ln L}{\partial \boldsymbol{\beta}} = -\dfrac{1}{2\sigma^2}(-\boldsymbol{X}')2\boldsymbol{\Omega}^{-1}(\boldsymbol{Y}-\boldsymbol{X\beta}) = \dfrac{1}{\sigma^2}\boldsymbol{X}'\boldsymbol{\Omega}^{-1}(\boldsymbol{Y}-\boldsymbol{X\beta}) = \dfrac{1}{\sigma^2}\boldsymbol{X}'\boldsymbol{\Omega}^{-1}\boldsymbol{\varepsilon}, \\ \dfrac{\partial \ln L}{\partial \sigma^2} = -\dfrac{n}{2}\dfrac{1}{\sigma^2} + \dfrac{1}{2\sigma^4}(\boldsymbol{Y}-\boldsymbol{X\beta})'\boldsymbol{\Omega}^{-1}(\boldsymbol{Y}-\boldsymbol{X\beta}) = -\dfrac{n}{2\sigma^2} + \dfrac{1}{2\sigma^4}\boldsymbol{\varepsilon}'\boldsymbol{\Omega}^{-1}\boldsymbol{\varepsilon}.\end{cases}$$

令一阶导数为零,求解上述 $K+1$ 个方程的联立方程组,得到 $\boldsymbol{\beta},\sigma^2$ 的最大似然估计量为 $\tilde{\boldsymbol{\beta}},\tilde{\sigma}^2$。

$\tilde{\boldsymbol{\beta}},\tilde{\sigma}^2$ 满足的正规方程组为

$$\begin{cases}\boldsymbol{X}'\boldsymbol{\Omega}^{-1}(\boldsymbol{Y}-\boldsymbol{X}\tilde{\boldsymbol{\beta}}) = \boldsymbol{0}, & \text{或} \quad \boldsymbol{X}'\boldsymbol{\Omega}^{-1}\tilde{\boldsymbol{e}} = \boldsymbol{0}, \\ n\tilde{\sigma}^2 = (\boldsymbol{Y}-\boldsymbol{X}\tilde{\boldsymbol{\beta}})'\boldsymbol{\Omega}^{-1}(\boldsymbol{Y}-\boldsymbol{X}\tilde{\boldsymbol{\beta}}), & \text{或} \quad n\tilde{\sigma}^2 = \tilde{\boldsymbol{e}}'\boldsymbol{\Omega}^{-1}\tilde{\boldsymbol{e}},\end{cases}$$

其中,$\tilde{\boldsymbol{e}} = \boldsymbol{Y}-\boldsymbol{X}\tilde{\boldsymbol{\beta}}$。

3. 二阶条件

$$\begin{cases}\dfrac{\partial^2 \ln L}{\partial \boldsymbol{\beta}\partial \boldsymbol{\beta}'} = -\dfrac{1}{\sigma^2}\boldsymbol{X}'\boldsymbol{\Omega}^{-1}\boldsymbol{X}, \\ \dfrac{\partial^2 \ln L}{\partial \boldsymbol{\beta}\partial \sigma^2} = -\dfrac{1}{\sigma^4}\boldsymbol{X}'\boldsymbol{\Omega}^{-1}\boldsymbol{\varepsilon}, \\ \dfrac{\partial^2 \ln L}{\partial \sigma^2\partial \sigma^2} = \dfrac{n}{2}\dfrac{1}{\sigma^4} - \dfrac{1}{\sigma^6}\boldsymbol{\varepsilon}'\boldsymbol{\Omega}^{-1}\boldsymbol{\varepsilon}.\end{cases}$$

将 $\tilde{\boldsymbol{\beta}},\tilde{\sigma}^2$ 代入得

$$\begin{cases}\left.\dfrac{\partial^2 \ln L}{\partial \boldsymbol{\beta}\partial \boldsymbol{\beta}'}\right|_{\tilde{\boldsymbol{\beta}},\tilde{\sigma}^2} = -\dfrac{1}{\tilde{\sigma}^2}\boldsymbol{X}'\boldsymbol{\Omega}^{-1}\boldsymbol{X}, \\ \left.\dfrac{\partial^2 \ln L}{\partial \boldsymbol{\beta}\partial \sigma^2}\right|_{\tilde{\boldsymbol{\beta}},\tilde{\sigma}^2} = -\dfrac{1}{\tilde{\sigma}^4}\boldsymbol{X}'\boldsymbol{\Omega}^{-1}\tilde{\boldsymbol{e}} = \boldsymbol{0}, \\ \left.\dfrac{\partial^2 \ln L}{\partial \sigma^2\partial \sigma^2}\right|_{\tilde{\boldsymbol{\beta}},\tilde{\sigma}^2} = \dfrac{n}{2}\dfrac{1}{\tilde{\sigma}^4} - \dfrac{1}{\tilde{\sigma}^6}\tilde{\boldsymbol{e}}'\boldsymbol{\Omega}^{-1}\tilde{\boldsymbol{e}} \\ \qquad = \dfrac{n}{2}\dfrac{1}{\tilde{\sigma}^4} - \dfrac{1}{\tilde{\sigma}^6}n\tilde{\sigma}^2 \\ \qquad = -\dfrac{n}{2}\dfrac{1}{\tilde{\sigma}^4},\end{cases}$$

$$\therefore \boldsymbol{H} = \begin{bmatrix} -\dfrac{1}{\tilde{\sigma}^2}\boldsymbol{X}'\boldsymbol{\Omega}^{-1}\boldsymbol{X} & \boldsymbol{0} \\ \boldsymbol{0} & -\dfrac{n}{2}\dfrac{1}{\tilde{\sigma}^4}\end{bmatrix}$$

为负定阵，也即满足二阶条件，所以 $\tilde{\boldsymbol{\beta}}, \tilde{\sigma}^2$ 为极大值点。

二、最大似然估计量及其统计特性

1. 最大似然估计量表达式

由正规方程组知

$$\begin{cases} \tilde{\boldsymbol{\beta}} = (\boldsymbol{X}'\boldsymbol{\Omega}^{-1}\boldsymbol{X})^{-1}\boldsymbol{X}'\boldsymbol{\Omega}^{-1}\boldsymbol{Y}, \\ \tilde{\sigma}^2 = \dfrac{\tilde{\boldsymbol{e}}'\boldsymbol{\Omega}^{-1}\tilde{\boldsymbol{e}}}{n}, \end{cases}$$

其中，$\tilde{\boldsymbol{e}} = \boldsymbol{Y} - \boldsymbol{X}\tilde{\boldsymbol{\beta}}$。

由表达式可知 $\tilde{\boldsymbol{\beta}} = \tilde{\boldsymbol{b}}$，即 $\boldsymbol{\beta}$ 的 MLE 与 GLSE 相同，但是 $\tilde{\sigma}^2 \neq \tilde{s}^2 = \dfrac{\tilde{\boldsymbol{e}}'\boldsymbol{\Omega}^{-1}\tilde{\boldsymbol{e}}}{n-K} = \text{GLSE}(\sigma^2)$。

2. 最大似然估计量的有限样本特性

(1) $\tilde{\boldsymbol{\beta}}$ 是 $\boldsymbol{\beta}$ 的无偏有效估计量

这是因为 $\tilde{\boldsymbol{\beta}} = \tilde{\boldsymbol{b}}$，所以具有与 $\tilde{\boldsymbol{b}}$ 相同的统计特性。

(2) $\tilde{\sigma}^2$ 是 σ^2 的有偏估计

这是因为 $\text{GLSE}(\sigma^2) = \tilde{s}^2$ 具有无偏性，所以 $E(\tilde{\sigma}^2) \neq \sigma^2$。

(3) $\tilde{\boldsymbol{\beta}} | \boldsymbol{X}$ 服从正态分布

3. 最大似然估计量的无限样本特性

(1) $\tilde{\boldsymbol{\beta}}, \tilde{\sigma}^2$ 均是 $\boldsymbol{\beta}, \sigma^2$ 的一致估计量

∵ $\tilde{\boldsymbol{\beta}}$ 是无偏估计量，

∴ $\tilde{\boldsymbol{\beta}}$ 也是一致估计量。

∵ $\tilde{s}^2$ 是无偏估计量，

∴ $\tilde{s}^2$ 也是一致估计量。

又 ∵

$$p\lim_{n\to+\infty} \tilde{\sigma}^2 = p\lim \left(\frac{n-K}{n}\tilde{s}^2\right) = p\lim\ \tilde{s}^2 = \sigma^2,$$

∴ $\tilde{\sigma}^2$ 也是一致估计量。

(2) $\tilde{\boldsymbol{\beta}}, \tilde{\sigma}^2$ 均为渐近有效估计量

因 $\tilde{\boldsymbol{\beta}}, \tilde{\sigma}^2$ 为最大似然估计量，所以均为渐近有效估计量。

(3) $\tilde{\boldsymbol{\beta}}$ 的渐近方差-协方差阵和 $\tilde{\sigma}^2$ 的渐近方差

令 $\boldsymbol{\theta}=(\boldsymbol{\beta}',\sigma^2)'$,信息矩阵为

$$I(\boldsymbol{\theta}) = -E\left(\frac{\partial^2 \ln L}{\partial\boldsymbol{\theta}\partial\boldsymbol{\theta}'}\right).$$

假定 $\boldsymbol{X}$ 为固定变量,利用 $E(\boldsymbol{\varepsilon})=\mathbf{0}$ 和

$$\begin{aligned}E(\boldsymbol{\varepsilon}'\boldsymbol{\Omega}^{-1}\boldsymbol{\varepsilon}) &= E[\operatorname{tr}(\boldsymbol{\varepsilon}'\boldsymbol{\Omega}^{-1}\boldsymbol{\varepsilon})] = E[\operatorname{tr}(\boldsymbol{\Omega}^{-1}\boldsymbol{\varepsilon}\boldsymbol{\varepsilon}')] \\ &= \operatorname{tr}[\boldsymbol{\Omega}^{-1}E(\boldsymbol{\varepsilon}\boldsymbol{\varepsilon}')] = \sigma^2\operatorname{tr}(\boldsymbol{\Omega}^{-1}\boldsymbol{\Omega}) \\ &= \sigma^2\operatorname{tr}(\boldsymbol{I}) = n\sigma^2,\end{aligned}$$

有

$$E\left(\frac{\partial^2 \ln L}{\partial\boldsymbol{\beta}\partial\boldsymbol{\beta}'}\right) = -\frac{1}{\sigma^2}\boldsymbol{X}'\boldsymbol{\Omega}^{-1}\boldsymbol{X},$$

$$E\left(\frac{\partial^2 \ln L}{\partial\boldsymbol{\beta}\partial\sigma^2}\right) = \mathbf{0},$$

$$E\left(\frac{\partial^2 \ln L}{\partial\sigma^2\partial\sigma^2}\right) = \frac{n}{2}\cdot\frac{1}{\sigma^4} - \frac{1}{\sigma^6}\cdot n\sigma^2 = -\frac{n}{2\sigma^4},$$

$$\therefore\ I(\boldsymbol{\theta}) = \begin{bmatrix}\dfrac{1}{\sigma^2}\boldsymbol{X}'\boldsymbol{\Omega}^{-1}\boldsymbol{X} & \mathbf{0} \\ \mathbf{0} & \dfrac{n}{2\sigma^4}\end{bmatrix}.$$

因此有

$$\text{asy. Var}(\tilde{\boldsymbol{\beta}}) = \sigma^2(\boldsymbol{X}'\boldsymbol{\Omega}^{-1}\boldsymbol{X})^{-1},$$

$$\text{asy. Var}(\tilde{\sigma}^2) = \frac{2\sigma^4}{n}.$$

(4) $\tilde{\boldsymbol{\beta}},\tilde{\sigma}^2$ 渐近服从正态分布

三、对参数约束检验

对参数 $\boldsymbol{\beta}$ 进行约束检验时,常采用似然比检验统计量:

$$\text{LR} = n\ln\frac{\tilde{\sigma}_R^2}{\tilde{\sigma}_U^2} \overset{a}{\sim} \chi^2(J),$$

其中,$\tilde{\sigma}_R^2,\tilde{\sigma}_U^2$ 分别为 σ^2 的有约束、无约束的最大似然估计量;J 为检验假设 H_0 中的约束个数。这是因为将最大似然估计量 $\tilde{\boldsymbol{\beta}},\tilde{\sigma}^2$ 代入 $\ln L$ 得

$$\ln \tilde{L} = -\frac{n}{2}\ln(2\pi) - \frac{n}{2}\ln \tilde{\sigma}^2 - \frac{1}{2}\ln|\boldsymbol{\Omega}| - \frac{1}{2\tilde{\sigma}^2}\tilde{\boldsymbol{e}}'\boldsymbol{\Omega}^{-1}\tilde{\boldsymbol{e}}$$

$$= -\frac{n}{2}\ln(2\pi) - \frac{n}{2}\ln \tilde{\sigma}^2 - \frac{1}{2}\ln|\boldsymbol{\Omega}| - \frac{n}{2},$$

$$(\because\ \tilde{\boldsymbol{e}}'\boldsymbol{\Omega}^{-1}\tilde{\boldsymbol{e}} = n\tilde{\sigma}^2),$$

所以

$$\begin{aligned}
\mathrm{LR} &= -2(\ln \tilde{L}_R - \ln \tilde{L}_U) \\
&= -2\left[\left(-\frac{n}{2}\ln \tilde{\sigma}_R^2\right) - \left(-\frac{n}{2}\ln \tilde{\sigma}_U^2\right)\right] \\
&= n(\ln \tilde{\sigma}_R^2 - \ln \tilde{\sigma}_U^2) \\
&= n\ln \frac{\tilde{\sigma}_R^2}{\tilde{\sigma}_U^2}.
\end{aligned}$$

需要说明的是，与 GLS 方法一样，上述介绍的最大似然估计方法前提条件是 $\boldsymbol{\Omega}$ 已知。若 $\boldsymbol{\Omega}$ 未知，需对 $\boldsymbol{\Omega}$ 加以某种方式的约束，一般需假定 $\boldsymbol{\Omega}=\boldsymbol{\Omega}(\boldsymbol{\theta})$，其中 $\boldsymbol{\theta}$ 不是 $\beta_1,\cdots,\beta_K$ 的函数。我们将在第 10 章和第 11 章结合异方差和自相关两种具体情况进行介绍。

第10章 异方差性

上一章介绍了广义回归模型,即具有非球形扰动项的回归模型。非球形扰动项的两个特例是异方差扰动项和自相关扰动项,本章讨论异方差的情况。本章首先介绍异方差的概念及存在异方差情况下最小二乘估计量的性质;然后介绍异方差性的检验方法;最后阐述存在异方差情况下的估计方法。

§1 异方差的概念

一、异方差模型

异方差属于非球形扰动项的一种特例。若 $\mathrm{Var}(\varepsilon_i \mid \boldsymbol{X})$ 不是常数,即对应于不同观测对象的扰动项具有不同的方差,则称模型为异方差模型。为简单起见,假定模型仍为多元线性回归模型,异方差模型的假定如下:

$$\boldsymbol{Y} = \boldsymbol{X\beta} + \boldsymbol{\varepsilon},$$

其中

$$\begin{aligned}
E(\boldsymbol{\varepsilon} \mid \boldsymbol{X}) &= \boldsymbol{0}, \\
\mathrm{Var}(\boldsymbol{\varepsilon} \mid \boldsymbol{X}) &= E(\boldsymbol{\varepsilon\varepsilon}' \mid \boldsymbol{X}) \\
&= \boldsymbol{V} = \begin{bmatrix} \sigma_1^2 & 0 & \cdots & 0 \\ 0 & \ddots & & \vdots \\ \vdots & & \ddots & 0 \\ 0 & \cdots & 0 & \sigma_n^2 \end{bmatrix} \\
&= \sigma^2 \boldsymbol{\Omega} = \sigma^2 \begin{bmatrix} \omega_1 & 0 & \cdots & 0 \\ 0 & \ddots & & \vdots \\ \vdots & & \ddots & 0 \\ 0 & \cdots & 0 & \omega_n \end{bmatrix},
\end{aligned}$$

其中,$w_1, \cdots, w_n$ 不全相同,亦即

$$\mathrm{Var}(\varepsilon_i \mid \boldsymbol{X}) = E(\varepsilon_i^2 \mid \boldsymbol{X}) = \sigma_i^2 = \sigma^2\omega_i, \quad i = 1,2,\cdots,n,$$
$$\mathrm{Cov}(\varepsilon_i,\varepsilon_j \mid \boldsymbol{X}) = E(\varepsilon_i\varepsilon_j \mid \boldsymbol{X}) = \mathbf{0}, \quad \forall i \neq j, j = 1,2,\cdots,n.$$

为便于分析,设 $\mathrm{tr}(\boldsymbol{\Omega}) = \sum_{i=1}^{n} \omega_i = n$,则 $\sigma^2 = \frac{1}{n}\sum_{i=1}^{n} \sigma_i^2$。

假设模型满足其他古典假定。

二、异方差现象举例

横截面资料常常存在异方差问题。比如,在研究同一时期家庭的消费支出与收入的关系时,可以预见,由于要将大部分收入用于衣食住行等基本生活开支上,所以低收入家庭在消费上的灵活性较小,相应地其消费支出的波动性也会较小,即随机扰动项具有较小的方差;高收入家庭由于收入多,所以消费支出可多也可少,消费上的灵活性较大,相应地其消费支出的波动性也会较大,即随机扰动项具有较大的方差。在研究公司利润时可以预见,一般大公司的利润波动较大,小公司的利润波动较小,因此对应于大公司的随机扰动项具有较大的方差,而对应于小公司的随机扰动项的方差相对较小。

分组资料也常出现异方差问题。对于古典回归模型:

$$\boldsymbol{Y} = \boldsymbol{X\beta} + \boldsymbol{\varepsilon},$$

我们将样本分成 G 组,以下标 i 表示,$i=1,2,\cdots,G$。假设第 i 组内共有 n_i 个观测,以下标 j_i 表示,简记为 j,其中 $j=1,2,\cdots,n_i$。总样本容量为 $n=n_1+\cdots+n_G$。

现在,模型可以表示为

$$Y_{ij} = \beta_1 + \beta_2 X_{ij2} + \cdots + \beta_K X_{ijK} + \varepsilon_{ij}.$$

假设模型满足古典假定:

$$E(\varepsilon_{ij} \mid \boldsymbol{X}) = 0,$$
$$\mathrm{Var}(\varepsilon_{ij} \mid \boldsymbol{X}) = E(\varepsilon_{ij}^2 \mid \boldsymbol{X}) = \sigma^2,$$
$$\mathrm{Cov}(\varepsilon_{ij},\varepsilon_{ls} \mid \boldsymbol{X}) = E(\varepsilon_{ij}\varepsilon_{ls} \mid \boldsymbol{X}) = 0, \quad \text{对于 } i \neq l \text{ 或 } j \neq s,$$
$$\varepsilon_{ij} \mid \boldsymbol{X} \sim N(0,\sigma^2).$$

模型用矩阵形式表示为

$$\begin{bmatrix} Y_{11} \\ \vdots \\ Y_{1n_1} \\ \vdots \\ Y_{G1} \\ \vdots \\ Y_{Gn_G} \end{bmatrix} = \begin{bmatrix} 1 & X_{112} & \cdots & X_{11K} \\ \vdots & \vdots & & \vdots \\ 1 & X_{1n_1 2} & \cdots & X_{1n_1 K} \\ \vdots & \vdots & & \vdots \\ 1 & X_{G12} & \cdots & X_{G1K} \\ \vdots & \vdots & & \vdots \\ 1 & X_{Gn_G 2} & \cdots & X_{Gn_G K} \end{bmatrix} \begin{bmatrix} \beta_1 \\ \vdots \\ \beta_K \end{bmatrix} + \begin{bmatrix} \varepsilon_{11} \\ \vdots \\ \varepsilon_{1n_1} \\ \vdots \\ \varepsilon_{G1} \\ \vdots \\ \varepsilon_{Gn_G} \end{bmatrix}.$$

如果我们将各变量按组平均,表示为

$$\bar{Y}_i = \frac{1}{n_i}\sum_{j=1}^{n_i} Y_{ij}, \quad \bar{X}_{ik} = \frac{1}{n_i}\sum_{j=1}^{n_i} X_{ijk}, \quad \bar{\varepsilon}_i = \frac{1}{n_i}\sum_{j=1}^{n_i} \varepsilon_{ij}.$$

然后以这些分组平均的数据建立模型:

$$\begin{bmatrix} \bar{Y}_1 \\ \vdots \\ \bar{Y}_G \end{bmatrix} = \begin{bmatrix} 1 & \bar{X}_{12} & \cdots & \bar{X}_{1K} \\ \vdots & \vdots & & \vdots \\ 1 & \bar{X}_{G2} & \cdots & \bar{X}_{GK} \end{bmatrix} \begin{bmatrix} \beta_1 \\ \vdots \\ \beta_K \end{bmatrix} + \begin{bmatrix} \bar{\varepsilon}_1 \\ \vdots \\ \bar{\varepsilon}_G \end{bmatrix},$$

其中,第 i 行为

$$\bar{Y}_i = \beta_1 + \beta_2\bar{X}_{i2} + \cdots + \beta_K\bar{X}_{iK} + \bar{\varepsilon}_i \quad i = 1,\cdots,G.$$

或以矩阵形式表示为

$$\bar{\boldsymbol{Y}} = \bar{\boldsymbol{X}}\boldsymbol{\beta} + \bar{\boldsymbol{\varepsilon}},$$

其中,$\bar{\boldsymbol{Y}}$、$\bar{\boldsymbol{\varepsilon}}$ 都为 G 维列向量,$\bar{\boldsymbol{X}}$ 为 $G\times K$ 阶矩阵,$\boldsymbol{\beta}$ 为 K 维列向量。

这一新模型就会出现异方差问题。它的随机扰动项具有如下性质:

① $E(\bar{\boldsymbol{\varepsilon}}|\boldsymbol{X})=\boldsymbol{0}$,即 $E(\bar{\varepsilon}_i|\boldsymbol{X})=\boldsymbol{0}$,$i=1,2,\cdots,G$。

② $\mathrm{Var}(\bar{\varepsilon}_i|\boldsymbol{X})=\frac{1}{n_i}\sigma^2$, $i=1,2,\cdots,G$。

[证明]

$$\begin{aligned}\mathrm{Var}(\bar{\varepsilon}_i \mid \boldsymbol{X}) &= \mathrm{Var}\left(\frac{1}{n_i}\sum_{j=1}^{n_i} \varepsilon_{ij} \mid \boldsymbol{X}\right) \\ &= \frac{1}{n_i^2}\sum_{j=1}^{n_i} \mathrm{Var}(\varepsilon_{ij} \mid \boldsymbol{X}) \\ &= \frac{1}{n_i^2}n_i\sigma^2 = \frac{1}{n_i}\sigma^2.\end{aligned}$$

③ $\mathrm{Cov}(\bar{\varepsilon}_i,\bar{\varepsilon}_l|\boldsymbol{X})=E(\bar{\varepsilon}_i\bar{\varepsilon}_l|\boldsymbol{X})=0$, $\forall\, i\neq l$。

[证明]

$$E(\bar{\varepsilon}_i\bar{\varepsilon}_l \mid \boldsymbol{X}) = \frac{1}{n_i}\cdot\frac{1}{n_l}E\left[\left(\sum_{j=1}^{n_i}\varepsilon_{ij}\cdot\sum_{j=1}^{n_l}\varepsilon_{lj}\right)\middle|\,\boldsymbol{X}\right] = 0,$$

这是因为 $i\neq l$ 时,$E(\varepsilon_{ij}\varepsilon_{ls}|\boldsymbol{X})=0$。

④ 由上述推导知

$$
\begin{aligned}
\operatorname{Var}(\bar{\boldsymbol{\varepsilon}} \mid \boldsymbol{X}) &= E(\bar{\boldsymbol{\varepsilon}}\bar{\boldsymbol{\varepsilon}}' \mid \boldsymbol{X}) \\
&= \begin{bmatrix} \dfrac{\sigma^2}{n_1} & & 0 \\ & \ddots & \\ 0 & & \dfrac{\sigma^2}{n_G} \end{bmatrix} = \sigma^2 \begin{bmatrix} \dfrac{1}{n_1} & & 0 \\ & \ddots & \\ 0 & & \dfrac{1}{n_G} \end{bmatrix},
\end{aligned}
$$

此处,$\omega_i = \dfrac{1}{n_i}$。当 n_i 增加时,$\operatorname{Var}(\bar{\varepsilon}_i \mid \boldsymbol{X}) = \dfrac{\sigma^2}{n_i}$减少。

此外,回归模型的设定不正确也会造成异方差。例如,在一个商品的需求函数中,若没有将有关的互补商品和替代商品的价格引进来(即遗漏了变量),随机扰动项包含了这些遗漏的变量,就很可能出现异方差。

§2　普通最小二乘估计

一、对普通最小二乘估计量的评价

在随机扰动项具有异方差的情况下,OLS 估计量具有什么样的性质呢?我们可以从几个方面来看。

1. 参数估计量 $\boldsymbol{b}$ 的数字表征及统计特性

参数 $\boldsymbol{\beta}$ 估计量的表达式仍为 $\boldsymbol{b}=(\boldsymbol{X}'\boldsymbol{X})^{-1}\boldsymbol{X}'\boldsymbol{Y}$,其数字表征及统计特性如下:

① 当解释变量为固定变量时,$\boldsymbol{b}$ 仍具有线性性。

② 由于 $\boldsymbol{b}$ 的期望 $E(\boldsymbol{b})=\boldsymbol{\beta}$,所以 $\boldsymbol{b}$ 是 $\boldsymbol{\beta}$ 的无偏估计量,$\boldsymbol{b}$ 仍具有无偏性。当然 $\boldsymbol{b}$ 也具有一致性。

③ 由第 9 章可知 $\boldsymbol{b}$ 的条件方差-协方差阵为

$$
\widehat{\operatorname{Var}(\boldsymbol{b} \mid \boldsymbol{X})} = (\boldsymbol{X}'\boldsymbol{X})^{-1}(\boldsymbol{X}'\boldsymbol{V}\boldsymbol{X})(\boldsymbol{X}'\boldsymbol{X})^{-1}.
$$

但由于异方差模型中,$\boldsymbol{V}(\boldsymbol{\Omega})$ 为对角阵,所以 $\boldsymbol{b}$ 的条件方差-协方差阵具有特殊形式:

$$
\begin{aligned}
\widehat{\operatorname{Var}(\boldsymbol{b} \mid \boldsymbol{X})} &= (\boldsymbol{X}'\boldsymbol{X})^{-1}\left(\sum_{i=1}^{n} \sigma_i^2 \boldsymbol{x}^i \boldsymbol{x}^{i\prime}\right)(\boldsymbol{X}'\boldsymbol{X})^{-1} \\
&= n(\boldsymbol{X}'\boldsymbol{X})^{-1}\left(\sum_{i=1}^{n} \frac{\sigma_i^2}{n} \boldsymbol{x}^i \boldsymbol{x}^{i\prime}\right)(\boldsymbol{X}'\boldsymbol{X})^{-1},
\end{aligned}
$$

或

$$
\widehat{\operatorname{Var}(\boldsymbol{b} \mid \boldsymbol{X})} = \sigma^2(\boldsymbol{X}'\boldsymbol{X})^{-1}(\boldsymbol{X}'\boldsymbol{\Omega}\boldsymbol{X})(\boldsymbol{X}'\boldsymbol{X})^{-1}
$$

$$= \sigma^2 (X'X)^{-1} \left(\sum_{i=1}^{n} \omega_i x^i x^{i\prime} \right) (X'X)^{-1}$$

$$= \frac{\sigma^2}{n} \left(\frac{1}{n} X'X \right)^{-1} \left(\sum_{i=1}^{n} \frac{\omega_i}{n} x^i x^{i\prime} \right) \left(\frac{1}{n} X'X \right)^{-1},$$

其中,$x^i = (X_{i1}, \cdots, X_{iK})'$表示由解释变量的第 i 个观测值构成的 K 维列向量。

$$x^i x^{i\prime} = \begin{bmatrix} X_{i1} \\ \vdots \\ X_{iK} \end{bmatrix} [X_{i1}, \cdots, X_{iK}] = \begin{bmatrix} X_{i1}^2 & \cdots & X_{i1}X_{iK} \\ \vdots & & \vdots \\ X_{iK}X_{i1} & \cdots & X_{iK}^2 \end{bmatrix}$$

为 $K \times K$ 阶矩阵,矩阵中的元素为各解释变量观测值的平方或是交叉积。又因 $\omega_i \geqslant 0$,且 $\sum_{i=1}^{n} \omega_i = n$, 所以$\frac{\omega_i}{n}$为权数,也即 $\sum_{i=1}^{n} \frac{\omega_i}{n} x^i x^{i\prime}$ 为 n 个 $K \times K$ 阶矩阵的加权。

2. s^2 是 σ^2 的有偏估计

可以证明 $E(s^2) \neq \sigma^2$,其中 $s^2 = \frac{e'e}{n-K}$,这表明估计量 s^2 是 σ^2 的有偏估计。常有 $E(s^2) < \sigma^2$,所以从平均意义来看 s^2 低估了 σ^2。

3. t 检验失效

由于此时 s^2 是 σ^2 的有偏估计,$\widehat{\mathrm{Var}(b \mid X)} \neq \sigma^2 (X'X)^{-1}$,所以 t 统计量不服从 t 分布,因此 t 检验失效。又由于 s^2 常常低估计了 σ^2,所以$|t|$常被高估。

4. 有效性差

采用 OLS 方法估计异方差模型,其估计量的有效性差。以一元线性回归模型为例说明,设其离差形式的模型为

$$y_i = \beta x_i + (\varepsilon_i - \bar{\varepsilon}),$$

假定扰动项满足如下条件:

$$E(\varepsilon_i \mid X) = 0, \quad \mathrm{Var}(\varepsilon_i \mid X) = \sigma^2 x_i^2, \quad \mathrm{Cov}(\varepsilon_i, \varepsilon_j \mid X) = 0, \quad \forall i \neq j,$$

即

$$\mathrm{Var}(\varepsilon \mid X) = \sigma^2 \begin{bmatrix} x_1^2 & & 0 \\ & \ddots & \\ 0 & & x_n^2 \end{bmatrix}.$$

若采用 OLS 方法估计,则β 的 OLS 估计量 b 的条件方差为

$$\widehat{\mathrm{Var}(b \mid X)} = \sigma^2 \frac{\sum_{i=1}^{n} x_i^4}{\left(\sum_{i=1}^{n} x_i^2 \right)^2}.$$

令 $x_i^2 = W_i$,则

$$\sum_{i=1}^{n} x_i^4 = \sum_{i=1}^{n} W_i^2 = \sum_{i=1}^{n} w_i^2 + n\overline{W}^2,$$

其中，$\overline{W} = \frac{1}{n}\sum_{i=1}^{n} W_i, w_i = W_i - \overline{W}$，而

$$\sum_{i=1}^{n} x_i^2 = \sum_{i=1}^{n} W_i = n\overline{W},$$

$$\therefore \ \widehat{\mathrm{Var}(b \mid \boldsymbol{X})} = \sigma^2 \frac{\sum_{i=1}^{n} w_i^2 + n\overline{W}^2}{n^2\overline{W}^2}.$$

若采用 FGLS 方法来估计，则

$$\begin{aligned}\mathrm{Var}(\tilde{b} \mid \boldsymbol{X}) &= \sigma^2(\boldsymbol{x}'\boldsymbol{\Omega}^{-1}\boldsymbol{x})^{-1} \\ &= \sigma^2\left[[x_1,\cdots,x_n]\begin{bmatrix}\frac{1}{x_1^2} & & \\ & \ddots & \\ & & \frac{1}{x_n^2}\end{bmatrix}\begin{bmatrix}x_1\\ \vdots \\ x_n\end{bmatrix}\right]^{-1} = \frac{\sigma^2}{n}.\end{aligned}$$

现在，我们来比较两个估计量的方差：

$$\eta = \frac{\mathrm{Var}(\tilde{b} \mid \boldsymbol{X})}{\widehat{\mathrm{Var}(b \mid \boldsymbol{X})}} = \frac{\frac{\sigma^2}{n}}{\sigma^2 \frac{\sum_{i=1}^{n} w_i^2 + n\overline{W}^2}{n^2\overline{W}^2}} = \frac{n\overline{W}^2}{\sum_{i=1}^{n} w_i^2 + n\overline{W}^2} < 1,$$

表明 OLS 估计量的有效性要低于 GLS 估计量。

总之，参数的 OLS 估计量具有无偏性、一致性，且渐近服从正态分布（证明略），但不再具有最小方差性和有效性，且 t 检验失效。

二、方差的怀特估计量

1. 怀特（White）估计量

我们已经看到，在模型存在异方差的情况下若仍然采用普通最小二乘法来估计参数，那么常规的统计推断将失效。如果了解了异方差的结构，就可以使用更有效的广义最小二乘法。可是，如果不了解异方差的结构呢？怀特（White，1980）给出了在这种情况下 $\boldsymbol{b}$ 的渐近方差–协方差阵估计量，只要样本容量足够大就可以据此进行统计推断。

采用 OLS 方法得到 $\boldsymbol{\beta}$ 的估计量 $\boldsymbol{b} = (\boldsymbol{X}'\boldsymbol{X})^{-1}\boldsymbol{X}'\boldsymbol{Y}$ 之后，可以利用下式估计 $\boldsymbol{b}$ 的渐近条件方差–协方差阵：

$$\text{asy. } \widehat{\widehat{\mathrm{Var}(\boldsymbol{b} \mid \boldsymbol{X})}} = n(\boldsymbol{X}'\boldsymbol{X})^{-1}\boldsymbol{S}_0(\boldsymbol{X}'\boldsymbol{X})^{-1},$$

其中

$$\boldsymbol{S}_0 = \frac{1}{n}\sum_{i=1}^{n} e_i^2 \boldsymbol{x}^i \boldsymbol{x}^{i\prime}.$$

这是因为

$$\widehat{\mathrm{Var}(\boldsymbol{b} \mid \boldsymbol{X})} = n(\boldsymbol{X}'\boldsymbol{X})^{-1}\left(\sum_{i=1}^{n} \frac{\sigma_i^2}{n}\boldsymbol{x}^i \boldsymbol{x}^{i\prime}\right)(\boldsymbol{X}'\boldsymbol{X})^{-1},$$

以 e_i^2 替代 σ_i^2,即得

$$\begin{aligned}\text{asy. } \widehat{\widehat{\mathrm{Var}(\boldsymbol{b} \mid \boldsymbol{X})}} &= n(\boldsymbol{X}'\boldsymbol{X})^{-1}\left(\sum_{i=1}^{n} \frac{e_i^2}{n}\boldsymbol{x}^i \boldsymbol{x}^{i\prime}\right)(\boldsymbol{X}'\boldsymbol{X})^{-1} \\ &= n(\boldsymbol{X}'\boldsymbol{X})^{-1}\boldsymbol{S}_0(\boldsymbol{X}'\boldsymbol{X})^{-1}.\end{aligned}$$

采用怀特估计量的优点如下:一方面 $\boldsymbol{b}$ 是一致估计量;另一方面不需要知道异方差的具体类型和结构,只要利用 OLS 残差即可。

2. 例

现有 100 名信用卡客户的有关资料,要分析信用卡消费额(以 Avgexp 表示)与年龄(以 Age 表示)、收入(以 Income 表示)及是否拥有住房(以 Ownrent 表示)等因素之间的关系。考虑到消费额与收入之间可能存在非线性关系,我们还引进收入的平方(以 Income2 表示)作为一个新的解释变量。另外,鉴于某些客户信用卡消费额为零很可能是由特定原因造成的,故我们将这些客户排除在外,最后剩下 72 个观测用于回归分析。数据来自格林(2020)。

模型设定为

$$\text{Avgexp}_i = \beta_1 + \beta_2 \text{Age}_i + \beta_3 \text{Ownrent}_i + \beta_4 \text{Income}_i + \beta_5 \text{Income2}_i + \varepsilon_i, \quad i = 1,\cdots,72$$

我们首先采用 OLS 方法估计模型,绘制残差与拟合值的散点图。Stata 程序如下:

```
use data11.dta,clear
drop if avgexp == 0
gen income2 = income ^2
reg avgexp age ownrent income income2
rvfplot
```

得到散点图如图 10-1 所示。

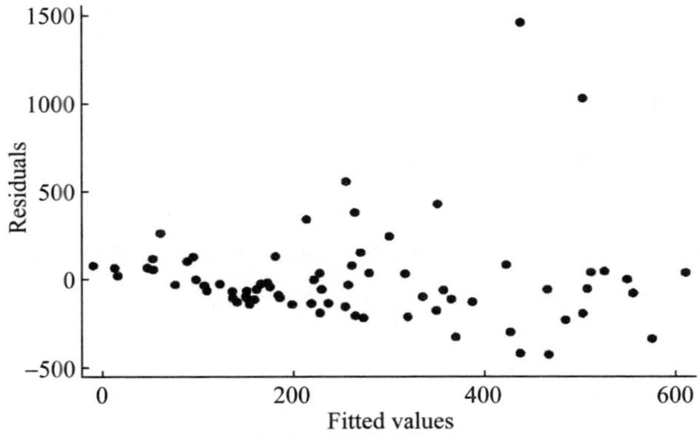

图 10-1　残差与拟合值的散点图示例

可以看出,随着拟合值的增大,残差的散布程度也增大,显示存在异方差。

在 Stata 中,我们可以直接基于异方差稳健标准误估计模型:

```
reg avgexp age ownrent income income2, robust
```

输出结果如下:

```
Linear regression                               Number of obs     =         72
                                                F(4, 67)          =      12.51
                                                Prob > F          =     0.0000
                                                R-squared         =     0.2436
                                                Root MSE          =     284.75
```

avgexp	Coefficient	Robust std. err.	t	P>|t|	[95% conf.	interval]
age	-3.081814	3.422641	-0.90	0.371	-9.913434	3.749805
ownrent	27.94091	95.56573	0.29	0.771	-162.8091	218.6909
income	234.347	92.12261	2.54	0.013	50.46954	418.2245
income2	-14.99684	7.199027	-2.08	0.041	-29.36616	-.6275257
_cons	-237.1465	220.795	-1.07	0.287	-677.8551	203.5621

检验收入及其二次项的联合显著性:

```
test (income=0) (income2=0)
```

结果如下:

```
. test (income=0) (income2=0)

 ( 1)  income = 0
 ( 2)  income2 = 0

       F(  2,    67) =    9.59
            Prob > F =    0.0002
```

可见,在0.01的显著性水平下可以拒绝原假设,这表明收入对于信用卡消费支出具有显著影响。

§3 异方差性的检验

本节提供几种异方差性的检验方法,但针对某种具体的异方差形式,哪一种方法更为有效,并没有明确结论。

一、怀特检验

怀特(White,1980)提出了一种可以直接检验是否存在异方差的方法,即怀特检验(White Test)。对于模型:

$$\boldsymbol{Y} = \boldsymbol{X\beta} + \boldsymbol{\varepsilon},$$

零假设为

$$\mathrm{H}_0:\sigma_i^2 = \sigma^2, \quad i = 1,2,\cdots,n,$$

$$\mathrm{H}_1: 非\ \mathrm{H}_0。$$

第一步:以 $\boldsymbol{Y}$ 对 $\boldsymbol{X}$ 作 OLS 回归,得到残差序列 $e_1,\cdots,e_n$。

第二步:以 e_i^2 作为被解释变量,以原解释变量、解释变量的平方、解释变量的交叉乘积作为新的解释变量进行回归,即所谓辅助回归。将回归元(含截距项)的个数记为 P,得到可决系数 R^2。例如:二元线性回归模型 $Y=\beta_1+\beta_2X_2+\beta_3X_3+\varepsilon$,对应的辅助回归的解释变量为 X_2, X_3, X_2^2, X_3^2, X_2X_3, $P=6$。

第三步:构造统计量 nR^2,在零假设为真的情况下,该统计量渐近服从自由度为 $P-1$ 的χ^2 分布,即

$$nR^2 \sim \chi^2(P-1).$$

若 $nR^2>\chi_\alpha^2(P-1)$,则在显著性水平 α 下拒绝 H_0,即拒绝同方差性。

在进行第二步时要非常小心。一是如果某些解释变量为虚拟变量,就必须舍弃一些重复项,否则将产生完全共线性问题。二是如果原模型存在若干解释变量,那么辅助回归中的回归元就会很多,这会损耗大量的自由度甚至导致无法进行辅助回归。此时可以 e_i^2 作为被解释变量,以 $\hat{Y}_i$, $\hat{Y}_i^2$作为解释变量进行回归,以相应的 R^2作为基础构造统计量。

怀特检验方法的优点是不需要对异方差的结构进行特定的假定,但也存在缺点。一是如果出现拒绝 H_0的结果,可能是由于模型确实存在异方差,也可能是由于模型设定不合理,比如遗漏了某个重要变量。二是如果模型确实存在异方差,我们仍不清楚其结构,也就是说怀特检验不具有建设性,不能为下一步处理异方差指明方向。此外,这一检验的势比较低,也就是说犯第二类错误的概率比较大。

二、戈德菲尔德-匡特检验

如果不同观测对象的扰动项方差相同,那么样本某一部分的方差将和样本另一部分的方差相同,所以可以使用 F 统计量来检验扰动项方差的均衡性,这就是戈德菲尔德-匡特检验(Goldfeld-Quandt Test)的基本思想(1965)。更具体地讲,对于模型:

$$\boldsymbol{Y} = \boldsymbol{X\beta} + \boldsymbol{\varepsilon},$$

如果随机扰动项的方差与某个解释变量 X_k 有关,不妨假定正相关,我们将全部观测按照解释变量 X_k 由低到高排序,去掉居中的 c 个观测,将余下的观测分为两组,每组各含 $\frac{n-c}{2}$ 个观测。假定在每组内部,随机扰动项方差相同,而不同组的方差不相同,假定第一组方差为 σ_1^2,第二组方差为 σ_2^2。

现在,要检验的假设为

$$\begin{cases} \mathrm{H}_0: \sigma_1^2 = \sigma_2^2, \\ \mathrm{H}_1: \sigma_1^2 \neq \sigma_2^2. \end{cases}$$

检验步骤如下:

第一步:分别利用两组数据进行回归,得到各自的残差平方和,分别记为 $\boldsymbol{e}_1'\boldsymbol{e}_1$ 和 $\boldsymbol{e}_2'\boldsymbol{e}_2$,假定 $\boldsymbol{e}_2'\boldsymbol{e}_2 > \boldsymbol{e}_1'\boldsymbol{e}_1$。

第二步:构造检验统计量,在零假设为真的情况下有

$$F = \frac{\boldsymbol{e}_2'\boldsymbol{e}_2/l}{\boldsymbol{e}_1'\boldsymbol{e}_1/l} \sim F(l,l),$$

其中,$l = \frac{n-c}{2} - K$。

若 $F > F_\alpha(l,l)$,则在显著性水平 α 下拒绝 H_0,即拒绝同方差性。

这一检验方法不仅要求预先知道异方差与什么因素有关,而且一般要求样本容量 $n>30$,而删除的中间观测数 c 要适当。如果删除的观测过多,会使参数估计的自由度过少;如果删除的观测过少,两组之间的差异可能难以分辨出来。

三、B-P 检验

基于拉格朗日乘数检验的原理,Breusch 和 Pagan(1979)提出了 B-P 检验。他们假定随机扰动项方差是解释变量的函数:

$$\mathrm{Var}(\varepsilon_i \mid \boldsymbol{X}) = \sigma_i^2 = \sigma^2 f(\boldsymbol{x}^i).$$

不妨设有 P 个解释变量与扰动项方差有关,将这 P 个解释变量分别记为 $Z_1, Z_2, \cdots, Z_P$(注意,这 P 个变量是从原解释变量中挑选出来的),这样就有

$$\frac{\sigma_i^2}{\sigma^2} = f(\alpha_0 + \alpha_1 Z_{i1} + \cdots + \alpha_P Z_{iP}).$$

记 $\boldsymbol{\alpha}=(\alpha_1,\cdots,\alpha_P)'$, $\boldsymbol{z}^i=(Z_{i1},\cdots,Z_{ip})'$,则

$$\frac{\sigma_i^2}{\sigma^2} = f(\alpha_0 + \boldsymbol{\alpha}'\boldsymbol{z}^i).$$

现在,要检验的假设为

$$\begin{cases} \mathrm{H}_0: \boldsymbol{\alpha} = \mathbf{0}, \\ \mathrm{H}_1: \boldsymbol{\alpha} \neq \mathbf{0}. \end{cases}$$

检验步骤如下:

第一步:将 $\boldsymbol{Y}$ 对 $\boldsymbol{X}$ 作 OLS 回归,得到残差序列 $e_1,\cdots,e_n$ 以及残差平方和 $\boldsymbol{e}'\boldsymbol{e}$。

第二步:生成序列 $g_1,\cdots,g_n$,其定义为

$$g_i = \frac{e_i^2}{\hat{s}^2},$$

其中

$$\hat{s}^2 = \frac{\boldsymbol{e}'\boldsymbol{e}}{n}.$$

第三步:以 $\boldsymbol{g}$ 对 $\mathbf{Z}$ 作 OLS 回归,得到解释变差为 $\boldsymbol{g}'\mathbf{Z}(\mathbf{Z}'\mathbf{Z})^{-1}\mathbf{Z}'\boldsymbol{g}-n$,其中 $\boldsymbol{g}=(g_1,\cdots,g_n)'$, $\mathbf{Z}=[\mathbf{i},\boldsymbol{z}_1,\cdots,\boldsymbol{z}_P]$ 为 $n\times(P+1)$ 阶样本阵,$\boldsymbol{z}_p=(Z_{1p},\cdots,Z_{np})'$, $p=1,\cdots,P$。

[证明]

$$\because\ \hat{\boldsymbol{Y}}'\hat{\boldsymbol{Y}} = (\boldsymbol{X}\boldsymbol{b})'(\boldsymbol{X}\boldsymbol{b}) = \boldsymbol{b}'\boldsymbol{X}'\boldsymbol{X}\boldsymbol{b} = \boldsymbol{b}'\boldsymbol{X}'\boldsymbol{Y},$$

$\therefore$ 一般 $\boldsymbol{Y}$ 对 $\boldsymbol{X}$ 回归的解释变差为

$$\begin{aligned} \hat{\boldsymbol{y}}'\hat{\boldsymbol{y}} &= \hat{\boldsymbol{Y}}'\hat{\boldsymbol{Y}} - n\overline{Y}^2 = \boldsymbol{b}'\boldsymbol{X}'\boldsymbol{Y} - n\overline{Y}^2 \\ &= [(\boldsymbol{X}'\boldsymbol{X})^{-1}\boldsymbol{X}'\boldsymbol{Y}]'\boldsymbol{X}'\boldsymbol{Y} - n\overline{Y}^2 \\ &= \boldsymbol{Y}'\boldsymbol{X}(\boldsymbol{X}'\boldsymbol{X})^{-1}\boldsymbol{X}'\boldsymbol{Y} - n\overline{Y}^2. \end{aligned}$$

现在取 $\boldsymbol{Y}=\boldsymbol{g}$, $\boldsymbol{X}=\boldsymbol{Z}$,又因

$$\bar{g} = \frac{1}{n}\sum_{i=1}^{n} g_i = \frac{1}{\hat{s}^2}\cdot\frac{1}{n}\sum_{i=1}^{n} e_i^2 = 1,$$

$\therefore$ $\boldsymbol{g}$ 对 $\mathbf{Z}$ 的 OLS 回归的解释变差 $=\boldsymbol{g}'\mathbf{Z}(\mathbf{Z}'\mathbf{Z})^{-1}\mathbf{Z}'\boldsymbol{g}-n$。

第四步:计算检验统计量,即 B-P 统计量,如下。

$$\mathrm{LM} = \frac{1}{2}[\boldsymbol{g}'\mathbf{Z}(\mathbf{Z}'\mathbf{Z})^{-1}\mathbf{Z}'\boldsymbol{g} - n].$$

在 H_0 为真的情况下,上述统计量渐近服从自由度为 P 的卡方分布。

若 LM>$\chi^2_\alpha(P)$，则在显著性水平 α 下拒绝 H_0，即拒绝同方差性。

四、修正的 B-P 检验

上述 B-P 统计量对随机扰动项的正态性假定比较敏感，Koenker 和 Bassett（1982）提出了一个改进的统计量，即修正的 B-P 统计量，如下：

$$\text{修正的 B-P 统计量} = \frac{1}{d}\boldsymbol{q}'\boldsymbol{Z}(\boldsymbol{Z}'\boldsymbol{Z})^{-1}\boldsymbol{Z}'\boldsymbol{q},$$

其中

$$\boldsymbol{q} = \boldsymbol{u} - \bar{u}\mathbf{i}, \quad \boldsymbol{u} = (e_1^2, \cdots, e_n^2)',$$

$$\bar{u} = \frac{1}{n}\sum_{i=1}^{n} e_i^2 = \hat{s}^2,$$

即

$$\boldsymbol{q} = (e_1^2 - \hat{s}^2, \cdots, e_n^2 - \hat{s}^2)',$$

而

$$d = \frac{1}{n}\|\boldsymbol{q}\|^2 = \frac{1}{n}\sum_{i=1}^{n}(e_i^2 - \hat{s}^2)^2,$$

所以

$$\text{LM} = n\left(\frac{\boldsymbol{q}}{\|\boldsymbol{q}\|}\right)'\boldsymbol{Z}(\boldsymbol{Z}'\boldsymbol{Z})^{-1}\boldsymbol{Z}'\left(\frac{\boldsymbol{q}}{\|\boldsymbol{q}\|}\right),$$

在 H_0 为真的情况下，上述检验统计量渐近服从自由度为 P 的 χ^2 分布。

若 LM>$\chi^2_\alpha(P)$，则在显著性水平 α 下拒绝 H_0，即拒绝同方差。

五、格里瑟检验

下面介绍介异方差性检验方法——格里瑟检验（Glesjer Test）的具体步骤。假定随机扰动项的方差为变量 $Z_1, Z_2, \cdots, Z_P$（定义同上文）的函数：

$$\text{Var}(\varepsilon_i \mid \boldsymbol{X}) = \sigma_i^2 = f(\alpha_0 + \boldsymbol{\alpha}'\boldsymbol{z}^i).$$

考虑三种特殊形式：

$$\sigma_i^2 = \boldsymbol{\alpha}'\boldsymbol{z}^i,$$

或

$$\sigma_i^2 = (\boldsymbol{\alpha}'\boldsymbol{z}^i)^2,$$

或

$$\sigma_i^2 = \mathrm{e}^{\boldsymbol{\alpha}'\boldsymbol{z}^i}.$$

要检验的假设为

$$\begin{cases}H_0: \boldsymbol{\alpha} = \mathbf{0},\\ H_1: \boldsymbol{\alpha} \neq \mathbf{0}.\end{cases}$$

检验步骤如下：

第一步：用 OLS 方法估计原模型，得到残差序列 $e_1, \cdots, e_n$。

第二步：就每种形式的异方差结构，分别进行回归

$$e_i^2 = \alpha_0 + \boldsymbol{\alpha}'\boldsymbol{z}^i + u_{i1},$$

$$| e_i | = \alpha_0 + \boldsymbol{\alpha}'\boldsymbol{z}^i + u_{i2},$$

$$\ln | e_i | = \alpha_0 + \boldsymbol{\alpha}'\boldsymbol{z}^i + u_{i3},$$

得到参数 $\boldsymbol{\alpha}$ 的估计量 $\boldsymbol{a}$。

第三步：计算沃尔德检验统计量

$$W = \boldsymbol{a}'[\widehat{\text{asy. Var}(\boldsymbol{a})}]^{-1}\boldsymbol{a}.$$

在 H_0 为真的条件下，上述检验统计量渐近服从自由度为 P 的卡方分布，其中 P 为 $\boldsymbol{Z}$ 中自变量的个数(不含常数项 C)。

若 $W>\chi_\alpha^2(P)$，则在显著性水平 α 下拒绝 H_0，即拒绝同方差性。

需要指出的是，格莱舍尔检验与拉格朗日乘数检验都是大样本检验，两者是渐近等价的。

六、例

(续前例)

现在检验前文信用卡的例子中模型的随机扰动项是否存在异方差。

采用 *OLS* 方法估计模型，*Stata* 程序如下：

```
use data11.dta,clear
drop if avgexp == 0
gen income2 = income ∧2
qui reg avgexp age ownrent income income2
```

下面检验是否存在异方差。B-P 检验的 Stata 命令如下：

```
estat hettest, iid
```

检验结果如下：

```
Breusch-Pagan/Cook-Weisberg test for heteroskedasticity
Assumption: i.i.d. error terms
Variable: Fitted values of avgexp

H0: Constant variance

    chi2(1) =   4.31
Prob > chi2 = 0.0378
```

在 0.05 的显著性水平下,原假设(同方差)被拒绝。

怀特检验的 Stata 命令如下:

```
estat imtest, white
```

检验结果如下:

```
White's test
H0: Homoskedasticity
Ha: Unrestricted heteroskedasticity

   chi2(12) =  14.33
Prob > chi2 = 0.2802

Cameron & Trivedi's decomposition of IM-test
```

Source	chi2	df	p
Heteroskedasticity	14.33	12	0.2802
Skewness	7.89	4	0.0959
Kurtosis	1.67	1	0.1964
Total	23.88	17	0.1227

在 0.05 的显著性水平下,原假设(同方差)不能被拒绝。

在本例中,怀特检验与 B-P 检验的结论不一致。

§4　广义最小二乘估计

如果发现模型存在异方差,那么就不再用 OLS 方法估计。一般采用广义最小二乘法、最大似然法和广义矩方法,本节介绍广义最小二乘法,§5 介绍最大似然估计,广义矩方法将集中在广义矩估计一章中介绍。

广义最小二乘估计量具有无偏性和有效性,估计量表达式为:

$$\tilde{\boldsymbol{b}} = (\boldsymbol{X}'\boldsymbol{\Omega}^{-1}\boldsymbol{X})^{-1}(\boldsymbol{X}'\boldsymbol{\Omega}^{-1}\boldsymbol{Y}),$$

$$\mathrm{Var}(\tilde{\boldsymbol{b}} \mid \boldsymbol{X}) = \sigma^2(\boldsymbol{X}'\boldsymbol{\Omega}^{-1}\boldsymbol{X})^{-1},$$

其中,$\boldsymbol{\Omega}$ 定义见 §1。

显然,对于异方差模型的估计应分为两种情况:一种是 $\boldsymbol{\Omega}$ 已知的情况,一种是 $\boldsymbol{\Omega}$ 未知的情况。

一、已知 $\boldsymbol{\Omega}$ 时的估计——GLS 法

当 $\boldsymbol{\Omega}$ 已知,即 ω_i 已知时, $i=1,\cdots,n$,则可用 GLS 法进行估计。

首先,对 $\boldsymbol{\Omega}^{-1}$ 分解。在对角矩阵 $\boldsymbol{\Omega}$ 已知的情况下,我们可以将 $\boldsymbol{\Omega}^{-1}$ 分解为

$$\boldsymbol{\Omega}^{-1} = \boldsymbol{P}'\boldsymbol{P},$$

其中

$$\boldsymbol{P} = \begin{bmatrix} \frac{1}{\sqrt{\omega_1}} & & 0 \\ & \ddots & \\ 0 & & \frac{1}{\sqrt{\omega_n}} \end{bmatrix}.$$

其次,生成新模型。对原模型两边同乘以矩阵 $\boldsymbol{P}$,得到新模型:

$$\boldsymbol{PY} = \boldsymbol{PX\beta} + \boldsymbol{P\varepsilon},$$

亦即

$$\boldsymbol{Y}^* = \boldsymbol{X}^*\boldsymbol{\beta} + \boldsymbol{\varepsilon}^*,$$

其中

$$\boldsymbol{X}^* = \boldsymbol{PX} = \begin{bmatrix} \frac{1}{\sqrt{\omega_1}} & & 0 \\ & \ddots & \\ 0 & & \frac{1}{\sqrt{\omega_n}} \end{bmatrix} \begin{bmatrix} \boldsymbol{x}^{1\prime} \\ \vdots \\ \boldsymbol{x}^{n\prime} \end{bmatrix} = \begin{bmatrix} \frac{\boldsymbol{x}^{1\prime}}{\sqrt{\omega_1}} \\ \vdots \\ \frac{\boldsymbol{x}^{n\prime}}{\sqrt{\omega_n}} \end{bmatrix},$$

$$\boldsymbol{Y}^* = \boldsymbol{PY} = \begin{bmatrix} \frac{Y_1}{\sqrt{\omega_1}} \\ \vdots \\ \frac{Y_n}{\sqrt{\omega_n}} \end{bmatrix},$$

于是新模型可表示为

$$\frac{Y_i}{\sqrt{\omega_i}} = \beta_1 \frac{1}{\sqrt{\omega_i}} + \beta_2 \frac{X_{i2}}{\sqrt{\omega_i}} + \cdots + \beta_K \frac{X_{iK}}{\sqrt{\omega_i}} + \frac{\varepsilon_i}{\sqrt{\omega_i}}, \qquad i = 1,\cdots,n,$$

或可表示为

$$\frac{Y_i}{\sigma_i} = \beta_1 \frac{1}{\sigma_i} + \beta_2 \frac{X_{i2}}{\sigma_i} + \cdots + \beta_K \frac{X_{iK}}{\sigma_i} + \frac{\varepsilon_i}{\sigma_i}, \qquad i = 1, \cdots, n.$$

此模型称为异方差校正模型。

最后，估计新模型。由于 ω_i 已知，所以新模型的被解释变量与解释变量均有观测数据，而扰动项也满足了同方差的假定，所以可采用 OLS 方法估计上述新模型，得到参数 $\boldsymbol{\beta}$ 的 GLS 估计量：

$$\begin{aligned}
\tilde{\boldsymbol{b}} &= (\boldsymbol{X}^{*\prime}\boldsymbol{X}^{*})^{-1}(\boldsymbol{X}^{*\prime}\boldsymbol{Y}^{*}) \\
&= \left[\left[\frac{\boldsymbol{x}^1}{\sqrt{\omega_1}}, \cdots, \frac{\boldsymbol{x}^n}{\sqrt{\omega_n}}\right]\begin{bmatrix} \dfrac{\boldsymbol{x}^{1\prime}}{\sqrt{\omega_1}} \\ \vdots \\ \dfrac{\boldsymbol{x}^{n\prime}}{\sqrt{\omega_n}} \end{bmatrix}\right]^{-1} \left[\frac{\boldsymbol{x}^1}{\sqrt{\omega_1}}, \cdots, \frac{\boldsymbol{x}^n}{\sqrt{\omega_n}}\right]\begin{bmatrix} \dfrac{Y_1}{\sqrt{\omega_1}} \\ \vdots \\ \dfrac{Y_n}{\sqrt{\omega_n}} \end{bmatrix} \\
&= \left(\sum_{i=1}^{n} \frac{1}{\omega_i}\boldsymbol{x}^i\boldsymbol{x}^{i\prime}\right)^{-1}\left(\sum_{i=1}^{n} \frac{1}{\omega_i}\boldsymbol{x}^i Y_i\right) \\
&= \left(\sum_{i=1}^{n} \frac{1}{\sigma_i^2}\boldsymbol{x}^i\boldsymbol{x}^{i\prime}\right)^{-1}\left(\sum_{i=1}^{n} \frac{1}{\sigma_i^2}\boldsymbol{x}^i Y_i\right).
\end{aligned}$$

由此可见，GLS 估计量就是以 $\dfrac{1}{\sqrt{\omega_i}}$ 或 $\dfrac{1}{\sigma_i}$ 作为权重得到的加权最小二乘估计量。它让具有较小方差的观测占有较大的权重，从而提高了估计量的有效性。

值得指出的是，新的解释变量 $\boldsymbol{X}^*$ 包含了对代表截距项的向量 $\mathbf{i}$ 的变换，即新的第一个解释变量对应的样本向量为 $\left(\dfrac{1}{\sqrt{\omega_1}}, \cdots, \dfrac{1}{\sqrt{\omega_n}}\right)'$，$\boldsymbol{Y}^*$ 对 $\boldsymbol{X}^*$ 的回归常常是无截距回归。

以分组资料模型为例，其扰动项方差为 $\mathrm{Var}(\bar{\varepsilon}_i | \boldsymbol{X}) = \dfrac{\sigma^2}{n_i}$，即 $\omega_i = \dfrac{1}{n_i}, i = 1, \cdots, G$，$\omega_i$ 为已知量。这样，变换后的新模型就为

$$\sqrt{n_i}\ \bar{Y}_i = \beta_1 \sqrt{n_i} + \beta_2 \sqrt{n_i}\ \bar{X}_{i2} + \cdots + \beta_K \sqrt{n_i}\ \bar{X}_{iK} + \sqrt{n_i}\,\bar{\varepsilon}_i, \qquad i = 1, \cdots, G.$$

以 OLS 估计该模型，就可得到 $\boldsymbol{\beta}$ 的广义最小二乘估计量 $\tilde{\boldsymbol{b}}$。

二、未知 $\boldsymbol{\Omega}$ 时的估计——取定 $\boldsymbol{\Omega}$ 的形式

当 $\boldsymbol{\Omega}$ 未知时，若根据前人的经验或根据 OLS 残差，猜测 $\boldsymbol{\varepsilon}$ 方差的具体形式，使 $\boldsymbol{\Omega}$ 成为已知，则可用 GLS。

1. 一元回归模型

对于简单回归模型：

$$Y = \beta_1 + \beta_2 X + \varepsilon,$$

常常将随机扰动项方差假定为 $\mathrm{Var}(\varepsilon_i | \boldsymbol{X}) = \sigma^2 X_i^2$，即 $\omega_i = X_i^2$，那么，可以将模型转换为

$$\frac{Y_i}{X_i} = \beta_1 \frac{1}{X_i} + \beta_2 + \frac{\varepsilon_i}{X_i}, \quad i = 1,2,\cdots,n.$$

新模型的被解释变量为$\frac{\boldsymbol{Y}}{\boldsymbol{X}}$，解释变量为$\frac{1}{\boldsymbol{X}}$，其斜率为原模型的截距，截距则为原模型的斜率。再采用 OLS 方法估计新模型，即得原模型的 GLS 估计量。

也可对扰动项方差作其他形式的假定，如：$\mathrm{Var}(\varepsilon_i | \boldsymbol{X}) = \sigma^2 X_i$ 或 $\mathrm{Var}(\varepsilon_i | \boldsymbol{X}) = \sigma^2 [E(Y_i)]^2$。实际操作时，常用拟合值 $\hat{Y}_i$替代 $E(Y_i)$。

2. 多元回归模型

对于多元回归模型：

$$Y = \beta_1 + \beta_2 X_2 + \cdots + \beta_K X_K + \varepsilon,$$

假定扰动项方差为 $\mathrm{Var}(\varepsilon_i | \boldsymbol{X}) = \sigma^2 X_{ik}^2$，即 $\omega_i = X_{ik}^2$，X_{ik}为其中某个解释变量。

可将原模型转化为

$$\frac{Y_i}{X_{ik}} = \beta_1 \frac{1}{X_{ik}} + \cdots + \beta_{k-1} \frac{X_{ik-1}}{X_{ik}} + \beta_k + \beta_{k+1} \frac{X_{ik+1}}{X_{ik}} + \cdots + \beta_K \frac{X_{iK}}{X_{ik}} + \frac{\varepsilon_i}{X_{ik}},$$
$$i = 1,2,\cdots,n.$$

对于这一新模型(含截距项)可用 OLS 方法估计。

三、未知 $\boldsymbol{\Omega}$ 时的估计——FGLS 法

当 $\mathrm{Var}(\boldsymbol{\varepsilon} | \boldsymbol{X}) = \boldsymbol{V} = \begin{bmatrix} \sigma_1^2 & & 0 \\ & \ddots & \\ 0 & & \sigma_n^2 \end{bmatrix}$，其中 $\sigma_1^2,\cdots,\sigma_n^2$未知时，不能直接采用 GLS 法进行估计，需采用可行广义最小二乘(FGLS)法进行估计，即先估计 σ_i^2，然后利用 σ_i^2 的估计值 $\hat{\sigma}_i^2$建立加权的新模型，再用 OLS 法估计新模型，得到$\boldsymbol{\beta}$ 的广义最小二乘估计量。

1. 理论根据

(1) e_i^2与 σ_i^2 的关系

导出 e_i^2与 σ_i^2的关系式如下：

$$e_i^2 = \sigma_i^2 + v_i,$$

其中，e_i为 OLS 残差。这是因为

首先，$\mathrm{Var}(\varepsilon_i|\boldsymbol{X})=E(\varepsilon_i^2|\boldsymbol{X})=\sigma_i^2$，所以

$$\varepsilon_i^2 = \sigma_i^2 + [\varepsilon_i^2 - E(\varepsilon_i^2 | \boldsymbol{X})] = \sigma_i^2 + u_i,$$

其中，$u_i=\varepsilon_i^2-E(\varepsilon_i^2|\boldsymbol{X})$，显然 $E(u_i|\boldsymbol{X})=0$。

其次，由于

$$e_i = Y_i - \boldsymbol{x}^{i\prime}\boldsymbol{b} = \boldsymbol{x}^{i\prime}\boldsymbol{\beta} + \varepsilon_i - \boldsymbol{x}^{i\prime}\boldsymbol{b} = \varepsilon_i - \boldsymbol{x}^{i\prime}(\boldsymbol{b} - \boldsymbol{\beta}),$$

所以

$$e_i^2 = \varepsilon_i^2 + [\boldsymbol{x}^{i\prime}(\boldsymbol{b} - \boldsymbol{\beta})]^2 - 2\varepsilon_i\boldsymbol{x}^{i\prime}(\boldsymbol{b} - \boldsymbol{\beta}) = \varepsilon_i^2 + w_i,$$

w_i可渐近略去。

最后，

$$e_i^2 = \varepsilon_i^2 + w_i = \sigma_i^2 + (u_i + w_i) = \sigma_i^2 + v_i.$$

在小样本下，$v_i=u_i+w_i$，具有非零均值、异方差等特性，但在大样本下，v_i具有零均值，无自相关特性。

(2) $e_i^2=\sigma_i^2+v_i$的含义

由于原模型为异方差模型，所以 σ_i^2是全部或部分解释变量的函数，即

$$\sigma_i^2 = f(\boldsymbol{\alpha},\boldsymbol{z}^i),$$

其中，$\boldsymbol{z}^i=(Z_{i1},\cdots,Z_{iP})'$。因此

$$e_i^2 = f(\boldsymbol{\alpha},\boldsymbol{z}^i) + v_i.$$

这意味着上式为一回归模型，被解释变量为 e_i^2，解释变量为 $Z_1,\cdots,Z_P$，$\boldsymbol{\alpha}$ 为需估计的总体参数。在大样本情况下，预期 $\boldsymbol{\alpha}$ 的 OLS 估计量 $\hat{\boldsymbol{\alpha}}$为一致估计量。由此可得

$$\hat{\sigma}_i^2 = f(\hat{\boldsymbol{\alpha}},\boldsymbol{z}^i).$$

2. 实际操作

(1) 第一阶段：求 $\hat{\sigma}_i^2=f(\hat{\alpha},\boldsymbol{z}^i)$

首先，从原有解释变量中寻找与 σ_i^2有关的变量，记为 $Z_1,Z_2,\cdots,Z_P$。

其次，设定 f 的数学形式，常用如下形式：

$$\sigma_i^2 = \alpha_0 + \boldsymbol{\alpha}'\boldsymbol{z}^i,$$

或

$$\sigma_i^2 = (\alpha_0 + \boldsymbol{\alpha}'\boldsymbol{z}^i)^2,$$

或

$$\sigma_i^2 = \exp(\alpha_0 + \boldsymbol{\alpha}'\boldsymbol{z}^i),$$

其中，$\boldsymbol{\alpha}'=(\alpha_1,\alpha_2,\cdots,\alpha_P)$，$\boldsymbol{z}^i=(Z_{i1},Z_{i2},\cdots,Z_{iP})'$。可分别将其线性化为

$$\sigma_i^2 = \alpha_0 + \boldsymbol{\alpha}'\boldsymbol{z}^i,$$

$$\sigma_i = \alpha_0 + \boldsymbol{\alpha}'\boldsymbol{z}^i,$$

$$\ln\sigma_i^2 = \alpha_0 + \boldsymbol{\alpha}'\boldsymbol{z}^i.$$

也可根据具体情况设定其他数学形式。

最后,设定计量经济模型为

$$e_i^2 = \alpha_0 + \boldsymbol{\alpha}'\boldsymbol{z}^i + v_i,$$

$$|e_i| = \alpha_0 + \boldsymbol{\alpha}'\boldsymbol{z}^i + v_i,$$

$$\ln e_i^2 = \alpha_0 + \boldsymbol{\alpha}'\boldsymbol{z}^i + v_i,$$

其中, $e_i, i=1,\cdots,n$, 为 OLS 残差序列。估计上述模型,分别得到 $\hat{\alpha}_0, \hat{\boldsymbol{\alpha}}$,并得到相应的 $\hat{\sigma}_i^2$:

$$\hat{\sigma}_i^2 = \hat{\alpha}_0 + \hat{\boldsymbol{\alpha}}'\boldsymbol{z}^i,$$

$$\hat{\sigma}_i^2 = (\hat{\alpha}_0 + \hat{\boldsymbol{\alpha}}'\boldsymbol{z}^i)^2,$$

$$\hat{\sigma}_i^2 = \exp(\hat{\alpha}_0 + \hat{\boldsymbol{\alpha}}'\boldsymbol{z}^i).$$

(2) 第二阶段:估计 $\boldsymbol{\beta}$

以 $\dfrac{1}{\hat{\sigma}_i}$ 为权重,生成新模型,采用 OLS 法估计新模型得到 $\boldsymbol{\beta}$ 的估计值 $\tilde{\boldsymbol{b}}$,作为 $\boldsymbol{\beta}$ 的 GLS 估计量:

$$\tilde{\boldsymbol{b}} = (\boldsymbol{X}'\hat{\boldsymbol{V}}^{-1}\boldsymbol{X})^{-1}(\boldsymbol{X}'\hat{\boldsymbol{V}}^{-1}\boldsymbol{Y})$$

其中, $\hat{\boldsymbol{V}} = \begin{bmatrix} \hat{\sigma}_1^2 & \cdots & 0 \\ \vdots & \ddots & \vdots \\ 0 & \cdots & \hat{\sigma}_n^2 \end{bmatrix}$。

$\tilde{\boldsymbol{b}}$ 也可表示为

$$\tilde{\boldsymbol{b}} = \left(\sum_{i=1}^{n} \frac{1}{\hat{\sigma}_i^2}\boldsymbol{x}^i\boldsymbol{x}^{i\prime}\right)^{-1}\left(\sum_{i=1}^{n} \frac{1}{\hat{\sigma}_i^2}\boldsymbol{x}^{i\prime}Y_i\right).$$

实际操作时的回归模型为

$$\frac{Y_i}{\hat{\sigma}_i} = \frac{1}{\hat{\sigma}_i}\beta_1 + \frac{X_{i2}}{\hat{\sigma}_i}\beta_2 + \cdots + \frac{X_{iK}}{\hat{\sigma}_i}\beta_K + \frac{\varepsilon_i}{\hat{\sigma}_i}, \quad i = 1,\cdots,n.$$

例如取 $\hat{\sigma}_i = \sqrt{\exp(\hat{\alpha}_0 + \hat{\boldsymbol{\alpha}}'\boldsymbol{z}^i)}$。注意权重 $\dfrac{1}{\hat{\sigma}_i}$ 必须为正。

采用 OLS 法估计上述异方差校正模型,得到 $\boldsymbol{\beta}$ 的 GLS 估计量: $\tilde{b}_1, \tilde{b}_2, \cdots, \tilde{b}_K$。

如果对于异方差的模型还要进行预测,由第 9 章我们已经知道在非球形扰动项情况下,预测公式中增加了一个修正项 $\boldsymbol{w}'\boldsymbol{V}^{-1}\boldsymbol{\varepsilon}$,其中 $\boldsymbol{w} = E(\varepsilon_f\boldsymbol{\varepsilon})$。现在 $\boldsymbol{w} = E(\varepsilon_f\boldsymbol{\varepsilon}) = \boldsymbol{0}$,所以不需要进行修正,预测公式为

$$\tilde{Y}_f = \boldsymbol{x}^{f\prime}\tilde{\boldsymbol{b}}.$$

3. 例(续前例,即前文信用卡的例子)

首先采用 OLS 方法估计模型,绘制残差与收入的散点图。Stata 程序如下:

```
use data11.dta,clear
drop if avgexp == 0
gen income2 = income ^2
reg avgexp age ownrent income income2
rvpplot income
```

得到如图 10-2 所示散点图。

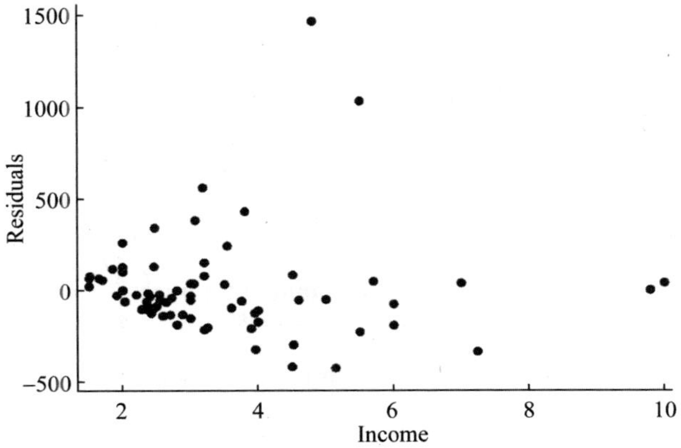

图 10-2　残差与收入散点图示例

可以看出,随着收入的增大,残差的散布程度越大,显示扰动项方差与收入之间存在正相关关系。

可以进一步检验扰动项方差是否与收入及其二次项相关:

```
estat hettest income income2, iid
```

检验结果如下:

```
Breusch-Pagan/Cook-Weisberg test for heteroskedasticity
Assumption: i.i.d. error terms
Variables: income income2

H0: Constant variance

    chi2(2) =   6.19
Prob > chi2 = 0.0453
```

检验结果显著,可见扰动项方差为收入及其二次项的函数。

现在,假定扰动项方差的形式为

$$\sigma_i^2 = \exp(\alpha_0 + \alpha_1 \text{income}_i + \alpha_2 \text{income}_i^2)$$

采用 FGLS 方法来估计模型，Stata 程序如下：

```
qui reg avgexp age ownrent income income2
predict e1, res
gen e2 = e1^2
gen lne2 = log(e2)
reg lne2 income income2
predict lne2f
gen e2f = exp(lne2f)
reg avgexp age ownrent income income2 [aw=1/e2f]
```

FGLS 方法得到的模型估计结果如下：

```
. reg avgexp age ownrent income income2 [aw=1/e2f]
(sum of wgt is .0281659404718587)

      Source |       SS           df       MS      Number of obs   =        72
-------------+----------------------------------   F(4, 67)        =     69.69
       Model |  2872576.04         4  718144.01   Prob > F        =    0.0000
    Residual |  690414.776        67  10304.6981   R-squared       =    0.8062
-------------+----------------------------------   Adj R-squared   =    0.7947
       Total |  3562990.82        71  50182.9693   Root MSE        =    101.51

------------------------------------------------------------------------------
      avgexp | Coefficient  Std. err.      t    P>|t|     [95% conf. interval]
-------------+----------------------------------------------------------------
         age |  -1.233683   2.551197    -0.48   0.630    -6.325894    3.858528
     ownrent |   50.94976   52.81429     0.96   0.338      -54.468    156.3675
      income |   145.3045    46.3627     3.13   0.003     52.76412    237.8448
     income2 |   -7.93828   3.736716    -2.12   0.037     -15.3968   -.4797646
       _cons |  -117.8675   101.3862    -1.16   0.249    -320.2352    84.50027
------------------------------------------------------------------------------
```

再次检验扰动项是否还存在异方差：

```
estat hettest, iid
```

检验结果如下：

```
Breusch-Pagan/Cook-Weisberg test for heteroskedasticity
Assumption: i.i.d. error terms
Variable: Fitted values of avgexp

H0: Constant variance

    chi2(1) =   0.24
Prob > chi2 = 0.6227
```

可见，不能拒绝扰动项同方差的假设。

§5　最大似然估计

对于异方差模型也可采用最大似然估计,但需假定 $\boldsymbol{\varepsilon}|\boldsymbol{X}\sim N(\boldsymbol{0},\boldsymbol{V})$, n 个样本为独立观测。

一、一般异方差模型

对于一般异方差模型,假定 $\boldsymbol{\varepsilon}$ 的条件方差–协方差阵为

$$\mathrm{Var}(\boldsymbol{\varepsilon}\mid\boldsymbol{X})=\boldsymbol{V}=\begin{bmatrix}\sigma_1^2 & & 0\\ & \ddots & \\ 0 & & \sigma_n^2\end{bmatrix}.$$

n 个观测样本的似然函数为

$$L=\prod_{i=1}^{n}\frac{1}{\sqrt{2\pi\sigma_i^2}}\mathrm{e}^{-\frac{\varepsilon_i^2}{2\sigma_i^2}},$$

其中, $\varepsilon_i=Y_i-\boldsymbol{\beta}'\boldsymbol{x}^i$。

对数似然函数为

$$\begin{aligned}\ln L&=-\frac{n}{2}\ln(2\pi)-\frac{1}{2}\sum_{i=1}^{n}\left(\ln\sigma_i^2+\frac{\varepsilon_i^2}{\sigma_i^2}\right)\\&=-\frac{n}{2}\ln(2\pi)-\frac{1}{2}\sum_{i=1}^{n}\left[\ln\sigma_i^2+\frac{1}{\sigma_i^2}(Y_i-\boldsymbol{\beta}'\boldsymbol{x}^i)^2\right].\end{aligned}$$

为求参数的最大似然估计量,先给出对数似然函数对参数的偏导数:

$$\begin{cases}\dfrac{\partial\ln L}{\partial\boldsymbol{\beta}}=\displaystyle\sum_{i=1}^{n}\frac{1}{\sigma_i^2}(Y_i-\boldsymbol{\beta}'\boldsymbol{x}^i)\boldsymbol{x}^i=\sum_{i=1}^{n}\frac{1}{\sigma_i^2}\varepsilon_i\boldsymbol{x}^i,\\[2ex]\dfrac{\partial\ln L}{\partial\sigma_i^2}=-\displaystyle\frac{1}{2}\sum_{i=1}^{n}\left[\frac{1}{\sigma_i^2}-\frac{1}{\sigma_i^4}(Y_i-\boldsymbol{\beta}'\boldsymbol{x}^i)^2\right]=-\frac{1}{2}\sum_{i=1}^{n}\frac{1}{\sigma_i^2}+\frac{1}{2}\sum_{i=1}^{n}\frac{\varepsilon_i^2}{\sigma_i^4},\end{cases}$$
$$i=1,2,\cdots,n.$$

令这些偏导数等于零,求出最大似然估计量 $\tilde{\boldsymbol{\beta}},\tilde{\sigma}_i^2,i=1,\cdots,n$。但这一求解过程非常复杂。下面讨论一种简单的异方差形式。

二、简化异方差模型

假定

$$\sigma_i^2=\sigma^2f_i(\boldsymbol{\alpha}),$$

其中,$\boldsymbol{\alpha}$ 为 m 维未知参数向量,但 $\boldsymbol{\beta}$ 各元素不出现在 $\boldsymbol{\alpha}$ 中,已知函数 f 的表达式,可知 $\boldsymbol{\Omega}$ 为

$$\boldsymbol{\Omega}=\begin{bmatrix} f_1(\boldsymbol{\alpha}) & & 0 \\ & \ddots & \\ 0 & & f_n(\boldsymbol{\alpha}) \end{bmatrix}.$$

对数似然函数为

$$\begin{aligned}\ln L &= -\frac{n}{2}[\ln(2\pi)+\ln\sigma^2] \\ &\quad -\frac{1}{2}\sum_{i=1}^{n}\left[\ln f_i(\boldsymbol{\alpha})+\frac{1}{\sigma^2}\cdot\frac{1}{f_i(\boldsymbol{\alpha})}(Y_i-\boldsymbol{\beta}'\boldsymbol{x}^i)^2\right] \\ &= -\frac{n}{2}[\ln(2\pi)+\ln\sigma^2]-\frac{1}{2}\sum_{i=1}^{n}\ln f_i(\boldsymbol{\alpha})-\frac{1}{2\sigma^2}\sum_{i=1}^{n}\frac{\varepsilon_i^2}{f_i(\boldsymbol{\alpha})}.\end{aligned}$$

最大似然估计量为

$$\begin{cases}\dfrac{\partial\ln L}{\partial\boldsymbol{\beta}}=\displaystyle\sum_{i=1}^{n}\frac{\varepsilon_i}{\sigma^2 f_i}\boldsymbol{x}^i, \\ \dfrac{\partial\ln L}{\partial\sigma^2}=-\dfrac{n}{2\sigma^2}+\dfrac{1}{2\sigma^4}\displaystyle\sum_{i=1}^{n}\frac{\varepsilon_i^2}{f_i}=\frac{1}{2\sigma^2}\sum_{i=1}^{n}\left(\frac{\varepsilon_i^2}{\sigma^2 f_i}-1\right), \\ \dfrac{\partial\ln L}{\partial\boldsymbol{\alpha}}=-\dfrac{1}{2}\displaystyle\sum_{i=1}^{n}\frac{1}{f_i}\boldsymbol{g}_i+\frac{1}{2\sigma^2}\sum_{i=1}^{n}\frac{\varepsilon_i^2}{f_i^2}\boldsymbol{g}_i=\frac{1}{2}\sum_{i=1}^{n}\left(\frac{\varepsilon_i^2}{\sigma^2 f_i}-1\right)\frac{1}{f_i}\boldsymbol{g}_i,\end{cases}$$

其中,$f_i=f_i(\boldsymbol{\alpha})$,$\boldsymbol{g}_i=\dfrac{\partial f_i(\boldsymbol{\alpha})}{\partial\boldsymbol{\alpha}}$ 为 m 维列向量。

由于 $E(\varepsilon_i|\boldsymbol{x}^i)=0$, $E(\varepsilon_i^2|\boldsymbol{x}^i)=\sigma^2 f_i(\boldsymbol{\alpha})$,所以上述偏导数均有零期望。令所有偏导数为零,求解上述联立方程组,得到最大似然估计量 $\tilde{\boldsymbol{\beta}}$,$\tilde{\sigma}^2$,$\tilde{\boldsymbol{\alpha}}$。不过由于方程组常为非线性方程组,所以需采用迭代法求解。

下面求解渐近方差-协方差阵。

令 $\boldsymbol{\gamma}'=(\boldsymbol{\beta}',\sigma^2,\boldsymbol{\alpha}')$,$\mathbf{i}=(1,1,\cdots,1)'$ 为 n 维列向量,$\boldsymbol{G}'=\left[\dfrac{\partial f_1}{\partial\boldsymbol{\alpha}},\dfrac{\partial f_2}{\partial\boldsymbol{\alpha}},\cdots,\dfrac{\partial f_n}{\partial\boldsymbol{\alpha}}\right]$ 为 $m\times n$ 阶矩阵。$\boldsymbol{\gamma}$ 的最大似然估计量 $\tilde{\boldsymbol{\gamma}}$ 的方差-协方差阵为

$$\left[-E\left(\frac{\partial^2\ln L}{\partial\boldsymbol{\gamma}\partial\boldsymbol{\gamma}'}\right)\right]^{-1}=\begin{bmatrix}\dfrac{1}{\sigma^2}\boldsymbol{X}'\boldsymbol{\Omega}^{-1}\boldsymbol{X} & \mathbf{0} & \mathbf{0} \\ \mathbf{0}' & \dfrac{n}{2}\sigma^4 & \dfrac{1}{2\sigma^2}\mathbf{i}'\boldsymbol{\Omega}^{-1}\boldsymbol{G} \\ \mathbf{0}' & \dfrac{1}{2\sigma^2}\boldsymbol{G}'\boldsymbol{\Omega}^{-1}\mathbf{i} & \dfrac{1}{2}\boldsymbol{G}'\boldsymbol{\Omega}^{-2}\boldsymbol{G}\end{bmatrix},$$

这是一个渐近有效估计量。

伯恩特等给出了另一个便于计算的渐近有效估计量：

$$\left(\sum_{i=1}^{n}\hat{\boldsymbol{d}}_i\hat{\boldsymbol{d}}_i'\right)^{-1},$$

其中

$$\boldsymbol{d}_i=\begin{bmatrix}\dfrac{\varepsilon_i}{\sigma^2 f_i}\boldsymbol{x}^i\\ \dfrac{1}{2\sigma^2}\left(\dfrac{\varepsilon_i^2}{\sigma^2 f_i}-1\right)\\ \dfrac{1}{2f_i}\left(\dfrac{\varepsilon_i^2}{\sigma^2 f_i}-1\right)\boldsymbol{g}_i\end{bmatrix},$$

将 $\hat{\boldsymbol{\gamma}}$ 代入可得 $\hat{\boldsymbol{d}}_i$。

三、常用的异方差形式

下面给出一个常用的异方差形式：

$$\sigma_i^2=\sigma^2\exp(\boldsymbol{\alpha}'\boldsymbol{q}^i),$$

其中，$\boldsymbol{q}$ 为一组变量。注意到上式可改写为 $\sigma_i^2=\exp(\ln\sigma^2+\boldsymbol{\alpha}'\boldsymbol{q}^i)$，因此，此式可简化表示为

$$\sigma_i^2=\exp(\boldsymbol{\gamma}'\boldsymbol{z}^i),$$

其中，$\boldsymbol{\gamma}'=(\ln\sigma^2,\boldsymbol{\alpha}')$，$\boldsymbol{z}^i=\begin{bmatrix}1\\ \boldsymbol{q}^i\end{bmatrix}$，$\boldsymbol{\gamma}$ 的第一个分量为 $\gamma_1=\ln\sigma^2$，也即 $\sigma^2=\exp\gamma_1$。下面我们介绍最大似然估计的方法和结果。

1. 对数似然函数

$$\ln L=-\frac{n}{2}\ln(2\pi)-\frac{1}{2}\sum_{i=1}^{n}\boldsymbol{\gamma}'\boldsymbol{z}^i-\frac{1}{2}\sum_{i=1}^{n}\frac{\varepsilon_i^2}{\exp(\boldsymbol{\gamma}'\boldsymbol{z}^i)}.$$

2. 最大似然估计量

一阶导数为

$$\begin{cases}\dfrac{\partial\ln L}{\partial\boldsymbol{\beta}}=\displaystyle\sum_{i=1}^{n}\boldsymbol{x}^i\frac{\varepsilon_i}{\exp(\boldsymbol{\gamma}'\boldsymbol{z}^i)}=\boldsymbol{X}'\boldsymbol{V}^{-1}\boldsymbol{\varepsilon},\\ \dfrac{\partial\ln L}{\partial\boldsymbol{\gamma}}=\dfrac{1}{2}\displaystyle\sum_{i=1}^{n}\boldsymbol{z}^i\left(\frac{\varepsilon_i^2}{\exp(\boldsymbol{\gamma}'\boldsymbol{z}^i)}-1\right).\end{cases}$$

令一阶导数为零，求出最大似然估计量 $\tilde{\boldsymbol{\beta}}$，$\tilde{\boldsymbol{\gamma}}$，而 σ^2 的估计量为 $\tilde{\sigma}^2=\exp\tilde{\gamma}_1$。采用得分法求估计值较为方便，得分法在下文介绍。

3. 渐近方差-协方差阵

令 $\boldsymbol{\delta}=\begin{bmatrix}\boldsymbol{\beta}\\ \boldsymbol{\gamma}\end{bmatrix}$,其最大似然估计量 $\tilde{\boldsymbol{\beta}}$、$\tilde{\boldsymbol{\gamma}}$的渐近方差-协方差阵为

$$\begin{cases}\text{asy. Var}(\tilde{\boldsymbol{\beta}})= (\boldsymbol{X}'\boldsymbol{V}^{-1}\boldsymbol{X})^{-1},\\ \text{asy. Var}(\tilde{\boldsymbol{\gamma}})= 2(\boldsymbol{Z}'\boldsymbol{Z})^{-1}.\end{cases}$$

[证明]

求对数似然函数的二阶偏导

$$\begin{cases}\dfrac{\partial^2\ln L}{\partial\boldsymbol{\beta}\partial\boldsymbol{\beta}'}=-\sum\limits_{i=1}^{n}\dfrac{1}{\exp(\boldsymbol{\gamma}'\boldsymbol{z}^i)}\boldsymbol{x}^i\boldsymbol{x}^{i\prime}=-\sum\limits_{i=1}^{n}\dfrac{1}{\sigma_i^2}\boldsymbol{x}^i\boldsymbol{x}^{i\prime}=-\boldsymbol{X}'\boldsymbol{V}^{-1}\boldsymbol{X},\\ \dfrac{\partial^2\ln L}{\partial\boldsymbol{\beta}\partial\boldsymbol{\gamma}'}=-\sum\limits_{i=1}^{n}\dfrac{\varepsilon_i}{\exp(\boldsymbol{\gamma}'\boldsymbol{z}^i)}\boldsymbol{x}^i\boldsymbol{z}^{i\prime}=-\sum\limits_{i=1}^{n}\dfrac{\varepsilon_i}{\sigma_i^2}\boldsymbol{x}^i\boldsymbol{z}^{i\prime},\\ \dfrac{\partial^2\ln L}{\partial\boldsymbol{\gamma}\partial\boldsymbol{\gamma}'}=-\dfrac{1}{2}\sum\limits_{i=1}^{n}\dfrac{\varepsilon_i^2}{\exp(\boldsymbol{\gamma}'\boldsymbol{z}^i)}\boldsymbol{z}^i\boldsymbol{z}^{i\prime}=-\dfrac{1}{2}\sum\limits_{i=1}^{n}\dfrac{\varepsilon_i^2}{\sigma_i^2}\boldsymbol{z}^i\boldsymbol{z}^{i\prime}.\end{cases}$$

因为 $E(\varepsilon_i|\boldsymbol{x}^i,\boldsymbol{z}^i)=0$,又因 $E(\varepsilon_i^2|\boldsymbol{x}^i,\boldsymbol{z}^i)=\sigma_i^2$,所以,当 $\boldsymbol{X}$, $\boldsymbol{Z}$ 给定时有$E\left(\dfrac{\partial^2\ln L}{\partial\boldsymbol{\beta}\partial\boldsymbol{\gamma}'}\right)=0$,$E\left(\dfrac{\varepsilon_i^2}{\sigma_i^2}\right)=1$。由此可得

$$-E\left[\frac{\partial^2\ln L}{\partial\boldsymbol{\delta}\partial\boldsymbol{\delta}'}\right]=\begin{bmatrix}\boldsymbol{X}'\boldsymbol{V}^{-1}\boldsymbol{X} & \boldsymbol{0}\\ \boldsymbol{0}' & \dfrac{1}{2}\boldsymbol{Z}'\boldsymbol{Z}\end{bmatrix}=-\boldsymbol{H},$$

其中,$\boldsymbol{Z}'=[\boldsymbol{z}^1,\cdots,\boldsymbol{z}^n]$。而

$$(-\boldsymbol{H})^{-1}=\begin{bmatrix}(\boldsymbol{X}'\boldsymbol{V}^{-1}\boldsymbol{X})^{-1} & \boldsymbol{0}\\ \boldsymbol{0}' & 2(\boldsymbol{Z}'\boldsymbol{Z})^{-1}\end{bmatrix},$$

由此可得 $\tilde{\boldsymbol{\beta}}$, $\tilde{\boldsymbol{\gamma}}$的渐近方差-协方差阵。

4. 得分法

得分法是一种迭代法。下面首先设计迭代格式,然后给出迭代初值,最后简述迭代步骤。

(1) 迭代格式

已知第 t 次迭代估计 $\boldsymbol{\beta}_t$, $\boldsymbol{\gamma}_t$, V_t,求出第 $t+1$ 次迭代估计 $\boldsymbol{\beta}_{t+1}$, $\boldsymbol{\gamma}_{t+1}$, V_{t+1}的格式为

$$\boldsymbol{\delta}_{t+1}=\boldsymbol{\delta}_t-\boldsymbol{H}_t^{-1}\boldsymbol{g}_t,$$

其中, $\boldsymbol{\delta}_t=\begin{bmatrix}\boldsymbol{\beta}_t\\ \boldsymbol{\gamma}_t\end{bmatrix}$,

$$\boldsymbol{\varepsilon}_t = \boldsymbol{Y} - \boldsymbol{X}\boldsymbol{\beta}_t\text{(注意此时 }\boldsymbol{\varepsilon}_t\text{为第 }t\text{ 次迭代的扰动向量)},$$

$$\boldsymbol{g}_t = \begin{bmatrix} \dfrac{\partial \ln L}{\partial \boldsymbol{\beta}_t} \\ \dfrac{\partial \ln L}{\partial \boldsymbol{\gamma}_t} \end{bmatrix} = \begin{bmatrix} \boldsymbol{X}'\boldsymbol{V}_t^{-1}\boldsymbol{\varepsilon}_t \\ \dfrac{1}{2}\sum_{i=1}^{n} \boldsymbol{z}^i\left(\dfrac{\varepsilon_{it}^2}{\exp\ (\boldsymbol{\gamma}_t'\boldsymbol{z}^i)} - 1\right) \end{bmatrix},$$

$$-\boldsymbol{H}_t^{-1} = \begin{bmatrix} (\boldsymbol{X}'\boldsymbol{V}_t^{-1}\boldsymbol{X})^{-1} & \boldsymbol{0} \\ \boldsymbol{0}' & 2(\boldsymbol{Z}'\boldsymbol{Z})^{-1} \end{bmatrix}.$$

由此可导出 $\boldsymbol{\beta}_{t+1}$，$\boldsymbol{\gamma}_{t+1}$的迭代公式：

$$\begin{aligned} \boldsymbol{\beta}_{t+1} &= \boldsymbol{\beta}_t + (\boldsymbol{X}'\boldsymbol{V}_t^{-1}\boldsymbol{X})^{-1}\left(\frac{\partial \ln L}{\partial \boldsymbol{\beta}_t}\right) \\ &= \boldsymbol{\beta}_t + (\boldsymbol{X}'\boldsymbol{V}_t^{-1}\boldsymbol{X})^{-1}(\boldsymbol{X}'\boldsymbol{V}_t^{-1}\boldsymbol{\varepsilon}_t) \\ &= \boldsymbol{\beta}_t + (\boldsymbol{X}'\boldsymbol{V}_t^{-1}\boldsymbol{X})^{-1}\boldsymbol{X}'\boldsymbol{V}_t^{-1}(\boldsymbol{Y} - \boldsymbol{X}\boldsymbol{\beta}_t) \\ &= (\boldsymbol{X}'\boldsymbol{V}_t^{-1}\boldsymbol{X})^{-1}\boldsymbol{X}'\boldsymbol{V}_t^{-1}\boldsymbol{Y}. \end{aligned} \qquad ①$$

这是一个 GLS 估计量的表达式，可用 FGLS 法估计 $\boldsymbol{\beta}_{t+1}$。

$$\begin{aligned} \boldsymbol{\gamma}_{t+1} &= \boldsymbol{\gamma}_t + 2(\boldsymbol{Z}'\boldsymbol{Z})^{-1}\left(\frac{\partial \ln L}{\partial \boldsymbol{\gamma}_t}\right) \\ &= \boldsymbol{\gamma}_t + (\boldsymbol{Z}'\boldsymbol{Z})^{-1}\sum_{i=1}^{n} \boldsymbol{z}^i\left(\frac{\varepsilon_{it}^2}{\exp(\boldsymbol{\gamma}_t'\boldsymbol{z}^i)} - 1\right). \end{aligned} \qquad ②$$

等号右侧第二项被称为 $\boldsymbol{\gamma}$ 的校正值，该值为以 $\dfrac{\varepsilon_{it}^2}{\exp(\boldsymbol{\gamma}_t'\boldsymbol{z}^i)}-1$ 为被解释变量对解释变量 $\boldsymbol{Z}$ 进行 OLS 回归的参数估计量。

$\boldsymbol{\beta}_{t+1}$，$\boldsymbol{\gamma}_{t+1}$公式中的第二项均含有偏导数，所以当偏导数为零时，迭代格式收敛。

（2）迭代初值

$\boldsymbol{\varepsilon}$ 的初值 $\boldsymbol{\varepsilon}_0$取为用 OLS 法估计 $\boldsymbol{Y}=\boldsymbol{X}\boldsymbol{\beta}+\boldsymbol{\varepsilon}$ 的残差 $\boldsymbol{e}$，对 $\boldsymbol{\beta}$ 的 OLS 估计值 $\boldsymbol{\beta}_0$ 作为 $\boldsymbol{\beta}$ 的迭代初值。

由于 $\sigma_i^2=\exp(\boldsymbol{\gamma}'\boldsymbol{z}^i)$，所以 $\ln\sigma_i^2=\boldsymbol{\gamma}'\boldsymbol{z}^i$，因此 $\boldsymbol{\gamma}$ 的迭代初值 $\boldsymbol{\gamma}_0$取为 $\ln e_i^2$对 $\boldsymbol{z}^i$，$i=1,\cdots,n$，回归的斜率估计量。

至于 σ_i^2的初值可取为 $\exp\ (\boldsymbol{\gamma}'_0\boldsymbol{z}^i)$，$i=1,2,\cdots,n$。由此可得 $\boldsymbol{V}$ 的初始矩阵 $\boldsymbol{V}_0$。

（3）迭代步骤

给定允许误差 η。t 从 0 开始，逐次求出 $t=1,2,\cdots$ 时各迭代值。

第一步：已知样本 $\boldsymbol{X}$，$\boldsymbol{Y}$ 和 $\boldsymbol{V}_t$，根据式①，采用 FGLS 法估计 $\boldsymbol{\beta}_{t+1}$。

第二步：已知样本 $\boldsymbol{Z}$，$\boldsymbol{\varepsilon}_t$和 $\boldsymbol{\gamma}_t$，根据式②，求出 $\boldsymbol{\gamma}_{t+1}$。

第三步：判断前后两次迭代值之差是否在允许误差 η 范围内，即 $\boldsymbol{\beta}$，$\boldsymbol{\gamma}$ 中各分量是否满足如下不等式：

$$|\boldsymbol{\gamma}_{lt+1}-\boldsymbol{\gamma}_{lt}|<\boldsymbol{\eta},\quad |\boldsymbol{\beta}_{kt+1}-\boldsymbol{\beta}_{kt}|<\boldsymbol{\eta}.$$

若不等式中至少有一个不成立,则转至第四步;若不等式同时成立,则转至第五步。

第四步:以 $\exp(\boldsymbol{\gamma}'_{t+1}\boldsymbol{z}^{i})$ 估计 σ_i^2,从而得到 $\boldsymbol{V}_{t+1}$;以 $\boldsymbol{\beta}_{t+1}$ 估计 $\boldsymbol{\varepsilon}_{t+1}=\boldsymbol{Y}-\boldsymbol{X}\boldsymbol{\beta}_{t+1}$。然后转至第一步继续迭代。

第五步:退出迭代。$\boldsymbol{\beta}_{t+1}$, $\boldsymbol{\gamma}_{t+1}$ 为所求估计值 $\tilde{\boldsymbol{\beta}}$, $\tilde{\boldsymbol{\gamma}}$。同时也可得到 $\boldsymbol{V}_{t+1}$,从而得到 $\tilde{\boldsymbol{\beta}}$, $\tilde{\boldsymbol{\gamma}}$ 的渐近方差-协方差阵的估计。

第11章　自 相 关 性

非球形扰动项的第二种特例是自相关扰动项。本章主要内容包括：阐述自相关的概念及类型；讨论存在自相关情况下最小二乘估计量的性质；介绍自相关的检验方法及自相关情况下的估计方法和预测问题；最后简要概述自回归条件异方差模型。

§1　基本概念

一、时间序列存在自相关的原因

时间序列往往存在自相关现象，原因多种多样。

首先，经济、政治、社会以及各种偶然因素产生的影响通常具有持续性，也就是说，经济行为有惯性，这是经济变量的当期值与历史值相关的一个重要原因。

其次，人们建立的经济模型不可能考虑所有的因素，模型中的随机扰动项包含了所有被忽略因素造成的影响。如果有些被忽略的因素存在自相关，随机扰动项就可能存在自相关。有时，即使模型引进了存在自相关的解释变量，但由于函数形式的近似性（比如忽略了二次项），也可能导致随机扰动项出现自相关。

最后，统计资料的特定生成方式也可能是造成自相关的一个重要原因。比如，经过插值、移动平均等人为加工整理的资料就会出现自相关。以季节调整为例，假定原序列 $X_1,\cdots,X_T$ 不存在自相关，满足 $E(X_t)=0$，$\mathrm{Var}(X_t)=\sigma^2$，$\mathrm{Cov}(X_t,X_s)=0$，$\forall\, t\neq s$。

以“ * ”表示经过季节调整的序列：

$$X_t^* = w_0X_t + w_1X_{t-1} + w_2X_{t-2} + w_3X_{t-3},$$

其中，$w_0+w_1+w_2+w_3=1$，则有

$$\begin{aligned}
&E(X_t^*) = 0,\\
&\mathrm{Var}(X_t^*) = E(X_t^{*2}) = (w_0^2+w_1^2+w_2^2+w_3^2)\sigma^2 = \gamma_0,\\
&\mathrm{Cov}(X_t^*,X_{t-1}^*) = E(X_t^*X_{t-1}^*) = (w_0w_1+w_1w_2+w_2w_3)\sigma^2 = \gamma_1,\\
&\mathrm{Cov}(X_t^*,X_{t-2}^*) = E(X_t^*X_{t-2}^*) = (w_0w_2+w_1w_3)\sigma^2 = \gamma_2,\\
&\mathrm{Cov}(X_t^*,X_{t-3}^*) = E(X_t^*X_{t-3}^*) = (w_0w_3)\sigma^2 = \gamma_3,
\end{aligned}$$

$$\operatorname{Cov}(X_t^*, X_{t-s}^*) = 0, \quad s \geqslant 4.$$

可见,经过季节调整的新序列虽然仍具有零期望、同方差特性,但出现了当期与紧邻三期的自相关现象。

二、随机扰动项自相关的含义

对于模型 $\boldsymbol{Y}=\boldsymbol{X\beta}+\boldsymbol{\varepsilon}$,若存在 $t,s,t\neq s$ 使得 $\operatorname{Cov}(\varepsilon_t,\varepsilon_s|\boldsymbol{X})\neq 0$,则称随机扰动项 $\varepsilon_1,\cdots,\varepsilon_T$ 存在自相关。

为便于问题的分析,我们假定:

$$\begin{cases} E(\varepsilon_t \mid \boldsymbol{X}) = 0, \\ \operatorname{Var}(\varepsilon_t \mid \boldsymbol{X}) = \sigma^2, \\ \operatorname{Cov}(\varepsilon_t, \varepsilon_s \mid \boldsymbol{X}) = E(\varepsilon_t \varepsilon_s \mid \boldsymbol{X}) = \omega_{ts}, \quad t \neq s, \end{cases}$$

且假定 ω_{ts} 是观测间隔 $|t-s|$ 的函数,而不是 t,s 的函数。

现在,随机扰动项的方差-协方差阵为

$$\operatorname{Var}(\boldsymbol{\varepsilon} \mid \boldsymbol{X}) = E(\boldsymbol{\varepsilon}\boldsymbol{\varepsilon}' \mid \boldsymbol{X}) = \boldsymbol{V} = \sigma^2 \boldsymbol{\Omega},$$

其中,假定 $\boldsymbol{\Omega}$ 为 $T\times T$ 阶正定矩阵,其元素 ω_{ts} 是 $|t-s|$ 的函数,显然 $r(\boldsymbol{\Omega})=T$。

三、相关基本概念

为便于今后的分析,下面定义几个基本概念。

1. 自协方差函数

根据假定,$\varepsilon_1,\cdots,\varepsilon_T$ 的自协方差与观测间隔有关,所以令 $\operatorname{Cov}(\varepsilon_t,\varepsilon_{t+s}|\boldsymbol{X}) = E(\varepsilon_t\varepsilon_{t+s}|\boldsymbol{X})=\gamma_s$,同时有 $\operatorname{Cov}(\varepsilon_t,\varepsilon_{t-s}|\boldsymbol{X})=E(\varepsilon_t\varepsilon_{t-s}|\boldsymbol{X})=\gamma_s$。当 $s=0$ 时,为其特例:$\gamma_0=\operatorname{Var}(\varepsilon_t|\boldsymbol{X})=\sigma^2$。当 $\gamma_s=0$ 时,表明 ε_t、ε_{t+s} 无关;当 $\gamma_s\neq 0$ 时,表明两者相关。由定义可知,γ_s 为有量纲的量。

这样就得到了 $\boldsymbol{\varepsilon}$ 的自方差-协方差(简称"自协方差")阵的表示式:

$$\operatorname{Var}(\boldsymbol{\varepsilon} \mid \boldsymbol{X}) = E(\boldsymbol{\varepsilon}\boldsymbol{\varepsilon}' \mid \boldsymbol{X}) = \begin{bmatrix} \gamma_0 & \gamma_1 & \cdots & \gamma_{T-1} \\ \gamma_1 & \gamma_0 & \cdots & \gamma_{T-2} \\ \vdots & \vdots & & \vdots \\ \gamma_{T-1} & \gamma_{T-2} & \cdots & \gamma_0 \end{bmatrix}.$$

2. 自相关函数

$\varepsilon_1,\cdots,\varepsilon_T$ 的自相关函数为

$$\operatorname{Corr}(\varepsilon_t, \varepsilon_{t\pm s}) = \frac{\operatorname{Cov}(\varepsilon_t, \varepsilon_{t\pm s} \mid \boldsymbol{X})}{\sqrt{\operatorname{Var}(\varepsilon_t \mid \boldsymbol{X}) \cdot \operatorname{Var}(\varepsilon_{t\pm s} \mid \boldsymbol{X})}} = \frac{\gamma_s}{\gamma_0} = \rho_S.$$

ρ_S 为无量纲的量,常用于刻画 $\boldsymbol{\varepsilon}$ 自相关的程度。

等价地，

$$\gamma_s = \gamma_0\rho_s = \sigma^2\rho_s.$$

这样，随机扰动项 $\boldsymbol{\varepsilon}$ 的自协方差阵可以表示为

$$\mathrm{Var}(\boldsymbol{\varepsilon} \mid \boldsymbol{X}) = E(\boldsymbol{\varepsilon}\boldsymbol{\varepsilon}' \mid \boldsymbol{X}) = \gamma_0\begin{bmatrix} 1 & \rho_1 & \cdots & \rho_{T-1} \\ \rho_1 & 1 & \cdots & \rho_{T-2} \\ \vdots & \vdots & & \vdots \\ \rho_{T-1} & \rho_{T-2} & \cdots & 1 \end{bmatrix} = \gamma_0\boldsymbol{P},$$

其中，$\boldsymbol{P}$ 为 $\boldsymbol{\varepsilon}$ 的自相关矩阵。

四、滞后算子

在研究时间序列资料建模时，为表述方便，常采用滞后算子 $\boldsymbol{L}$ 符号，其定义为

$$\boldsymbol{L}Y_t = Y_{t-1}.$$

对滞后算子我们作进一步的推广，得到以下结果：

$$\boldsymbol{L}^2Y_t = \boldsymbol{L}(\boldsymbol{L}Y_t) = Y_{t-2},$$

更一般地，$\boldsymbol{L}^qY_t = Y_{t-q}$，$q$ 为正整数。当 $q=0$ 时，为其特例，$\boldsymbol{L}^0Y_t = Y_t$。$\boldsymbol{L}^0$ 相当于单位算子，记为 $\boldsymbol{L}^0=\boldsymbol{I}$ 或简单地记为 $\boldsymbol{L}^0=1$。

对于常数 a，滞后运算的法则为 $\boldsymbol{L}a=a$。

下面介绍几种常用的滞后算子形式。

1. 多项式

根据变量 x 的 p 次多项式：

$$\varphi_p(x) = 1 + \alpha_1x + \alpha_2x^2 + \cdots + \alpha_px^p,$$

我们类似地定义 p 次滞后算子多项式为

$$\varphi_p(\boldsymbol{L}) = \boldsymbol{I} + \alpha_1\boldsymbol{L} + \alpha_2\boldsymbol{L}^2 + \cdots + \alpha_p\boldsymbol{L}^p.$$

以该滞后多项式作用于 Y_t，结果为

$$\varphi_p(\boldsymbol{L})Y_t = Y_t + \alpha_1Y_{t-1} + \alpha_2Y_{t-2} + \cdots + \alpha_pY_{t-p}.$$

2. 幂级数

根据变量 x 的幂级数：

$$\varphi_\infty(x) = 1 + \alpha_1x + \cdots + \alpha_px^p + \cdots,$$

我们也可以类似地定义滞后算子幂级数：

$$\varphi_\infty(\boldsymbol{L}) = \boldsymbol{I} + \alpha_1\boldsymbol{L} + \cdots + \alpha_p\boldsymbol{L}^p + \cdots.$$

将 $\varphi_\infty(\boldsymbol{L})$ 作用于 Y_t，结果为

$$\varphi_\infty(\boldsymbol{L})Y_t = Y_t + \alpha_1Y_{t-1} + \cdots + \alpha_pY_{t-p} + \cdots.$$

3. 逆算子

对于两个算子 $\varphi_p(\boldsymbol{L})$ 和 $\psi_q(\boldsymbol{L})$，若有

$$\varphi_p(\boldsymbol{L}) \cdot \psi_q(\boldsymbol{L}) = \boldsymbol{I},$$

则 $\varphi_p(\boldsymbol{L})$ 与 $\psi_q(\boldsymbol{L})$ 互为逆算子,记为 $\varphi_p(\boldsymbol{L})=\psi_q^{-1}(\boldsymbol{L})$,或 $\psi_q(\boldsymbol{L})=\varphi_p^{-1}(\boldsymbol{L})$。

4. 常用逆算子

在研究时间序列模型中,常用的逆算子有

$$(\boldsymbol{I}-\alpha\boldsymbol{L})^{-1} = \boldsymbol{I}+\alpha\boldsymbol{L}+\alpha^2\boldsymbol{L}^2+\cdots,$$

$$(\boldsymbol{I}+\alpha\boldsymbol{L})^{-1} = \boldsymbol{I}-\alpha\boldsymbol{L}+\alpha^2\boldsymbol{L}^2-\cdots,$$

其中,α 为常数,一般 $0<\alpha<1$。上式只要利用逆算子的定义即可验证。

§2　自相关的类型

由于实际问题中时间序列的自相关性相当复杂,因此研究时常常采用有规律的几种形式近似去刻画。本节讨论两种自相关的基本形式:自回归型和移动平均型自相关。以下讨论的 ε 是一个一般的随机过程。为简便起见,假定 X 为固定变量,模型满足其他古典假定。

一、自回归型自相关

最简单的自回归过程为一阶自回归过程,即 AR(1)。一阶自回归过程不仅易于处理,而且在许多情况下能够很好地近似描述实际数据的生成过程,所以使用相当广泛。下面着重研究这一类型。

1. 数学形式

一阶自回归过程的数学形式为

$$\varepsilon_t = \varphi\varepsilon_{t-1} + u_t,$$

其中,u_t 为独立同分布的白噪声过程:

$$E(u_t) = 0,$$

$$\mathrm{Var}(u_t) = \sigma_u^2,$$

$$\mathrm{Cov}(u_t, u_s) = 0, \quad \forall t \neq s.$$

为了保证 ε_t 为平稳随机过程,应有约束条件 $|\varphi|<1$。经济学中常见的情况为正自相关,所以常有 $0<\varphi<1$。

可以将 ε_t 表示为 u 的函数:

$$\varepsilon_t = u_t + \varphi u_{t-1} + \varphi^2 u_{t-2} + \cdots = \sum_{q=0}^{+\infty} \varphi^q u_{t-q}.$$

[证明]

将 AR(1)过程以滞后算子来表示:

$$\varepsilon_t = \varphi\boldsymbol{L}\varepsilon_t + u_t, \quad 移项得到(\boldsymbol{I}-\varphi\boldsymbol{L})\varepsilon_t = u_t,$$

则

$$\begin{aligned}\varepsilon_t &= (\boldsymbol{I} - \varphi \boldsymbol{L})^{-1} u_t \\ &= (\boldsymbol{I} + \varphi \boldsymbol{L} + \varphi^2 \boldsymbol{L}^2 + \cdots) u_t \\ &= u_t + \varphi u_{t-1} + \varphi^2 u_{t-2} + \cdots .\end{aligned}$$

2. ε_t 的统计特性

（1）零期望

$$E(\varepsilon_t) = 0,$$

这一点显然成立。

（2）同方差

$$\mathrm{Var}(\varepsilon_t) = \frac{\sigma_u^2}{1 - \varphi^2} = \sigma_\varepsilon^2 = \gamma_0,$$

ε_t 的方差为常数,与 t 无关,即不论 t 为何值,ε_t 的方差是相同的。

[证明]

$$\begin{aligned}\mathrm{Var}(\varepsilon_t) = E(\varepsilon_t^2) &= E\Big(\sum_{q=0}^{+\infty} \varphi^q u_{t-q}\Big)^2 \\ &= \sum_{q=0}^{+\infty} \varphi^{2q} E(u_{t-q}^2) = \sigma_u^2 \sum_{q=0}^{+\infty} (\varphi^2)^q \\ &= \frac{\sigma_u^2}{1 - \varphi^2}.\end{aligned}$$

（3）协方差

$$\mathrm{Cov}(\varepsilon_t, \varepsilon_{t \pm s}) = \frac{\sigma_u^2}{1 - \varphi^2} \varphi^s = \sigma_\varepsilon^2 \varphi^s = \gamma_s .$$

$\varepsilon_t, \varepsilon_{t\pm s}$ 的协方差与 $t, t\pm s$ 无关,只与间隔 $|t-(t\pm s)|=s$ 有关。

[证明]

$$\because \quad \varepsilon_t = u_t + \varphi u_{t-1} + \cdots + \varphi^s u_{t-s} + \varphi^{s+1} u_{t-(s+1)} + \cdots,$$

$$\varepsilon_{t-s} = u_{t-s} + \varphi u_{(t-s)-1} + \cdots,$$

$$\begin{aligned}\therefore \quad \mathrm{Cov}(\varepsilon_t, \varepsilon_{t-s}) &= E(\varepsilon_t \varepsilon_{t-s}) \\ &= \varphi^s E(u_{t-s}^2) + \varphi^{s+2} E(u_{t-s-1}^2) + \cdots \\ &= \varphi^s \sigma_u^2 (1 + \varphi^2 + \varphi^4 + \cdots) \\ &= \frac{\sigma_u^2}{1 - \varphi^2} \varphi^s = \sigma_\varepsilon^2 \varphi^s = \gamma_s .\end{aligned}$$

注:可类似证明 $\mathrm{Cov}(\varepsilon_t, \varepsilon_{t+s}) = \gamma_s$。

(4) 自相关函数

$$\rho_s = \frac{\gamma_s}{\gamma_0} = \varphi^s.$$

因为$|\varphi|<1$,所以当$s\to+\infty$时,$\rho_s\to 0$,且为几何衰减。图 11-1 给出不同 φ 取值的自相关函数图形。

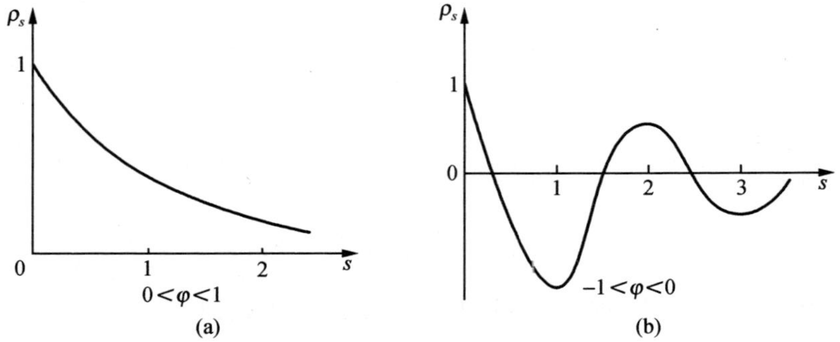

图 11-1　不同 φ 的自相关函数

(5) 方差-协方差阵

由(1)—(4)可知 $\boldsymbol{\varepsilon}$ 的方差-协方差阵为

$$\mathrm{Var}(\boldsymbol{\varepsilon}) = E(\boldsymbol{\varepsilon}\boldsymbol{\varepsilon}') = \sigma_\varepsilon^2\begin{bmatrix} 1 & \varphi & \cdots & \varphi^{T-1} \\ \varphi & 1 & \cdots & \varphi^{T-2} \\ \vdots & \vdots & & \vdots \\ \varphi^{T-1} & \varphi^{T-2} & \cdots & 1 \end{bmatrix}.$$

3. $\boldsymbol{\varepsilon}$ 的特性

由上面的分析可知,一方面,ε_t 既受到所有历史值的影响,也会影响未来各期的值,这一性质被称为"无限记忆";另一方面,s 越大,即间隔时间越长,相关程度越弱,当 $s\to+\infty$ 时,自相关函数$\to 0$。此外,自相关程度只与时间间隔(即相对位置)有关,而与具体的时间位置无关,比如 ε_2 和 ε_4 之间的相关程度与 ε_8 和 ε_{10} 之间的相关程度一样。

自回归型扰动项的一般形式为

$$\varepsilon_t = \varphi_1\varepsilon_{t-1} + \cdots + \varphi_p\varepsilon_{t-p} + u_t,$$

其中,u_t 为独立同分布的白噪声过程,而 φ_i 为参数。

上述过程被称为 p 阶自回归过程,记为 AR(p)。关于其特性,本章不详细讨论。

二、移动平均型自相关

最简单的移动平均过程为一阶移动平均,即 MA(1)。下面着重研究这一模型。

1. 数学形式

MA(1)的数学形式为

$$\varepsilon_t = u_t + \lambda u_{t-1},$$

其中，u_t 为独立同分布的白噪声过程，一般要求 $|\lambda|<1$。

2. ε_t 的统计特性

(1) 零期望

$$E(\varepsilon_t) = 0,$$

显然成立。

(2) 同方差

$$\mathrm{Var}(\varepsilon_t) = E(\varepsilon_t^2) = (1+\lambda^2)\sigma_u^2 = \sigma_\varepsilon^2 = \gamma_0.$$

ε_t 的方差与 t 无关，是常数。

[证明]

$$\because\ \varepsilon_t = u_t + \lambda u_{t-1},\quad E(u_t^2) = \sigma_u^2,\quad E(u_t u_{t-1}) = 0,$$

$$\begin{aligned}\therefore\ \mathrm{Var}(\varepsilon_t) &= E(\varepsilon_t^2)\\ &= E(u_t^2 + \lambda^2 u_{t-1}^2 + 2\lambda u_t u_{t-1})\\ &= \sigma_u^2 + \lambda^2\sigma_u^2\\ &= (1+\lambda^2)\sigma_u^2\\ &= \sigma_\varepsilon^2.\end{aligned}$$

(3) 自协方差

$$\mathrm{Cov}(\varepsilon_t, \varepsilon_{t\pm1}) = E(\varepsilon_t \varepsilon_{t\pm1}) = \lambda\sigma_u^2 = \gamma_1,$$

$$\mathrm{Cov}(\varepsilon_t, \varepsilon_{t\pm s}) = 0,\quad s \geqslant 2.$$

[证明]

$$\because\ \varepsilon_t = u_t + \lambda u_{t-1},\quad \varepsilon_{t-1} = u_{t-1} + \lambda u_{t-2},\quad E(u_t^2) = \sigma_u^2,$$

$$E(u_t u_{t-1}) = E(u_t u_{t-2}) = E(u_{t-1} u_{t-2}) = 0,$$

$$\begin{aligned}\therefore\ \gamma_1 &= E(\varepsilon_t \varepsilon_{t-1})\\ &= E(u_t u_{t-1} + \lambda u_t u_{t-2} + \lambda u_{t-1}^2 + \lambda^2 u_{t-1} u_{t-2})\\ &= \lambda\sigma_u^2.\end{aligned}$$

当 $s \geqslant 2$ 时，$\gamma_s = E(\varepsilon_t \varepsilon_{t-s})$ 的 $\varepsilon_t \varepsilon_{t-s}$ 各项中两个相乘的 u 的脚标均不相同，所以其期望均为零，因此 $\gamma_s = 0$。

注：对于 $\mathrm{Cov}(\varepsilon_t, \varepsilon_{t+1})$ 和 $\mathrm{Cov}(\varepsilon_t, \varepsilon_{t+s})$ 可类似证明。

(4) 自相关函数

$$\rho_1 = \frac{\gamma_1}{\gamma_0} = \frac{\lambda\sigma_u^2}{(1+\lambda^2)\sigma_u^2} = \frac{\lambda}{1+\lambda^2},$$

$$\rho_s = 0,\quad s \geqslant 2.$$

图 11-2 给出了不同 λ 的自相关函数图形。

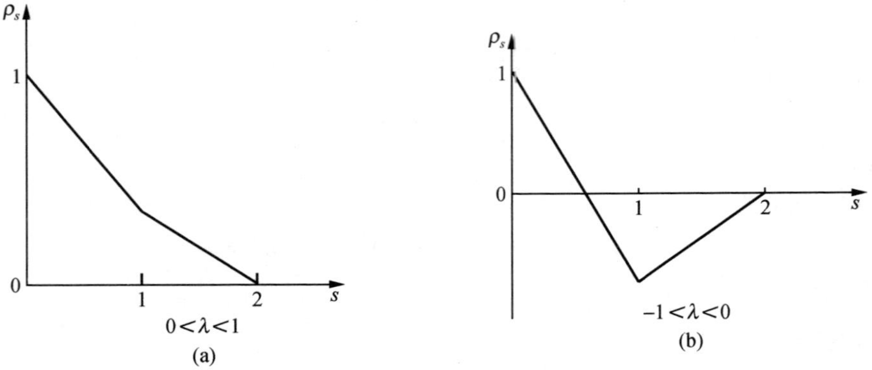

图 11-2　不同 λ 的自相关函数

(5) 方差-协方差阵

$$\operatorname{Var}(\boldsymbol{\varepsilon}) = \sigma_\varepsilon^2 \begin{bmatrix} 1 & \frac{\lambda}{1+\lambda^2} & \cdots & 0 & 0 \\ \frac{\lambda}{1+\lambda^2} & 1 & \cdots & 0 & 0 \\ \vdots & \vdots & \ddots & \vdots & \vdots \\ 0 & 0 & \cdots & 1 & \frac{\lambda}{1+\lambda^2} \\ 0 & 0 & \cdots & \frac{\lambda}{1+\lambda^2} & 1 \end{bmatrix},$$

可见 $Var(\boldsymbol{\varepsilon})$ 为三对角线矩阵。

3. $\boldsymbol{\varepsilon}$ 的特性

由上面的分析可知,只有紧邻的两期 $\boldsymbol{\varepsilon}$ 之间才存在相关关系,即 ε_t 只受前一期 ε 影响,或 ε_t 只影响下一期 ε,这一性质被称为“短程记忆”。前后两期之间的相关系数为 $\frac{\lambda}{1+\lambda^2}$,且与具体的时点无关,比如,$\varepsilon_t$ 和 ε_{t-1} 之间的相关程度与 ε_t 和 ε_{t+1} 之间的相关程度是一样的。

移动平均型扰动项的一般形式为

$$\varepsilon_t = u_t + \lambda_1 u_{t-1} + \lambda_2 u_{t-2} + \cdots + \lambda_q u_{t-q},$$

其中,u_t 为独立同分布的白噪声过程,而 λ_i 为参数。上述过程被称为 q 阶移动平均过程,记为 MA(q)。关于其特性,本章不详细介绍。

三、AR 与 MA 的关系

自回归过程与移动平均过程之间存在着密切的关系。

1. AR(1)与 MA(∞)的关系

对于 AR(1)过程：

$$\varepsilon_t = \varphi\varepsilon_{t-1} + u_t,$$

由前可知

$$\varepsilon_t = u_t + \varphi u_{t-1} + \varphi^2 u_{t-2} + \cdots.$$

可见,AR(1)过程实际上是一种特殊的 MA(∞)过程,其系数为 $\lambda_q = \varphi^q$。

2. MA(1)与 AR(∞)的关系

对于 MA(1)过程：

$$\varepsilon_t = u_t + \lambda u_{t-1},$$

引入滞后算子,可改写为

$$\varepsilon_t = (\boldsymbol{I} + \lambda \boldsymbol{L})\ u_t,$$

由此得到

$$\begin{aligned} u_t &= (\boldsymbol{I} + \lambda\boldsymbol{L})^{-1}\varepsilon_t = (\boldsymbol{I} - \lambda\boldsymbol{L} + \lambda^2\boldsymbol{L}^2 - \cdots)\varepsilon_t \\ &= \varepsilon_t - \lambda\varepsilon_{t-1} + \lambda^2\varepsilon_{t-2} - \cdots, \end{aligned}$$

即

$$\varepsilon_t = \lambda\varepsilon_{t-1} - \lambda^2\varepsilon_{t-2} + \cdots + u_t.$$

可见,MA(1)过程实际上是一种特殊的 AR(∞)过程,其系数为 $\varphi_p = (-1)^{p-1}\lambda^p$。

四、自回归移动平均型自相关

将自回归过程与移动平均过程结合,就得到自回归移动平均混合过程,其一般形式为

$$\varepsilon_t = \varphi_1\varepsilon_{t-1} + \varphi_2\varepsilon_{t-2} + \cdots + \varphi_p\varepsilon_{t-p} + u_t + \lambda_1 u_{t-1} + \lambda_2 u_{t-2} + \cdots + \lambda_q u_{t-q},$$

我们将该过程记为 ARMA(p,q)。

最简单的形式就是 ARMA(1,1)过程：

$$\varepsilon_t = \varphi\varepsilon_{t-1} + u_t + \lambda u_{t-1}.$$

关于此形式本章不详细讨论。

§3　普通最小二乘估计

在随机扰动项具有自相关的情况下,OLS 估计量具有什么性质呢？我们可以从几个方面来看。

一、σ^2 的估计量 s^2 的性质

在经典线性回归中,σ^2 的无偏估计量为

$$s^2 = \frac{\boldsymbol{e}'\boldsymbol{e}}{T-K}.$$

当随机扰动项存在自相关时,s^2 为 σ^2 的有偏估计量,这是因为

$$E(s^2) = \frac{\sigma^2}{T-K}\{T - \operatorname{tr}[(\boldsymbol{X}'\boldsymbol{X})^{-1}\boldsymbol{X}'\boldsymbol{\Omega}\boldsymbol{X}]\} \neq \sigma^2.$$

一般情况下,$\operatorname{tr}[(\boldsymbol{X}'\boldsymbol{X})^{-1}\boldsymbol{X}'\boldsymbol{\Omega}\boldsymbol{X}]>K$,此时,

$$E(s^2) < \frac{\sigma^2}{T-K}(T-K) = \sigma^2,$$

所以,平均而言 s^2 常常低估了 σ^2。

二、$\boldsymbol{\beta}$ 的估计量 $\boldsymbol{b}$ 的性质

1. 关于无偏性和方差

当随机扰动项存在自相关时,OLS 估计量 $\boldsymbol{b}=(\boldsymbol{X}'\boldsymbol{X})^{-1}\boldsymbol{X}'\boldsymbol{Y}$ 仍具有无偏性,但不能再用 $s^2(\boldsymbol{X}'\boldsymbol{X})^{-1}$ 来估计 $\boldsymbol{b}$ 的方差-协方差阵。这是因为,非球形扰动情况下 $\boldsymbol{b}$ 的方差-协方差阵为

$$\widetilde{\operatorname{Var}(\boldsymbol{b})} = \sigma^2(\boldsymbol{X}'\boldsymbol{X})^{-1}(\boldsymbol{X}'\boldsymbol{\Omega}\boldsymbol{X})(\boldsymbol{X}'\boldsymbol{X})^{-1},$$

而非 $\sigma^2(\boldsymbol{X}'\boldsymbol{X})^{-1}$,并且 s^2 不再是 σ^2 的无偏估计量,且常常低估了 σ^2。此时若仍使用 $s^2(\boldsymbol{X}'\boldsymbol{X})^{-1}_{kk}$ 常常会低估 b_k 的方差。

2. 关于 t 检验

原 $t(b_k)$ 不再服从 t 分布,t 检验失效。由于 b_k 仍为 β_k 的无偏估计,而 b_k 的方差常被低估,因此 $|t(b_k)|$ 常被高估。

3. 关于有效性

此时 OLS 估计量 $\boldsymbol{b}$ 相对 GLS 估计量 $\tilde{\boldsymbol{b}}$ 有效性差。以离差形式的一元回归为例说明:

$$\begin{cases} y_t = \beta x_t + \varepsilon_t, \\ \varepsilon_t = \varphi\varepsilon_{t-1} + u_t, \quad \varepsilon_t \sim \mathrm{AR}(1),\ \operatorname{Var}(\boldsymbol{\varepsilon}) = \sigma_\varepsilon^2\boldsymbol{\Omega}, \\ x_t = \delta x_{t-1} + u_t, \quad x_t \sim \mathrm{AR}(1),\ \operatorname{Var}(x_t) = \sigma_x^2, \quad t = 1,2,\cdots,T. \end{cases}$$

(1) $\dfrac{\operatorname{Var}(\boldsymbol{b})}{\widetilde{\operatorname{Var}(\boldsymbol{b})}} \approx \dfrac{1-\varphi\delta}{1+\varphi\delta}$

[证明]

① $\because\ \operatorname{Var}(x_t)=\sigma_x^2$,

∴ 其样本方差为

$$\hat{\sigma}_x^2 = \frac{1}{T}\sum_{t=1}^{T} x_t^2 = \frac{1}{T}\boldsymbol{x}'\boldsymbol{x}, \quad \boldsymbol{x}' = (x_1, x_2, \cdots, x_T).$$

∵ x 的自协方差为 $\gamma_s = \sigma_x^2 \delta^s$，

∴ 其样本协方差为

$$\hat{\gamma}_s = \frac{1}{T}\sum_{t=s+1}^{T} x_t x_{t-s} = \hat{\sigma}_x^2 \delta^s.$$

②

$$\begin{aligned}
\frac{1}{T}\boldsymbol{x}'\boldsymbol{\Omega x} &= \frac{1}{T}[x_1, \cdots, x_T]\begin{bmatrix} 1 & \varphi & \cdots & \varphi^{T-1} \\ \varphi & 1 & \cdots & \varphi^{T-2} \\ \vdots & \vdots & \ddots & \vdots \\ \varphi^{T-1} & 1 & \cdots & 1 \end{bmatrix}\begin{bmatrix} x_1 \\ \vdots \\ x_T \end{bmatrix} \\
&= \frac{1}{T}\left(\sum_{t=1}^{T} x_t^2 + 2\varphi\sum_{t=2}^{T} x_t x_{t-1} + 2\varphi^2 \sum_{t=3}^{T} x_t x_{t-2} + \cdots + 2\varphi^{T-1} x_1 x_T\right) \\
&= \hat{\sigma}_x^2 + 2\varphi\hat{\gamma}_1 + 2\varphi^2\hat{\gamma}_2 + \cdots 2\varphi^{T-1}\hat{\gamma}_{T-1} \\
&= \hat{\sigma}_x^2 + 2\varphi\delta\hat{\sigma}_x^2 + 2\varphi^2\delta^2\hat{\sigma}_x^2 + \cdots + 2\varphi^{T-1}\delta^{T-1}\hat{\sigma}_x^2 \\
&= \hat{\sigma}_x^2(2 + 2\varphi\delta + 2\varphi^2\delta^2 + \cdots + 2\varphi^{T-1}\delta^{T-1} - 1) \\
&\approx \hat{\sigma}_x^2\left(\frac{2}{1-\varphi\delta} - 1\right) \\
&= \hat{\sigma}_x^2 \frac{1+\varphi\delta}{1-\varphi\delta}.
\end{aligned}$$

③ 由上述推导可知：

$$\operatorname{Var}(\boldsymbol{b}) = \sigma_\varepsilon^2(\boldsymbol{x}'\boldsymbol{x})^{-1} = \frac{\sigma_\varepsilon^2}{T}\left(\frac{1}{T}\boldsymbol{x}'\boldsymbol{x}\right)^{-1} = \frac{1}{T}\cdot\frac{\sigma_\varepsilon^2}{\hat{\sigma}_x^2}$$

$$\begin{aligned}
\widetilde{\operatorname{Var}(\boldsymbol{b})} &= \sigma_\varepsilon^2(\boldsymbol{x}'\boldsymbol{x})^{-1}(\boldsymbol{x}'\boldsymbol{\Omega x})(\boldsymbol{x}'\boldsymbol{x})^{-1} \\
&= \frac{\sigma_\varepsilon^2}{T}\left(\frac{1}{T}\boldsymbol{x}'\boldsymbol{x}\right)^{-1}\left(\frac{1}{T}\boldsymbol{x}'\boldsymbol{\Omega x}\right)\left(\frac{1}{T}\boldsymbol{x}'\boldsymbol{x}\right)^{-1} \\
&\approx \frac{1}{T}\frac{\sigma_\varepsilon^2}{\hat{\sigma}_x^2}\cdot\frac{1+\delta\varphi}{1-\delta\varphi},
\end{aligned}$$

所以有

$$\frac{\operatorname{Var}(\boldsymbol{b})}{\widetilde{\operatorname{Var}(\boldsymbol{b})}} \approx \frac{1-\delta\varphi}{1+\delta\varphi}.$$

当 $\delta>0, \varphi>0$（经济学中常见）时，就有 $\operatorname{Var}(\boldsymbol{b}) < \widetilde{\operatorname{Var}(\boldsymbol{b})}$，所以原来的 $\boldsymbol{b}$ 的 OLS 方差估计量公式常常低估了 $\boldsymbol{b}$ 的方差。

(2) $\eta=\dfrac{\mathrm{Var}(\tilde{\boldsymbol{b}})}{\widehat{\mathrm{Var}(\boldsymbol{b})}}\approx\dfrac{(1-\varphi^2)(1-\varphi\delta)}{(1+\varphi^2-2\varphi\delta)(1+\varphi\delta)}$

其中 $\tilde{\boldsymbol{b}}$ 为 GLS 估计量。

[证明]

① 由前已知:

$$\widehat{\mathrm{Var}(\boldsymbol{b})}\approx\frac{1}{T}\cdot\frac{\sigma_\varepsilon^2}{\hat{\sigma}_x^2}\cdot\frac{1+\delta\varphi}{1-\delta\varphi}.$$

② 由 $\boldsymbol{\Omega}$ 的表达式求出 $\boldsymbol{\Omega}^{-1}$,则有

$$\begin{aligned}
\boldsymbol{x}'\boldsymbol{\Omega}^{-1}\boldsymbol{x} &= \frac{1}{1-\varphi^2}[x_1,\cdots,x_T]\\
&\cdot\begin{bmatrix} 1 & -\varphi & 0 & \cdots & 0 & 0\\ -\varphi & 1+\varphi^2 & -\varphi & \cdots & 0 & 0\\ 0 & -\varphi & 1+\varphi^2 & \cdots & 0 & 0\\ \vdots & \vdots & \vdots & \ddots & \vdots & \vdots\\ 0 & 0 & \cdots & -\varphi & 1+\varphi^2 & -\varphi\\ 0 & 0 & \cdots & 0 & -\varphi & 1\end{bmatrix}\begin{bmatrix}x_1\\ \vdots\\ x_T\end{bmatrix}\\
&= \frac{1}{1-\varphi^2}\left[x_1^2+x_T^2+(1+\varphi^2)\sum_{t=2}^{T-1}x_t^2-2\varphi\sum_{t=2}^{T}x_tx_{t-1}\right]\\
&= \frac{1}{1-\varphi^2}\left[(1+\varphi^2)\sum_{t=1}^{T}x_t^2-\varphi^2(x_1^2+x_T^2)-2\varphi\sum_{t=2}^{T}x_tx_{t-1}\right].
\end{aligned}$$

$$\begin{aligned}
\therefore\ \mathrm{Var}(\tilde{\boldsymbol{b}}) &= \sigma_\varepsilon^2(\boldsymbol{x}'\boldsymbol{\Omega}^{-1}\boldsymbol{x})^{-1}\\
&= \frac{\sigma_\varepsilon^2}{T}\left(\frac{1}{T}\boldsymbol{x}'\boldsymbol{\Omega}^{-1}\boldsymbol{x}\right)^{-1}\\
&\approx \frac{\sigma_\varepsilon^2}{T}(1-\varphi^2)\left[(1+\varphi^2)\hat{\sigma}_x^2-\varphi^2\frac{x_1^2+x_T^2}{T}-2\varphi\hat{\gamma}_1\right]^{-1}\\
&\approx \frac{\sigma_\varepsilon^2}{T}(1-\varphi^2)[(1+\varphi^2)\hat{\sigma}_x^2-2\varphi\hat{\sigma}_x^2\delta]^{-1}\\
&\qquad\left(\text{当 } T \text{ 很大时,忽略}\frac{1}{T}(x_1^2+x_T^2)\text{ 项}\right)\\
&= \frac{1}{T}\cdot\frac{\sigma_\varepsilon^2}{\hat{\sigma}_x^2}\cdot\frac{1-\varphi^2}{1+\varphi^2-2\varphi\delta}.
\end{aligned}$$

③ $\eta=\dfrac{\mathrm{Var}(\tilde{\boldsymbol{b}})}{\widehat{\mathrm{Var}(\boldsymbol{b})}}=\dfrac{1-\varphi^2}{1+\varphi^2-2\varphi\delta}\cdot\dfrac{1-\delta\varphi}{1+\delta\varphi}.$

一般来说,当 δ 给定时,随着 $|\varphi|(<1)$ 的增大,η 将下降,也就是说,扰动项 ε 的自相

关程度越强,OLS 估计量的有效性越差。

三、方差的一致估计量

我们已经看到,在随机扰动项存在自相关的情况下若仍然采用普通最小二乘法来估计参数,那么常规的统计推断将失效。如果了解自相关的结构,就可以使用更有效的广义最小二乘法。可是,如果不清楚自相关的结构应如何处理呢?类似于 White(1980)对于异方差情况的处理,Newey 和 West(1987)给出了在自相关情况下 $\boldsymbol{b}$ 的渐近方差-协方差阵估计量,只要样本容量足够大就可以据此进行统计推断。

采用 OLS 方法得到 $\boldsymbol{\beta}$ 的估计量 $\boldsymbol{b}=(\boldsymbol{X}'\boldsymbol{X})^{-1}\boldsymbol{X}'\boldsymbol{Y}$ 之后,可以利用下式估计 $\boldsymbol{b}$ 的渐近方差-协方差阵,该估计量被称为纽维-维斯特(Newey-West)自相关一致的方差-协方差阵估计量:

$$\widehat{\widehat{\text{asy. Var}}}\,(\boldsymbol{b})= T(\boldsymbol{X}'\boldsymbol{X})^{-1}\hat{\boldsymbol{Q}}_*(\boldsymbol{X}'\boldsymbol{X})^{-1},$$

其中

$$\hat{\boldsymbol{Q}}_* = S_0 + \frac{1}{T}\sum_{i=1}^{L}\sum_{t=i+1}^{T}\left(1-\frac{i}{L+1}\right)e_t e_{t-i}(\boldsymbol{x}^t\boldsymbol{x}^{t-i\prime}+\boldsymbol{x}^{t-i}\boldsymbol{x}^{t\prime}),$$

$$S_0 = \frac{1}{T}\sum_{i=1}^{T}e_i^2\boldsymbol{x}^i\boldsymbol{x}^{i\prime}.$$

$\boldsymbol{x}^i$ 表示由样本矩阵 $\boldsymbol{X}$ 的第 i 行转置而得的列向量,e 为 OLS 残差。

为了利用上述估计量,需要提前确定式中的最大滞后长度 L。L 的确定原则是使得间隔超过 L 的 e 的自相关程度小到可以被忽略。在难以判断的情况下,人们往往取 $L=T^{1/4}$,尽管这并没有什么理论依据。

采用纽维-维斯特估计量的优点是:一方面 $\boldsymbol{b}$ 是一致估计量;另一方面不需要知道自相关的具体类型和结构。

在 Stata 中,可由如下命令得到纽维-维斯特的一致估计量:

```
Newey y x1 x2, lag(p)
```

其中 p 为指定的滞后阶数。

§4　自相关性的检验

与异方差的检验类似,人们一般根据普通最小二乘回归残差来检验随机扰动项 ε 的自相关性。

一、德宾-沃森检验

对于模型:

$$Y = X\beta + \varepsilon.$$

为了检验随机扰动项是否存在一阶自相关,直观的想法是以 OLS 残差 e 代替随机扰动项 ε,将

$$r = \frac{\sum_{t=2}^{T} e_t e_{t-1}}{\sum_{t=1}^{T} e_t^2},$$

视为 AR(1) 中 φ 的估计量,从而进行检验。但由于 r 的精确分布未知, 所以不能作为检验统计量。

德宾-沃森(Durbin-Watson)统计量(简称 D. W. 统计量)是最早被提出来检验自相关的统计量。

1. 假定

采用 D. W. 统计量对 ε 进行自相关检验时,需满足如下假定:

① 模型必须含有截距项;

② 解释变量为非随机量,且不含滞后被解释变量;

③ 随机扰动项服从 AR(1) 过程,即 $\varepsilon_t = \varphi\varepsilon_{t-1} + u_t$,其中,$|\varphi|<1$,$u_t$ 为白噪声序列;

④ 其余古典假定成立;

⑤ 样本容量 $T>15$。

2. 检验假设

要检验的假设为

$$\begin{cases} H_0: \varphi = 0, \\ H_1: \varphi \neq 0. \end{cases}$$

3. D. W. 检验统计量

D. W. 检验统计量为

$$\text{D. W.} = d = \frac{\sum_{t=2}^{T} (e_t - e_{t-1})^2}{\sum_{t=1}^{T} e_t^2}.$$

值得指出的是,统计量 d 与 r 之间具有如下关系:

$$\begin{aligned} d &= \frac{\sum_{t=2}^{T} e_t^2 + \sum_{t=2}^{T} e_{t-1}^2 - 2\sum_{t=2}^{T} e_t e_{t-1}}{\sum_{t=1}^{T} e_t^2} \\ &= \frac{\sum_{t=1}^{T} e_t^2 - e_1^2 + \sum_{t=2}^{T+1} e_{t-1}^2 - e_T^2 - 2\sum_{t=2}^{T} e_t e_{t-1}}{\sum_{t=1}^{T} e_t^2} \end{aligned}$$

$$= 2 - 2r - \frac{e_1^2 + e_T^2}{\sum_{t=1}^{T} e_t^2},$$

当样本容量比较大时,式中最后一项可以忽略不计,故有

$$d \approx 2(1 - r).$$

由此可见,两者的取值之间存在如表 11-1 所示的近似关系:

表 11-1　r 与 d 取值的关系

变量	取值或区间				
r	1	(1,0)	0	(0,−1)	−1
d	0	(0,2)	2	(2,4)	4

上述关系如图 11-3 所示。

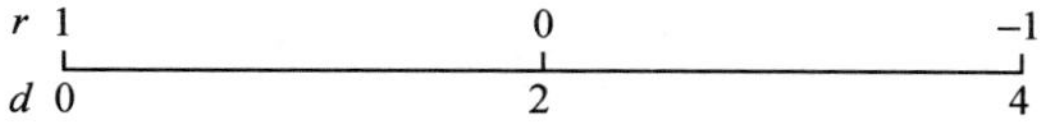

图 11-3　r 与 d 取值的关系

d 值一般在区间[0,4]内。

4. 统计推断

D. W. 统计量的严重缺点是其分布与数据阵有关,因此难以使用。但德宾和沃森证明 d 的真实分布介于另外两个统计量 d_l(下限)和 d_u(上限)之间,而它们的分布只与样本容量和解释变量个数有关,易于实际操作。具体判断如下:

在得到 D. W. 统计量 d 以后,查表找到相应的临界值 d_l^* 和 d_u^*,判断规则为

若 $d<d_l^*$,则拒绝 H_0,可以断定 ε 存在一阶正自相关关系;

若 $d_l^*<d<d_u^*$,则不能判断 ε 是否存在自相关关系;

若 $d_u^*<d<4-d_u^*$,则不能拒绝 H_0,不能认为 ε 存在自相关关系;

若 $4-d_u^*<d<4-d_l^*$,则不能判断 ε 是否存在自相关关系;

若 $4-d_l^*<d$,则拒绝 H_0,可以断定 ε 存在一阶负自相关关系。

如图 11-4 所示。

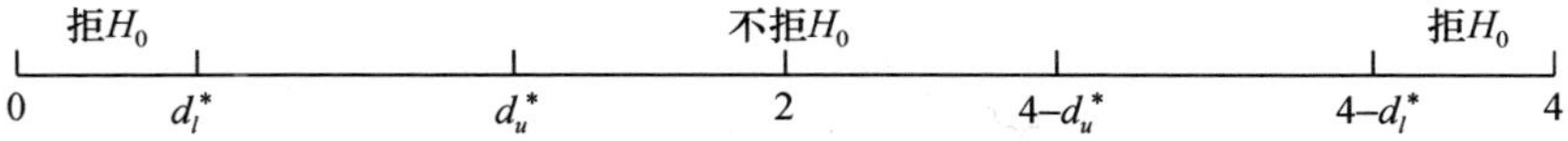

图 11-4　D. W. 统计量与临界值

当样本容量不够大时,德宾–沃森检验的无结论区会很宽。此外,该检验要求满足上述的 5 条判断规则。由于这些缺点,人们现在已不常使用这一检验方法,而多使用下面介绍的几种方法。

二、布鲁奇-戈弗雷检验

布鲁奇-戈弗雷(Breusch-Godfrey)检验(简称 B-G 检验)适用于随机扰动项服从 AR(p)或 MA(p)的模型,而且适用于含滞后被解释变量的模型。

检验假设为

$$\begin{cases} \mathrm{H}_0: \varepsilon_t \text{ 无自相关}, \\ \mathrm{H}_0: \varepsilon_t \text{ 为 AR}(p) \text{ 或 MA}(p). \end{cases}$$

检验步骤如下:

第一步:对模型 $\boldsymbol{Y}=\boldsymbol{X\beta}+\boldsymbol{\varepsilon}$ 进行 OLS 回归,得到残差序列 $e_1,\cdots,e_T$。

第二步:以 e_t 对 $e_{t-1},\cdots,e_{t-p}$(对于 e 中的缺失项用 0 替补)和全部 $\boldsymbol{X}$ 回归,样本容量为 T,参数个数为 $p+K$,取该步回归得到的可决系数:

$$R_0^2 = \frac{\boldsymbol{e}'\boldsymbol{x}_0(\boldsymbol{x}_0'\boldsymbol{x}_0)^{-1}\boldsymbol{x}_0' + \boldsymbol{e}}{\boldsymbol{e}'\boldsymbol{e}},$$

其中,$\boldsymbol{X}_0$ 为原 $\boldsymbol{X}$ 与 p 个残差列($e_{t-1},e_{t-2},\cdots,e_{t-p}$)组成的数据矩阵,$\boldsymbol{x}_0$ 为其离差形式。

第三步:构造检验统计量

$$\mathrm{LM} = TR_0^2.$$

当 H_0 为真时,LM 渐近地服从$\chi^2(p)$。

第四步:若 $TR_0^2>\chi_\alpha^2(p)$,就可以拒绝 H_0,断定存在自相关。

这种检验方法的优点是,对于一般的 AR(p) 和 MA(p)都适用,缺点则是需要事先给定 p,而这并不容易。

三、博克斯-皮尔斯检验

博克斯-皮尔斯(Box-Pierce)检验对模型的假定及要检验的假设同布鲁奇-戈弗雷检验,检验步骤如下:

第一步:对原模型进行 OLS 回归,得到残差序列 $e_1,\cdots,e_T$。

第二步:计算残差序列 $e_1,\cdots,e_T$ 的各阶简单自相关系数:

$$r_j = \frac{\sum_{t=j+1}^{T} e_t e_{t-j}}{\sum_{t=1}^{T} e_t^2}, \quad j = 1,\cdots,p.$$

第三步:博克斯和皮尔斯构造的检验统计量为

$$Q = T\sum_{j=1}^{p} r_j^2 \overset{a}{\sim} \chi^2(p),$$

杨(Ljung)和博克斯加以改进为

$$Q' = T(T+2)\sum_{j=1}^{p}\frac{r_j^2}{T-j} \overset{a}{\sim} \chi^2(p).$$

第四步：若 Q（或 Q'）$>\chi_{\alpha}^2(p)$，则可以拒绝 H_0，从而断定存在自相关。

这种检验方法的优点是，对于一般的 AR(p) 和 MA(p)都适用，缺点还是需要确定 p。

当模型不含滞后被解释变量的时候，博克斯–皮尔斯检验与布鲁奇–戈弗雷检验是渐近等价的。两者的差异在于，博克斯–皮尔斯检验利用了简单相关系数，而布鲁奇–戈弗雷检验利用了复相关。正因为如此，当零假设成立，即随机扰动项无自相关时，这两种检验就是渐近等价的；当零假设不成立时，博克斯–皮尔斯检验的势比较低。

四、德宾检验

如果模型含有滞后被解释变量，则德宾–沃森检验不适用。为此，德宾（Durbin，1970）设计了一种适用于这种情况的检验方法。

对于模型

$$Y_t = \beta_1 X_{t1} + \cdots + \beta_K X_{tK} + \gamma_1 Y_{t-1} + \cdots + \gamma_q Y_{t-q} + \varepsilon_t,$$

要检验的假设为

$$\begin{cases} H_0: \varepsilon \text{ 无自相关}, \\ H_1: \varepsilon \text{ 服从 AR}(p) \text{ 过程}. \end{cases}$$

检验步骤如下：

第一步：用 OLS 方法估计模型，得到残差序列 $e_1,\cdots,e_T$。

第二步：用 OLS 方法估计模型：

$$e_t = \alpha_1 X_{t1} + \cdots + \alpha_K X_{tK} + \eta_1 Y_{t-1} + \cdots + \eta_q Y_{t-q} + \delta_1 e_{t-1} + \cdots + \delta_p e_{t-p} + u_t.$$

用 F 统计量检验参数 δ_1，…，δ_p 的联合显著性。若这些参数联合显著，就可以拒绝零假设，断定随机扰动项存在自相关。

五、例：B-G 检验

利用美国 1953—2004 年的有关数据来分析石油危机前后美国汽油消费是否发生了结构变化，数据来源于格林(2020)。

总体回归模型为

$$\ln(Y_t) = \beta_1 + \beta_2 \ln(\text{income}_t) + \beta_3 \ln(\text{gasp}_t) + \beta_4 \ln(\text{pnc}_t) + \beta_5 \ln(\text{puc}_t) + \beta_6 t + \varepsilon_t$$

其中，Y 表示人均汽油消费量，income 表示人均可支配收入，gasp 表示汽油价格指数，pnc 表示新车价格指数，puc 表示二手车价格指数，t 表示时间。

我们要检验随机扰动项是否存在自相关。

首先，我们用 OLS 估计模型，并观察残差的自相关图。Stata 程序如下：

```
use data7_2.dta, clear
tsset year
gen ln_y = log(gasexp/pop)
gen ln_inc = log(income)
gen ln_gasp = log(gasp)
gen ln_pnc = log(pnc)
gen ln_puc = log(puc)
gen t = year - 1952
reg ln_y ln_inc ln_gasp ln_pnc ln_puc t
predict e1, res
ac e1
```

得到的残差自相关图如图 11-5 所示。

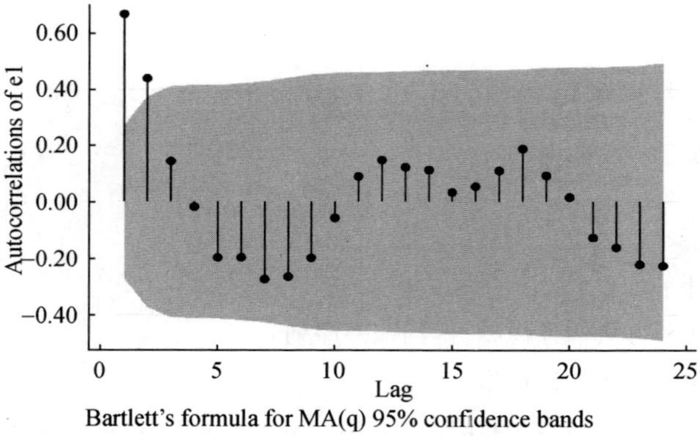

图 11-5　残差自相关图示例

设定滞后阶数为 2,进行 B-G 检验:

```
estat bgodfrey, lags(2)
```

检验结果如下:

Breusch-Godfrey LM test for autocorrelation

lags(*p*)	chi2	df	Prob > chi2
2	**27.196**	2	**0.0000**

H0: no serial correlation

显然,我们可以拒绝原假设,断定随机扰动项存在自相关。

§5　Ω已知情况下的估计

若经过 §4 的检验知扰动项存在自相关性，则可用广义最小二乘估计、最大似然估计、广义矩估计，其中广义矩估计方法在广义矩估计一章中介绍。

一、广义最小二乘估计

在第 9 章中，我们已经知道对于广义回归模型：

$$\boldsymbol{Y} = \boldsymbol{X\beta} + \boldsymbol{\varepsilon},$$

其中

$$E(\boldsymbol{\varepsilon\varepsilon}' \mid \boldsymbol{X}) = \sigma^2\boldsymbol{\Omega}.$$

可以得到 $\boldsymbol{\beta}$ 的广义最小二乘估计量及相应的条件方差-协方差阵估计为

$$\tilde{\boldsymbol{b}} = (\boldsymbol{X}'\boldsymbol{\Omega}^{-1}\boldsymbol{X})^{-1}(\boldsymbol{X}'\boldsymbol{\Omega}^{-1}\boldsymbol{Y}),$$

$$\mathrm{Var}(\tilde{\boldsymbol{b}} \mid \boldsymbol{X}) = \tilde{s}^2(\boldsymbol{X}'\boldsymbol{\Omega}^{-1}\boldsymbol{X})^{-1},$$

其中

$$\tilde{s}^2 = \frac{(\boldsymbol{Y} - \boldsymbol{X}\tilde{\boldsymbol{b}})'\boldsymbol{\Omega}^{-1}(\boldsymbol{Y} - \boldsymbol{X}\tilde{\boldsymbol{b}})}{T - K}.$$

自相关仅仅是非球形扰动项的特例，可以直接运用上面的公式。不过，也可以换一种方式来处理。

以 AR(1) 为例，总体回归模型为

$$\boldsymbol{Y} = \boldsymbol{X\beta} + \boldsymbol{\varepsilon},$$

或写为

$$Y_t = \beta_1 + \beta_2 X_{t2} + \cdots + \beta_K X_{tK} + \varepsilon_t,$$

也可写为

$$Y_t = \boldsymbol{x}^{t\prime}\boldsymbol{\beta} + \varepsilon_t, \quad t = 1, \cdots, T,$$

其中

$$\boldsymbol{x}^{t\prime} = (X_{t1}, \cdots, X_{tK}), \quad X_{t1} = 1,$$

$$\varepsilon_t = \varphi\varepsilon_{t-1} + u_t,$$

φ 已知，$|\varphi|<1$。

随机扰动项的方差-协方差阵为

$$\mathrm{Var}(\boldsymbol{\varepsilon} \mid \boldsymbol{X}) = \sigma^2\boldsymbol{\Omega} = \sigma^2\begin{bmatrix} 1 & \varphi & \cdots & \varphi^{T-1} \\ \varphi & 1 & \cdots & \varphi^{T-2} \\ \vdots & \vdots & \ddots & \vdots \\ \varphi^{T-1} & \varphi^{T-2} & \cdots & 1 \end{bmatrix},$$

$$\sigma^2 = \frac{\sigma_u^2}{1-\varphi^2}.$$

求矩阵 $\boldsymbol{\Omega}$ 的逆矩阵：

$$\boldsymbol{\Omega}^{-1} = \frac{1}{1-\varphi^2}\begin{bmatrix} 1 & -\varphi & 0 & \cdots & 0 & 0 \\ -\varphi & 1+\varphi^2 & -\varphi & \cdots & 0 & 0 \\ 0 & -\varphi & 1+\varphi^2 & \cdots & 0 & 0 \\ \vdots & \vdots & \vdots & \ddots & \vdots & \vdots \\ 0 & 0 & \cdots & -\varphi & 1+\varphi^2 & -\varphi \\ 0 & 0 & \cdots & 0 & -\varphi & 1 \end{bmatrix}.$$

对 $\boldsymbol{\Omega}^{-1}$ 进行分解：

$$\boldsymbol{\Omega}^{-1} = \boldsymbol{P}'\boldsymbol{P},$$

其中

$$\boldsymbol{P} = \frac{1}{\sqrt{1-\varphi^2}}\begin{bmatrix} \sqrt{1-\varphi^2} & 0 & \cdots & 0 & 0 \\ -\varphi & 1 & \cdots & 0 & 0 \\ 0 & -\varphi & \cdots & 0 & 0 \\ \vdots & \vdots & \ddots & \vdots & \vdots \\ 0 & 0 & \cdots & -\varphi & 1 \end{bmatrix}.$$

然后，建立新模型：以 $\sqrt{1-\varphi^2}\boldsymbol{P}$ 左乘原模型，令

$$\boldsymbol{Y}^* = \sqrt{1-\varphi^2}\boldsymbol{PY},\quad \boldsymbol{X}^* = \sqrt{1-\varphi^2}\boldsymbol{PX},\quad \boldsymbol{\varepsilon}^* = \sqrt{1-\varphi^2}\boldsymbol{P\varepsilon},$$

则原模型转化为新模型：

$$\boldsymbol{Y}^* = \boldsymbol{X}^*\boldsymbol{\beta} + \boldsymbol{\varepsilon}^*,$$

其中，$\boldsymbol{\varepsilon}^*$ 为白噪声过程。

新模型可具体表示为

$$\begin{cases} \sqrt{1-\varphi^2}Y_1 = \sqrt{1-\varphi^2}\beta_1 + \sqrt{1-\varphi^2}X_{12}\beta_2 + \cdots + \sqrt{1-\varphi^2}X_{1K}\beta_K + \varepsilon_1^*, \\ Y_t - \varphi Y_{t-1} = (1-\varphi)\beta_1 + (X_{t2} - \varphi X_{t-12})\beta_2 + \cdots + (X_{tK} - \varphi X_{t-1K})\beta_K + \varepsilon_t^*, \\ \qquad t = 2,\cdots,T. \end{cases}$$

也可表示为

$$\begin{cases} \sqrt{1-\varphi^2}Y_1 = \sqrt{1-\varphi^2}\boldsymbol{x}^{1\prime}\boldsymbol{\beta} + \varepsilon_1^*, \\ Y_t - \varphi Y_{t-1} = (\boldsymbol{x}^{t\prime} - \varphi\boldsymbol{x}^{t-1\prime})\boldsymbol{\beta} + \varepsilon_t^*,\quad t = 2,\cdots,T. \end{cases}$$

其中，$\varepsilon_1^* = \sqrt{1-\varphi^2}\varepsilon_1 = u_1$，$\varepsilon_t^* = \varepsilon_t - \varphi\varepsilon_{t-1} = u_t$，$t = 2,\cdots,T$。

这一新模型含有 T 个方程，但第一个方程(第 1 个观测值对应的变换形式)与其他 $T-1$ 个方程(即第 2 至第 T 个观测值对应的变换形式)表达式不同。后 $T-1$ 个方程常被称

为拟差分形式或广义差分形式。

另外需指出的是，若原模型中含截距项，则 $\boldsymbol{X}^*$ 中的第一列为 $(\sqrt{1-\varphi^2},(1-\varphi),\cdots,(1-\varphi))'$，而不是 $(1,1,\cdots,1)'$，所以新模型常常是无截距回归模型。

最后，用 OLS 法估计新模型，得到 $\boldsymbol{\beta}$ 的估计值 $\tilde{\boldsymbol{b}}$，即为原模型的广义最小二乘估计值。将 $\tilde{\boldsymbol{b}}$ 回代至原模型，得

$$\boldsymbol{Y} = \boldsymbol{X}\tilde{\boldsymbol{b}} + \tilde{\boldsymbol{e}},$$

将 $\tilde{\boldsymbol{b}}$ 回代至新模型，得

$$\boldsymbol{Y}^* = \boldsymbol{X}^*\tilde{\boldsymbol{b}} + \boldsymbol{e}^*,$$

其中，$\boldsymbol{e}^* = \boldsymbol{P}\tilde{\boldsymbol{e}}$。

二、最大似然估计

仍以 AR(1) 为例，此时 φ 已知，并假定扰动项 u 服从正态分布。在已知样本 $\boldsymbol{X},\boldsymbol{Y}$ 下求参数 $\boldsymbol{\beta},\sigma_u^2$ 的最大似然估计。

1. 对数似然函数

由于 $\boldsymbol{\varepsilon}$ 具有自相关性，$\boldsymbol{Y}$ 也具有自相关性，所以 $Y_1,\cdots,Y_T$ 联合密度函数为

$$L = f(Y_1,\cdots,Y_T) = f(Y_1)f(Y_2 \mid Y_1)\cdots f(Y_T \mid Y_{T-1}),$$

其中，f 为 Y 的密度函数。其对数似然函数为

$$\ln L = \ln f(Y_1) + \sum_{t=2}^{T}\ln f(Y_t \mid Y_{t-1}).$$

考察变换后的新模型：

$$\boldsymbol{Y}^* = \boldsymbol{X}^*\boldsymbol{\beta} + \boldsymbol{\varepsilon}^*,$$

其中，$\boldsymbol{\varepsilon}^* = \boldsymbol{u} \sim N(\boldsymbol{0},\sigma_u^2\boldsymbol{I})$，$\sigma_\varepsilon^2$ 与 σ_u^2 的关系为 $\sigma_\varepsilon^2 = \dfrac{\sigma_u^2}{1-\varphi^2}$。

现已知 $\boldsymbol{u}$ 的密度函数为 $f_{\boldsymbol{u}}$，所以

$$f(\boldsymbol{Y}) = \left|\frac{\mathrm{d}\boldsymbol{u}'}{\mathrm{d}\boldsymbol{Y}}\right| f_u.$$

当 $t=1$ 时，有

$$\sqrt{1-\varphi^2}\,Y_1 = \sqrt{1-\varphi^2}\,\boldsymbol{x}^{1\prime}\boldsymbol{\beta} + u_1, \quad 故\frac{\mathrm{d}u_1}{\mathrm{d}Y_1} = \sqrt{1-\varphi^2},$$

所以

$$f(Y_1) = \sqrt{1-\varphi^2}\cdot\frac{1}{\sqrt{2\pi\sigma_u^2}}\mathrm{e}^{-\frac{u_1^2}{2\sigma_u^2}};$$

当 $t=2,\cdots,T$ 时,有

$$Y_t - \varphi Y_{t-1} = (\boldsymbol{x}^{t\prime} - \varphi \boldsymbol{x}^{t-1\prime})\boldsymbol{\beta} + u_t,$$

$$Y_t \mid Y_{t-1} = \varphi Y_{t-1} + (\boldsymbol{x}^{t\prime} - \varphi \boldsymbol{x}^{t-1\prime})\boldsymbol{\beta} + u_t,$$

所以

$$f(Y_t \mid Y_{t-1}) = \frac{1}{\sqrt{2\pi\sigma_u^2}} e^{-\frac{u_t^2}{2\sigma_u^2}}.$$

由此得到

$$\begin{aligned}\ln L &= \ln\left(\frac{\sqrt{1-\varphi^2}}{\sqrt{2\pi\sigma_u^2}} e^{-\frac{u_1^2}{2\sigma_u^2}}\right) + \sum_{t=2}^{T}\ln\left(\frac{1}{\sqrt{2\pi\sigma_u^2}} e^{-\frac{u_t^2}{2\sigma_u^2}}\right) \\ &= \ln\sqrt{1-\varphi^2} + \sum_{t=1}^{T}\ln\left(\frac{1}{\sqrt{2\pi\sigma_u^2}} e^{-\frac{u_t^2}{2\sigma_u^2}}\right) \\ &= \frac{1}{2}\ln(1-\varphi^2) - \frac{T}{2}\ln(2\pi) - \frac{T}{2}\ln\sigma_u^2 - \frac{1}{2\sigma_u^2}\sum_{t=1}^{T}u_t^2,\end{aligned}$$

其中,$u_t = Y_t^* - \boldsymbol{x}^{*t\prime}\boldsymbol{\beta}$。

2\. 一阶条件

$$\begin{cases}\dfrac{\partial \ln L}{\partial \boldsymbol{\beta}} = -\dfrac{1}{2\sigma_u^2}\displaystyle\sum_{t=1}^{T} 2u_t \dfrac{\partial u_t}{\partial \boldsymbol{\beta}} = \dfrac{1}{\sigma_u^2}\displaystyle\sum_{t=1}^{T}\boldsymbol{x}^{*t}u_t, \\ \dfrac{\partial \ln L}{\partial \sigma_u^2} = -\dfrac{T}{2}\cdot\dfrac{1}{\sigma_u^2} + \dfrac{1}{2\sigma_u^4}\displaystyle\sum_{t=1}^{T}u_t^2,\end{cases}$$

令上式为零,求出最大似然估计量 $\tilde{\boldsymbol{\beta}},\tilde{\sigma}_u^2$。

$\tilde{\boldsymbol{\beta}},\tilde{\sigma}_u^2$ 满足的正规方程组为

$$\begin{cases}\displaystyle\sum_{t=1}^{T}\boldsymbol{x}^{*t}e_t^* = 0, \\ T\tilde{\sigma}_u^2 = \displaystyle\sum_{t=1}^{T}e_t^{*2}.\end{cases}$$

或

$$\sum_{t=1}^{T}\boldsymbol{x}^{*t}(Y_t^* - \boldsymbol{x}^{*t\prime}\tilde{\boldsymbol{\beta}}) = 0, \quad 即 \quad \sum_{t=1}^{T}\boldsymbol{x}^{*t}\boldsymbol{x}^{*t\prime}\tilde{\boldsymbol{\beta}} = \sum_{t=1}^{T}\boldsymbol{x}^{*t}Y_t^*,$$

$$T\tilde{\sigma}_u^2 = \sum_{t=1}^{T}(Y_t^* - \boldsymbol{x}^{*t\prime}\tilde{\boldsymbol{\beta}})^2.$$

用向量及矩阵符号表示为

$$\begin{cases} \boldsymbol{X}^{*\prime}\boldsymbol{X}^{*}\tilde{\boldsymbol{\beta}} = \boldsymbol{X}^{*\prime}\boldsymbol{Y}^{*}, \\ T\tilde{\sigma}_u^2 = \boldsymbol{e}^{*\prime}\boldsymbol{e}^{*}. \end{cases}$$

可见 $\tilde{\boldsymbol{\beta}}$ 与 GLS 估计量 $\tilde{\boldsymbol{b}}$ 满足相同的方程组,所以

$$\tilde{\boldsymbol{\beta}} = \tilde{\boldsymbol{b}}, \quad \tilde{\sigma}_u^2 = \frac{\boldsymbol{e}^{*\prime}\boldsymbol{e}^{*}}{T} \neq \tilde{s}^2 = \frac{\boldsymbol{e}^{*\prime}\boldsymbol{e}^{*}}{T-K}.$$

3. 二阶条件

$$\begin{cases} \dfrac{\partial^2 \ln L}{\partial\boldsymbol{\beta}\partial\boldsymbol{\beta}'} = -\dfrac{1}{\sigma_u^2}\sum_{t=1}^{T}\boldsymbol{x}^{*t}\boldsymbol{x}^{*t\prime} = -\dfrac{1}{\sigma_u^2}\boldsymbol{X}^{*\prime}\boldsymbol{X}^{*} = -\dfrac{1}{\sigma_u^2}\boldsymbol{X}'\boldsymbol{\Omega}^{-1}\boldsymbol{X}, \\ \dfrac{\partial^2 \ln L}{\partial\boldsymbol{\beta}\partial\sigma_u^2} = -\dfrac{1}{\sigma_u^4}\sum_{t=1}^{T}\boldsymbol{x}^{*t}u_t, \\ \dfrac{\partial^2 \ln L}{\partial\sigma_u^2\partial\sigma_u^2} = \dfrac{T}{2}\cdot\dfrac{1}{\sigma_u^4} - \dfrac{1}{\sigma_u^6}\sum_{t=1}^{T}u_t^2, \end{cases}$$

将 $\tilde{\boldsymbol{\beta}}, \tilde{\sigma}_u^2$ 代入得

$$\boldsymbol{H} = \begin{bmatrix} -\dfrac{1}{\tilde{\sigma}_u^2}\boldsymbol{X}'\boldsymbol{\Omega}^{-1}\boldsymbol{X} & \boldsymbol{0} \\ \boldsymbol{0} & -\dfrac{T}{2}\cdot\dfrac{1}{\tilde{\sigma}_u^4} \end{bmatrix},$$

$\boldsymbol{H}$ 为负定阵,所以 $\tilde{\boldsymbol{\beta}}, \tilde{\sigma}_u^2$ 为极大值点。

4. 信息矩阵

令 $\boldsymbol{\theta}' = (\boldsymbol{\beta}', \sigma_u^2)$,信息矩阵为

$$I(\boldsymbol{\theta}) = \left[-E\left(\frac{\partial^2 \ln L}{\partial\boldsymbol{\theta}\partial\boldsymbol{\theta}'}\right)\right].$$

将二阶偏导数取期望,并假定 $\boldsymbol{X}$ 为固定变量,利用 $E(u_t) = 0, E(u_t^2) = \sigma_u^2$,有

$$E\left(\frac{\partial^2 \ln L}{\partial\boldsymbol{\beta}\partial\boldsymbol{\beta}'}\right) = -\frac{1}{\sigma_u^2}\boldsymbol{X}'\boldsymbol{\Omega}^{-1}\boldsymbol{X},$$

$$E\left(\frac{\partial^2 \ln L}{\partial\boldsymbol{\beta}\partial\sigma_u^2}\right) = \boldsymbol{0},$$

$$E\left(\frac{\partial^2 \ln L}{\partial\sigma_u^2\partial\sigma_u^2}\right) = \frac{T}{2}\cdot\frac{1}{\sigma_u^4} - \frac{1}{\sigma_u^6}\sum_{t=1}^{T}E(u_t^2) = -\frac{T}{2}\cdot\frac{1}{\sigma_u^4},$$

所以

$$I(\boldsymbol{\theta})=\begin{bmatrix}\frac{1}{\sigma_u^2}\boldsymbol{X}'\boldsymbol{\Omega}^{-1}\boldsymbol{X} & \mathbf{0}\\ \mathbf{0} & \frac{T}{2}\cdot\frac{1}{\sigma_u^4}\end{bmatrix}.$$

5. $\tilde{\boldsymbol{\beta}}$ 的渐近方差-协方差阵和 $\tilde{\sigma}_u^2$ 的渐近方差

$$\text{asy. Var}(\tilde{\boldsymbol{\beta}})=\sigma_u^2(\boldsymbol{X}'\boldsymbol{\Omega}^{-1}\boldsymbol{X})^{-1},$$

$$\text{asy. Var}(\tilde{\sigma}_u^2)=2\sigma_u^4/T.$$

§6 Ω未知情况下的估计

一、可行的广义最小二乘估计

如果 $\boldsymbol{\Omega}$ 未知,就需首先估计 $\boldsymbol{\Omega}$,然后采用 GLS 方法来估计 $\boldsymbol{\beta}$,这就是 FGLS 方法的基本思路。我们介绍几种具体做法。

1. 非迭代法

(1) 以 AR(1)为例

对于模型:

$$Y_t=\boldsymbol{x}^{t\prime}\boldsymbol{\beta}+\varepsilon_t,$$

其中

$$\varepsilon_t=\varphi\varepsilon_{t-1}+u_t.$$

估计步骤如下:

第一步:用 OLS 方法估计模型,得到残差序列 $e_1,\cdots,e_T$。

第二步:估计 φ,可以选择以下几种方式进行估计。

方式 1,利用辅助回归(不含截距项):

$$\hat{\varphi}=\frac{\sum_{t=2}^{T}e_te_{t-1}}{\sum_{t=2}^{T}e_{t-1}^2}=r;$$

方式 2,利用德宾-沃森统计量来计算:

$$r^*=1-\frac{\text{D. W. 统计量}}{2};$$

方式 3,利用泰尔(Theil, 1971)估计量:

$$r^{**}=r\frac{T-K}{T-1};$$

方式 4,利用 Durbin(1970)提出的方法:由于

$$Y_t = \boldsymbol{x}^{t\prime}\boldsymbol{\beta} + \varepsilon_t, \quad Y_{t-1} = \boldsymbol{x}^{t-1\prime}\boldsymbol{\beta} + \varepsilon_{t-1},$$

所以

$$Y_t - \varphi Y_{t-1} = \boldsymbol{x}^{t\prime}\boldsymbol{\beta} - \varphi\boldsymbol{x}^{t-1\prime}\boldsymbol{\beta} + (\varepsilon_t - \varphi\varepsilon_{t-1}),$$

即

$$Y_t = \varphi Y_{t-1} + \boldsymbol{x}^{t\prime}\boldsymbol{\beta} - \varphi\boldsymbol{x}^{t-1\prime}\boldsymbol{\beta} + u_t,$$

其中,u_t 为白噪声过程。

模型中 Y_{t-1},$\boldsymbol{x}^t$,$\boldsymbol{x}^{t-1}$ 的系数必须满足一定的非线性关系,即 $\boldsymbol{x}^{t-1}$ 的系数 = -(Y_{t-1} 的系数×$\boldsymbol{x}^t$ 的系数),模型可视为对线性回归模型参数施加了一个非线性约束,因此这实质是一个非线性回归模型估计问题。为了估计 φ,我们可以近似处理,即以 Y_t 对 Y_{t-1}、$\boldsymbol{x}^t$、$\boldsymbol{x}^{t-1}$ 进行回归,将 Y_{t-1} 的系数估计值作为对 φ 的估计。

第三步:估计 $\boldsymbol{\beta}$。

一旦得到了 φ 的估计值,就可以当作 $\boldsymbol{\Omega}$ 已知的情况去处理,从而得到参数 $\boldsymbol{\beta}$ 的广义最小二乘估计量。有两种操作方式:

Prais 和 Winsten(1954)主张采用本章 §5 标题一中给出的含有 T 个方程的新模型作为变换形式,对它进行 OLS 估计。

而 Cochrane 和 Orcutt(1949)提出删除第一个观测对应的方程,只采用 $T-1$ 个广义差分方程的形式,即

$$Y_t - \varphi Y_{t-1} = (\boldsymbol{x}^{t\prime} - \varphi\boldsymbol{x}^{t-1\prime})\boldsymbol{\beta} + \varepsilon_t^* \quad t = 2,3,\cdots,T.$$

如果样本容量比较大,可以选择任一种方式;如果样本容量不够大,则应当采用前一种方式。

(2) 更高阶自回归过程

如果随机扰动项服从 AR(2)或者更高阶的自回归过程,可以采用类似的步骤进行处理,差别仅仅在于两方面:

一方面,在第二步方式 1 中的辅助回归模型的形式要与自回归过程一致;另一方面,在第三步中对数据的变换形式不一样,尤其是前两个或前若干个观测的变换形式比较特殊。不过,如果样本容量比较大,我们在第三步中对数据进行变换时也可以简单地忽略掉前几个观测。

(3) 尤勒-沃克方法

对于扰动项 $\boldsymbol{\varepsilon}$ 服从 AR(P)($\varepsilon_t=\varphi_1\varepsilon_{t-1}+\cdots+\varphi_p\varepsilon_{t-p}+u_t$)的广义回归模型,估计时常采用尤勒-沃克(Yule-Walker)方法,步骤如下:

首先,利用原模型的 OLS 残差估计扰动项的一阶至 p 阶自相关系数 $\hat{\rho}_1,\cdots,\hat{\rho}_p$;

其次,根据尤勒-沃克方程:

$$\begin{bmatrix} 1 & \rho_1 & \cdots & \rho_{p-1} \\ \rho_1 & 1 & \cdots & \rho_{p-2} \\ \vdots & \vdots & \ddots & \vdots \\ \rho_{p-1} & \rho_{p-2} & \cdots & 1 \end{bmatrix} \begin{bmatrix} \varphi_1 \\ \varphi_2 \\ \vdots \\ \varphi_p \end{bmatrix} = \begin{bmatrix} \rho_1 \\ \rho_2 \\ \vdots \\ \rho_p \end{bmatrix}$$

将 $\hat{\rho}_1,\cdots,\hat{\rho}_p$ 替代其中的 $\rho_1,\cdots,\rho_p$,求解上述线性方程组得到 $\varphi_1,\cdots,\varphi_p$ 的估计值;

再次,根据 $\varphi_1,\cdots,\varphi_p$ 的估计值求出 ε 的方差和各阶自协方差估计值,也即求得了 $\boldsymbol{\Omega}$ 的估计;

最后,采用 FGLS 法求出参数 $\boldsymbol{\beta}$ 的估计量(详细过程及证明略)。

2\. 迭代法

Cochrane 和 Orcutt(1949)采用迭代的方法来确定参数的最终估计值。

以 AR(1)为例。在按照上面的步骤得到参数 $\boldsymbol{\beta}$ 的估计值之后,代入原来的模型计算出新的残差序列 $\tilde{e}_1,\tilde{e}_2,\cdots,\tilde{e}_T$;用新的残差序列代替原来的残差序列;重复上面的第二步(估计 φ,记为 r)和第三步(估计 $\boldsymbol{\beta}$,记为 $\tilde{\boldsymbol{b}}$)。这一过程可以不断重复下去,直到满足预先给定的停止条件。

我们可以设定不同形式的停止条件。

第一种停止条件:如果相邻两次迭代值之差的绝对值小于事先给定的允许误差 η,

$$|\tilde{b}_k^{(l)} - \tilde{b}_k^{(l+1)}| < \eta, \quad |r^{(l)} - r^{(l+1)}| < \eta \quad k = 1,2,\cdots,K,$$

即当这 $K+1$ 个不等式同时成立时,迭代停止,$\tilde{\boldsymbol{b}}^{(l+1)}$ 和 $r^{(l+1)}$ 为所求;若至少一个不等式不成立,则继续迭代。

第二种停止条件:在每次迭代中都计算 D. W. 统计量,如果不能拒绝无自相关假设,则可停止迭代。

第三种停止条件:直接指定迭代次数。

从理论上可以证明,通过迭代法得到的估计量收敛于最大似然估计量,且为一致和渐近有效的估计量。

对于 AR(p),也有相应的迭代形式的尤勒–沃克方法。

3\. 搜索法

Hildreth 和 Lu(1960)提出的搜索法也被广泛使用。通常从需估计的参数中选定一个参数作为搜索对象,条件是必须已知该参数的变化范围。以扰动项服从 AR(1)情形为例,常选择 φ 作为搜索对象,其取值范围为(-1, 1)。

(1) 搜索十分位

以等步长 0.1 将区间(-1, 1)进行分割,分点取为 φ 的估计值,即

$$\hat{\varphi} = -0.9, -0.8,\cdots,0,\cdots,0.8,0.9,$$

共 19 个。

此时,由于 $\hat{\varphi}$ 已知,所以可采用 $\boldsymbol{\Omega}$ 已知情形下的 GLS 法估计 $\boldsymbol{\beta}$,得到估计量 $\tilde{\boldsymbol{b}}$ 和残差平方和 $\tilde{\boldsymbol{e}}'\tilde{\boldsymbol{e}}$。对于每个分点都如此操作,因此得到 19 个 $\tilde{\boldsymbol{e}}'\tilde{\boldsymbol{e}}$。

比较这 19 个 $\tilde{\boldsymbol{e}}'\tilde{\boldsymbol{e}}$,最小的 $\tilde{\boldsymbol{e}}'\tilde{\boldsymbol{e}}$ 对应的 $\hat{\varphi}$ 即为所求,将相应的 $\tilde{\boldsymbol{b}}$ 取为 $\boldsymbol{\beta}$ 估计量。如 $\hat{\varphi}=0.3$,即搜索到 φ 的估计值的十分位。如果认为精度较低,可以继续搜索百分位。

(2) 搜索百分位

以等步长 0.01 将(1)中得到的 $\hat{\varphi}$ 附近的区间,如在 $\hat{\varphi}=0.3$ 时取(0.25,0.35),进行分割,分点取为 φ 的估计值,重复上述步骤,得到 $\hat{\varphi}$。如果认为满足精度要求,则停止搜索;否则再继续搜索千分位,直至达到精度要求。

搜索法工作量很大,但通过计算机程序容易实现。

此外,还可以将搜索法与迭代法结合起来使用,即首先用搜索法得到 φ 的估计值 $\hat{\varphi}^{(1)}$,然后以 $\hat{\varphi}^{(1)}$ 作为初值,运用迭代法,最终得到参数 $\boldsymbol{\beta}$ 的估计值。

4. 例(续前例,即美国汽油消费的例子)

现在,对具有自相关随机扰动项的模型进行估计。

我们进一步绘制偏自相关图,Stata 命令为

```
pac e1
```

得到残差的偏自相关图如下:

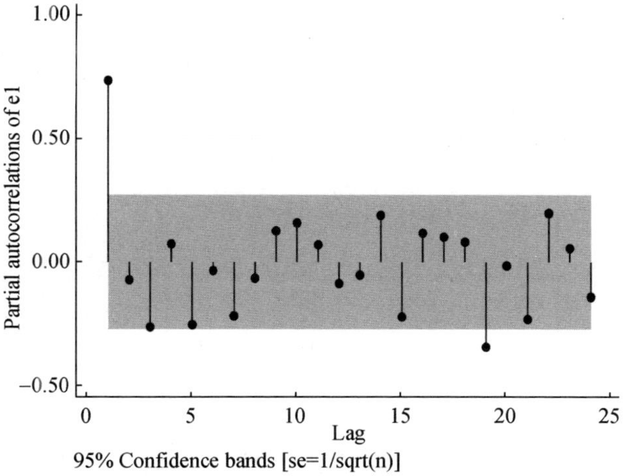

结合自相关图与偏自相关图,我们假设随机扰动项服从 AR(1)过程,采用 FGLS 法来估计模型。具体采取 Prais 和 Winstem(1954)的方法,Stata 命令如下:

```
prais ln_y ln_inc ln_gasp ln_pnc ln_puc t
```

模型估计结果如下:

```
Prais-Winsten AR(1) regression with iterated estimates

      Source |       SS           df       MS      Number of obs   =        52
-------------+----------------------------------   F(5, 46)        =   1292.06
       Model |  2.12062396         5  .424124793   Prob > F        =    0.0000
    Residual |  .015099686        46  .000328254   R-squared       =    0.9929
-------------+----------------------------------   Adj R-squared   =    0.9922
       Total |  2.13572365        51  .041876934   Root MSE        =    .01812

------------------------------------------------------------------------------
        ln_y | Coefficient  Std. err.      t    P>|t|     [95% conf. interval]
-------------+----------------------------------------------------------------
      ln_inc |   .4656188   .1339298     3.48   0.001     .1960321    .7352055
     ln_gasp |   .8612641   .0277146    31.08   0.000     .8054775    .9170507
      ln_pnc |  -.0967954   .1262139    -0.77   0.447    -.3508509      .15726
      ln_puc |  -.0013014   .0515375    -0.03   0.980     -.105041    .1024382
           t |    .012881   .0045114     2.86   0.006        .0038     .021962
       _cons |  -16.24507   1.384242   -11.74   0.000     -19.0314   -13.45873
-------------+----------------------------------------------------------------
         rho |   .9904418
------------------------------------------------------------------------------
Durbin-Watson statistic (original)    = 0.425007
Durbin-Watson statistic (transformed) = 1.241472
```

二、最大似然估计

以 AR(1)为例,此时 φ 未知。由 §5 知对数似然函数为

$$\ln L = \frac{1}{2}\ln(1-\varphi^2) - \frac{T}{2}\ln(2\pi) - \frac{T}{2}\ln\sigma_u^2 - \frac{1}{2\sigma_u^2}\sum_{t=1}^{T}u_t^2,$$

其中,$u_t = Y_t^* - \boldsymbol{x}^{*t\prime}\boldsymbol{\beta}$。

1. 一阶条件

$$\begin{cases}\dfrac{\partial \ln L}{\partial \boldsymbol{\beta}} = -\dfrac{1}{2\sigma_u^2}\displaystyle\sum_{t=1}^{T}2u_t\dfrac{\partial u_t}{\partial \boldsymbol{\beta}} = \dfrac{1}{\sigma_u^2}\sum_{t=1}^{T}\boldsymbol{x}^{*t}u_t, \\ \dfrac{\partial \ln L}{\partial \sigma_u^2} = -\dfrac{T}{2\sigma_u^2} + \dfrac{1}{2\sigma_u^4}\displaystyle\sum_{t=1}^{T}u_t^2, \\ \dfrac{\partial \ln L}{\partial \varphi} = -\dfrac{\varphi}{1-\varphi^2} - \dfrac{1}{2\sigma_u^2}\displaystyle\sum_{t=1}^{T}2u_t\dfrac{\partial u_t}{\partial \varphi} \\ \qquad = -\dfrac{\varphi}{1-\varphi^2} - \dfrac{1}{\sigma_u^2}\left(-\varphi\varepsilon_1^2 - \displaystyle\sum_{t=2}^{T}u_t\varepsilon_{t-1}\right) \\ \qquad = -\dfrac{\varphi}{1-\varphi^2} + \varphi\dfrac{\varepsilon_1^2}{\sigma_u^2} + \dfrac{1}{\sigma_u^2}\displaystyle\sum_{t=2}^{T}u_t\varepsilon_{t-1}.\end{cases}$$

这是因为

$$u_1 = \sqrt{1-\varphi^2}\,\varepsilon_1, \quad u_t = \varepsilon_t - \varphi\varepsilon_{t-1}, \quad t = 2,\cdots,T,$$

$$\frac{\partial u_1}{\partial \varphi} = -\frac{\varphi}{\sqrt{1-\varphi^2}}\varepsilon_1, \quad \frac{\partial u_t}{\partial \varphi} = -\varepsilon_{t-1},$$

所以

$$u_1 \frac{\partial u_1}{\partial \varphi} = \sqrt{1-\varphi^2}\,\varepsilon_1\left(-\frac{\varphi}{\sqrt{1-\varphi^2}}\varepsilon_1\right) = -\varphi\varepsilon_1^2,$$

$$u_t \frac{\partial u_t}{\partial \varphi} = -u_t\varepsilon_{t-1}.$$

令上述偏导数为 0,这是一个含 $K+2$ 个方程的非线性联立方程组,求解可得最大似然估计量 $\tilde{\boldsymbol{\beta}}, \tilde{\sigma}_u^2, \tilde{\varphi}$。一般采用迭代法或对 φ 在$(-1,1)$内进行搜索的搜索法。

2. 信息矩阵

令 $\boldsymbol{\theta}' = (\boldsymbol{\beta}', \sigma_u^2, \varphi)$,其信息矩阵为

$$I(\boldsymbol{\theta}) = \left[-E\left(\frac{\partial^2 \ln L}{\partial \boldsymbol{\theta} \partial \boldsymbol{\theta}'}\right)\right].$$

下面求 $I(\boldsymbol{\theta})$ 矩阵中的各元素。

首先,求二阶偏导:

$$\frac{\partial^2 \ln L}{\partial \boldsymbol{\beta} \partial \boldsymbol{\beta}'} = \frac{1}{\sigma_u^2}\sum_{t=1}^{T} \boldsymbol{x}^{*t}\frac{\partial u_t}{\partial \boldsymbol{\beta}'} = -\frac{1}{\sigma_u^2}\sum_{t=1}^{T} \boldsymbol{x}^{*t}\boldsymbol{x}^{*t\prime}$$

$$= -\frac{1}{\sigma_u^2}\boldsymbol{X}^{*\prime}\boldsymbol{X}^{*} = -\frac{1}{\sigma_u^2}\boldsymbol{X}'\boldsymbol{\Omega}^{-1}\boldsymbol{X},$$

$$\frac{\partial^2 \ln L}{\partial \boldsymbol{\beta} \partial \sigma_u^2} = -\frac{1}{\sigma_u^4}\sum_{t=1}^{T} \boldsymbol{x}^{*t}u_t,$$

$$\frac{\partial^2 \ln L}{\partial \boldsymbol{\beta} \partial \varphi} = \frac{1}{\sigma_u^2}\sum_{t=1}^{T}\left(\frac{\partial \boldsymbol{x}^{*t}}{\partial \varphi}u_t + \boldsymbol{x}^{*t}\frac{\partial u_t}{\partial \varphi}\right),$$

$$\frac{\partial^2 \ln L}{\partial \sigma_u^2 \partial \sigma_u^2} = \frac{T}{2\sigma_u^4} - \frac{1}{\sigma_u^6}\sum_{t=1}^{T} u_t^2,$$

$$\frac{\partial^2 \ln L}{\partial \varphi \partial \sigma_u^2} = -\varphi\frac{\varepsilon_1^2}{\sigma_u^4} - \frac{1}{\sigma_u^4}\sum_{t=2}^{T} u_t\varepsilon_{t-1},$$

$$\frac{\partial^2 \ln L}{\partial \varphi^2} = -\frac{1+\varphi^2}{(1-\varphi^2)^2} + \frac{\varepsilon_1^2}{\sigma_u^2} + \frac{1}{\sigma_u^2}\sum_{t=2}^{T}\frac{\partial u_t}{\partial \varphi}\varepsilon_{t-1}$$

$$= -\frac{1+\varphi^2}{(1-\varphi^2)^2} + \frac{\varepsilon_1^2}{\sigma_u^2} - \frac{1}{\sigma_u^2}\sum_{t=2}^{T}\varepsilon_{t-1}^2.$$

其次,取期望:

假定 X 为固定变量,且利用

$$E(u_t)=0,\quad E(u_t^2)=\sigma_u^2,$$

$$E(\varepsilon_t)=0,\quad E(\varepsilon_t^2)=\sigma_\varepsilon^2=\frac{\sigma_u^2}{1-\varphi^2},$$

$$\begin{aligned}E(u_t\varepsilon_{t-1})&=E(\varepsilon_t\varepsilon_{t-1}-\varphi\varepsilon_{t-1}^2)=E(\varepsilon_t\varepsilon_{t-1})-\varphi E(\varepsilon_{t-1}^2)\\&=\varphi\sigma_\varepsilon^2-\varphi\sigma_\varepsilon^2=0,\end{aligned}$$

有

$$E\left(\frac{\partial^2\ln L}{\partial\boldsymbol{\beta}\partial\boldsymbol{\beta}'}\right)=-\frac{1}{\sigma_u^2}\boldsymbol{X}'\boldsymbol{\Omega}^{-1}\boldsymbol{X},$$

$$E\left(\frac{\partial^2\ln L}{\partial\boldsymbol{\beta}\partial\sigma_u^2}\right)=\boldsymbol{0},\quad E\left(\frac{\partial^2\ln L}{\partial\boldsymbol{\beta}\partial\varphi}\right)=\boldsymbol{0},$$

$$E\left(\frac{\partial^2\ln L}{\partial\sigma_u^2\partial\sigma_u^2}\right)=\frac{T}{2\sigma_u^4}-\frac{1}{\sigma_u^6}\sum_{t=1}^{T}E(u_t^2)=-\frac{T}{2\sigma_u^4},$$

$$\begin{aligned}E\left(\frac{\partial^2\ln L}{\partial\varphi\partial\sigma_u^2}\right)&=-\frac{1}{\sigma_u^4}\left[\varphi E(\varepsilon_1^2)+\sum_{t=2}^{T}E(u_t\varepsilon_{t-1})\right]\\&=-\frac{1}{\sigma_u^4}\varphi\sigma_\varepsilon^2=-\frac{\varphi}{\sigma_u^2(1-\varphi^2)},\end{aligned}$$

$$\begin{aligned}E\left(\frac{\partial^2\ln L}{\partial\varphi^2}\right)&=-\frac{1+\varphi^2}{(1-\varphi^2)^2}+\frac{E(\varepsilon_1^2)}{\sigma_u^2}-\frac{1}{\sigma_u^2}\sum_{t=2}^{T}E(\varepsilon_{t-1}^2)\\&=-\frac{1+\varphi^2}{(1-\varphi^2)^2}+\frac{\sigma_\varepsilon^2}{\sigma_u^2}[1-(T-1)]\\&=-\frac{1+\varphi^2}{(1-\varphi^2)^2}-\frac{T-2}{1-\varphi^2}.\end{aligned}$$

最后,得到信息矩阵

$$I(\boldsymbol{\theta})=\begin{bmatrix}\frac{1}{\sigma_u^2}\boldsymbol{X}'\boldsymbol{\Omega}^{-1}\boldsymbol{X} & \boldsymbol{0} & \boldsymbol{0}\\ \boldsymbol{0} & \frac{T}{2\sigma_u^4} & \frac{\varphi}{\sigma_u^2(1-\varphi^2)}\\ \boldsymbol{0} & \frac{\varphi}{\sigma_u^2(1-\varphi^2)} & \frac{1+\varphi^2}{(1-\varphi^2)^2}+\frac{T-2}{1-\varphi^2}\end{bmatrix}.$$

如同 GLS 估计中的讨论,可考虑省略第一个观测值,则在 $\ln L$ 中略去第一项,一阶条件的$\frac{\partial\ln L}{\partial\varphi}$中略去前两项,二阶偏导的$\frac{\partial^2\ln L}{\partial\varphi\partial\sigma_u^2}$中略去第一项,$\frac{\partial^2\ln L}{\partial\varphi^2}$中略去前两项,则得

$$
I(\boldsymbol{\theta}) = \begin{bmatrix} \frac{1}{\sigma_u^2}\boldsymbol{X}'\boldsymbol{\Omega}^{-1}\boldsymbol{X} & \mathbf{0} & \mathbf{0} \\ \mathbf{0} & \frac{T}{2\sigma_u^4} & 0 \\ \mathbf{0} & 0 & \frac{T-1}{1-\varphi^2} \end{bmatrix}.
$$

此时最大似然估计量的渐近方差或渐近方差-协方差阵为

$$
\text{asy. Var}(\tilde{\boldsymbol{\beta}}) = \sigma_u^2(\boldsymbol{X}'\boldsymbol{\Omega}^{-1}\boldsymbol{X})^{-1},
$$

$$
\text{asy. Var}(\tilde{\sigma}_u^2) = \frac{2\sigma_u^4}{T},
$$

$$
\text{asy. Var}(\tilde{\varphi}) = \frac{1-\varphi^2}{T}.
$$

从估计量的渐近性质看,舍去第一个观测值是无关紧要的。但是,当样本容量不大时,是否保留第一个观测值,估计结果极不相同,有证据表明保留第一个观测值可能更好。

§7　自相关下的预测

利用时间序列资料建立模型,常常用于预测,也就是利用已估计好的模型,预测样本区间外的未来时点处的被解释变量值。

我们的预测假定是,在未来时点处总体回归模型、样本回归模型成立,并已知未来时点处解释变量的值。由于模型中如果扰动项自相关类型不同,则预测结果不同,所以对 AR 型、MA 型分别叙述。

一、扰动项自回归型下的预测

1. 点预测

先介绍 AR(1)下的点预测。

假定 φ 已知,$\boldsymbol{\beta}$ 的 GLS 估计量为 $\tilde{\boldsymbol{b}}$。给定 $\boldsymbol{x}^{T+1}=(X_{T+11},X_{T+12},\cdots,X_{T+1K})'$, 则 $T+1$ 期 Y 的点预测值为

$$
\hat{Y}_{T+1} = \tilde{\boldsymbol{b}}'\boldsymbol{x}^{T+1} + \varphi\tilde{e}_T,
$$

其中

$$
\tilde{e}_T = Y_T - \tilde{\boldsymbol{b}}'\boldsymbol{x}^T.
$$

这表明相对于无自相关的模型而言,AR(1)模型需用 T 期的残差来调整 $T+1$ 期的预

测值,这一预测量为最佳预测量。可采用两种方法导出预测公式。

[方法一]

从GLS法的介绍可知变换后的新模型

$$\boldsymbol{Y}^* = \boldsymbol{X}^*\boldsymbol{\beta} + \boldsymbol{\varepsilon}^*,$$

满足古典假定。

利用上式求得 $T+1$ 期 Y^* 的预测值:

$$\hat{Y}^*_{T+1} = \tilde{\boldsymbol{b}}'\boldsymbol{x}^{*T+1},$$

再由 $\boldsymbol{Y}^*$、$\boldsymbol{x}^*$ 的定义可知:

$$\hat{Y}_{T+1} - \varphi Y_T = \tilde{\boldsymbol{b}}'(\boldsymbol{x}^{T+1} - \varphi\boldsymbol{x}^T),$$

整理后为

$$\hat{Y}_{T+1} = \tilde{\boldsymbol{b}}'\boldsymbol{x}^{T+1} + \varphi(Y_T - \tilde{\boldsymbol{b}}'\boldsymbol{x}^T) = \tilde{\boldsymbol{b}}'\boldsymbol{x}^{T+1} + \varphi\tilde{e}_T,$$

利用 $E(\varepsilon_{T+1} \mid \varepsilon_T) = E(\varphi\varepsilon_T + u_t \mid \varepsilon_T) = \varphi\varepsilon_T$,可证明该估计量为最佳预测值。

[方法二]

由第9章知,当扰动项为非球形扰动项时其预测公式为

$$\hat{\boldsymbol{Y}} = \boldsymbol{X}\tilde{\boldsymbol{b}} + \boldsymbol{w}'\boldsymbol{V}^{-1}\tilde{\boldsymbol{e}},$$

在AR(1)情形下,可导出

$$(\boldsymbol{w}'\boldsymbol{V}^{-1}\tilde{\boldsymbol{e}})_{T+1} = \boldsymbol{w}'_{T+1}\boldsymbol{V}^{-1}\tilde{\boldsymbol{e}} = \varphi\tilde{e}_T.$$

这是因为 ε_t 与 ε_{T+1} 的条件协方差为 $\sigma^2\varphi^{T+1-t}$,所以

$$\boldsymbol{w}'_{T+1} = \sigma^2(\varphi^T, \varphi^{T-1}, \cdots, \varphi),$$

又因

$$\boldsymbol{V} = \sigma^2\begin{bmatrix} 1 & \varphi & \cdots & \varphi^{T-1} \\ \varphi & 1 & \cdots & \varphi^{T-2} \\ \vdots & \vdots & & \vdots \\ \varphi^{T-1} & \varphi^{T-2} & \cdots & 1 \end{bmatrix},$$

所以

$$\varphi\boldsymbol{V} = \sigma^2\begin{bmatrix} \varphi & \varphi^2 & \cdots & \varphi^T \\ \varphi^2 & \varphi & \cdots & \varphi^{T-1} \\ \vdots & \vdots & & \vdots \\ \varphi^T & \varphi^{T-1} & \cdots & \varphi \end{bmatrix}.$$

$\varphi\boldsymbol{V}$ 的最后一行即为 $\boldsymbol{w}'_{T+1}$。

由于 $\varphi\boldsymbol{V}\boldsymbol{V}^{-1} = \varphi\boldsymbol{I}$,将它作用于 $\tilde{\boldsymbol{e}}$ 上,就有

$$\begin{bmatrix} * \\ \boldsymbol{w}'_{T+1} \end{bmatrix}\boldsymbol{V}^{-1}\tilde{\boldsymbol{e}} = \varphi\tilde{\boldsymbol{e}}.$$

取其最后一行,即第 T 行,有

$$\boldsymbol{w}'_{T+1}\boldsymbol{V}^{-1}\tilde{\boldsymbol{e}} = \varphi\tilde{e}_T.$$

因而得到

$$\hat{Y}_{T+1} = \tilde{\boldsymbol{b}}'\boldsymbol{x}^{T+1} + (\boldsymbol{w}'\boldsymbol{V}^{-1}\tilde{\boldsymbol{e}})_{T+1} = \tilde{\boldsymbol{b}}'\boldsymbol{x}^{T+1} + \varphi\tilde{e}_T.$$

如果需对 $T+T^0$ 期作出预测,则表达式为

$$\hat{Y}_{T+T^0} = \tilde{\boldsymbol{b}}'\boldsymbol{x}^{T+T^0} + \varphi^{T^0}\tilde{e}_T.$$

上述方法易推广到一般 AR(p)过程,其最佳预测量为

$$\hat{Y}_{T+1} = \tilde{\boldsymbol{b}}'\boldsymbol{x}^{T+1} + \varphi_1\tilde{e}_T + \cdots + \varphi_p e_{T+1-p},$$

$$\hat{Y}_{T+T^0} = \tilde{\boldsymbol{b}}'\boldsymbol{x}^{T+T^0} + \varphi_1\tilde{e}_{T+T^0-1} + \varphi_2\tilde{e}_{T+T^0-2} + \cdots + \varphi_p\tilde{e}_{T+T^0-p}.$$

当 $T^0 \geqslant 2$ 时,计算所需的残差超出了样本期,可以利用下式递推生成:

$$\tilde{e}_q = \varphi_1\tilde{e}_{q-1} + \varphi_2\tilde{e}_{q-2} + \cdots + \varphi_p\tilde{e}_{q-p}, \quad q = T+1, T+2\cdots.$$

2. 区间预测

若要进行区间预测,就需知预测误差的标准差。

对于 AR(1)情况,由于预测误差

$$\begin{aligned}\tilde{e}_{T+1} &= Y_{T+1} - \hat{Y}_{T+1}\\ &= (Y_{T+1} - \varphi Y_T) - (\hat{Y}_{T+1} - \varphi Y_T) = Y^*_{T+1} - \hat{Y}^*_{T+1}\\ &= (\boldsymbol{x}^{*T+1\prime}\boldsymbol{\beta} + \varepsilon^*_{T+1}) - \boldsymbol{x}^{*T+1\prime}\tilde{\boldsymbol{b}}\\ &= \boldsymbol{x}^{*T+1\prime}(\boldsymbol{\beta} - \tilde{\boldsymbol{b}}) + \varepsilon^*_{T+1},\end{aligned}$$

所以预测误差的方差为

$$\begin{aligned}\mathrm{Var}(\tilde{e}_{T+1}) &= E(\tilde{e}_{T+1}\tilde{e}'_{T+1})\\ &= E[\boldsymbol{x}^{*T+1\prime}(\boldsymbol{\beta} - \tilde{\boldsymbol{b}})(\boldsymbol{\beta} - \tilde{\boldsymbol{b}})'\boldsymbol{x}^{*T+1}] + E(\varepsilon^{*2}_{T+1})\\ &= \boldsymbol{x}^{*T+1\prime}\mathrm{Var}(\tilde{\boldsymbol{b}})\boldsymbol{x}^{*T+1} + \sigma^2_u,\end{aligned}$$

其估计量为

$$s_f^2 = \widehat{\mathrm{Var}(\tilde{e}_{T+1})} = (\boldsymbol{x}^{T+1} - \varphi\boldsymbol{x}^T)'\widehat{\mathrm{Var}(\tilde{\boldsymbol{b}})}(\boldsymbol{x}^{T+1} - \varphi\boldsymbol{x}^T) + \tilde{\sigma}^2_u.$$

有了方差估计量,就可给出预测区间。如假定 ε(或 Y)服从正态分布,则置信度为 95%的预测区间为

$$(\hat{Y}_{T+1} - 1.96 s_f,\quad \hat{Y}_{T+1} + 1.96 s_f).$$

如果随机扰动项服从 AR(2)或 AR(p),只需重新计算 $\boldsymbol{x}^{*T+1}$,即可套用上面的公式。

需要指出的是,如果 AR(2)或 AR(p)中的参数未知,那么预测方差将较大,需对上述

公式进行修正。另外,如果 X 是随机的,情况将更加复杂。

二、扰动项移动平均型下的预测

若随机扰动项服从 MA(q)过程,则处理起来较为方便,因为扰动项之间的自相关只持续有限期。

以 MA(1)为例介绍点预测值的公式。假定 λ 已知,

$$\hat{Y}_{T+1} = \tilde{\boldsymbol{b}}'\boldsymbol{x}^{T+1} + \tilde{e}_{T+1},$$

其中

$$\tilde{e}_{T+1} = \tilde{u}_{T+1} + \lambda \tilde{u}_{T}.$$

由 $\tilde{e}_{T+1}$ 表达式可知,对它的预测需要利用样本期的残差,采用如下递推关系式来计算:

$$\begin{cases} \tilde{u}_t = \tilde{e}_t - \lambda \tilde{u}_{t-1}, \\ \tilde{u}_0 = \tilde{u}_{T+1} = 0, \end{cases}$$

即

$$\begin{cases} \tilde{u}_1 = \tilde{e}_1 - \lambda \tilde{u}_0 = \tilde{e}_1, \\ \tilde{u}_2 = \tilde{e}_2 - \lambda \tilde{u}_1 = \tilde{e}_2 - \lambda \tilde{e}_1, \\ \tilde{u}_3 = \tilde{e}_3 - \lambda \tilde{u}_2 = \tilde{e}_3 - \lambda \tilde{e}_2 + \lambda^2 \tilde{e}_1, \\ \cdots \\ \tilde{u}_T = \tilde{e}_T - \lambda \tilde{e}_{T-1} + \lambda^2 \tilde{e}_{T-2} + \cdots + (-1)^{T-1}\lambda^{T-1}\tilde{e}_1, \end{cases}$$

所以 $\tilde{e}_{T+1} = \lambda \tilde{e}_T - \lambda^2 \tilde{e}_{T-1} + \lambda^3 \tilde{e}_{T-2} + \cdots + (-1)^{T-1}\lambda^T \tilde{e}_1$。

对于 $T+T^0$ 期而言,

$$\tilde{e}_{T+T^0} = \tilde{u}_{T+T^0} + \lambda \tilde{u}_{T+T^0-1} = 0, \quad T_0 \geqslant 2.$$

不过预测误差的方差比较复杂,因此进行区间预测更加困难,本章不详细介绍了。

§8 自回归条件异方差

早期,计量经济学家们在采用横截面资料建模中常常假定扰动项无自相关而关注异方差问题;在采用时间序列资料建模时常假定扰动项具有同方差而关注自相关。但是有学者指出在时间序列建模中有可能出现异方差。他们发现在投机市场上,对股票价格、汇率、通货膨胀率、利率期限结构的建模中扰动项方差稳定性差;对上述变量预测时发现,在某段时期预测误差相对大,而在某段时期预测误差相对小,或者说大的预测误差或小的预

测误差有成群出现的趋势,也即预测误差的方差不同。究其原因可能是金融市场的波动性,金融市场除受经济因素影响外,还受到政局、政策和传言等各种信息影响。具体来说,最近(如 $t-1$ 期、$t-2$ 期等)的情况会对当期(t 期)的方差提供信息,也即当期方差受到前一期或前两期等信息的影响,正如昨天监管当局颁布的政策造成了对今天股市价格的干扰,这导致了预测误差的方差有自相关性。

相关研究提出了在时序情况下建立异方差模型的新方法。现在常常应用的是自回归条件异方差模型和广义自回归条件异方差模型。下面分别进行简要介绍。

一、自回归条件异方差模型

自回归条件异方差(Auto Regressive Conditional Heteroscedasticity),简称 ARCH。这里主要介绍 ARCH(1)。

1. 模型及假定

$$\begin{cases} Y_t = \boldsymbol{x}^{t\prime}\boldsymbol{\beta} + \varepsilon_t, \\ \varepsilon_t = u_t(\alpha_0 + \alpha_1\varepsilon_{t-1}^2)^{1/2}, \end{cases}$$

其中 $u_t \sim N(0,1)$。或记

$$\begin{cases} \varepsilon_t = u_t\sigma_t, \\ \sigma_t^2 = \alpha_0 + \alpha_1\varepsilon_{t-1}^2, \end{cases} \quad \alpha_0 > 0,\ \alpha_1 > 0.$$

此模型类似于 MA(1),所以关于它的讨论与 MA(1)相似。

下面导出 ε_t 的统计特性。

(1) 条件期望和无条件期望

$$\begin{aligned} E(\varepsilon_t \mid \varepsilon_{t-1}) &= E[u_t(\alpha_0 + \alpha_1\varepsilon_{t-1}^2)^{1/2} \mid \varepsilon_{t-1}] \\ &= (\alpha_0 + \alpha_1\varepsilon_{t-1}^2)^{1/2}E(u_t \mid \varepsilon_{t-1}) = 0. \end{aligned}$$

$$E[E(\varepsilon_t \mid \varepsilon_{t-1}) \mid \varepsilon_{t-2}] = E(0 \mid \varepsilon_{t-2}) = 0.$$

利用迭代期望定律可知,无条件期望 $E(\varepsilon_t)=0$。

由此可知,

$$E(Y_t) = \boldsymbol{x}^{t\prime}\boldsymbol{\beta}.$$

(2) 条件方差和无条件方差

$$\begin{aligned} \mathrm{Var}(\varepsilon_t \mid \varepsilon_{t-1}) &= E(\varepsilon_t^2 \mid \varepsilon_{t-1}) \\ &= E[u_t^2(\alpha_0 + \alpha_1\varepsilon_{t-1}^2) \mid \varepsilon_{t-1}] \\ &= (\alpha_0 + \alpha_1\varepsilon_{t-1}^2)E(u_t^2) \\ &= \alpha_0 + \alpha_1\varepsilon_{t-1}^2 = \sigma_t^2 \qquad (\because\ E(u_t^2) = 1). \end{aligned}$$

这表明 σ_t^2 是在 ε_{t-1} 条件下 ε_t 的条件方差。以 ε_{t-1} 为条件的 ε_t 的方差与时间 t 有关,即 $\boldsymbol{\varepsilon}$ 的条件方差具有异方差性。

综上可知，$\varepsilon_t | \varepsilon_{t-1} \sim N(0, \sigma_t^2)$。

显然

$$\mathrm{Var}(Y_t | Y_{t-1}) = \mathrm{Var}(\varepsilon_t | \varepsilon_{t-1}) = \sigma_t^2 = \alpha_0 + \alpha_1 \varepsilon_{t-1}^2.$$

这意味着 $t-1$ 期较大的误差会导致 t 期的 Y 有更大的方差。

ε_t 的无条件方差：

$$\begin{aligned}\mathrm{Var}(\varepsilon_t) &= E[\mathrm{Var}(\varepsilon_t | \varepsilon_{t-1})] + \mathrm{Var}[E(\varepsilon_t | \varepsilon_{t-1})] \\ &= E(\alpha_0 + \alpha_1 \varepsilon_{t-1}^2) = \alpha_0 + \alpha_1 E(\varepsilon_{t-1}^2) \\ &= \alpha_0 + \alpha_1 \mathrm{Var}(\varepsilon_{t-1}^2).\end{aligned}$$

令 $v_t^2 = \mathrm{Var}(\varepsilon_t)$，将 ε_t 视为一随机过程，则有

$$\begin{aligned}v_t^2 &= \alpha_0 + \alpha_1 v_{t-1}^2 \\ &= \alpha_0 + \alpha_1 \boldsymbol{L} v_t^2 \quad (\boldsymbol{L}\text{ 为滞后算子}),\end{aligned}$$

$$(\boldsymbol{I} - \alpha_1 \boldsymbol{L}) v_t^2 = \alpha_0,$$

所以当$|\alpha_1|<1$ 时，有

$$v_t^2 = (\boldsymbol{I} - \alpha_1 \boldsymbol{L})^{-1} \alpha_0 = \frac{\alpha_0}{1 - \alpha_1}.$$

当 $\alpha_0>0$ 时，可知 $\mathrm{Var}(\varepsilon_t) = \dfrac{\alpha_0}{1-\alpha_1}$表达式合理。这表明当 $\alpha_0>0, 0<\alpha_1<1$ 时，ε_t 的无条件方差不随时间变化，即是同方差。

（3）自协方差

$$\mathrm{Cov}(\varepsilon_t, \varepsilon_{t-1} | \varepsilon_{t-1}) = E(\varepsilon_t \varepsilon_{t-1} | \varepsilon_{t-1}) = \varepsilon_{t-1} E(\varepsilon_t | \varepsilon_{t-1}) = 0.$$

类似地，高阶自协方差均为零。

因此 ARCH(1)在一定条件下满足古典假定。

2. 估计

（1）OLS 估计

由于模型满足古典假定，所以可采用 OLS 估计，其估计量为无偏有效估计量。

（2）ML 估计

由于已知 $u_t = \dfrac{\varepsilon_t}{\sigma_t} \sim N(0,1)$，所以利用 u 至 Y 的密度函数变换：

$$f(\boldsymbol{Y}) = \left|\frac{\mathrm{d}\boldsymbol{u}}{\mathrm{d}\boldsymbol{Y}}\right| f_u, \quad \frac{\mathrm{d}u_t}{\mathrm{d}Y_t} = \frac{1}{\sigma_t}.$$

给出 $Y_1, \cdots, Y_T$ 的联合密度函数，即似然函数：

$$L = \prod_{t=1}^{T} \frac{1}{\sigma_t} \frac{1}{\sqrt{2\pi}} \mathrm{e}^{-\frac{1}{2}u_t^2}.$$

对数似然函数为

$$\begin{aligned}\ln L &= -\frac{T}{2}\ln(2\pi) - \sum_{t=1}^{T}\ln\sigma_t - \frac{1}{2}\sum_{t=1}^{T}u_t^2 \\ &= -\frac{T}{2}\ln(2\pi) - \frac{1}{2}\sum_{t=1}^{T}\ln\sigma_t^2 - \frac{1}{2}\sum_{t=1}^{T}\frac{\varepsilon_t^2}{\sigma_t^2} \\ &= -\frac{T}{2}\ln(2\pi) - \frac{1}{2}\sum_{t=1}^{T}\ln(\alpha_0+\alpha_1\varepsilon_{t-1}^2) - \frac{1}{2}\sum_{t=1}^{T}\frac{\varepsilon_t^2}{\alpha_0+\alpha_1\varepsilon_{t-1}^2}.\end{aligned}$$

在已知样本 $\boldsymbol{X},\boldsymbol{Y}$ 前提下，最大化 $\ln L$，由一阶条件求出 $\boldsymbol{\beta},\alpha_0,\alpha_1$ 的最大似然估计，估计量为一致渐近有效估计量。

(3) FGLS 估计

以下讨论的非线性 GLS 估计量是一致且渐近有效的估计量。

其思路是先用 OLS 估计原模型，得到残差序列；然后利用残差序列估计异方差形式；再以异方差估计作为权数得到异方差校正模型；最后用 OLS 估计这一校正模型。不过在估计异方差时，若出现零值或负值，显然不能进行下去，所以常对参数 α 施加一些限制，以避免这种失败。步骤如下：

第一步，用 OLS 估计原模型 $\boldsymbol{Y}=\boldsymbol{X\beta}+\boldsymbol{\varepsilon}$，得到 $\boldsymbol{b}=\text{OLSE}(\boldsymbol{\beta})$ 和残差序列 $e_1,e_2,\cdots,e_T$。

第二步，将 e_t^2 对 e_{t-1}^2 回归得到如下 OLS 估计式：

$$e_t^2 = a_0 + a_1 e_{t-1}^2.$$

第三步，计算 $f_t=a_0+a_1e_{t-1}^2$，然后用 OLS 法回归得到

$$\frac{e_t^2}{f_t} - 1 = d_0\left(\frac{1}{f_t}\right) + d_1\left(\frac{e_{t-1}^2}{f_t}\right).$$

以 d_0,d_1 对第二步中的 a_0,a_1 进行修正得

$$\hat{a}_0 = a_0 + d_0,\quad \hat{a}_1 = a_1 + d_1,$$

有

$$e_t^2 = \hat{a}_0 + \hat{a}_1 e_{t-1}^2.$$

第四步，以 $\hat{a}_0,\hat{a}_1$ 替代 a_0,a_1，重新计算 f_t，然后计算

$$r_t = \left[\frac{1}{f_t} + 2\left(\frac{\hat{a}_1 e_t}{f_{t+1}}\right)^2\right]^{1/2},\quad s_t = \frac{1}{f_t} - \frac{\hat{a}_1}{f_{t+1}}\left(\frac{e_{t+1}^2}{f_{t+1}} - 1\right).$$

以 $\dfrac{e_t s_t}{r_t}$ 对 $\boldsymbol{x}^t r_t$ 回归，得到 OLS 估计式：

$$\frac{e_t s_t}{r_t} = \boldsymbol{d}_\beta' \boldsymbol{x}^t r_t.$$

以 $\boldsymbol{d}_\beta$ 对原 OLS 估计量 $\boldsymbol{b}$ 进行修正，得 FGLS 估计量 $\tilde{\boldsymbol{\beta}}$：

$$\tilde{\boldsymbol{\beta}} = \boldsymbol{b} + \boldsymbol{d}_\beta.$$

值得指出的是,第二步中 e_t^2 与第三步中 f_t 的表达式中,可增加更多的滞后项,以便推广至更高阶的 ARCH 模型。

3. 检验

针对扰动项是否为条件异方差进行假设检验。

检验假设为

$$\begin{cases} H_0: \alpha_1 = 0, & \text{ARCH}(0), \\ H_1: \alpha_1 \neq 0, & \text{ARCH}(1). \end{cases}$$

检验统计量为

$$\text{LM} = TR^2 \overset{a}{\sim} \chi^2(1),$$

其中,R^2 为第二步中回归的可决系数。

ARCH(1)模型可推广至 ARCH(q),其模型为

$$Y_t = \boldsymbol{x}^{t\prime}\boldsymbol{\beta} + \varepsilon_t, \quad \varepsilon_t = u_t(\alpha_0 + \alpha_1\varepsilon_{t-1}^2 + \cdots + \alpha_q\varepsilon_{t-q}^2)^{1/2}, \quad u_t \sim N(0,1).$$

或记

$$\varepsilon_t = u_t\sigma_t, \quad \sigma_t^2 = \alpha_0 + \alpha_1\varepsilon_{t-1}^2 + \cdots + \alpha_q\varepsilon_{t-q}^2.$$

可知

$$\text{Var}(\varepsilon_t \mid \varepsilon_{t-1}, \varepsilon_{t-2}, \cdots, \varepsilon_{t-q}) = \sigma_t^2.$$

此模型类似于 q 阶移动平均,所以其一些分析结果与 MA 相同。

一般采用 FGLS 估计,对上述步骤作些相关调整。有时也可进行简单的设定,如将 $\alpha_1, \alpha_2, \cdots, \alpha_q$ 设定为线性递减关系。例如 $q=4$ 时,令

$$\sigma_t^2 = \alpha_0 + \alpha\left(\frac{4}{10}\varepsilon_{t-1}^2 + \frac{3}{10}\varepsilon_{t-2}^2 + \frac{2}{10}\varepsilon_{t-3}^2 + \frac{1}{10}\varepsilon_{t-4}^2\right).$$

以 e^2 替代 σ^2, ε^2 回归得到估计式:

$$e_t^2 = a_0 + a\left(\frac{4}{10}e_{t-1}^2 + \frac{3}{10}e_{t-2}^2 + \frac{2}{10}e_{t-3}^2 + \frac{1}{10}e_{t-4}^2\right).$$

若 $a_0>0, a>0$,则可以此为权数,得到异方差校正模型。

检验假设为

$$H_0: \alpha_1 = \cdots = \alpha_q = 0,$$

检验统计量仍为 $TR^2 \overset{a}{\sim} \chi^2(q)$,其中 R^2 为 e_t^2 对常数和 q 个滞后残差平方回归的可决系数。

二、广义自回归条件异方差模型

广义自回归条件异方差(Generalized Auto Regressive Conditional Heteroscedasticity)模型,简称 GARCH 模型。

1. 模型及假定

Bollerslev(1986)建议的 GARCH(p, q)模型定义为

$$\begin{cases} Y_t = \boldsymbol{x}^{t\prime}\boldsymbol{\beta} + \varepsilon_t \\ \varepsilon_t \mid \psi_t \sim N(0, \sigma_t^2), \end{cases}$$

其中,ψ_t 为时间 t 上的一个信息集;σ_t^2 为在 ψ_t 条件下 ε_t 的条件方差

$$\sigma_t^2 = \alpha_0 + \delta_1\sigma_{t-1}^2 + \cdots + \delta_p\sigma_{t-p}^2 + \alpha_1\varepsilon_{t-1}^2 + \cdots + \alpha_q\varepsilon_{t-q}^2,$$

即 σ_t^2 中含有 p 个条件方差和 q 个滞后扰动项平方,这意味着条件方差存在自相关性。

可用向量形式表示,令

$$\boldsymbol{z}^t = (1, \sigma_{t-1}^2, \cdots, \sigma_{t-p}^2, \quad \varepsilon_{t-1}^2, \cdots, \varepsilon_{t-q}^2)',$$

$$\boldsymbol{\gamma} = (\alpha_0, \delta_1, \cdots, \delta_p, \quad \alpha_1, \cdots, \alpha_q)',$$

则

$$\sigma_t^2 = \boldsymbol{\gamma}'\boldsymbol{z}^t.$$

GARCH(p, q)模型相当于 ARMA(p, q)过程。相对于 ARMA(q),GARCH(p, q)的优点在于 p,q 较小的 GARCH(p, q)似乎与 q 较大的 ARCH(q)一样好或更好。可以证明 GARCH(1, 1)等价于 ARCH(2);GARCH(p, q)等价于 ARCH($p+q$)。

为保证 GARCH 过程是平稳的,需对参数加以限制(关于平稳性条件将在时间序列模型一章中介绍)。

常常采用 GARCH(1, 1)形式,其模型及假定为

$$Y_t = \boldsymbol{x}^{t\prime}\boldsymbol{\beta} + \varepsilon_t, \quad \varepsilon_t \mid \psi_t \sim N(0, \sigma_t^2),$$

$$\sigma_t^2 = \alpha_0 + \delta_1\sigma_{t-1}^2 + \alpha_1\varepsilon_{t-1}^2.$$

当$|\delta_1|<1$ 时,σ_t^2 表示为

$$\sigma_t^2 = \frac{\alpha_0}{1-\delta_1} + \alpha_1(\varepsilon_{t-1}^2 + \delta_1\varepsilon_{t-2}^2 + \delta_1^2\varepsilon_{t-3}^2 + \cdots),$$

即 σ_t^2 依赖于全部前期扰动项平方,其权数 $\alpha_1, \alpha_1\delta_1, \alpha_1\delta_1^2, \cdots$呈几何衰减。这是因为由 σ_t^2 表达式可知

$$\sigma_t^2 = \alpha_0 + \delta_1\boldsymbol{L}\sigma_t^2 + \alpha_1\varepsilon_{t-1}^2, \quad (\boldsymbol{I} - \delta_1\boldsymbol{L})\sigma_t^2 = \alpha_0 + \alpha_1\varepsilon_{t-1}^2,$$

所以

$$\begin{aligned}\sigma_t^2 &= (\boldsymbol{I} - \delta_1\boldsymbol{L})^{-1}(\alpha_0 + \alpha_1\varepsilon_{t-1}^2) \\ &= \frac{\alpha_0}{1-\delta_1} + \alpha_1(\boldsymbol{I} - \delta_1\boldsymbol{L})^{-1}\varepsilon_{t-1}^2 \\ &= \frac{\alpha_0}{1-\delta_1} + \alpha_1(\boldsymbol{I} + \delta_1\boldsymbol{L} + \delta_1^2\boldsymbol{L}^2 + \cdots)\varepsilon_{t-1}^2 \\ &= \frac{\alpha_0}{1-\delta_1} + \alpha_1(\varepsilon_{t-1}^2 + \delta_1\varepsilon_{t-2}^2 + \delta_1^2\varepsilon_{t-3}^2 + \cdots).\end{aligned}$$

2. 估计

GARCH 模型一般采用最大似然估计,其估计量为渐近有效估计量。下面分两种情况进行简要介绍。

一种情况是 ε 服从正态分布下的 ML 估计;另一种情况是 ε 不服从正态分布下的伪 ML 估计。

需估计的参数记为 $\boldsymbol{\theta}=\begin{bmatrix}\boldsymbol{\beta}\\ \boldsymbol{\gamma}\end{bmatrix}$。

(1) ε 服从正态分布

由 ARCH 的 ML 估计可知

$$\ln L = -\frac{T}{2}\ln(2\pi) - \frac{1}{2}\sum_{t=1}^{T}\left(\ln\sigma_t^2 + \frac{\varepsilon_t^2}{\sigma_t^2}\right),$$

其中,$\varepsilon_t = Y_t - \boldsymbol{x}^{t\prime}\boldsymbol{\beta}$。

一阶导数为

$$\begin{aligned}\frac{\partial \ln L}{\partial \boldsymbol{\beta}} &= -\frac{1}{2}\sum_{t=1}^{T}\left[\frac{1}{\sigma_t^2}\frac{\partial \sigma_t^2}{\partial \boldsymbol{\beta}} + \frac{1}{(\sigma_t^2)^2}\left(2\varepsilon_t\frac{\partial \varepsilon_t}{\partial \boldsymbol{\beta}}\sigma_t^2 - \varepsilon_t^2\frac{\partial \sigma_t^2}{\partial \boldsymbol{\beta}}\right)\right] \\ &= -\frac{1}{2}\sum_{t=1}^{T}\left(\frac{1}{\sigma_t^2}\frac{\partial \sigma_t^2}{\partial \boldsymbol{\beta}} - 2\frac{\varepsilon_t}{\sigma_t^2}\boldsymbol{x}^t - \frac{1}{\sigma_t^2}\frac{\varepsilon_t^2}{\sigma_t^2}\frac{\partial \sigma_t^2}{\partial \boldsymbol{\beta}}\right) \\ &= \sum_{t=1}^{T}\left[\frac{\varepsilon_t \boldsymbol{x}^t}{\sigma_t^2} + \frac{1}{2\sigma_t^2}\left(\frac{\varepsilon_t^2}{\sigma_t^2} - 1\right)\frac{\partial \sigma_t^2}{\partial \boldsymbol{\beta}}\right] \\ &= \sum_{t=1}^{T}\left(\frac{\varepsilon_t \boldsymbol{x}^t}{\sigma_t^2} + \frac{1}{2\sigma_t^2}v_t \boldsymbol{d}_t\right),\end{aligned}$$

其中,$\boldsymbol{d}_t = \frac{\partial \sigma_t^2}{\partial \boldsymbol{\beta}}$,$v_t = \frac{\varepsilon_t^2}{\sigma_t^2} - 1$。注意到 $E=\left(\frac{\varepsilon_t^2}{\sigma_t^2}\right)=E(u_t^2)=1$,所以有 $E(v_t)=E(u_t^2)-1=0$。

$$\begin{aligned}\frac{\partial \ln L}{\partial \boldsymbol{\gamma}} &= -\frac{1}{2}\sum_{t=1}^{T}\left[\frac{1}{\sigma_t^2}\frac{\partial \sigma_t^2}{\partial \boldsymbol{\gamma}} - \frac{\varepsilon_t^2}{(\sigma_t^2)^2}\frac{\partial \sigma_t^2}{\partial \boldsymbol{\gamma}}\right] \\ &= \frac{1}{2}\sum_{t=1}^{T}\frac{1}{\sigma_t^2}\left(\frac{\varepsilon_t^2}{\sigma_t^2} - 1\right)\frac{\partial \sigma_t^2}{\partial \boldsymbol{\gamma}} \\ &= \frac{1}{2}\sum_{t=1}^{T}\frac{1}{\sigma_t^2}v_t \boldsymbol{g}_t,\end{aligned}$$

其中,$\boldsymbol{g}_t = \frac{\partial \sigma_t^2}{\partial \boldsymbol{\gamma}}$。

令上述两偏导数为零,求解联立方程组,得到 $\boldsymbol{\theta}$ 的最大似然估计量 $\hat{\boldsymbol{\theta}}$。不过这是一个非线性方程组,需采用牛顿迭代法估计,关于迭代过程在此不详述了。

再求二阶偏导数,取期望,可得到 $\hat{\boldsymbol{\theta}}$ 的渐近方差-协方差阵。

(2) ε 不服从正态分布

如果 $\varepsilon_t | \psi_t \sim N$ 不成立,则只有

$$E(\varepsilon_t | \psi_t) = 0, \quad \mathrm{Var}(\varepsilon_t | \psi_t) = E(\varepsilon_t^2 | \psi_t) = \sigma_t^2,$$

或

$$E\left(\frac{\varepsilon_t^2}{\sigma_t^2} \middle| \psi_t\right) = 1.$$

为保证 GARCH 过程的平稳性,需补充假定:四阶矩为有限值,即 $E\left(\frac{\varepsilon_t^4}{\sigma_t^4} \middle| \psi_t\right) = \kappa$ 为有限值。

尽管此时的 $\ln L$ 是不适当的,但仍令它极大化,得到伪最大似然估计量。这一估计量仍具有一致性,但估计量的渐近方差-协方差阵需进行调整。

3. 检验

检验 GARCH 效应是否存在,最简单的方法仍是通过原模型最小二乘残差平方自回归的可决系数 R^2,得出检验统计量 TR^2,并进行推断。

Bollerslev(1986)给出相对于 GARCH(p, q)的 GARCH$(p, 0)$的检验,检验统计量仍为 $\mathrm{LM} = TR^2 \overset{a}{\sim} \chi^2(q)$,其中 R^2 是迭代过程中估计 $\boldsymbol{\gamma}$ 的线性回归的可决系数。

值得指出的是,ARCH 模型中一个重要的模型是均值 ARCH 模型或记为 ARCH-M 模型。它的特色是将条件方差作为一回归元引入模型。如在一个资产定价的金融方程中,将条件方差引入模型,反映了资产价格的期望风险对资产价格的影响,方差是度量波动的,而波动是资产定价理论中的关键内容,因此 ARCH 在金融领域的经验研究中越来越重要。

4. 例

利用上证综合指数 2020/7/21—2023/8/18 期间的每日收盘价(共 749 个观测),计算以对数差分形式定义的收益率,然后基于收益率估计 AR(5)模型,并检验该模型的随机扰动项是否存在条件异方差。

估计 AR(5)模型,Stata 程序为

```
use data12.dta, clear
tsset t
gen lnindex = log(index)
gen r = d.lnindex
reg r L(1/5).r
```

模型估计结果为

Source	SS	df	MS			
				Number of obs	=	743
				F(5, 737)	=	1.66
Model	.00075142	5	.000150284	Prob > F	=	0.1431
Residual	.066900283	737	.000090774	R-squared	=	0.0111
				Adj R-squared	=	0.0044
Total	.067651703	742	.000091175	Root MSE	=	.00953

r	Coefficient	Std. err.	t	P>|t|	[95% conf.	interval]
r						
L1.	-.0056712	.0367595	-0.15	0.877	-.0778371	.0664947
L2.	.0030813	.0367577	0.08	0.933	-.069081	.0752436
L3.	-.0762181	.0362527	-2.10	0.036	-.147389	-.0050472
L4.	-.015188	.0363609	-0.42	0.676	-.0865713	.0561954
L5.	-.0692115	.0363631	-1.90	0.057	-.1405991	.002176
_cons	.0000656	.0003496	0.19	0.851	-.0006206	.0007519

结果表明,在 0.10 的显著性水平下,5 阶滞后项显著。

现在检验残差是否存在条件异方差,Stata 命令为

```
estat archlm,lags(1/5)
```

检验结果如下:

```
. estat archlm,lags(1/5)
LM test for autoregressive conditional heteroskedasticity (ARCH)
```

lags(p)	chi2	df	Prob > chi2
1	25.119	1	0.0000
2	37.532	2	0.0000
3	39.606	3	0.0000
4	42.403	4	0.0000
5	43.040	5	0.0000

H0: no ARCH effects *vs.* H1: ARCH(*p*) disturbance

对 ARCH(1)—ARCH(5)的检验结果表明,存在显著的条件异方差。

我们再估计 GARCH(1, 1)模型,Stata 命令为

```
arch r L(1/5).r, arch(1) garch(1)
```

输出结果如下:

```
ARCH family regression

Sample: 7 thru 749                              Number of obs     =        743
                                                Wald chi2(5)      =       7.36
Log likelihood = 2428.423                       Prob > chi2       =     0.1951
```

r	Coefficient	OPG std. err.	z	P>|z|	[95% conf.	interval]
r						
r						
L1.	-.0083142	.0391658	-0.21	0.832	-.0850778	.0684493
L2.	.0135222	.0388099	0.35	0.728	-.0625438	.0895881
L3.	-.0567978	.0388452	-1.46	0.144	-.132933	.0193374
L4.	-.0057175	.0384867	-0.15	0.882	-.0811501	.0697151
L5.	-.08902	.0410941	-2.17	0.030	-.1695629	-.0084772
_cons	.0002285	.0003447	0.66	0.507	-.0004472	.0009041
ARCH						
arch						
L1.	.051762	.0117236	4.42	0.000	.0287842	.0747398
garch						
L1.	.9153706	.0208436	43.92	0.000	.8745179	.9562233
_cons	2.91e-06	1.14e-06	2.54	0.011	6.65e-07	5.15e-06

结果表明,ARCH(1)和 GARCH(1)都显著。

第 12 章　内生解释变量与工具变量法

本章主要介绍当解释变量外生性的古典假定被破坏,即解释变量与随机扰动项相关,出现内生解释变量时,最小二乘估计量的性质会发生哪些变化,以及如何通过工具变量法得到一致估计量。第一节主要介绍解释变量的内生性是如何产生的及其影响;第二节介绍工具变量法的原理、操作和相关的检验,并通过一个例子,详细介绍自然实验在工具变量法中的应用。

§1　内生解释变量及其影响

一、解释变量的外生性

在第 1 章 § 2 中我们介绍过,解释变量外生性是古典线性回归模型的一个基本假定。该假定的基本内容是扰动项 ε 关于解释变量 X 的条件期望等于零,即

$$E(\boldsymbol{\varepsilon} \mid \boldsymbol{X}) = 0,$$

也就是说,解释变量 X 的产生机制与随机扰动项 ε 无关。根据外生性假定,我们还可以得到 $E(\boldsymbol{\varepsilon})=0$ 和 $\mathrm{Cov}(X_{jk},\varepsilon_i)=0$[①];从而可以导出 $E(\boldsymbol{x}_k'\boldsymbol{\varepsilon})=0$[②],在大样本条件下,由 $E(\boldsymbol{x}_k'\boldsymbol{\varepsilon})=0$ 可以得到 $p\lim\left(\frac{1}{n}\boldsymbol{x}_k'\boldsymbol{\varepsilon}\right)=0$,即渐近无关性。

但是在现实中,$E(\boldsymbol{\varepsilon}|\boldsymbol{X})=0$ 这个假定经常得不到满足,从而出现某个或某些解释变量与扰动项 ε 相关的情形,这些解释变量便成为内生的解释变量,此时如果继续使用 OLS 法进行估计,就会带来很大的问题。事实上,内生解释变量模型已经成为应用计量经济学一个重要的研究领域。

需要说明的是,$E(\boldsymbol{x}_k'\boldsymbol{\varepsilon})=0$ 表示 $\boldsymbol{x}_k$ 与 $\boldsymbol{\varepsilon}$ 在小样本情形下无关,但是当 $E(\boldsymbol{x}_k'\boldsymbol{\varepsilon})\neq 0$ 时,$\mathrm{plim}\left(\frac{1}{n}\boldsymbol{x}'_k\boldsymbol{\varepsilon}\right)=0$ 仍然有可能成立,即在大样本条件下,$\boldsymbol{x}_k$ 与 $\boldsymbol{\varepsilon}$ 满足渐近无关性。此时,

---

① 参阅第 1 章 § 2。

② 这是因为 $E(\varepsilon_i)=0$,$\mathrm{Cov}(X_{jk},\varepsilon_i)=E(X_{jk}\varepsilon_i)-E(X_{jk})E(\varepsilon_i)=0$。

OLS 估计量仍然能够保持良好的大样本性质。

二、内生解释变量的产生

内生解释变量产生的原因基本上可以分为四种。

1. 遗漏变量

当被遗漏的变量与引入模型的其他解释变量相关,被遗漏的变量进入随机扰动项时,就会导致解释变量与扰动项 ε 相关。假定真实的总体模型设定为

$$\boldsymbol{Y}=\boldsymbol{X\beta}+\boldsymbol{W\gamma}+\boldsymbol{\varepsilon},$$

但是由于不可观察的原因,我们无法得到 W 的数据,这样回归模型就成为

$$\boldsymbol{Y}=\boldsymbol{X\beta}+\boldsymbol{u},\quad 其中\quad \boldsymbol{u}=\boldsymbol{W\gamma}+\boldsymbol{\varepsilon}.$$

如果 X 中的某个或某几个解释变量,如 X_k 与 W 相关,就将导致协方差 $\mathrm{Cov}(X_k,u)\neq 0$,从而出现内生的解释变量问题。例如,在研究收入水平对教育程度的回归分析中,由于个人能力无法观察并量化,所以尽管它对个人的收入水平有着重要的影响,但却只能被作为遗漏变量,放入误差项中。但是,个人能力与教育程度密切相关,两者相互促进,这样,教育程度就成为一个典型的内生的解释变量。

2. 观测误差

在上述分析中,我们一直假定用于模型估计的数据都是真实、准确、无误的,但在现实中这几乎是不可能的。不论是通过现场调查还是二手数据,我们都不可能避免"观测误差"问题,只是程度有轻有重而已。当观测误差进入随机扰动项中,并与某个或某些解释变量相关时,就出现了内生解释变量。

考虑下面的回归模型:

$$Y=\beta_1+\beta_2X_2+\cdots+\beta_KX_K+\varepsilon,$$

它满足全部的古典假定。不妨假定对解释变量 X_K 的观察存在明显的观测误差问题,只能得到包含误差的 X_K,且有 $X_K=X_K^*+u$,即观察到的 X_K 等于真实的 X_K^* 加上一个误差项 u。此时真实模型为

$$\begin{aligned}Y&=\beta_1+\beta_2X_2+\cdots+\beta_KX_K^*+\varepsilon\\&=\beta_1+\beta_2X_2+\cdots+\beta_K(X_K-u)+\varepsilon\\&=\beta_1+\beta_2X_2+\cdots+\beta_KX_K+(\varepsilon-\beta_Ku).\end{aligned}$$

若假定观测误差 u 与解释变量$(X_2,\cdots,X_K)$不相关,则可以继续采用 OLS 法估计。但是在很多情况下,这个假定很难成立。例如,在研究吸烟与健康的关系时,如果被调查者不吸烟,那么他所报告的吸烟次数 $X_K=0$ 与实际吸烟情况 $X_K^*=0$ 的误差为零;但是如果被调查者吸烟,他所报告的吸烟次数 $X_K>0$ 与实际情况 X_K^* 的误差可能会较大,这时,就出现了观测误差 u 与 X_K 相关的情况,即 $\mathrm{Cov}(X_K,u)\neq 0$。再比如,在收入调查中,被访者的报告误差常常与被访者的年龄呈现某种关系,即年龄越小,误差可能越大,这时就会出现

$\text{Cov}(X_K,u)\neq 0$ 的情形。

事实上,在一般情况下,即使我们假定 $E(u_i|\boldsymbol{X})=0, E(u_i^2|\boldsymbol{X})=\sigma_u^2, E(\varepsilon_i|\boldsymbol{X})=0$, $E(X_{iK})=X_{iK}^*$,误差模型中新的随机扰动项 $w=\varepsilon-\beta_K u$ 与解释变量$(X_2,\cdots,X_K)$通常还是相关的。这是因为

$$\begin{aligned}\text{Cov}(w_i,X_{iK}\mid \boldsymbol{X}) &= E\{[w_i-E(w_i)][X_{iK}-E(X_{iK})]\mid \boldsymbol{X}\}\\ &= E[(\varepsilon_i-\beta_K u_i)u_i\mid \boldsymbol{X}]\\ &= E(\varepsilon_i u_i\mid \boldsymbol{X})-\beta_K E(u_i^2\mid \boldsymbol{X})\\ &= -\beta_K\sigma_u^2\neq 0.\end{aligned}$$

3. 联立偏差

当 X 和 Y 相互作用,相互影响,互为因果时,我们应该用联立方程组的形式来描述它们之间的关系。但如果我们仍然采用单一线性方程形式,以 Y 为被解释变量,X 为解释变量,就会导致 X 与扰动项相关的情况出现,X 成为内生的解释变量。供给与需求、警力与犯罪率、企业研发与绩效等模型都属于这类情形。我们将在下册的联立方程组模型这一章来详细探讨如何处理联立偏差所导致的内生解释变量的问题。

4. 样本选择问题

样本选择指的是我们所观察的被解释变量的结果,部分地受到行为主体对是否参与某项活动选择的影响,从而导致我们所得到的样本成为非随机的样本。举例而言,在研究个人健康对医疗保险保费的影响这一问题中,由于我们只能够观察到投保人的保费和他们的个人信息,而无法得到没有投保的消费者的相关信息,从而使得个人健康这一变量具有内生性。具体而言,投保人的个人健康状况一般稍差,并愿意支付更高的保费。

在出现样本选择的情形下,会导致某个解释变量与随机扰动项相关,从而该解释变量成为内生的解释变量。

三、内生解释变量的影响

作为 OLS 古典假定之一的解释变量外生性的假定被破坏,意味着 $E(\boldsymbol{\varepsilon}|\boldsymbol{X})\neq\boldsymbol{0}$,此时至少有一个解释变量 X_k 与随机扰动项 ε 相关,$\text{Cov}(X_{jk},\varepsilon_i)\neq 0$,也就有 $E(\boldsymbol{x}_k'\boldsymbol{\varepsilon})\neq 0$,从而有 $E(\boldsymbol{X}'\boldsymbol{\varepsilon})\neq\boldsymbol{0}$。在大样本条件下,$\text{plim}\left(\frac{1}{n}\boldsymbol{x}_k'\boldsymbol{\varepsilon}\right)\neq 0$,也就有 $\text{plim}\left(\frac{1}{n}\boldsymbol{X}'\boldsymbol{\varepsilon}\right)=\boldsymbol{\Sigma}_{x\varepsilon}\neq\boldsymbol{0}$。下面将证明,当出现内生的解释变量时,OLS 估计量的统计特性将发生改变,即 $\boldsymbol{b}$ 有偏且不一致。

1. $\boldsymbol{b}$ 有偏

下面证明存在内生解释变量时,$\boldsymbol{b}$ 是有偏的。

[证明]

因为

$$\boldsymbol{b}=(\boldsymbol{X}'\boldsymbol{X})^{-1}\boldsymbol{X}'\boldsymbol{Y}=\boldsymbol{\beta}+(\boldsymbol{X}'\boldsymbol{X})^{-1}\boldsymbol{X}'\boldsymbol{\varepsilon},$$

对上式两边同时取条件期望得

$$\begin{aligned}E(\boldsymbol{b}\mid\boldsymbol{X})&=\boldsymbol{\beta}+E[(\boldsymbol{X}'\boldsymbol{X})^{-1}\boldsymbol{X}'\boldsymbol{\varepsilon}\mid\boldsymbol{X}]\\&=\boldsymbol{\beta}+(\boldsymbol{X}'\boldsymbol{X})^{-1}\boldsymbol{X}'E[\boldsymbol{\varepsilon}\mid\boldsymbol{X}].\end{aligned}$$

由于 X_k 的内生性，所以 $E[\boldsymbol{\varepsilon}|\boldsymbol{X}]\neq\boldsymbol{0}$，从而 $E(\boldsymbol{b}|\boldsymbol{X})\neq\boldsymbol{\beta}$，因此估计量 $\boldsymbol{b}$ 有偏。

有偏性是估计量在小样本情形下的性质，而在大样本条件下，$\boldsymbol{b}$ 的性质仍然是不理想的，即 $\boldsymbol{b}$ 不满足一致性。

2. $\boldsymbol{b}$ 不一致

[证明]

对 $\boldsymbol{b}=(\boldsymbol{X}'\boldsymbol{X})^{-1}\boldsymbol{X}'\boldsymbol{Y}=\boldsymbol{\beta}+(\boldsymbol{X}'\boldsymbol{X})^{-1}\boldsymbol{X}'\boldsymbol{\varepsilon}$ 两边同时取概率极限，得到

$$\begin{aligned}\text{plim}\,\boldsymbol{b}&=\boldsymbol{\beta}+\text{plim}\,[(\boldsymbol{X}'\boldsymbol{X})^{-1}\boldsymbol{X}'\boldsymbol{\varepsilon}]\\&=\boldsymbol{\beta}+\text{plim}\left[\left(\frac{1}{n}\boldsymbol{X}'\boldsymbol{X}\right)^{-1}\left(\frac{1}{n}\boldsymbol{X}'\boldsymbol{\varepsilon}\right)\right],\end{aligned}$$

因为 $\text{plim}\left(\frac{1}{n}\boldsymbol{X}'\boldsymbol{X}\right)^{-1}=\boldsymbol{Q}^{-1}$ 正定，同时解释变量的内生性导致 $\text{plim}\left(\frac{1}{n}\boldsymbol{X}'\boldsymbol{\varepsilon}\right)=\boldsymbol{\Sigma}_{x\varepsilon}\neq\boldsymbol{0}$，从而

$$\text{plim}\left[\left(\frac{1}{n}\boldsymbol{X}'\boldsymbol{X}\right)^{-1}\left(\frac{1}{n}\boldsymbol{X}'\boldsymbol{\varepsilon}\right)\right]=\boldsymbol{Q}^{-1}\boldsymbol{\Sigma}_{x\varepsilon}\neq\boldsymbol{0},$$

所以

$$\text{plim}\boldsymbol{b}\neq\boldsymbol{\beta}.$$

也就是说，$\boldsymbol{b}$ 不会随着样本的无限增大依概率收敛于真实的参数 $\boldsymbol{\beta}$。

$\boldsymbol{b}$ 是样本矩条件 $\frac{1}{n}\boldsymbol{X}'\boldsymbol{e}=\frac{1}{n}\boldsymbol{X}'(\boldsymbol{Y}-\boldsymbol{X}\boldsymbol{b})=\boldsymbol{0}$ 的解，但是，解释变量的内生性导致该样本矩条件所对应的总体矩条件 $E(\boldsymbol{X}'\boldsymbol{\varepsilon})=\boldsymbol{0}$ 并不成立。因此，$\boldsymbol{b}$ 的不一致性表明，$\boldsymbol{b}$ 是一个错误的样本矩的解。这意味着我们应当重新寻找新的变量集 $\boldsymbol{Z}$ 及对应的总体矩条件，使之满足 $E(\boldsymbol{Z}'\boldsymbol{\varepsilon})=\boldsymbol{0}$。这个新的变量集就是我们将在下文中所看到的工具变量。

四、内生解释变量的探查

对于怎样判断出现了模型的解释变量与随机扰动项相关的情形，并没有现成的检验方法。不过在本章 §2 中将会介绍，当我们找到足够多的工具变量时，可以对疑似内生的解释变量进行检验。

除统计上的检验外，我们可以将上述内生解释变量产生的原因，即遗漏变量、观测误差、联立偏差、样本选择与经济理论以及所研究的具体问题结合起来，判断回归模型中是否出现了解释变量的内生性。

例如,经济学家在对外商直接投资(Foreign Direct Investment,FDI)技术溢出效应进行经验分析时,通常是以行业/企业产出水平或劳动生产率作为被解释变量,通过该变量对FDI的回归系数的符号、大小以及显著程度,来判断FDI对于引入外资的行业/企业业绩变化的实际影响。由于FDI的进入与外资引入国本身的要素禀赋、技术水平、劳动力状况以及经济发展水平密切相关,因此FDI与行业/产出水平相互影响,这使FDI成为具有内生性的解释变量。人们可能会在溢出效应并没有发生的情况下,把生产效率的提高归因于外资企业的溢出作用,从而在单方程的计量分析中产生联立偏差。

§2　工具变量法

在§1中我们看到,当解释变量 X_k 与随机扰动项相关时,解释变量 X_k 就成为内生解释变量,此时,OLS估计结果有偏且不一致。假定我们可以把 X_k 分解为两个部分:一部分与随机扰动项 ε 相关;另一部分与 ε 无关。如果我们能够找到另一个变量 Z 或多个变量,它与 X_k 相关,但与 ε 无关,就可以通过 Z 将 X_k 中与 ε 无关的部分分离出来,从而识别出 X_k 对 Y 的边际影响,这个结果具有一致性。这种方法被称为工具变量法(Instrumental Variables Method,简称IV法),下面就来介绍这一方法。需要指出的是,以下将在大样本的背景下讨论工具变量法,因为在有限样本的条件下,工具变量估计量的表现是不理想的。

图12-1说明了工具变量法的原理。当 X_k 与 ε 相关时,OLS法不能识别出 X_k 对 y 的影响,因为该估计结果还包含了 ε 对 y 的影响。工具变量 Z 只和 X_k 相关,它本身并不直接对 y 产生影响,而是通过 X_k 对 y 产生影响。由于 Z 不和随机扰动项相关,因此所识别出的 Z 对 y 的影响就是 X_k 对 y 的边际影响。

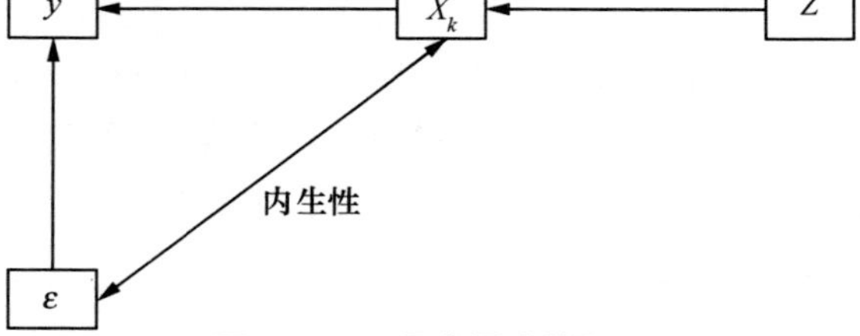

图12-1　工具变量法的原理

一、工具变量的定义

在 K 变量线性回归模型 $\boldsymbol{Y}=\boldsymbol{X\beta}+\boldsymbol{\varepsilon}$ 中,不妨假定解释变量 X_K 具有内生性,即

$$E(\boldsymbol{\varepsilon}\mid X_K)\neq\boldsymbol{0},\quad 或\, E(\boldsymbol{x}_K'\boldsymbol{\varepsilon})\neq 0,\quad 或\, \mathrm{plim}\left(\frac{1}{n}\boldsymbol{x}_K'\boldsymbol{\varepsilon}\right)\neq 0,$$

也就有

$$E(\boldsymbol{X}'\boldsymbol{\varepsilon}) \neq \mathbf{0}, \quad \text{或} \quad p\lim\left(\frac{1}{n}\boldsymbol{X}'\boldsymbol{\varepsilon}\right) = \boldsymbol{\Sigma}_{x\varepsilon} \neq \mathbf{0}.$$

如果变量 $Z_1, Z_2, \cdots, Z_L, L \geqslant K$,满足下面两个条件,则称它们为工具变量。

1. 工具相关性

$$r[E(\boldsymbol{Z}'\boldsymbol{X})] = K,$$

上式表明:$E(\boldsymbol{Z}'\boldsymbol{X})$ 满列秩,同时 $\boldsymbol{Z}$ 与 $\boldsymbol{X}$ 相关。在大样本条件下,上式还可表述为 $p\lim\left(\frac{1}{n}\boldsymbol{Z}'\boldsymbol{X}\right) = \boldsymbol{\Sigma}_{zx}$满列秩,其中 $\boldsymbol{Z}$ 为 $Z_1, \cdots, Z_L$ 取定容量为 n 后形成的 $n \times L$ 阶样本阵。

该条件要求工具变量与解释变量相关,但在实际中,仅仅相关是不够的,只有在高度相关的条件下,IV 估计结果才具有良好的大样本性质;而在弱相关的情形下,工具变量被称为“弱工具变量”。运用弱工具变量,IV 估计结果不仅具有很低的估计精度和很大的方差,而且会放大变量遗漏的偏差。同时,在大样本的条件下,IV 估计量的渐近正态性将不会出现。

2. 工具外生性

$$E(\boldsymbol{Z}'\boldsymbol{\varepsilon}) = \mathbf{0},$$

上式表明,$\boldsymbol{Z}$ 与 $\boldsymbol{\varepsilon}$ 无关,$\boldsymbol{Z}$ 具有外生性。在大样本条件下,上式还可表述为 $p\lim\left(\frac{1}{n}\boldsymbol{Z}'\boldsymbol{\varepsilon}\right) = \mathbf{0}$。需要注意的是,由于 $\boldsymbol{\varepsilon}$ 不可观测,这个条件在理论上是不可检验的,但在现实中,当满足某些条件时,可以进行事后检验,检验方法将在后文予以介绍。

除此之外,工具变量 $\boldsymbol{Z}$ 还应满足非退化性的要求,即 $E(\boldsymbol{Z}'\boldsymbol{Z})$ 满秩,或 $p\lim\left(\frac{1}{n}\boldsymbol{Z}'\boldsymbol{Z}\right) = \boldsymbol{\Sigma}_{zz} \neq 0$,但是对于工具变量而言,条件 1 和 2 显然是最本质的。

现在我们举一个简单的例子来说明工具变量 $\boldsymbol{Z}$ 的性质。不妨假定解释变量 X_K 具有内生性,找到 $\boldsymbol{Z} = (X_1, X_2, \cdots, X_{K-1}, Z_K)$(在这里,$L = K$),显然,只要 $\mathrm{Cov}(Z_K, X_K) \neq 0$,$\mathrm{Cov}(Z_K, \varepsilon) = 0$,变量 $\boldsymbol{Z}$ 就满足条件 1 和条件 2,成为工具变量。事实上,在实际运用中,寻找工具变量的关键就是要找到与 X_K 高度相关而与 ε 无关的 Z_K。

当回归模型中有一个解释变量是内生的,而我们只找到一个工具变量,这种情形被称为“恰好识别”,即内生的解释变量个数与工具变量的个数相等;当内生的解释变量个数大于工具变量的个数时,我们无法估计回归参数,这时回归模型是“不可识别”的;当工具变量的个数更多时,则出现了“过度识别”的情形,只有在这种情形下,我们才能够对工具变量的外生性进行检验。

二、工具变量法

我们在这里阐述工具变量法的原理时,考虑的只是 $L = K$ 的情形,因为这时 $\boldsymbol{Z}'\boldsymbol{X}$ 为 K

阶方阵,且可逆。本章中的其余证明均假定 $L=K$。当 $L>K$ 的时候,由于工具外生性要求 $E(\boldsymbol{Z}'\boldsymbol{\varepsilon})=\mathbf{0}$ 或 $p\lim\left(\frac{1}{n}\boldsymbol{Z}'\boldsymbol{\varepsilon}\right)=\mathbf{0}$,因此 $\boldsymbol{Z}$ 的每一列都与 $\boldsymbol{\varepsilon}$ 无关,这时我们可以选择 $\boldsymbol{Z}$ 的列向量的 K 个线性组合,重新构造一个新的含 K 个变量的工具变量集,我们称之为加权的工具变量,此时下面的工具变量法原理仍然适用。

1. 原理

对于模型 $\boldsymbol{Y}=\boldsymbol{X\beta}+\boldsymbol{\varepsilon}$ 左乘 $\boldsymbol{Z}'$,得到

$$\boldsymbol{Z}'\boldsymbol{Y} = \boldsymbol{Z}'\boldsymbol{X\beta} + \boldsymbol{Z}'\boldsymbol{\varepsilon},$$

两边同时取期望得到

$$E(\boldsymbol{Z}'\boldsymbol{Y}) = E(\boldsymbol{Z}'\boldsymbol{X})\boldsymbol{\beta} + E(\boldsymbol{Z}'\boldsymbol{\varepsilon}).$$

根据工具变量的性质,可知 $E(\boldsymbol{Z}'\boldsymbol{\varepsilon})=\mathbf{0}$,所以上式成为

$$E(\boldsymbol{Z}'\boldsymbol{Y}) = E(\boldsymbol{Z}'\boldsymbol{X})\boldsymbol{\beta},$$

这就得到 $\boldsymbol{\beta}=[E(\boldsymbol{Z}'\boldsymbol{X})]^{-1}E(\boldsymbol{Z}'\boldsymbol{Y})$,进而我们得到 $\boldsymbol{\beta}$ 的工具变量样本估计结果为

$$\boldsymbol{b}_{\mathrm{IV}} = (\boldsymbol{Z}'\boldsymbol{X})^{-1}\boldsymbol{Z}'\boldsymbol{Y} = \left(\frac{1}{n}\boldsymbol{Z}'\boldsymbol{X}\right)^{-1}\left(\frac{1}{n}\boldsymbol{Z}'\boldsymbol{Y}\right).$$

在一元回归模型 $y=\alpha+\beta x+\varepsilon$ 中,对于内生的解释变量 x 和工具变量 z 可以证明:

$$b_{\mathrm{IV}} = \frac{\mathrm{d}y/\mathrm{d}z}{\mathrm{d}x/\mathrm{d}z} = \mathrm{Cov}(z,y)/\mathrm{Cov}(z,x).$$

2. 工具变量法与最小二乘法

(1) IV 法与 OLS 法

比较 $\boldsymbol{b}_{\mathrm{IV}}=(\boldsymbol{Z}'\boldsymbol{X})^{-1}\boldsymbol{Z}'\boldsymbol{Y}$ 和 $\boldsymbol{b}=(\boldsymbol{X}'\boldsymbol{X})^{-1}\boldsymbol{X}'\boldsymbol{Y}$ 的表达式,可以清楚地看到,在 OLS 的估计结果中,$\boldsymbol{X}$ 取代了 $\boldsymbol{Z}$。在 OLS 的古典假定中,$\boldsymbol{X}$ 是外生的,满足 $E(\boldsymbol{\varepsilon}|\boldsymbol{X})=0$ 的条件,因此 OLS 法是工具变量法的特殊形式,在 OLS 中,$\boldsymbol{Z}=\boldsymbol{X}$,即解释变量 $\boldsymbol{X}$ 是它自身的工具变量。

(2) IV 法与 GLS 法

同样通过比较 $\boldsymbol{b}_{\mathrm{IV}}=(\boldsymbol{Z}'\boldsymbol{X})^{-1}\boldsymbol{Z}'\boldsymbol{Y}$ 和 $\tilde{\boldsymbol{b}}=(\boldsymbol{X}'\boldsymbol{\Omega}^{-1}\boldsymbol{X})^{-1}(\boldsymbol{X}'\boldsymbol{\Omega}^{-1}\boldsymbol{Y})$,可以清楚地看到,在 GLS 的估计结果中,$\boldsymbol{\Omega}^{-1}\boldsymbol{X}$ 取代了 $\boldsymbol{Z}$,因此 $\boldsymbol{\Omega}^{-1}\boldsymbol{X}$ 成为解释变量 $\boldsymbol{X}$ 的工具变量。

因此,普通最小二乘法和广义最小二乘法都可以被视为工具变量法的特殊形式。

3. IV 法与矩估计

IV 估计量还可以解释为矩法估计量,这是因为 $\boldsymbol{b}_{\mathrm{IV}}$ 是正规方程组

$$\boldsymbol{Z}'\boldsymbol{X}\boldsymbol{b}_{\mathrm{IV}} = \boldsymbol{Z}'\boldsymbol{Y}$$

的解,该正规方程组可以改写为

$$\boldsymbol{Z}'(\boldsymbol{Y} - \boldsymbol{X}\boldsymbol{b}_{\mathrm{IV}}) = \mathbf{0}, \qquad ①$$

上式正好与下面总体矩条件相对应:

$$E(\boldsymbol{Z}'\boldsymbol{\varepsilon}) = E[\boldsymbol{Z}'(\boldsymbol{Y} - \boldsymbol{X\beta})] = \mathbf{0}, \qquad ②$$

即工具变量 $\boldsymbol{Z}$ 与随机扰动项 $\boldsymbol{\varepsilon}$ 在总体中正交。①式和②式表明,IV 估计量满足样本矩条件,也就是说,IV 估计量使工具变量 $\boldsymbol{Z}$ 和其残差项的样本协方差为零。关于矩估计见下册广义矩估计一章。

三、IV 估计量 $\boldsymbol{b}_{\mathrm{IV}}$ 的统计性质

在前面我们提到,IV 估计量在有限样本的条件下表现并不理想,例如,$\boldsymbol{b}_{\mathrm{IV}}$ 通常是有偏的,特别是,此时的 IV 估计量可能不满足矩条件。在大样本条件下,IV 估计量将具有良好的性质,因此下面就只讨论 $\boldsymbol{b}_{\mathrm{IV}}$ 的大样本性质。

1. $\boldsymbol{b}_{\mathrm{IV}}$ 的一致性

[证明]

已知

$$\begin{aligned}\boldsymbol{b}_{\mathrm{IV}} &= (\boldsymbol{Z}'\boldsymbol{X})^{-1}\boldsymbol{Z}'\boldsymbol{Y} = (\boldsymbol{Z}'\boldsymbol{X})^{-1}\boldsymbol{Z}'(\boldsymbol{X\beta} + \boldsymbol{\varepsilon}) \\ &= \boldsymbol{\beta} + (\boldsymbol{Z}'\boldsymbol{X})^{-1}\boldsymbol{Z}'\boldsymbol{\varepsilon}.\end{aligned}$$

可以得到

$$\begin{aligned}\mathrm{plim}\,\boldsymbol{b}_{\mathrm{IV}} &= \boldsymbol{\beta} + \mathrm{plim}[(\boldsymbol{Z}'\boldsymbol{X})^{-1}\boldsymbol{Z}'\boldsymbol{\varepsilon}] \\ &= \boldsymbol{\beta} + \mathrm{plim}\left(\frac{1}{n}\boldsymbol{Z}'\boldsymbol{X}\right)^{-1}\mathrm{plim}\left(\frac{1}{n}\boldsymbol{Z}'\boldsymbol{\varepsilon}\right) \\ &= \boldsymbol{\beta} + \boldsymbol{\Sigma}_{zx}^{-1}\cdot\boldsymbol{0} = \boldsymbol{\beta},\end{aligned}$$

所以,$\boldsymbol{b}_{\mathrm{IV}} \xrightarrow[p]{} \boldsymbol{\beta}$,即 $\boldsymbol{b}_{\mathrm{IV}}$ 依概率收敛于总体参数 $\boldsymbol{\beta}$,满足一致性的要求。

2. $\boldsymbol{b}_{\mathrm{IV}}$ 的渐近正态性

在同方差即 $E(\varepsilon_i^2|\boldsymbol{Z})=\sigma^2$ 的假定下,$\boldsymbol{b}_{\mathrm{IV}}$ 渐近服从正态分布,即

$$\boldsymbol{b}_{\mathrm{IV}} \overset{a}{\sim} N\left(\boldsymbol{\beta},\ \frac{\sigma^2}{n}\boldsymbol{\Sigma}_{zx}^{-1}\boldsymbol{\Sigma}_{zz}\boldsymbol{\Sigma}_{xz}^{-1}\right),$$

或

$$\sqrt{n}(\boldsymbol{b}_{\mathrm{IV}} - \boldsymbol{\beta}) \xrightarrow{d} N(\boldsymbol{0}, \sigma^2\boldsymbol{\Sigma}_{zx}^{-1}\boldsymbol{\Sigma}_{zz}\boldsymbol{\Sigma}_{xz}^{-1}).$$

上述两个表达式是等价的,其中 $\boldsymbol{\Sigma}_{xz} = \boldsymbol{\Sigma}_{zx}'$。

[证明]

因为

$$\begin{aligned}\boldsymbol{b}_{\mathrm{IV}} &= (\boldsymbol{Z}'\boldsymbol{X})^{-1}\boldsymbol{Z}'\boldsymbol{Y} = \boldsymbol{\beta} + (\boldsymbol{Z}'\boldsymbol{X})^{-1}\boldsymbol{Z}'\boldsymbol{\varepsilon} \\ &= \boldsymbol{\beta} + \left(\frac{1}{n}\boldsymbol{Z}'\boldsymbol{X}\right)^{-1}\left(\frac{1}{n}\boldsymbol{Z}'\boldsymbol{\varepsilon}\right),\end{aligned}$$

所以

$$\sqrt{n}(\boldsymbol{b}_{\mathrm{IV}}-\boldsymbol{\beta})=\left(\frac{1}{n}\boldsymbol{Z}'\boldsymbol{X}\right)^{-1}\left(\frac{1}{\sqrt{n}}\boldsymbol{Z}'\boldsymbol{\varepsilon}\right).$$

又因为

$$\left(\frac{1}{n}\boldsymbol{Z}'\boldsymbol{X}\right)^{-1}\xrightarrow[p]{}\boldsymbol{\Sigma}_{zx}^{-1},\quad \frac{1}{\sqrt{n}}\boldsymbol{Z}'\boldsymbol{\varepsilon}\xrightarrow{d}N(\boldsymbol{0},\sigma^2\boldsymbol{\Sigma}_{zz}),$$

所以它们的乘积

$$\sqrt{n}(\boldsymbol{b}_{\mathrm{IV}}-\boldsymbol{\beta})=\left(\frac{1}{n}\boldsymbol{Z}'\boldsymbol{X}\right)^{-1}\left(\frac{1}{\sqrt{n}}\boldsymbol{Z}'\boldsymbol{\varepsilon}\right)\xrightarrow{d}N(\boldsymbol{0},\sigma^2\boldsymbol{\Sigma}_{zx}^{-1}\boldsymbol{\Sigma}_{zz}\boldsymbol{\Sigma}_{xz}^{-1}).$$

3. $\boldsymbol{b}_{\mathrm{IV}}$ 的渐近方差-协方差阵

由上面的 $\boldsymbol{b}_{\mathrm{IV}}$ 的渐近正态分布,可以得到 $\boldsymbol{b}_{\mathrm{IV}}$ 的渐近方差-协方差阵为

$$\text{asy. Var}(\boldsymbol{b}_{\mathrm{IV}})=\frac{\sigma^2}{n}\boldsymbol{\Sigma}_{zx}^{-1}\boldsymbol{\Sigma}_{zz}\boldsymbol{\Sigma}_{xz}^{-1}.$$

4. $\hat{s}^2,s^2$ 均是 σ^2 的一致估计量

下面证明 $\hat{s}^2=\dfrac{\boldsymbol{e}'\boldsymbol{e}}{n}$ 是 σ^2 的一致估计量,其中 $\boldsymbol{e}$ 为工具变量估计中的残差。

[证明]

定义 IV 估计的残差:

$$\begin{aligned}\boldsymbol{e}&=\boldsymbol{Y}-\boldsymbol{X}\boldsymbol{b}_{\mathrm{IV}}=\boldsymbol{Y}-\boldsymbol{X}[(\boldsymbol{Z}'\boldsymbol{X})^{-1}\boldsymbol{Z}'\boldsymbol{Y}]\\&=[\boldsymbol{I}-\boldsymbol{X}(\boldsymbol{Z}'\boldsymbol{X})^{-1}\boldsymbol{Z}']\boldsymbol{Y}=[\boldsymbol{I}-\boldsymbol{X}(\boldsymbol{Z}'\boldsymbol{X})^{-1}\boldsymbol{Z}']\boldsymbol{\varepsilon}.\end{aligned}$$

考察 $\dfrac{\boldsymbol{e}'\boldsymbol{e}}{n}$ 的概率极限:

$$\begin{aligned}\boldsymbol{e}'\boldsymbol{e}&=\boldsymbol{\varepsilon}'[\boldsymbol{I}-\boldsymbol{X}(\boldsymbol{Z}'\boldsymbol{X})^{-1}\boldsymbol{Z}']'[\boldsymbol{I}-\boldsymbol{X}(\boldsymbol{Z}'\boldsymbol{X})^{-1}\boldsymbol{Z}']\boldsymbol{\varepsilon}\\&=\boldsymbol{\varepsilon}'[\boldsymbol{I}-\boldsymbol{Z}(\boldsymbol{X}'\boldsymbol{Z})^{-1}\boldsymbol{X}'][\boldsymbol{I}-\boldsymbol{X}(\boldsymbol{Z}'\boldsymbol{X})^{-1}\boldsymbol{Z}']\boldsymbol{\varepsilon}\\&=\boldsymbol{\varepsilon}'[\boldsymbol{I}-\boldsymbol{Z}(\boldsymbol{X}'\boldsymbol{Z})^{-1}\boldsymbol{X}'-\boldsymbol{X}(\boldsymbol{Z}'\boldsymbol{X})^{-1}\boldsymbol{Z}'+\boldsymbol{Z}(\boldsymbol{X}'\boldsymbol{Z})^{-1}\boldsymbol{X}'\boldsymbol{X}(\boldsymbol{Z}'\boldsymbol{X})^{-1}\boldsymbol{Z}']\boldsymbol{\varepsilon}\\&=\boldsymbol{\varepsilon}'\boldsymbol{\varepsilon}-2\boldsymbol{\varepsilon}'\boldsymbol{Z}(\boldsymbol{X}'\boldsymbol{Z})^{-1}\boldsymbol{X}'\boldsymbol{\varepsilon}+\boldsymbol{\varepsilon}'\boldsymbol{Z}(\boldsymbol{X}'\boldsymbol{Z})^{-1}\boldsymbol{X}'\boldsymbol{X}(\boldsymbol{Z}'\boldsymbol{X})^{-1}\boldsymbol{Z}'\boldsymbol{\varepsilon}.\end{aligned}$$

于是

$$\begin{aligned}p\lim\left(\frac{\boldsymbol{e}'\boldsymbol{e}}{n}\right)&=p\lim\left(\frac{\boldsymbol{\varepsilon}'\boldsymbol{\varepsilon}}{n}\right)-2p\lim\left[\left(\frac{\boldsymbol{\varepsilon}'\boldsymbol{Z}}{n}\right)\left(\frac{\boldsymbol{X}'\boldsymbol{Z}}{n}\right)^{-1}\left(\frac{\boldsymbol{X}'\boldsymbol{\varepsilon}}{n}\right)\right]\\&\quad+p\lim\left[\left(\frac{\boldsymbol{\varepsilon}'\boldsymbol{Z}}{n}\right)\left(\frac{\boldsymbol{X}'\boldsymbol{Z}}{n}\right)^{-1}\left(\frac{\boldsymbol{X}'\boldsymbol{X}}{n}\right)\left(\frac{\boldsymbol{Z}'\boldsymbol{X}}{n}\right)^{-1}\left(\frac{\boldsymbol{Z}'\boldsymbol{\varepsilon}}{n}\right)\right]\\&=\sigma^2-2\cdot\boldsymbol{0}\cdot\boldsymbol{\Sigma}_{xz}^{-1}\cdot\boldsymbol{\Sigma}_{x\varepsilon}+\boldsymbol{0}\cdot\boldsymbol{\Sigma}_{xz}^{-1}\cdot\boldsymbol{Q}\cdot\boldsymbol{\Sigma}_{zx}^{-1}\cdot\boldsymbol{0}\\&=\sigma^2.\end{aligned}$$

我们还可以用 $n-K$ 取代上述极限中的分母 n，这是因为对于足够大的样本，$\mathrm{plim}\left(\frac{\boldsymbol{e}'\boldsymbol{e}}{n}\right)$ 与 $\mathrm{plim}\left(\frac{\boldsymbol{e}'\boldsymbol{e}}{n-K}\right)$ 没有区别。因此，$s^2=\frac{\boldsymbol{e}'\boldsymbol{e}}{n-K}$ 也是 σ^2 的一致估计量，这对于任何 IV 估计量都是成立的。

5. $\boldsymbol{b}_{\mathrm{IV}}$ 渐近方差–协方差阵的一致估计量

为了运用 $\boldsymbol{b}_{\mathrm{IV}}$ 的渐近性质进行统计推断，需要得到 $\boldsymbol{b}_{\mathrm{IV}}$ 的渐近方差估计值。由于 s^2 的一致性，$\boldsymbol{b}_{\mathrm{IV}}$ 的渐近方差–协方差阵的一致估计量为

$$\begin{aligned}\widehat{\text{asy. Var}(\boldsymbol{b}_{\mathrm{IV}})} &= \frac{s^2}{n}\left(\frac{1}{n}\boldsymbol{Z}'\boldsymbol{X}\right)^{-1}\left(\frac{1}{n}\boldsymbol{Z}'\boldsymbol{Z}\right)\left(\frac{1}{n}\boldsymbol{X}'\boldsymbol{Z}\right)^{-1} \\ &= s^2(\boldsymbol{Z}'\boldsymbol{X})^{-1}(\boldsymbol{Z}'\boldsymbol{Z})[(\boldsymbol{Z}'\boldsymbol{X})^{-1}]'.\end{aligned}$$

与 OLS 估计量相比，IV 估计量的渐近方差不是最小的，因而 $\boldsymbol{b}_{\mathrm{IV}}$ 也不是渐近有效的。但是由于 IV 估计量具有一致性，而 OLS 估计量则没有，因此比较它们之间的渐近方差意义不大。在后面将看到，在所有使用工具变量 $\boldsymbol{Z}$ 及其线性组合的 IV 估计量中，两阶段最小二乘（2 Stage Least Square，简称 2SLS）估计量是最有效的。

四、两阶段最小二乘法

1. 原理和步骤

仍然考虑回归模型 $\boldsymbol{Y}=\boldsymbol{X\beta}+\boldsymbol{\varepsilon}$，不妨假定解释变量 X_K 具有内生性，并且我们找到了 X_K 的 M 个工具变量：$Z_1,Z_2,\cdots,Z_M$。如果我们分别运用这 M 个工具变量对 $\boldsymbol{\beta}$ 进行估计，我们将得到 M 个工具变量估计结果。事实上，如果我们在一次回归中运用这 M 个工具变量，将会得到最好的估计结果，这个方法就是两阶段最小二乘（2SLS）法。

从直观上讲，2SLS 法就是首先构造出与 X_K 相关程度最强的工具变量的线性组合 $\hat{\boldsymbol{X}}$，然后再用 Y 对 $\hat{\boldsymbol{X}}$ 进行回归，从而得到 $\boldsymbol{\beta}$ 的一致估计。$\hat{\boldsymbol{X}}$ 被认为是内生解释变量 X_K 的外生变化部分。2SLS 法的具体步骤如下：

① 以 X_K 为因变量，对 $X_1,X_2,\cdots,X_{K-1},Z_1,\cdots,Z_M$ 进行 OLS 回归，得到拟合值 $\hat{X}_K$。$\hat{X}_K$ 是其他外生的解释变量以及 M 个工具变量的线性组合，根据假定和工具变量的定义，我们知道，$\hat{X}_K$ 中的每个因子都与随机扰动项 ε 无关，因此 $\hat{X}_K$ 也与 ε 无关。同时，$\hat{X}_K$ 是 X_K 的拟合值，因此它又与 X_K 高度相关。

② 以 $\boldsymbol{Y}$ 为因变量，对 $X_1,X_2,\cdots,X_{K-1},\hat{X}_K$ 进行 OLS 回归，得到 $\boldsymbol{b}_{\mathrm{2SLS}}=(\hat{\boldsymbol{X}}'\hat{\boldsymbol{X}})^{-1}\hat{\boldsymbol{X}}'\boldsymbol{Y}=(\hat{\boldsymbol{X}}'\boldsymbol{X})^{-1}\hat{\boldsymbol{X}}'\boldsymbol{Y}$，其中 $\hat{\boldsymbol{X}}$ 为 $X_1,X_2,\cdots,X_{K-1}$ 样本与拟合值 $\hat{X}_K$ 形成的 $n\times K$ 阶矩阵。结合①的结果，有

$$\boldsymbol{b}_{\mathrm{2SLS}}=[\boldsymbol{X}'\boldsymbol{Z}(\boldsymbol{Z}'\boldsymbol{Z})^{-1}\boldsymbol{Z}'\boldsymbol{X}]^{-1}\boldsymbol{X}'\boldsymbol{Z}(\boldsymbol{Z}'\boldsymbol{Z})^{-1}\boldsymbol{Z}'\boldsymbol{Y},$$

其中 $\boldsymbol{Z}=(Z_1,Z_2,\cdots,Z_M)$。

需要注意的是,在实际操作中,我们不能够根据上面的步骤来进行2SLS的人工估计。这是因为在步骤②的OLS回归中,计量软件不能识别出 $\hat{X}_K$ 是一个拟合值以及 $\hat{\boldsymbol{X}}$ 所拥有的方差-协方差阵,从而无法正确得到 $\boldsymbol{b}_{2SLS}$ 的方差估计。正确的做法应该是直接使用计量软件中的2SLS命令来完成2SLS估计。

2. 2SLS估计量的性质

2SLS估计量除具有一般工具变量估计量所具有的一致性和渐近正态性外,当随机扰动项满足同方差的假定时,给定一组工具变量,2SLS估计量将是其中最有效的估计量。这个性质被称为2SLS估计量的相对有效性。

下面证明2SLS估计量的相对有效性。

[证明]

记 $\boldsymbol{b}_{2SLS}$ 为运用工具变量 $\boldsymbol{Z}$ 得到的2SLS估计量。在2SLS估计中,实际上我们通过第一阶段的回归,构造了一个新的解释变量 $\hat{\boldsymbol{X}}=\boldsymbol{Z\Pi}$,$\boldsymbol{\Pi}=[E(\boldsymbol{Z}'\boldsymbol{Z})]^{-1}E(\boldsymbol{Z}'\boldsymbol{X})$,用于第二阶段的OLS估计。记 $\boldsymbol{b}_{IV}$ 为运用工具变量 $\boldsymbol{Z}$ 的线性组合 $\tilde{\boldsymbol{X}}=\boldsymbol{Z\Gamma}$ 的任意其他估计量,其中 $\boldsymbol{\Gamma}$ 为 $L\times K$ 阶非随机矩阵。

在同方差的假定下,我们有

$$\text{asy. Var}[\sqrt{n}(\boldsymbol{b}_{2SLS}-\boldsymbol{\beta})]=\sigma^2[E(\hat{\boldsymbol{X}}'\hat{\boldsymbol{X}})]^{-1},$$

$$\text{asy. Var}[\sqrt{n}(\boldsymbol{b}_{IV}-\boldsymbol{\beta})]=\sigma^2[E(\tilde{\boldsymbol{X}}'\boldsymbol{X})]^{-1}[E(\tilde{\boldsymbol{X}}'\tilde{\boldsymbol{X}})][E(\boldsymbol{X}'\tilde{\boldsymbol{X}})]^{-1}.$$

要证明 $\boldsymbol{b}_{2SLS}$ 的方差最小,就是要证明上述两式之差,即矩阵

$$\text{asy. Var}[\sqrt{n}(\boldsymbol{b}_{IV}-\boldsymbol{\beta})]-\text{asy. Var}[\sqrt{n}(\boldsymbol{b}_{2SLS}-\boldsymbol{\beta})]$$

是半正定的,也就是矩阵

$$[E(\hat{\boldsymbol{X}}'\hat{\boldsymbol{X}})]-[E(\boldsymbol{X}'\tilde{\boldsymbol{X}})][E(\tilde{\boldsymbol{X}}'\tilde{\boldsymbol{X}})]^{-1}[E(\tilde{\boldsymbol{X}}'\boldsymbol{X})]$$

半正定。

根据第一阶段的OLS估计,我们有

$$\boldsymbol{X}=\hat{\boldsymbol{X}}+\boldsymbol{v}=\boldsymbol{Z\Pi}+\boldsymbol{v},$$

其中,$\boldsymbol{v}$ 为残差项,工具变量 $\boldsymbol{Z}$ 满足 $E(\boldsymbol{Z}'\boldsymbol{v})=\boldsymbol{0}$,从而有 $E(\tilde{\boldsymbol{X}}'\boldsymbol{v})=E[(\boldsymbol{Z\Gamma})'\boldsymbol{v}]=\boldsymbol{0}$。这样,$E(\tilde{\boldsymbol{X}}'\boldsymbol{X})=E[\tilde{\boldsymbol{X}}'(\hat{\boldsymbol{X}}+\boldsymbol{v})]=E(\tilde{\boldsymbol{X}}'\hat{\boldsymbol{X}})$。

于是,

$$\begin{aligned}&[E(\hat{\boldsymbol{X}}'\hat{\boldsymbol{X}})]-[E(\boldsymbol{X}'\tilde{\boldsymbol{X}})][E(\tilde{\boldsymbol{X}}'\tilde{\boldsymbol{X}})]^{-1}[E(\tilde{\boldsymbol{X}}'\boldsymbol{X})]\\&\quad=[E(\hat{\boldsymbol{X}}'\hat{\boldsymbol{X}})]-[E(\hat{\boldsymbol{X}}'\tilde{\boldsymbol{X}})][E(\tilde{\boldsymbol{X}}'\tilde{\boldsymbol{X}})]^{-1}[E(\tilde{\boldsymbol{X}}'\hat{\boldsymbol{X}})]\\&\quad=[E(\boldsymbol{e}^{*\prime}\boldsymbol{e}^{*})],\end{aligned}$$

其中，$e^* = \hat{X} - E(\hat{X} | \tilde{X})$，即 e^* 为 $\hat{X}$ 对 $\tilde{X}$ 线性回归的残差，而残差平方和期望 $E(e^{*\prime}e^*)$ 为半正定。因而，命题得证。

2SLS 估计量的相对有效性在一定的前提下才成立，其前提是满足同方差假定，并给定一组工具变量。当随机扰动项存在异方差时，加权的 2SLS（W2SLS）估计会更加有效。当我们找到更多的有效工具变量时，新的 2SLS 估计量的渐近方差会变得更小。

五、工具变量的选择

IV 方法运用的效果取决于工具变量的有效性，而该有效性又取决于工具变量本身与内生的解释变量之间的相关性以及它与随机扰动项之间的独立性。下面就从这两方面来阐述工具变量的选择问题。

1. $\boldsymbol{Z}$ 与 X_K 的相关性

如果 $\boldsymbol{Z}$ 与内生的 X_K 相关性很弱，我们称 $\boldsymbol{Z}$ 为弱的工具变量。使用这样的工具变量，在样本不是足够大的情况下，将导致 2SLS 估计量的样本分布不再是正态分布，从而导致统计推断失效。$\boldsymbol{Z}$ 与 X_K 的相关性越强，根据正态分布所进行的统计推断的可靠性就越高。因此判断一个工具变量的优劣，先要看它是否与 X_K 存在很强的相关性。计量经济学家建议可以对 2SLS 法步骤①中的回归方程进行回归系数的总体显著性检验，以此来判断 $\boldsymbol{Z}$ 与 X_K 是否具有很强的相关性。

在第一个阶段，我们是以 X_K 为因变量，以 $X_1, X_2, \cdots, X_{K-1}, Z_1, \cdots, Z_M$ 为自变量建立回归模型：

$$X_K = \delta_1 X_1 + \cdots + \delta_{K-1} X_{K-1} + \theta_1 Z_1 + \cdots + \theta_M Z_M + u,$$

然后进行 OLS 回归，得到参数估计量及拟合值 $\hat{X}_K$。

在同方差的情形下运用线性约束的 F 检验统计量，就可以完成联合检验：

$$\mathrm{H}_0: \theta_1 = \cdots = \theta_M = 0.$$

异方差时则采用沃尔德检验。一般而言，如果 F 值小于 10，则认为 $\boldsymbol{Z}$ 为弱的工具变量；反之，则认为 $\boldsymbol{Z}$ 与 X_K 高度相关。

Angrist 和 Krueger（1991）①在估计教育对工资的影响时，将出生的季度作为教育的工具变量，因为在美国，各州所规定的义务教育年限有所不同，出生季度的早晚决定学生在初中毕业之后是否达到义务教育年限，从而会在一定程度上影响他们是否升入高中的决策。但是 Bound、Jaeger 和 Baker（1995）②发现这是一个很弱的工具变量，F 检验值仅为 2。

---

① Angrist, J. and A. Krueger, 1991. Does Compulsory School Attendance Affect Schooling and Earnings? [J]. Quarterly Journal of Economics, 106(4), 979-1014.

② Bound, J., D. Jaeger and R. Baker, 1995. Problems with Instrumental Variables Estimation When the Correlation between the Instruments and the Endogenous Explanatory Variables Is Weak [J]. Journal of the American Statistical Association, 90(430), 443-450.

他们采用了随机生成的出生季度作为工具变量,作了同样的回归,得到了与 Angrist 和 Krueger(1991)一样的结果。在 Angrist 和 Krueger(1991)的研究中,由于样本容量极大,所以弥补了弱工具变量的缺陷,才得到统计上显著的估计结果。

2. **Z** 的外生性

外生性是对工具变量的另一个要求。如果在 IV 估计中,我们使用了非外生的工具变量 **Z**,即 **Z** 与随机扰动项相关,IV 估计量将是非一致的。前面我们曾提到过,只有在"过度识别"的情形下,即工具变量的个数大于内生解释变量的个数时,我们才可以对 **Z** 的外生性进行检验,萨根(Sagan)检验是其中的一种检验,下面我们予以介绍。

对原模型 $\boldsymbol{Y}=\boldsymbol{X\beta}+\boldsymbol{\varepsilon}$ 进行 IV 估计并定义 IV 估计的残差:$\boldsymbol{e}=\boldsymbol{Y}-\boldsymbol{X}\boldsymbol{b}_{\mathrm{IV}}$。然后用 $\boldsymbol{e}$ 对其他外生的解释变量($X_1,X_2,\cdots,X_{K-1}$)和工具变量($Z_1,Z_2,\cdots,Z_M$)进行回归,得到拟合优度 R^2。萨根统计量为

$$(n-K)R^2 \overset{a}{\sim} \chi^2(M-r),$$

其中,n 为样本容量;K 为原模型中的参数个数;M 为工具变量的个数;因为我们假定内生解释变量的个数为 1,因此,$M-r$ 为过度识别的约束的个数。

零假设认为 IV 估计的残差 e 对工具变量和其他外生的解释变量进行回归的所有回归参数都等于零,即工具变量独立于 IV 估计的残差 e。如果萨格统计量显著,则拒绝原假设,认为工具变量与随机扰动项并不相互独立,因此不是有效的工具变量。

六、对 X_K 内生性的简单检验

当我们找到了满足相关性和外生性的工具变量时,我们可以对被认为有问题的解释变量 X_K 进行内生性检验。如果认为该解释变量与随机扰动项无关的原假设没有被拒绝,那么我们就可以采用标准的 OLS 估计;反之,则需要考虑运用 IV 方法。这个检验可以通过豪斯曼(Hausman)设定检验来完成,其中需要运用辅助回归(Auxiliary Regression)的方法。具体步骤如下。

第一步,用 X_K 对其他外生的解释变量($X_1,X_2,\cdots,X_{K-1}$)和工具变量($Z_1,Z_2,\cdots,Z_M$)进行 OLS 回归,得到残差 v,v 包含了 X_k 中的全部内生的变化。

第二步,建立如下回归方程:

$$\boldsymbol{Y}=\boldsymbol{X\beta}+\gamma v+\boldsymbol{u},$$

其中,$\boldsymbol{X}$ 为全体解释变量,$\boldsymbol{u}$ 为随机扰动项。

第三步,豪斯曼设定检验的检验假设为

$$\mathrm{H}_0:\gamma=0,\quad \mathrm{H}_1:\gamma\neq 0.$$

当无法拒绝 $\mathrm{H}_0:\gamma=0$ 时,表明 X_K 不存在内生性。显然,我们可以通过 t 检验来完成对 γ 的检验。当我们所怀疑的内生解释变量不止一个的时候,我们需要对每个内生的解释变量重复第一步,得到多个残差,并借助线性约束 F 检验来完成豪斯曼设定检验。

如果零假设被拒绝,那么表明 X_K 为外生的假设被拒绝,OLS 估计是不合适的。豪斯曼设定检验的势取决于工具变量的有效性:如果这些工具变量很弱并且不满足外生性的要求,那么该检验的势将很低。

七、例:自然实验与工具变量

自然实验(Natural Experiment)会给我们提供有效的工具变量。所谓自然实验是指这样一类事件:它们的发生常常不是研究者有计划安排的,但是研究者可以通过它们,将内生解释变量中与随机扰动项无关的外生变化分解出来。例如,在研究警力规模对犯罪率的影响时,由于联立偏差的存在,使得解释变量"警力规模"具有内生性。Levitt(1997)①使用"市政选举时机"作为工具变量来识别警力对犯罪率的影响。在这里,"市政选举"就是一个自然实验。在这个实验中,当临近选举时,在位政府为了在选举中获胜,往往会增加警力,扩大影响,这时警力的变化并不源于犯罪率的提高。因此作为工具变量的"市政选举时机"一方面与警力规模密切相关,另一方面与随机扰动项无关;而与"市政选举"密切相关的那一部分警力变化正好是警力的外生变化,它没有受到犯罪率的影响。

下面我们来详细地讲解一个自然实验与工具变量的例子,这个例子来自 Angrist(1990),②作者在这篇文章中分析了美国越战老兵的入伍经历对他们日后工资的影响。记人口组 c 中的男性 i 在时间 t 的工资为 y_{cti},s_i 表示他是否在越战期间服过兵役。工资方程设定为

$$y_{cti} = \beta_c + \delta_t + s_i\alpha + \varepsilon_{it},$$

其中,β_c 为同一人口组的工资效应;δ_t 为同一时期的工资效应;α 为越战老兵的工资效应。

如果我们用 OLS 方法对上面的工资方程进行估计的话,真实的参数 α 很可能被低估,这是因为在美国志愿兵的体制下,应召入伍的样本不是一个随机样本,也就是说,人们作出是否参军的决定是一个"自我选择"的过程,这个过程受到很多观察不到的因素的影响。特别是,这些因素也同时对他们的工资水平产生影响。一般而言,那些工作机会不多、工资微薄的人更可能会选择服兵役,因此 s_i 成为一个具有内生性的解释变量。

为了识别 α,得到它的一致估计量,需要寻找工具变量。这个工具变量必须满足:① 工具的相关性,即它应该与个人的服兵役状态相关;② 工具的外生性,即它本身并不决定个人的工资水平,同时也不与其他决定工资水平的因素相关。

1970 年,为了扩军的需要,美国政府在"志愿兵"制度的基础上,推行了"抽签"的强制征兵制度。根据该制度,365 天中的每一天被赋予一个随机选择号码(Random Selection

---

① Levitt, S., 1997. Using Electoral Cycles in Police Hiring to Estimate the Effect of Police on Crime [J]. American Economic Review, 87(3), 270-290.

② Angrist, J., 1990. Lifetime Earnings and the Vietnam Era Draft Lottery: Evidence from Social Security Administrative Records [J]. American Economic Review, 80(3), 313-336.

Number, RSN),这样每位 19—26 岁合格役男按照生日被分配一个相对应的 RSN。美国国防部根据征兵人数的需要,公布一个门槛号码(在那一年,这个号码是 195),RSN 小于门槛号码的役男将应征入伍。在安格里斯特的研究中,这个制度的实行被视为一次“自然实验”,安格里斯特将 RSN 是否小于门槛号码这一虚拟变量作为兵役状态 s_i 的工具变量。由于 RSN 与门槛号码的大小关系决定了每位役男是否入伍的状态——RSN 越小,入伍的可能性越大,RSN 越大,入伍的可能性越小——因此它与 s_i 有着很强的相关性;但同时 RSN 是一个随机号码,它本身与工资水平无关,因此满足工具的外生性要求,是一个有效的工具变量。

安格里斯特首先采用了沃尔德方法来估计 α:

$$\hat{\alpha} = \frac{\bar{y}^e - \bar{y}^n}{\hat{p}^e - \hat{p}^n},$$

其中,$\hat{p}$ 为同一人口组中实际入伍的比例,上标 e 和 n 分别表示“抽中入伍签”和“抽中不入伍签”两种样本。在实际中,并不是所有“抽中入伍签”的人都去服兵役,有些人由于健康或受高等教育的原因,没有服兵;而“抽中不入伍签”的人,仍然有一些要求入伍。因此在估计中,需要对 $\hat{p}^e$ 和 $\hat{p}^n$ 先进行估计。

沃尔德方法等价于 2SLS 方法。在 2SLS 法中,用入伍状态 s_i 对 RSN 是否小于门槛号码这一虚拟变量进行 OLS 回归,得到 s_i 的拟合值;然后用工资对 s_i 拟合值进行 OLS 回归。

第一阶段的回归方程为 $s_i=\gamma_0+\gamma_1 Z_i+\varepsilon_i$,其中虚拟变量 Z_i 是工具变量,它的定义为

$$Z_i = \begin{cases} 1, & \text{RSN} \leqslant 195, \\ 0, & \text{RSN} > 195. \end{cases}$$

通过回归得到 $\hat{s}=\hat{\gamma}_0+\hat{\gamma}_1 Z$。

第二阶段的回归方程为 $y_i=\beta_0+\beta_1\hat{s}_i+u_i$,这样得到

$$\hat{\beta}_1 = \mathrm{Cov}(\hat{s},y)/\mathrm{Var}(\hat{s}).$$

$\hat{\beta}_1$ 即为 2SLS 估计量。因为在 2SLS 中,每个阶段的回归都是一元回归,所以容易得到

$$\mathrm{Cov}(\hat{s},y) = \hat{\gamma}_1\mathrm{Cov}(Z,y), \quad \mathrm{Var}(\hat{s}) = \hat{\gamma}_1^2\mathrm{Var}(Z),$$

$$\hat{\gamma}_1 = \mathrm{Cov}(Z,s)/\mathrm{Var}(Z),$$

从而,$b_1^{2SLS} = \mathrm{Cov}(Z,y)/\mathrm{Cov}(Z,s)$,也就是说,在一个工具变量的一元回归中,其斜率的 2SLS 估计值正好等于该工具变量与被解释变量的样本协方差除以该工具变量与解释变量的样本协方差。

由于 RSN 数字较低的人有很大的可能性被抽签过程决定入伍,因此 RSN 号码本身与入伍状态有很大的相关性。为了得到更有效的估计值,安格里斯特将样本按照 5 个 RSN 顺序号为一组,分为 73 组,进行了多组别的沃尔德估计。最后,他发现,在退役的 10 年后,白人老兵的工资水平大大低于没有服过兵役的白人,在 20 世纪 80 年代初,这个差

距大约为 3 500 美元，相对差距为 15%；但是对于非白人的越战老兵，他们与对比组的工资差距在统计上并不显著。

八、Stata 应用示例

我们利用数据集 grilic. dta 研究受教育年限如何影响工资①。该数据集包括以下变量：lw（工资对数）、*s*（受教育年限）、age（年龄）、expr（工龄）、tenure（在本单位工作年数）、iq（智商）、med（母亲的受教育年限）、kww（在"Knowledge of the World of Work"测试中的成绩）、mrt（是否已婚）、rns（是否住在美国南方）、smsa（是否住在大城市）、year（有数据的最早年份，1966—1973 期间的某一年）。这是一个两期面板数据，初始期为变量有数据的最早年份，结束期为 1980 年。

能力是一个既影响受教育年限也影响工资的变量，若模型中遗漏了这个变量就会造成遗漏变量偏差。但能力是不可观测的。如果用智商来代表能力，显然存在测量误差。现在，考虑使用变量 med 和 kww 作为 iq 的工具变量，进行 2SLS 回归，Stata 程序如下：

```
use grilic.dta, clear
ivregress 2sls lw s expr tenure rns smsa (iq = med kww), robust first
```

输出结果如下：

```
First-stage regressions
-----------------------

                                                Number of obs =       758
                                                F(7, 750)     =     47.74
                                                Prob > F      =    0.0000
                                                R-squared     =    0.3066
                                                Adj R-squared =    0.3001
                                                Root MSE      =   11.3931
```

iq	Coefficient	Robust std. err.	t	P>|t|	[95% conf.	interval]
s	2.467021	.2327755	10.60	0.000	2.010052	2.92399
expr	-.4501353	.2391647	-1.88	0.060	-.9196471	.0193766
tenure	.2059531	.269562	0.76	0.445	-.3232327	.7351388
rns	-2.689831	.8921335	-3.02	0.003	-4.441207	-.938455
smsa	.2627416	.9465309	0.28	0.781	-1.595424	2.120907
med	.3470133	.1681356	2.06	0.039	.0169409	.6770857
kww	.3081811	.0646794	4.76	0.000	.1812068	.4351553
_cons	56.67122	3.076955	18.42	0.000	50.63075	62.71169

① 本例来自 Hayashi（2000），转引自陈强（2014）。

```
Instrumental variables 2SLS regression          Number of obs   =        758
                                                Wald chi2(6)    =     370.04
                                                Prob > chi2     =     0.0000
                                                R-squared       =     0.2775
                                                Root MSE        =     .36436
```

lw	Coefficient	Robust std. err.	z	P>|z|	[95% conf.	interval]
iq	.0139284	.0060393	2.31	0.021	.0020916	.0257653
s	.0607803	.0189505	3.21	0.001	.023638	.0979227
expr	.0433237	.0074118	5.85	0.000	.0287968	.0578505
tenure	.0296442	.008317	3.56	0.000	.0133432	.0459452
rns	-.0435271	.0344779	-1.26	0.207	-.1111026	.0240483
smsa	.1272224	.0297414	4.28	0.000	.0689303	.1855146
_cons	3.218043	.3983683	8.08	0.000	2.437256	3.998831

上半部分为第一阶段的回归结果,可以看到工具变量的系数是显著的。

下半部分为第二阶段的回归结果,可以看到,教育投资的年回报率为6.08%。

接下来进行过度识别检验,Stata 命令为

```
estat overid
```

得到如下结果:

```
Test of overidentifying restrictions:

Score chi2(1)            =  .151451  (p = 0.6972)
```

可见,不能拒绝工具变量外生性假设。

再检验工具变量与内生变量的相关性,Stata 命令为

```
estat firststage, all forcenonrobust
```

检验结果如下:

First-stage regression summary statistics

Variable	R-sq.	Adjusted R-sq.	Partial R-sq.	Robust F(2,750)	Prob > F
iq	0.3066	0.3001	0.0382	13.4028	0.0000

Shea's partial R-squared

Variable	Shea's partial R-sq.	Shea's adj. partial R-sq.
iq	0.0382	0.0305

```
Minimum eigenvalue statistic = 14.9058

Critical Values                          # of endogenous regressors:    1
H0: Instruments are weak                 # of excluded instruments:     2
```

	5%	10%	20%	30%
2SLS relative bias		(not available)		
	10%	15%	20%	25%
2SLS size of nominal 5% Wald test	19.93	11.59	8.75	7.25
LIML size of nominal 5% Wald test	8.68	5.33	4.42	3.92

F 检验结果表明,在第一阶段回归中,所有工具变量的系数是联合显著的。

作为对比,我们再采用有限信息极大似然法(LIML)来进行工具变量回归,Stata 命令如下:

```
ivregress liml lw s expr tenure rns smsa (iq = med kww), robust
```

输出结果如下:

:

```
Instrumental variables LIML regression          Number of obs   =        758
                                                Wald chi2(6)    =     369.62
                                                Prob > chi2     =     0.0000
                                                R-squared       =     0.2768
                                                Root MSE        =     .36454
```

lw	Coefficient	Robust std. err.	z	P>|z|	[95% conf.	interval]
iq	.0139764	.0060681	2.30	0.021	.0020831	.0258697
s	.0606362	.019034	3.19	0.001	.0233303	.0979421
expr	.0433416	.0074185	5.84	0.000	.0288016	.0578816
tenure	.0296237	.008323	3.56	0.000	.0133109	.0459364
rns	-.0433875	.034529	-1.26	0.209	-.1110631	.0242881
smsa	.1271796	.0297599	4.27	0.000	.0688512	.185508
_cons	3.214994	.4001492	8.03	0.000	2.430716	3.999272

可以看出,参数估计结果与 2SLS 的估计结果非常接近。

第 13 章　模型设定分析

到目前为止,上述讨论的前提是用于分析的计量经济模型是正确设定的。在此假定下人们的任务是估计和检验,如果通过了所有检验,则认为得到了一个“满意”的模型。

但是由于所描述的现实问题是复杂的、多变的,人们根据经济理论和先验经验选择变量并设定规范的数学形式(如线性或对数线性)能否描述真实的状况呢?本章就来探讨模型设定中的一些问题:一类问题是研究已设定模型的误差;另一类问题是在不同模型之间如何进行选择。

本章首先研究设定误差问题,包括设定误差的来源和后果,以及检验设定误差的方法;然后介绍如何比较两个不同的模型,即设定检验问题;最后介绍解释变量选取的过程和确定解释变量个数的信息准则,这是模型选择中至关重要的问题。

§1　设定误差分析

模型设定中总会存在误差,本节主要介绍设定误差的来源,并分析各种设定误差带来的后果,为建模时减少设定误差提供理论根据。

一、设定误差的来源

回归模型的设定误差主要包括以下三个方面:

1. 解释变量 X 选取的错误

解释变量 X 选取的错误分为两类:一类是遗漏有关变量,即模型拟合不足(underfitting a model);另一类是引入无关变量,即模型拟合过度(overfitting a model)。

若正确模型为

$$Y = \beta_1 + \beta_2 X_2 + \beta_3 X_3 + \varepsilon,$$

实际设定的模型为

$$Y = \alpha_1 + \alpha_2 X_2 + u,$$

这就犯了遗漏变量的错误,会导致模型拟合不足。

另一方面,若将模型设定为

$$Y = \gamma_1 + \gamma_2 X_2 + \gamma_3 X_3 + \gamma_4 X_4 + \varepsilon,$$

则犯了引入无关变量的错误,会导致模型拟合过度。

2. 解释变量 X 的函数形式错误

即使解释变量选择正确,但因为经济理论通常不能明确地指出具体的函数形式,所以还有可能将错误的函数形式引入模型,这就是函数形式设定的错误。

以上面的线性模型为例,如果设定为对数线性模型:

$$\ln Y = \beta_1 + \beta_2 \ln X_2 + \beta_3 \ln X_3 + \varepsilon,$$

显然就是错误的。

3. 变量 X 和 Y 的观测误差

如果样本数据含有观测误差而非真实值,参数估计量可能会受到影响。观测误差可分为两类:一类是被解释变量 Y 含有观测误差;另一类是解释变量 X 含有观测误差,需要分别讨论。

另外,还有随机扰动项 ε 的引进形式带来的误差,这将在下册的非线性回归模型一章中加以分析。

二、设定误差的后果

以下讨论均假设古典假定成立。

1. 遗漏相关解释变量

(1) 问题表述

假定正确的变量为

$$\boldsymbol{X} = [\boldsymbol{X}_1, \boldsymbol{X}_2],$$

其中,$\boldsymbol{X}$ 为 $n\times K$ 阶矩阵,$\boldsymbol{X}_1$ 为 $n\times K_1$ 阶矩阵,$\boldsymbol{X}_2$ 为 $n\times K_2$ 阶矩阵,$K=K_1+K_2$。

正确的总体回归模型为

$$\begin{aligned} \boldsymbol{Y} &= \boldsymbol{X\beta} + \boldsymbol{\varepsilon} \\ &= [\boldsymbol{X}_1, \boldsymbol{X}_2]\begin{bmatrix}\boldsymbol{\beta}_1 \\ \boldsymbol{\beta}_2\end{bmatrix} + \boldsymbol{\varepsilon} \\ &= \boldsymbol{X}_1\boldsymbol{\beta}_1 + \boldsymbol{X}_2\boldsymbol{\beta}_2 + \boldsymbol{\varepsilon}. \end{aligned}$$

对于该模型,将 $\boldsymbol{\beta}_1$ 的 OLS 估计量记为 $\boldsymbol{b}_1$,ε_i 的方差 σ^2 的 OLS 估计量记为 s^2。

在实际建模时只选择了 $\boldsymbol{X}_1$ 而遗漏了 $\boldsymbol{X}_2$,设定的错误模型为

$$Y = \boldsymbol{X}_1\boldsymbol{\delta}_1 + \boldsymbol{\varepsilon},$$

仍假定扰动项为 $\boldsymbol{\varepsilon}$。对于该错误模型,将 $\boldsymbol{\delta}_1$ 的 OLS 估计量记为 $\boldsymbol{a}_1$,σ^2 的 OLS 估计量记为 s_a^2。

(2) 错误估计量的表达式

根据最小二乘法,有

$$
\begin{aligned}
a_1 &= (X_1' X_1)^{-1} X_1' Y \\
&= (X_1' X_1)^{-1} X_1' (X_1 \beta_1 + X_2 \beta_2 + \varepsilon) \\
&= \beta_1 + (X_1' X_1)^{-1} X_1' X_2 \beta_2 + (X_1' X_1)^{-1} X_1' \varepsilon,
\end{aligned}
$$

σ^2 的估计量为

$$s_a^2 = \frac{e_a' e_a}{n - K_1},$$

其中

$$e_a = Y - X_1 a_1.$$

参数估计量的条件方差为

$$\mathrm{Var}(a_1 \mid X) = \sigma^2 (X_1' X_1)^{-1},$$

其估计量为

$$\widehat{\mathrm{Var}(a_1 \mid X)} = s_a^2 (X_1' X_1)^{-1}.$$

(3) 错误估计量的统计特性

① a_1 是 β_1 的有偏估计。

这是因为

$$E(a_1 \mid X) = \beta_1 + (X_1' X_1)^{-1} X_1' X_2 \beta_2,$$

若 $X_1'X_2 \neq 0$,则 $E(a_1 \mid X) \neq \beta_1$,即估计量 a_1 是有偏的。只有当 $X_1'X_2 = 0$ 时, $E(a_1 \mid X) = \beta_1$,估计量 a_1 才是无偏的。$X_1'X_2 = 0$ 意味着 X_1 的各列与 X_2 的各列正交,也就是说,X_1 的各个变量与 X_2 的各个变量完全无关,这在实际中很难满足。

偏倚为

$$
\begin{aligned}
\mathrm{Bias}(a_1) &= E(a_1 \mid X) - \beta_1 \\
&= (X_1' X_1)^{-1} X_1' X_2 \beta_2 \\
&= \beta_{1.2} \beta_2,
\end{aligned}
$$

其中

$$\beta_{1.2} = (X_1' X_1)^{-1} X_1' X_2.$$

也就是说,$\beta_{1.2}$ 为 X_2 的各列分别对 X_1 回归得到的参数估计值,为 $K_1 \times K_2$ 阶矩阵。可见,偏倚为 β_2 的一个线性组合,组合系数等于 X_2 对 X_1 回归的估计值。

② s_a^2 是 σ^2 的有偏估计,且为偏大的估计。

[证明]

首先,令 $M_1 = I - X_1 (X_1' X_1)^{-1} X_1'$,则

$$e_a = M_1 Y = M_1 (X_1 \beta_1 + X_2 \beta_2 + \varepsilon) = M_1 X_2 \beta_2 + M_1 \varepsilon,$$

$$(\because\ M_1 X_1 = \mathbf{0})$$

$$e_a' e_a = \beta_2' X_2' M_1 X_2 \beta_2 + \beta_2' X_2' M_1 \varepsilon + \varepsilon' M_1 X_2 \beta_2 + \varepsilon' M_1 \varepsilon;$$

$$(\because\ M_1\ \text{为对称幂等阵})$$

其次,我们有

$$E(\boldsymbol{e}_a'\boldsymbol{e}_a \mid \boldsymbol{X}) = \boldsymbol{\beta}_2'\boldsymbol{X}_2'\boldsymbol{M}_1\boldsymbol{X}_2\boldsymbol{\beta}_2 + E(\boldsymbol{\varepsilon}'\boldsymbol{M}_1\boldsymbol{\varepsilon}) \quad (\because\ E(\boldsymbol{\varepsilon} \mid \boldsymbol{X}) = \boldsymbol{0})$$

$$= \sigma^2(n - K_1) + \boldsymbol{\beta}_2'\boldsymbol{X}_2'\boldsymbol{M}_1\boldsymbol{X}_2\boldsymbol{\beta}_2;$$

最后,我们得到

$$E(s_a^2 \mid \boldsymbol{X}) = \sigma^2 + \frac{1}{n - K_1}\boldsymbol{\beta}_2'\boldsymbol{X}_2'\boldsymbol{M}_1\boldsymbol{X}_2\boldsymbol{\beta}_2.$$

显然,只要 $\boldsymbol{M}_1\boldsymbol{X}_2=[\boldsymbol{I}-\boldsymbol{X}_1(\boldsymbol{X}_1'\boldsymbol{X}_1)^{-1}\boldsymbol{X}_1']\boldsymbol{X}_2\neq\boldsymbol{0}$,估计量 s_a^2 就是有偏的。偏倚为

$$\text{Bias}(s_a^2) = E(s_a^2 \mid X) - \sigma^2 = \frac{1}{n - K_1}\boldsymbol{\beta}_2'\boldsymbol{X}_2'\boldsymbol{M}_1\boldsymbol{X}_2\boldsymbol{\beta}_2.$$

而

$$\boldsymbol{\beta}_2'\boldsymbol{X}_2'\boldsymbol{M}_1\boldsymbol{X}_2\boldsymbol{\beta}_2 = (\boldsymbol{M}_1\boldsymbol{X}_2\boldsymbol{\beta}_2)'(\boldsymbol{M}_1\boldsymbol{X}_2\boldsymbol{\beta}_2) = \boldsymbol{\xi}'\boldsymbol{\xi} \geqslant 0,$$

一般情况下,$\boldsymbol{\xi}=\boldsymbol{M}_1\boldsymbol{X}_2\boldsymbol{\beta}_2\neq\boldsymbol{0}$,上式取不等号。这表明,采用 s_a^2 来估计 $\boldsymbol{\sigma}^2$ 平均而言会得到高估的结果。但这并不意味着一定有 $s_a^2>\sigma^2$。

③ $\boldsymbol{a}_1$ 中每个估计量的条件方差小于 $\boldsymbol{b}_1$ 中对应的每个估计量的条件方差。

[证明]

首先, 有 $\text{Var}(\boldsymbol{a}_1|\boldsymbol{X})=\sigma^2(\boldsymbol{X}_1'\boldsymbol{X}_1)^{-1}$。

其次,我们有

$$\text{Var}(\boldsymbol{b}_1 \mid X) = \sigma^2(\boldsymbol{X}_1'\boldsymbol{M}_2\boldsymbol{X}_1)^{-1}.$$

$$\because \quad \boldsymbol{X}'\boldsymbol{X} = \begin{bmatrix} \boldsymbol{X}_1'\boldsymbol{X}_1 & \boldsymbol{X}_1'X_2 \\ \boldsymbol{X}_2'\boldsymbol{V}\boldsymbol{X}_1 & \boldsymbol{X}_2'X_2 \end{bmatrix}, \quad (\boldsymbol{X}'\boldsymbol{X})^{-1} = \begin{bmatrix} \Delta & * \\ * & * \end{bmatrix},$$

其中,$\boldsymbol{\Delta}=[\boldsymbol{X}_1'\boldsymbol{X}_1-\boldsymbol{X}_1'\boldsymbol{X}_2(\boldsymbol{X}_2'\boldsymbol{X}_2)^{-1}\boldsymbol{X}_2'\boldsymbol{X}_1]^{-1}=(\boldsymbol{X}_1'\boldsymbol{M}_2\boldsymbol{X}_1)^{-1}$

$$\boldsymbol{M}_2 = \boldsymbol{I} - \boldsymbol{X}_2(\boldsymbol{X}_2'\boldsymbol{X}_2)^{-1}\boldsymbol{X}_2'$$

$$\therefore \quad \text{Var}(\boldsymbol{b}_1 \mid \boldsymbol{X}) = \sigma^2\Delta = \sigma^2(\boldsymbol{X}_1'\boldsymbol{M}_2\boldsymbol{X}_1)^{-1}.$$

最后,我们来比较

$$[\text{Var}(\boldsymbol{a}_1 \mid \boldsymbol{X})]^{-1} = \frac{1}{\sigma^2}(\boldsymbol{X}_1'\boldsymbol{X}_1),$$

$$[\text{Var}(\boldsymbol{b}_1 \mid X)]^{-1} = \frac{1}{\sigma^2}(\boldsymbol{X}_1'\boldsymbol{M}_2\boldsymbol{X}_1),$$

$$[\text{Var}(\boldsymbol{a}_1 \mid \boldsymbol{X})]^{-1} - [\text{Var}(\boldsymbol{b}_1 \mid \boldsymbol{X})]^{-1} = \frac{1}{\sigma^2}[(\boldsymbol{X}_1'\boldsymbol{X}_1) - (\boldsymbol{X}_1'\boldsymbol{M}_2\boldsymbol{X}_1)]$$

$$= \frac{1}{\sigma^2}\boldsymbol{X}_1'(\boldsymbol{I} - \boldsymbol{M}_2)\boldsymbol{X}_1$$

$$= \frac{1}{\sigma^2} \boldsymbol{X}_1' \boldsymbol{X}_2 (\boldsymbol{X}_2' \boldsymbol{X}_2)^{-1} \boldsymbol{X}_2' \boldsymbol{X}_1$$

$$= \boldsymbol{Q}.$$

显然矩阵 $\boldsymbol{Q}$ 对称,再利用 $\boldsymbol{X}_2$ 满列秩和 $\boldsymbol{X}_2'\boldsymbol{X}_1 \neq \boldsymbol{0}$,易证 $\boldsymbol{Q}$ 正定(详细证明略)。

所以,对于 $\boldsymbol{\xi} \neq 0$ 有

$$\boldsymbol{\xi}'\boldsymbol{Q}\boldsymbol{\xi} = \boldsymbol{\xi}'[\mathrm{Var}(\boldsymbol{a}_1 \mid \boldsymbol{X})]^{-1}\boldsymbol{\xi} - \boldsymbol{\xi}'[\mathrm{Var}(\boldsymbol{b}_1 \mid \boldsymbol{X})]^{-1}\boldsymbol{\xi} > 0,$$

则①

$$[\mathrm{Var}(\boldsymbol{a}_1 \mid \boldsymbol{X})]^{-1} > [\mathrm{Var}(\boldsymbol{b}_1 \mid \boldsymbol{X})]^{-1},$$

也就有

$$\mathrm{Var}(\boldsymbol{a}_1 \mid \boldsymbol{X}) < \mathrm{Var}(\boldsymbol{b}_1 \mid \boldsymbol{X}).$$

因此 $\mathrm{Var}(\boldsymbol{a}_1|\boldsymbol{X}) - \mathrm{Var}(\boldsymbol{b}_1|\boldsymbol{X})$ 为负定阵,其对角线元素均小于0,即 $\boldsymbol{a}_1$ 中每个估计量的条件方差小于 $\boldsymbol{b}_1$ 中对应的每个估计量的条件方差。

我们来看一个简单的例子。有如下离差形式的模型:

$$y = \beta_1 x_1 + \beta_2 x_2 + \varepsilon,$$

以 b_1 表示 β_1 的最小二乘估计量。

现在遗漏了变量 x_2,错误地将模型设定为

$$y = \delta_1 x_1 + \varepsilon,$$

以 a_1 表示 δ_1 的最小二乘估计量。

a_1, b_1 的条件方差分别为

$$\mathrm{Var}(a_1 \mid \boldsymbol{X}) = \frac{\sigma^2}{\sum_{i=1}^{n} x_{i1}^2},$$

$$\mathrm{Var}(b_1 \mid \boldsymbol{X}) = \sigma^2 \frac{\sum_{i=1}^{n} x_{i2}^2}{\sum_{i=1}^{n} x_{i1}^2 \sum_{i=1}^{n} x_{i2}^2 - \left(\sum_{i=1}^{n} x_{i1}x_{i2}\right)^2} = \frac{\sigma^2}{\sum_{i=1}^{n} x_{i1}^2} \cdot \frac{1}{1 - r_{12}^2}.$$

显然有

$$0 \leqslant \frac{\mathrm{Var}(a_1 \mid X)}{\mathrm{Var}(b_1 \mid X)} = 1 - r_{12}^2 \leqslant 1,$$

因此

$$\mathrm{Var}(a_1 \mid X) \leqslant \mathrm{Var}(b_1 \mid X).$$

值得指出的是,虽然 b_1 为无偏估计量,a_1 为有偏估计量,但 b_1 的条件方差比 a_1 的条件方差大,如果采用 MSE 标准,估计量 a_1 有可能优于估计量 b_1。

① 详见附录 1。

（4）基本结论

① $\boldsymbol{a}_1$ 是$\boldsymbol{\beta}_1$ 的有偏估计，且非一致估计。只有当 $\boldsymbol{X}_1$ 与 $\boldsymbol{X}_2$ 的各列正交时，$\boldsymbol{a}_1$才是$\boldsymbol{\beta}_1$的无偏估计。

② $\boldsymbol{a}_1$ 中的每个参数估计量的条件方差小于 $\boldsymbol{b}_1$ 中对应的每个参数估计量的条件方差。

③ s_a^2 是 σ^2 的有偏估计，且为正向偏倚，即在平均意义下过高估计 σ^2。

④ 常规统计推断失效。这是因为对于单参数假设检验，我们一般采用 t 统计量：

$$t(b_k) = \frac{b_k}{S(b_k)} \sim t(n-K).$$

上式成立的条件包括：分子 b_k 是β_k 的无偏估计，分母 $S(b_k)$中的 s^2 是 σ^2 的无偏估计。而现在 $\boldsymbol{a}_1$ 是$\boldsymbol{\beta}_1$ 的有偏估计，s_a^2 是 σ^2 的有偏估计，故 t 检验统计量不再服从 t 分布，因此不能进行 t 检验。

2. 引入无关解释变量

（1）问题表述

假定在正确的模型中解释变量只应有 $\boldsymbol{X}_1$，$\boldsymbol{X}_1$ 为 $n\times K_1$ 阶矩阵，故总体回归模型为

$$\begin{aligned}\boldsymbol{Y} &= \boldsymbol{X}_1\boldsymbol{\beta}_1 + \boldsymbol{\varepsilon}\\ &= [\boldsymbol{X}_1, \boldsymbol{X}_2]\begin{bmatrix}\boldsymbol{\beta}_1\\ \boldsymbol{0}\end{bmatrix} + \boldsymbol{\varepsilon}\\ &= \boldsymbol{X}\boldsymbol{\beta} + \boldsymbol{\varepsilon},\end{aligned}$$

其中，$\boldsymbol{X}=[\boldsymbol{X}_1, \boldsymbol{X}_2]$，$\boldsymbol{\beta}=\begin{bmatrix}\boldsymbol{\beta}_1\\ \boldsymbol{0}\end{bmatrix}$。对于该模型，将$\boldsymbol{\beta}_1$ 的 OLS 估计量记为 $\boldsymbol{b}_1$，ε_i 的方差 σ^2 的 OLS 估计量记为 s^2。

现在引入了无关的解释变量 $\boldsymbol{X}_2$，$\boldsymbol{X}_2$ 为 $n\times K_2$ 阶矩阵，令 $\boldsymbol{X}=[\boldsymbol{X}_1, \boldsymbol{X}_2]$，$\boldsymbol{\beta}=\begin{bmatrix}\boldsymbol{\beta}_1\\ \boldsymbol{\beta}_2\end{bmatrix}$，错误设定的模型为

$$\begin{aligned}\boldsymbol{Y} &= \boldsymbol{X}\boldsymbol{\beta} + \boldsymbol{\varepsilon} = [\boldsymbol{X}_1, \boldsymbol{X}_2]\begin{bmatrix}\boldsymbol{\beta}_1\\ \boldsymbol{\beta}_2\end{bmatrix} + \boldsymbol{\varepsilon}\\ &= \boldsymbol{X}_1\boldsymbol{\beta}_1 + \boldsymbol{X}_2\boldsymbol{\beta}_2 + \boldsymbol{\varepsilon},\end{aligned}$$

假定扰动项仍为 $\boldsymbol{\varepsilon}$。对于该错误模型，将$\boldsymbol{\beta}$ 的估计量记为 $\boldsymbol{a}=\begin{bmatrix}\boldsymbol{a}_1\\ \boldsymbol{a}_2\end{bmatrix}$，$\sigma^2$ 的估计量记为 s_a^2。

（2）错误估计量的表达式

① $\boldsymbol{a}$ 的表达式为

$$\boldsymbol{a} = (\boldsymbol{X}'\boldsymbol{X})^{-1}\boldsymbol{X}'Y$$

$$= (\boldsymbol{X}'\boldsymbol{X})^{-1}\boldsymbol{X}'\left(\boldsymbol{X}\begin{bmatrix}\boldsymbol{\beta}_1\\ \boldsymbol{0}\end{bmatrix}+\boldsymbol{\varepsilon}\right)$$

$$= \begin{bmatrix}\boldsymbol{\beta}_1\\ \boldsymbol{0}\end{bmatrix}+(\boldsymbol{X}'\boldsymbol{X})^{-1}\boldsymbol{X}'\boldsymbol{\varepsilon}.$$

② σ^2 的估计量 s_a^2 为

$$s_a^2 = \frac{\boldsymbol{e}_a'\boldsymbol{e}_a}{n-K},$$

其中

$$K = K_1 + K_2,$$

$$\boldsymbol{e}_a = \boldsymbol{Y} - \boldsymbol{X}\boldsymbol{a} = \boldsymbol{Y} - [\boldsymbol{X}_1, \boldsymbol{X}_2]\begin{bmatrix}\boldsymbol{a}_1\\ \boldsymbol{a}_2\end{bmatrix}.$$

③ $\mathrm{Var}(\boldsymbol{a}\mid\boldsymbol{X})=\sigma^2(\boldsymbol{X}'\boldsymbol{X})^{-1}$,其中 $\mathrm{Var}(\boldsymbol{a}_1\mid\boldsymbol{X})=\sigma^2(\boldsymbol{X}_1'M_2\boldsymbol{X}_1)^{-1}$。

其证明与遗漏解释变量中 $\mathrm{Var}(\boldsymbol{b}_1\mid\boldsymbol{X})$公式的证明相同。而估计量为

$$\widehat{\mathrm{Var}(\boldsymbol{a}_1\mid\boldsymbol{X})} = s_a^2(\boldsymbol{X}_1'M_2\boldsymbol{X}_1)^{-1}.$$

(3) 错误估计量的统计特性

① $\boldsymbol{a}_1$ 是$\boldsymbol{\beta}_1$的无偏估计量。

[证明]

$$\because\quad E(\boldsymbol{a}\mid\boldsymbol{X}) = \begin{bmatrix}\boldsymbol{\beta}_1\\ \boldsymbol{0}\end{bmatrix}+(\boldsymbol{X}'\boldsymbol{X})^{-1}\boldsymbol{X}'E(\boldsymbol{\varepsilon}\mid\boldsymbol{X}) = \begin{bmatrix}\boldsymbol{\beta}_1\\ \boldsymbol{0}\end{bmatrix},$$

$$\therefore\quad E(\boldsymbol{a}_1\mid\boldsymbol{X}) = \boldsymbol{\beta}_1,\quad E(\boldsymbol{a}_2\mid\boldsymbol{X}) = \boldsymbol{0} = \boldsymbol{\beta}_2.$$

而在正确的模型中,$\boldsymbol{\beta}_2=\boldsymbol{0}$,

$$\therefore\quad E(\boldsymbol{a}_1)=\boldsymbol{\beta}_1, E(\boldsymbol{a}_2)=\boldsymbol{0}.$$

② s_a^2 是 σ^2 的无偏估计。

[证明]

令 $\boldsymbol{M}=\boldsymbol{I}-\boldsymbol{X}(\boldsymbol{X}'\boldsymbol{X})^{-1}\boldsymbol{X}'$,则

$$\boldsymbol{e}_a = \boldsymbol{M}\boldsymbol{Y} = \boldsymbol{M}(\boldsymbol{X}\boldsymbol{\beta}+\boldsymbol{\varepsilon}) = \boldsymbol{M}\boldsymbol{\varepsilon},$$

$$\boldsymbol{e}_a'\boldsymbol{e}_a = \boldsymbol{\varepsilon}'\boldsymbol{M}\boldsymbol{\varepsilon}.$$

$$\therefore\quad E(\boldsymbol{e}_a'\boldsymbol{e}_a\mid\boldsymbol{X})=E(\boldsymbol{\varepsilon}'\boldsymbol{M}\boldsymbol{\varepsilon}\mid\boldsymbol{X})=\sigma^2(n-K),$$

$$\therefore\quad E(s_a^2\mid\boldsymbol{X})=E\left(\frac{\boldsymbol{e}_a'\boldsymbol{e}_a}{n-K}\,\middle|\,\boldsymbol{X}\right)=\sigma^2.$$

显然,$E(s_a^2)=\sigma^2$。

③ $\boldsymbol{a}_1$ 中每个估计量的条件方差大于 $\boldsymbol{b}_1$ 中对应的每个估计量的条件方差。

[证明]

$$\because \quad \mathrm{Var}(\boldsymbol{a}_1 \mid \boldsymbol{X}) = \sigma^2(\boldsymbol{X}_1'\boldsymbol{M}_2\boldsymbol{X}_1)^{-1},$$

$$\mathrm{Var}(\boldsymbol{b}_1 \mid \boldsymbol{X}) = \sigma^2(\boldsymbol{X}_1'\boldsymbol{X}_1)^{-1},$$

$$\therefore \quad [\mathrm{Var}(\boldsymbol{a}_1 \mid \boldsymbol{X})]^{-1} = \frac{1}{\sigma^2}(\boldsymbol{X}_1'\boldsymbol{M}_2\boldsymbol{X}_1),$$

$$[\mathrm{Var}(\boldsymbol{b}_1 \mid \boldsymbol{X})]^{-1} = \frac{1}{\sigma^2}(\boldsymbol{X}_1'\boldsymbol{X}_1).$$

因此

$$[\mathrm{Var}(\boldsymbol{b}_1 \mid \boldsymbol{X})]^{-1} - [\mathrm{Var}(\boldsymbol{a}_1 \mid \boldsymbol{X})]^{-1} = \frac{1}{\sigma^2}\boldsymbol{X}_1'\boldsymbol{X}_2(\boldsymbol{X}_1'\boldsymbol{X}_1)^{-1}\boldsymbol{X}_2'\boldsymbol{X}_1 = \boldsymbol{A}.$$

类似于 $\boldsymbol{Q}$,可证明 $\boldsymbol{A}$ 为对称正定矩阵,因而有

$$[\mathrm{Var}(\boldsymbol{b}_1 \mid \boldsymbol{X})]^{-1} > [\mathrm{Var}(\boldsymbol{a}_1 \mid \boldsymbol{X})]^{-1},$$

也就有

$$\mathrm{Var}(\boldsymbol{b}_1 \mid \boldsymbol{X}) < \mathrm{Var}(\boldsymbol{a}_1 \mid \boldsymbol{X}).$$

(4) 基本结论

① $\boldsymbol{a}_1$ 是 $\boldsymbol{\beta}_1$ 的无偏估计量,且为一致估计量。

② $\boldsymbol{a}_1$ 中每个估计量的条件方差大于 $\boldsymbol{b}_1$ 中对应的每个估计量的条件方差。

③ s_a^2 是 σ^2 的无偏估计量。

④ 常规统计推断依然有效。

最后,我们将遗漏相关变量与引入无关变量这两种情况的区别汇总,如表 13-1 所示。

表 13-1　遗漏相关变量与引入无关变量情况汇总

比较项	遗漏相关变量	引入无关变量
$\boldsymbol{\beta}$ 的 OLS 估计量	有偏	无偏
σ^2 的 OLS 估计量	有偏	无偏
统计推断	失效	有效
β_k 的 OLS 估计量的条件方差 (错误模型的比正确模型的)	小	大

相比较而言,从前三行来看,引入无关变量比遗漏相关变量要好,所以在建立回归模型时解释变量宁多勿少;但是,从第四行来看,解释变量又不宜过多,否则估计量的条件方差变大,有效性降低,还可能造成多重共线性问题。

3. Y 含有观测误差的情况

(1) 模型及假定

假定不含观测误差的模型为

$$\boldsymbol{Y}^* = \boldsymbol{X\beta} + \boldsymbol{\varepsilon},$$

其中,$\boldsymbol{Y}^*$ 为无观测误差的数据,或称理想变量、真实变量。用 $\boldsymbol{b}^*$ 表示该模型中参数 $\boldsymbol{\beta}$ 的 OLS 估计量。

现在使用含有观测误差的数据 $\boldsymbol{Y}$ 进行分析:

$$\boldsymbol{Y} = \boldsymbol{Y}^* + \boldsymbol{\delta},$$

其中,$\boldsymbol{\delta}$ 表示观测误差。

假定:

$$E(\varepsilon_i \mid \boldsymbol{X}) = 0, \quad E(\varepsilon_i^2 \mid \boldsymbol{X}) = \sigma_\varepsilon^2,$$
$$\mathrm{Cov}(\varepsilon_i, \varepsilon_j \mid \boldsymbol{X}) = 0, \quad \forall i \neq j, \quad \mathrm{Cov}(X_i, \varepsilon_i \mid \boldsymbol{X}) = 0;$$
$$E(\delta_i \mid \boldsymbol{X}) = 0, \quad E(\delta_i^2 \mid \boldsymbol{X}) = \sigma_\delta^2,$$
$$\mathrm{Cov}(\varepsilon_i, \delta_i \mid \boldsymbol{X}) = 0, \quad \mathrm{Cov}(X_i, \delta_i \mid \boldsymbol{X}) = 0.$$

实际估计的模型为

$$\boldsymbol{Y} = (\boldsymbol{X\beta} + \boldsymbol{\varepsilon}) + \boldsymbol{\delta},$$

即

$$\boldsymbol{Y} = \boldsymbol{X\beta} + \boldsymbol{v},$$

其中

$$\boldsymbol{v} = \boldsymbol{\varepsilon} + \boldsymbol{\delta}, \quad E(v_i \mid \boldsymbol{X}) = 0, \quad \mathrm{Var}(v_i \mid \boldsymbol{X}) = \sigma_\varepsilon^2 + \sigma_\delta^2 = \sigma_v^2,$$

用 $\boldsymbol{b}$ 表示该模型中参数 $\boldsymbol{\beta}$ 的估计量。

(2) 估计量性质的比较

① 与真实模型的 OLS 估计量 $\boldsymbol{b}^*$ 类似,可以证明含有观测误差的模型中的估计量 $\boldsymbol{b}$ 仍然具有无偏性和一致性。

② 含有观测误差模型的 β_k 的估计量 b_k 的条件方差比无观测误差模型的 β_k 的估计量 b_k^* 的条件方差大,估计的有效性降低。

$\because$ $\mathrm{Var}(\boldsymbol{b}^* \mid \boldsymbol{X}) = \sigma_\varepsilon^2 (\boldsymbol{X}'\boldsymbol{X})^{-1}$,

$\mathrm{Var}(\boldsymbol{b} \mid \boldsymbol{X}) = \sigma_v^2 (\boldsymbol{X}'\boldsymbol{X})^{-1} = (\sigma_\varepsilon^2 + \sigma_\delta^2)(\boldsymbol{X}'\boldsymbol{X})^{-1}$,

$\therefore$ $\mathrm{Var}(b_k \mid \boldsymbol{X}) > \mathrm{Var}(b_k^* \mid \boldsymbol{X})$.

4. X 含有观测误差的情况

为简单起见,以一元线性回归模型为例来分析。

(1) 模型及假定

假设不含观测误差的模型为

$$\boldsymbol{Y} = \alpha + \beta \boldsymbol{X}^* + \boldsymbol{\varepsilon},$$

其中,$\boldsymbol{X}^*$ 为无观测误差的数据向量。用 b^* 表示该模型中参数 β 的 OLS 估计量。

现在使用含有观测误差的数据向量 $\boldsymbol{X}$ 进行分析:

$$\boldsymbol{X} = \boldsymbol{X}^* + \boldsymbol{w},$$

其中,$\boldsymbol{w}$ 表示观测误差。

假定 $\boldsymbol{\varepsilon}$ 满足古典假定,$\boldsymbol{w}$ 的数学期望为 $\mathbf{0}$,条件方差为 σ_w^2,$\boldsymbol{w}$ 与 $\boldsymbol{\varepsilon}$ 无关,且 $\boldsymbol{X}^*$ 为固定变量,有 $E(\boldsymbol{X})=\boldsymbol{X}^*$。

真实的模型为

$$\boldsymbol{Y} = \alpha + \beta\boldsymbol{X}^* + \boldsymbol{\varepsilon} = \alpha + \beta(\boldsymbol{X} - \boldsymbol{w}) + \boldsymbol{\varepsilon},$$

即实际回归的模型为

$$\boldsymbol{Y} = \alpha + \beta\boldsymbol{X} + \boldsymbol{u},$$

其中

$$\boldsymbol{u} = \boldsymbol{\varepsilon} - \beta\boldsymbol{w}.$$

这样就有

$$\begin{aligned} E(u_i) &= E(\varepsilon_i) - \beta E(w_i) = 0, \\ \mathrm{Cov}(u_i, X_i \mid \boldsymbol{X}) &= E\{[u_i - E(u_i)][X_i - E(X_i)] \mid \boldsymbol{X}\} \\ &= E[(\varepsilon_i - \beta w_i)w_i \mid \boldsymbol{X}] \\ &= E(\varepsilon_i w_i \mid \boldsymbol{X}) - \beta E(w_i^2 \mid \boldsymbol{X}) \\ &= -\beta\sigma_w^2 \neq 0. \end{aligned}$$

这违背了线性回归模型的一个关键假定,即扰动项与解释变量无关的假定。

(2) OLS 估计量的统计特性

对于 X 含有观测误差的模型,仍以 b 表示参数 β 的 OLS 估计量,则 b 具有以下性质:

① b 为有偏估计。

由于模型中的解释变量 X 与扰动项 u 相关,所以 b 不再是无偏的。

② b 为非一致估计量。

$$b = \frac{\sum_{i=1}^{n} x_i y_i}{\sum_{i=1}^{n} x_i^2} = \frac{\sum_{i=1}^{n} (x_i^* + w_i - \bar{w})(\beta x_i^* + \varepsilon_i - \bar{\varepsilon})}{\sum_{i=1}^{n} (x_i^* + w_i - \bar{w})^2}$$

$$= \frac{\beta\sum_{i=1}^{n} x_i^{*2} + \beta\sum_{i=1}^{n} x_i^*(w_i - \bar{w}) + \sum_{i=1}^{n} x_i^*(\varepsilon_i - \bar{\varepsilon}) + \sum_{i=1}^{n} (w_i - \bar{w})(\varepsilon_i - \bar{\varepsilon})}{\sum_{i=1}^{n} x_i^{*2} + 2\sum_{i=1}^{n} x_i^*(w_i - \bar{w}) + \sum_{i=1}^{n} (w_i - \bar{w})^2},$$

而

$$p\lim \frac{1}{n}\sum_{i=1}^{n} x_i^{*2} = \sigma_{x^*}^2,$$

$$p\lim \frac{1}{n}\sum_{i=1}^{n} x_i^*(w_i - \bar{w}) = 0, \text{因为 } X^* \text{ 与 } \boldsymbol{w} \text{ 无关;}$$

$$p\lim \frac{1}{n}\sum_{i=1}^{n} x_i^*(\varepsilon_i - \bar{\varepsilon}) = 0, \text{因为 } X^* \text{ 与 } \boldsymbol{\varepsilon} \text{ 无关;}$$

$$p\lim \frac{1}{n}\sum_{i=1}^{n}(w_i - \bar{w})(\varepsilon_i - \bar{\varepsilon}) = 0, \text{因为 } \boldsymbol{w} \text{ 与 } \boldsymbol{\varepsilon} \text{ 无关;}$$

$$p\lim \frac{1}{n}\sum_{i=1}^{n}(w_i - \bar{w})^2 = \sigma_w^2, \text{因为 } \boldsymbol{w} \text{ 具有同方差性,}$$

所以有

$$p\lim b = \frac{\beta\sigma_{x^*}^2}{(\sigma_{x^*}^2 + \sigma_w^2)} < \beta.$$

当 $\sigma_w^2=0$,即无观测误差时,b 为一致估计量;当与 $\sigma_{x^*}^2$ 相比 σ_w^2 小得可忽略不计时,b 可被视为一致估计量。其他情况,即 $\sigma_w^2>0$ 时,b 就是非一致的。显然,σ_w^2 越大,即观测误差的波动性越强,OLS 估计量 b 的偏差就越大。因此应关注解释变量观测的准确性。

对于 X 存在观测误差的情况,一般通过选择工具变量、代理变量来处理。

§2 设定误差检验

人们往往根据理论或经验设定自认为能反映研究系统实质的模型,但由于理论基础的薄弱、经验的不足、缺乏估计和检验所需数据以及疏忽等,容易造成设定误差出现。本节不是寻找错误发生的原因,而是介绍几种检验设定错误的方法,从而寻求一些补救的措施。

设定误差检验的前提是已经给定一个基本模型,即已确定了被解释变量、解释变量、数学形式及扰动项的形式。设定误差检验的主要目的是判断模型是否含有无关变量、是否遗漏相关变量、函数形式是否正确。

一、含无关变量的检验

检验模型中是否包含无关变量,小样本下主要采用单参数 t 检验和一般线性假设的 F 检验。大样本下可采用沃尔德检验、LM 检验和 LR 检验。

例如,假定我们设定了如下一般模型:

$$Y = \beta_1 + \beta_2 X_2 + \beta_3 X_3 + \beta_4 X_4 + \varepsilon.$$

可进行单参数 t 检验:

$$\begin{cases} H_0: \beta_4 = 0, \\ H_1: \beta_4 \neq 0. \end{cases}$$

如果发现参数 β_4 不显著,这就表明解释变量 X_4 为无关变量。

也可进行两个参数的联合显著性检验:

$$\begin{cases} H_0: \beta_3 = \beta_4 = 0, \\ H_1: \text{至少一个} \neq 0. \end{cases}$$

如果线性约束的 F 检验不能拒绝零假设,就表明 X_3,X_4 都是无关变量。

当然,上述检验均是在模型无多重共线性下进行的。

二、遗漏相关变量和函数形式不正确的检验

1. D. W. 检验法

当遗漏相关变量时,回归残差很可能呈现相关性,因此可以利用 D. W. 检验来帮助判断。对于给定的某一模型,检验步如下:

第一,进行 OLS 估计,得到残差序列 $e_1,\cdots,e_T$。如果 D. W. 统计量 $<d_l$,则表明残差存在正自相关(这种现象在实际建立计量经济模型时常常发生)。

第二,如果认为有一个变量应引入而未引入,则按该变量的递增次序,将残差重新排列,得到残差序列 $\hat{e}_1,\cdots,\hat{e}_T$。再计算 D. W. 统计量:

$$\text{D. W. 统计量} = \frac{\sum_{t=2}^{T}(\hat{e}_t - \hat{e}_{t-1})^2}{\sum_{t=1}^{n}\hat{e}_t^2}.$$

如果 D. W. 检验表明存在自相关,则意味着模型设定有误,相应的变量应被引入模型。

考虑模型

$$Y = \beta_0 + \beta_1 X + \varepsilon_1.$$

计算得到 D. W. 统计量 $=0.571<d_l=1.10$(假定 $T=20,\alpha=0.05$),故认为残差存在自相关。

拟考虑引入新的解释变量 X^2,将原一元回归模型中的残差 $e_1,\cdots,e_T$ 按 X^2 升序重排,重新计算得到 D. W. 统计量 $=0.743<d_l$,表明模型设定有误。

进一步考虑模型:

$$Y = \beta_0 + \beta_1 X + \beta_2 X^2 + \varepsilon_2.$$

回归后得到 D. W. 统计量:

$$d_u = 1.676 < \text{D. W.} = 1.897 < 4 - d_u = 2.324.$$

故可以认为这一残差序列无自相关,可采用第二个模型。若残差序列自相关,则需考虑引进另一新的解释变量,如 X^3 重复上述步骤。

2. 拉姆齐(Ramsey)回归设定误差检验

RESET(Regression Specification Error Test,回归设定误差检验)的基本思想是,如果线性(或内蕴线性)回归模型遗漏了解释变量或者函数形式不正确,那么这种问题会反映在残差上,此时残差一般为解释变量的非线性函数。由于拟合值为解释变量的线性组合,因此以拟合值的若干次幂代表解释变量的非线性函数,将它们作为解释变量引入模型,若其系数显著,则表明原模型设定有误。

RESET 的步骤如下：

第一，使用 OLS 法估计模型，将 Y_t 的拟合值记为 $\hat{Y}_t$。

第二，将 $\hat{Y}_t^2, \hat{Y}_t^3$ 作为解释变量添加到模型中，采用线性约束 F 检验统计量检验这两个变量系数的联合显著性。若联合显著，则表明原模型设定有误。

RESET 的特色是将 $\hat{Y}_t$ 的高次幂引入模型，隐含着在模型中包含了解释变量的高次幂和交叉项的信息，同时这样做也避免了直接引入带来的自由度损失和多重共线性问题。

RESET 不局限于特定类型的函数形式，因此使用范围很广，但从另一角度来看这也是一个缺点，因为我们无法从中获得应该使用何种函数形式的线索。

在第 10 章关于信用卡消费的例子中，如果我们遗漏了收入的二次项，将模型误设为

$$\text{Avgexp}_i = \beta_1 + \beta_2 \text{Age}_i + \beta_3 \text{Ownrent}_i + \beta_4 \text{Income}_i + \varepsilon_i, \quad i = 1, \cdots, 72.$$

现在进行 RESET 检验，Stata 程序如下：

```
use data11.dta,clear
drop if avgexp == 0
reg avgexp age ownrent income
estat ovtest
```

检验结果如下：

```
Ramsey RESET test for omitted variables
Omitted: Powers of fitted values of avgexp

H0: Model has no omitted variables

F(3, 65) =    1.98
Prob > F = 0.1251
```

可见，在 0.05 的显著性水平下，不能拒绝原假设。

还有一种“连接检验”(Link Test)也可用于模型设定检验：在用 OLS 法估计模型之后，计算拟合值及其二次项，然后估计如下模型：

$$y_i = \gamma_0 + \gamma_1 \hat{y}_i + \gamma_2 \hat{y}_i^2 + u_i.$$

若 γ_2 显著，则认为模型存在设定误差。

连接检验的 Stata 命令如下：

```
linktest
```

本例的检验结果如下：

```
. linktest

      Source |       SS           df       MS      Number of obs   =        72
-------------+----------------------------------   F(2, 69)        =     11.10
       Model |  1748315.2          2  874157.601   Prob > F        =    0.0001
    Residual |  5433603.83        69  78747.8816   R-squared       =    0.2434
-------------+----------------------------------   Adj R-squared   =    0.2215
       Total |  7181919.03        71  101153.789   Root MSE        =    280.62

------------------------------------------------------------------------------
      avgexp | Coefficient  Std. err.      t    P>|t|     [95% conf. interval]
-------------+----------------------------------------------------------------
        _hat |   2.681721   .8595956     3.12   0.003     .9668744    4.396567
      _hatsq |  -.0021486   .0010563    -2.03   0.046    -.0042558   -.0000413
       _cons |  -250.9681   141.8877    -1.77   0.081    -534.0264    32.09007
------------------------------------------------------------------------------
```

这表明，在 0.05 的显著性水平下，γ_2 显著，从而可以认为模型存在设定误差。

3. 拉格朗日乘数检验（LM）

对于是否遗漏相关变量也可采用 LM 检验。

例如设定模型为

$$Y = \alpha_1 + \alpha_2 X_2 + \varepsilon,$$

但怀疑遗漏 X_3、X_4。那么可对模型

$$Y = \beta_1 + \beta_2 X_2 + \beta_3 X_3 + \beta_4 X_4 + \varepsilon_1,$$

进行如下检验

$$\begin{cases} \mathrm{H}_0: \beta_3 = \beta_4 = 0, \\ \mathrm{H}_1: 至少一个 \neq 0, \end{cases} \quad J = 2.$$

拉格朗日乘数检验的步骤为：

首先，使用 OLS 方法估计约束模型，$Y=\alpha_1+\alpha_2 X+\varepsilon$，得到残差向量 $\boldsymbol{e}_r$。

其次，使用 OLS 方法估计下面的辅助回归模型：

$$e_r = \lambda_1 + \lambda_2 X_2 + \lambda_3 X_3 + \lambda_4 X_4 + \varepsilon_2,$$

得到可决系数 R^2，进而计算出 nR^2。

Engle(1982)证明，在大样本情况下，如果 H_0 为真，即模型成立，nR^2 应渐近地服从自由度为 2 的卡方分布，$nR^2 \overset{a}{\sim} \chi^2(2)$。

这样，如果检验统计量超过了临界值，就应当拒绝 H_0，表明联合起来看 X_3、X_4 不应遗漏。

§3　设定检验

为研究被解释变量，人们设定了若干个总体回归模型，需要对这些模型进行诊断。通过设定检验试图判断一个模型相对于另一个模型哪一个更合适，或者两者均不可取。

设定检验的模型分为两类：一类是嵌套模型；另一类是非嵌套模型。下面分别叙述

其检验方法,其中涉及非线性回归模型的设定检验将在下册的非线性回归模型相关章节中介绍。

一、嵌套模型

为明确起见,举例说明。

假定需进行的设定检验假设为

$$\begin{cases} H_0: Y = \beta_1 + \beta_2 X_2 + \beta_3 X_3 + \beta_4 X_4 + \varepsilon_0, & \text{I} \\ H_1: Y = \alpha_1 + \alpha_2 X_2 + \varepsilon_1, & \text{II} \end{cases}$$

1. 嵌套模型定义

若模型Ⅱ是模型Ⅰ的特殊情形,则称模型Ⅰ嵌套模型Ⅱ,或模型Ⅱ嵌套于模型Ⅰ中。一般嵌套模型的被解释变量及数学形式相同,解释变量有部分相同。

2. 设定检验方法

将检验假设转换为

$$\begin{cases} H_0: \beta_3 = \beta_4 = 0, \\ H_1: 至少一个 \neq 0, \end{cases}$$

这是一个线性假设检验问题。

小样本下可采用线性约束 F 检验(如果 H_0 中只有一个条件,可采用单参数 t 检验);大样本下可采用 LM 检验等。

如果不拒绝 H_0,则不应选模型Ⅰ;如果拒绝 H_0,则不应选模型Ⅱ。

二、非嵌套模型

当两个模型之间不具有嵌套性质时,则为非嵌套模型。大致可分为如下三种类型:

1. 被解释变量形式相同,数学形式相同,解释变量集不同

(1) 设定检验假设

常使用的设定检验假设为

$$\begin{cases} H_0: \boldsymbol{Y} = \boldsymbol{X\beta} + \boldsymbol{\varepsilon}_0, & \text{I} \\ H_1: \boldsymbol{Y} = \boldsymbol{Z\gamma} + \boldsymbol{\varepsilon}_1, & \text{II} \end{cases}$$

模型Ⅰ、模型Ⅱ中因变量 $\boldsymbol{Y}$ 相同,模型均为线性形式,但解释变量集不同,实际建模时常是部分相同,部分不同,这是非嵌套模型。这一设定检验的特色是对解释变量的选择。

(2) J 检验思路

通常采用 Davidson 和 Mackinnon(1981)提出的 J 检验方法。其思路如下:

① 推断是否选模型Ⅰ。

构造一个复合模型:

$$\boldsymbol{Y} = (1-\alpha)\boldsymbol{X\beta} + \alpha\boldsymbol{Z\gamma} + \boldsymbol{\varepsilon},$$

即以权数 α 对模型 Ⅰ、模型 Ⅱ 进行加权，得到一个新模型。

然后，进行假设检验

$$\begin{cases} H_0: \alpha = 0, \\ H_1: \alpha \neq 0. \end{cases}$$

若不拒绝 H_0，则选模型 Ⅰ；若拒绝 H_0，相对模型 Ⅱ 而言，不选模型 Ⅰ。

② 推断是否选模型 Ⅱ。

类似地，构造一个翻转的复合模型

$$\boldsymbol{Y} = \alpha^* \boldsymbol{X\beta} + (1 - \alpha^*)\boldsymbol{Z\gamma} + \boldsymbol{\varepsilon}^*.$$

进行假设检验

$$\begin{cases} H_0: \alpha^* = 0, \\ H_1: \alpha^* \neq 0. \end{cases}$$

若不拒绝 H_0，则选模型 Ⅱ；若拒绝 H_0，相对模型 Ⅰ 而言，不选模型 Ⅱ。

③ 关于 α, α^* 的估计与检验问题。

为进行上述假设检验，需对 α 进行估计。为此可将模型 Ⅰ 扩展，引入一个新的解释变量 $\hat{Y}_{\text{Ⅱ}}$（$\hat{Y}_{\text{Ⅱ}}$为模型Ⅱ的 Y 的拟合值序列），其系数为 α，然后估计这一扩展模型，得到 α 估计值 $\hat{\alpha}$ 及 $\hat{\alpha}$ 的标准差估计值 $s(\hat{\alpha})$，从而得到 t 统计量。理论上可证明，当 H_0 为真时，$p\lim\limits_{n\to+\infty} \hat{\alpha} = 0, t = \dfrac{\hat{\alpha}}{s(\hat{\alpha})} \overset{a}{\sim} N(0,1)$。对 α^* 可进行类似讨论。

由上述可知，需将两个非嵌套模型联合起来估计（Joint Estimation），所以该检验被称为 J 检验。

（3）J 检验步骤

第一步，采用 OLS 法分别估计模型 Ⅰ、模型 Ⅱ，求得拟合值序列分别为

$$\hat{\boldsymbol{Y}}_{\text{Ⅰ}} = \boldsymbol{X}\hat{\boldsymbol{\beta}}, \quad \hat{\boldsymbol{Y}}_{\text{Ⅱ}} = \boldsymbol{Z}\hat{\boldsymbol{\gamma}}.$$

第二步，推断是否选择模型 Ⅰ。

采用 OLS 法估计如下模型：

$$\boldsymbol{Y} = \boldsymbol{X\beta} + \alpha\hat{\boldsymbol{Y}}_{\text{Ⅱ}} + \boldsymbol{\varepsilon}.$$

然后，根据 α 的 t 统计量值，进行假设检验：

$$\begin{cases} H_0: \alpha = 0, \\ H_1: \alpha \neq 0. \end{cases}$$

小样本下，采用 t 检验；大样本下采用渐近正态检验。

若不拒绝 H_0，则选模型 Ⅰ；否则不选模型 Ⅰ。

第三步，推断是否选择模型 Ⅱ。

采用 OLS 法估计如下模型：

$$Y = Z\boldsymbol{\gamma} + \boldsymbol{\alpha}^{*}\hat{Y}_{\mathrm{I}} + \boldsymbol{\varepsilon}^{*}.$$

然后,进行假设检验:

$$\begin{cases} \mathrm{H}_0: \alpha^{*} = 0, \\ \mathrm{H}_1: \alpha^{*} \neq 0. \end{cases}$$

若不拒绝 H_0,则选模型Ⅱ;否则不选模型Ⅱ。

第四步,综合判断。

上述两次假设检验是独立进行的,将两次的推断综合列表如表 13-2 所示。

表 13-2　两次推断综合

		$\mathrm{H}_0:\alpha=0$	
		不拒绝	拒绝
$\mathrm{H}_0:\alpha^{*}=0$	不拒绝	选模型Ⅰ,选模型Ⅱ	不选模型Ⅰ,选模型Ⅱ
	拒绝	选模型Ⅰ,不选模型Ⅱ	不选模型Ⅰ,不选模型Ⅱ

由表可知,如果一个拒绝,一个不拒绝,对模型的选择可作出明确的答复,在模型Ⅰ、模型Ⅱ之间相比较时,可选定其中一个。但如果同时不拒绝 H_0 或同时拒绝 H_0,则难以判断两模型的优劣。

2. 被解释变量形式相同,数学形式不同

(1) 检验假设

一般的检验假设为

$$\begin{cases} \mathrm{H}_0: \boldsymbol{Y} = h^0(\boldsymbol{x},\boldsymbol{\beta}) + \boldsymbol{\varepsilon}_0, & \mathrm{I} \\ \mathrm{H}_1: \boldsymbol{Y} = h^1(\boldsymbol{z},\boldsymbol{\gamma}) + \boldsymbol{\varepsilon}_1. & \mathrm{II} \end{cases}$$

模型Ⅰ、模型Ⅱ中因变量 $\boldsymbol{Y}$ 相同。但 h^0,h^1 不同,h^0,h^1 可为线性函数,也可为非线性函数,在本章中假定 h^0,h^1 为线性或内蕴线性函数,至于内蕴非线性形式将在非线性回归模型中讨论。$\boldsymbol{x},\boldsymbol{z}$ 分别为模型Ⅰ、模型Ⅱ的解释变量集,可相同,也可不同。$\boldsymbol{\beta},\boldsymbol{\gamma}$ 分别为模型Ⅰ、模型Ⅱ的总体参数。这一设定检验的特色是对解释 $\boldsymbol{Y}$ 的数学形式的挑选。

例如

$$\begin{cases} \mathrm{H}_0: Y = \beta_1 + \beta_2 X_2 + \beta_3 X_3 + \varepsilon_0, & \mathrm{I} \\ \mathrm{H}_1: Y = \gamma_1 + \gamma_2 \ln X_2 + \gamma_3 \ln X_3 + \varepsilon_1. & \mathrm{II} \end{cases}$$

模型Ⅰ、模型Ⅱ具有相同的因变量 Y 和自变量 X_2,X_3,但模型Ⅰ为线性模型、模型Ⅱ为对数模型(内蕴线性模型)。显然这是两个非嵌套模型,需在这两个模型之间进行取舍。

下面介绍两种检验方法:增广模型法和 J 检验方法。

(2) 增广模型法

由于两模型具有相同的因变量,所以可将两个模型放在一起构成一个增广模型,然后对增广模型中的参数进行线性约束检验。

以上述线性模型与对数模型为例,可构造一个增广模型:

$$Y = \alpha_1 + \alpha_2 X_2 + \alpha_3 X_3 + \alpha_4 \ln X_2 + \alpha_5 \ln X_3 + \varepsilon,$$

在增广模型中检验假设

$$\begin{cases} \mathrm{H}_0: \alpha_2 = \alpha_3 = 0, \\ \mathrm{H}_1: \text{至少一个} \neq 0. \end{cases}$$

若不拒绝 H_0,则表明线性模型不可取。

再在增广模型中检验假设

$$\begin{cases} \mathrm{H}_0: \alpha_4 = \alpha_5 = 0, \\ \mathrm{H}_1: \text{至少一个} \neq 0. \end{cases}$$

若不拒绝 H_0,则表明对数模型不可取。

由于两个假设检验是独立进行的,所以在进行抉择时与 J 检验方法类似,需综合判断。

(3) J 检验方法

① J 检验思路。

第一,推断是否选模型 Ⅰ。

构造一个复合模型

$$\boldsymbol{Y} = (1-\alpha) h^0(\boldsymbol{x}, \boldsymbol{\beta}) + \alpha h^1(\boldsymbol{z}, \boldsymbol{\gamma}) + \boldsymbol{\varepsilon},$$

将它改写为

$$\boldsymbol{Y} = h^0(\boldsymbol{x}, \boldsymbol{\beta}) + \alpha [h^1(\boldsymbol{z}, \boldsymbol{\gamma}) - h^0(\boldsymbol{x}, \boldsymbol{\beta})] + \boldsymbol{\varepsilon}.$$

然后,对模型进行估计,并对 α 进行检验,其假设为

$$\begin{cases} \mathrm{H}_0: \alpha = 0, \\ \mathrm{H}_1: \alpha \neq 0. \end{cases}$$

由于 h^0, h^1 可为非线性函数,所以一般利用泰勒展开方法将它们线性化,再进行估计。这一内容将在下册的非线性回归模型相关章节中介绍。这里假定 h^0, h^1 为线性或内蕴线性形式,所以不需进行线性化处理。

第二,推断是否选模型 Ⅱ。

类似地,构造一个翻转复合模型:

$$\boldsymbol{Y} = \alpha^* h^0(\boldsymbol{x}, \boldsymbol{\beta}) + (1-\alpha^*) h^1(\boldsymbol{z}, \boldsymbol{\gamma}) + \boldsymbol{\varepsilon}^*,$$

改写为

$$\boldsymbol{Y} = h^1(\boldsymbol{z}, \boldsymbol{\gamma}) + \alpha^* [h^0(\boldsymbol{x}, \boldsymbol{\beta}) - h^1(\boldsymbol{z}, \boldsymbol{\gamma})] + \boldsymbol{\varepsilon}^*.$$

然后,对模型进行估计,并对 α^* 进行检验。

② J 检验步骤。

第一步,采用 OLS 法估计模型 Ⅰ、模型 Ⅱ 得到拟合值序列,分别为

$$\hat{\boldsymbol{Y}}_{\mathrm{I}} = h^0(\boldsymbol{x},\hat{\boldsymbol{\beta}}), \quad \hat{\boldsymbol{Y}}_{\mathrm{II}} = h^1(\boldsymbol{z},\hat{\boldsymbol{\gamma}}).$$

需说明的是,若 h^0, h^1 是内蕴非线性函数,则需用非线性最小二乘(Non-Linear Square, NLS)法等方法估计。

第二步,推断是否选择模型Ⅰ。

利用OLS法估计

$$\boldsymbol{Y} = h^0(\boldsymbol{x},\boldsymbol{\beta}) + \alpha(\hat{\boldsymbol{Y}}_{\mathrm{II}} - \hat{\boldsymbol{Y}}_{\mathrm{I}}) + \boldsymbol{\varepsilon},$$

然后对 α 进行假设检验,若不拒绝 H_0,则宜选模型Ⅰ。

第三步,推断是否选择模型Ⅱ。

利用OLS估计

$$\boldsymbol{Y} = h^1(\boldsymbol{z},\boldsymbol{\gamma}) + \alpha^*(\hat{\boldsymbol{Y}}_{\mathrm{I}} - \hat{\boldsymbol{Y}}_{\mathrm{II}}) + \boldsymbol{\varepsilon}^*,$$

再对 α^* 进行假设检验,若不拒绝 H_0,则宜选模型Ⅱ。

第四步,将两次假设检验联合起来,给出综合判断。

③ J检验示例。

对上例进行J检验。

首先,利用OLS法分别估计模型:

$$\boldsymbol{Y} = \beta_1 + \beta_2\boldsymbol{X}_2 + \beta_3\boldsymbol{X}_3 + \boldsymbol{\varepsilon}_0,$$
$$\boldsymbol{Y} = \gamma_1 + \gamma_2\ln\boldsymbol{X}_2 + \gamma_3\ln\boldsymbol{X}_3 + \boldsymbol{\varepsilon}_1,$$

得到 $\boldsymbol{Y}$ 的拟合值向量 $\hat{\boldsymbol{Y}}_{\mathrm{I}}, \hat{\boldsymbol{Y}}_{\mathrm{II}}$。

其次,利用OLS估计模型:

$$\boldsymbol{Y} = \beta_1 + \beta_2\boldsymbol{X}_2 + \beta_3\boldsymbol{X}_3 + \alpha(\hat{\boldsymbol{Y}}_{\mathrm{II}} - \hat{\boldsymbol{Y}}_{\mathrm{I}}) + \boldsymbol{\varepsilon},$$

对 α 进行假设检验,然后对是否选模型Ⅰ进行推断。

再次,利用OLS估计模型:

$$\boldsymbol{Y} = \gamma_1 + \gamma_2\ln\boldsymbol{X}_2 + \gamma_3\ln\boldsymbol{X}_3 + \alpha^*(\hat{\boldsymbol{Y}}_{\mathrm{I}} - \hat{\boldsymbol{Y}}_{\mathrm{II}}) + \boldsymbol{\varepsilon}^*,$$

对 α^* 进行假设检验,对是否选择模型Ⅱ进行推断。

最后,综合考虑两个假设检验的结果,作出抉择。

3. 被解释变量形式不同,数学形式不同

(1) 检验假设

常提出的检验假设为

$$\begin{cases} \mathrm{H}_0: \boldsymbol{Y} = h^0(\boldsymbol{x},\boldsymbol{\beta}) + \boldsymbol{\varepsilon}_0, & \mathrm{I} \\ \mathrm{H}_1: g(\boldsymbol{Y}) = h^1(\boldsymbol{z},\boldsymbol{\gamma}) + \boldsymbol{\varepsilon}_1, & \mathrm{II} \end{cases}$$

其中,$g(\boldsymbol{Y})$ 为单调、连续、可微函数,有具体表达式。这一设定检验的特色是对被解释变量形式的挑选。

可采用 P_E 方法进行检验，这是 J 检验思路的推广。

(2) P_E 检验思路

① 推断是否选模型 Ⅰ。

构造复合模型：由于 $\boldsymbol{Y}$ 与 $g(\boldsymbol{Y})$ 不同，所以对扰动项进行加权得到复合模型的表达式为

$$(1-\alpha)[\boldsymbol{Y}-h^0(\boldsymbol{x},\boldsymbol{\beta})]+\alpha[g(\boldsymbol{Y})-h^1(\boldsymbol{z},\boldsymbol{\gamma})]=\boldsymbol{\varepsilon},$$

将含 α 的项移至等号右端，得到

$$\boldsymbol{Y}-h^0(\boldsymbol{x},\boldsymbol{\beta})=\alpha[\boldsymbol{Y}-h^0(\boldsymbol{x},\boldsymbol{\beta})]+\alpha[h^1(\boldsymbol{z},\boldsymbol{\gamma})-g(\boldsymbol{Y})]+\boldsymbol{\varepsilon}.$$

为了估计和对 α 进行检验($\mathrm{H}_0:\alpha=0$)，需将 h^0 线性化。由于本章假定 h^0 只取线性或内蕴线性形式，所以不存在线性化问题。模型写为

$$\boldsymbol{Y}=h^0(\boldsymbol{x},\boldsymbol{\beta})+\alpha[\boldsymbol{Y}-h^0(\boldsymbol{x},\boldsymbol{\beta})]+\alpha[h^1(\boldsymbol{z},\boldsymbol{\gamma})-g(\boldsymbol{Y})]+\boldsymbol{\varepsilon}.$$

然后，在估计 α 时，将右端第一个方括号中的 $\boldsymbol{Y}$ 用 $\hat{\boldsymbol{Y}}$ 代换，$\boldsymbol{\beta}$ 用 $\hat{\boldsymbol{\beta}}$ 代换，得到 $\hat{\boldsymbol{Y}}-h^0(\boldsymbol{x},\hat{\boldsymbol{\beta}})=\boldsymbol{0}$，即第一个方括号内为 $\boldsymbol{0}$。右端第二个方括号中的 $\boldsymbol{\gamma}$ 用 $\hat{\boldsymbol{\gamma}}$ 替代，$\boldsymbol{Y}$ 用 $\hat{\boldsymbol{Y}}$ 替换，所以第二个方括号内为 $h^1(\boldsymbol{z},\hat{\boldsymbol{\gamma}})-g(\hat{\boldsymbol{Y}})=\widehat{g(\boldsymbol{Y})}-g(\hat{\boldsymbol{Y}})$。

② 推断是否选模型 Ⅱ。

构造翻转复合模型，移项后为

$$g(\boldsymbol{Y})=h^1(\boldsymbol{z},\boldsymbol{\gamma})+\alpha^*[g(\boldsymbol{Y})-h^1(\boldsymbol{z},\boldsymbol{\gamma})]+\alpha^*[h^0(\boldsymbol{x},\boldsymbol{\beta})-\boldsymbol{Y}]+\boldsymbol{\varepsilon}^*,$$

类似地右端第一个方括号内为 0。在第二个方括号中用 $\hat{\boldsymbol{\beta}}$ 替代 $\boldsymbol{\beta}$，用 $\widehat{g(\boldsymbol{Y})}$ 的反函数 $\tilde{\boldsymbol{Y}}$ 替代 $\boldsymbol{Y}$，$\tilde{\boldsymbol{Y}}=g^{-1}[\widehat{g(\boldsymbol{Y})}]$，即第二个方括号内为 $h^0(\boldsymbol{x},\hat{\boldsymbol{\beta}})-\tilde{\boldsymbol{Y}}=\hat{\boldsymbol{Y}}-\tilde{\boldsymbol{Y}}$。

(3) p_E 检验步骤

第一步，用 OLS 估计模型 Ⅰ、模型 Ⅱ，得到参数估计值 $\hat{\boldsymbol{\beta}}$、$\hat{\boldsymbol{\gamma}}$ 和拟合值序列：

$$\hat{\boldsymbol{Y}}=h^0(\boldsymbol{x},\hat{\boldsymbol{\beta}}),\quad \widehat{g(\boldsymbol{Y})}=h^1(\boldsymbol{z},\hat{\boldsymbol{\gamma}}).$$

第二步，推断是否选模型 Ⅰ。

用 OLS 估计模型：

$$\boldsymbol{Y}=h^0(\boldsymbol{x},\boldsymbol{\beta})+\alpha[\widehat{g(\boldsymbol{Y})}-g(\hat{\boldsymbol{Y}})]+\boldsymbol{\varepsilon},$$

然后，对 α 进行检验。

第三步，推断是否选模型 Ⅱ。

用 OLS 估计模型：

$$g(\boldsymbol{Y})=h^1(\boldsymbol{z},\boldsymbol{\gamma})+\alpha^*(\hat{\boldsymbol{Y}}-\tilde{\boldsymbol{Y}})+\boldsymbol{\varepsilon}^*,$$

然后，对 α^* 进行检验。

第四步，进行综合判断。

(4) P_E 检验示例

在实际应用中经常遇到如下的设定检验:

$$\begin{cases} H_0: Y = \beta_1 + \beta_2 X_2 + \beta_3 X_3 + \varepsilon_0, & \text{Ⅲ} \\ H_1: \ln Y = \gamma_1 + \gamma_2 \ln X_2 + \gamma_3 \ln X_3 + \varepsilon_1, & \text{Ⅳ} \end{cases}$$

模型 Ⅲ 为线性模型,模型 Ⅳ 为对数线性模型(内蕴线性形式)。

采用 P_E 方法进行检验的步骤如下:

第一步,对两个模型分别回归,得到估计值序列 $\hat{\boldsymbol{Y}}$ 和 $\widehat{\ln \boldsymbol{Y}}$ 。

第二步,用 OLS 估计模型:

$$\boldsymbol{Y} = \beta_1 + \beta_2 \boldsymbol{X}_2 + \beta_3 \boldsymbol{X}_3 + \alpha(\widehat{\ln \boldsymbol{Y}} - \ln \hat{\boldsymbol{Y}}) + \boldsymbol{\varepsilon}.$$

对 α 进行检验,若不拒绝 H_0,则选模型 Ⅲ,即选线性模型。

第三步,用 OLS 估计模型:

$$\ln \boldsymbol{Y} = \gamma_1 + \gamma_2 \ln \boldsymbol{X}_2 + \gamma_3 \ln \boldsymbol{X}_3 + \alpha^*(\hat{\boldsymbol{Y}} - e^{\widehat{\ln Y}}) + \boldsymbol{\varepsilon}^*.$$

对 α^* 进行检验,若不拒绝 H_0,则选模型 Ⅳ,即选对数线性模型。

第四步,进行综合判断。

关于设定检验还有其他方法,如考克斯(Cox)检验,JA 检验等,在此不再赘述。

§4 解释变量的选择

当选定被解释变量 Y 和函数形式(如线性形式)后,建模的关键问题是选取哪些解释变量,以及选取多少个解释变量。特别在建立时间序列模型时,常常需选取滞后变量,如

$$\begin{aligned} Y_t = {} & \alpha + \beta_0 X_t + \beta_1 X_{t-1} + \cdots + \beta_q X_{t-q} \\ & + \gamma_1 Y_{t-1} + \gamma_2 Y_{t-2} + \cdots + \gamma_p Y_{t-p} + \varepsilon_t, \end{aligned}$$

那么滞后期 p 和 q 应取多少合适呢?

下面介绍建模中常采用的选择解释变量的过程和决定解释变量个数的信息准则。

一、选择变量的过程

1. 从“简单到一般”的过程

从“简单到一般”(simple to general)或称从“特殊到一般”(specific to general)过程是指首先选择少量的被视为最主要的解释变量建立模型,然后从这一简单模型出发,逐步添加新的变量,在这一过程中通过各种检验来决定取舍,最终得到一个满意的相对复杂的模型为止。这一方法也被称为数据开采(data mining)方法,或称数据挖掘过程。

不过这种变量选取的过程备受质疑。因为它存在两个主要问题:

第一,统计推断失效。因为如果从简单模型开始可能会遗漏了重要变量,由本章 §1

可知,此时 t 检验等方法失效,故依据 t 检验等来决定变量取舍就是不正确的了。

第二,参数检验的真实显著性水平 α^* 大于名义显著性水平 α。这种数据挖掘的危险在于常用的 1%、5%、10% 显著性水平并不是真正的显著性水平。Lovell(1983)指出,若有 J 个变量可被选为解释变量,根据数据挖掘情况从中选出 $K \leqslant J$ 个,则

$$\alpha^* = 1-(1-\alpha)^{\frac{J}{K}} \approx 1-\left(1-\alpha\frac{J}{K}\right) = \alpha\frac{J}{K}.$$

若 $J=15, K=3, \alpha=5\%$,则 $\alpha^* \approx 25\%$。当然,当 $K=J$ 时,$\alpha^*=\alpha$。

这就可能发生按照真实显著性水平应判为拒绝 H_0,而按照名义显著性水平错误判断为不拒绝 H_0 的情况,也就是说应引入模型的变量而被判为不应引入,从而可能会遗漏重要解释变量。

尽管数据挖掘存在一些明显的缺陷,但仍得到一些应用计量经济学家的认可,认为它是一种寻求经验规律的过程,从中可以判断理论模型是否存在错误或疏漏,但在设计搜索最终模型的检验中应注意,需使数据挖掘成本最小。

2. 从"一般到简单"的过程

从"一般到简单"(general to simple)或称从"一般到特殊"(general to specific) 过程是指首先根据经济理论和经验选择全部(尽可能多)的解释变量,也即设定了一个包括"全部"变量的一般模型,然后通过各种检验逐步剔除不显著的变量,经过简约过程,最后得到仅包含重要变量的简单的"最好"的模型。

这一模型的优点在于解释变量个数减少,增加了自由度,降低了标准差,避免了严重的多重共线性。这一过程相当于从可能包含无关变量的模型开始进行简约,因此参数估计量仍具有无偏性,统计推断仍然有效,只是参数估计量方差较大,有效性较差(见 §1),但在简约过程中,随着无关变量被剔除,有效性损失也会逐步减少。

从"一般到简单"的变量选取过程备受推荐,被认为更为可取,但有时也会遇到一些实际困难。如回归元中有若干滞后变量,它们之间的高度相关性使得很难分别度量各变量的影响。另外在非嵌套模型之间不易采用此方法。

这一方法是由大卫·亨德瑞(David Hendry)和伦敦政治经济学院(London School of Economics and Political Science, LSE)众多计量经济学家大力倡导的,所以也被称为 Hendry/LSE 方法。

二、变量个数选取的信息准则

解释变量个数必须适当,不宜过多或过少。个数过少,残差平方和不会太小,模型拟合程度差;过多,虽然残差平方和会减少,拟合得更好了,但会引发严重多重共线性,同时自由度过小,标准差过大,参数估计量的有效性差。下面给出一些信息准则,作为选取解释变量个数的参考。记 n 为样本容量,K 为解释变量个数,$\boldsymbol{e}'\boldsymbol{e}$ 为残差平方和,$\boldsymbol{y}'\boldsymbol{y}$ 为总平方和。

1. $\bar{R}^2$ 准则

在第3章已介绍过调整的可决系数 $\bar{R}^2$,其定义为

$$\bar{R}^2 = 1 - \frac{\boldsymbol{e}'\boldsymbol{e}/(n-K)}{\boldsymbol{y}'\boldsymbol{y}/(n-1)} = 1-(1-R^2)\frac{n-1}{n-K}.$$

不同模型,K 不同,选择 $\bar{R}^2$ 大的模型为好,对应的 K 即为所求。

虽然过多增添解释变量会提高 R^2,减少 $1-R^2$,但同时自由度 $n-K$ 也随之减少,从而 $\frac{n-1}{n-K}$ 变大,致使 $(1-R^2)\frac{n-1}{n-K}$ 不会变得很小。可见 $\bar{R}^2$ 这一指标既考虑了拟合优度又考虑了自由度,在两者之间进行权衡来决定变量的取舍。

2. 赤池信息准则和施瓦兹信息准则

赤池信息准则(Akaike Information Criterion, AIC)定义为

$$\mathrm{AIC} = \frac{\boldsymbol{e}'\boldsymbol{e}}{n}\mathrm{e}^{2K/n},$$

或以对数形式表示

$$\mathrm{AIC} = \ln\frac{\boldsymbol{e}'\boldsymbol{e}}{n} + \frac{2}{n}K.$$

施瓦兹信息准则(Schwarz Information Criterion, SC)定义为

$$\mathrm{SC} = \frac{\boldsymbol{e}'\boldsymbol{e}}{n}n^{K/n},$$

或

$$\mathrm{SC} = \ln\frac{\boldsymbol{e}'\boldsymbol{e}}{n} + \frac{\ln n}{n}K.$$

如何使用这些准则呢?在模型设定后,K 就确定了,取定样本进行估计,可计算出AIC(或SC),比较各模型的AIC(或SC),AIC(或SC)最小的模型所对应的 K 为所求。在众多备选模型中,具有最小AIC(或SC)的模型为优先选择的模型。

可见,信息准则既考虑到选取 K 时要使残差平方和尽可能小,但同时 K 又不能过大。AIC、SC对添加过多的解释变量施加了惩罚。$\frac{2}{n}K$ 和 $\frac{\ln n}{n}K$ 被称为惩罚因子。由于一般 n 较大,所以 $\frac{\ln n}{n}K>\frac{2}{n}K$,也就是说SC比AIC惩罚更为严厉。

除此之外,还有其他准则①,但由于大多数软件均输出 $\bar{R}^2$,AIC,SC,所以这三种准则使用较方便,应用较频繁。特别在时间序列模型中常用这些准则来协助决定滞后期 p。

---

① 其他准则参阅本章附录2。

不过需指出的是,AIC 和 SC 并非检验统计量,它们只具有描述性,结论只能作为参考,各种准则之间也无法比较优劣。

附录 1

矩阵评级

1. 定义

设 $\boldsymbol{A},\boldsymbol{B}$ 均为 n 阶方阵,对任意 n 维列向量 $\boldsymbol{\xi}\neq0$,

若有 $\boldsymbol{\xi}'\boldsymbol{A}\boldsymbol{\xi}-\boldsymbol{\xi}'\boldsymbol{B}\boldsymbol{\xi}>\mathbf{0}$,则称 $\boldsymbol{A}>\boldsymbol{B}$;

若有 $\boldsymbol{\xi}'\boldsymbol{A}\boldsymbol{\xi}-\boldsymbol{\xi}'\boldsymbol{B}\boldsymbol{\xi}<\mathbf{0}$,则称 $\boldsymbol{A}<\boldsymbol{B}$。

2. 若 $\boldsymbol{A},\boldsymbol{B}$ 为 n 阶对称阵,则

$\boldsymbol{A}>\boldsymbol{B}$ 等价于 $\boldsymbol{A}-\boldsymbol{B}$ 为正定阵;

$\boldsymbol{A}<\boldsymbol{B}$ 等价于 $\boldsymbol{A}-\boldsymbol{B}$ 为负定阵。

3. $\boldsymbol{A},\boldsymbol{B}$ 为 n 阶可逆阵,且 $\boldsymbol{A}>\boldsymbol{B}$,则 $\boldsymbol{A}^{-1}<\boldsymbol{B}^{-1}$。

(证明略)

附录 2

其他信息准则还有

$$\mathrm{HQ}=\frac{\boldsymbol{e}'\boldsymbol{e}}{n}(\ln n)^{2K/n};$$

$$\mathrm{SGMASQ}=\frac{\boldsymbol{e}'\boldsymbol{e}}{n}\left(1-\frac{K}{n}\right)^{-1};$$

$$\mathrm{GCV}=\frac{\boldsymbol{e}'\boldsymbol{e}}{n}\left(1-\frac{K}{n}\right)^{-2};$$

$$\mathrm{RICE}=\frac{\boldsymbol{e}'\boldsymbol{e}}{n}\left(1-\frac{2K}{n}\right)^{-1};$$

$$\mathrm{FPE}=\frac{\boldsymbol{e}'\boldsymbol{e}}{n}\frac{n+K}{n-K};$$

$$\mathrm{SHIBATA}=\frac{\boldsymbol{e}'\boldsymbol{e}}{n}\frac{n+2K}{n}.$$

第 14 章 因果推断思想与方法

英国哲学家弗朗西斯·培根(Francis Bacon)曾说:“真正的知识是根据因果关系得到的知识”。探求事物之间的因果关系是自然科学和社会科学研究的主要目的。然而,这并不是一件容易的事。

人们在生活中能够观察到很多现象之间存在相关性,但这并不代表这些现象之间存在因果性。我们可以通过计算相关系数来刻画相关性并进行统计检验,但若要回答因果性则困难得多。

至少有三种显而易见的情形会产生相关性:

第一,因果性会产生相关性。比如,父子身高之间存在相关性。

第二,共因会产生相关性。比如,兄弟身高之间存在相关性,尽管两者之间没有因果关系。

第三,含有趋势的变量之间会表现出相关性。无论是时间趋势还是随机趋势,都会导致相关性。由随机趋势导致的相关性就是所谓的“伪相关”。

因果推断(Causal Inference)在不同的语境下有不同的含义。从广义上讲,因果推断既包括“析果”也包括“溯因”。所谓“析果”,是指给定因(比如变量 X),分析它对于其他变量(比如 Y)的影响。所谓“溯因”,是指观察到某种结果(比如变量 Y),追溯到底是哪些原因(比如变量 $X_1, X_2, \cdots$)造成的。显然,“溯因”离不开“析果”,但“溯因”比“析果”复杂得多。从狭义上讲,因果推断就是指“析果”。本章取其狭义,与绝大多数论文和著作一致。

因果推断的基本思路是设法控制或排除所有其他渠道产生的相关性,仅保留由因果性产生的相关性,这就是所要估计的因果效应(Causal Effect)。

§1 因果图

计算机科学家朱迪亚·珀尔(Judea Pearl)系统地提出了因果图(Causal Graph)分析方法,并于 2011 年获得图灵奖。因果图不仅直观,而且可以清晰地描述先验的因果假定。本节内容的编写主要参考珀尔的相关著作和文章。

一、因果图的基本概念

因果图又被称有向无环图(Directed Acyclic Graph,DAG),由一组节点和一组连接成对节点的单向线段构成。每个节点表示一个变量,每条单向线段表示一对变量之间的因果关系方向。从一个节点出发,不允许沿着相同方向的单向线段最终回到原节点,这意味着不允许变量之间存在双向因果(Simultaneous Causation)以及反馈循环(Feedback Loops),也不允许存在自循环。

连接两个节点的一系列单向线段若不重复通过同一个节点,就被称为一条路径。如果两个节点之间至少存在一条路径,则称这两个节点是连通的,否则称它们是分离的。如果一条路径上的所有线段都沿着相同的方向,该路径称为有向路径或因果路径。

我们可以自由地使用亲属关系术语(例如父代、子代、祖代、后代、兄弟等)来表示图中的各种关系,这些亲属关系可以沿着图中有向边的箭头来定义。如果某个节点没有父节点,则称它为根节点;如果某个节点没有子节点,则称它为汇聚节点。每张因果图至少有一个根节点和一个汇聚节点。

二、因果图的基本结构

因果图包含三种基本结构。

1. 链结构

对于有序变量对(X,Y),如果存在一条连接 X 和 Y 的路径,有向边的箭头从 X 出发,首尾相接指向 Y,该路径就是链结构。显然,链结构对应于因果路径。

如果变量 X 和 Y 之间只存在一条路径,而且这条路径为链结构,Z 是截断这条路径的任何一组变量,那么,以 Z 为条件,X 和 Y 是独立的。可以把条件独立性简记为

$$X \perp Y \mid Z$$

考虑因果图,如图 14-1。

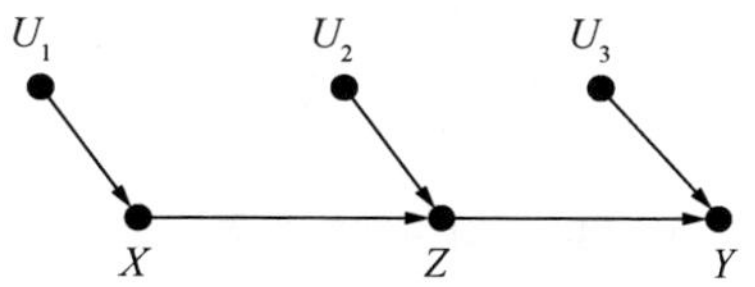

图 14-1　链结构因果图示例

在上面的因果图中,$X \to Z \to Y$ 是一个链结构。以 Z 为条件,X 和 Y 是独立的。需要注意的是,该结论成立的条件是 U_1、U_2 和 U_3 相互独立。

2. 分叉结构

对于有序变量对(X,Y),如果存在一条连接X和Y的路径,在该路径上存在一个变量Z,Z是X与Y的共同原因(箭头由Z指向X,箭头也由Z指向Y),该路径就是分叉结构。

如果变量X和Y之间只存在一条路径,而且这条路径为分叉结构,Z是X和Y的共同原因,那么,以Z为条件,X和Y是独立的。

考虑因果图,如图 14-2 所示。

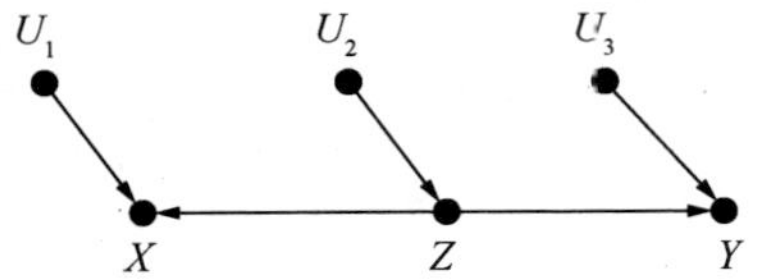

图 14-2　分叉结构因果图示例

在上面的因果图中,$X \leftarrow Z \rightarrow Y$是一个分叉结构。以$Z$为条件,$X$和$Y$是独立的。

3. 对撞结构

对于有序变量对(X,Y),如果存在一条连接X和Y的路径,在该路径上存在一个变量Z,Z既是X的结果,也是Y的结果(箭头由X指向Z,箭头也由Y指向Z),该路径就是对撞结构。我们称Z是变量X和Y的对撞节点。

如果变量X和Y之间只存在一条路径,而且这条路径为对撞结构,变量Z是X和Y的对撞节点,那么,变量X和Y是相互独立的。但是一旦以Z或Z的任何子孙为条件,X和Y之间不再是独立的。

考虑因果图,如图 14-3 所示。

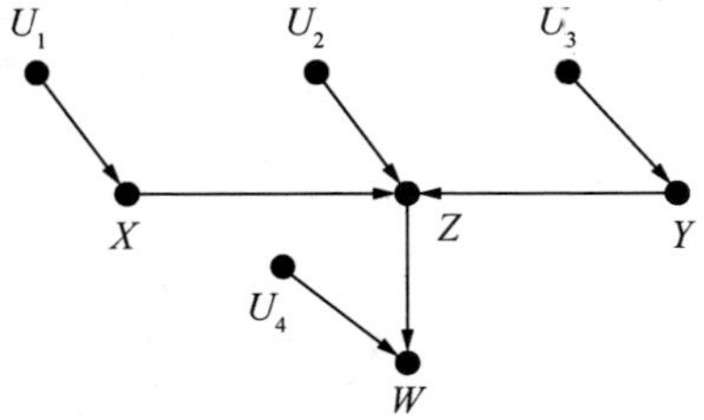

图 14-3　对撞结构因果图示例

在上面的因果图中,$X \rightarrow Z \leftarrow Y$是一个对撞结构,$X$和$Y$是相互独立的。但是,一旦以$Z$或$W$为条件,$X$和$Y$就不再是相互独立的。

我们把会造成变量相关的路径称为开放路径,把不会造成变量相关的路径称为死路径。任何包含对撞结构的路径都是死路径;任何不包含对撞结构的路径都是开放路径。

对于有序变量对(X,Y),我们将所有 X 和 Y 之间以指向 X 的箭头为开始的路径统称为后门路径(Back-door Path)。如果阻断了所有的后门路径,我们就完成了对 X 和 Y 的去混杂。

三、*d*-分离准则

考虑三个不相交的变量集 X,Y,Z,它们的元素都是因果图 G 中的节点。为了检验在任何与 G 相容的分布中在 Z 条件下 X 是否独立于 Y,我们需要检验变量集 Z 所对应的节点是否“阻断”了从节点集 X 到节点集 Y 的所有路径,即是否阻断了这些路径连接的变量之间的信息流(或关联流)。“阻断”可由所谓的 d-分离来定义。

一条路径 p 被节点集 Z d-分离(或阻断),当且仅当

① p 包含了一个链结构 $i\to m\to j$ 或一个分叉结构 $i\leftarrow m\to j$,而中间节点 m 在 Z 中;或者

② p 包含了一个对撞结构 $i\to m\leftarrow j$,而中间节点 m 以及 m 的任何后代节点都不在 Z 中。

集合 Z 将集合 X 与集合 Y d-分离当且仅当集合 Z 阻断了从集合 X 中每个节点到集合 Y 中每个节点的所有路径。

在因果图 G 中,如果集合 X 和集合 Y 被集合 Z d-分离,那么在每一个与 G 相容的分布中,以 Z 为条件时,X 独立于 Y;反之,如果集合 X 和集合 Y 未被集合 Z d-分离,那么至少存在一个与 G 相容的分布,以 Z 为条件时,X 与 Y 相关。

考虑图 14-4。

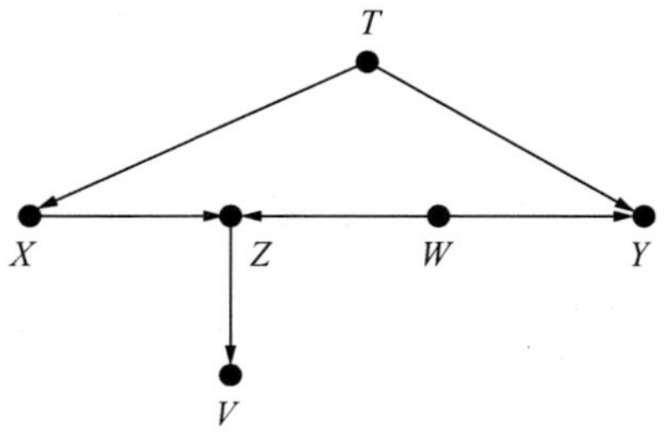

图 14-4　*d*-分离示例

由于 X 与 Y 之间存在后门路径 $X\leftarrow T\to Y$,所以 X 与 Y 之间是相关的。可以看出,X 与 Y 被 T d-分离,所以若以 T 为条件,则 X 与 Y 相互独立。不过,若以集合$\{T,Z\}$为条件,则 X 与 Y 之间是相关的。若以集合$\{T,V\}$为条件,则 X 与 Y 之间也是相关的。若以集合$\{T,Z,W\}$为条件,则 X 与 Y 相互独立。

四、混杂偏差的控制准则

在试图分析变量 X 对于变量 Y 的因果效应时,一个关键问题是,我们是否应该依据其他一些变量(Z,也称协变量或混杂因素)的可能变化来校正我们的估计。校正相当于将个体按照 Z 来分成同类的组,评估每个同类组中 X 对 Y 的影响,然后对结果求平均。

我们用 $do(X=x)$ 表示固定 X 的取值为 x,相当于进行受控试验。

对于因果图 G,假设我们获得了变量集 X 和变量集 Y 的观测性数据,我们希望估计干预 $X=x$ 对变量集 Y 有何效应,即估计 $\Pr(y|do(X=x))$。

1. 后门准则

在因果图 G 中,变量集 Z 满足有序变量对(X_i,Y_i)的后门准则,条件是

① Z 中没有节点是 X_i 的后代;

② Z 阻断了 X_i 和 Y_i 之间所有指向 X_i 的路径。

如果 X 和 Y 是 G 中两个不相交的节点集,如果 Z 满足任何变量对(X_i,Y_i)的后门准则(Back-door Criterion),其中 $X_i \in X, Y_i \in Y$,则称 Z 满足(X,Y)的后门准则。

考虑图 14-5。

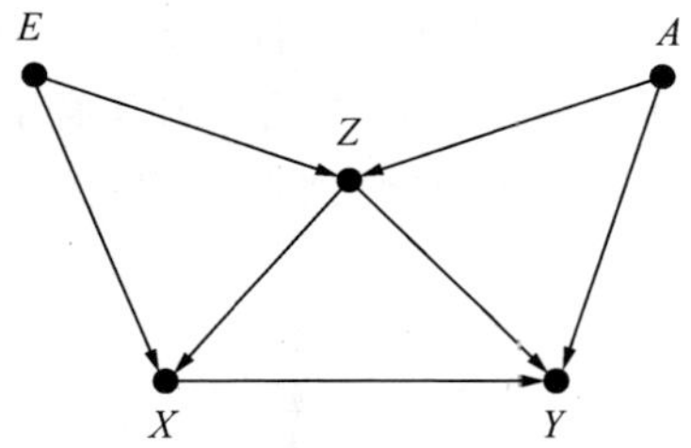

图 14-5　后门准则示例

在该图中,从 X 到 Y 一共有四条后门路径,而且它们都经过节点 Z。路径 $X \leftarrow E \rightarrow Z \leftarrow A \rightarrow Y$ 有一个对撞节点 Z。以 Z 为条件会导致这条路径 d-连通,从而违反了后门准则。要阻断所有的后门路径,需要以下面集合中的一个为条件:$\{E,Z\}$、$\{A,Z\}$或$\{E,Z,A\}$。

下面给出后门校正的公式①。

如果变量集 Z 满足(X,Y)的后门准则,那么,X 对 Y 的因果效应是可识别的,可基于以下公式计算:

$$\Pr(y \mid do(X=x)) = \sum_z \Pr(y \mid x,z)\Pr(z).$$

上式中的求和表示对 Z 校正后得到的标准公式。

① 珀尔, 2022. 因果论[M]. 刘礼,杨矫云,廖军,等译. 北京:机械工业出版社.

例 1[①]:辛普森悖论

为了研究某种新药是否有疗效,调查了 700 名患者,其中,350 人服药,350 人未服药,统计结果如表 14-1 所示:

表 14-1 关于某种新药的临床试验数据

性别	处理组(服药)		对照组(未服药)	
	康复	未康复	康复	未康复
男性	81	6	234	36
女性	192	71	55	25
总数	273	77	289	61

我们计算处理组与对照组的康复率,结果如表 14-2 所示:

表 14-2 处理组与对照组的康复率比较

性别	处理组(服药)		对照组(未服药)	
	康复	康复率	康复	康复率
男性	81	93%(=81/87)	234	87%(=234/270)
女性	192	73%(=192/263)	55	69%(=55/80)
总数	273	78%(=273/350)	289	83%(=289/350)

可以看出,就男性患者而言,处理组的康复率高于对照组的康复率;就女性患者而言,处理组的康复率也高于对照组的康复率。然而,若不区分性别,结论正好相反,处理组的康复率低于对照组。这就是著名的“辛普森悖论”。

应该如何分析数据呢?我们首先画出因果图,如图 14-6 所示:

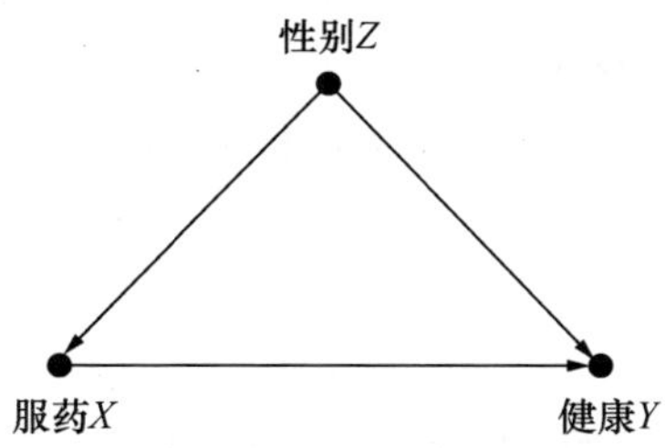

图 14-6 服药与健康的因果图示例

图 14-6 表明,存在后门路径 $X \leftarrow Z \rightarrow Y$,可以基于后门校正公式来估计服药对于健康的因果效应:

① 该例数据取自珀尔,格利穆尔,朱厄尔,2020. 统计因果推理入门[M]. 杨矫云,安宁,李廉,译. 北京:高等教育出版社.

根据表中数据可得

$$\Pr(\text{男性}) = \frac{87+270}{(87+270)+(263+80)} = \frac{357}{700} = 51\%.$$

$$\Pr(\text{女性}) = \frac{263+80}{(87+270)+(263+80)} = \frac{343}{700} = 49\%.$$

$$\Pr(\text{康复} \mid \text{服药,男性}) = \frac{81}{87} = 93\%.$$

$$\Pr(\text{康复} \mid \text{服药,女性}) = \frac{192}{263} = 73\%.$$

因此,

$$\begin{aligned}&\Pr(\text{康复} \mid do(X=\text{服药}))\\&\quad = \Pr(\text{康复} \mid \text{服药,男性})\Pr(\text{男性}) + \Pr(\text{康复} \mid \text{服药,女性})\Pr(\text{女性})\\&\quad = 93\% \times 51\% + 73\% \times 49\% = 83.20\%\end{aligned}$$

类似地,可算出

$$\begin{aligned}&\Pr(\text{康复} \mid do(X=\text{不服药}))\\&\quad = \Pr(\text{康复} \mid \text{不服药,男性})\Pr(\text{男性}) + \Pr(\text{康复} \mid \text{不服药,女性})\Pr(\text{女性})\\&\quad = 87\% \times 51\% + 69\% \times 49\% = 78.18\%\end{aligned}$$

定义

$$Y_i = \begin{cases}1, & \text{若康复,}\\ 0, & \text{若未康复.}\end{cases}$$

服药的因果效应为

$$\begin{aligned}&E[Y_i \mid do(X=\text{服药})] - E[Y_i \mid do(X=\text{不服药})]\\&\quad = \Pr(\text{康复} \mid do(X=\text{服药})) - \Pr(\text{康复} \mid do(X=\text{不服药}))\\&\quad = 83.20\% - 78.18\% = 5.02\%.\end{aligned}$$

这表明,此种新药有效果,可以将康复率提高 5 个百分点。

2. 前门准则

在因果图 G 中,变量集 Z 满足有序变量对(X,Y)的前门准则(Front-door Criterion),条件是

① Z 阻断了所有从 X 到 Y 的有向路径(因果路径);

② 从 X 到 Z 没有未被阻断的后门路径;

③ 所有从 Z 到 Y 的后门路径都被 X 阻断。

考虑图 14-7。

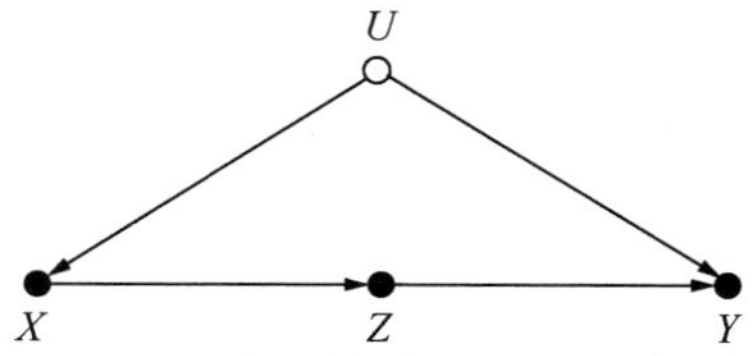

图 14-7　前门准则示例

在上图中，U 是一个不可观测的变量。从 X 到 Y 只有一条因果路径 $X \to Z \to Y$，该路径被 Z 阻断；从 X 到 Z 的路径 $X \leftarrow U \to Y \leftarrow Z$ 被对撞节点 Y 所阻断，故不存在从 X 到 Z 未被阻断的后门路径；从 Z 到 Y 只有一条后门路径 $Z \leftarrow X \leftarrow U \to Y$，但它被 X 阻断。可见，变量 Z 满足有序变量对的前门准则。

下面给出前门校正的公式①。

如果变量集 Z 满足 (X,Y) 的前门准则，且 $\Pr(x,z)>0$，那么，X 对 Y 的因果效应是可识别的，可基于以下公式计算：

$$\Pr(y \mid do(X=x)) = \sum_z \Pr(z \mid x) \sum_{x'} \Pr(y \mid x',z)\Pr(x').$$

实际上，前门准则中的某些条件还可以适当放宽，某些被前门准则中的条件②和条件③所排除的后门路径实际上是可以允许存在的，只要它们能被其他可观测变量阻断。考虑图 14-8。

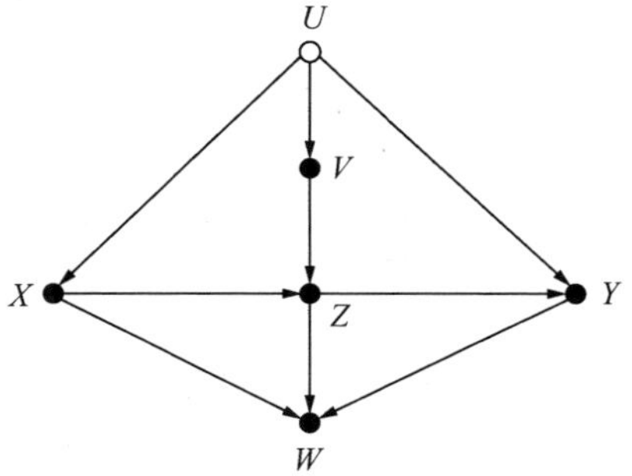

图 14-8　放宽条件的前门准则示例

在该图中，变量 Z 满足变量对 (X,Y) 的类似前门的准则，因为变量 V 不仅阻断了所有从 X 到 Z 的后门路径，也阻断了所有从 Z 到 Y 的后门路径。X 对 Y 的因果效应是可识别的，可基于以下公式计算：

---

① 珀尔，2022. 因果论[M]. 刘礼，杨矫云，廖军，等译. 北京：机械工业出版社.

$$\Pr(y \mid do(X = x)) = \sum_{z} \left[\sum_{v} \Pr(z \mid v, x)\Pr(v) \right] \sum_{x', v'} \Pr(y \mid x', v', z)\Pr(x', v').$$

例 2:吸烟是否致癌

为了研究吸烟是否致癌,调查了 800 名患者。其中,400 人服吸烟,400 人不吸烟,统计结果如表 14-3 所示:

表 14-3　一个样本随机选择的假设数据集

患病情况		有焦油		无焦油		合计	
		吸烟者 380	不吸烟者 20	吸烟者 20	不吸烟者 380	吸烟者 400	不吸烟者 400
无癌症	人数/1 000	323	1	18	38	341	39
	比例/%	85	5	90	10	85.25	9.75
患癌症	人数/1 000	57	19	2	342	59	361
	比例/%	15	95	10	90	14.75	90.25

重新组织数据如下:

表 14-4　重新组织数据,展示每一个吸烟-焦油分组中的癌症比例

患病情况		吸烟者		不吸烟者		合计	
		有焦油 380	无焦油 20	有焦油 20	无焦油 380	有焦油 400	无焦油 400
无癌症	人数/1 000	323	18	1	38	324	56
	比例/%	85	90	5	10	81	14
患癌症	人数/1 000	57	2	19	342	76	344
	比例/%	15	10	95	90	19	86

因果图如下:

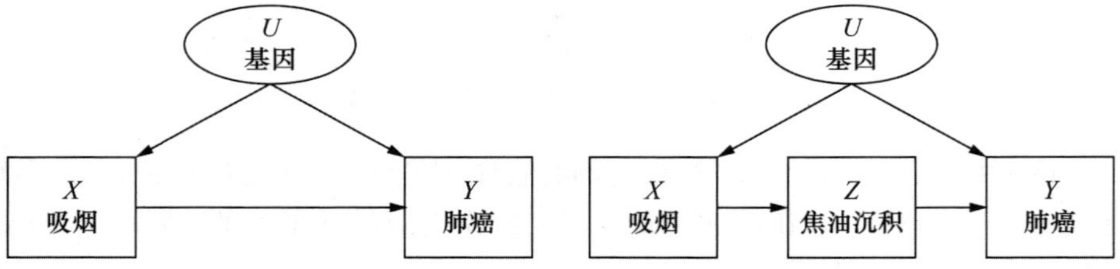

(a)　(b)

依据表 14-4 中数据可以计算:

Pr(有焦油|吸烟)= 380/400 = 95%

Pr(无焦油|吸烟)= 20/400 = 5%

Pr(肺癌|吸烟,有焦油)= 57/400 = 14.25%

Pr(肺癌|不吸烟,有焦油)= 19/20 = 95%

Pr(肺癌|吸烟,无焦油)= 2/20 = 10%

Pr(肺癌|不吸烟,无焦油)= 343/380 = 90%

Pr(吸烟)= 400/800 = 50%

Pr(不吸烟)= 400/800 = 50%

利用前门校正公式估计因果效应：

$$\Pr(y \mid do(X = x)) = \sum_{z} \Pr(z \mid x) \sum_{x'} \Pr(y \mid x', z) \Pr(x')$$

$$\begin{aligned}
\Pr(\text{肺癌} \mid do(X=\text{吸烟})) &= \Pr(\text{有焦油} \mid \text{吸烟}) \times [\Pr(\text{肺癌} \mid \text{吸烟},\text{有焦油}) \times \Pr(\text{吸烟}) \\
&\quad + \Pr(\text{肺癌} \mid \text{不吸烟},\text{有焦油}) \times \Pr(\text{不吸烟})] \\
&\quad + \Pr(\text{无焦油} \mid \text{吸烟}) \times [\Pr(\text{肺癌} \mid \text{吸烟},\text{无焦油}) \times \Pr(\text{吸烟}) \\
&\quad + \Pr(\text{肺癌} \mid \text{不吸烟},\text{无焦油}) \times \Pr(\text{不吸烟})] \\
&= 95\% \times [15\% \times 50\% + 95\% \times 50\%] \\
&\quad + 5\% \times [10\% \times 50\% + 90\% \times 50\%] \\
&= 54.75\%
\end{aligned}$$

类似地,可计算：

$$\Pr(\text{有焦油} \mid \text{不吸烟}) = \frac{20}{400} = 5\%$$

$$\Pr(\text{无焦油} \mid \text{不吸烟}) = \frac{380}{400} = 95\%$$

$$\begin{aligned}
\Pr(\text{肺癌} \mid do(X=\text{不吸烟})) &= \Pr(\text{有焦油} \mid \text{不吸烟}) \times [\Pr(\text{肺癌} \mid \text{吸烟},\text{有焦油}) \times \Pr(\text{吸烟}) \\
&\quad + \Pr(\text{肺癌} \mid \text{不吸烟},\text{有焦油}) \times \Pr(\text{不吸烟})] \\
&\quad + \Pr(\text{无焦油} \mid \text{不吸烟}) \times [\Pr(\text{肺癌} \mid \text{吸烟},\text{无焦油}) \times \Pr(\text{吸烟}) \\
&\quad + \Pr(\text{肺癌} \mid \text{不吸烟},\text{无焦油}) \times \Pr(\text{不吸烟})] \\
&= 5\% \times [15\% \times 50\% + 95\% \times 50\%] \\
&\quad + 95\% \times [10\% \times 50\% + 90\% \times 50\%] \\
&= 50.25\%
\end{aligned}$$

因此,吸烟对于肺癌的因果效应为

$$\begin{aligned}
\tau &= \Pr(\text{肺癌} \mid do(X = \text{吸烟})) - \Pr(\text{肺癌} \mid do(X = \text{不吸烟})) \\
&= 54.75\% - 50.25\% = 4.5\%
\end{aligned}$$

比较：

吸烟对于焦油沉积的因果效应为

$$
\begin{aligned}
\tau_1 &= \Pr(\text{有焦油} \mid do(X=\text{吸烟})) - \Pr(\text{有焦油} \mid do(X=\text{不吸烟})) \\
&= 95\% - 5\% = 90\%
\end{aligned}
$$

而

$$
\begin{aligned}
\Pr(\text{肺癌} \mid do(Z=\text{有焦油})) &= \Pr(\text{肺癌} \mid \text{吸烟,有焦油}) \times \Pr(\text{吸烟}) \\
&\quad + \Pr(\text{肺癌} \mid \text{不吸烟,有焦油}) \times \Pr(\text{不吸烟}) \\
&= 15\% \times 50\% + 95\% \times 50\% \\
&= 55\%
\end{aligned}
$$

$$
\begin{aligned}
\Pr(\text{肺癌} \mid do(Z=\text{无焦油})) &= \Pr(\text{肺癌} \mid \text{吸烟,无焦油}) \times \Pr(\text{吸烟}) \\
&\quad + \Pr(\text{肺癌} \mid \text{不吸烟,无焦油}) \times \Pr(\text{不吸烟}) \\
&= 10\% \times 50\% + 90\% \times 50\% \\
&= 50\%
\end{aligned}
$$

因此,焦油沉积对于肺癌的因果效应为

$$
\begin{aligned}
\tau_2 &= \Pr(\text{肺癌} \mid do(Z=\text{有焦油})) - \Pr(\text{肺癌} \mid do(Z=\text{无焦油})) \\
&= 55\% - 50\% = 5\%
\end{aligned}
$$

可见

$$\tau = \tau_1 \times \tau_2$$

五、控制变量的好坏

利用因果图,基于后门准则,珀尔与其合作者曾撰文论述控制变量的好坏。所谓好的控制变量,是指若不控制它就会导致因果效应估计出现偏差,而一旦控制它就可以得到因果效应的无偏估计;所谓坏的控制变量,是指若控制它就会导致因果效应估计出现偏差,而不控制它时反而可以得到因果效应的无偏估计。当然,也存在所谓的可有可无的控制变量,即无论是否控制它都可以得到因果效应的无偏估计;不过,在有的情形下,控制它可以提高因果效应估计的精度;而在有的情形下则恰好相反。

这里介绍他们的主要结论①。这些内容适用于一般化的因果推断,当然也可作为回归模型构建的重要参考。

1. 好的控制变量

在图 14-9 的六张因果图中,如果我们要估计变量 X 对于变量 Y 的因果效应,那么,变量 Z 是好的控制变量,因为控制 Z 可以阻断后门路径。

① Cinelli, C., A. Forney and J. Pearl, 2022. A Crash Course in Good and Bad Controls[J]. Sociological Methods & Research, (5): 1-34.

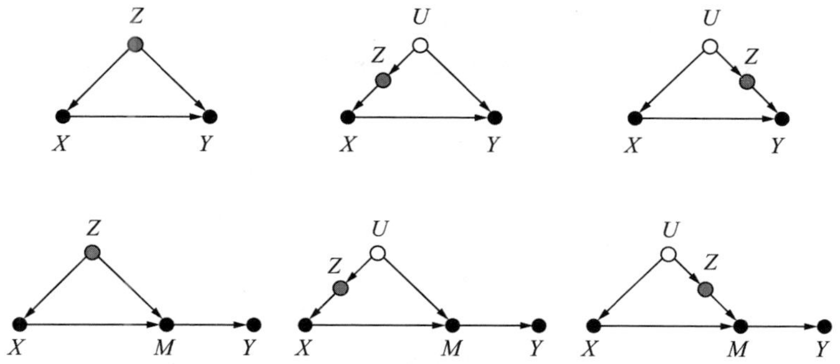

图 14-9　好的控制变量示例

2. 坏的控制变量

在图 14-10 的两张因果图中，如果我们要估计变量 *X* 对于变量 *Y* 的因果效应，由于从 *X* 到 *Y* 不存在开放的后门路径，因此不需要控制 *Z*。相反，由于 *Z* 为对撞变量，一旦控制 *Z* 就会导致对因果效应的估计产生偏差。

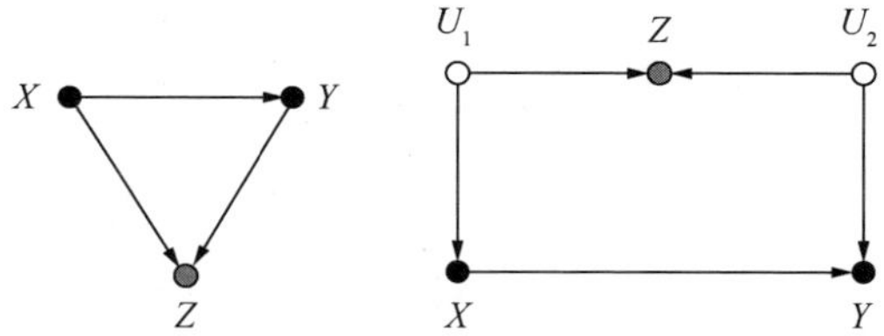

图 14-10　坏的控制变量示例 1

在图 14-11 的三张因果图中，如果我们要估计变量 *X* 对于变量 *Y* 的因果效应，由于从 *X* 到 *Y* 不存在开放的后门路径，因此不需要控制任何变量。相反，如果控制 *Z*，那么 *Z* 是坏的控制变量。在这三张因果图中，*Z* 要么是中介变量，要么是中介变量的后代，控制 *Z* 就会产生过度控制偏差。值得注意的是，在最右边的因果图中，*Z* 同时还是对撞变量，一旦控制 *Z* 会导致原来的死路径 $X \to Z \leftarrow U \to Y$ 变为开放路径，产生新的偏差。

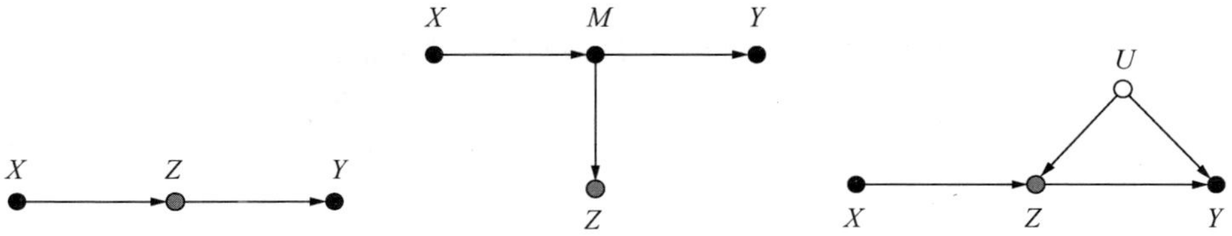

图 14-11　坏的控制变量示例 2

在图 14-12 中,如果我们要估计变量 X 对于变量 Y 的因果效应,存在后门路径 $X \leftarrow U \rightarrow Y$,控制 Z 会放大偏差,所以 Z 是坏的控制变量。

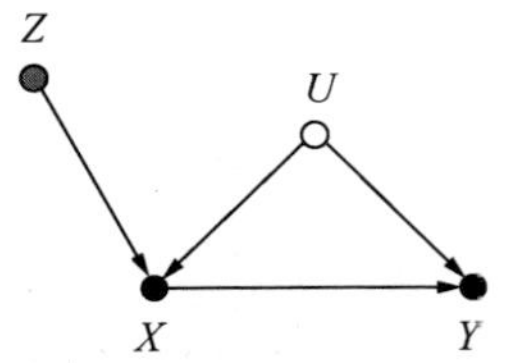

图 14-12　坏的控制变量示例 3

在图 14-13 中,如果我们要估计变量 X 对于变量 Y 的因果效应,Z 也是坏的控制变量,控制 Z 会导致因果效应估计偏差。

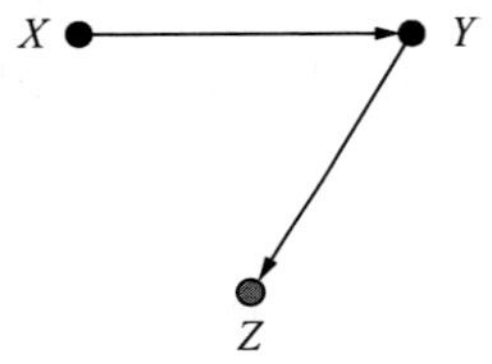

图 14-13　坏的控制变量示例 4

3. 可有可无的控制变量

在图 14-14 中,如果我们要估计变量 X 对于变量 Y 的因果效应,Z 是可有可无的控制变量,即无论是否控制 Z 都可以得到因果效应的无偏估计,但控制 Z 可以提高估计精度。

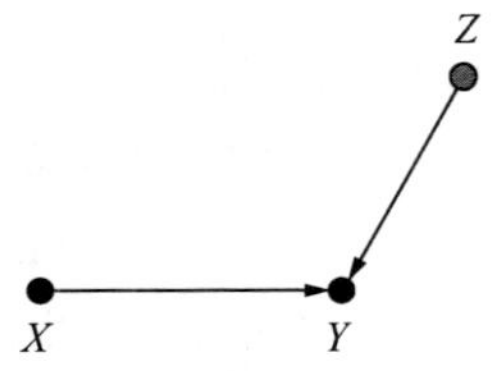

图 14-14　可有可无的控制变量示例 1

在图 14-15 中,如果我们要估计变量 X 对于变量 Y 的因果效应,Z 是可有可无的控制变量。在左边的因果图中,控制 Z 有助于提高对因果效应的估计精度。在右边的因果图中,如果存在基于 W 的样本自选择问题,那么,控制 Z 可以消除样本自选择偏差,得到因果效应的无偏估计。

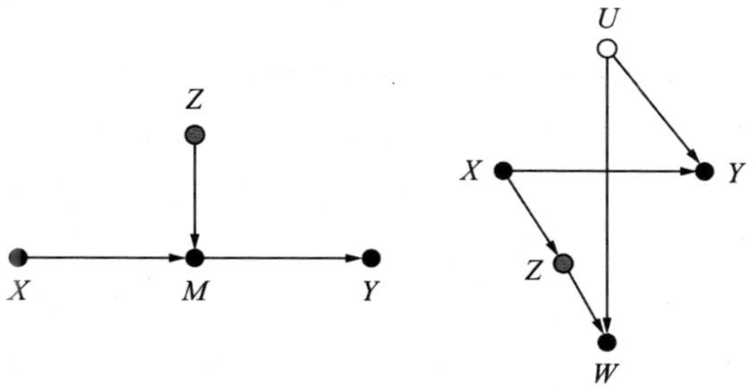

图 14-15　可有可无的控制变量示例 2

在图 14-16 中,Z 要么为 X 的父代,要么为 X 的后代,控制 Z 会降低 X 的变化幅度,进而会降低对因果效应的估计精度。

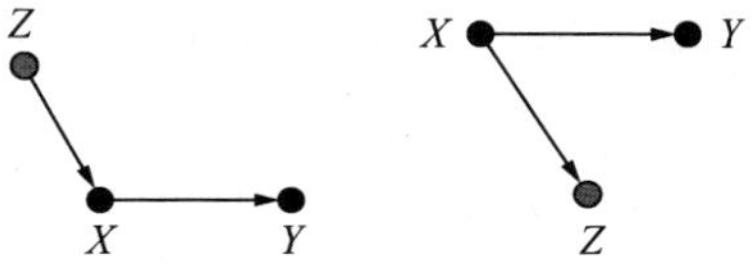

图 14-16　可有可无的控制变量示例 3

§2　匹配方法

一、潜在结果框架

为了简化起见,我们考虑二值的干预变量,以虚拟变量 $D_i = \{0,1\}$ 表示个体 i 是否接受了某种干预或处理(即原因变量):取值 1 代表接受了干预;取值 0 代表未接受干预。将我们感兴趣的结果记为 Y_i。如果干预变量对于结果变量具有因果作用,那么,对于个体 i 的观测就有两种潜在结果(Potential Outcome):

$$Y_i = \begin{cases} Y_{1i}, & 若\ D_i = 1, \\ Y_{0i}, & 若\ D_i = 0. \end{cases}$$

对于个体 i,干预的因果效应被定义为

$$\tau_i = Y_{1i} - Y_{0i}.$$

这种基于潜在结果的因果效应定义是对同一个体同一时间的两种潜在结果的比较。这一定义完全满足建立因果性所要求的“其余条件不变”。

不过,同一个体在同一时间只可能接受一种干预,即 D_i 要么为 1 要么为 0,我们无法同时观测到 Y_{1i} 和 Y_{0i},因而无法根据定义来直接计算因果效应,这就是所谓“因果推断的

基本问题”。

潜在结果框架有一个重要假设,即“个体处理值稳定假设”(Stable Unit Treatment Value Assumption,SUTVA)。该假设有两层含义:第一,潜在结果定义中的干预水平对所有个体都是相同的。第二,对任何个体的干预不会影响其他个体的潜在结果。显然,SUTVA假设排除了干预的溢出效应和一般均衡效应。

由于无法同时观测到 Y_{1i} 和 Y_{0i},单一个体的因果效应是无法估计的。无法观测到的结果被称为“反事实结果”(Counterfactual Outcome)。因果推断的关键在于估计反事实结果。如果存在众多个体的数据,在一定条件下我们有可能估计出一组个体的平均因果效应。

首先,定义总体的平均因果效应(Average Causal Effect 或 Average Treatment Effect,统一简记为 ATE):

$$\text{ATE} \equiv E[Y_{1i} - Y_{0i}].$$

其次,定义干预组的平均因果效应(Average Causal Effect for the Treated 或 Average Treatment Effect for the Treated,统一简记为 ATT):

$$\text{ATT} \equiv E[Y_{1i} - Y_{0i} \mid D_i = 1].$$

最后,定义对照组的平均因果效应(Average Causal Effect for the Untreated 或 Average Treatment Effect for the Untreated,统一简记为 ATU):

$$\text{ATU} \equiv E[Y_{1i} - Y_{0i} \mid D_i = 0].$$

二、协变量匹配

1. 协变量匹配的原理

考虑图 14-17:

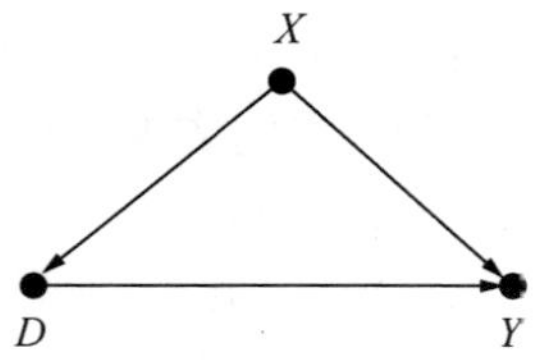

图 14-17　变量 X 满足后门准则

在这个因果图中,变量 X 满足有序变量对(D,Y)的后门准则。只要控制了变量 X,就可以阻断后门路径 $D \leftarrow X \rightarrow Y$,此时 D 与 Y 之间的相关关系就反映了它们之间的因果关系。我们可以基于后门校正公式计算变量 D 对于 Y 的因果效应:

$$\Pr(Y \mid do(D = 1)) = \sum_x \Pr(Y \mid D = 1, X_i = x)\Pr(X_i = x).$$

因此,

$$E[Y\mid \mathrm{do}(D=1)]=\sum_y y\times \Pr(Y=y\mid \mathrm{do}(D=1))$$
$$=\sum_y y\times \sum_x \Pr(Y=y\mid D=1,X_i=x)\Pr(X_i=x)$$
$$=\sum_x \sum_y y\times \Pr(Y=y\mid D=1,X_i=x)\Pr(X_i=x).$$

类似地,有

$$E[Y\mid \mathrm{do}(D=0)]=\sum_x \sum_y y\times \Pr(Y=y\mid D=0,X_i=x)\Pr(X_i=x).$$

因此,

$$\mathrm{ATE}=E[Y\mid \mathrm{do}(D=1)]-E[Y\mid \mathrm{do}(1)=0]$$
$$=\sum_x \sum_y y\times \Pr(Y=y\mid D=1,X_i=x)\Pr(X_i=x)$$
$$-\sum_x \sum_y y\times \Pr(Y=y\mid D=0,X_i=x)\Pr(X_i=x)$$
$$=\sum_x [\sum_y y\times \Pr(Y=y\mid D=1,X_i=x)$$
$$-\sum_y y\times \Pr(Y=y\mid D=0,X_i=x)]\Pr(X_i=x).$$

以 τ_x 表示 $X=x$ 层的平均因果效应,亦即①

$$\tau_x=\mathrm{ATE}_x=\sum_y y\times \Pr(Y=y\,|\,D=1,X_i=x)-\sum_y y\times \Pr(Y=y\,|\,D=0,X_i=x).$$

故有

$$\mathrm{ATE}=\sum_x \tau_x \Pr(X_i=x).$$

可见,按照 X 的不同取值进行分层或匹配,对于各层分别计算平均因果效应,再取加权平均值,即得 ATE。

类似地,有

$$\mathrm{ATT}=\sum_x \tau_x \Pr(X_i=x\mid D_i=1).$$
$$\mathrm{ATU}=\sum_x \tau_x \Pr(X_i=x\mid D_i=0).$$

还可以进一步变形,以 ATT 为例:

$$\mathrm{ATT}=\frac{\sum_x \tau_x \Pr(D_i=1\mid X_i=x)\Pr(X_i=x)}{\sum_x \Pr(D_i=1\mid X_i=x)\Pr(X_i=x)}.$$

如何利用样本数据估计因果效应?基本做法是将样本按照变量 X 的不同取值分层,在每层内评估 D 对 Y 的影响,然后对各层的评估结果求平均。对于 $X=x$ 的层,分别计算

① 若 Y 为连续变量,当 $D=1,X=x$ 时,Y 的概率密度函数为 $f_{1x}(y)$;当 $D=0,X=x$ 时,Y 的概率密度函数为 $f_{0x}(y)$,则有 $\tau_x=\int_{-\infty}^{+\infty} yf_{1x}(y)\mathrm{d}y-\int_{-\infty}^{+\infty} yf_{0x}(y)\mathrm{d}y$.

干预组和对照组的样本均值,不妨分别记为 $\bar{Y}_{xt}$ 和 $\bar{Y}_{xu}$,则层内 D 对于 Y 的因果效应为

$$\hat{\tau}_x = \bar{Y}_{xt} - \bar{Y}_{xu}.$$

然后,对各层的因果效应加权平均即得平均因果效应。

以 ATT 为例,其计算公式为

$$\text{ATT} = \sum_x \frac{n_{tx}}{n_t}(\bar{Y}_{xt} - \bar{Y}_{xu}).$$

式中,n_t 表示处理组的个体数,n_{tx} 表示处理组里位于 $X=x$ 的层内的个体数。

在潜在结果框架中,如果满足条件均值独立(Conditional Mean Independence,CMI)假设,即如下两式成立:

$$E[Y_{0i} \mid X_i, D_i = 1] = E[Y_{0i} \mid X_i, D_i = 0].$$

$$E[Y_{1i} \mid X_i, D_i = 1] = E[Y_{1i} \mid X_i, D_i = 0].$$

那么,通过控制变量 X 就可以估计变量 D 对于 Y 的因果效应,同样可以得到上面的各个表达式。

2. 共同支撑要求

我们看到,匹配估计量是对 τ_x 的加权平均,而 τ_x 是根据协变量分层的处理组和对照组观测结果均值之差。显然,只有当层内既有处理者也有未处理者时,我们才能够计算 τ_x。这个要求被称为共同支撑(Common Support)要求,可以表示为

$$0 < \Pr(D_i = 1 \mid X_i) < 1.$$

式中,$\Pr(D_i=1|X_i)$ 表示具有特征 X_i 的个体被处理的可能性,一般被称为倾向评分(Propensity Score),简记为 $\text{ps}(X_i)$。

二、倾向评分匹配

匹配估计量 ATT 对于只包含处理者的层以及只包含未被处理者的层都赋予权重 0,意味着这些层的数据都被舍弃了。当协变量较多或者协变量可以取多个值时,需要将样本数据按照协变量分成很多层,可能出现不少层只有处理者或只有未处理者的现象,无法计算这些层的因果效应,进而影响到整个样本因果效应的计算,这就是所谓“维数诅咒”问题。比如,假设共有六个协变量,各个协变量可以取的值分别有 2、3、4、5、6、8 个,那么,需要将样本数据按照各协变量取值的排列组合分为 2×3×4×5×6×8=5760 层,即使样本容量达到 1 万,也会出现很多层没有观测数据或只有处理者或只有未处理者的现象,这就导致无法计算这些层的因果效应参数,进而无法计算整个样本的因果效应参数。

1. 倾向评分匹配的原理

为了解决“维数诅咒”问题,Rosenbaum 和 Rubin(1983)提出了倾向评分匹配方法,从

基于协变量的多维匹配转向基于倾向评分的一维匹配①。

前文定义了倾向评分：

$$\mathrm{ps}(X_i) = \Pr(D_i = 1 \mid X_i) = E[D_i \mid X_i].$$

倾向评分是一种平衡评分——以平衡评分为条件,处理组与对照组的协变量分布相同,即

$$D_i \perp X_i \mid \mathrm{ps}(X_i).$$

[证明]

$$\Pr[D_i = 1 \mid X_i, \mathrm{ps}(X_i)] = E[D_i \mid X_i, \mathrm{ps}(X_i)] = E[D_i \mid X_i] = \mathrm{ps}(X_i).$$

$$\begin{aligned}\Pr[D_i = 1 \mid \mathrm{ps}(X_i)] &= E[D_i \mid \mathrm{ps}(X_i)] = E[E[D_i \mid X_i, \mathrm{ps}(X_i)] \mid \mathrm{ps}(X_i)] \\ &= E[\mathrm{ps}(X_i) \mid \mathrm{ps}(X_i)] = \mathrm{ps}(X_i).\end{aligned}$$

故

$$\Pr[D_i = 1 \mid X_i, \mathrm{ps}(X_i)] = \Pr[D_i = 1 \mid \mathrm{ps}(X_i)].$$

从而有

$$D_i \perp X_i \mid \mathrm{ps}(X_i).$$

在倾向评分估计中,可以通过检查处理组与对照组协变量分布是否相同来判断倾向评分模型是否充分。如果发现不具备平衡评分的特征,就表明倾向评分模型有问题,需要修正、完善。

关于倾向评分,Rosenbaum 和 Rubin(1983)证明了如下的重要命题:

倾向评分定理:若条件独立假设成立,即若有$(Y_{0i}, Y_{1i}) \perp D_i \mid X_i$,则有$(Y_{0i}, Y_{1i}) \perp D_i \mid \mathrm{ps}(X_i)$。

[证明]　我们只要证明 $\Pr[D_i = 1 \mid Y_{ji}, \mathrm{ps}(X_i)]$不依赖于 Y_{0i}, Y_{1i} 即可。

$$\begin{aligned}\Pr[D_i = 1 \mid Y_{0i}, Y_{1i}, \mathrm{ps}(X_i)] &= E[D_i \mid Y_{0i}, Y_{1i}, \mathrm{ps}(X_i)] \\ &= E\{E[D_i \mid Y_{0i}, Y_{1i}, \mathrm{ps}(X_i), X_i] \mid Y_{0i}, Y_{1i}, \mathrm{ps}(X_i)\} \\ &= E\{E[D_i \mid Y_{0i}, Y_{1i}, X_i] \mid Y_{0i}, Y_{1i}, \mathrm{ps}(X_i)\} \\ &= E\{E[D_i \mid X_i] \mid Y_{0i}, Y_{1i}, \mathrm{ps}(X_i)\} \\ &= E\{\mathrm{ps}(X_i) \mid Y_{0i}, Y_{1i}, \mathrm{ps}(X_i)\} \\ &= \mathrm{ps}(X_i).\end{aligned}$$

其中,第二个等号利用全期望公式,第四个等号利用条件独立假设。

倾向评分定理表明,如果满足条件独立假设,那么,以倾向评分为条件,处理分配机制类似于随机试验。因此,可以根据倾向评分进行匹配。

总体平均因果效应的倾向评分匹配估计量为

$$\mathrm{ATE}^{\mathrm{PSM}} = E[Y_{1i} - Y_{0i}] = E[E[Y_{1i} - Y_{0i} \mid \mathrm{ps}(X_i)]]$$

---

① Rosenbaum, P. R. and D. B. Rubin, 1983. The Central Role of the Propensity Score in Observational Studies for Causal Effects[J]. Biometrika, 70: 41-55.

$$
\begin{aligned}
&= E[E[Y_{1i} \mid \mathrm{ps}(X_i)]] - E[E[Y_{0i} \mid \mathrm{ps}(X_i)]] \\
&= E[E[Y_{1i} \mid \mathrm{ps}(X_i), D_i = 1]] - E[E[Y_{0i} \mid \mathrm{ps}(X_i), D_i = 0]] \\
&= E[E[Y_i \mid \mathrm{ps}(X_i), D_i = 1]] - E[E[Y_i \mid \mathrm{ps}(X_i), D_i = 0]]
\end{aligned}
$$

记 $\tau_p = E[Y_i \mid \mathrm{ps}(X_i), D_i = 1]] - E[E[Y_i \mid \mathrm{ps}(X_i), D_i = 0]$,表示倾向评分相同的两组个体观测结果之差,那么

$$
\mathrm{ATE}^{\mathrm{PSM}} = E[\tau_p].
$$

类似地,

$$
\mathrm{ATT}^{\mathrm{PSM}} = E[\tau_p \mid D_i = 1].
$$

2. 倾向评分匹配的步骤①

倾向评分匹配方法是实践中得到广泛运用的匹配方法。具体步骤如下:

第一步:估计倾向评分。

采用 logit 模型(或 probit 模型)估计样本的倾向评分:

$$
\Pr[D_i = 1 \mid X_i] = \frac{\mathrm{e}^{X_i'\beta}}{1 + \mathrm{e}^{X_i'\beta}}.
$$

第二步:匹配前平衡性检验。

由于倾向评分为平衡评分,所以,在估计倾向评分之后,我们要检验对于倾向评分相同的处理组和对照组,它们的可观测特征 X 的分布是否相同。

更具体地讲,我们可以采用分层均衡检验法。根据倾向评分高低将样本分成 5 个区间,利用 t 统计量来检验每个区间内处理组与对照组的倾向评分均值是否存在显著差异;如果存在显著差异,就把区间进一步细分,直到在每个区间内两组的倾向评分均值都不存在显著差异为止。

接下来,检验每个区间内处理组与对照组的可观测特征均值是否存在显著差异。若有显著差异,就需要重新设定倾向评分模型(比如加入二次项和交互项)并进行估计,然后再重新分层,重复以上工作,直到在每个区间内两组的可观测特征均值都不存在显著差异为止。

第三步:评估共同支撑域条件。

比较处理组和对照组倾向评分的分布,可能出现以下三种情形。

情形一:在有些区间,只有处理组或只有对照组,我们称之为“缺乏共同支撑域”。

情形二:在有些区间,虽然既有处理组也有对照组,但两者所包含的个体数量悬殊,我们称之为“薄的共同支撑域”。

情形三:在有些区间,处理组与对照组所包含的个体数量接近,我们称为“厚的共同支撑域”。

---

① 这里以分层匹配法为例讲解。还有其他匹配方法,比如近邻匹配法、卡尺匹配法、半径匹配法、核匹配法等,步骤有所不同。

在实践中,我们只使用有共同支撑域的数据,并进一步检验如果只使用“厚的共同支撑域”样本数据,结果是否稳健。

第四步:匹配后平衡性检验。

匹配方法可视为一种再抽样方法,相当于从观测数据中将隐藏的随机化试验样本寻找出来。对于倾向评分匹配得到的匹配样本,还需要检验是否近似于随机试验。

就每一个协变量 X,我们可以计算处理组和对照组的标准化的均值差:

$$\hat{\Delta}_{tu} = \frac{\overline{X}_t - \overline{X}_u}{\sqrt{0.5(s_t^2 + s_u^2)}},$$

其中,$\overline{X}_t$ 表示处理组某协变量 X 的样本均值,$\overline{X}_\mu$ 表示对照组某协变量 X 的样本均值;s_t^2 表示处理组某协变量 X 的样本方差,s_u^2 表示对照组某协变量 X 的样本方差。

$\hat{\Delta}_{tu}$ 越接近 0,说明匹配样本越平衡。若 $\hat{\Delta}_{tu}<0.2$,则可以认为匹配样本的平衡程度达到可接受水平。

在匹配前后分别计算上述标准化的均值差,注意两次计算中让分母保持一致(统一使用匹配前的样本方差或统一使用匹配后的样本方差),通过比较 $\hat{\Delta}_{tu}$ 的前后变化来判断匹配的效果。

还可以进一步比较处理组和对照组的对数标准差:

$$\hat{\Gamma}_{tu} = \ln s_t - \ln s_u.$$

$\hat{\Gamma}_{tu}$ 越接近 0,说明匹配样本在协变量的二阶矩上越平衡。

第五步:估计因果效应。

对于分层匹配,根据倾向评分进行分层后,各层内处理的分配类似于完全随机化试验。假设将样本分为 J 层,对于任一层 j,可以用层内处理组的观测结果均值与对照组的观测结果均值之差作为层内平均因果效应的估计,即

$$\hat{\tau}(j) = \overline{Y}_t(j) - \overline{Y}_u(j), \quad j = 1,\cdots,J.$$

总体平均因果效应估计量为各层平均因果效应的加权平均,权重为各层样本数,即

$$\mathrm{ATE}^{\mathrm{PSM}} = \frac{1}{N}\sum_{j=1}^{J} N(j)\hat{\tau}(j).$$

其中,$N(j)$ 表示第 j 层的样本数,N 表示总的样本数。

处理组平均因果效应为

$$\mathrm{ATT}^{\mathrm{PSM}} = \frac{1}{N_t}\sum_{j=1}^{J} N_t(j)\hat{\tau}(j).$$

其中,$N(j)$ 表示第 j 层的处理组样本数,N_t 表示全部处理组样本数。

三、逆概加权方法

估计出倾向评分之后,还有一种巧妙的方法可以直接计算因果效应。

$$E\left[\frac{D_iY_i}{\mathrm{ps}(X_i)}\right]=E\left[E\left[\frac{D_iY_i}{\mathrm{ps}(X_i)}\,\middle|\,X_i\right]\right]=E\left[\frac{1}{\mathrm{ps}(X_i)}E[D_iY_i\mid X_i]\right]$$
$$=E\left[\frac{1}{\mathrm{ps}(X_i)}E[Y_i\mid D_i=1,X_i]\mathrm{ps}(X_i)\right]$$
$$=E[E[Y_i\mid D_i=1,X_i]]=E[E[Y_{1i}\mid X_i]]=E[Y_{1i}].$$

类似地,可以证明

$$E\left[\frac{(1-D_i)Y_i}{1-\mathrm{ps}(X_i)}\right]=E[Y_{0i}].$$

因此,总体平均因果效应为

$$\mathrm{ATE}=E[Y_{1i}-Y_{0i}]=E\left[\frac{D_iY_i}{\mathrm{ps}(X_i)}-\frac{(1-D_i)Y_i}{1-\mathrm{ps}(X_i)}\right].$$

整理可得

$$\mathrm{ATE}=E\left[\frac{[D_i-\mathrm{ps}(X_i)]Y_i}{\mathrm{ps}(X_i)[1-\mathrm{ps}(X_i)]}\right].$$

类似地,处理组平均因果效应为

$$\mathrm{ATT}=E[Y_{1i}-Y_{0i}\mid D_i=1]=E[E[Y_{1i}-Y_{0i}\mid D_i=1,X_i]\mid D_i=1]$$
$$=E[E[Y_{1i}-Y_{0i}\mid X_i]\mid D_i=1]$$
$$=E\left[E\left[\frac{[D_i-\mathrm{ps}(X_i)]Y_i}{\mathrm{ps}(X_i)[1-\mathrm{ps}(X_i)]}\,\middle|\,X_i\right]\,\middle|\,D_i=1\right]$$
$$=\sum_x E\left[\frac{[D_i-\mathrm{ps}(x)]Y_i}{\mathrm{ps}(x)[1-\mathrm{ps}(x)]}\,\middle|\,X_i=x\right]\Pr[X_i=x\mid D_i=1]$$
$$=\sum_x E\left[\frac{[D_i-\mathrm{ps}(x)]Y_i}{\mathrm{ps}(x)[1-\mathrm{ps}(x)]}\,\middle|\,X_i=x\right]\frac{\mathrm{ps}(x)\Pr(X_i=x)}{\Pr(D_i=1)}$$
$$=\frac{1}{\Pr(D_i=1)}\sum_x E\left[\frac{[D_i-\mathrm{ps}(x)]Y_i}{1-\mathrm{ps}(x)}\,\middle|\,X_i=x\right]\Pr(X_i=x).$$

最终可得

$$\mathrm{ATT}=\frac{1}{\Pr(D_i=1)}E\left[\frac{[D_i-\mathrm{ps}(X_i)]Y_i}{1-\mathrm{ps}(X_i)}\right].$$

类似地,

$$\mathrm{ATU}=\frac{1}{\Pr(D_i=0)}E\left[\frac{[D_i-\mathrm{ps}(X_i)]Y_i}{\mathrm{ps}(X_i)}\right].$$

基于样本的估计量分别为

$$\mathrm{ATE}=\frac{1}{N}\sum_{i=1}^{N}\frac{[D_i-\mathrm{ps}(X_i)]Y_i}{\mathrm{ps}(X_i)[1-\mathrm{ps}(X_i)]}.$$

$$\text{ATT} = \frac{1}{N_t}\sum_{i=1}^{N}\frac{[D_i - \text{ps}(X_i)]Y_i}{1 - \text{ps}(X_i)}.$$

$$\text{ATU} = \frac{1}{N_u}\sum_{i=1}^{N}\frac{[D_i - \text{ps}(X_i)]Y_i}{\text{ps}(X_i)}.$$

与匹配方法类似,逆概加权方法也以条件独立假设和共同支撑假设为前提。值得指出的是,如果倾向评分模型存在误设,因果效应估计在极端的倾向评分附近会出现很大的偏差。

四、示例及 Stata 应用

1. 例 1

以上节的辛普森悖论问题为例,我们采用两种方法估计 ATE。

[**方法 1**]

利用协变量匹配估计 ATE:

$$\begin{aligned}\text{ATE} &= [\text{Pr}(\text{康复} \mid \text{服药},\text{男性}) - \text{Pr}(\text{康复} \mid \text{不服药},\text{男性})] \cdot \text{Pr}(\text{男性}) \\ &\quad + [\text{Pr}(\text{康复} \mid \text{服药},\text{女性}) - \text{Pr}(\text{康复} \mid \text{不服药},\text{女性})] \cdot \text{Pr}(\text{女性}) \\ &= (93\% - 87\%) \cdot 51\% + (73\% - 69\%) \cdot 49\% = 5.02\%.\end{aligned}$$

[**方法 2**]

基于逆概加权估计 ATE:

首先,定义

$$Y_i = \begin{cases}1, & \text{若康复},\\ 0, & \text{若未康复}.\end{cases}$$

显然,$N=357+343=700$,而

$$\text{ps}(Z_i) = \text{Pr}(X_i = 1 \mid Z_i).$$

故

$$\text{ps}(\text{男性}) = \text{Pr}(\text{服药} \mid \text{男性}) = \frac{87}{87+270} = \frac{87}{357},$$

$$\text{ps}(\text{女性}) = \text{Pr}(\text{服药} \mid \text{女性}) = \frac{263}{263+80} = \frac{263}{343}.$$

所以

$$\begin{aligned}\text{ATE} &= \frac{1}{N}\sum_{i=1}^{N}\frac{[X_i - \text{ps}(Z_i)]Y_i}{\text{ps}(Z_i)[1-\text{ps}(Z_i)]} \\ &= \frac{1}{700}\left\{\sum_{i=1}^{357}\frac{[X_i - \text{ps}(\text{男性}_i)]Y_i}{\text{ps}(\text{男性}_i)[1-\text{ps}(\text{男性}_i)]} + \sum_{j=1}^{343}\frac{[X_j - \text{ps}(\text{女性}_j)]Y_j}{\text{ps}(\text{女性}_j)[1-\text{ps}(\text{女性}_j)]}\right\} \\ &= \frac{1}{700}\left\{\frac{81\cdot[1-\text{ps}(\text{男性})] + 234\cdot[0-\text{ps}(\text{男性})]}{\text{ps}(\text{男性})[1-\text{ps}(\text{男性})]}\right.\end{aligned}$$

$$+\frac{192\cdot[1-\mathrm{ps}(女性)]+55\cdot[0-\mathrm{ps}(女性)]}{\mathrm{ps}(女性)[1-\mathrm{ps}(女性)]}\Big\}$$

$$=\cdots=5.37\%.$$

我们看到,两种方法得到的估计值略有不同,原因在于逆概加权估计方法所使用的概率为基于样本估计的概率。

2. 例 2

Dehejia 和 Wahba(1999)研究了参加就业培训对收入的影响①。他们所用的数据集包括以下变量:结果变量为 e78(1978 年实际收入);处理变量为 t(是否参加就业培训);协变量有 ge(年龄)、educ(教育年限)、black(是否黑人)、hisp(是否拉丁裔)、married(是否已婚)、re74(1974 年实际收入)、re75(1975 年实际收入)、u74(1974 年是否失业),以及 u75(1975 年是否失业)。

我们采用分层匹配法,主要利用 Stata 软件的命令 pscore 和 atts 进行数据分析。

首先,打开数据文件,比较处理组(参加培训者)与对照组(未参加培训者)的协变量,Stata 命令如下:

```
use ldw_exper.dta
tabstat age educ black hisp married re74 re75 u74 u75,statistics(mean) by
(t) format(% -7.4g)
```

得到如下结果:

```
Summary statistics: Mean
Group variable: t (participation in job training program)
```

t	age	educ	black	hisp	married	re74	re75	u74	u75
0	25.05	10.09	.8269	.1077	.1538	2.107	1.267	.75	.6846
1	25.82	10.35	.8432	.05946	.1892	2.096	1.532	.7081	.6
Total	25.37	10.2	.8337	.08764	.1685	2.102	1.377	.7326	.6494

可以看出,与对照组相比,处理组中拉丁裔比例更低,已婚比例更高,1975 年的实际收入更高,1974 年和 1975 年的失业率都更低。

其次,使用命令 pscore 来估计倾向评分,选择 logit 模型:

```
pscore t age educ black hisp married re74 re75 u74 u75, logit comsup
blockid(block) pscore(myscore)
```

logit 回归结果如下:

---

① Dehejia, R. H. and S. Wahba, 1999. Causal Effects in Nonexperimental Studies: Revaluation of the Evaluation of Training Programs[J]. Journal of the American Statistical Association, 94: 1053-1062.

```
Logistic regression                             Number of obs     =        445
                                                LR chi2(9)        =      11.70
                                                Prob > chi2       =     0.2308
Log likelihood = -296.25026                     Pseudo R2         =     0.0194

------------------------------------------------------------------------------
           t | Coefficient  Std. err.      z    P>|z|     [95% conf. interval]
-------------+----------------------------------------------------------------
         age |   .0142619   .0142116     1.00   0.316    -.0135923    .0421162
        educ |   .0499776   .0564116     0.89   0.376     -.060587    .1605423
       black |   -.347664   .3606532    -0.96   0.335    -1.054531    .3592032
        hisp |  -.9284851     .50661    -1.83   0.067    -1.921422    .0644521
     married |   .1760431   .2748817     0.64   0.522    -.3627151    .7148012
        re74 |  -.0339278   .0292559    -1.16   0.246    -.0912683    .0234127
        re75 |     .01221   .0471351     0.26   0.796    -.0801731    .1045932
         u74 |  -.1516037   .3716369    -0.41   0.683    -.8799987    .5767913
         u75 |  -.3719486    .317728    -1.17   0.242    -.9946841    .2507869
       _cons |  -.4736308   .8244205    -0.57   0.566    -2.089465    1.142204
------------------------------------------------------------------------------
```

共同支撑域以及倾向评分在共同支撑域的分布如下：

```
Note: the common support option has been selected
The region of common support is [.23186281, .61028263]


Description of the estimated propensity score
in region of common support

                 Estimated propensity score
-------------------------------------------------------------
      Percentiles      Smallest
 1%     .2370038       .2318628
 5%     .3213549       .2331462
10%     .3407874       .2344344       Obs                 434
25%     .3718902       .2370038       Sum of wgt.         434

50%     .4150006                      Mean           .4208962
                        Largest       Std. dev.      .0730338
75%     .4717966       .5982987
90%     .5182254       .6041188       Variance       .0053339
95%     .5491248       .6057117       Skewness       .1324872
99%      .596291       .6102826       Kurtosis       2.999231
```

确定最优分层数量为 4 个：

```
****************************************************
Step 1: Identification of the optimal number of blocks
Use option detail if you want more detailed output
****************************************************


The final number of blocks is 4

This number of blocks ensures that the mean propensity score
is not different for treated and controls in each blocks
```

接下来,检验每层内处理组与对照组的可观测特征均值是否存在显著差异:

```
**************************************************************
Step 2: Test of balancing property of the propensity score
Use option detail if you want more detailed output
**************************************************************


The balancing property is satisfied


This table shows the inferior bound, the number of treated
and the number of controls for each block

  Inferior  | participation in job
  of block  |   training program
 of pscore  |         0          1 |     Total
------------+----------------------+----------
        .2  |       117         71 |       188
        .4  |       131        112 |       243
        .6  |         1          2 |         3
------------+----------------------+----------
     Total  |       249        185 |       434
Note: the common support option has been selected
```

现在,我们用命令 atts 来计算处理组的因果效应:

```
atts re78 t, pscore(myscore) blockid(block)
```

输出结果如下:

```
ATT estimation with the Stratification method
Analytical standard errors

---------------------------------------------------------
n. treat.   n. contr.        ATT   Std. Err.            t
---------------------------------------------------------

      185         249      1.815           .            .

---------------------------------------------------------
```

这表明,ATT=1.815。

最后,我们可以与多元线性回归的结果相比较:

```
reg re78 t age educ black hisp married re74 re75 u74 u75, r
```

回归结果如下:

```
Linear regression                               Number of obs     =        445
                                                F(10, 434)        =       2.53
                                                Prob > F          =     0.0057
                                                R-squared         =     0.0582
                                                Root MSE          =     6.5093
```

re78	Coefficient	Robust std. err.	t	P>|t|	[95% conf.	interval]
t	1.672042	.6617972	2.53	0.012	.3713161	2.972768
age	.0536677	.040388	1.33	0.185	-.0257127	.133048
educ	.4029471	.1610925	2.50	0.013	.0863287	.7195655
black	-2.039466	1.038581	-1.96	0.050	-4.080739	.0018068
hisp	.4246486	1.427471	0.30	0.766	-2.380968	3.230265
married	-.1466618	.8640396	-0.17	0.865	-1.844884	1.551561
re74	.1235727	.127147	0.97	0.332	-.1263278	.3734731
re75	.0194585	.14063	0.14	0.890	-.2569421	.2958591
u74	1.380999	1.554643	0.89	0.375	-1.674566	4.436564
u75	-1.071817	1.408301	-0.76	0.447	-3.839755	1.696121
_cons	.2214288	2.824293	0.08	0.938	-5.329565	5.772422

多元回归估计的因果效应为 1.672,略低于倾向评分匹配估计的因果效应 1.815。

§3　线性回归方法

一、从相关关系到因果关系

传统计量经济学直接基于观测值来构建回归模型。回归分析刻画的是被解释变量如何随着解释变量在不同观测上的不同而不同,本质上反映了被解释变量与解释变量在样本中的相关性。

以一元线性回归方程为例:

$$Y_i = \beta_1 + \beta_2 X_i + \varepsilon_i,\quad i = 1,\cdots,n$$

无论解释变量是否满足如下的外生性假定:

$$E[\varepsilon_i \mid X_i] = 0,\quad i = 1,\cdots,n$$

β_2 的最小二乘估计量总可以表示为

$$b_2 = \frac{\sum_{i=1}^{n}(X_i - \bar{X})(Y_i - \bar{Y})}{\sum_{i=1}^{n}(X_i - \bar{X})^2}$$

$$= \frac{\sum_{i=1}^{n}(X_i - \bar{X})(Y_i - \bar{Y})}{\sqrt{\sum_{i=1}^{n}(X_i - \bar{X})^2}\cdot\sqrt{\sum_{i=1}^{n}(Y_i - \bar{Y})^2}}\cdot\frac{\sqrt{\sum_{i=1}^{n}(Y_i - \bar{Y})^2}}{\sqrt{\sum_{i=1}^{n}(X_i - \bar{X})^2}} = \frac{\hat{\sigma}_Y}{\hat{\sigma}_X}r_{XY}.$$

可见,b_2 本质上反映了 X 与 Y 在样本中的相关性。

拟合优度则可表示为

$$R^2 = r_{XY}^2.$$

对于多元线性回归模型:

$$Y_i = \beta_1 + \beta_2 X_{2i} + \cdots + \beta_K X_{Ki} + \varepsilon_i, \quad i = 1, \cdots, n$$

无论解释变量是否满足如下的外生性假定:

$$E[\varepsilon_i \mid X_{2i}, X_{3i}, \cdots, X_{Ki}] = 0, \quad i = 1, \cdots, n$$

解释变量 X_k 的最小二乘估计量总可以写为

$$\hat{\beta}_k = \frac{\mathrm{Cov}(\tilde{e}_k, Y)}{\mathrm{Var}(\tilde{e}_k)} = \frac{\hat{\sigma}_Y}{\sigma_{\tilde{e}_k}} r_{\tilde{e}_k Y}.$$

其中,$\tilde{e}_k$ 是 X_k 对所有其他解释变量回归得到的残差,相当于 X_k 中所蕴含的与其他解释变量线性无关部分的信息,而 $\hat{\beta}_k$ 刻画了 X_k 中的这部分信息与被解释变量 Y 之间的相关性。

拟合优度可以表示为

$$R^2 = r_{\hat{Y}Y}^2.$$

可见,拟合优度反映了 Y 与 $\hat{Y}$ 之间的相关性;更准确地说,它反映了 Y 与 $X_2, \cdots, X_K$ 的各种线性组合之间的最大相关性。

但是,相关性并不意味着因果性。在大多数场合,人们感兴趣的是因果性。“保持其他因素不变”,即所谓“其余条件不变”(Ceteris Paribus),是建立因果性的核心。不同个体具有的特征往往不同;即使是同一个体,在不同时刻的特征也未必相同。如何才能做到“保持其他因素不变”?

在多元线性回归模型中,我们若将 β_k 定义为 X_k 增加 1 单位的因果效应①;X_k 增加 Δx_k 单位的因果效应则为 $\beta_k \Delta x_k$。当 β_k 被定义为这种意义上的因果效应时,OLS 方法能否正确估计它取决于数据生成过程是否合乎一定的要求,而最核心的要求就是外生性假定。如果多元线性回归模型中所有的系数 $\beta_2, \cdots, \beta_K$ 都是我们感兴趣的因果效应,那么,数据生成过程必须满足外生性假定。在第 2 章 §2 中,我们已经证明,如果外生性要求得到满足,那么系数 $\beta_2, \cdots, \beta_K$ 的最小二乘估计量是无偏的。

如果多元线性回归模型中只有部分系数是我们感兴趣的因果效应,那么,当数据生成过程满足条件均值独立要求时,OLS 也可提供对于因果效应参数的无偏估计量。可以更准确地阐述如下:

对于多元线性回归模型:

---

① 这种定义与上文基于潜在结果框架的定义有差异。

$$Y_i = \beta_1 + \beta_2 X_{2i} + \cdots + \beta_k X_{ki} + \beta_{k+1} W_{1i} + \cdots + \beta_{k+r} W_{ri} + \varepsilon_i, \quad i = 1, \cdots, n$$

其中,$\beta_2, \cdots, \beta_k$ 是我们感兴趣的因果效应。OLS 能够正确估计 $\beta_2, \cdots, \beta_k$,只要求满足条件均值独立性假定:

$$E[\varepsilon_i \mid X_{2i}, \cdots, X_{ki}, W_{1i}, \cdots, W_{ri}] = E[\varepsilon_i \mid W_{1i}, \cdots, W_{ri}].$$

也就是说,在给定 $W_1, \cdots, W_r$ 时,ε 的条件均值不依赖于 $X_2, \cdots, X_k$。

下面证明这一结论。

[证明]

假设 ε 的条件期望是线性的,条件均值独立假设为

$$\begin{aligned} E[\varepsilon_i \mid X_{2i}, \cdots, X_{ki}, W_{1i}, \cdots, W_{ri}] &= E[\varepsilon_i \mid W_{1i}, \cdots, W_{ri}] \\ &= \gamma_0 + \gamma_1 W_{1i} + \cdots + \gamma_r W_{ri}, \end{aligned}$$

那么,Y_i 的条件期望为

$$\begin{aligned} & E[Y_i \mid X_{2i}, \cdots, X_{ki}, W_{1i}, \cdots, W_{ri}] \\ &= E[\beta_1 + \beta_2 X_{2i} + \cdots + \beta_k X_{ki} + \beta_{k+1} W_{1i} + \cdots + \beta_{k+r} W_{ri} \\ &\quad + \varepsilon_i \mid X_{2i}, \cdots, X_{ki}, W_{1i}, \cdots, W_{ri}] \\ &= \beta_1 + \beta_2 X_{2i} + \cdots + \beta_k X_{ki} + \beta_{k+1} W_{1i} + \cdots + \beta_{k+r} W_{ri} \\ &\quad + E[\varepsilon_i \mid X_{2i}, \cdots, X_{ki}, W_{1i}, \cdots, W_{ri}] \\ &= \beta_1 + \beta_2 X_{2i} + \cdots + \beta_k X_{ki} + \beta_{k+1} W_{1i} + \cdots + \beta_{k+r} W_{ri} \\ &\quad + \gamma_0 + \gamma_1 W_{1i} + \cdots + \gamma_r W_{ri} \\ &= (\beta_1 + \gamma_0) + \beta_2 X_{2i} + \cdots + \beta_k X_{ki} + (\beta_{k+1} + \gamma_1) W_{1i} \\ &\quad + \cdots + (\beta_{k+r} + \gamma_r) W_{ri}. \end{aligned}$$

可改写为

$$\begin{aligned} & E[Y_i \mid X_{2i}, \cdots, X_{ki}, W_{1i}, \cdots, W_{ri}] \\ &= \delta_0 + \beta_2 X_{2i} + \cdots + \beta_k X_{ki} + \delta_1 W_{1i} + \cdots + \delta_r W_{ri} \end{aligned}$$

其中

$$\delta_0 = \beta_1 + \gamma_0, \delta_1 = \beta_{k+1} + \gamma_1, \cdots, \delta_r = \beta_{k+r} + \gamma_r.$$

因此,我们可以将原来的多元线性回归模型重新写成

$$Y_i = \delta_0 + \beta_2 X_{2i} + \cdots + \beta_k X_{ki} + \delta_1 W_{1i} + \cdots + \delta_r W_{ri} + u_i, \quad i = 1, \cdots, n$$

其中,扰动项 u_i 满足外生性要求:

$$E[u_i \mid X_{2i}, \cdots, X_{ki}, W_{1i}, \cdots, W_{ri}] = 0.$$

可以用 OLS 方法来估计这个模型,得到参数 $\beta_2, \cdots, \beta_K$ 和 $\delta_1, \cdots, \delta_r$ 的无偏估计量。

可见,在原来的模型中,解释变量 $X_2, \cdots, X_k$ 的系数 $\beta_2, \cdots, \beta_K$ 的 OLS 估计量刻画了因果效应,而变量 $W_{1i}, \cdots, W_{ri}$ 的系数 $\beta_{k+1}, \cdots, \beta_{k+r}$ 的 OLS 估计量实际上是对于 $\delta_1, \cdots, \delta_r$ 的无偏估计,并不反映因果效应。

如果忽略 $W_{1i},\cdots,W_{ri}$,考虑如下模型:

$$Y_i = \alpha_1 + \alpha_2 X_{2i} + \cdots + \alpha_k X_{ki} + v_i, \quad i = 1,\cdots,n$$

那么,

$$v_i = \delta_1 W_{1i} + \cdots + \delta_r W_{ri} + u_i, \quad i = 1,\cdots,n$$

用 OLS 估计这个模型,记 $X_{1i}=[1,\cdots,1]'$,可得

$$\begin{aligned}\hat{\alpha} &= (X'X)^{-1}X'Y = (X'X)^{-1}X'(X\beta + W\delta + u) \\ &= \beta + (X'X)^{-1}X'W\delta + (X'X)^{-1}X'u.\end{aligned}$$

故

$$E(\hat{\alpha} \mid X) = \beta + (X'X)^{-1}X'E[W \mid X]\delta \neq \beta.$$

这说明,在忽略 $W_{1i},\cdots,W_{ri}$ 的模型中,解释变量 $X_2,\cdots,X_k$ 的系数 $\alpha_2,\cdots,\alpha_K$ 的 OLS 估计量不能反映因果效应;只有在控制 $W_{1i},\cdots,W_{ri}$ 的条件下,才能得到因果效应参数 $\beta_2,\cdots,\beta_K$ 的无偏估计量。我们称 $W_1,\cdots,W_m$ 为控制变量。可见,在多元线性回归模型中,控制变量的地位并不同于解释变量。

借助因果图(见图 14-18),我们可以更加直观地理解上述分析。

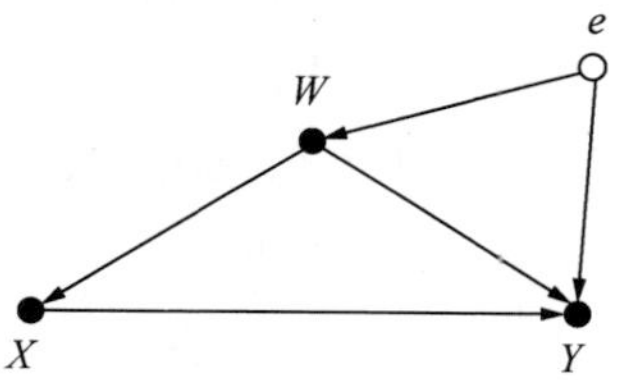

图 14-18　因果图示例 1

在该因果图中,如果我们要估计变量 X 对于变量 Y 的因果效应,必须阻断 $X \leftarrow W \rightarrow Y$ 和 $X \leftarrow W \leftarrow e \rightarrow Y$ 这两条后门路径,显然,只要控制变量 W 就可以做到。作为对比,如果我们要估计变量 W 对于变量 Y 的因果效应,必须阻断 $W \leftarrow e \rightarrow Y$ 这条后门路径,显然,通过控制变量 X 根本做不到。若将变量 Y 对 X 和 W 回归,那么,变量 X 前的参数是关于 X 对于 Y 的因果效应的无偏估计,而变量 W 前的参数没有意义。

二、从潜在结果框架看线性回归

1. 简单线性回归

观测值与潜在结果的关系可以写为

$$Y_i = D_i Y_{1i} + (1 - D_i) Y_{0i}.$$

此式非常重要,它通过干预变量将观测结果与潜在结果联系起来了。

上式也可以改写为

$$Y_i = Y_{0i} + (Y_{1i} - Y_{0i})D_i.$$

若有样本数据：

$$\{Y_i, D_i\}, \quad i = 1, \cdots, n$$

考虑如下简单线性回归模型：

$$Y_i = \beta_1 + \beta_2 D_i + \varepsilon_i, \quad i = 1, \cdots, n$$

β_2 的 OLS 估计量是什么呢？

根据第 2 章 § 1 的分析，可得

$$\hat{\beta}_2 = \frac{n\sum_{i=1}^{n} D_i Y_i - \sum_{i=1}^{n} D_i \sum_{i=1}^{n} Y_i}{n\sum_{i=1}^{n} D_i^2 - \left(\sum_{i=1}^{n} D_i\right)^2}.$$

以 n_t 表示干预组的个体数，以 n_u 表示对照组的个体数，以 $\bar{Y}_t$ 表示干预组的样本均值，以 $\bar{Y}_u$ 表示对照组的样本均值，显然有

$$n_t = \sum_{i=1}^{n} D_i,$$

$$n_u = \sum_{i=1}^{n} (1 - D_i),$$

$$n_t + n_u = n,$$

$$\sum_{i=1}^{n} D_i Y_i = n_t \bar{Y}_t,$$

$$\sum_{i=1}^{n} (1 - D_i) Y_i = n_u \bar{Y}_u,$$

$$\sum_{i=1}^{n} Y_i = n_t \bar{Y}_t + n_u \bar{Y}_u,$$

$$\sum_{i=1}^{n} D_i^2 = \sum_{i=1}^{n} D_i = n_t.$$

因此，

$$\hat{\beta}_2 = \bar{Y}_t - \bar{Y}_u.$$

可见，$\hat{\beta}_2$ 实际上衡量的是干预组与对照组的样本均值之差。

在大样本条件下，

$$\begin{aligned}
\hat{\beta}_2 = \hat{Y}_t - \hat{Y}_u &\xrightarrow{p} E[Y_i \mid D_i = 1] - E[Y_i \mid D_i = 0] \\
&= E[Y_{1i} \mid D_i = 1] - E[Y_{0i} \mid D_i = 0] \\
&= E[Y_{1i} - Y_{0i} \mid D_i = 1] + \{E[Y_{0i} \mid D_i = 1] - E[Y_{0i} \mid D_i = 0]\} \\
&= \text{ATT} + \{E[Y_{0i} \mid D_i = 1] - E[Y_{0i} \mid D_i = 0]\}.
\end{aligned}$$

可见，$\hat{\beta}_2$ 不是 ATT 的无偏估计量，上式最后一个等号右侧的第二项代表了偏差，一般

称为选择偏差(Selection Bias)。

如果满足下述条件:

$$E[Y_{0i} \mid D_i = 1] = E[Y_{0i} \mid D_i = 0],$$

那么,$\hat{\beta}_2$ 才是 ATT 的无偏估计量。

类似地,$\hat{\beta}_2$ 也不是 ATU 的无偏估计量:

$$\hat{\beta}_2 = \hat{Y}_t - \hat{Y}_u \xrightarrow{p} \text{ATU} + \{E[Y_{1i} \mid D_i = 1] - E[Y_{1i} \mid D_i = 0]\}.$$

如果满足下述条件:

$$E[Y_{1i} \mid D_i = 1] = E[Y_{1i} \mid D_i = 0],$$

那么,$\hat{\beta}_2$ 才是 ATU 的无偏估计量。

当然,$\hat{\beta}_2$ 也不是 ATE 的无偏估计量:

$$\begin{aligned}\hat{\beta}_2 = \hat{Y}_t - \hat{Y}_u \xrightarrow{p} \text{ATE} &+ \{E[Y_{0i} \mid D_i = 1] - E[Y_{0i} \mid D_i = 0]\} \\ &+ \{1 - \Pr[D_i = 1]\}\{\text{ATT} - \text{ATU}\}.\end{aligned}$$

如果同时满足下述两个条件:

$$E[Y_{0i} \mid D_i = 1] = E[Y_{0i} \mid D_i = 0],$$
$$E[Y_{1i} \mid D_i = 1] = E[Y_{1i} \mid D_i = 0].$$

那么,$\hat{\beta}_2$ 是 ATE 的无偏估计量。

2. 多元线性回归

考虑如下的线性回归模型:

$$Y_i = \beta_1 + \beta_2 D_i + \beta_3 X_{i3} + \cdots + \beta_K X_{iK} + \varepsilon, \quad i = 1, \cdots, n$$

其中,虚拟变量 $D_i = \{0,1\}$ 为二值的干预变量,表示个体是否接受了某种干预或处理(即原因变量),取值 1 代表接受干预,取值 0 代表未接受干预。$X_{i3}, \cdots, X_{iK}$ 都为二值的控制变量。

假设模型为控制变量饱和回归模型,那么,β_2 的回归估计计量为①

$$\begin{aligned}\hat{\beta}_2 &= E\left\{\frac{\text{Var}(D_i \mid X_i)}{E[\text{Var}(D_i \mid X_i)]}\tau_x\right\} \\ &= \frac{\sum_x \tau_x[\Pr(D_i = 1 \mid X_i = x)(1 - \Pr(D_i = 1 \mid X_i = x))]\Pr(X_i = x)}{\sum_x [\Pr(D_i = 1 \mid X_i = x)(1 - \Pr(D_i = 1 \mid X_i = x))]\Pr(X_i = x)}.\end{aligned}$$

其中

① 安格里斯特,皮斯克,2012. 基本无害的计量经济学[M]. 郎金焕,李井奎,译. 上海:格致出版社.

$$\mathrm{Var}[D_i \mid X_i] = E[(D_i - E[D_i \mid X_i])^2 \mid X_i] = \Pr(D_i = 1 \mid X_i)[1 - \Pr(D_i = 1 \mid X_i)],$$

$$\tau_x = E[Y_i \mid X_i = x, D_i = 1] - E[Y_i \mid X_i = x, D_i = 0].$$

可见,回归估计量 $\hat{\beta}_2$ 可解释为对 τ_x 的加权平均;权重是给定 $X_i=x$ 下 D_i 的条件方差,亦即 $[\Pr(D_i=1|X_i=x)(1-\Pr(D_i=1|X_i=x))]\Pr(X_i=x)$。而 τ_x 实际上是基于特征为 $X_i=x$ 的子样本的简单回归系数。如果 τ_x 具有因果效应的解释,那么 $\hat{\beta}_2$ 也具有因果效应的解释;但一般来说,$\hat{\beta}_2$ 并不是因果效应(ATE、ATT 或 ATU)的无偏或一致估计量。

可将 τ_x 写成潜在结果的形式:

$$\begin{aligned}\tau_x &= E[Y_{1i} - Y_{0i} \mid X_i = x, D_i = 1] \\ &\quad + \{E[Y_{0i} \mid X_i = x, D_i = 1] - E[Y_{0i} \mid X_i = x, D_i = 0]\} \\ &= \mathrm{ATT} + \{E[Y_{0i} \mid X_i = x, D_i = 1] \\ &\quad - E[Y_{0i} \mid X_i = x, D_i = 0]\}.\end{aligned}$$

可见,只有满足下述条件:

$$E[Y_{0i} \mid X_i, D_i = 1] = E[Y_{0i} \mid X_i, D_i = 0],$$

τ_x 才是基于特征为 $X_i=x$ 的子样本的 ATT 的无偏估计量。

进一步,如果同时满足条件均值独立假设:

$$E[Y_{0i} \mid X_i, D_i = 1] = E[Y_{0i} \mid X_i, D_i = 0],$$

$$E[Y_{1i} \mid X_i, D_i = 1] = E[Y_{1i} \mid X_i, D_i = 0],$$

那么,τ_x 是基于特征为 $X_i=x$ 的子样本的 ATE 的无偏估计量。

一个更强的条件是条件独立性假设(Conditional Independence Assumption, CIA):

$$(Y_{0i}, Y_{1i}) \perp D_i \mid X_i.$$

它要求以 X_i 为条件,潜在结果独立于干预变量;或者说,以 X_i 为条件,干预变量的分配是随机的。

以潜在结果表述的条件独立性假设对应于因果图中的后门准则,条件独立性假设中的条件变量相当于因果图中满足后门准则的变量。潜在结果的表述更加数学化,而因果图的描绘更加直观。潜在结果框架的优点在于,一旦一个问题被适当地形式化,则潜在结果符号将更便于细化假定、推导反事实期望值。潜在结果框架的缺点在于,它要求将先验的因果假定表述为包含反事实变量的条件独立关系。大体上看,基于因果图的分析与基于潜在结果框架的分析是等价的。

三、回归与匹配的比较

多元回归是一种常用的控制变量 X 的方法。如果满足条件均值独立假设,基于多元

回归得到的估计量也具有因果效应解释。回归估计量 $\hat{\beta}_2$ 与匹配估计量 ATT 都是对分层因果效应 τ_x 的加权平均,但确定权重的方式不同。匹配估计量 ATT 所用的权重与层内个体被处理的概率成正比,因而最可能被处理的那层被赋予最大的权重。回归估计量 $\hat{\beta}_2$ 所用的权重与层内干预变量的条件方差成正比。当 $\Pr(D_i=1|X_i=x)=0.5$ 时条件方差最大,因此,被处理个体数目与未被处理个体数目各占一半的那层被赋予最大的权重。

在以下两种情况下,回归估计量 $\hat{\beta}_2$ 等于匹配估计量 ATT。

第一种情况:各层因果效应相同,即 τ_x 为常数。

第二种情况:完全随机化试验,即 $\Pr(D_i=1|X_i=x)$ 为常数。

值得注意的是,τ_x 的计算需要共同支撑要求成立:

$$0<\Pr(D_i=1|X_i)<1.$$

四、加权回归方法

当条件均值独立假设或者条件独立性假设成立时,回归系数 $\hat{\beta}_2$ 具有因果效应解释,但一般并不是因果效应(ATE、ATT 或 ATU)的无偏或一致估计量。

以 $p_i=\Pr(D_i=1|X_i)$ 表示具有特征 X_i 的个体被处理的概率。为了得到 ATE 的一致估计量,可按如下方式定义权重:

$$w_i=\begin{cases}\dfrac{1}{p_i}, & 若\ D_i=1,\\[2ex] \dfrac{1}{1-p_i}, & 若\ D_i=0.\end{cases}\qquad i=1,\cdots,n$$

以 $(w_1,\cdots,w_n)$ 作为抽样权重,将 Y 对 D 进行加权最小二乘回归,D 的系数即为 ATE 的一致估计量。

为了得到 ATT 的一致估计量,可按如下方式定义权重:

$$w_i=\begin{cases}1, & 若\ D_i=1,\\[2ex] \dfrac{p_i}{1-p_i}, & 若\ D_i=0.\end{cases}\qquad i=1,\cdots,n$$

再将 Y 对 D 进行加权最小二乘回归,D 的系数即为 ATT 的一致估计量。

为了得到 ATU 的一致估计量,可按如下方式定义权重:

$$w_i=\begin{cases}\dfrac{1-p_i}{p_i}, & 若\ D_i=1,\\[2ex] 1, & 若\ D_i=0.\end{cases}\qquad i=1,\cdots,n$$

再将 Y 对 D 进行加权最小二乘回归,D 的系数即为 ATU 的一致估计量。

五、示例及 Stata 应用

1. 例 1

考虑如图 14-19 所示的因果图。

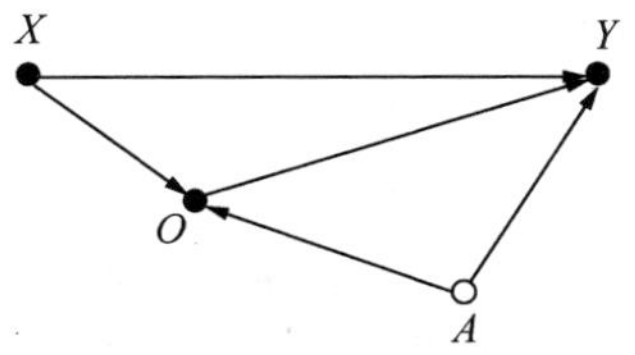

图 14-19　因果图示例 2

设想 X 代表性别，O 代表职业，A 代表能力(不可观测)，Y 代表收入。性别不仅直接影响收入，而且通过影响职业而间接影响收入。另一方面，个人的能力不仅直接影响收入，也通过影响职业而间接影响收入。

如果我们要估计变量 X 对于变量 Y 的因果效应，就不能控制变量 O。

事实上，我们可以按照上面的因果图生成数据，然后构建不同的回归方程来比较参数估计结果。Stata 模拟程序如下：

```
clear all
set obs 10000
* For the female, x =1.
generate x = runiform()>=0.5
* Ability is independent of gender.
generate a = rnormal()
* Data generating processes
generate o = 1 + 3 * a - 2 * x + rnormal()
generate y = 1 - x + o + 3 * a + rnormal()
* Regressions
regress y x
regress y x o
regress y x o a
```

根据数据生成过程，变量 X 对变量 Y 的直接因果效应为−1，间接因果效应为−2。将职业变量 O 的表达式代入收入变量 Y 的表达式，可得

$$Y_i = 2 - 3X_i + 6A_i + \varepsilon_{i1} + \varepsilon_{i2}.$$

式中 $A_i, \varepsilon_{i1}, \varepsilon_{i2}$ 互相独立且都服从标准正态分布。可见，变量 X 对变量 Y 的总因果效

应(直接因果效应和间接因果效应之和)为-3。

从因果图可以看出,不存在从 X 到 Y 的开放的后门路径,因此,将 Y 对 X 做简单线性回归就可以得到变量 X 对于变量 Y 的总因果效应的无偏估计。回归结果如下所示,变量 X 的系数估计值为-3.141,其置信度为95%的置信区间包含-3,符合前述判断。

```
. regress y x

      Source |       SS           df       MS      Number of obs   =    10,000
-------------+----------------------------------   F(1, 9998)      =    666.05
       Model |  24663.4108         1  24663.4108   Prob > F        =    0.0000
    Residual |   370218.96     9,998  37.0293019   R-squared       =    0.0625
-------------+----------------------------------   Adj R-squared   =    0.0624
       Total |  394882.371     9,999  39.4921863   Root MSE        =    6.0852

------------------------------------------------------------------------------
           y | Coefficient  Std. err.      t    P>|t|     [95% conf. interval]
-------------+----------------------------------------------------------------
           x |  -3.140927   .1217038   -25.81   0.000    -3.379491   -2.902363
       _cons |   2.163679   .0861608    25.11   0.000     1.994787    2.332571
------------------------------------------------------------------------------
```

如果我们错误地对变量 O 加以控制,不仅会带来过度控制偏差(因为阻断了间接因果路径 $X\to O\leftarrow Y$),而且会导致原来的死路径 $X\to O\leftarrow A\to Y$ 变为开放路径,产生新的偏差。回归结果如下所示,变量 X 的系数估计值为0.753,这既非直接因果效应,也非间接因果效应,更非总因果效应。

```
. regress y x o

      Source |       SS           df       MS      Number of obs   =    10,000
-------------+----------------------------------   F(2, 9997)      >  99999.00
       Model |  376103.825         2  188051.912   Prob > F        =    0.0000
    Residual |  18778.5463     9,997  1.87841816   R-squared       =    0.9524
-------------+----------------------------------   Adj R-squared   =    0.9524
       Total |  394882.371     9,999  39.4921863   Root MSE        =    1.3706

------------------------------------------------------------------------------
           y | Coefficient  Std. err.      t    P>|t|     [95% conf. interval]
-------------+----------------------------------------------------------------
           x |   .7525723   .0288513    26.08   0.000     .6960179    .8091266
           o |   1.893284   .0043771   432.54   0.000     1.884704    1.901864
       _cons |   .1277057   .0199686     6.40   0.000     .0885633    .1668481
------------------------------------------------------------------------------
```

从因果图可以看出,如果同时控制变量 O 和 A(假设 A 可以观测),那么,从 X 到 Y 的就只剩一条直接因果路径。因此,将 Y 对 X,O,A 回归就可以得到变量 X 对于变量 Y 的直接因果效应的无偏估计。回归结果如下所示,变量 X 的系数估计值为-0.995,其置信度为 95%的置信区间包含-1,符合前述判断。

```
. regress y x o a

      Source |       SS           df       MS      Number of obs   =    10,000
-------------+----------------------------------   F(3, 9996)      >  99999.00
       Model |  384894.424         3  128298.141   Prob > F        =    0.0000
    Residual |  9987.94752     9,996  .99919443   R-squared       =    0.9747
-------------+----------------------------------   Adj R-squared   =    0.9747
       Total |  394882.371     9,999  39.4921863   Root MSE        =     .9996

------------------------------------------------------------------------------
           y | Coefficient  Std. err.      t    P>|t|     [95% conf. interval]
-------------+----------------------------------------------------------------
           x |  -.9950171   .0281056   -35.40   0.000     -1.05011   -.9399245
           o |   1.015165   .0098913   102.63   0.000      .995776    1.034554
           a |   2.936424   .0313065    93.80   0.000     2.875057    2.997791
       _cons |   1.001346   .0172876    57.92   0.000     .9674591    1.035233
------------------------------------------------------------------------------
```

2. 例 2

假设有两个变量 A 和 B,它们既影响个体的潜在结果 Y_0 和 Y_1,也影响个体接受干预(以 $D=1$ 表示)的概率:

$$Y_{0i} = 100 + 3A_i + 2B_i + v_{0i},$$
$$Y_{1i} = 102 + 6A_i + 4B_i + v_{1i},$$
$$\Pr[D_i = 1 \mid A_i, B_i] = \frac{\exp(0.6A_i + 0.6B_i - 0.72)}{1 + \exp(0.6A_i + 0.6B_i - 0.72)}.$$

其中,A_i 和 B_i 为相互独立且在区间[0.01,1]上服从均匀分布的随机变量,v_{0i} 和 v_{1i} 为相互独立且都服从 $N(0,25)$ 的随机变量。

观测结果为

$$Y_i = D_i Y_{1i} + (1 - D_i) Y_{0i}.$$

ATE 为

$$\text{ATE} = E(Y_{1i} - Y_{0i}) = 2 + 3E(A_i) + 2E(B_i)$$
$$= 2 + 3 \times 0.505 + 2 \times 0.505 = 4.525.$$

显然,条件独立性假设成立。按照前面的假定,我们首先通过随机模拟生成 50 000 个观测,然后构建三种线性回归模型(依次为:Y 对 D 回归;Y 对 D,A,B 回归;Y 对 D,A,B,A^2,B^2 回归),分别采用 OLS 方法估计 ATE。最后,我们采用加权最小二乘回归估计 ATE,分别依据个体接受处理的真实概率和估计概率计算权重。Stata 程序如下:

```
clear all
set obs 50000
```

```
generate a = runiform(0.01,1)
generate b = runiform(0.01,1)
generate v0 = rnormal(0,5)
generate v1 = rnormal(0,5)
generate y0 = 100 + 3 * a + 2 * b + v0
generate y1 = 102 + 6 * a + 4 * b + v1
generate index = 0.6 * a + 0.6 * b - 0.72
generate p = exp(index)/(1+exp(index))
generate d = rbinomial(1,p)
generate y = d * y1 + (1-d) * y0
reg y d
est store ols1
reg y d a b
est store ols2
generate a2 = a * a
generate b2 = b * b
reg y d a b a2 b2
est store ols3
generate w = d * 1/p + (1-d) * 1/(1-p)
reg y d [pweight = w]
est store ols_weight1
logit d a b
predict d_fit
generate w_fit = d * 1/d_fit + (1-d) * 1/(1-d_fit)
reg y d [pweight = w_fit]
est store ols_weight2
local m "ols1 ols2 ols3 ols_weight1 ols_weight2"
esttab 'm', mtitle('m') compress nogap ar2
```

五个回归模型的估计结果如下：

	(1) ols1	(2) ols2	(3) ols3	(4) ols_wei~1	(5) ols_wei~2
d	4.909***	4.555***	4.555***	4.536***	4.542***
	(104.15)	(100.21)	(100.21)	(95.11)	(95.26)
a		4.377***	4.111***		
		(55.43)	(12.82)		
b		3.047***	2.992***		
		(38.70)	(9.34)		
a2			0.263		
			(0.85)		
b2			0.0542		
			(0.18)		
_cons	102.4***	98.84***	98.90***	102.5***	102.5***
	(3171.60)	(1586.45)	(1011.13)	(3239.18)	(3240.34)
N	50000	50000	50000	50000	50000
adj. R-sq	0.178	0.246	0.246	0.156	0.157

t statistics in parentheses
* p<0.05, ** p<0.01, *** p<0.001

可以看到，Y 对 D 的简单回归所得到的估计值 4.909 与真实的 ATE(4.525) 相去甚远。依据个体接受处理的真实概率计算权重，加权最小二乘回归(模型(4))的估计值接近真实的 ATE；依据个体接受处理的估计概率计算权重，加权最小二乘回归(模型(5))的估计值不同于模型(2)的估计值和模型(3)的估计值，但相差不多。

§4　双重差分方法

一、面板数据模型

所谓面板数据，是指对同一群个体持续观测多个时期所得的数据。这样的数据既有横截面的维度(n 个个体)，又有时间的维度(T 个时期)。

考虑如图 14-20 所示的因果图。

在这个因果图中，D_{it} 是一个二值处理变量；Y_{it} 为结果变量；X_{it} 为可观测的向量；u_i 为不可观测的向量。D_{it}、X_{it} 和 Y_{it} 的取值因个体和时期而异，下标 i 代表个体，下标 t 代表时期。e_{it} 是不可观测变量，其取值因个体和时期而异。u_i 的取值因个体而异，但不随时期变化。如果仅仅控制 X_{it}，还存在开放的后门路径 $D_{it} \leftarrow u_i \rightarrow Y_{it}$，无法得到 D_{it} 对 Y_{it} 的因果效应的无偏估计。如果我们有面板数据，在一定的条件下就可以同时控制 X_{it} 和 u_i，从而正确估计 D_{it} 对 Y_{it} 的因果效应。

以 Y_{0it} 表示对应于 $D_{it}=0$ 的潜在结果，以 Y_{1it} 表示对应于 $D_{it}=1$ 的潜在结果。

假设如下的条件均值独立性成立：

$$E[Y_{0it} \mid D_{it}, X_{it}, u_i, t] = E[Y_{0it} \mid X_{it}, u_i, t]$$

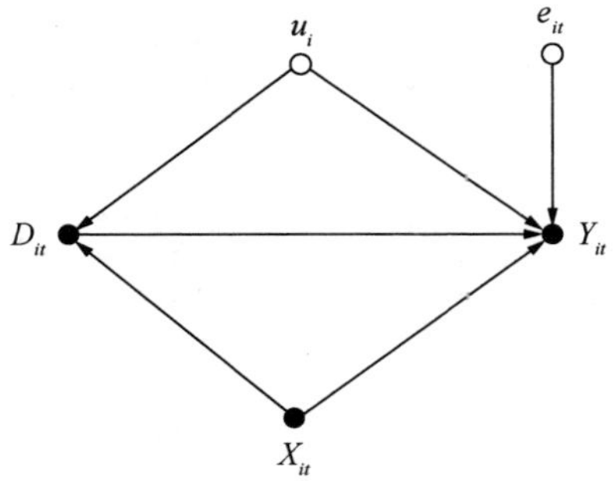

图 14-20　因果图示例 3

这意味着，在给定的时期，给定 X_{it} 和 u_i，处理 D_{it} 的分配是随机的。

假设条件均值为线性函数：

$$E[Y_{0it} \mid X_{it}, u_i, t] = \alpha + \lambda_t + X_{it}'\beta + u_i'\gamma.$$

进一步假设因果效应为常数，不因个体和时期而异：

$$E[Y_{1it} \mid X_{it}, u_i, t] = E[Y_{0it} \mid X_{it}, u_i, t] + \tau.$$

而

$$\begin{aligned} E[Y_{it} \mid D_{it}, X_{it}, u_i, t] &= E[D_{it}Y_{1it} + (1 - D_{it})Y_{0it} \mid D_{it}, X_{it}, u_i, t] \\ &= E[Y_{0it} + D_{it}(Y_{1it} - Y_{0it}) \mid D_{it}, X_{it}, u_i, t]. \end{aligned}$$

故有

$$E[Y_{it} \mid D_{it}, X_{it}, u_i, t] = \alpha + \lambda_t + X_{it}'\beta + u_i'\gamma + \tau D_{it}.$$

若定义

$$\varepsilon_{it} \equiv Y_{0it} - E[Y_{0it} \mid X_{it}, u_i, t],$$
$$\alpha_i = \alpha + u_i'\gamma.$$

则可得到固定效应模型：

$$Y_{it} = \alpha_i + \lambda_t + X_{it}'\beta + \tau D_{it} + \varepsilon_{it}, \quad i = 1, \cdots, N, \ t = 1, \cdots, T.$$

对于每个个体 i，引入二值虚拟变量 B_i，回归方程中 B_i 前的系数为 α_i。类似地，对于每个时期 t，引入二值虚拟变量 W_t，回归方程中 W_t 前的系数为 λ_t。这样就将模型改写为含有虚拟变量的模型，通常称为最小二乘虚拟变量模型(Least Square Dummy Variable Model)。在这个模型中，通过虚拟变量 B_i 来控制 u_i。基于面板数据，这个含有虚拟变量的模型可用 OLS 估计，可得到因果效应参数的无偏估计量。

可以对同一个体在不同时期的观测结果取平均，得到

$$\bar{Y}_i = \alpha_i + \bar{\lambda} + \bar{X}_i'\beta + \tau\bar{D}_i + \bar{\varepsilon}_i, \quad i = 1, \cdots, N.$$

进一步，

$$Y_{it} - \bar{Y}_i = (\lambda_t - \bar{\lambda}) + (X_{it} - \bar{X}_i)'\beta + \tau(D_{it} - \bar{D}_i) + (\varepsilon_{it} - \bar{\varepsilon}_i),$$
$$i = 1, \cdots, N, \ t = 1, \cdots, T.$$

可见,将固定效应模型用个体对均值的离差重新表述后,不可观测的个体效应从模型中消失了。可以直接用 OLS 方法来估计这个方程,得到因果效应参数 τ 的无偏估计量,一般称为固定效应估计量(Fixed Effect Estimator)或组内估计量(Within Estimator)。可以证明,这个估计量与基于最小二乘虚拟变量模型得到的估计量相同。

如果 u_i 与 D_{it} 不相关,固定效应模型可改写为

$$Y_{it} = \alpha + \lambda_t + X_{it}'\beta + \tau D_{it} + (u_i'\gamma + \varepsilon_{it}), \quad i = 1,\cdots,N,\ t = 1,\cdots,T.$$

这就是所谓的随机效应模型,我们称 $u_i'\gamma+\varepsilon_{it}$ 为复合扰动项。

因果图如图 14-21 所示。

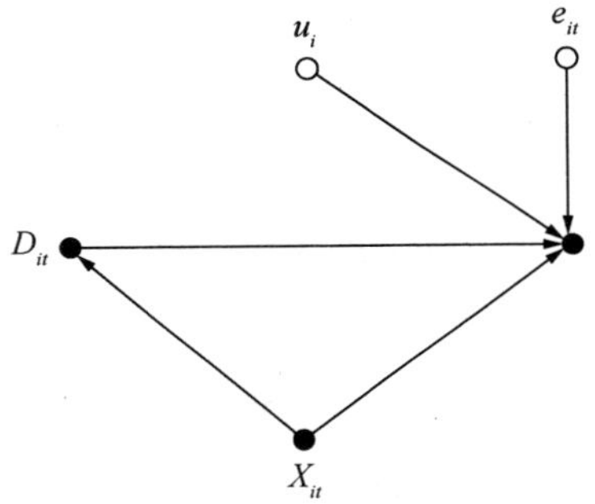

图 14-21　因果图示例 4

显然,只要控制 X_{it},就可以得到 D_{it} 对 Y_{it} 的因果效应的无偏估计。也就是说,可以用 OLS 方法估计这个模型,得到因果效应参数 τ 的无偏估计量。不过,由于 u_i 的存在,同一个体不同时期的复合扰动项 $u_i'\gamma+\varepsilon_{it}$ 之间存在自相关,用 OLS 方法得到的因果效应参数 τ 估计量的标准误不正确,可以采用广义最小二乘法来估计模型。

二、双重差分方法

设想有两组个体,两个时期。在每个时期,每个个体都有可能接受处理($D_{it}=1$)或不接受处理($D_{it}=0$)。结果变量用 Y 表示;分别对应于 $D_{it}=1$ 和 $D_{it}=0$,个体 i 在时期 t 的两种潜在结果分别为 Y_{1it} 和 Y_{0it}。实际上,处理只在时期 $t=1$ 发生。在时期 $t=0$,两组个体都没有接受处理;在时期 $t=1$,一组个体接受了处理,另一组个体没有接受处理。为简化符号,我们用 D_i 代替 D_{it}。

1. 双重差分方法的基本假设

首先给出三条基本假设。

(1) 平行趋势假设

平行趋势假设(Common Trend Assumption)的定义为,给定协变量 X,如果处理组个体

没有接受处理,其结果在两期之间的变化趋势等于对照组在两期之间的变化趋势,即

$$E[Y_{0it}-Y_{0it-1} \mid X_{it},D_i=1]=E[Y_{0it}-Y_{0it-1} \mid X_{it},D_i=0].$$

平行趋势假设如图 14-22 所示。

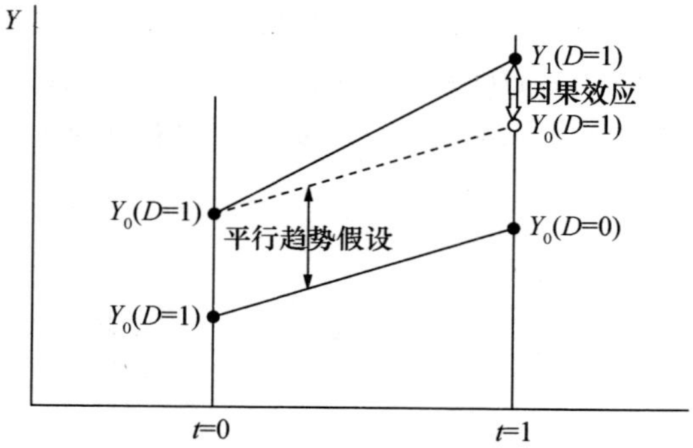

图 14-22　平行趋势假设

上式也可表示为

$$\begin{aligned}&E[Y_{0it} \mid X_{it},D_i=1]-E[Y_{0it} \mid X_{it},D_i=0]\\&=E[Y_{0it}-1 \mid X_{it},D_i=1]-E[Y_{0it}-1 \mid X_{it},D_i=0].\end{aligned}$$

这样,平行趋势假设等价于不变偏差假设(Constant Bias Assumption)——给定协变量 X,如果处理组个体没有接受处理,在时期 $t=0$ 两组结果之间的差异等于在时期 $t=1$ 两组结果之间的差异。

(2) 共同支撑要求

与匹配方法类似,双重差分方法的使用也要满足共同支撑(Common Support)要求:

$$0<\Pr(D_i=1 \mid X_i)<1.$$

也就是说,给定协变量 X,要求既有接受处理的个体也有未接受处理的个体。

(3) 个体处理值稳定假设

个体处理值稳定假设(SUTVA)要求对任何个体的干预不会影响其他个体的潜在结果,排除了干预的溢出效应和一般均衡效应。

2. 双重差分方法的基本原理

我们现在来计算处理组的平均因果效应。

首先计算 ATT(X)。

$$\begin{aligned}\mathrm{ATT}(X_{it})&=E[Y_{1it}-Y_{0it} \mid X_{it},D_i=1]\\&=E[Y_{1it} \mid X_{it},D_i=1]-E[Y_{0it} \mid X_{it},D_i=1].\end{aligned}$$

而

$$E[Y_{0it} \mid X_{it},D_i=1]=E[Y_{0it} \mid X_{it},D_i=0]+E[Y_{0it-1} \mid X_{it},D_i=1]$$

$$-E[Y_{0it-1} \mid X_{it}, D_i = 0],$$

代入 ATT(X_{it})的表达式,得到

$$\text{ATT}(X_{it}) = E[Y_{1it} \mid X_{it}, D_i = 1] - \{E[Y_{0it} \mid X_{it}, D_i = 0] + E[Y_{0it} - 1 \mid X_{it}, D_i = 1] - E[Y_{0it-1} \mid X_{it}, D_i = 0]\}.$$

亦即

$$\text{ATT}(X_{it}) = \{E[Y_{it} \mid X_{it}, D_i = 1] - E[Y_{it} - 1 \mid X_{it}, D_i = 1]\} - \{E[Y_{it} \mid X_{it}, D_i = 0] - E[Y_{it-1} \mid X_{it}, D_i = 0]\}.$$

可见,如果平行趋势假设成立,那么 ATT 等于处理组在两期之间的平均变化与对照组在两期之间的平均变化之差,即双重差分(Difference in Difference)。

接下来,与协变量匹配方法类似,对 ATT(X)取期望即得 ATT,相应的估计量称为 DID 估计量:

$$\text{ATT}^{\text{DID}} = E[\text{ATT}(X_{it})].$$

双重差分法的思想还可以更直观地从前面有关平行趋势假设的图示来看。

我们也可以根据倾向评分 $\text{ps}(X_{it}) = \Pr(D_i = 1 \mid X_{it})$进行匹配,先计算 ATT($p$):

$$\text{ATT}(p) = \{E[Y_{it} \mid \text{ps}(X_{it}) = p, D_i = 1] - E[Y_{it-1} \mid \text{ps}(X_{it}) = p, D_i = 1]\} - \{E[Y_{it} \mid \text{ps}(X_{it}) = p, D_i = 0] - E[Y_{it-1} \mid \text{ps}(X_{it}) = p, D_i = 0]\}.$$

对 ATT(p)取期望即得 ATT,相应的估计量称为倾向评分 DID 估计量,简记为 PSM-DID 估计量:

$$\text{ATT}^{\text{PSM-DID}} = E[\text{ATT}(p)].$$

估计出倾向评分之后,也可以采用逆概加权法直接计算 ATT:

$$\text{ATT} = \frac{1}{\Pr(D_i = 1)} E\left[\frac{[D_i - \text{ps}(X_{it})](Y_{it} - Y_{it} - 1)}{1 - \text{ps}(X_{it})}\right].$$

三、双重差分方法的回归模型

如果对条件期望函数和因果效应做更强的假定,我们就可以利用面板数据的固定效应回归模型来估计因果效应。

如前所述,假设条件期望为线性函数:

$$E[Y_{0it} \mid X_{it}, u_i, t] = \alpha + \lambda_t + X_{it}'\beta + u_i'\gamma.$$

进一步假设因果效应为常数,不因个体和时期而异:

$$E[Y_{1it} \mid X_{it}, u_i, t] = E[Y_{0it} \mid X_{it}, u_i, t] + \tau.$$

那么,可以构建固定效应模型:

$$Y_{it} = \alpha_i + \lambda_t + X_{it}'\beta + \tau D_{it} + \varepsilon_{it}, \quad i = 1, \cdots, N,\ t = 1, \cdots, T.$$

如果用二值虚拟变量 Treat_i 区分处理组($\text{Treat}_i = 1$)与对照组($\text{Treat}_i = 0$),用二值虚拟变量 After_t 区分处理前时期($\text{After}_t = 0$)与处理后时期($\text{After}_t = 1$),那么,固定效应模型等

价于

$$Y_{it} = \alpha_i + \lambda_t + X_{it}'\beta + \tau \text{Treat}_i \times \text{After}_t + \varepsilon_{it},$$
$$i = 1, \cdots, N,\ t = 1, \cdots, T.$$

考虑只有两期的情形:在 $t=1$ 期,所有个体都不接受处理($D_{i1}=0, D_{j1}=0$);在 $t=2$ 期,一部分个体(处理组)接受处理($D_{i2}=1$),一部分个体(对照组)不接受处理($D_{j2}=0$)。

就处理组而言,$D_{i1}=0, D_{i2}=1$,故有

$$E[Y_{i1} \mid D_{i2} = 1] = \alpha_i + \lambda_1 + X_{i1}'\beta,$$
$$E[Y_{i2} \mid D_{i2} = 1] = \alpha_i + \lambda_2 + X_{i2}'\beta + \tau.$$

两期期望值之差为

$$E[Y_{i2} - Y_{i1} \mid D_{i2} = 1] = \lambda_2 - \lambda_1 + (X_{i2} - X_{i1})'\beta + \tau.$$

就对照组而言,$D_{j1}=0, D_{j2}=0$,故有

$$E[Y_{j1} \mid D_{j2} = 0] = \alpha_j + \lambda_1 + X_{j1}'\beta,$$
$$E[Y_{j2} \mid D_{j2} = 0] = \alpha_j + \lambda_2 + X_{j2}'\beta.$$

两期期望值之差为

$$E[Y_{j2} - Y_{j1} \mid D_{j2} = 0] = \lambda_2 - \lambda_1 + (X_{j2} - X_{j1})'\beta.$$

因此,

$$E[Y_{i2} - Y_{i1} \mid D_{i2} = 1] - E[Y_{j2} - Y_{j1} \mid D_{j2} = 0] = \tau + [(X_{i2} - X_{i1}) - (X_{j2} - X_{j1})]'\beta.$$

可见,如果不存在随时间变化的个体特征,那么,基于固定效应模型对于因果效应的估计(D_{it} 的系数估计量)就等于双重差分估计量。不过,当存在随时间变化的个体特征时,除非处理组个体特征的变化与对照组个体特征的变化相同,否则,简单的双重差分估计量并不是对因果效应的正确估计。利用固定效应回归模型能够方便地控制个体特征的影响,从而得到因果效应的正确估计。

通过固定效应回归模型来估计因果效应的好处在于:

第一,为计算因果效应及其标准误提供了一种便利的方法。

第二,不限于用虚拟变量表示的处理,可以分析强度不同的处理。

第三,不限于两期,可以利用多期面板数据,而且便于检验平行趋势假设。

平行趋势假设要求,给定协变量 X,如果处理组个体没有接受处理,其结果在两期之间的变化趋势等于对照组在两期之间的变化趋势。检验平行趋势假设的一种常用方法是,在固定效应模型中,对于处理之前的每个时期(第一个时期作为基期,故除第一个时期外)分别用一个二值虚拟变量代表,将这些虚拟变量与代表处理的虚拟变量的交互项扩充到模型中。

以原来的模型为例。如果处理自第 $t+1$ 期开始实施并持续至第 T 期,那么,对于第 2 期到第 t 期,分别用虚拟变量 $\text{Period}_2, \cdots, \text{Period}_t$ 代表,构造如下模型:

$$Y_{it} = \alpha_i + \lambda_t + X_{it}'\beta + \tau \text{Treat}_i \times \text{After}_t + \gamma_1 \text{Treat}_i$$

$$+\gamma_2 \text{Treat}_i \times \text{Period}_2 + \cdots + \gamma_t \text{Treat}_i \times \text{Period}_t + \varepsilon_{it}.$$
$$i = 1,\cdots,N,\ t = 1,\cdots,T$$

在这个模型中，γ_1 代表处理组与对照组在第 1 期的结果差异（基准差异）；$\text{Treat}_i \times \text{After}_t$ 的系数 τ 代表处理组与对照组在第 t+1 期至第 t 期平均的结果差异相较于第 1 期基准差异的变化。γ_2 代表处理组与对照组在第 2 期的结果差异相较于第 1 期基准差异的变化，$\gamma_3,\cdots,\gamma_t$ 的含义可类推。平行趋势假设可表示为

$$H_0:\gamma_2 = \cdots = \gamma_t = 0.$$

可对上述联合假设进行 F 检验。在实践中，也可分别对 $\gamma_2,\cdots,\gamma_t$ 的显著性进行检验。

四、示例及 Stata 应用

土豆原产于南美洲，在哥伦布发现美洲后开始逐步传入欧洲。与其他粮食作物相比，土豆能提供更多的热量、维生素和营养，土豆在促进人口增长和经济发展方面发挥了何种作用是许多学者讨论的主题。但是，工业革命发生的时期与土豆在欧洲传播的时期存在重叠，传统的统计或计量分析难以令人信服地估计土豆种植对于人口增长和经济发展的因果效应。Nunn 和 Qian（2011）采用 DID 方法，通过比较旧大陆在土豆种植之前和之后，更适合土豆种植的地区和不太适合土豆种植的地区之间的人口与城市化水平，对土豆在人口增长和城市化进程中的历史作用进行了定量分析。① 由于土豆种植需要适宜的气候、土壤等自然条件，作者按照自然条件优劣将土地划分为五档，将前三档作为适宜种植土豆的土地，将后两档作为不适于种植土豆的土地，然后统计了每个国家适宜种植土豆的土地数量，并取对数作为处理变量（ln_wpot）。显然，这个变量刻画了处理强度，不同于简单的二值虚拟变量。

作者分别以人口的对数（ln_population）和城市人口占总人口的比例（city_pop_share）作为结果变量，选择了一系列控制变量。在面板数据固定效应模型中，不仅纳入国家固定效应和年份固定效应，而且引入控制变量与年份固定效应的乘积项。作者选择了 12 个年份（公元 1000 年、1100 年、1200 年、1300 年、1400 年、1500 年、1600 年、1700 年、1750 年、1800 年、1850 年和 1900 年），收集相关数据，并设定 1700 年之后为土豆在欧洲传播的时期（不含 1700 年）。

基准回归模型如下：

$$y_{it} = \beta \text{ln\_wpot} I_t^{\text{post}} + \sum_{j=1100}^{1900} X_i' I_t^j \Phi_j + \sum_c \gamma_c I_i^c + \sum_{j=1100}^{1900} \rho_j I_t^j + \varepsilon_{it}.$$

其中，y_{it} 为 ln_population 或 city_pop_share，I_t^{post} 为时间维度的二值虚拟变量（1700 年之前，

① Nunn, N. and N. Qian, 2011. The Potato's Contribution to Population and Urbanization: Evidence from a Historical Experiment[J]. The Quarterly Journal of Economics, 126: 593-650.

取0;否则取1),X_i 表示一系列控制变量组成的向量,$\sum_c \gamma_c I_i^c$ 表示国家固定效应,$\sum_{j=1100}^{1900} \rho_j I_t^j$ 表示年份固定效应。

为了节省篇幅,这里省略一部分Stata程序,仅给出回归分析及平行趋势检验的Stata程序。

以ln_population作为结果变量,得到如下回归结果(部分):

```
. xi: areg ln_population ln_wpot_post `ln_oworld_flexible' `ln_elevation_flexible'
  > `ln_tropical_flexible' `ln_rugged_flexible' i.year, a (isocode) cluster(isocode)
  i.year            _Iyear_1000-1900    (naturally coded; _Iyear_1000 omitted)

Linear regression, absorbing indicators              Number of obs     =  1,552
Absorbed variable: isocode                           No. of categories =    130
                                                     F(56, 129)        =  59.01
                                                     Prob > F          = 0.0000
                                                     R-squared         = 0.9899
                                                     Adj R-squared     = 0.9885
                                                     Root MSE          = 0.2474

                                  (Std. err. adjusted for 130 clusters in isocode)
```

ln_population	Coefficient	Robust std. err.	t	P>|t|	[95% conf.	interval]
ln_wpot_post	.0324743	.0116344	2.79	0.006	.0094554	.0554933
ln_oworld_1100	.015235	.0040292	3.78	0.000	.0072631	.0232069
ln_oworld_1200	.0369835	.006762	5.47	0.000	.0236048	.0503622
ln_oworld_1300	.0525915	.008557	6.15	0.000	.0356613	.0695218
ln_oworld_1400	.0333736	.0097894	3.41	0.001	.0140049	.0527422
ln_oworld_1500	.0580615	.0112321	5.17	0.000	.0358385	.0802845
ln_oworld_1600	.0682408	.0102973	6.63	0.000	.0478673	.0886143
ln_oworld_1700	.078719	.0127522	6.17	0.000	.0534885	.1039494
ln_oworld_1750	.0614275	.0178208	3.45	0.001	.0261686	.0966864
ln_oworld_1800	.0822527	.0186331	4.41	0.000	.0453867	.1191187
ln_oworld_1850	.1062787	.0195893	5.43	0.000	.0675207	.1450366
ln_oworld_1900	.1387866	.0221295	6.27	0.000	.095003	.1825703

可以看到因果效应估计值为0.0325,在0.01的水平下是显著的。这意味着,若适宜种植土豆的土地面积增加1%,人口平均增长0.032%。

以city_pop_share作为结果变量,得到如下回归结果(部分):

```
. xi: areg city_pop_share ln_wpot_post `ln_oworld_flexible' `ln_elevation_flexible' `ln_tropical_flexible'
> `ln_rugged_flexible' i.year,  a(isocode) cluster(isocode)
i.year            _Iyear_1000-1900    (naturally coded; _Iyear_1000 omitted)

Linear regression, absorbing indicators              Number of obs     =  1,552
Absorbed variable: isocode                           No. of categories =    130
                                                     F(56, 129)        =   3.03
                                                     Prob > F          = 0.0000
                                                     R-squared         = 0.4441
                                                     Adj R-squared     = 0.3688
                                                     Root MSE          = 0.0387

                                   (Std. err. adjusted for 130 clusters in isocode)
------------------------------------------------------------------------------------
                 |               Robust
  city_pop_share | Coefficient  std. err.      t    P>|t|     [95% conf. interval]
-----------------+------------------------------------------------------------------
    ln_wpot_post |   .0036269   .0011611     3.12   0.002     .0013297    .0059241
  ln_oworld_1100 |  -.0027789    .002952    -0.94   0.348    -.0086195    .0030618
  ln_oworld_1200 |  -.0007974   .0014522    -0.55   0.584    -.0036707    .0020758
  ln_oworld_1300 |  -.0005377   .0010097    -0.53   0.595    -.0025353      .00146
  ln_oworld_1400 |   .0013151   .0011375     1.16   0.250    -.0009354    .0035656
  ln_oworld_1500 |    .000625   .0009687     0.65   0.520    -.0012916    .0025417
  ln_oworld_1600 |   .0017471   .0012308     1.42   0.158    -.0006881    .0041823
  ln_oworld_1700 |   .0022121    .001109     1.99   0.048     .0000178    .0044063
  ln_oworld_1750 |  -.0014165   .0017433    -0.81   0.418    -.0048657    .0020327
  ln_oworld_1800 |  -.0008886   .0016687    -0.53   0.595    -.0041902     .002413
  ln_oworld_1850 |  -.0011536   .0017242    -0.67   0.505    -.0045649    .0022577
  ln_oworld_1900 |   .0084499   .0025593     3.30   0.001     .0033862    .0135136
ln_elevation_1100 |  .0067226   .0050318     1.34   0.184    -.0032329     .016678
ln_elevation_1200 |  .0034578   .0032932     1.05   0.296    -.0030579    .0099735
```

可以看到因果效应估计值为 0.0036,在 0.01 的水平下是显著的。这意味着,若适宜种植土豆的土地面积增加 1%,城市人口占总人口的比例增加 0.36%。

为了检验平行趋势假设,我们估计如下模型:

$$y_{it} = \sum_{j=1100}^{1900} \beta_j \mathrm{ln\_wpot} I_t^j + \sum_{j=1100}^{1900} X'_i I_t^j \Phi_j + \sum_{c} \gamma_c I_i^c + \sum_{j=1100}^{1900} \rho_j I_t^j + \varepsilon_{it}.$$

以 ln_population 作为结果变量,进行平行趋势检验,Stata 程序及回归结果如下(部分):

```
. xi: areg ln_population `ln_potato_flexible' `ln_oworld_flexible' `ln_elevation_flexible'
> `ln_tropical_flexible' `ln_rugged_flexible' i.year,  a(isocode) cluster(isocode)
i.year            _Iyear_1000-1900    (naturally coded; _Iyear_1000 omitted)

Linear regression, absorbing indicators              Number of obs     =  1,552
Absorbed variable: isocode                           No. of categories =    130
                                                     F(66, 129)        =  65.95
                                                     Prob > F          = 0.0000
                                                     R-squared         = 0.9901
                                                     Adj R-squared     = 0.9887
                                                     Root MSE          = 0.2461
```

```
                                    (Std. err. adjusted for 130 clusters in isocode)
```

ln_population	Coefficient	Robust std. err.	t	P>|t|	[95% conf.	interval]
ln_wpot_1100	.0120226	.0040352	2.98	0.003	.0040389	.0200063
ln_wpot_1200	.0235639	.0072308	3.26	0.001	.0092575	.0378702
ln_wpot_1300	.0299633	.0104701	2.86	0.005	.0092479	.0506786
ln_wpot_1400	.0210718	.012113	1.74	0.084	-.002894	.0450377
ln_wpot_1500	.0269501	.014315	1.88	0.062	-.0013725	.0552728
ln_wpot_1600	.0260635	.0154143	1.69	0.093	-.0044341	.0565611
ln_wpot_1700	.0240949	.0182317	1.32	0.189	-.0119769	.0601668
ln_wpot_1750	.0312583	.0199373	1.57	0.119	-.0081882	.0707047
ln_wpot_1800	.0408335	.0222412	1.84	0.069	-.0031712	.0848382
ln_wpot_1850	.0601981	.020257	2.97	0.004	.0201191	.1002771
ln_wpot_1900	.079503	.0240815	3.30	0.001	.0318571	.1271489
ln_oworld_1100	.0037233	.0050972	0.73	0.466	-.0063617	.0138083
ln_oworld_1200	.014421	.0090937	1.59	0.115	-.0035711	.0324131

可以看出,公元1400—1700年期间,交互项的系数在0.05的水平下都不显著。

为了更加直观,我们通过绘制图形来看。绘制平行趋势图的Stata程序如下:

```
coefplot, baselevels keep(ln_wpot*) vertical coeflabels(ln_wpot_1100=1100 ln_wpot_1200=1200 ln_wpot_1300=1300 ln_wpot_1400=1400 ln_wpot_1500=1500 ln_wpot_1600=1600 ln_wpot_1700=1700 ln_wpot_1750=1750 ln_wpot_1800=1800 ln_wpot_1850=1850 ln_wpot_1900=1900) yline(0, lwidth(vthin) lpattern(dash) lcolor(teal)) xline(7, lwidth(vthin) lpattern(dash) lcolor(teal)) ylabel(, labsize(0.85) angle(0)) xlabel(, labsize(0.75)) ytitle("Coefficients") xtitle("Year") msymbol(O) msize(small) mcolor(gs1) addplot(line @b @at, lcolor(gs1) lwidth(medthick)) ciopts(recast(rline) lwidth(thin) lpattern(dash) lcolor(gs2)) graphregion(color(white))
```

得到如下平行趋势图:

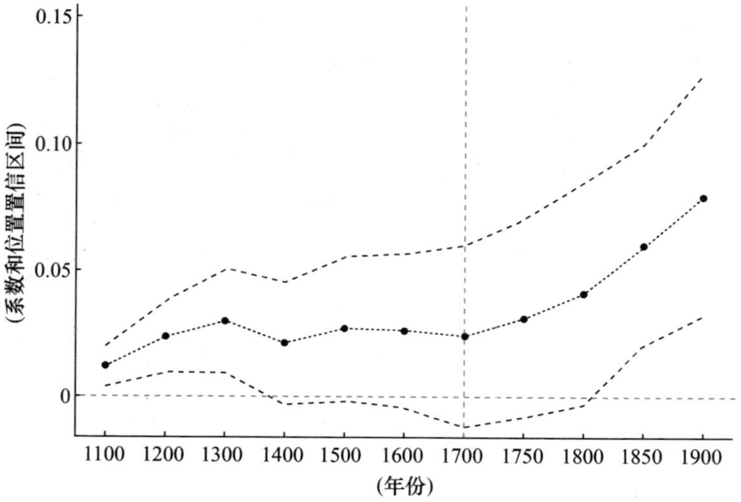

类似地，以 city_pop_share 作为结果变量，平行趋势检验结果如下（部分）：

```
. xi: areg city_pop_share `ln_potato_flexible' `ln_oworld_flexible' `ln_elevation_flexible'
> `ln_tropical_flexible' `ln_rugged_flexible' i.year, a(isocode) cluster(isocode)
  i.year            _Iyear_1000-1900    (naturally coded; _Iyear_1000 omitted)

  Linear regression, absorbing indicators              Number of obs     =  1,552
  Absorbed variable: isocode                           No. of categories =    130
                                                       F(66, 129)        =   2.96
                                                       Prob > F          = 0.0000
                                                       R-squared         = 0.4555
                                                       Adj R-squared     = 0.3772
                                                       Root MSE          = 0.0384

                              (Std. err. adjusted for 130 clusters in isocode)
```

city_pop_share	Coefficient	Robust std. err.	t	P>|t|	[95% conf.	interval]
ln_wpot_1100	-.0006226	.0012527	-0.50	0.620	-.0031011	.0018558
ln_wpot_1200	-.0011701	.0012176	-0.96	0.338	-.0035791	.0012388
ln_wpot_1300	.0013089	.0014269	0.92	0.361	-.0015142	.0041321
ln_wpot_1400	.0009813	.0014437	0.68	0.498	-.0018752	.0038378
ln_wpot_1500	.0007654	.0012812	0.60	0.551	-.0017695	.0033004
ln_wpot_1600	-.0000298	.0028654	-0.01	0.992	-.0056991	.0056395
ln_wpot_1700	.0022237	.0015489	1.44	0.154	-.0008408	.0052882
ln_wpot_1750	.001334	.0017667	0.76	0.452	-.0021614	.0048295
ln_wpot_1800	.0017523	.0016902	1.04	0.302	-.0015918	.0050963
ln_wpot_1850	.0031259	.0017338	1.80	0.074	-.0003045	.0065563
ln_wpot_1900	.0100279	.0031933	3.14	0.002	.0037099	.016346
ln_oworld_1100	-.0021827	.0031219	-0.70	0.486	-.0083595	.0039941
ln_oworld_1200	.000323	.0018514	0.17	0.862	-.0033402	.0039861

可以看出，公元 1100—1700 年期间，交互项的系数在 0.05 的水平下都不显著。制作相应的平行趋势图如下：

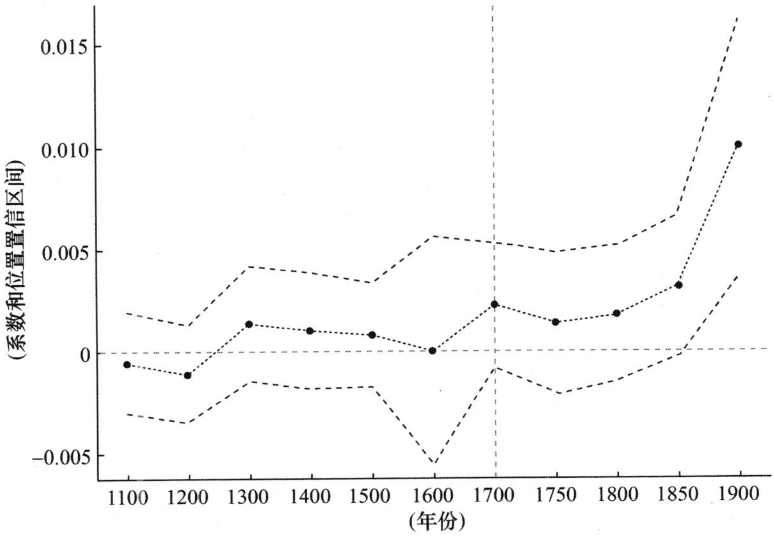

§5 断点回归方法

有时候,个体是否受到处理取决于某一连续型变量的取值是否达到(或超过)一定的阈值,比如大学依据高考成绩是否达到划定的分数线来决定是否录取学生,奖学金的评定依据学生成绩是否达到某一标准,等等。我们的目的是评估处理对于结果变量的效应。这里的阈值构成了一个"断点"(Cut-Point)。如果个体是否接受处理完全取决于该连续型变量的取值是否达到阈值,此种情形被称为清晰断点回归设计(Sharp Regression-discontinuity Design,简称 Sharp RDD);如果个体是否接受处理只部分取决于该连续型变量的取值是否达到阈值,此种情形被称为模糊断点回归设计(Fuzzy Regression-discontinuity Design,简称 Fuzzy RDD)。

断点回归设计(RDD)最早由 Thistlethwaite 和 Campbell(1960)在研究奖学金对学生未来成绩的影响时首次提出。① Hahn 等(2001)对 RDD 的识别条件、估计方法、统计推断进行了理论上的证明。②

一、清晰断点回归设计

清晰断点回归设计可用如图 14-23 所示的因果图表示。

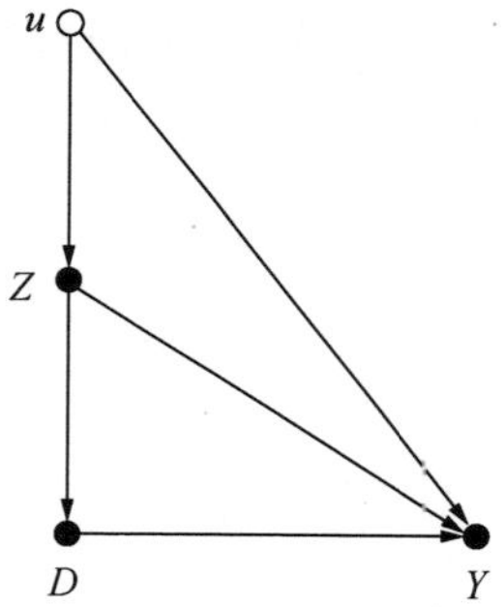

图 14-23 清晰断点回归设计因果图示例

图中,Y 为结果变量,D 为二值干预变量,u 为不可观测的混淆变量。

Z 为配置变量(Assignment Variable),它是一个连续型变量,其取值是否超过阈值决定了个体是否受到干预。不妨设阈值为 z_0,且

① Thistlethwaite, D. and D. Compbell, 1960. Regression-Discontinuity Analysis: An Alternative to the Expost Facto Experiment[J]. Journal of Educational Psychology, 51(6): 309-317.

② Hahn, J., P. Todd and W. van der Klaauw, 2001. Identification and Estimation of Treatment Effects with a Regression-Discontinuity Design[J]. Econometrica, 69(1): 201-209.

$$D=\begin{cases}0, & Z\leqslant z_0,\\ 1, & Z>z_0.\end{cases}$$

显然,该因果图存在两条后门路径:$D\leftarrow Z\rightarrow Y$ 和 $D\leftarrow Z\leftarrow u\rightarrow Y$,只要控制了变量 Z 就可以截断这两条后门路径。问题在于,干预变量 D 完全由 Z 决定。在阈值左侧,个体都不受到处理;在阈值右侧,个体都受到处理。可见,根本不满足共同支撑要求,匹配方法和回归方法都不适用。

如果个体不能精确控制配置变量 Z,那么,在阈值附近干预变量的分布就近似于完全随机试验,个体具有高度相似的特征,可以利用阈值两侧个体结果的差异来估计干预的因果效应。此时的因果图如图 14-24 所示。

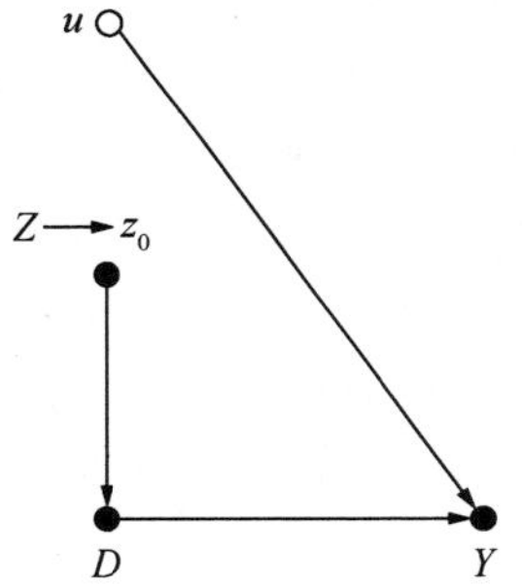

图 14-24　考虑阈值附近干预变量因果图示例

一旦我们将分析对象局限于阈值附近,就相当于截断了后门路径 $D\leftarrow Z\rightarrow Y$ 和 $D\leftarrow Z\leftarrow u\rightarrow Y$,可以通过比较阈值两侧个体的结果来估计干预的因果效应,不过要注意它只是局部平均因果效应(Local Average Treatment Effect, LATE)。

精确断点回归设计的有效性依赖于两个关键假设。

假设 1(连续性假设)　$E[Y_{0i}|Z_i=z]$与$E[Y_{1i}|Z_i=z]$都是 z 的函数,并且在 z_0 处是连续的,亦即

$$\lim_{\varepsilon\to0}E[Y_{0i}\mid Z_i=z_0+\varepsilon]=\lim_{\varepsilon\to0}E[Y_{0i}\mid Z_i=z_0-\varepsilon],$$
$$\lim_{\varepsilon\to0}E[Y_{1i}\mid Z_i=z_0+\varepsilon]=\lim_{\varepsilon\to0}E[Y_{1i}\mid Z_i=z_0-\varepsilon].$$

假设 2(条件独立性假设)　在断点附近,干预的分配独立于潜在结果,亦即

$$(Y_{0i},Y_{1i})\perp D_i\mid Z_i\in(z_0-\delta,z_0+\delta),$$

其中,$\delta>0$ 是任意小的正数。

在连续性假设和条件独立性假设下,结果变量在断点处的跳跃可以解释为干预的因果效应。

事实上,定义

$$y^{+} = \lim_{z \to z_0^{+}} E[Y_i \mid Z_i = z], \quad y^{-} = \lim_{z \to z_0^{-}} E[Y_i \mid Z_i = z].$$

若有

$$p^{+} = \lim_{z \to z_0^{+}} E[D_i \mid Z_i = z], \quad p^{-} = \lim_{z \to z_0^{-}} E[D_i \mid Z_i = z], \quad p^{+} \neq p^{-}$$

在假设 1 和假设 2 下,Hahn 等(2001)证明了如下结论:

$$E[Y_{1i} - Y_{0i} \mid Z_i = z_0] = \frac{y^{+} - y^{-}}{p^{+} - p^{-}}.$$

对于精确断点回归设计,$p^{+}=1$,$p^{-}=0$,故有

$$E[Y_{1i} - Y_{0i} \mid Z_i = z_0] = y^{+} - y^{-}.$$

在精确断点回归设计的实际应用中,需要选择恰当的“带宽”,即利用阈值附近多大区间的数据来估计因果效应。带宽的选择面临着估计偏差和估计方差的权衡问题。选择的带宽越小,阈值左右的个体特征相似度越高,估计量的偏差就越小;但是,带宽越小,可利用的样本容量越小,估计量的方差就越大。选择的带宽越大,可利用的样本容量越大,估计量的方差就越小;但是,带宽越大,阈值左右的个体特征相似度越低,估计量的偏差就越大。

确定带宽之后,一般采用局部线性回归方法来估计因果效应,即在阈值左右分别估计线性回归模型,两条回归直线在阈值处的截距之差即为局部平均因果效应(LATE)估计量。

二、模糊断点回归设计

模糊断点回归设计可用如图 14-25 所示的因果图表示。

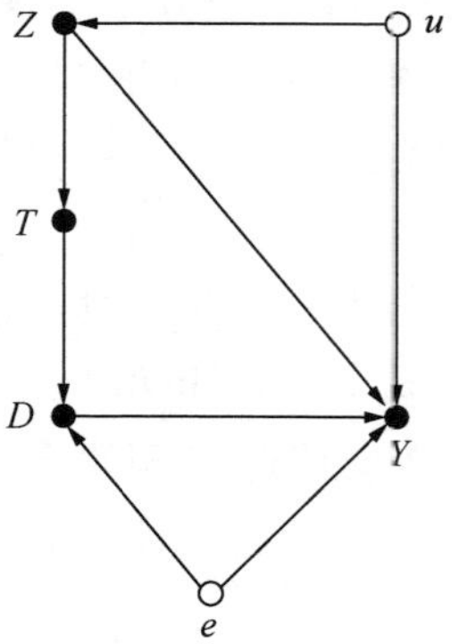

图 14-25　模糊断点回归设计因果图示例

图中,Z 为配置变量,T 为二值指示变量,D 为二值干预变量,u 为 e 都是不可观测的混淆变量。变量 T 指示 Z 的取值在阈值的哪一侧,而干预变量 D 的取值既受到 T 的影

响，也受到不可观测因素 e 的影响。

如果只考虑阈值附近的个体，此时的因果图如图 14-26 所示。

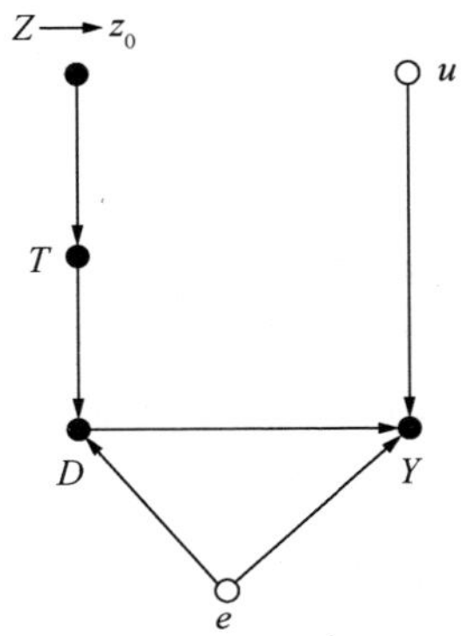

图 14-26　只考虑阈值附近个体因果图示例

假设个体不能精确控制配置变量 Z，那么，在阈值附近指示变量 T 的分布就近似于完全随机化试验；但是，由于存在后门路径 $D \leftarrow e \rightarrow Y$，干预变量 D 的分布却不能被视为完全随机化试验，即前面提到的假设 2（条件独立性假设）不成立。

我们现在提出两个新的假设：

假设 3（联合独立性假设）　在断点附近，干预变量以及潜在结果都独立于配置变量 Z，亦即

$$(Y_{0i}, Y_{1i}, D_i(Z_i)) \perp Z_i, \quad Z_i \in (z_0 - \delta, z_0 + \delta),$$

其中，$\delta>0$ 是任意小的正数。

设想一下，每个人是否受到处置都依据一个确定性的函数 $D_i(Z_i)$ 来决定，但每个人的这个具体函数各不相同（体现为 D 含有下标 i）。假设 3 意味着，在断点附近的区间 $(z_0-\delta, z_0+\delta)$，不仅潜在结果 (Y_{0i}, Y_{1i}) 独立于 Z，而且函数 $D_i(Z_i)$ 也独立于 Z。

假设 4（单调性假设）　在断点附近，存在 $\delta>0$，满足

$$D_i(z_0 + \varepsilon) \geqslant D_i(z_0 - \varepsilon), \quad \forall \varepsilon \in (0, \delta).$$

在单调性假设下，存在三类个体：总是参与者，满足 $D_i(z_0+\varepsilon) = D_i(z_0-\varepsilon) = 1$；总不参与者，满足 $D_i(z_0+\varepsilon) = D_i(z_0-\varepsilon) = 0$；依从者，满足 $D_i(z_0-\varepsilon) = 0$ 且 $D_i(z_0+\varepsilon) = 1$。

在假设 1、假设 3 和假设 4 下，Hahn 等（2001）证明了如下结论①：

$$\lim_{\varepsilon \to 0^+} E[Y_{1i} - Y_{0i} \mid D_i(z_0 + \varepsilon) - D_i(z_0 - \varepsilon) = 1] = \frac{y^+ - y^-}{p^+ - p^-}.$$

① Hahn, J., P. Todd and W. van der Klaauw, 2001. Identification and Estimation of Treatment Effects with a Regression-Discontinuity Design[J]. Econometrica, 69(1): 201-209.

这表明,在断点附近,依从者的平均因果效应是可以估计的。

现在,我们换一个角度来看。只要个体不能精确控制配置变量 Z,那么,在阈值附近指示变量 T 的分布就近似于完全随机化试验,指示变量 T 正好可以作为干预变量 D 的工具变量,从而可以运用工具变量方法估计 D 对于 Y 的因果效应。

三、示例及 Stata 应用

Lee(2008)基于美国各地区众议院选举的数据,利用断点回归方法分析在位党地位对于再次当选的影响。① 共和党和民主党是美国的两个主要政党,在竞选中,只要任何一个政党所获选票份额超过对方,该党就赢得选举而成为在位党。Lee(2008)以民主党所获选票份额与共和党所获选票份额之差作为配置变量 Z,断点为 $Z=0$。作者利用 $Z\in[-0.5,0.5]$ 的数据进行分析。结果变量为民主党在下一次选举中所获得的选票份额。

干预变量为

$$D_i = \begin{cases} 0, & Z_i < 0, \\ 1, & Z_i \geqslant 0. \end{cases}$$

显然,精确断点回归是合适的分析方法。

赵西亮(2017)利用 Lee(2008)的数据,在 Stata 中重现了后者的分析结果。② 我们这里利用赵西亮提供的数据和 do 程序,给出几个主要结果。

我们利用程序包 rdrobust 进行断点回归,该程序包包括三个主要的命令:rdplot,画断点回归图形;rdbwselect,选择最优带宽;rdrobust,进行断点回归估计。在 Stata 的命令窗口,安装该程序包:

```
ssc install rdrobust
```

在 Stata 数据集 lee. dta 中,变量 margin 表示民主党所获选票份额与共和党所获选票份额之差,变量 vote 表示民主党在下一次选举中所获得的选票份额。

首先,通过图形考察结果变量与配置变量之间的关系。Stata 命令如下:

```
use lee, clear
rdplot vote margin if margin>=-.5&margin<=.5, c(0) nbins(50 50)
graph_options(legend(off) title("") xlabel(-0.5(0.1)0.5) xtitle("Demo-
cratic
```

① Lee, D. S., 2008. Randomized Experiments from Non-random Selection in U. S. House Elections[J]. Journal of Econometrics, 142: 675-697.

② 赵西亮, 2017. 基本有用的计量经济学[M]. 北京:北京大学出版社: 195-199, 217-229. 数据及作者提供的 do 程序参见 https://gitee. com/zhaoxiliang/causalinference,访问日期:2023. 9. 14。

```
    Vote Share Margin of Victory, Election t") ytitle("Vote Share, Election t
+1"))
```

画出如下图形：

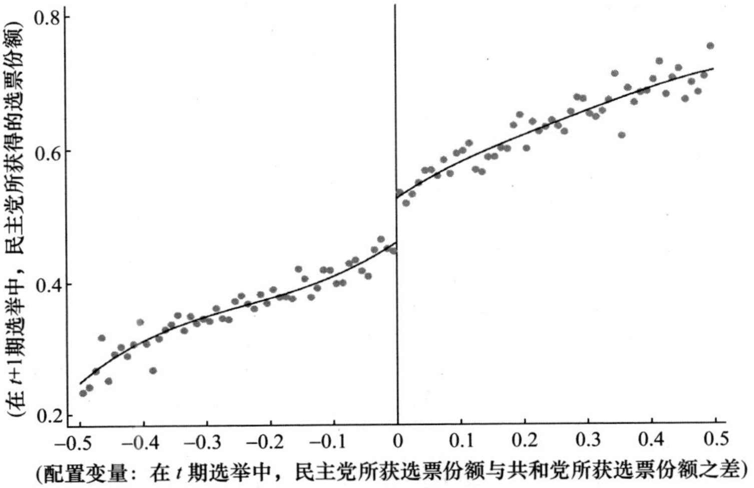

可见，结果变量在断点处确实存在一个明显的跳跃。

为了检验连续性假设是否成立，Lee（2008）用民主党过去在众议院席位竞选中的选票份额来代表民主党的竞争力（即变量“Vote Share，Election t-1”），考察它与配置变量之间的关系。原始数据文件为 group_final. dta。Stata 命令如下：

```
use group_final, clear
ren mdemshareprev voteprev
ren difdemshare margin
keep if margin >=-.5 &margin <=.5
rdplot voteprev margin, c(0)p(2) graph_options(xtitle("Democratic
Vote Share
    Margin of Victory, Election t") ytitle("Vote Share, Election t-1")
    yscale(r(0.30 0.70)) xlabel(-.5(.1).5) ylabel(0.3(.1)0.7) legend(off))
```

画出如下图形：

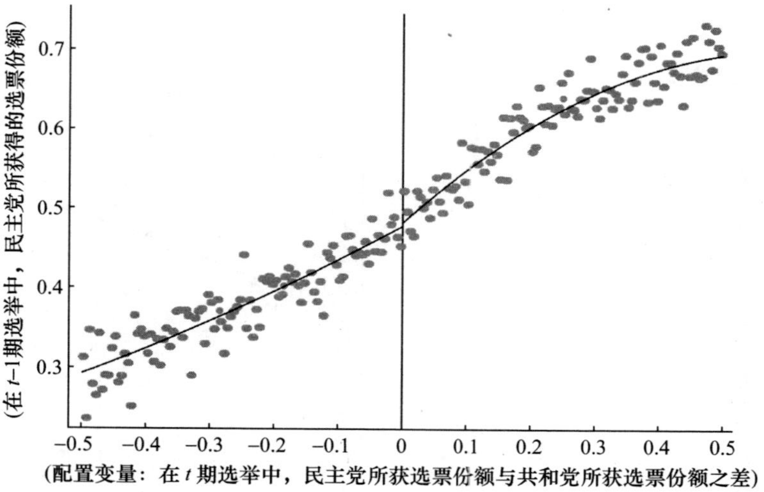

可见,用民主党过去在众议院席位竞选中的选票份额来代表民主党的竞争力,该变量在断点处是连续的,并不存在跳跃。

断点回归要求个体不能精确地控制配置变量。现在,我们通过考察配置变量的分布在断点处是否连续来判断。Stata 命令如下①:

```
keep if margin>=-.5&margin<=.5
DCdensity margin, breakpoint(0) b(.005) generate(Xj Yj r0 fhat se_
fhat) nograph
gr twoway (scatter Yj Xj if Xj>=-.5&Xj<=.5, msymbol(circle_hollow)
mcolor(gray)) (line fhat r0 if r0 < 0, lcolor(black) lwidth(medthick))
(line fhat r0 if r0>0, lcolor(black) lwidth(medthick)), xline(0, lcolor
(black))
legend(off) xlabel(-0.5(0.1)0.5)
drop Yj Xj r0 fhat se_fhat
```

画出如下图形:

① DCdensity. ado 来自 McCrary: http://eml. berkeley. edu/~jmccrary/DCdensity/,访问日期:2023. 9. 14。

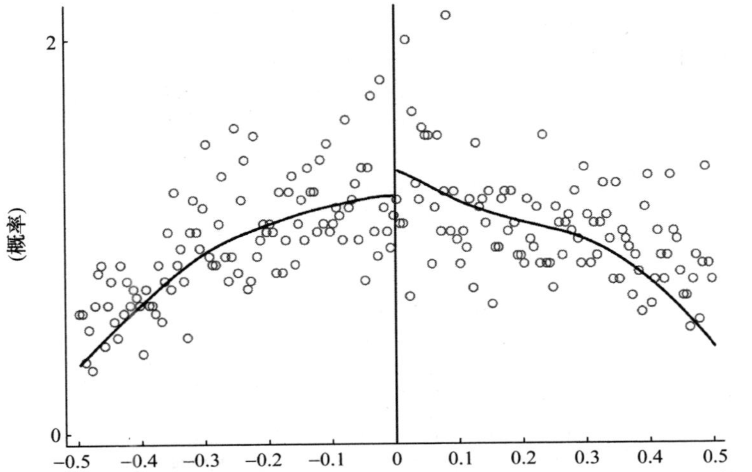

直观地看，配置变量的分布在断点处并没有明显的跳跃，不过，拟合的曲线在断点处并不连续。为此，我们进一步使用 McCrary(2008)的密度检验统计量进行统计检验。①

安装一个概率密度检验的外部命令：

```
ssc install rddensity
```

运行 Stata 命令：

```
rddensity margin, c(0)
```

运行结果如下：

```
. rddensity margin, c(0)
Computing data-driven bandwidth selectors.

Point estimates and standard errors have been adjusted for repeated observations.
(Use option nomasspoints to suppress this adjustment.)

RD Manipulation test using local polynomial density estimation.

      c =     0.000 | Left of c  Right of c          Number of obs =        4900
--------------------+----------------------          Model         = unrestricted
     Number of obs  |      2354        2546          BW method     =        comb
 Eff. Number of obs |      1010         797          Kernel        =  triangular
    Order est. (p)  |         2           2          VCE method    =   jackknife
    Order bias (q)  |         3           3
      BW est. (h)   |     0.177       0.133

Running variable: margin.
--------------------------------------------
             Method |      T          P>|T|
--------------------+-----------------------
             Robust |   -0.3324      0.7396
```

① McCrary, J., 2008. Manipulation of the Running Variable in the Regression Discontinuity Design: A Density Test[J]. Journal of Econometrics, 142(2): 698-714.

密度检验统计量为−0.3324,对应的p-值为0.7396,这表明不能拒绝配置变量的分布在断点处连续的零假设。

为了估计因果效应,我们需要先选择带宽。基于矩形核函数,选择使拟合的均方误差最小的共同带宽,Stata命令如下:

```
rdbwselect vote margin, c(0) kernel(uni)
```

输出结果如下:

```
. rdbwselect vote margin, c(0) kernel(uni)
Mass points detected in the running variable.

Bandwidth estimators for sharp RD local polynomial regression.

     Cutoff c = | Left of c  Right of c          Number of obs =       4900
----------------+----------------------          Kernel        =    Uniform
  Number of obs |      2354        2546          VCE method    =         NN
  Min of margin |    -0.500       0.000
  Max of margin |    -0.000       0.500
 Order est. (p) |         1           1
 Order bias (q) |         2           2
    Unique obs  |      1841        1923

Outcome: vote. Running variable: margin.
-----------------------------------------------------------------------------
                |         BW est. (h)          |         BW bias (b)
         Method | Left of c        Right of c  | Left of c         Right of c
----------------+------------------------------+-----------------------------
          mserd |    0.108              0.108  |    0.223              0.223
-----------------------------------------------------------------------------
Estimates adjusted for mass points in the running variable.
```

选择最优带宽$h=0.108$,分别计算局部平均估计量和局部线性回归估计量。Stata命令如下:

```
keep if margin>=-0.108&margin<=0.108
gen d=margin>0
reg vote 1.d, vce(robust)
eststo m1
reg vote d##c.margin, vce(robust)
eststo m2
*estimate stats m1 m2
esttab m1 m2 using llr.rtf, star(* .10 ** .05 *** .01) nogap replace
mtitle("Local
Average""LLR") se(%5.4f) ar2 keep(1.d margin 1.d#c.margin _cons)
```

相应的结果被整理如下:

	(1) Local Average	(2) LLR
1.d	0.129***	0.0628***
	(0.0062)	(0.0122)
margin		0.560***
		(0.1284)
1.d#c.margin		0.111
		(0.1884)
_cons	0.431***	0.461***
	(0.0042)	(0.0083)
N	1293	1293
adj. R^2	0.249	0.269

Standard errors in parentheses
* $p < .10$, ** $p < .05$, *** $p < .01$

局部平均估计量为 0.129,实际上就是断点附近(带宽内)两组结果之差;局部线性回归估计量为 0.0628。局部线性回归模型中,margin 的系数为正且显著,这表明结果变量与处置变量在断点附近存在正相关关系,故局部线性回归估计量比局部平均估计量更加合理。这说明,民主党的在位优势会带来 6.28%的选票优势。

我们也可以直接利用断点回归命令 rdrobust 进行局部线性回归,Stata 命令如下:

```
rdrobust vote margin, c(0) p(1) all h(0.108) kernel(uni)
```

输出结果如下:

```
. rdrobust vote margin, c(0) p(1) all h(.108) kernel(uni)

Sharp RD estimates using local polynomial regression.

      Cutoff c = 0 | Left of c  Right of c            Number of obs =       1293
-------------------+----------------------            BW type       =     Manual
     Number of obs |       621         672            Kernel        =    Uniform
Eff. Number of obs |       621         672            VCE method    =         NN
    Order est. (p) |         1           1
    Order bias (q) |         2           2
       BW est. (h) |     0.108       0.108
       BW bias (b) |     0.108       0.108
         rho (h/b) |     1.000       1.000

Outcome: vote. Running variable: margin.
--------------------------------------------------------------------------------
            Method |   Coef.    Std. Err.    z     P>|z|    [95% Conf. Interval]
-------------------+------------------------------------------------------------
      Conventional |  .06277     .01153   5.4426   0.000    .040164     .085371
    Bias-corrected |  .05506     .01153   4.7746   0.000     .03246     .077666
            Robust |  .05506     .01628   3.3818   0.001    .023151     .086975
--------------------------------------------------------------------------------
```

§6 合成控制方法

在某些情境中,政策干预只针对单一个体,为了评估政策效应,可以从自始至终未受到政策影响的个体(Donor Pool,以下简称“备选池”)中选取某些对象作为对照组,遵循双重差分方法的思路进行分析。但是,由于个体特征千差万别,可能根本找不到一个与被处理个体足够相似的对象,或者说找不到一个可比对象,这种思路就行不通了。我们可以考虑利用备选池构造一个线性组合,使之在个体特征及处理前结果变量等方面与被处理个体高度相似,以该线性组合作为对照,进而评估政策效应,这就是所谓合成控制方法(Synthetic Control Methods)的思路。尽管合成控制方法应用于只有一个处理对象的情形,我们仍可以将合成控制方法视为对双重差分方法的扩展:一方面,将双重差分方法中对于对照组的简单算术平均扩展到加权平均;另一方面,双重差分模型虽然允许不可观测的混杂因素存在,但要求这些因素对于结果变量的影响不随时间改变,而合成控制方法则允许这些因素对于结果变量的影响随时间改变。

一、合成控制方法的原理

Abadie 和 Gardeazabal (2003)首次提出合成控制法①,Abadie 等(2010)证明了合成控制法的基本性质②,本节内容主要参考后者。

假设共有 T 个时期,共有 $1+J$ 个地区。记 T_0 为政策干预开始之前的时期数,且 $1 \leq T_0 < T$。如果政策在实施之前便产生影响(比如,通过预期效应),则可重新定义 T_0 为政策实际开始产生影响之前的那个时期。

以 D_{it} 表示个体 i 在第 t 期的政策干预状态。当且仅当个体 i 在第 t 期受到政策干预时,$D_{it}=1$;否则,$D_{it}=0$。

以 Y_{0it} 表示地区 i 在第 t 期如果未受到政策干预的潜在结果,以 Y_{1it} 表示地区 i 在第 t 期如果受到政策干预的结果变量。以 Y_{it} 表示地区 i 在第 t 期实际观测到的结果变量,其中 $i=1,\cdots,J+1$,而 $t=1,\cdots,T$。

定义个体 i 在第 t 期的政策干预效应为

$$\tau_{it} = Y_{1it} - Y_{0it},$$

有

$$Y_{it} = D_{it}Y_{1it} + (1 - D_{it})Y_{0it} = Y_{0it} + \tau_{it}D_{it}.$$

---

① Abadie, A. and J. Gardeazabal, 2003. The Economic Costs of Conflict: A Case Study of the Basque Country [J]. American Economic Review, 93(1): 113-132, 2003.

② Abadie, A., A. Diamond and J. Hainmueller, 2010. Synthetic Control Methods for Comparative Case Studies: Estimating the Effect of California's Tobacco Control Program[J]. Journal of the American Statistical Association, 105(490): 493-505.

第 1 个地区从第 T_0+1 期开始受到政策干预并一直持续至第 T 期,其余 J 个地区自始至终未受政策影响(构成备选池)。故有

$$D_{it} = \begin{cases} 1, & i = 1, t > T_0, \\ 0, & \text{其他}. \end{cases}$$

我们的目的是估计如下政策效应:

$$\tau_{1t} = Y_{11t} - Y_{01t} = Y_{1t} - Y_{01t}, \quad t = T_0 + 1, \cdots, T.$$

显然,由于 Y_{1t} 是观测值,所以只需要估计 Y_{01t} 即可。

假定各地区之间不会互相影响,特别地,控制地区的结果变量不受处理地区政策冲击的影响。

假设 Y_{01t} 由下述因子模型决定:

$$Y_{0it} = \delta_t + \boldsymbol{\theta}_t \boldsymbol{Z}_i + \boldsymbol{\lambda} \boldsymbol{\mu}_i + \varepsilon_{it},$$

其中,δ_t 为时间固定效应,$\boldsymbol{Z}_i$ 为$(r\times1)$的可观测协变量向量(不受政策干预影响,也不随时间而变)。$\boldsymbol{Z}_i$ 对于 Y_{01t} 的作用随时间而变,故$(1\times r)$的未知参数向量 $\boldsymbol{\theta}_t$ 带时间下标 t。$\boldsymbol{\lambda}_t$ 为$(1\times F)$不可观测的共同因子向量,$\boldsymbol{\mu}_i$ 为$(F\times1)$的未知因子载荷向量。$\boldsymbol{\varepsilon}_{it}$ 为具有零均值的随机扰动项。

如果 $\boldsymbol{\lambda}_t$ 是一个常数,则上式简化为双向固定效应模型,包含个体固定效应 $\boldsymbol{\mu}_i$ 与时间固定效应 δ_t。可见,上式是双向固定效应模型的推广,它允许不同个体对于共同冲击的异质性反应。

考虑备选池的一个$(J\times1)$的权重向量:

$$\boldsymbol{W} = (w_2, \cdots, w_{J+1})'$$

满足

$$w_2 + \cdots w_{J+1} = 1; \quad w_j \geqslant 0, j = 2, \cdots, J + 1$$

权重向量 $\boldsymbol{W}$ 代表的合成控制地区的结果变量为

$$\sum_{j=2}^{J+1} w_j Y_{jt} = \delta_t + \theta_t \sum_{j=2}^{J+1} w_j Z_j + \lambda_t \sum_{j=2}^{J+1} w_j \boldsymbol{\mu}_j + \sum_{j=2}^{J+1} w_j \boldsymbol{\varepsilon}_{jt}.$$

假设存在特定的权重向量 $\boldsymbol{W}^* = (w_2^*, \cdots, w_{J+1}^*)'$,满足下述条件:

$$\sum_{j=2}^{J+1} w_j^* Z_j = Z_1; \quad \sum_{j=2}^{J+1} w_j^* Y_{jt} = Y_{1t}, \ t = 1, \cdots, T_0$$

Abadie 等(2010)证明,只要 $\sum_{t=1}^{T_0} \boldsymbol{\lambda}_t' \boldsymbol{\lambda}_t$ 是非奇异矩阵,则有

$$Y_{01t} - \sum_{j=2}^{J+1} w_j^* Y_{jt} = \sum_{j=2}^{J+1} w_j^* \sum_{s=1}^{T_0} \boldsymbol{\lambda}_t \left(\sum_{n=1}^{T_0} \boldsymbol{\lambda}_n' \boldsymbol{\lambda}_n \right)^{-1} \boldsymbol{\lambda}_s' (\varepsilon_{js} - \varepsilon_{1s}) - \sum_{j=2}^{J+1} w_j^* (\varepsilon_{jt} - \varepsilon_{1t})$$

Abadie 等(2010)进一步证明,在一定的正则条件下,当 $T_0 \to \infty$ 时,上式趋近于 0。这意味着,受政策干预地区 1 的反事实结果可用合成控制组的观测结果来估计,即

$$\hat{Y}_{01t} = \sum_{j=2}^{J+1} w_j^* Y_{jt}.$$

相应地,受政策干预地区1的政策干预效应的估计量为

$$\hat{\tau}_{1t} = Y_{1t} - \sum_{j=2}^{J+1} w_j^* Y_{jt}; \quad t = T_0 + 1, \cdots, T.$$

以上分析表明,根据可观测的协变量与干预前结果变量所选择的合成控制 $W^* = (w_2^*, \cdots, w_{J+1}^*)$,也会使得合成控制地区的不可观测特征接近于受政策干预的地区,这样,即使不可观测因素对结果的影响随时间而变化,上式右侧也消除了由这类因素造成的偏差。与此形成鲜明对照的是,双重差分方法要求不可观测因素对结果的影响不随时间而变化,进而通过在时间维度上的差分来消去由这类因素造成的偏差。

值得指出的是,只有当受政策干预地区的向量$(Y_{11}, \cdots, Y_{1T_0}, \boldsymbol{Z}_1')$位于备选池向量$\{(Y_{21}, \cdots Y_{2T_0}, \boldsymbol{Z}_2'), \cdots, (Y_{J+11}, \cdots Y_{J+1T_0}, \boldsymbol{Z}_{J+1}')\}$构成的凸包内时,才存在特定的权重向量$\boldsymbol{W}^* = (w_2^*, \cdots, w_{J+1}^*)'$满足条件。在实践中,需要选择适当的合成控制近似满足条件。

还需要注意,如果线性因子模型并非在任何样本上都成立,那么,即使我们能够找到一个合成控制近似满足条件,依据合成控制式计算的因果效应估计量仍可能存在大的偏差,即所谓内插偏差,这种偏差是由备选池本身非常不同的特征造成的。为了降低内插偏差,研究者可以将备选池限制在与受处理地区具有相似特征的对象上。

二、合成控制方法的实施

实施合成控制法的关键在于找到满足或近似满足条件的权重向量 $\boldsymbol{W}^* = (w_2^*, \cdots, w_{J+1}^*)'$。

定义

$$\boldsymbol{X}_1 = (\boldsymbol{Z}_1', Y_{11}, \cdots, Y_{1T_0})',$$

$$\boldsymbol{X}_0 = \begin{bmatrix} \boldsymbol{Z}_2 & \boldsymbol{Z}_3 & \cdots & \boldsymbol{Z}_{J+1} \\ Y_{21} & Y_{31} & \cdots & Y_{J+11} \\ \vdots & \vdots & \cdots & \vdots \\ Y_{2T_0} & Y_{3T_0} & \cdots & Y_{J+1T_0} \end{bmatrix},$$

$$\boldsymbol{V} = \begin{bmatrix} v_1 & 0 & \cdots & 0 & 0 \\ 0 & v_2 & \ddots & 0 & 0 \\ 0 & 0 & \ddots & 0 & 0 \\ 0 & 0 & \ddots & v_{r+T_0-1} & 0 \\ 0 & 0 & \cdots & 0 & v_{r+T_0} \end{bmatrix}.$$

显然,$\boldsymbol{X}_1$ 为$(r+T_0)\times 1$的列向量,$\boldsymbol{X}_0$ 为$(r+T_0)\times J$的矩阵。

第一步：给定任意半正定对角权重矩阵 $\boldsymbol{V}$，选择权重向量 $\boldsymbol{W}$ 求解如下最优化问题：

$$\min_{\boldsymbol{W}}(\boldsymbol{X}_1-\boldsymbol{X}_0\boldsymbol{W})'\boldsymbol{V}(\boldsymbol{X}_1-\boldsymbol{X}_0\boldsymbol{W}),$$

$$\text{s.t.}\quad w_2+\cdots w_{J+1}=1;\quad w_j\geqslant 0,\ j=2,\cdots,J+1.$$

记最优解为 $\boldsymbol{W}^*(\boldsymbol{V})$。

第二步：选择半正定对角权重矩阵 $\boldsymbol{V}$，求解如下最优化问题：

$$\min_{V}\sum_{t=1}^{T_0}\left[Y_{1t}-\sum_{j=2}^{J+1}w_j^*(\boldsymbol{V})Y_{jt}\right]^2.$$

记最优解为 $\boldsymbol{V}^*$。

因此，合成控制的权重向量为 $\boldsymbol{W}^*(\boldsymbol{V}^*)=(w_2^*(\boldsymbol{V}^*),\cdots,w_{J+1}^*(\boldsymbol{V}^*))'$，据此计算受政策干预地区 1 的政策干预效应的估计量。

如果政策干预之前的期数很多，研究者可以将政策干预之前的时期划分为两段，将前一段时期的数据用于前述第一步，将后一段时期的数据用于第二步。

三、合成 DID 方法

合成控制方法的思想还可以进一步扩展。在运用双重差分方法时，如果平行趋势假设不成立，可以考虑进一步对政策实施前不同时期的观测结果赋予不同的权重，将个体权重与时期权重的乘积作为综合权重，构建双向固定效应模型，利用上述综合权重进行加权最小二乘回归来估计政策效应。这种方法称为合成 DID 方法（下文简记为 SDID 方法），由 Arkhangelsky 等（2021）提出。①

考虑一个平衡面板数据集，共有 N 个个体，T 个时期。个体 $1,\cdots,N_{co}$ 构成了控制组；个体 $N_{co}+1,\cdots,N$ 构成了处理组。控制组个体数为 N_{co}，处理组个体数为 $N_{tr}=N-N_{co}$。

控制组个体始终不受政策干预，而处理组个体从时期 $T_{pre}+1$ 开始持续受到政策干预。政策干预前的时期数为 T_{pre}，政策干预的时期数为 $T_{tr}=T-T_{pre}$。

以 D_{it} 表示个体 i 在时期 t 是否受到政策干预：

$$D_{it}=\begin{cases}1, & i=N_{co}+1,\cdots,N;\ t>T_{pre},\\ 0, & \text{其他}.\end{cases}$$

若没有协变量，双重差分法可表示为

$$(\hat{\tau}^{\text{did}},\hat{\mu},\hat{\alpha},\hat{\beta})=\underset{\tau,\mu,\alpha,\beta}{\operatorname{argmin}}\left\{\sum_{i=1}^{N}\sum_{t=1}^{T}(Y_{it}-\mu-\alpha_i-\beta_t-D_{it}\tau)^2\right\}.$$

若没有协变量，合成控制（Synthetic Control，SC）方法可表示为

$$(\hat{\tau}^{\text{sc}},\hat{\mu},\hat{\beta})=\underset{\tau,\mu,\beta}{\operatorname{argmin}}\left\{\sum_{i=1}^{N}\sum_{t=1}^{T}(Y_{it}-\mu-\beta_t-D_{it}\tau)^2\hat{\omega}_i^{\text{sc}}\right\}.$$

① Arkhangelsky, D., S. Athey and D. A Hirshberg, et al., 2021. Synthetic Difference-in-Differences[J]. American Economic Review, 111(12): 4088-4118.

若没有协变量,SDID 方法可表示为

$$(\hat{\tau}^{\text{sdid}},\hat{\mu},\hat{\alpha},\hat{\beta}) = \underset{\tau,\mu,\alpha,\beta}{\operatorname{argmin}}\left\{\sum_{i=1}^{N}\sum_{t=1}^{T}(Y_{it}-\mu-\alpha_i-\beta_t-D_{it}\tau)^2\hat{\omega}_i^{\text{sdid}}\hat{\lambda}_t^{\text{sdid}}\right\}.$$

就 SDID 方法而言,关键在于如何确定上式中的个体权重 $\hat{\boldsymbol{\omega}}^{\text{sdid}}=(\hat{\omega}_1^{\text{sdid}},\cdots,\hat{\omega}_N^{\text{sdid}})$ 和时期权重 $\hat{\boldsymbol{\lambda}}^{\text{sdid}}=(\hat{\lambda}_1^{\text{sdid}},\cdots,\hat{\lambda}_T^{\text{sdid}})$。

1. 个体权重的确定方法

通过求解如下最优化问题来确定个体权重 $\hat{\boldsymbol{\omega}}^{\text{sdid}}$:

$$(\hat{\boldsymbol{\omega}}_0,\hat{\boldsymbol{\omega}}^{\text{sdid}}) = \underset{\omega_0\in R,\omega\in\Omega}{\operatorname{argmin}}\left\{\sum_{t=1}^{T_{\text{pre}}}\left(\omega_0+\sum_{i=1}^{N_{\text{co}}}\omega_i Y_{it}-\frac{1}{N_{\text{tr}}}\sum_{i=N_{\text{co}}+1}^{N}Y_i t\right)^2\right.$$

$$\left.+\hat{\sigma}^2\parallel\boldsymbol{\omega}\parallel_2^2 T_{\text{pre}}\sqrt{N_{\text{tr}}T_{\text{post}}}\right\},$$

其中

$$\Omega = \left\{\boldsymbol{\omega}\in\mathbb{R}_+^N:\sum_{i=1}^{N_{\text{co}}}\omega_i = 1;\omega_i = \frac{1}{N_{\text{tr}}},i = N_{\text{co}}+1,\cdots,N\right\},$$

$$\hat{\sigma}^2 = \frac{1}{N_{\text{co}}(T_{\text{pre}}-1)}\sum_{i=1}^{N_{\text{co}}}\sum_{t=1}^{T_{\text{pre}}-1}(\Delta_{it}-\bar{\Delta})^2,$$

而

$$\Delta_{it} = Y_{it+1}-Y_{it},$$

$$\bar{\Delta} = \frac{1}{N_{\text{co}}(T_{\text{pre}}-1)}\sum_{i=1}^{N_{\text{co}}}\sum_{t=1}^{T_{\text{pre}}-1}\Delta_{it}.$$

2. 时期权重的确定方法

通过求解如下最优化问题来确定时期权重 $\hat{\boldsymbol{\lambda}}^{\text{sdid}}$:

$$(\hat{\lambda}_0,\hat{\boldsymbol{\lambda}}^{\text{sdid}}) = \underset{\lambda_0\in\mathbb{R},\lambda\in\Lambda}{\operatorname{argmin}}\left\{\sum_{i=1}^{N_{\text{co}}}\left(\lambda_0+\sum_{t=1}^{T_{\text{pre}}}\lambda_t Y_{it}-\frac{1}{T_{\text{post}}}\sum_{t=T_{\text{pre}}+1}^{T}Y_{it}\right)^2\right\},$$

其中

$$\Lambda = \left\{\boldsymbol{\lambda}\in\mathbb{R}_+^T:\sum_{t=1}^{T_{\text{pre}}}\lambda_t = 1;\lambda_t = \frac{1}{T_{\text{post}}},t = T_{\text{pre}}+1,\cdots,T\right\}.$$

3. 存在协变量情况下的处理方法

如果存在协变量 $\boldsymbol{X}_{it}$,Arkhangelsky 等(2021)提出的解决方法是,首先将 Y_{it} 对 $\boldsymbol{X}_{it}$ 做 OLS 回归,然后将所得到的残差视为结果变量应用 SDID 方法进行分析处理。

Kranz(2022)提出的解决方法略有不同①:

基于所有未受处理的观测值,估计如下双向固定效应模型:

---

① Kranz, S., 2022. Synthetic Difference-in-Differences with Time-Varying Covariates[J]. Working paper.

$$Y_{it}=\mu+\alpha_i+\beta_t+\boldsymbol{X}_{it}'\boldsymbol{\gamma}+\varepsilon_{it}.$$

得到参数估计量 $\hat{\boldsymbol{\gamma}}$ 之后，计算

$$Y_{it}^{\text{adj}}=Y_{it}-\boldsymbol{X}_{it}'\hat{\boldsymbol{\gamma}}.$$

然后将所得到的 Y_{it}^{adj} 视为结果变量应用 SDID 方法进行分析处理。

4. 政策干预分批实施情况下的处理方法

在实践中，政策分批实施（Staggered Adoption）的情况屡见不鲜①。假设共有 $N=6$ 个个体，$T=7$ 个时期。仍以二值变量 D_{it} 代表政策干预，假设代表政策实施情况的 $N\times T$ 矩阵 $\boldsymbol{D}$ 为

$$\boldsymbol{D}=\begin{bmatrix}0&0&0&0&0&0&0\\0&0&0&0&0&0&0\\0&0&0&0&1&1&1\\0&0&0&0&1&1&1\\0&0&1&1&1&1&1\\0&0&1&1&1&1&1\end{bmatrix}.$$

也就是说，个体 5 和 6 从第 3 期开始持续受到政策干预，个体 3 和 4 从第 5 期开始持续受到政策干预，而个体 1 和 2 始终没受到政策干预。

为了估计政策效应，有学者建议采取如下步骤：

首先，只考虑个体 1、2、5 和 6，代表政策实施情况的矩阵为

$$\boldsymbol{D}^1=\begin{bmatrix}0&0&0&0&0&0&0\\0&0&0&0&0&0&0\\0&0&1&1&1&1&1\\0&0&1&1&1&1&1\end{bmatrix}.$$

运用 SDID 方法估计政策效应，不妨记为 $\hat{\tau}_1$。

然后，只考虑个体 1、2、3 和 4，代表政策实施情况的矩阵为

$$\boldsymbol{D}^2=\begin{bmatrix}0&0&0&0&0&0&0\\0&0&0&0&0&0&0\\0&0&0&0&1&1&1\\0&0&0&0&1&1&1\end{bmatrix}.$$

运用 SDID 方法估计政策效应，不妨记为 $\hat{\tau}_2$。

最后，依据前后两次分析中受到政策干预的观测数目（即矩阵 $\boldsymbol{D}^1$ 和 $\boldsymbol{D}^2$ 分别包含"1"的数目）确定权重，计算加权平均的政策效应：

$$\hat{\tau}=\rho_1\hat{\tau}_1+\rho_2\hat{\tau}_2=\frac{10}{10+6}\hat{\tau}_1+\frac{6}{10+6}\hat{\tau}_2=\frac{5}{8}\hat{\tau}_1+\frac{3}{8}\hat{\tau}_2.$$

① 这种情况下的双重差分方法也被称为分批 DID（Staggered DID）。

四、示例及 Stata 应用

Abadie 等(2010)运用合成控制法评估美国加州(加利福尼亚州)1988 年第 99 号控烟法(Proposition 99)的效果。1988 年 11 月美国加州通过了当时美国最大规模的控烟法,并于 1989 年 1 月开始生效。该法将加州的香烟消费税每包提高了 25 美分,将所得收入专项用于控烟的教育与媒体宣传,并引发了一系列关于室内清洁空气的地方立法,比如在餐馆、封闭工作场所等禁烟。

Abadie 等(2010)使用美国 1970—2000 年州层面的面板数据,并删除了在考察期出现类似控烟政策或提高香烟消费税的多个州,最终得到 38 个州构成备选池。

结果变量为 cigsale(人均香烟消费量,包/年);协变量包括 retprice(平均香烟零售价格)、lnincome(人均收入对数)、age15to24(15—24 岁人口所占总人口比例)、beer(人均啤酒消费量)。这些协变量均为 1980—1988 年的州平均值,另外还使用 1975 年、1980 年与 1988 年的人均香烟消费量作为三个额外的协变量。面板变量为 state(州),而时间变量为 year(年)。

Abadie 等(2010)还提供了合成控制法的 Stata 程序 synth,便于用户使用。Stata 程序 synth 还自带了加州控烟法的数据集 smoking. dta。

打开 Stata 后,安装该命令:

```
ssc install synth, replace
```

现在,基于数据集利用合成控制法进行分析,Stata 程序如下:

```
use smoking.dta
xtset state year
synth cigsale retprice lnincome age15to24 beer cigsale(1975)
cigsale(1980) cigsale(1988), trunit(3) trperiod(1989)
xperiod(1980(1)1988) figure nested keep(smoking_synth)
```

其中,“cigsale(1975)”“cigsale(1980)”“cigsale(1988)”分别表示人均香烟消费在 1975 年、1980 年、1988 年的取值。必选项“trunit(3)”表示第 3 个州(即加州)为处理地区;必选项“trperiod(1989)”表示控烟法在 1989 年开始实施。选择项“xperiod(1980(1)1988)”表示将预测变量在 1980—1988 年期间进行平均。

结果显示,非零权重的州只有五个,分别是:Colorado(0. 161)、Connecticut(0. 068)、Montana(0. 201)、Nevada(0. 235)以及 Utah(0. 335)。

比较加州与合成控制对象的协变量:

可见,加州与合成加州的协变量都很接近,合成加州可以很好地复制加州的经济特征。

```
Predictor Balance:
```

	Treated	Synthetic
retprice	89.42222	89.41464
lnincome	10.07656	9.858694
age15to24	.1735324	.1735444
beer	24.28	24.21326
cigsale(1975)	127.1	127.0633
cigsale(1980)	120.2	120.4545
cigsale(1988)	90.1	91.6356

接下来,比较加州与合成加州的人均香烟消费量在 1989 年前后的表现,如下图所示:

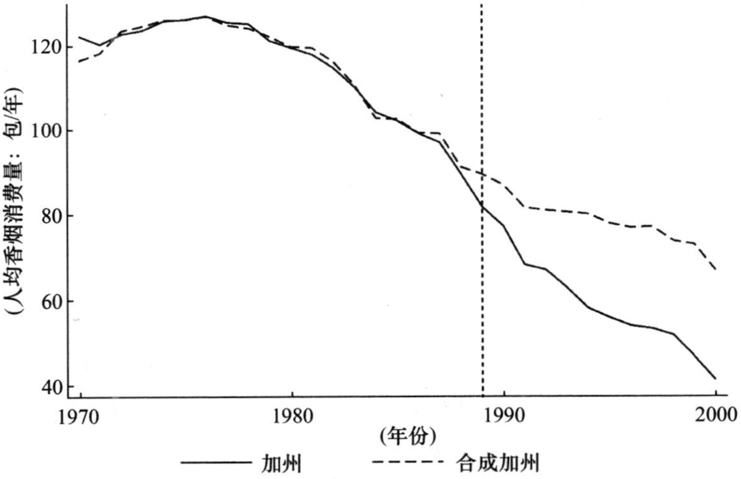

从上图可以看出,在控烟法于 1989 年实施之前,加州与合成加州的人均香烟消费量曲线几乎重合,合成加州很好地拟合了政策干预前加州的人均香烟消费量变动趋势。在加州于 1989 年实施控烟法之后,可以用合成加州的人均香烟消费量作为真实加州的反事实结果的估计,真实加州与合成加州两条曲线之间的差异就反映了加州实施控烟法的政策效应。

可以进一步用加州的人均香烟消费量减去合成加州的人均香烟消费量,得到政策效应,Stata 程序如下:

```
use smoking_synth.dta
```

```
gen effect = _Y_treated - _Y_synthetic
label variable _time "year"
label variable effect "gap in per-capita cigarette sales (in packs)"
line effect _time, xline(1989,lp(dash)) yline(0,lp(dash))
```

得到下图：

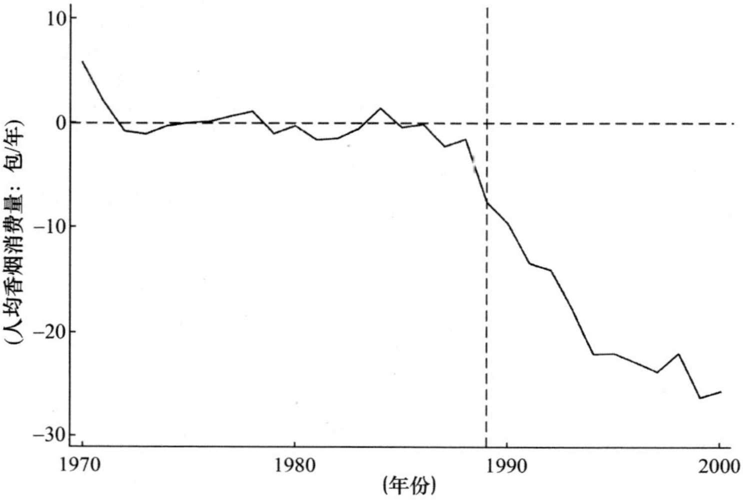

可以看出，在控烟法实施之后，政策效应日益明显，在1989—2000年期间，年人均香烟消费量下降约20包，降幅接近25%。

上述结果为对控烟法处理效应的点估计。此点估计在统计上是否显著呢？Abadie等(2010)认为，在比较案例研究中，由于潜在的控制地区数目通常并不多，故不适合使用大样本理论进行统计推断。为此，他们提出使用"安慰剂检验"(Placebo Test)来进行统计检验。使用合成控制法所估计的政策效应，是否可能完全来自偶然因素的影响？换言之，如果从备选池随机抽取一个州(而不是加州)进行合成控制估计，能否得到类似的效应？

Abadie等(2010)依次将备选池中的每个州作为假想的处理地区(假设也在1988年通过控烟法)，而将加州纳入备选池之中，然后使用合成控制法估计"政策效应"。

Stata程序如下：

```
use smoking.dta
xtset state year
//安慰剂检验
* * 对每一个州进行合成控制估计
```

```
tempname resmat
forvalues i = 1(1)39{
quietly synth cigsale retprice lnincome age15to24 beer cigsale(1975) cigsale(1980) cigsale(1988),trunit('i') trperiod(1989) xperiod(1980(1)1988) keep(smoking_synth_'i',replace)
matrix 'resmat' = nullmat('resmat')  e(RMSPE)
local names ""'names'""'i"""
}
mat colnames 'resmat' = "RMSPE" //矩阵的列名定义为 RMSPE
mat rownames 'resmat' = 'names' //矩阵的行名为 names
matlist 'resmat', row("Treated Unit")

forvalues i = 1(1)39{
use smoking_synth_'i', clear
rename _time years
gen tr_effect_'i' = _Y_treated - _Y_synthetic
keep years tr_effect_'i'
drop if missing(years)
save smoking_synth_'i', replace
}

**匹配到一张表
use smoking_synth_1, clear
forval i=2/39{
qui merge 1:1 years using smoking_synth_'i', nogenerate
}

**处理效应图
local lp1
forval i=1/3 {
local lp1 'lp1' line tr_effect_'i' years, lpattern(dash) lcolor(gs8) ||
}
local lp2
forval i=4/5 {
local lp2 'lp2' line tr_effect_'i' years, lpattern(dash) lcolor(gs8) ||
}
local lp3
forval i=6/39 {
local lp2 'lp2' line tr_effect_'i' years, lpattern(dash) lcolor(gs8) ||
```

```
}
twoway `lp1'`lp2'`lp3' || line tr_effect_3 years, lcolor(black) legend(off)
xline(1989, lpattern(dash)) yline(0,lp(dash))
```

通过这一系列的安慰剂检验,可以得到安慰剂效应的分布,并将加州的政策效应与之对比,如下图所示:

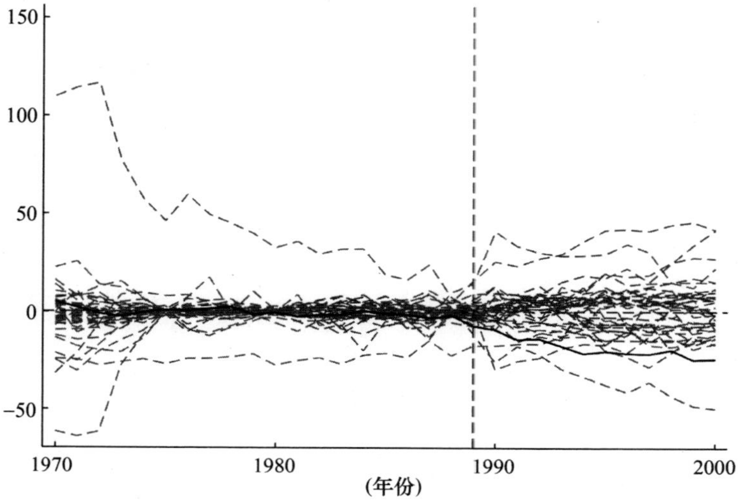

在上图中,黑线表示加州的政策效应(即加州与合成加州的人均香烟消费量之差),而灰线表示其他各州的安慰剂效应(即这些州与相应合成州的人均香烟消费量之差)。显然,与其他绝大多数州的安慰剂效应相比,加州的政策效应的绝对值比较大。假如加州的控烟法并无任何效应,则在这 39 个州中,碰巧看到加州的处理效应处于前两位的概率为 2/39 = 5.13%。这表明,在 10%的显著性水平下,可以拒绝没有政策效应的原假设。实际上,Abadie 等 (2010)还做了进一步的处理,比如删除 1989 年之前拟合不佳的州,只利用剩下的州进行安慰剂检验,发现在 5%的显著性水平下可以拒绝没有政策效应的原假设。

参考文献

请扫描二维码

本 书 资 源

读者资源

本书附有因果推断相关课程视频、优秀课程论文等数字资源，获取方法：

第一步，关注“博雅学与练”微信公众号；

第二步，扫描右侧二维码标签，获取上述资源。

一书一码，相关资源仅供一人使用。

读者在使用过程中如遇到技术问题，可发邮件至em@ pup. cn。

高级计量经济学:上册
(第二版)
请刮开后扫码获取数字资源
本码2029年12月31日前有效

教辅资源

本书配有教辅资源，获取方法：

第一步，扫描右侧二维码，或直接微信搜索公众号“北京大学经管书苑”，进行关注；

第二步，点击菜单栏“在线申请”—“教辅申请”；

第三步，准确、完整填写表格上的信息后，点击提交。